suhrkamp taschenbuch
wissenschaft 524

# Friedrich Wilhelm Joseph von Schelling

# Ausgewählte Schriften

## Band 4

Friedrich Wilhelm Joseph von Schelling

# Schriften

1807–1834

Suhrkamp

Bibliografische Information der Deutschen Nationalbibliothek
Die Deutsche Nationalbibliothek verzeichnet diese Publikation
in der Deutschen Nationalbibliografie;
detaillierte bibliografische Daten sind im Internet über
http://dnb.d-nb.de abrufbar.

4. Auflage 2016

Erste Auflage 1985
suhrkamp taschenbuch wissenschaft 524

Printed in Germany
Umschlag nach Entwürfen von
Willy Fleckhaus und Rolf Staudt
ISBN 978-3-518-28124-6

# Inhalt

# Vorbemerkung des Herausgebers

Die Philosophie des mittleren der drei großen idealistischen Denker erregt seit einigen Jahren das ständig wachsende Interesse der Forschung. Das war nicht immer so: Schellings Werk stand lange im Schatten desjenigen seiner Weggefährten Fichte und Hegel. Während Fichte glaubte, das Eigene des Schellingschen Philosophierens mit dem Urteil zu treffen, sein Autor habe die *Wissenschaftslehre* nicht durchdrungen, reduzierte ihn Hegel auf einen Vorläufer seines Systems, in dessen definitiver Wahrheit all das aufgehoben sei, was an Schelling nicht geradezu falsch war. Als schillernd empfand man von je sein Schaffen. Ein rechter »Proteus der Philosophie«, habe er alle paar Jahre den Standpunkt gewechselt: vom Fichteaner sei er zum Naturphilosophen, dann zum Romantiker, alsbald zum Identitätsphilosophen in enger Nachbarschaft Hegels, schließlich zum Mystiker und »Philosoph in Christo« (Engels) geworden; keines seiner Werke trage den Charakter eines abgeschlossenen Ganzen und lasse den Weltentwurf *in integro* sehen, der die große Leistung seiner Zeitgenossen Fichte und Hegel gewesen sei.

Dagegen war nie ein Zweifel an Schellings »Genialität«: ein Wunderkind, das mit zwölf Jahren seine Fremdsprachenlehrer in Verlegenheit setzt, ein revolutionär gesinnter und aufsässiger Student, ein frühreifer Jugendlicher, der mit 22 Jahren eine ruhmreiche Professur an Fichtes Seite in Jena erhält, ein von Goethe hochgeschätzter Kenner der Natur, der Bahnbrecher einer ästhetischen Theorie, der mit Abstand gelenkigste und faßlichste Schriftsteller der idealistischen Zeit, dem noch Schopenhauer eine gewisse Anmut der Darstellung nachrühmt und dessen späten Auftritt in Berlin Jaspers als das letzte europäische Universitätsereignis bezeichnet hat: unter seinen Zuhörern saßen Friedrich Engels, Michael Bakunin, Sören Kierkegaard und Jacob Burckhardt. Schopenhauer, der Intimfeind der drei Idealisten, hat ihn als den »entschieden begabtesten« unter ihnen bezeichnet, und das Urteil ist schwer abzuweisen.

Heute beginnt man zu erkennen, daß das gängige Bild vom genialen Anreger und Vermittler der Korrektur bedarf. Mit Schelling beginnt ein völlig eigenständiger Gang idealistischen Philosophierens, irreduzibel sowohl auf Fichtes wie auf Hegels Ansatz, den Idealismus sowohl eröffnend wie auch definitiv abschließend.

Schellings Frühwerk ist die einzige lückenlose Dokumentation eines Idealismus, der in genauer Gleichzeitigkeit zur Fichteschen Wissenschaftslehre – einsetzend mit dem Jahr 1794 – von deren Prinzip bereits sich entfernt: die spätere Hegel- und Idealismus-Kritik erweist sich als konsequente Entfaltung des Schellingschen Grundgedankens, wonach das Sein oder die absolute Identität irreduzibel ist auf das Geschehen der Reflexion. So hat Schellings Philosophieren sowohl den absoluten Idealismus wie auch die Kritik an ihm eröffnet: ohne ihn wäre Hegels Philosophie ebensowenig möglich gewesen wie die junghegelianische, ja selbst die Kierkegaardsche, Feuerbachsche und Marxsche Hegelkritik; und noch die »Destruktion der abendländischen Ontologie« durch Heidegger und den Neostrukturalismus wird Einsichten Schellings verpflichtet bleiben.

## Bibliographische Notiz

Mit der vorliegenden Auswahl werden Schellings Schriften erstmals einem größeren, insbesondere studentischen Publikum in einer erschwinglichen Taschenbuchausgabe zugänglich, wie es sie seit längerem für Fichtes und Hegels Werke gibt. Die Auswahl basiert auf folgenden Ausgaben, deren Paginierung am Innenrand über jeder Seite mitangegeben ist:

1. Friedrich Wilhelm Joseph Schellings *Sämmtliche Werke*, herausgegeben von K.F.A. Schelling, I. Abtheilung Bde. 1–10; II. Abtheilung Bde. 1–4, Stuttgart: Cotta 1856–1861 (die Ziffern über der Seite verweisen auf Abteilung, Band und Seitenzahl der Vorlage, also zum Beispiel: I/7, 356).

2. Friedrich Wilhelm Joseph Schelling, *Die Weltalter*. Fragmente, in den Urfassungen von 1811 und 1813 herausgegeben von Manfred Schröter, München: Biederstein und Leibniz 1946 (über der Seite sigliert durch WA, gefolgt von Seitenzahl; die im Text eingeklammerten Zahlen verweisen auf das Original der im Zweiten Weltkrieg zerstörten Handschrift; Passagen zwischen spitzen Klammern sind in der Handschrift von Schelling gestrichen).

Die Auswahl in sechs Bänden repräsentiert zugleich sechs Phasen des Schellingschen Philosophierens. Der 1. Band versammelt die Schriften von Schellings philosophischen Anfängen bis hin zum Transzendentalsystem und zur ersten Konzeption einer Naturphilosophie; der 2. Band dokumentiert die erste Ausbildung einer eigenständigen Schellingschen »Identitätsphilosophie« sowie die Kunstphilosophie dieser Jahre; der 3. Band versammelt die reifen Schriften der identitätsphilosophischen Phase, darunter das großartige Würzburger System, den einzigen integralen Vortrag von Schellings Gesamtsystem; der 4. Band zeigt die Umbruch- und Umbildungsphase, in der Schelling vom identitätsphilosophischen Ansatz, ihn zuspitzend und überbietend, abrückt und seine Münchener und Erlangener Weltalter-Philosophie sowie die Grundzüge seiner Spätphilosophie vorstellt; der 5. und 6. Band vereinigt die letzten Münchener und die Berliner Vorlesungen und Texte bis 1852, ohne die *Philosophie der Offenbarung*, die in der Paulus-Nachschrift von 1841/42 bereits als Taschenbuch vorliegt (Frankfurt/M.: Suhrkamp 1977).

Von Schellings Schriften sind viele zum Schaden des Verfassers bekannter geworden, als es ihrem Wert entspricht: so die oft nachgedruckte und gerühmte (bzw. gescholtene) Schrift *Über das Wesen der menschlichen Freiheit* von 1809 (Frankfurt/M.: Suhrkamp 1975) und die überstürzt veröffentlichte *Darstellung meines Systems der Philosophie* (von 1801), die bestimmt war, Schellings Ruhm zu gründen und seinen Gegnern Anlaß bot, die Schwächen seiner Spekulation zu enthüllen. Statt ihrer (die nicht oder auszugsweise geboten werden) bringt die neue Werkausgabe substantiellere und weit weniger bekannte Schriften, so die *Abhandlungen zur Erläuterung des Idealismus der Wissenschaftslehre* (1796), die *Ferne-*

*ren Darstellungen aus dem System der Philosophie* (1802), die lichtvollen *Würzburger Vorlesungen* von 1804, die ausgezeichnet faßlichen *Stuttgarter Privatvorlesungen* von 1810 (die die Lektüre der Freiheitsschrift erübrigen können), die Urfassung der *Weltalter* (von 1811), das wenig bekannte, großartige Gespräch *Clara* (zwischen 1809 und 1811), zahlreiche Jenaer, Münchener und Berliner Abhandlungen und Vorlesungen aus Schellings letzter Phase.

Die Datierungen des Sohnes wurden teilweise korrigiert im Lichte der neuesten Forschungen, insbesondere derjenigen von Horst Fuhrmans, dessen Ausgaben der *Briefe und Dokumente* Schellings (Bonn: Bouvier 1962 ff.) und dessen Einleitungen zu den Erlangener *Initia philosophiae universae* (Bonn: Bouvier 1969) sowie zur *Grundlegung der positiven Philosophie* (Torino: Bottega d'Erasmo 1972) Meilensteine der Schelling-Philologie sind und bleiben werden.

Zu Einführung und Kommentierung des Schellingschen Werkes sei noch auf vier Veröffentlichungen des Herausgebers im Suhrkamp Verlag verwiesen: *Materialien zu Schellings philosophischen Anfängen*, herausgegeben von Manfred Frank und Gerhard Kurz (1975); *Der unendliche Mangel an Sein* (1975); Einleitung zu Schellings *Philosophie der Offenbarung* (1977); *Eine Einführung in Schellings Philosophie* (1985).

Manfred Frank

Ueber das

# Wesen deutscher Wissenschaft.

## Fragment.

(Aus dem handschriftlichen Nachlaß.)

1807.

Es reden jetzt gar viele mit besonderem Nachdruck von deutscher Wissenschaft: was sie aber darunter verstehen, erklären sie nicht; ob das Chaos von Begriffen und widerstreitenden Meinungen, das jetzt da ist, oder irgend eine vorhergehende oder auch etwa zukünftige Wissenschaft, erklären sie nicht bestimmt. Wohl kann man von deutscher Wissenschaft reden. Denn sie ist nicht etwas in Bezug auf die Nation selbst Aeußerliches, ein zu anderem Hinzukommendes oder als Mittel Betriebenes: sie ist das wahre Innere, das Wesen, das Herz der Nation, sie ist mit ihrem Daseyn selbst verflochten, und wer möchte nicht sagen, daß sie nur in dieser ein wahres Daseyn hat. Zeugnisse dieser Behauptung sind die religiösen und wissenschaftlichen Revolutionen, mit denen dieses Volk allen anderen vorangegangen, und in denen es ein Interesse des Gemüths und Geistes für den Grund aller Erkenntniß an den Tag gelegt hat, wie keine andere Nation je gethan, und wie es selbst für keine anderen Zwecke in der Folge je wieder gezeigt hat. Auch Art und innerer Gehalt deutscher Wissenschaft sind daher nicht als zufällig zu betrachten. Verwunderungswerth hat manchen insbesondere geschienen, wie die Liebe metaphysischer Untersuchungen unter den Deutschen nicht, wie unter allen anderen Nationen, gealtert, vielmehr immer neu sich verjüngt hat. Sie scheinen zu meinen, daß sie auch darin besser fremdem Beispiel gefolgt hätten. Diese scheinen das Wesen ihres eignen Volks nicht zu erkennen, und haben darum auch sein Schicksal nicht begriffen. Zu eigenthümlich von Gemüth und Geist ist dieses Volk gebildet, um auf dem Weg anderer Nationen mit diesen gleichen Schritt zu halten. Es muß seinen eignen Weg gehen, und wird ihn gehen, und sich nicht irren noch abwenden lassen, wie es immer vergebens versucht wurde. Seine Aufgabe ist eine ganz eigenthümliche, die Richtung seiner Entwicklungen und Fortschritte eine nothwendige.

Seit zuerst deutscher Geist von vorhandenem Glauben sich losriß, sofern er entweder von aller Wissenschaft leer oder auf einengenden und todten Formen derselben gegründet war, von diesem Augenblick nur den Kräften der Wissenschaft und klarer Erkenntniß vertrauend — seit dieser Zeit existirt deutsche Wissenschaft in der ganzen Eigenthümlichkeit ihrer Bedeutung. Von da an sind ihre Fortschritte nicht mehr zufällig noch ins Unbestimmte (wie die anderer Nationen) gerichtet; sie haben ein bestimmtes Ziel, eine nothwendige Richtung.

Sonderbar genug ist, wie so ganz unbemerkt bleiben konnte, daß schon der öffentliche Zwiespalt religiöser Bekenntnisse dem deutschen Volk ein weit höheres Ziel als jedem andern bestimmt. Zwar beklagt wird, wie es als Nation unter demselben gelitten, aber zu welchem Ende er da sey, und wohin dieser Widerspruch im Inneren der Nation sie zuletzt wohl führen solle, hat noch niemand beachtet. — Hinweg mit allen Gedanken der Rückkehr! Alle Rückkehr, die ausgenommen, welche durch Fortschreiten geschieht, ist Verderb und Untergang. Wohl halten auch die Schöpfungen des Weltgeistes ihren lebendigen Umlauf, dasselbe wiederbringend in Natur und Geschichte, aber in anderem und höherem Sinn. Diesem ähnlich schreiten die Schöpfungen des menschlichen Geistes fort. Damals, zu jener Zeit entschiedener Lossagung von überliefertem Glauben gelobte deutscher Geist und that sich selbst den Schwur, den Gegensatz bis zur vollkommenen Auflösung durchzuführen, die Einheit, die er als einen Zustand erkenntnißlosen Friedens verließ, auf einer höheren Stufe als bewußte Einheit, in größerem Sinn und weiterem Umfang einst wiederherzustellen. Dieß ist das Ziel deutschen Geistes, jenes Gelübde das, was ihn arm erscheinen läßt gegen den Reichthum, demüthig gegen den Uebermuth anderer Nationen, der Stachel seines Eifers, der, während jene die höchsten Untersuchungen abgeschlossen und

Principien vorhanden wähnen, über die es keine höheren gebe, ihn antreibt, aufs neue die Grundfesten aller Erkenntniß aufzurühren und in unabsehbare Tiefen hinabzusteigen.

Die geistige Umänderung des 16ten Jahrhunderts war eine Revolution durch Wissenschaft, durch wahre Metaphysik bewirkt gegen den Mechanismus und die Physik des damaligen religiösen Glaubens. Das Princip, die Seele alles Glaubens, siegte über die Materie und den Leib, der sich selbst zu genügen anfing. Daher die Metaphysik des Gefühls in dem Geist des Urhebers; daher nicht das Werk, sondern die Magie des Glaubens das Eins und Alles seiner Lehre. Was zunächst im Verlauf der Zeiten in deutscher Wissenschaft sich entwickelt, was besonders zu unserer Zeit mit neuer Kraft angeregt, hervorgerufen, geschaffen worden ist, steht als mittelbare oder unmittelbare Folge im genauesten Zusammenhang mit jenem Anfang deutscher Wissenschaft.

Alles, was zwischen diesem Anfang und der gegenwärtigen Zeit liegt, von der auch der Versunkenste begreift, daß sie nicht vorübergehen werde ohne eine neue Welt, eine neue Schöpfung (welcher Art sie sey) hinter sich zu lassen, jenes alles betrachte ich als bloße nothwendige Zwischenerscheinung, die ganze Zeit aber als die Periode der bis aufs Aeußerste fortschreitenden Entzweiung. Denn nothwendig war, daß nach aufgehobener Einheit der Gegensatz mächtig und in allen Richtungen hervortrat, die in der Harmonie verborgenen Elemente jedes einzeln hervortrat, um durch seine Ausdehnung und Anwendung auf das Wirkliche Vernichtung zu finden. Die Wissenschaft mußte über alle ihre möglichen Formen zum freien und klaren Bewußtseyn kommen, um in einer göttlichen Indifferenz zu endigen, welches ihr wahrer Charakter ist. Unleugbar hat erst seit jener Zeit die frühere, deutscher Natur fremde dualistische Meinung von dem Tod der Natur und der Alleinlebendigkeit des geistigen Princips im Menschen als System, als herrschende Meinung hervortreten können, der allmählich jede Art der Wissenschaft, jeder Zweig der Erkenntniß und zuletzt das öffentliche Leben selbst unterlag. Nachdem zufolge dieser Meinung alles auf Erden und im Himmel todt war, das Scheinleben des Subjekts ausgenommen, mußte alle Metaphysik auf dieses, um noch von Physik unterschieden zu seyn, sich zurückziehend, in Empirismus übergehen, die Religion aber sammt allem zu ihr Gehörigen sich jenseits und über alle wirkliche Welt hinausflüchten.

Die nun nach Einheit suchten, Wissenschaft aber nur in klarer Erkenntniß sahen, mußten, da in allem klar Erkennbaren für sie nichts Göttliches mehr anzutreffen war, eben dieses Ungöttliche, das an sich Leblose und nur in mechanischer Zusammenwirkung den Lebensschein Erzeugende als die einzige Realität erkennen, allen Begriff aber eines Daseyns außer derselben als Aberglauben, Betrug, Irrthum verwerfen. Hiemit hatte der Dualismus sich selbst vernichtet. Auf eine andere, deutschem Gemüth angemessenere Art geschah die Vernichtung durch absolute Scheidung, indem anerkannt wurde, daß Wissenschaft nur vom Todten und im Todten möglich sey, für Lebendiges, Freies und Göttliches aber dem Menschen nur das tiefe Bewußtseyn seines Nichtwissens, erleuchtet allein durch Ahndung, Glaube und erkenntnißloses Gefühl, übrig bleibe. Das Endliche und sogenannte Wirkliche war hiemit als Positives ganz nach der einen Seite, das Unendliche und sogenannte Ideale als Negatives ganz nach der andern Seite gebracht, aber das Band, wodurch beides zusammengehalten wurde, war völlig verschwunden.

Wenn das allmähliche Hervortreten und die in allen Richtungen mißlungene Anwendung und endliche Selbstvernichtung aller Elemente des Gegensatzes für die sämmtlichen übrigen Nationen den Schein hervorgebracht hat, als wäre es nun mit aller Philosophie zu Ende (welches jetzt als die allgemeine Meinung von Europa angesehen werden kann), so mußte aus dem Tod und Untergang der falschen Wissenschaft und der abstrakten Theorien in Deutschland vielmehr die wahre Wissenschaft und Metaphysik emporkeimen. Diesen Wendepunkt neuer und aus positivem Princip hervorgehender Wissenschaft bezeichnet die durch Kant geschehene Regeneration der Erkenntniß. Es wäre eine große Beschränktheit der Ansicht, in den späteren wissenschaftlichen Veränderungen Deutschlands kein höheres Princip zu erblicken als den Geist der einzelnen Männer, durch die sie begonnen wurden. Wie in den früheren religiösen war es auch in diesen das Wesen, der Geist der

Nation selbst, aus dem sie ihren Ursprung wie die Kraft und den Antrieb ihrer Fortbildung erhielten. Ebenso haben wir die Aeußerungen dieser Männer nicht, wie sie ihren Zeitgenossen, oder sogar sich selbst erschienen, sondern nach ihrer Bedeutung in dem großen Zusammenhang der Zeiten und der fortschreitenden Bildung zu betrachten. Von diesem Gesichtspunkt erscheint uns als das Wesentliche in der Kantischen Erneuerung der Beweis, daß der Tod in den Dingen nichts anderes denn eine aus dem Subjekt auf sie übergetragene Form und Außenseite sey (war gleich diese Uebertragung noch als eine nothwendige dargestellt), daß diesen bloß erscheinenden Dingen, auch der Natur also, etwas Wesentliches, Lebendiges, wenn schon der bloßen Form des Verstandes Unerreichbares, zu Grunde liege. Nur verneinend jedoch hatte Kant die Dinge an sich bestimmt, nämlich im bloßen Gegensatz der erscheinenden, aber auch damit schon die Gedanken auf eine wahre Metaphysik richtend und, der erste nach langer Zeit, der Natur wieder ein Göttliches, Unentstandenes, wahrhaft Seyendes zu Grunde legend. Nach ihm konnte der Mann hervortreten, der das wahre Wesen alles An-sich wieder erkannte, der fand, daß das allgemeine An-sich die Quelle der Selbstbewegung, der Selbstoffenbarung und Bejahung — der Ichheit — sey. Künftige Zeit mag untersuchen, was diesen kräftigen Geist verhinderte, nach dieser wahren Erkenntniß des An-sich, es im Ganzen zu erblicken, und so die Selbstigkeit und Lebendigkeit aller Dinge und der ganzen Natur anschauend, sich bis zu dem Urquell aller Ichheit, dem zu erheben, von dem alles andere Ich, in der Absonderung, nur Schatten und Schein, in der Einheit betrachtet, das lebendige Theil und reale Ebenbild ist.

Dahin, nach diesem Ziel hat alle deutsche Wissenschaft getrachtet von Anbeginn, nämlich die Lebendigkeit der Natur und ihre innere Einigkeit mit geistigem und göttlichem Wesen zu sehen. In dieser Anschauung lebte der große Geist des Johannes Kepler, welcher in dem Zeitalter des Cartesius Athem und Seele der Erde gab, die physische Bedeutung geistiger Formen, die Vorbildlichkeit der Mathesis in Bezug auf die Natur und das Weltsystem erkannte. Eben dieses war die

Seele jenes deutschen Erfinders, welchem das Leben der Einen alles Leben enthaltenden Substanz nicht genügte, welcher schauend ahndete, daß jeder Theil der Materie ähnlich sey einem Garten voll organischer Gewächse, ähnlich einer See voll lebender Geschöpfe. Durch Sinn und Verständniß gehört Spinoza den Deutschen an, den französische und englische Atheisten für ihres gleichen gehalten, und dessen Lehre mit geringen Ausnahmen einem verschlossenen Buch glich vor der Eröffnung seines Sinnes durch die deutschen Männer Lessing und Jacobi. Das unverwerflichste Zeugniß dieser Wahrheit und Richtung des deutschen Geistes hat der hocherleuchtete Mann Jacob Böhme abgelegt, der aus reiner Begeisterung und keiner anderen Lehre noch Eingebung als der seines Innern theilhaftig und in seliger Anschauung wie bezaubert festgehalten sein labyrinthisches und dem Dunkel der Natur ähnliches Gedicht von der Natur der Dinge und dem Wesen Gottes gedichtet hat. Ihm gesellte sich Hamann, der Mann tiefsinnigen Geistes, bei, der den Todtschlag der Natur durch den Gebrauch der Abstraktionen und die ganze Eitelkeit seiner Zeit in ihrer vermeinten Erhebung und Herrschaft über die Natur und ihrer moralischen Feindschaft gegen dieselbe tiefer als jemand fühlte ...[1] Aber wer wollte diese Wolke von Zeugen einzeln aufzählen, da alles, das urkräftig aus deutscher Kraft erzeugt ist, die einmüthige Richtung hat gegen dieses Ziel aller Erkenntniß.

Andere mögen sich mit Frivolität in ein Extrem des Gegensatzes geworfen haben, die deutsche Wissenschaft hat selbst, indem sie in die äußersten Verzweigungen desselben sich verlor, den religiösen Charakter dennoch nicht abgelegt. Es ist möglich, auch aus Religion sich von Religion loszureißen, wie im römischen Lucretius bei weitem mehr Naturandacht und wahre religiöse Begeisterung ist, als in dem, der Gott mit dem Verstand leugnen, aber mit dem Herzen bekennen will. Die deutsche Nation strebt mit ihrem ganzen Wesen nach Religion, aber ihrer Eigenthümlichkeit gemäß nach Religion, die mit Erkenntniß

[1] Vgl. die Rede über das Verhältniß der bildenden Künste zu der Natur, im vorhergehenden Band, S. 293. D. H.

verbunden und auf Wissenschaft gegründet ist. So hat an ihr Bacos bekannter Ausspruch sich auf eine auffallende Weise bewähren müssen, daß die oberflächlich und nur mit den ersten Lippen gekostete Philosophie von Gott hinweg, die ganz und völlig erschöpfte zu ihm zurückführt. Wiedergeburt der Religion durch die höchste Wissenschaft, dieses eigentlich ist die Aufgabe des deutschen Geistes, das bestimmte Ziel aller seiner Bestrebungen. Nach der nothwendigen Zeit des Uebergangs und der Entzweiung nehmen wir dieses durch die religiöse Revolution eines früheren Jahrhunderts begonnene Werk an eben dem Punkte auf, wo es verlassen wurde. Jetzt fängt die Zeit der Vollführung und Vollendung an.

Der Deutsche zeigt seine angeborene Treue selbst im Verkehrten, es nicht verlassend, sondern ausbildend bis zur vollkommenen Erscheinung der Nichtigkeit. Die Ausartung alles Hohen und Erhabenen, die Erlöschung desselben bis auf den Begriff selbst in weltlichen Geschäften und Dingen ist ein Beweis mehr von seiner Consequenz. Daher haben hier verderbliche Grundsätze auch weit verderblicher eingewirkt und in der That die ganze Masse der Nation verkehrt, wie ein wenig Sauerteig eine ganze Masse säuert. Was man auch sagen möge, alles Hohe und Große in der Welt ist durch etwas geworden, das wir im allgemeinsten Sinne Metaphysik nennen können. Metaphysik ist, was Staaten organisch schafft und eine Menschenmenge Eines Herzens und Sinns, d. h. ein Volk, werden läßt. Metaphysik ist, wodurch der Künstler und der Dichter ewige Urbilder lebendig empfindend sinnlich wiedergibt. Diese innere Metaphysik, welche den Staatsmann, den Helden, die Heroen des Glaubens und der Wissenschaft gleichermaßen inspirirt, ist etwas, das von den sogenannten Theorien, wodurch Gutmüthige sich täuschen ließen, und von der flachen Empirie, welche den Gegensatz von jenen ausmacht, gleich weit abstößt.

Alle Metaphysik, sie äußere sich nun speculativ oder praktisch, beruht auf dem Talent, ein Vieles unmittelbar in Einem und hinwiederum Eines in Vielem begreifen zu können, mit Einem Wort auf dem Sinn für Totalität.

Metaphysik ist der Gegensatz alles Mechanismus, ist organische Empfindungs-, Denk- oder Handlungsweise. Auf Zerstörung aller Metaphysik im einzelnen Menschen wie im Ganzen ging die letzte Zeit aus, und dieses ist in der That das Geheimniß aller Klugheit, Erziehungs- und Regierungs-Weisheit derselben.

Wir wollen unsere Beispiele nicht von eigentlich speculativen Wissenschaften hernehmen. Daß z. B. die Physik ganz dem Mechanismus überantwortet wurde, ist eine bekannte Sache. Die Physik soll freilich bis auf den Mechanismus der Erscheinungen construiren, aber was sie in diesem Mechanismus darstellen und eigentlich sehen soll, ist nicht mehr Mechanismus: eben darum bedarf der Physiker der innern Metaphysik, der Anschauung und Tiefe der Contemplation. Daß die Philosophie von allem Dämonischen, aller eigentlichen Metaphysik zu reinigen, ein Hauptverdienst und Geschäft gewesen, weiß jedermann. Nur von denjenigen Wissenschaften reden wir, die das Leben des Menschen unmittelbar angehen und bestimmen. Was zuvörderst das allgemeine Verhältniß der Menschen zueinander betrifft, so war der Ausgangs- und Unterstützungspunkt der sämmtlichen Theorien die absolute Personalität des Einzelnen. Nicht damit ein dem All ähnliches Ganzes entstünde, nur um eines Ganzen willen, sondern damit der Einzelne für sich, abgeschlossen und gesondert bestehen könnte, gab es Recht und Gesetze. Der Charakter, unter dem der Einzelne betrachtet wurde, war (dem höchsten, den mechanische Physik kennt, ähnlich) moralische Undurchdringlichkeit, absolutes Vermögen für sich zu seyn und seine Sphäre mit Ausschließung aller andern zu erfüllen. Auf diese unsinnigste Anmaßung absoluter Egoität wurde eine den Alten in diesem Sinn völlig unbekannte Wissenschaft gegründet, ein sogenanntes Naturrecht, das allen zu allem ein gleiches Recht gibt und keine innerlich bindenden Pflichten, sondern nur äußeren Zwang, keine positiven Handlungen, sondern nur Unterlassungen und nur Einschränkungen kennt, die sich jeder an seinem ursprünglichen Recht bloß in der Absicht gefallen läßt, um den ihm übrig bleibenden Rest desselben desto sicherer in selbstgenügsamer Abgeschlossenheit genießen zu können. Aus dieser trüben Quelle schnödester

Selbstsucht und Feindseligkeit aller gegen alle entstand sodann der Staat durch menschliche Uebereinkunft und gegenseitigen Vertrag.

Wenn einmal in der Menschheit kein nothwendiges Princip von göttlicher Einsetzung ist, wodurch viele zur Einheit verschmolzen, und hinwiederum die Einheit in Vielheit sich verwirklicht, wenn das Höchste, um dessenwillen alles andere da ist und geschieht, die Personalität des Einzelnen ist: so ist es unmöglich, für das Ganze wahrhaft zu wollen, und das Gesetz der Sittenlehre, im Sinn und Geist des Ganzen zu handeln, anders als im negativen Sinn zu verstehen und zu erfüllen, nämlich in dem: nichts zu thun, das dem Willen des Ganzen, wenn es als solches einen haben könnte, widerstritte. Alle Tugenden sind dann entweder bloß verneinender Art, oder können ebenfalls nur von dieser Seite erscheinen; der ganze Werth des Menschen besteht in der Einschränkung, die er sich in Ansehung anderer auferlegt, nicht in dem, was er für andere vollbringt; Tugenden, die sich nur im Zustand eines öffentlichen und gemeinsamen Lebens entwickeln und äußern können, gibt es nicht, sondern bloß Tugenden des Privatlebens. Auch der Staat glaubt solcher Tugenden entbehren zu können, so wie jeder innerlich bindenden Kraft. Gesinnungen gehen ihn nichts an, denn Handlungen, die seiner Existenz zuwider, glaubt er mit Gewalt hindern, deren er bedarf, erzwingen zu können. Vollkommene Mechanisirung aller Talente, aller Geschichte und Einrichtungen ist hier das höchste Ziel. Alles soll nothwendig seyn im Staat, nicht wie in einem göttlichen Werk alles nothwendig ist, sondern wie in einer Maschine durch Zwang, durch äußeren Antrieb.

Zwar es muß sich in der Ausübung finden, daß der Staat durch alle diese Mittel nie ein Ganzes wird, ja daß jene blinde Nothwendigkeit nicht einmal erreicht wird, aber immer wird der Grund nur in der Unvollkommenheit des Mechanismus gesucht; neue Räder werden eingefügt, die zu ihrer Regulirung wieder anderer bedürfen, u. s. f. ins Unendliche; ewig gleich fern aber bleibt das mechanische Perpetuum mobile, das bloß organischer Kunst der Natur und der Menschen vorbehalten ist zu erfinden.

In einem so gewordenen Staat hat alles nur Werth, soweit es mit Sicherheit erwartet und berechnet werden kann: alles Dämonische aber, das vom Himmel kommt und nicht berechnet werden kann, ist von keiner Bedeutung.

Aller Mechanismus vernichtet die Individualität, gerade das Lebendige geht nicht in ihn ein und ist ihm nichts. Alles Große und Göttliche aber geschieht immer durch Wunder, d. h. es erfolgt nicht nach allgemeinen Gesetzen der Natur, sondern nur durch das Gesetz und die Natur des Individuums. Vertilgung der Individualität ist eben die Richtung eines unmetaphysischen, bloß mechanisch geformten Staates. Daher gelangen in ihm die am wenigsten durch Individualität ausgezeichnet sind, die gewöhnlichsten Talente und am meisten mechanisch aufgezogenen Seelen zur Herrschaft und Leitung der Angelegenheiten. Ja in dem Maß, als ein Mensch der wahren Wissenschaft und Ideen fremd ist, wird er tauglich für Geschäfte gefunden. Zuletzt werden auch an den Oberhäuptern nur Privattugenden noch geschätzt ohne öffentliche, und da in der That nichts Gemeinsames oder wahrhaft Oeffentliches existirt, so wird die fade Moral des Privatlebens endlich sogar auf die Throne erhoben, und auch Fürsten gelehrt, was sie unterlassen, nicht, was sie Positives und ihrem Volk Heilsames selbständig thun sollen. Wie sollte aber ein solcher Staat dem Kriege gewachsen seyn, da er alles auf den Eigennutz des Privatlebens gründet, und er hinwiederum zu dem Bürger kein anderes Verhältniß sich gegeben, als das, den möglichsten Nutzen von ihm zu ziehen, ihn zu übervortheilen und, wo es möglich, Geld und Gut von ihm zu gewinnen; ferner, da in dem Krieg allein große Individualität entscheidend, hülfreich erscheinen kann, da zur Zeit des Friedens eben diese unterdrückt und vertilgt wurde. Es gibt keinen rechtlichen Krieg, als der um der Idee willen geführt wird, d. h. der religiös ist. Nicht als Maschine, die von Willkür bewegt wird, sondern dem Gesetz Gottes und der Natur gehorchend, die den Krieg eingesetzt haben, soll der Streiter siegen oder fallen. Wo aber gibt es einen heiligen Krieg, wo der Staat nichts Heiliges in sich hat, und was in ihm allein noch Heiliges war, die

Religion, als ein Fremdes von sich ausgestoßen und sich selbst als ein Institut von bloß weltlichen Zwecken constituirt hat.

Die deutsche Nation ist ihrem innersten Wesen nach religiös; jedes Volk hat aber nur durch dasjenige Kraft und Macht, was seine besondere Natur ist. Andere mögen durch anderes getrieben und vereinigt werden, ein Phantom von Ehre ganze Staaten zusammenhalten und Völker zu Triumphen führen: deutsches Gemüth bedarf eines innigeren Bandes. Kein Volk hat mit diesem Sinn und dieser Ausdauer den heiligen Krieg gekämpft wie das deutsche. Jene große religiöse Umänderung beschäftigte für und wieder die Gemüther und Geister der Fürsten und Gewaltigen. Wie ist denn jetzt alles so verändert? Die Antwort auf diese Frage liegt sicher und einem großen Theile nach auch in der Geschichte der Wissenschaft. Man könnte von dem Menschen überhaupt sagen, daß er bestimmt ist, seiner Persönlichkeit nach als ein Opfer der ganzen Natur zu fallen. Jedes andere Geschöpf lebt, in bestimmten Grenzen, ein vorgezeichnetes Leben; sein beschränkter Charakter ist ihm Tugend und Recht, und wie es auch beschaffen sey, es ist in sich selbst rein und ohne Fehl. Der Mensch ist allen Widersprüchen offen, und durchläuft in sich allein fast die ganze Stufenleiter der Wesen, derselbe des Höchsten und des Niedrigsten fähig. Man hat es oft bemerkt, daß alle übrigen Nationen von Europa durch ihren Charakter viel bestimmter sind als die deutsche, welche daher wegen ihrer allgemeinen Empfänglichkeit als die Wurzel, wegen der in ihr liegenden Kraft der Vereinigung des Widerstreitenden wohl als die Potenz der anderen Nationen betrachtet werden könnte. Sollte nicht das Loos des Deutschen darin das allgemeine des Menschen seyn, daß auch er die verschiedenen Stufen, welche andere Völker gesondert darstellen, allein alle durchliefe, um auch am Ende die höchste und reichste Einheit, deren die menschliche Natur fähig ist, darzustellen?

Wenn dasjenige Volk, dessen Cultur die eines anderen gebieterisch bestimmt hat, das diesem seine Sitte, seine Sprache seit länger als einem Jahrhundert mitgetheilt und durch Vorzüge wie durch Laster, durch seine vorzüglichen Geister wie durch seine Auswürflinge gewirkt hat, wenn jenes Volk endlich dazu kommt, dieses auch äußerlich zu beherrschen, was ist da so Großes zu verwundern, da das Gegentheil vielmehr das Verwunderns würdigste wäre? wenn aber dieses Volk Mittel gefunden, dem größten oder wenigstens gebietenden Theil des andern Grundsätze einzuflößen, deren Gift es seiner selbst mehr nach außen wirkenden Natur gemäß durch eine schnelle, wenn auch furchtbare, Krise überwunden, indeß es jenem das innere Leben langsam verzehrt, welche Folgen wären von diesem Verhältniß zu erwarten?

Bei diesem Verhältniß der deutschen Nation zu den übrigen müssen wir, um die wahre Wesenheit ihres Geistes, die ursprüngliche Richtung ihres Sinns zu gewinnen, das alles aussondern, was durch die Buhlerei der Väter und Großväter mit ausländischen Völkern erzeugt wurde, oder als fremder Zusatz das reine deutsche Metall auch seiner inneren Natur nach verändert hat. Das ist nicht deutsche Philosophie, was lange dafür gegolten: nicht einheimisch sind jene abstrakten Theorien und seichten Grundsätze, die sich allmählich in alle Zweige auch des Lebens und gemeinen Wesens gedrungen haben und noch fortwirken, indeß sie die Erfahrung längst widerlegt hat und täglich in ihrem Nichts offenbart.

Hat sich indeß in der deutschen Nation innerer Zerfall, Widerspruch, Unvermögenheit gezeigt, so dürfen wir dieses nicht rein und bloß der Einwirkung fremder Elemente zuschreiben. Im Wesen und der Bestimmung des deutschen Geistes, in allen Formen sich zu versuchen, liegt der Grund einer unendlich mannichfaltigen Spaltung. Alles Leben fordert Totalität, aber diese zerfällt ohne die Einheit. So machen einzelne Theile unseres Leibes zusammen die Form aus, und nur wo diese Form in Einheit beisammen ist, schlägt das Wesen, der ächte Lebensblitz ein. Nehme die Form auseinander, und er hat nicht mehr wo er einschlage und zünde. *Wir* haben zu gleicher Zeit und auf Einem Boden Menschen jeder Art gesehen. Viele, die ganz in den Schlamm der Sinnlichkeit versunken waren, und deren beschränkten Geisteskräften eben dieß das Höchste schien, nichts außer dem Sinnlichen zu sehen und zu denken. Reine Verstandesmenschen — wie gar wenige in der That, viele doch ihrer Rede nach! — die ihren Verstand im Hinwegschaffen und Beschneiden suchten, gänzlich unfähig aber etwas Positives zu schaffen. Vernunftmenschen, d. h. solche, die mit reiner Vernunft sich abziehen zu können glaubten von aller Wirklichkeit und von aller That. Sogar Ueber-Vernunftmenschen! Aber Menschen, in denen die Harmonie wäre, durch welche jenes alles erst theils Adel theils die Kraft der Wirksamkeit und die Aktualität erhält, mit Einem Wort wahrhaft göttliche Menschen haben sich nirgends hervorgethan. Jene alle zeigten sich unvermögend zur Rettung des Gemeinwesens oder auch nur zur Erfindung irgend eines Guten für das Ganze und Allgemeine. Gerade jener innere, geistige Lebensblitz hat der Zeit gefehlt, und nirgends hat, in Deutschland wenigstens, wo jene Sonderung der Kräfte nach allen Richtungen hin aufs Aeußerste getrieben wurde, eine Erscheinung desselben sich thätig, wirksam für das Leben gezeigt. Wo er erschienen wäre, da hätte er als ein Lichtglanz und Bote vom Himmel alles Volk mit Anbetung erfüllt, die Getrennten plötzlich, wunderbar, göttlich vereinigt. So stehen sie nun außereinander, geschieden, jeder auf einem Endpunkt; die Kraft, der Funke aber, der alle zu Einem Wollen und Thun verschmelzen konnte, hat sich nirgends gezeigt.

Ihr habt die Natur geschmäht, daß sie Sinne eingesetzt und den Menschen nicht nach dem Muster eurer Abstraktionen geschaffen; ihr habt seine Natur geschändet und verstümmelt, damit sie euch gerecht werde, und mit viel frecherem Wahnsinn gegen sie gewüthet, als die sich in früheren Zeiten selbst verschnitten um der Seligkeit willen. Ihr bedachtet nicht, daß in Sachen der Wissenschaft, der Religion und Kunst so wenig als in weltlichen Geschäften je ohne überwiegende Naturkraft etwas Großes vollbracht worden, und daß die erhabensten Aeußerungen der Seele ohne eine kräftige Sinnlichkeit todt und unwirksam für die Welt sind. Ihr bedachtet nicht, daß, indem ihr die Leidenschaften ausrottet, ihr zugleich der Tugend den Stoff ihrer Anwendung, die Materie raubt, ohne welche sie keine Aeußerung hat. Denn jede Kraft der Natur ist an sich gut, und, soweit sie positiv ist, göttlich; sie wird negativ und vom Argen, nur sofern sie aus dem ursprünglichen Maß der Kräfte heraustretend und für sich wirkend, sich selbst zum Mittelpunkt zu machen strebt. Wenn aber die Tugend selbst nichts anderes ist denn eben jenes göttliche Maß der ursprünglichen Kräfte, so sind diese nothwendig zur Aeußerung der Tugend, wie in der Heiterkeit der Luft nur darum die Sonne als Bild der Einheit erscheint, weil derselbe Luftkreis es ist, in dem auch die Kräfte der Stürme und Orkane, die Macht des Blitzes und des Donners schlummert. Wer möchte die göttliche Wurzel des Zorns, des Hasses, der Ehrliebe und anderer Eigenschaften verkennen? Die Wirkung einer den Menschen aushöhlenden Moral muß aber nothwendig noch beträchtlich nachtheiliger wirken auf Völker, die schon durch ihre klimatischen Verhältnisse ärmer an Naturkraft und schwächer begabt von Sinnlichkeit sind.

Ebenso habt ihr dem Verstand Krieg angekündigt, weil ihr ihn nur von seiner negativen, aber nicht von seiner positiven Seite kennt. Wollten wir ihn auch bloß nach der gewöhnlichen Ansicht als das Mittel der Vernunft und Sinnlichkeit betrachten, so erschiene er schon dadurch als das Realisirende oder die einzige Kraft der Verwirklichung im Menschen, so daß selbst noch die Frage entstünde, ob er nicht, menschlich zu reden, als das gemeinschaftliche Band jener Entgegengesetzten und eben darum des Menschen selbst, höher als beide zu setzen sey; daß er gleicherweise leer, unfruchtbar, unwirksam ist, er mag nun von der Vernunft und den Ideen, deren Werkzeug er ist, oder von sinnlicher Anschauung und Kraft, welche der Stoff ist, in dem er jene auszuprägen hat, sich entfernen, ist nur zu offenbar durch sich selbst und durch die Erfahrung; aber eben diese Erfahrung weist ihm sein bestimmtes, organisches Verhältniß im Ganzen der menschlichen Natur an. Schlägt denn etwa das Herz im Leibe darum nicht frei und lebendig, weil es ein Band zweier Systeme, weil es untergeordnet ist der Einheit, die kein Theil mehr ist? Der Verstand ist es, von dem allein allen Produkten des Geistes innere Kraft und Ständigkeit kommt; selbst Thaten des Muths, der Tugend und Begeisterung drückt er erst das Siegel der Göttlichkeit auf. Wie es aber Sitte geworden ist, in der Wissenschaft nur schwärmen, nur fühlen oder empfinden zu wollen, und bei

Schwachsinnigen sogar für Genie gilt, die Wissenschaft zu verachten, so ist in Dingen des Lebens unter uns verstandlosem Enthusiasmus mehr als klarem Verstand, illusorischer Meinung mehr als deutlicher Erkenntniß des Nothwendigem vertraut worden.

Man hat den deutschen Philosophen mehrmals vorgeworfen ihre Gleichgültigkeit gegen das Gemeinwesen, ihr Nichteinstimmen in die allgemeine Wehklage über Untergang des Alten und des hergebrachten Zustandes, ja im Allgemeinen ist ihnen sogar verargt worden, daß sie mit übersinnlichen und die gemeine Fassungsgabe übersteigenden Dingen sich beschäftigen, indeß die Begebenheiten der Welt alle menschlichen Kräfte zur Erde zurückzurufen scheinen. Wäre die Richtung der neueren Philosophie auch noch so überirdisch, schiene es so sehr tadelswerth, sich von der Erde, die nichts darbietet als ein gräßliches Schauspiel organischer Auflösung, zum Himmel sich zu wenden? Wie aber sollte sie wehklagen über den Untergang eben derjenigen Zustände, deren Nichtigkeit sie am tiefsten gefühlt und längst verkündet hat? Könnte sie nicht vielmehr sich freuen, daß das zerschmetternde Schicksal mit harten Schlägen das Gebäude der Lüge und des Irrthums zusammenstürzt, das der sanften Stimme nicht weichen wollte. Sollte sie noch Hoffnungen hegen von einer Zeit oder einem Geschlecht, von dem sie der festen Ueberzeugung ist, daß das Wahre selbst, das Rechte und Gute, das in sie gesäet würde, nur Unkraut und schlimme Frucht erzeugen kann? Wahrlich sie könnte des geistigen Schlafs und inneren Todes in dem Geschlecht so gewiß seyn, daß sie, obschon nach gemeiner Rede die Erfahrung die Lehrmeisterin der Thoren ist, dennoch mit Gewißheit vorhersagen könnte, daß auch diese nichts ändern und bessern wird. An wen aber sollte sie sich wohl mit ihren Reden richten? An die, welche angefüllt mit den seichten Begriffen abstrakter Theorien auf der einen, und einer unreinen, ja schmutzigen Erfahrung von der andern Seite, sich den wahren Weltverstand zuschreiben, die wahre Philosophie aber, die nichts anderes ist denn die höchste Erkenntniß des Seyenden, verachten? Sollte sie den wahnsinnigen Aberglauben theilen, daß Neues durch Altes besiegt werden könne, indeß sie fest überzeugt ist, daß nur die gänzliche Erneuerung, welcher zu wehren das Hauptgeschäft der Erstorbenen und Blödsinnigen der ganzen letzten Zeit gewesen, Ehre und Heil wiederbringen kann, und dieß ganze Geschlecht entmannter Lüstlinge und weicher Seichtlinge, das gleich ungeschickt ist für den Ernst des Lebens wie für den der Wissenschaft und der Kunst, vergehen muß, ehe mit That und Kraft wieder gehandelt werden kann....

# Stuttgarter Privatvorlesungen.

(Aus dem handschriftlichen Nachlaß.)

1810.

# Inhaltsübersicht.

## I.



## II.



## III.

## I.

Inwiefern ist überhaupt ein System möglich? Antwort: es hat lange schon ein System gegeben, ehe der Mensch darauf gedacht hat, eines zu machen — das System der Welt. Dieß also zu finden, ist die eigentliche Aufgabe. Das wahre System kann nicht erfunden, es kann nur als ein an sich, namentlich im göttlichen Verstande, bereits vorhandenes gefunden werden. Die meisten philosophischen Systeme sind bloße Werke ihrer Urheber — gut oder schlecht ersonnene — fast sich verhaltend wie unsere historischen Romane (z. B. der Leibnizianismus). Ein System in diesem Sinn als das einzig mögliche behaupten zu wollen, ist höchst illiberal, — Schulsystem —. Ich versichere, daß ich dazu keinen Beitrag habe liefern wollen.

Indessen kann auch jenes wahre System in seiner empirischen Totalität nicht gefunden werden, als wozu die Erkenntniß aller, auch der einzelnsten Mittelglieder erfordert würde.

Soll das zu findende ein Weltsystem seyn, so muß es 1) als Weltsystem ein Princip haben, das sich selbst trägt, das in sich und durch sich selbst besteht, das sich selbst in jedem Theil des Ganzen reproducirt; 2) darf es nichts ausschließen (z. B. die Natur), nichts einseitig unterordnen oder gar unterdrücken; 3) muß es eine Methode der Entwicklung und des Fortschreitens haben, bei der man versichert seyn kann, daß kein wesentliches Mittelglied übersprungen werden kann.

Was ist Princip meines Systems? — Dieses Princip ist auf verschiedene Weise ausgedrückt worden:

a) als Princip der absoluten Identität schlechthin, wohl zu unterscheiden von absoluter Einerleiheit; die hier gemeinte Identität ist eine *organische* Einheit aller Dinge. In jedem Organismus ist Einheit, ohne daß jedoch die Theile desselben für einerlei gehalten werden könnten. So z. B. lösen sich im menschlichen Körper alle Differenzen der Organe und Funktionen in Ein untheilbares Leben auf, dessen Empfindung als eines untheilbaren, harmonischen die Empfindung des Wohlseyns ist, aber die Theile und Funktionen, die dieses organische Ganze bilden, sind darum nicht einerlei; der Magen z. B. thut nicht die Funktionen des Gehirns &c.

b) Bestimmter wurde dieses Princip ausgedrückt als absolute Identität des *Realen* und *Idealen*. Die Meinung ist hier nicht, daß das Reale und Ideale numerisch oder logisch einerlei sey; es ist eine *wesentliche* Einheit gemeint; es ist zwar *eine und eben* dieselbe Sache in beiden Formen gesetzt, aber sie ist in jeder dieser Formen ein eignes, und nicht einerlei Wesen. Wenn z. B. Jacob auch Israel hieß, so war es immer eben dasselbe Individuum, das durch die verschiedenen Namen nicht verschieden individualisirt wurde. Aber nicht so verhält es sich mit der Identität des Realen und Idealen. Man setze z. B. $\frac{A}{B = C}$, hier sind B und C identisch, weil sie dem Wesen nach A sind, aber verschieden sind sie voneinander als Formen, oder für sich betrachtet; B kann ewig nicht C, C nicht B werden, ebenso ist auch A in B und A in C jedes ein eignes Wesen. Eben dadurch, daß in jedem dasselbe Wesen ist, ist zwischen ihnen eine *wesentliche* (d. h. nicht bloß formelle, logische oder nominale) Einheit, zugleich *aber* ein wirklicher Gegensatz oder Dualism, indem sie sich untereinander nicht aufheben können. Denn dadurch, daß sich A in B und in C individualisirt, bekommen beide das gleiche Recht zur Existenz.

Warum ist denn nun aber das erste Princip als Identität des Realen und Idealen bestimmt worden? — Zunächst eben um anzudeuten, daß weder das Reale noch das Ideale als solches das Erste oder das Absolute sey, sondern beides nur untergeordnete Formen des eigentlichen *Ur-Wesens*. Dann aber soll es allerdings auch positiv aussagen, daß in beiden *dasselbe* Wesen sey. Mein Princip ist am besten zu erklären in Bezug auf den Fichtianismus. Fichte macht den Schluß: Kein Daseyn als für sich selbst. Nun nur das Ich für sich selbst da. Also &c. Den Untersatz nun leugne ich. Denn Subjekt und Objekt ist die allgemeine Form in der Materie so gut als im Ich (worin dann von der andern Seite wieder der Unterschied liege, dieß ist freilich erst in der Folge zu zeigen): so z. B. ist in dem Körper die zurückstoßende Kraft das Objektive, die attraktive in Ansehung des Körpers die auf ihn selbst zurückgehende, also subjektive Kraft. Fichten ist jener mit der Identität verknüpfte Dualism fremd.

c) In einem dritten Ausdruck wurde das Princip meiner Philosophie geradezu Absolutes oder Gott genannt. Das Absolute ist nun aber hier Princip der ganzen Philosophie; diese ist nur Ein Ganzes, sie lebt und webt in Gott, während das dogmatische oder Leibniz-Wolffsche System, aber auch das Kantsche Gott erst hintennach bringen. Der Unterschied meiner Philosophie und der Philosophie überhaupt von der Theologie, mit der sie verwandt, ist der, daß die Theologie mehr nur ein Abstractum der Philosophie ist; sie nimmt gewissermaßen Gott als ein besonderes Objekt, während die Philosophie Gott zugleich als höchsten Erklärungsgrund aller Dinge betrachtet, und daher die Idee Gottes auch über andere Gegenstände verbreitet. Hiermit hängt das Folgende zusammen.

Es ist eine gewöhnliche Frage die: wenn die Philosophie Gott zu ihrem Grund macht, wie gelangen wir zur Erkenntniß Gottes oder des Absoluten? — Auf diese Frage gibt es keine Antwort. Die Existenz des Unbedingten kann nicht erwiesen werden wie die des Bedingten. Das Unbedingte ist das Element, worin allein Demonstration möglich ist. So wie der Geometer, wenn er seine Sätze zu beweisen beginnt, nicht zuerst das Daseyn eines Raums beweist, sondern ihn nur voraussetzt, ebenso beweist die Philosophie nicht das Daseyn Gottes, sondern sie bekennt, daß sie ohne ein Absolutes oder Gott gar nicht vorhanden wäre. — Alles läßt sich nur darstellen im Absoluten; das Unbedingte geht darum auch nicht vor dem Daseyn der Philosophie her, sondern die ganze Philosophie beschäftigt sich mit diesem Daseyn, die ganze Philosophie ist eigentlich der fortgehende Beweis des Absoluten, der daher nicht im Anfang derselben gefordert werden darf. Wenn das Universum nichts anderes seyn kann als Manifestation des Absoluten, Philosophie aber wieder nichts anderes als geistige Darstellung des Universums, so ist auch die ganze Philosophie nur Manifestation, d. h. fortgehende Erweisung Gottes.

Wir gehen nun von dem Satz aus: das Urwesen ist nothwendig und seiner Natur nach absolute Identität des Realen und Idealen. Mit diesem Satz ist aber noch nichts gesagt: wir haben bloß den Begriff des Urwesens, aber wir haben es noch nicht als ein aktuelles, wirkliches Wesen. So z. B. wenn wir sagen: das Wesen des Menschen ist eine absolute Identität von Freiheit und Nothwendigkeit — ein freies und ein nothwendiges Princip sind innigst in ihm vereinigt —, so haben wir damit zwar einen Begriff des Menschen, aber noch keinen lebendigen wirklichen Menschen; dazu (um einen wirklichen Menschen zu haben) müssen wir ihn betrachten, inwiefern diese Principien in ihm wirklich im Gegensatz, im Kampfe begriffen sind. — Anders ausgedrückt: das Urwesen als absolute Identität des Realen und Idealen ist selbst wieder nur subjektiv gesetzt, aber wir müssen es ebenso gut objektiv begreifen: es muß nicht nur *in sich*, sondern auch *außer sich* absolute Identität des Realen und Idealen seyn, d. h. es muß als solche sich offenbaren, sich aktualisiren — es muß auch in der Existenz sich zeigen als ein solches, das dem Wesen nach absolute Identität des Realen und Idealen ist. Nun kann aber alles nur in seinem Gegentheil offenbar werden, also Identität in Nicht-Identität, in Differenz, in Unterscheidbarkeit der Principien. *Wie* dieß nun in Gott möglich, davon reden wir hier noch nicht, sondern nur davon, *daß* eine Trennung, eine Differenz gesetzt werden muß, wenn wir nämlich vom Wesen zur Existenz kommen wollen.

Man hat diesen Uebergang von Identität zu Differenz sehr oft als ein *Aufheben der Identität* angesehen; dieß ist aber gar nicht der Fall, wie ich gleich zeigen werde. Es ist vielmehr nur eine

Doublirung des Wesens, also eine Steigerung der Einheit, was wieder durch Analogie mit uns deutlich zu machen ist. Bewußtseyn entsteht durch eine Scheidung von Principien, die zuvor implicite im Menschen waren, z. B. rationales und irrationales. Keines von beiden soll vertilgt werden. Eben in dem Streit und der Versöhnung beider soll sich unsere Menschheit bewähren. Wenn wir uns nun bewußt werden — wenn sich in uns Licht und Finsterniß scheiden —, so treten wir ja dadurch nicht *aus uns hinaus*, die beiden Principien bleiben doch in uns als ihrer Einheit. Wir verlieren nichts von unserem Wesen, sondern besitzen uns jetzt nur in gedoppelter Gestalt, nämlich einmal in der Einheit, das andremal in der Entzweiung. So *Gott*.

Setzen wir A = A als den Zustand des in sich verschlungenen Seyns, so haben wir in diesem A = A schon dreierlei zu bemerken, a) A als Objekt, b) A als Subjekt, c) die Identität beider; aber dieß alles reell-ununterscheidbar. Nun soll Differenz der Principien gesetzt werden: also da A als Subjekt und A als Objekt unterscheidbar sind, so verwandelt sich A = A in A = B; da aber gleichwohl die Einheit des Wesens besteht, so ist statt $\frac{A}{A = A}$ der Ausdruck der Differenz $\frac{A}{A = B}$, d. h. Eins und Zwei; A = B ist die Entzweiung, A die Einheit, das Ganze zusammen das lebendige, aktuelle Urwesen, A hat in A = B ein Objekt, einen Spiegel. Also an sich ist das Urwesen immer Einheit — *Einheit des Gegensatzes und der Entzweiung*.

Jetzt erst fragen wir: *wie* ist diese Scheidung in Gott möglich? Da nämlich das Band der Principien in Gott einmal unauflöslich ist, so scheint insofern eine Scheidung ganz *unmöglich*, und doch ist sie nothwendig zur Offenbarung. Wie ist dieser Widerspruch aufzulösen?

Wenn das Urwesen in A und B wieder das Ganze ist, so können A und B geschieden seyn, ohne daß das absolute Band der Principien aufgehoben ist. Wir müßten also annehmen, daß das Urwesen in jedem der Geschiedenen das Ganze bliebe, d. h. *sich* als Ganzes in ihnen setzte, so also, daß unter B wieder B, d. h. Reales, A, d. h. Geistiges, und die Einheit beider begriffen wäre. Ebenso unter A. — Aber wäre denn nun hiermit bereits eine *reelle* Unterschiedenheit gesetzt? Keineswegs. In der Formel $\frac{A}{A = A}$ heiße das obere A das Wesen an sich. Da aber diese nämliche Identität auch die Copula in A = A (der Form) ist, so heiße die Identität, sofern sie in der Form lebendig ist, das Wesen in der Form. Wir haben also 1) Wesen an sich, 2) Wesen in der Form. Aber das Wesen in der Form, solange diese nämlich A = A ist (die Principien nicht differenziirt sind), ist identisch mit dem Wesen an sich und von ihm nicht unterscheidbar. Nun sollte Unterscheidbarkeit gesetzt werden durch Differenziirung der Form in zwei untergeordnete Formen; auf folgende Art:

$$\begin{array}{l} A \qquad = \text{Wesen an sich} \\ \hline A = A = \text{Wesen in der absoluten Form.} \end{array}$$

$$\left(\frac{A}{A = B}\right)^{A} \qquad \left(\frac{A}{A = B}\right)^{B}$$

Da aber in jeder dieser Formen wieder dasselbe Band liegt, was in der absoluten Form, so löst sich jede von beiden wieder in das *Wesen der absoluten Form*, und durch diese in das Wesen *an sich* auf.

Wir sind also wieder, wo wir zuvor waren. Wir *haben jetzt nur statt der einfachen Faktoren A = B die zwei Einheiten*, d. h. wir haben nur eine höher entwickelte Einheit, aber keine *Differenz*.

Dennoch aber ist diese Umwandlung der absoluten Form in zwei untergeordnete Formen, oder, was dasselbe ist, diese vollkommene Einbildung des *ganzen* Urwesens ins Reale und ins Ideale, der nothwendige Weg zur endlichen wirklichen Differenziirung.

Bei genauerer Betrachtung findet sich nämlich, daß zwischen den beiden Einheiten doch eine wirkliche, wenn auch noch nicht *als wirklich gesetzte* Differenz obwaltet. Die reale Einheit (die unter dem Exponenten von B) verhält sich als *Seyn*, die ideale (die unter dem

Exponenten von A) als Position des Seyns. Nun ist aber das Seyn für sich auch schon Position: also ist die Position des Seyns eine Position der Position, d. h. eine Position der zweiten Potenz.

Hier entsteht uns also zuerst der für das Ganze höchst wichtige Begriff der Potenzen. Wir haben zuerst ein Höheres und ein Niedereres — einen Unterschied der Dignität. Das Ideale ist der Dignität nach höher als das Reale. — In der Formel ausgedrückt würde sich dieß so darstellen.

a) B, das Seyn, kann nicht für sich seyn. Kraft des unauflöslichen Bandes kann nie B oder A für sich existiren. Das reale Seyn ist also immer nur A in B oder unter dem Exponenten von B; wir drücken dieß aus durch

$$A = B = \text{erster Potenz.}$$

b) A kann auch nicht für sich seyn, sondern muß als Position der ersten Potenz diese idealiter in sich enthalten; es ist also

$$A^2 = \text{zweiter Potenz.}$$

Beide Einheiten oder Potenzen sind wieder Eins in der absoluten Einheit, diese also als gemeinschaftliche Position der ersten und der zweiten Potenz ist $A^3$, und der vollkommen entwickelte Ausdruck des anfänglichen A = A ist daher

$$\frac{A^3}{A^2 = (A = B).}$$

Hiermit ist nun aber zugleich noch mehr gegeben als bloßer Dignitäts-Unterschied. Die erste Potenz muß ihrer Natur nach der zweiten vorangehen; zwischen den beiden Potenzen ist also eine Priorität und Posteriorität; das Reale ist naturâ prius, das Ideale posterius. Das Niederere wird freilich dadurch vor dem Höheren gesetzt, aber nicht der Dignität nach, was freilich einen Widerspruch enthalten würde, sondern der Existenz nach.

Indeß ist auch die jetzt entwickelte Priorität der ersten Potenz nur erst eine ideale oder logische Priorität des Realen vor dem Idealen, aber noch nicht eine wirkliche. Wir haben bloß gezeigt, daß und wie eine Differenziirung *möglich* sey. Aber wie gelangen wir nun zur Wirklichkeit derselben?

Der Grund dieser Wirklichkeit kann allerdings nur im Urwesen oder Gott selbst liegen. Das Mittel aber ist bereits angegeben. Die erste Potenz geht nämlich, wie wir eben gesehen, auch in Gott absolut betrachtet der zweiten der *Idee* nach voran — die eine ist naturâ prior, die andere posterior. Will also das Urwesen die Entzweiung der Potenzen, so muß es diese Priorität der ersten Potenz als eine wirkliche setzen (jene bloß ideale oder logische Priorität in eine wirkliche verwandeln), d. h. es muß sich selbst freiwillig *auf die erste einschränken*, die Simultaneität der Principien, so wie sie ursprünglich in ihm ist, aufheben. Diese Aufhebung der Simultaneität ist aber weder eine Aufhebung der inneren (wesentlichen) Einheit, denn diese beruht nicht auf Simultaneität, noch ist sie eine Aufhebung des *Bands* der Potenzen, weil, sowie die erste Potenz gesetzt ist, unmittelbar auch die zweite und sodann die dritte gesetzt werden muß. Wenn die Priorität der ersten Potenz eine wirkliche wird, so wird die Identität der Potenzen im Absoluten nicht aufgehoben, sie wird nur in eine Verkettung oder Cohärenz derselben verwandelt. Vorher liegen die Potenzen in ihm in völliger Indifferenz oder Ununterscheidbarkeit. Ebenso liegt die ganze Zeit implicite, als Einheit oder als *Ewigkeit*, in ihm. Dadurch, daß sich Gott freiwillig auf die erste Potenz einschränkt, — freiwillig nur *Eines* ist, da er alles seyn könnte, dadurch macht er einen Anfang der Zeit (NB. nicht *in* der Zeit). Durch sein sich Zurückziehen auf die erste Potenz wird zwar zunächst eine Beschränkung in ihm gesetzt, da aber diese seinem Wesen widerspricht, indem es seiner Natur nach *alle Potenzen* ist, so entsteht ein Fortschreiten von der ersten zur zweiten, und damit eine Zeit. Die Potenzen sind nun zugleich als Perioden der Selbstoffenbarung Gottes gesetzt.

## Allgemeine Anmerkungen hiezu.

1) Passive Einschränkung ist allerdings Unvollkommenheit, relativer Mangel an Kraft; aber sich selbst einschränken, sich einschließen in

Einen Punkt, aber diesen auch festhalten mit allen Kräften, nicht ablassen, bis er zu einer Welt expandirt ist, dieß ist die höchste Kraft und Vollkommenheit. Goethe sagt:

> Wer Großes will, muß sich zusammenraffen,
> In der Beschränkung zeigt sich erst der Meister.

In der Kraft sich einzuschließen liegt die eigentliche Originalität, die Wurzelkraft. In A = B ist eben B selbst das contrahirende Princip, und wenn Gott sich auf die erste Potenz einschränkt, so ist es um so mehr eine Contraktion zu nennen. Contraktion aber ist der Anfang aller Realität. Daher auch nicht die expansiven, sondern die contraktiven Menschen ur- und grundkräftige Naturen sind. Inzwischen ist der Anfang der Schöpfung allerdings eine Herablassung Gottes; er läßt sich eigentlich herab ins Reale, contrahirt sich ganz in dieses. Aber hierin ist nichts, was Gott unwürdig wäre. Eben die Herablassung Gottes ist das Größte auch im Christenthum. Ein metaphysisch hinaufgeschraubter Gott taugt weder für unsern Kopf noch für unser Herz.

2) Dieser Akt der Einschränkung oder Herablassung Gottes ist freiwillig. Es gibt also keinen Erklärungsgrund der Welt als die Freiheit Gottes. Nur Gott selbst kann die absolute Identität seines Wesens brechen, und dadurch Raum zu einer Offenbarung machen. Nun ist freilich alle wahre, d. h. absolute Freiheit wieder eine absolute Nothwendigkeit. Denn von einer Handlung der absoluten Freiheit läßt sich kein weiterer Grund angeben; sie ist so, weil sie so ist, d. h. sie ist schlechthin und insofern nothwendig. Gewöhnlich will man die Freiheit nur da sehen, wo eine Wahl stattgefunden hat, ein Zustand des Zweifels vorangegangen, endlich die Entscheidung erfolgt ist. Aber wer weiß, was er will, greift zu ohne Wahl. Wer wählt, der weiß nicht, was er will, und will daher auch nicht. Alle Wahl ist Folge eines unerleuchteten Willens. Wenn Gott ex ratione boni handelt, so hat er gerade eine sehr untergeordnete Freiheit. Ihm vollends nun erlauben, die beste Welt aus unendlich vielen möglichen zu wählen, heißt, ihm gerade den geringsten Grad der Freiheit lassen. Eine solche ganz

absolute Handlung ist in uns diejenige, welche unseren Charakter gründet. Der Charakter entsteht auch durch eine Art von Contraktion, wodurch wir uns eben eine Bestimmtheit geben; je intensiver dieselbe, desto mehr Charakter. Niemand wird behaupten, daß sich ein Mensch seinen Charakter gewählt habe; er ist insofern kein Werk der Freiheit im gewöhnlichen Sinn — und doch imputabel. Hier findet sich also eine solche Identität von Freiheit und Nothwendigkeit.

3) Durch die Selbsteinschränkung Gottes wird nur ein Anfang *der* Zeit, aber nicht ein Anfang *in* der Zeit gesetzt. Gott selbst ist darum nicht *in* die Zeit gesetzt.

Die Zeit ist in dem Realen gesetzt, nun ist aber das Reale nicht Gott selbst, obgleich unabtrennlich mit ihm verbunden. Denn das Reale in Gott ist das *Seyn* oder die Existenz, das Ideale ist das *Existirende*, das, worin Reales und Ideales eins sind, der wirklich-existirende, lebendige Gott.

Die Zeit ist *in* dem Realen (dem Seyn Gottes) gesetzt. Aber es selbst *im Ganzen* ist doch auch nicht in der Zeit. Nur das einzelne Eingeschränkte in ihm schreitet fort und entwickelt sich. „Aber so wäre doch diese Zeit *im* Realen *für* Gott gesetzt, Gott also doch mit der Zeit gleichsam bemengt?" Antwort: indem die *Differenz* im Realen — und damit Zeit — gesetzt ist, ist in Gott auch wieder die Position dieser Differenz $= A^2$ gesetzt, in welchem das alles zumal und auf ewige Weise enthalten ist, was in dem $A = B$ auf zeitliche Weise sich entwickelt. Da nun wieder in Gott absolut betrachtet, d. h. in Gott, sofern er weder bloß Existenz (Reales) noch bloß Existirendes (Subjekt) ist — also in Gott als $A^3 - A^2$ und $A = B$ in beständiger Verknüpfung ist, so löst sich auch $A = B$ in ihm als Subjekt ($A^2$) oder in seinem Bewußtseyn unmittelbar wieder in die Ewigkeit seines Wesens auf.

$A^2$ (Gott als Subjekt) ist der Brennpunkt oder die Einheit der Zeit.

$A^3$ oder Gott absolut betrachtet ist nicht Ewigkeit und nicht Zeit, sondern absolute Identität von Ewigkeit und Zeit. Alles, was in der

Zeit ist, ist in ihm als Subjekt ewig, und alles, was in ihm als Subjekt ewig ist, ist in ihm als Objekt zeitlich.

Frage 1. Ist jener Akt der Selbstdifferenziirung in der Zeit? Ist er vor einer unendlichen oder vor einer bestimmten Zeit erfolgt? — Antwort: Keines von beiden. Er ist überall nicht in der Zeit, ist über alle Zeit, ist seiner Natur nach ewig.

Frage 2. Hat das Universum einen Anfang oder keinen? Es hat einen Anfang (weil es abhängig ist), aber nicht einen Anfang in der Zeit. Alle Zeit ist in ihm, außer ihm keine.

Eigentlich hat jedes Ding (nicht nur das Universum) die Zeit in sich selbst. Es gibt keine äußere, allgemeine Zeit; alle Zeit ist subjektiv, d. h. eine innere, die jedes Ding in sich selbst hat, nicht außer sich. Weil aber jedes einzelne Ding andere Dinge vor und außer sich hat, so kann alsdann seine Zeit mit der Zeit anderer Dinge verglichen werden, da es doch nur eine eigne subjektive Zeit hat. Dadurch entsteht dann das Abstractum Zeit — nämlich erst durch Vergleichung, Messung. An sich aber gibt es keine Zeit. Das Reale in der Zeit sind bloß die verschiedenen Einschränkungen, durch welche ein Wesen geht. Wir können daher philosophisch eigentlich nur sagen: ein Ding ist durch diese und diese Einschränkungen gegangen, aber nicht es hat so und so lang gelebt. Diese Bestimmung von so und so lang kann nur aus Vergleichung entstehen; wenn ich aber ein Wesen in Vergleichung betrachte, so betrachte ich es nicht an sich selbst, d. h. nicht philosophisch. Beim Universum fällt nun vollends alle Möglichkeit einer solchen Täuschung hinweg, weil alle Dinge in ihm, keines außer ihm ist, weil es also auch nicht nach der Zeit eines Dings, das vor oder außer ihm wäre, gemessen werden kann.

## II.

Ohne Zweifel sind Ihnen manche Ausdrücke, z. B. der einer Contraktion in Gott und ähnliche befremdend gewesen. Erlauben Sie mir daher darüber eine allgemeine Erklärung, die über den Sinn meiner Ansicht selbst ein neues Licht geben wird.

Wenn wir uns von dem Urwesen, seinem Seyn und Leben eine Idee bilden wollen, so haben wir eigentlich nur die Wahl zwischen zwei Ansichten.

a) Entweder ist uns das Urwesen ein mit einem Mal fertiges und unveränderlich vorhandenes. Dieß ist der gewöhnliche Begriff von Gott — der sogenannten Vernunftreligion und aller abstrakten Systeme. Allein je mehr wir diesen Begriff von Gott hinaufschrauben, desto mehr verliert Gott für uns an Lebendigkeit, desto weniger ist er als ein wirkliches, persönliches, im eigentlichen Sinn, wie wir, lebendes Wesen zu begreifen. Verlangen wir einen Gott, den wir als ein ganz lebendiges, persönliches Wesen ansehen können, dann müssen wir ihn eben auch ganz menschlich ansehen, wir müssen annehmen, daß sein Leben die größte Analogie mit dem menschlichen hat, daß in ihm neben dem ewigen Seyn auch ein ewiges Werden ist, daß er mit Einem Wort alles mit dem Menschen gemein hat, ausgenommen die Abhängigkeit (Ausspruch des Hippokrates).

Dieß vorausgesetzt, will ich Ihnen nun, was bisher mit mehr wissenschaftlichen Ausdrücken, auf allgemein menschliche Art sagen:

Gott ist ein wirkliches Wesen, das aber nichts vor oder außer sich hat. Alles, was er ist, ist er durch sich selbst; es geht von sich selbst aus, um zuletzt wieder auch rein in sich selbst zu endigen. Also mit Einem Wort: Gott macht sich selbst, und so gewiß er sich selbst macht, so gewiß ist er nicht ein gleich von Anfang Fertiges und Vorhandenes; denn sonst brauchte er sich nicht zu machen. — Also was ist denn der ursprüngliche Zustand, in welchem sich das ganz bloß in sich seyende, nichts außer sich habende Urwesen befindet?

Alles lebendige Daseyn fängt von Bewußtlosigkeit an, von einem Zustande, worin noch alles ungetrennt beisammen ist, was sich hernach einzeln aus ihm evolvirt; es ist noch kein Bewußtseyn mit Scheidung und Unterscheidung da. Ebenso fängt auch das göttliche Leben an. Es enthält alles in sich selbst, ist unendliche Fülle nicht nur von Gleichartigem sondern von Ungleichartigem, aber in völliger Ungeschiedenheit. Gott ist nur noch da als ein stilles Sinnen über sich selbst — ohne alle

Aeußerung und Offenbarung. Dieß der Zustand, den wir als Gleichgültigkeit der Potenzen in ihm bezeichnet haben. Es ist in sich schon absolute Identität des Subjektiven und Objektiven, des Realen und Idealen, aber es ist es nicht für sich selbst, sondern wäre es nur für ein Drittes zuschauendes, dergleichen es aber begreiflicherweise nicht gibt. Wir können nun zum voraus sagen, daß eigentlich der ganze Proceß der Weltschöpfung, der noch immerfort der Lebensproceß in der Natur und in der Geschichte — daß dieser eigentlich nichts anderes als der Proceß der vollendeten Bewußtwerdung, der vollendeten Personalisirung Gottes ist. — Ich erkläre dieses Auffallende durch Folgendes.

In uns sind zwei Principien, ein bewußtloses, dunkles, und ein bewußtes. Der Proceß unserer Selbstbildung, wir mögen nun suchen uns in Ansehung der Erkenntniß und der Wissenschaft, oder sittlich, oder auch ganz unbeschränkt durch das Leben und für das Leben zu bilden, so besteht dieser Proceß immer darin, das in uns bewußtlos Vorhandene zum Bewußtseyn zu erheben, das angeborene Dunkel in uns in das Licht zu erheben, mit Einem Wort zur Klarheit zu gelangen. Dasselbe in Gott. Das Dunkel geht vor ihm her, die Klarheit bricht erst aus der Nacht seines Wesens hervor.

Gott hat dieselben zwei Principien in sich, die wir in uns haben. Von dem Augenblick an, daß wir die zwei Principien in uns gewahr werden, daß wir uns in uns selbst scheiden, uns uns selbst entgegensetzen, uns mit dem besseren Theil von uns selbst über den niedrigeren erheben — von dem Augenblick *fängt* das Bewußtseyn an, aber darum noch nicht volles Bewußtseyn. Das ganze Leben ist eigentlich nur ein immer höheres Bewußtwerden, die meisten stehen auf dem niedrigsten Grade, und die sich auch Mühe geben, kommen meist doch nicht zur Klarheit, und vielleicht keiner im gegenwärtigen Leben zur absoluten Klarheit — immer bleibt noch ein dunkler Rest — (keiner erreicht die Höhe seines Guten und den Abgrund seines Bösen).

Das Nämliche gilt nun von Gott. Der *Anfang* des Bewußtseyns in ihm ist, daß er sich von sich scheidet, sich selber sich entgegensetzt. Er hat nämlich ein Höheres und ein Niedereres in sich — was wir eben durch den Begriff der Potenzen bezeichneten. Im noch unbewußten Zustand hat Gott die beiden Principien zwar in sich, aber ohne sich als das eine oder andere zu setzen, d. h. sich in dem einen oder dem andern zu erkennen. Mit dem anfangenden Bewußtseyn geht diese Erkennung vor sich, d. h. Gott setzt sich selbst (zum Theil) als erste Potenz, als Bewußtloses, aber er kann sich nicht als Reales contrahiren, ohne sich als Ideales zu expandiren, sich nicht als Reales, als Objekt setzen, ohne zugleich sich als Subjekt zu setzen (ohne dadurch das Ideale frei zu machen); und beides ist Ein Akt, beides absolut zugleich; mit seiner wirklichen Contraktion als Reales ist seine Expansion als Ideales gesetzt.

Das Höhere in Gott drängt gleichsam das Niederere von sich hinweg, mit dem es bisher in Indifferenz oder Mischung war, und umgekehrt, das Niederere sondert durch seine Contraktion sich selbst von dem Höheren ab — und dieß wie im Menschen so auch in Gott der Anfang seines Bewußtseyns, des Persönlichwerdens.

Aber wie der Mensch im Proceß seiner Selbstbildung oder Selbstbewußtwerdung das Dunkle, Bewußtlose in sich von sich ausschließt, sich entgegensetzt, nicht um es ewig in dieser Ausschließung, in diesem Dunkel zu lassen, sondern um dieses Ausgeschlossene, dieses Dunkle selbst allmählich zur Klarheit zu erheben, es hinaufzubilden zu seinem Bewußten, so schließt auch Gott das Niederere seines Wesens zwar von dem Höheren aus und drängt es gleichsam von sich selbst hinweg, aber nicht um es nun in diesem Nichtseyn zu lassen, sondern um es aus ihm zu erheben, um aus dem von sich ausgeschlossenen Nichtgöttlichen — aus dem, was nicht Er selber ist, und was er eben darum von sich geschieden, das ihm Aehnliche und Gleiche zu erziehen, heraufzubilden, zu schaffen. Schöpfung besteht daher in dem Hervorrufen des Höheren, eigentlich Göttlichen in dem Ausgeschlossenen.

Nur ist natürlich dieses Bewußtlose von Gott ein Unendliches wie er selbst, also nicht so bald erschöpft, und daher die Dauer des Processes der Weltschöpfung.

Um Ihnen gleich eine weitere Aussicht zu eröffnen: dieses untergeordnete Wesen, dieses Dunkle, Bewußtlose, was Gott beständig von sich, als Wesen, von seinem eigentlichen Inneren hinwegzudrängen, auszuschließen sucht, ist die Materie (freilich nicht die schon gebildete), und die Materie also nichts anderes als der bewußtlose Theil von Gott. Aber indem er sie von der einen Seite von sich auszuschließen sucht, sucht er sie von der andern auch wieder an sich zu ziehen, sie zu sich hinauf zu bilden, sie — obgleich untergeordnet — doch in sein höheres Wesen zu verklären, aus diesem Bewußtlosen, aus der Materie das Bewußte hervorzurufen. Daher der Proceß der Schöpfung nur da still steht, wo aus dem Bewußtlosen, aus der Tiefe der Materie heraus Bewußtseyn geweckt und erschaffen ist, d. h. beim Menschen; und obgleich auch mit dem Menschen noch eine ungeheure Masse von Bewußtlosigkeit auf die höhere Stufe heraufgebracht wird, die dann auch wieder zerlegt wird und den Stoff neuer Schöpfungen hergibt, so ruht doch Gott im Menschen zuerst; sein Hauptzweck ist im Menschen erreicht.

Es ist allerdings für die gewöhnliche abstrakte Betrachtungsart auffallend, daß in Gott ein Princip seyn solle, das nicht Gott, das bewußtlos, das geringer ist als Er selbst. Wer sich Gott als eine leere Identität denkt, kann dieß freilich nicht begreifen. Der Beweis der Nothwendigkeit dieser Annahme liegt in dem Grundgesetz des Gegensatzes. Ohne Gegensatz kein Leben. Im Menschen und in jedem Daseyn überhaupt ist das Nämliche. Auch in uns ist ein Rationales und ein Irrationales. Jedes Ding, um sich zu manifestiren, bedarf etwas, was nicht es selbst ist sensu stricto. (Diese Auffassung ist eigentlich nur gegen die abstrakten Begriffe von Gott als ens realissimum — illimitatissimum, Gott ist freilich nicht limitirt gegen außen, aber in sich, so gewiß er eine bestimmte Natur ist).

Um dieses Zugleichseyn eines Höheren und Niedereren in Gott noch näher zu bringen, dient Folgendes.

Das Reale, Bewußtlose ist das Seyn Gottes, rein als solches. Nun ist aber das Seyn Gottes mit Gott selbst nicht einerlei, sondern wirklich verschieden, wie im Menschen. Demnach ist das Ideale der seyende Gott oder der existirende Gott oder auch Gott sensu eminenti.

Denn unter Gott in strengem Sinn verstehen wir immer den seyenden Gott. Demnach verhalten sich die beiden Principien in Gott auch wie Seyendes und Seyn. Das Ideale oder Bewußte ist das Subjekt des Seyns, das Bewußtlose nur das Prädicat dieses Subjekts, des Seyenden, und also nur um des Seyenden willen.

Wenn also Gott sich in sich selbst geschieden hat, so hat er sich als Seyendes von seinem Seyn geschieden: was eben auch im Menschen der höchste moralische Akt ist. Unser Seyn ist nur Mittel, Werkzeug für uns selbst. Der Mensch, der sich nicht von seinem Seyn scheiden (sich von ihm unabhängig machen, befreien) kann, der ganz verwachsen ist und eins bleibt mit seinem Seyn, ist der Mensch, inwiefern er ganz in seine Selbstheit versunken ist und unfähig sich in sich selbst zu steigern — moralisch und intellektuell. Wer sich von seinem Seyn nicht scheidet, dem ist das Seyn das Wesentliche, nicht sein inneres, höheres, wahres Wesen. Ebenso bliebe Gott verwachsen mit seinem Seyn, so wäre kein Leben, keine Steigerung. Darum scheidet er sich von seinem Seyn, daß es nur Werkzeug für ihn ist.

Ein zweiter aus dem ersten folgender Ausdruck des Verhältnisses beider Principen ist, daß sie sich wie Seyendes und Nichtseyendes verhalten.

Eben das Wesen des Nichtseyenden zu erforschen, darin liegt eigentich das Schwere, das Kreuz aller Philosophie. Wir greifen ewig darnach und vermögen nicht es fest zu halten.

Aus Mißverstand dieses Begriffs ist die Vorstellung einer Schöpfung aus nichts entstanden. Alle endlichen Wesen sind aus dem Nichtseyenden geschaffen, aber nicht aus dem Nichts. Das *οὐκ ὄν* der Griechen ist so wenig als die *μὴ φαινόμενα* des N. T. ein Nichts, es ist nur das nicht-Subjektive, Nicht-seyende, aber eben darum das Seyn selber. Ein Nichtseyendes dringt sich uns vielfach auf als etwas doch in anderer Beziehung wieder Seyendes. Was ist z. B. die Krankheit? Ein Zustand wider die Natur; insofern also ein Zustand, der nicht seyn könnte und doch ist, keine Realität im Grund und doch wieder unleugbar eine furchtbare Realität. Das Böse ist in der moralischen

Welt, was die Krankheit in der körperlichen ist; es ist das entschiedenste Nichtwesen von Einer Seite betrachtet, und hat doch eine schreckliche Realität.

Alles Nichtseyende ist nur relativ, nämlich in Bezug auf ein höheres Seyendes, aber es hat in sich selbst doch auch wieder ein Seyendes; B und A können daher in nichts getrennt seyn.

Also wenn B = dem reinen Nichtseyenden, so könnte B nicht für sich seyn; es hat auch wieder ein A in sich und ist also (A = B); aber dieses Ganze (A = B) verhält sich zu einem Höheren wieder als Nichtseyendes, als bloße Unterlage, bloßen Stoff, bloßes Organ oder Werkzeug, inzwischen ist es in sich selbst auch wieder ein Seyendes. Dieß nun angewendet auf das, was wir das Seyn in Gott genannt haben: dieses ist in Bezug auf das Seyende in Gott allerdings ein Nichtseyendes, nämlich es verhält sich zu ihm ursprünglich bloß als Unterlage, als das, was nicht selber Ist, was bloß ist, um dem wahren Seyenden als Basis zu dienen. Aber doch ist es wieder ein Seyendes in sich selbst.

Mit andern Worten, und wie ich es sonst auch ausgedrückt habe: es gibt kein rein und bloß Objektives in Gott, denn das wäre nichts; sondern das, was beziehungsweise auf das Höhere in Gott objektiv ist, ist doch an sich selbst auch wieder Subjektives und Objektives, nicht bloßes B, sondern A und B.

Noch von einer andern Seite.

Auch das bloße Seyn in Gott ist kein todtes Seyn, sondern auch in sich wieder ein lebendiges, das auch selber wieder ein Seyendes und ein Seyn in sich schließt. Gott selbst ist über der Natur, die Natur sein Thron, sein Untergeordnetes, aber alles in ihm ist so voll Leben, daß auch dieses Untergeordnete wieder in ein eignes Leben ausbricht, das rein für sich betrachtet ein ganz vollkommenes Leben ist, obgleich in Bezug auf das göttliche Leben ein Nichtleben. So hat Phidias an der Fußsohle seines Jupiters die Kämpfe der Lapithen und Centauren abgebildet. Wie hier — vielleicht nur durch jenen wunderbaren Instinkt geleitet, der in allen griechischen Werken ist — der

Künstler auch noch die Fußsohle des Gottes mit kräftigem Leben erfüllt, so ist gleichsam das Aeußerste und Entfernteste von Gott noch volles, kräftiges Leben in sich selbst.

Durch die Theorie der zwei Principien, die in Gott eins sind, meiden wir zwei Abwege, auf die man sich in der Lehre von Gott zu verirren pflegt. In Ansehung der Idee Gottes wird nämlich auf zwei Seiten gefehlt. Nach der dogmatischen, für orthodox gehaltenen Ansicht wird Gott als ein besonderes, abgeschnittenes, einzelnes, ganz für sich bestehendes Wesen angesehen, wodurch also die Creatur ganz von ihm ausgeschlossen wird. Die gemein-pantheistische Ansicht dagegen läßt Gott gar kein besonderes, eignes, für sich bestehendes Daseyn; sie löst ihn vielmehr in eine allgemeine Substanz auf, die nur Träger der Dinge ist. Nun ist aber Gott beides; er ist zuvörderst Wesen aller Wesen, aber als dieses muß er doch auch selbst existiren, d. h. er muß als Wesen aller Wesen einen Halt, ein Fundament für sich haben. Also: Gott ist in seiner höchsten Dignität allgemeines Wesen aller Dinge, aber dieses allgemeine Wesen schwebt nicht in der Luft, sondern ist begründet und gleichsam getragen durch Gott als *individuelles* Wesen — *das Individuelle in Gott also die Basis oder Unterlage des Allgemeinen.*

So sind also auch nach dieser Ansicht zwei Principien in Gott. Das erste Princip oder die erste Urkraft ist die, wodurch er als ein besonderes, einzelnes, individuelles Wesen ist. Wir können diese Kraft die *Selbstheit*, den Egoismus in Gott nennen. Wäre diese Kraft allein, so wäre nur Gott als einzelnes, abgeschnittenes, besonderes Wesen, es gäbe keine Creatur. Es gäbe nichts als eine ewige Verschlossenheit und Vertiefung in sich selbst, und diese Eigenkraft Gottes wäre, weil sie immer eine unendliche Kraft wäre, ein verzehrendes Feuer, in dem keine Creatur leben könnte. (Wir müssen es uns nach Analogie der Gemüthskraft denken, die sich in einem höchst verschlossenen Menschen äußert, der eben darum auch finster heißt, dem wir ein dunkles Gemüth zuschreiben). Diesem Princip steht nun aber von Ewigkeit ein anderes entgegen, dieses andere Princip ist die *Liebe*, durch welche

Gott eigentlich das Wesen aller Wesen ist. Die bloße Liebe für sich selbst aber könnte nicht seyn, nicht subsistiren, denn eben weil sie ihrer Natur nach expansiv, unendlich mittheilsam ist, so würde sie zerfließen, wenn nicht eine contraktive Urkraft in ihr wäre. So wenig der Mensch aus bloßer Liebe bestehen kann, so wenig Gott. Ist eine Liebe in Gott, so auch ein Zorn, und dieser Zorn oder die Eigenkraft in Gott ist, was der Liebe Halt, Grund und Bestand gibt.

Nun diese jetzt gefundenen Bezeichnungen der beiden Principien sind nur die menschlichen Ausdrücke für die abstrakte: Ideales und Reales. Die Liebe das Ideale, der Egoismus das Reale in Gott.

Ebenso die Liebe ist Gott selbst, der eigentliche Gott, der Gott, der durch die andere Kraft ist. Der göttliche Egoismus dagegen ist die Kraft, die nicht selber ist, sondern wodurch nur die Liebe, d. h. der wahre Gott ist. Auch diese Principien können wir uns anfänglich in einer gewissen Gleichgültigkeit in Gott denken, aber dabei, wenn sie nämlich in dieser Gleichgültigkeit beharren, kann weder Gott selbst noch irgend etwas sich entwickeln. Die wahre Realität Gottes besteht eben in der Thätigkeit und der Wechselwirkung dieser beiden Principien.

Der erste Schritt dazu ist auch hier die Scheidung, daß Gott die Liebe in sich, d. h. sein wahres und eigentliches Selbst, von dem uneigentlichen scheidet. Diese Scheidung kann aber nur so geschehen, daß er das eine Princip über das andere erhöht, und dieses andere dagegen jenem unterordnet. Die Unterordnung des göttlichen Egoismus unter die göttliche Liebe ist der Anfang der Creation. Der Egoismus ist = erster Potenz, die Liebe = zweiter oder höherer Potenz. Nach dem bloßen Egoismus würde keine Creatur seyn. Indem er aber der Liebe untergeordnet ist, überwindet ihn die Liebe, und diese Ueberwindung des göttlichen Egoismus durch die göttliche Liebe ist die Schöpfung (Natur = gebeugter Kraft). — Der göttliche Egoismus ist das Grundwesen der Natur — ich sage nicht: er ist die Natur, denn die wirkliche lebendige Natur, wie wir sie vor uns sehen, ist schon der durch die göttliche Liebe überwältigte und gemilderte göttliche Egoismus. Aber er ist das Grundwesen der Natur, der Stoff, aus dem alles erschaffen ist.

Jetzt gehen wir wieder auf die vorigen Begriffe vom Seyn in Gott (das sich zu Gott selbst wie Nichtseyendes zu Seyendem verhält) zurück.

Das Seyn in Gott ist = der göttliche Egoismus, die Kraft, wodurch Gott als ein eignes Wesen besteht. Also es ist der *ganze Gott*, nur in der Form der Egoität. Die Egoität ist also nur die Potenz oder der Exponent, unter welcher das göttliche Wesen gesetzt ist. Stünde diesem Exponenten oder dieser Potenz nicht eine andere entgegen, so würde kraft dieser Potenz das göttliche Wesen in ewiger Verschlossenheit und Contraktion verharren, wie in der äußeren Natur, wenn der contraktiven Urkraft nicht eine andere in der Sonne entgegenwirkte, die Erde kalt, finster und völlig verschlossen, kreaturlos seyn würde. Dadurch aber, daß dieser Potenz der Egoität = B eine andere Potenz, die der Liebe = A entgegensteht, wird jetzt in dem B selber, das das *ganze* Absolute, nur im Zustand der Involution (Verschlossenheit), enthält, der in ihm *verborgene*, nur *nicht offenbare Gegensatz* und mit dem Gegensatz zugleich das Göttliche geweckt. Denn was ist das Göttliche? Antwort: das lebendige (einen Gegensatz in sich enthaltende) Band des Idealen und Realen. Wenn also jetzt in dem B selber wieder ein A und B geweckt wird, so daß also $\frac{B}{A = B}$ A und B unter B stehen, so ist also jetzt auch in B ein Band (eine Identität) von Idealem und Realem, d. h. das Göttliche geweckt. Hier ist also ein aus dem Ungöttlichen, dem Nichtseyenden (B) entwickeltes Göttliches. $\frac{B}{A = B}$ = Natur. Diejenigen, die mit den physikalischen Erscheinungen bekannt sind, können sich diese Belebung der Natur durch das Beispiel der magnetischen Vertheilung deutlich machen.

Gott schließt das B von sich, d. h. von A aus; aber er kann das B nicht ausschließen, ohne ihm A entgegenzusetzen, A nicht entgegensetzen, ohne B zu erregen, dadurch dann $\frac{B}{A = B}$.

Dieses A, was in der Natur ist, kommt nicht in sie *hinein*, es ist gleich anfangs in ihr, denn der ganze Gott ist in ihr, aber im keimlichen Zustand; sie ist Gott in seiner Involution, oder auch der potenzielle Gott, indeß das Ideale der aktuelle Gott ist.

Die fortgehende Schöpfung besteht nun eben darin, daß jener Zustand der Involution in dem B beständig aufgehoben, daß das in ihm gleichsam schlummernde Göttliche geweckt und evolvirt wird; daher die Natur ein Göttliches, aber ein Göttliches niederer Art, ein aus dem Tod gleichsam erwecktes, aus dem Nichtseyn ins Seyn erhobenes Göttliches, wodurch es freilich von dem uranfänglichen Göttlichen immer geschieden bleibt, das nicht erst von dem Nichtseyn zum Seyn geweckt ist.

Mit Einem Wort, diese sichtbare Natur ist nur durch ihre Form Natur, durch ihr Wesen aber göttlich. Sie ist das göttliche Wesen, nur nicht im Seyenden, im A, sondern das göttliche Wesen im Nichtseyenden dargestellt.

Hiermit wäre denn also das Verhältniß der Natur zu Gott erläutert. Man hat diesem System vorgeworfen, es vergöttere die Natur. Ich muß mir diesen Vorwurf gefallen lassen, wenn nicht etwa angenommen wird, B sey anfänglich ein absolut-Ungöttliches, das nachher vergöttert werde. Allein es ist schon ursprünglich ein göttliches Princip und nur relativ (auf das A) ein ungöttliches. Inwiefern es aber aus dieser relativen Nicht-Göttlichkeit zum Göttlichen, d. h. Seyenden, erhoben wird, insofern ist es Gott selbst (nicht wir), der die Natur vergöttert.

Ein anderer Vorwurf ist, dieses System identificire Gott mit der Natur. Aber hier ist wohl zu unterscheiden. Unter Natur wird entweder das bloße B verstanden, jene dunkle Urkraft, die aller Existenz zu Grunde liegt, das Unvertilgliche, was durch kein Menstruum aufzulösen ist. Ist nun dieses B nach meinem System Gott im eigentlichen Sinn? Keineswegs; es ist bloß das Seyn Gottes (das vom Seyenden verschieden; unter Gott als solchem ist immer der seyende Gott verstanden). Ist es aber doch göttlich zu nennen? Allerdings, denn es ist eine göttliche Urkraft, aber im engsten Verstand (so daß es zum eigentlichen göttlichen Subjekt, zu seinem inneren Wesen gehörte) ist es nicht göttlich zu nennen. Es ist göttlich, weil es zu Gott gehört, weil es auch in der anfänglichen Scheidung noch in Gott bleibt, wie dasselbe dunkle Princip in uns, ob es gleich nicht unser wahres Wesen ist, indem es ja vielmehr von diesem beherrscht werden soll, ebenfalls menschlich heißt. — Dagegen ist das A in dem B göttlich allerdings und zwar schon in einem höheren Verstande als das B, das nur im weitläufigen Sinn göttlich heißen kann. Indeß ist doch auch das A in dem B von dem absoluten A dadurch hinlänglich unterschieden, daß es nur ein in B, in dem Nichtseyenden gewecktes und hervorgerufenes Geistiges ist. — Wird aber unter Natur nicht A noch B, sondern das ganze A = B verstanden, so muß hier zuvörderst wieder unterschieden werden zwischen A = B als dem aus A und B Verbundenen und zwischen A = B, sofern es das lebendige Band beider bedeutet, oder sofern auf das Verbindende gesehen wird. Jenes ist die Natur als Produkt oder die Urmaterie, welche Geist und Körper noch absolut vereinigt, und welche mit Gott identificirt zu haben diesem System wohl niemand vorwerfen kann, als wer die ersten Elemente davon nicht kennt. Sehen wir aber auf das Band zwischen beiden, so ist dieses nicht bloß göttlich, sondern ist Gott; aber es ist nicht Gott schlechthin betrachtet, sondern es ist der in dem Nichtseyenden erzeugte Gott, dessen Erzeuger eben der schlechthin betrachtete oder der seyende Gott ist. Das Band in A = B (wenn wir nämlich dieß für die ganze Natur nehmen) ist also allerdings Gott, aber es ist Gott als Erzeugtes von sich selbst, Gott als Sohn, von dem, weil er das Wesen der Natur ist, die Schrift mit Recht sagt, alles sey durch ihn gemacht, ohne ihn sey nichts gemacht. Diese Ideen der Schrift wurden proscribirt, weil man sie nicht verstand, wie das überhaupt das Mysterium der Aufklärerei wenigstens bei den meisten ist, daß sie aus der Beschränktheit ihrer intellektuellen Fakultäten eine Tugend gemacht haben. Ich will übrigens mit diesen Ausdrücken nichts beweisen, noch weniger mein System orthodox machen. Dieses Band heißt sehr expressiv das Wort, a) weil in ihm und mit ihm zuerst alle Unterscheidbarkeit anhebt; b) weil in ihm zuerst das Selbstseyn mit dem Nichtselbstseyn, Selbstlauter und Mitlauter organisch verbunden sind (A = Selbstlauter, B = Mitlauter, das für sich stumme Seyn, das erst durch das Ideale oder A in die Verständlichkeit erhoben wird).

Ich erkläre mein System durch folgende Uebersicht über die neuere Philosophie:

Absoluter Dualismus
des
Cartesius:

| A | und | B |
|---|---|---|
| Das Geistige, Einfache, d. h. nicht Zusammengesetzte (ganz unzulänglicher Begriff). | | Das Materielle oder Körperliche, ganz todt, Mechanismus. |

Spinoza A = B = absolute Identität beider Principien.

Wenn man sich bloß an das Allgemeine des Spinozischen Systems hält, so kann man ganz wohl sich einbilden, es sey mit dem neueren Identitätssystem oder dieses mit ihm im Grunde ganz einerlei. Ich gebe die Unterschiede kurz an:

a) Spinoza hat zwar absolute Identität von Principien, aber diese Principien sind in völliger Unthätigkeit gegeneinander, sie thun einander nichts — wirken nicht aufeinander — sind; es kommt zwischen ihnen weder zum lebendigen Gegensatz noch zur lebendigen Durchdringung. (Bloße Zusammenknüpfung der beiden Substanzen des Cartesius).

b) Spinozas Physik ist ganz mechanisch, ein Umstand, aus dem allein schon bei einigem Nachdenken jedermann einsehen müßte, daß zwischen den Grundsätzen der Naturphilosophie und dem Spinozismus eine ursprüngliche Differenz seyn müsse. (Ueberhaupt Mangel an aller Bewegung im Spinozischen System, gemüthlos).

c) Spinoza sagt wohl, die denkende und ausgedehnte Substanz (= Ideales und Reales) gehören zu einer und derselben Substanz, deren Attribute sie sind, aber eben diese eine und selbe Substanz, von der sie Attribute sind, ignorirt er nachher ganz, bestimmt sie im Grunde nur durch den bei ihm (wegen Mangel des Gegensatzes) leeren Begriff der Identität, und setzt sie ganz beiseite, anstatt sie zum Hauptgegenstand zu machen. Nämlich eben an dieser Stelle, wo Spinoza nichts sucht, eben hier liegt der Begriff vom lebendigen Gott, von Gott als höchster Persönlichkeit; daher ist ganz wahr, daß Spinoza die Persönlichkeit des höchsten Wesens wenigstens ignorirt, wenn nicht positiv leugnet.

Leibniz hat von A und B nur noch A; das B, eben das Dunkle, das Seyn, die Existenz ist ganz hinweg, ganz aufgelöst in Vorstellkraft. Es ist zwar eine Identität da, aber eine ganz einseitige, nicht zweiseitige. Inzwischen hat Leibniz doch unter A wieder ein A und B, d. h. er leugnete zwar die Realität der Körperwelt im Allgemeinen und Ganzen, indem er alles für vorstellende Monaden hielt, aber er läßt dem, was wir Körperwelt nennen, doch insofern Realität, als es aus Vorstellkräften besteht, z. B. Baum &c.

Gegensatz des Intellektualismus ist der höhere Materialismus, Hylozoismus (freilich schon von jeher da, doch hauptsächlich zugleich mit Leibniz). Den Hylozoismus hat B allein, aber unter diesem B doch wieder ein A und ein B. Hiermit könnte man also den Hylozoismus und die Naturphilosophie für ganz einerlei halten. Der Unterschied aber ist darin: der Hylozoismus behauptet ein ursprüngliches Leben der Materie, wir nicht. Sondern unsere Behauptung ist, die Materie enthalte zwar ein Leben, aber nicht actu, sondern nur potentiâ, nicht explicite, sondern implicite — alles ist in ihr unter dem Siegel des Seyns, des Todes. (Weil ich doch das Wort brauche: man muß auch einen Tod anerkennen, aber einen solchen, der das Leben in sich schließt). Zum expliciten Leben wird die Materie nur erweckt, eigentlich belebt durch das Ideale, Göttliche. Also gewissermaßen fängt der Hylozoismus da an, wo meine allgemeine Philosophie aufhört. (Vortheilhafte Wirkung des Leibnizianismus und Hylozoismus auf Physik. Bruno, Kepler u. a.).

Da der Zerlegungsproceß und zwar der abwärts zum Schlechteren gehende einmal im Gange war, so ging es nun noch weiter herunter. Nämlich von A und B unter B kam nun auch noch A hinweg, also überall bloß B — todte Substanz, ohne alle Innerlichkeit; daher mit

Recht zerfallen in Atomen, in einen Staub von Körperchen, die bloß durch ihre Figur (etwas Aeußerliches) wirken (keine ursprüngliche Qualität); und hieraus sollte nicht nur die Natur erklärt werden, sondern auch das Daseyn, der Mechanismus des Geistes — Système de la nature, der niedrigste oder französische Materialismus. — Sein entgegengesetzter Pol ist der in Deutschland entstandene Idealismus durch Kant und Fichte. Doch ließ Kant noch immer verschiedene Auslegungen zu. Die Fichtesche Auslegung nimmt auch von A und B unter A noch B hinweg, es gibt auch nicht einmal ein Intellektuales außer uns, es ist gar nichts außer uns, nur ein subjektives Ich, nur das menschliche Geschlecht ist da. Völliger Todtschlag der Natur, wobei nur das Sonderbare, daß Fichte auch von der Natur immer versichern muß, sie sey nicht vorhanden und doch immer wieder sie als vorhanden annehmen (Teleologische Erklärung. Wirken auf die Natur).

Also da die Zersetzung bis aufs Aeußerste herab fortgesetzt war, so blieb nichts mehr übrig, als wieder auf den ersten Gegensatz zurückzugehen, von dem alle neuere Philosophie anfing, und der allein nicht aufgelöst war — nämlich zwischen Identität und Dualität. Und dieß habe ich versucht. Ich habe immer erklärt, daß die absolute Identität bei mir nicht *bloße* Identität, sondern Identität der Einheit und des Gegensatzes sey. Also

a) zwei verschiedene Principien A und B, also Dualismus. Aber

b) die zwei Principien sind ihres Gegensatzes unerachtet eins.

Was das nächste Verhältniß meiner Ansicht der Natur zu der herrschenden Physik und Philosophie unserer Zeit betrifft, so ist dieß das Wesentliche, daß nach jener keine bloß und rein objektive Natur, keine Natur, die bloß Seyn, d. h. Nichtseyendes wäre. Ich habe dieses Verhältniß, daß nichts bloß subjektiv oder objektiv, sondern immer obgleich in verschiedenem Verhältniß *beides* sey, auch die bloß *quantitative* Differenz genannt. Nämlich zwischen den Principien *als solchen*, zwischen A und B, ist allerdings keine *bloße quantitative* Differenz, hier ist die entschiedenste qualitative; in allem *Wirklichen* aber, es sey übrigens von welcher Art es wolle, sind Subjektives und Objektives,

Ideales und Reales immer beisammen, nur in verschiedenen Graden. — Verdeutlicht würde dieß durch das (magnetische) Schema in der Ztschr. für specul. Physik II, 2. §. 46 [Band IV, S. 137 ff.], auf welche ich mich im Folgenden beziehe.

So viel über das Allgemeine. Jetzt gehen wir ins Specielle der Natur, doch beschränke ich mich auf das Nothwendigste.

Der allgemeine Ausdruck der Natur ist, wie wir schon wissen, $\frac{B}{A = B}$, oder auch, da wir A = B schon als erste Potenz, also = B setzen: die Natur in Bezug auf das ganze Universum, von dem sie nur ein untergeordneter Theil, ist = erster Potenz = (A = B). Dieß verhindert aber nicht, daß sie nicht in sich wieder alle Potenzen enthalte, und wie schon bemerkt worden, sich scheide, soweit nämlich überhaupt eine Scheidung möglich ist. Wir sehen die Natur zuletzt sich in die körperlichsten Dinge verlieren, z. B. Metalle. Diese also werden im Ganzen auf dem B Pol unserer Linie stehen. Weil aber jedes Reich für sich wieder ein Ganzes bildet, so auch die Metalle, die sich nach der einen Seite mehr in die Körperlichkeit verlieren, nach der andern flüchtiger werden, vielleicht sich sogar ins Luftförmige auflösen. Das ganze Reich des Materiellen verbreitet sich so zuletzt nach zwei Richtungen, wo nach der einen Körperlichkeit, nach der andern Geistigkeit überwiegt. Diesem ganzen Reich des Körperlichen *in* der ganzen Natur steht aber wieder ein Reich des Geistigen entgegen, wohin die Erscheinungen des Lichts, der Wärme, der Elektricität und so viele andere gehören. Endlich kommt ein Reich, wo Geistiges und Leibliches sich ganz durchdringt, das organische Naturreich, und in diesem wieder Pflanzen und Thiere.

Aber, wie gesagt, im Ganzen ist hier nur die erste Potenz A = B. Und wenn auch aus der Natur selbst das $A^2$ emporgehoben wird, so entsteht es doch erst an der Grenze der Natur im Menschen. Obgleich aber also die *ganze* Natur = erster Potenz, so entfaltet sie sich doch selbst wieder in den drei Potenzen, nach welchen wir sie ganz kurz betrachten.

Die erste Potenz ist die des herrschenden *Seyns* oder der

herrschenden Körperlichkeit — aber doch so, daß an diesem äußersten Punkt der Reihe nach Geistiges, Körperliches und die Einheit beider gesetzt ist. — Bekanntlich beruht die Körperlichkeit auf dem Daseyn der drei Dimensionen. Diese drei Dimensionen sind in der That nichts anderes als die drei Potenzen am Einzelnen: 1) egoistische Dimension, wodurch ein Ding sich selbst als sich selbst setzt = Länge, Linie oder, was dasselbe ist, Cohärenz. Kraft der Cohärenz würde ein jedes Ding sich ins Unendliche fortsetzen, wenn es nicht durch eine andere Dimension begrenzt würde. Daher 2) ideale Dimension (einschränkende der egoistischen) = Breite. 3) Indifferenz = dritter Dimension.

Das Herrschende dieser Potenz im Ganzen ist B, d. h. A und B sind gemeinschaftlich wieder unter B gesetzt. Dieses B, unter welchem A und B wieder gemeinschaftlich gesetzt sind, was also gleichsam ein $B^2$ ist, ist die Kraft, die alles zwingt und bindet — die Schwere. Die Schwere in der Natur, die Nacht, das dunkle Princip, ewig vor dem Licht entfliehend, aber durch diese seine Flucht den Schöpfungen des Lichts Halt und Bestand gebend. (Wäre nicht etwas dem Licht und Denken ganz Entgegengesetztes, woran nichts greift, so wäre gar keine Schöpfung, alles in lauter Gedanken aufgelöst).

Auch in der Materie, inwiefern sie bloß unter der Potenz des Seyns steht, ist gleichwohl Seyn und Thätigkeit verbunden (denn so, nämlich als Thätigkeit, können wir das Ideale auch ausdrücken), aber Seyn und Thätigkeit sind beide noch verschlungen im Seyn, und das A = B oder das Körperliche der ersten Potenz verhält sich wieder zum Geistigen oder Idealen, wie sich das anfängliche B verhielt — nämlich es ist die Indifferenz, welche das Geistige oder Ideale zu zerlegen, zu polarisiren, zu differenziiren sucht.

Durch dieses Differenziiren entsteht erst die Differenz der Qualitäten: da diese im Grund unerschöpflich ist und, auch nur in ihren nächsten Verzweigungen dargestellt, eine eigne wissenschaftliche Darstellung erforderte, so will ich mich hier an das Einfachste halten, nämlich an die älteste Eintheilung nach den vier Elementen, auf welche auch die neuere Chemie immer mehr wieder zurückführt.

In A = B ist B das Element der Erde — das eigentliche Erdprincip. Wird also das Ganze von A = B nach der Richtung von B polarisirt, so fällt dorthin das Reich des herrschenden Erdprincips, welches wieder zwei Seiten hat (Metalle und Erden).

Das der Erde entgegengesetzte Element oder A ist die Luft, gleichsam das geistige, ideale Element. Außer dem Gegensatz von A und B haben wir aber noch einen andern Gegensatz zu betrachten. Es ist der zwischen dem Band und dem Verbundenen. Jenes verhält sich als das Producirende, dieses als das Producirte, also auch wieder wie Thätiges und Leidendes, Ideales und Reales.

Das Producirende nun oder das Band, wenn es in der Einigkeit mit dem Produkt ist, ist in der That nichts anderes als das innerliche Leben und Weben, die sanfte, gedämpfte Lebensflamme, die in jedem Wesen, auch dem scheinbar Todten brennt (Clairvoyanten sehen es): im Gegensatz aber und Widerspruch mit dem Producirten ist es das verzehrende Feuer.

Das Element des Feuers ist feindselig gegen die Eigenheit oder Selbstheit der Dinge. So lange das Produkt im Verhältniß zu ihm als Nichtseyendes, d. h. als Basis, Unterworfenes bleibt, so lange ist es friedlich. Wenn es sich aber im Gegensatz mit dem Wesen aktualisiren, das Nichtseyende sich zum Seyenden aufrichten will, dann entsteht das Zornfeuer.

Dasjenige Element, welches das Feuer als das ihm angemessene sucht, in dem es allein ruht, ist das Wasser. Feuer und Wasser daher die zwei höchsten Gegensätze, aber gerade das Entgegengesetzteste ist immer auch wieder das Verbundenste. Wasser ist nur das fließende Feuer, das Feuer in concreto, die Flamme, die eigentlich nie ohne Mitwirkung von Wasser entsteht, eigentlich nur das feurige, brennende Wasser. — Nahe Verwandtschaft beider: 1) die wässerigten Meteore, 2) die verzehrende Kraft, die im Wasser liegt. Ferner, daß es einerseits ein brennbares Wesen, andererseits das Menstruum universale, den Sauerstoff enthält. — Das Wasser in seiner Lebendigkeit (im Meer) ist überall mit Feuer zusammen.

Die Alten haben alle nicht mit Unrecht noch ein fünftes Element, eine quinta Essentia angenommen. Und dieß ist kein anderes als eben die Urmaterie selber, die ganz geistig und ganz körperlich — das leibliche Element (den Leib schon = Identität von A und B). Ueber dieses in seiner Reinheit hat das Feuer keine Gewalt. Es ist mit dem Feuer in wahrer Identität — nicht so wie das Wasser bloß durch das Negative, durch die Verneinung aller Eigenschaften, sondern vielmehr durch die höchste Positivität oder Vollkommenheit. Es ist die durch das Feuer unzerstörliche Leiblichkeit. Das Element, das ihm noch am nächsten kommt, ist das noch immer höchst räthselhafte Element, was die neuere Chemie durch Stickstoff bezeichnet, Grundlage des thierischen Naturreichs. Hohe Unverbrennlichkeit des Stickstoffs durch keine noch so heftige Flamme; nur durch den elektrischen Funken ist es möglich, oder sonst durch Vermischung mit Schlechterem, wodurch er heruntergezogen wird. Denn alles, was im Feuer brennt, das hat etwas vom Unvollkommenen, Schlechten und Verdorbenen in sich. — Jetzt Uebergang zur zweiten Potenz.

Die vorher bloß implicite oder potentiell gesetzte Thätigkeit ist nun explicite oder aktuell gesetzt: wirkliches Leben der Materie — dynamischer Proceß.

Die erste Potenz, sagten wir schon früher, verhält sich wieder als Involution — das Princip dieser Involution die Schwere.

Der Schwerkraft, die in dem **A** = B herrscht, steht ein $A^2$ entgegen, das sich zu der Schwere wieder ebenso verhält, wie sich das absolute Seyende, das absolute **A** zu dem anfänglichen B, d. h. zur Natur verhält. Wie dieses in der Natur den Gegensatz und mit ihm das Leben weckt, so weckt das $A^2$ der Natur in der Schwere den Gegensatz und mit ihm das Leben. Dieses $A^2$ = Aether, im Materiellen das Immaterielle. Schon in den ruhenden Qualitäten der Materie war der Gegensatz geweckt. Allein die Schwere verhält sich dabei nicht passiv; sie ist actu widerstrebend der Evolution — positives Dunkel. Durch diesen aktuellen Widerstreit entsteht erst wirkliches Leben in der Materie. Dieß der dynamische Proceß. Auch hier beschränke ich mich auf das Allgemeinste. Wir unterscheiden: 1) die Processe oder Thätigkeitsformen, die mehr noch im Körperlichen oder im Produkt, und 2) die geistige Gestalt derselben Processe. Die drei Grundprocesse der ersten Art sind: a) Magnetismus = erster Dimension = Selbstheit, Ichheit, b) Elektricität = Polarität oder Gegensatz zwischen Producirendem und Produkt, Thätigem und Leidendem — zwei Körper, wovon immer einer der leidende, der andere der thätige. (Durch diese zwei Processe sind in Ansehung der Erde auch die Weltgegenden bestimmt). c) Totalität aller Processe = Chemismus oder Galvanismus (eigentlich nur der lebende Chemismus, woran die Elektricität als mitwirkend noch erkannt wird). Zuletzt Verbrennungsproceß.

Was aber die geistige Gestalt dieser Processe betrifft, so ist a) im Realen der geistige dem Magnetismus entsprechende Proceß = der Klang, b) als Ideales der der Elektricität entsprechende = Lichtproceß (das Licht eine geistige Materie), c) der dem Chemismus entsprechende, solang das Producirende in der Identität mit dem Produkt bleibt = Wärmeproceß (durchdringende Wärme). Im entschiedenen Widerstreit gegen das Produkt = Feuer (Feuer also in der That Grundsubstanz — Vesta, daher unter die Elemente gerechnet).

In all diesen Processen wird also aus der Tiefe der Materie selbst das Geistige entwickelt, was eben Absicht aller Schöpfung. Alles ist aus dem dunkeln Princip selbst hervorgerufen durch das höhere schaffende Princip, das wir Aether genannt haben, das aber der wahre Lebensgeist der Natur ist: da wir gezeigt haben, daß das im Produkt liegende Band von seiner idealen Seite, d. h. inwiefern es gegen das absolut Ideale gekehrt ist, = Licht ist, so ist das Licht eigentlich die unmittelbare Erscheinung dieses Lebensgeistes. Daher ist das Licht als das allgemein Belebende — Evolvirende — zu erklären, und nichts wäre dagegen zu sagen, wenn wir, statt Aether und Schwerkraft einander entgegenzusetzen, Licht und Schwerkraft in dieß Verhältniß setzten. — Jetzt dritte Potenz.

Bis jetzt behauptete die Schwerkraft noch ihre Substantialität im Gegensatz gegen das Licht ($A^2$). Da sie aber ebenso wie dieses eigentlich nur eine dem $A^3$ untergeordnete Form ist, und in dem anfänglichen B auch das $A^3$ involvirt liegt, so ist die höchste Potenz der Natur nothwendig die, wo Licht und Schwerkraft (oder Materie — denn diese sind Correlata) gemeinschaftlich unter $A^3$ gesetzt, nur die gemeinschaftlich untergeordneten Formen des $A^3$ sind.

Daß dieß im Organismus geschehe, erhellt daraus, daß nur im Organismus die Materie, die zuvor selbst Substanz zu seyn schien, dem Größeren — nämlich dem Leben an sich, was eben $A^3$ — untergeordnet wird. Beweis daraus, daß im Organismus die Materie keineswegs ihrer Substanz nach gilt, daß hier vielmehr ihre Form das Wesentliche geworden, mit andern Worten, daß sie selbst wesentlich zur Form geworden ist.

Was das $A^3$ ist? Antwort, es ist die innerste Substanz des B selber, das ja implicite alle Potenzen in sich enthält.

Die Potenzen des A drücken nichts anderes aus als die successive Erhebung des Nichtseyenden = B in das Seyende oder das A.

Also $A^3$ in der Natur drückt nichts anderes aus als das Höchste aus dem Nichtseyenden emporgehobene Seyende — also das Innerste der Natur.

Wenn ich die Formel hätte verwickelter machen wollen, so hätte ich ebenso gut auch B nach den verschiedenen Graden, in welchen es A gleich (=), also Seyendes wird, durch Potenzen bezeichnen können. — Auf folgende Art.

Der Grundausdruck der Natur ist $A = \overset{+}{B}$, oder daß in ihr das erst herrschende B — das erst herrschende Nichtseyende — seyend werde. Auf der tiefsten Stufe ist das Seyende ganz ins Körperliche verloren[1]. Hier hat also das Nichtseyende die größte Gewalt, und also dieß, d. h. die erste Potenz der Natur, hätten wir ausdrücken können durch $A^1 = B^3$. Wo B noch in der höchsten Potenz steht, da steht A nothwendig noch in der geringsten. Also dieß ($A^1 = B^3$)

[1] Im Original heißt es abgekürzt: „Auf der tiefsten Stufe ganz ins Körperliche". D. H.

Ausdruck der Schwerkraft. — Im dynamischen Proceß, wo die zuvor stumme Substanz schon Lebenszeichen von sich gibt, ist sie selbst als B, d. h. als Nichtseyendes, schon um eine Potenz vermindert, also $= B^2$, das Seyende aber um eine Potenz gestiegen, so daß also das Ganze $= A^2 = B^2$. Hier halten sich Nichtseyendes und Seyendes noch das Gleichgewicht — daher der dynamische Proceß in der Natur die Periode des Kampfs — wo es noch zu keinem festen Produkt kommt (auch in der Zeit diese Potenzen sich succesſirend. Potenz = Periode).

Im Organismus ist das Nichtseyende auf die tiefste Potenz herabgesetzt, das Seyende dagegen wieder um eine gestiegen, hier also der Ausdruck des B, $B^1$, des A, $A^3$.

Im organischen Proceß sind die Formen alle die nämlichen wie im dynamischen, nur auf eine weit höhere Stufe gehoben. Auch hier gebe ich nur kurz das Wesentliche. Das Wesentlichste ist, daß $A^2$ und $A = B$ eins sind. Nun kann sich das Licht der Materie nur für die erste Dimension vermählt haben, so daß wenigstens ihr alles untergeordnet ist. Dieß = Reproduktion (egoistische, reale Dimension), Wachsthum = (Cohärenz), Sprossen, Vegetation. Geschieht diese Vermählung auch für die zweite Dimension (entsprechend der Elektricität, aber in die Substanz gedrungen = substantielle Elektricität), so ist dieß = Irritabilität, in der sich aber wieder alle Dimensionen wiederholen: a) Circulation, b) Respiration, c) willkürliche Bewegung (höchstes Geheimniß).

Durchdringt sich Licht und Materie auch für die dritte Dimension, wo also jetzt das ganze Seyn, das vorher sich als Erkanntes verhielt, erkennend geworden ist, so ist dieß = Sensibilität.

In der zweiten Stufe war zwar dem organischen Wesen eine äußere Welt aufgeschlossen, jedoch so daß es noch im Verhältniß der Differenz mit ihr bleibt. Die dritte Stufe des organischen Lebens ist, wenn das Produkt die Möglichkeit anderer Dinge in sich enthält, ohne im Differenzverhältniß mit ihnen zu seyn, wenn es sie in sich selbst anschaut (Sensibilität, thierisches Anschauungsvermögen); hier ist das B, das im Anfang, in der unorganischen Materie noch die höchste Gewalt ausübte, überwunden, und darum als zuvor Erkanntes, jetzt in das Erkennende verwandelt. In der Sensibilität ist das B bis zu $A^3$ gesteigert. Hier nun, wenn wir die Fünfzahl der Sinne annehmen, ist die Eintheilung diese: 1) ein idealer und realer Pol — Gesicht und Gefühl —; 2) entsprechend jenen drei Grundprocessen a) Sinn für Manegtismus = Gehör, b) für Elektricität = Geruch, c) für Chemismus = Geschmack.

Nachdem durch die Sinne das $A^3$ eingetreten ist, wäre die Natur eigentlich geschlossen. Allein noch kündigen sich praesagia des Geistes selbst an — Instinkt — Kunsttrieb, wovon beim Uebergang zur Geisterwelt. Zuvor von der organischen Natur als Produkt.

Das zu $A^3$ erhobene B scheidet sich wieder, differenziirt sich. Der reale Pol = Pflanze, der ideale = Thier. Indifferenz von Pflanze und Thier (der äußeren Gestalt und inneren Formation nach), die Krone der Schöpfung = Mensch (Ausbildung der Dimensionen). Aber auch im Einzelnen wieder derselbe Gegensatz durch das *Geschlecht* (Weib = Pflanze, Mann = Thier). Das Geheimniß der Geschlechtstrennung ist nichts anderes als Darstellung des ursprünglichen Verhältnisses der beiden Principien, deren jedes *für sich* reell und insofern unabhängig vom andern ist, und doch nicht ist und nicht seyn kann ohne das andere. Das Vermittelnde in dieser Dualität, welche Identität, und dieser Identität, welche Dualität nicht ausschließt, ist die *Liebe*. Gott selbst ist mit der Natur durch freiwillige Liebe verbunden, er bedarf *ihrer nicht*, und will doch nicht ohne sie seyn. Denn Liebe ist nicht da, wo zwei Wesen einander bedürfen, sondern wo jedes für sich seyn könnte, wie z. B. Gott, der ja schon *an sich selbst* — suâpte natura — der Seyende ist, wo also jedes für sich seyn könnte, und es doch für keinen Raub achtet, für sich zu seyn, und nicht seyn will, moralisch nicht seyn kann ohne das andere. Dieß ist auch das *wahre* Verhältniß Gottes zur Natur — und nicht ein *einseitiges*. Auch die Natur wird durch Liebe zu Gott gezogen und bestrebt sich daher mit unablässiger Emsigkeit göttliche Früchte hervorzubringen.

Die Erde liebt den Himmel und hat die beständige Sehnsucht

nach ihm, wie das Weib nach dem Manne. Gott liebt das Niedere, das Geringere, als er selbst ist, die Natur, weil er nur aus ihr sich Aehnliches — Geister — erzeugen kann.

Noch aber ist eine Bestimmung der Natur nicht in Betracht gezogen worden. Nämlich jedes Naturprodukt ist ein A und ein B, die Identität, das ursprüngliche Reale selber, wie es allmählich genöthigt ist selbst aus dem Dunkel ans Licht zu treten, und sich also nacheinander als Schwerkraft, als Cohärenz — als Klang — als Licht — als Wärme — endlich als Feuer, zuletzt sogar als $A^3$, als die eigentliche Seele im Organischen zu zeigen.

Wie kommt es denn nun, daß dieses Band kein ewiges ist, was sich doch eigentlich erwarten ließe? Woher die allgemeine Vergänglichkeit in der Natur? Diese Frage konnte in der That nicht eher als jetzt beantwortet werden; ihre Beantwortung aber hängt zusammen mit dem Uebergang in die Geisterwelt. Also

1) die ganze Natur ist nur die Staffel, die Unterlage der geistigen Welt, sie ist daher, obgleich ein höchst lebendiges Seyendes in sich selbst, doch nicht um ihrer selbst willen, sie soll gegen die Geisterwelt wieder wie ein Nichtseyendes seyn. Da sie also nur wegen des Höheren — wegen des absoluten $A^2$ — ist, so bedarf sie auch der Bekräftigung durch dieses, und diese Bekräftigung kann sie nur in dem Maße erhalten, in welchem sie ihm sich fügt und ihm Mittel der Existenz, der Manifestation als Seyendem wird.

Nun kann aber die Natur oder das Nichtseyende nur allmählich und stufenweise erhoben werden bis zu dem Punkt, wo sie fähig wird, das absolute $A^2$ in sich aufzunehmen, und so seine unmittelbare Manifestation, gleichsam sein Leib zu werden.

Sie wird hierzu nur dann fähig, wenn sie das dem $A^2$ Aehnliche in sich selbst hat, d. h. wenn ihr anfängliches B bis zu dem Punkte verklärt ist, daß es selbst $A^2$ (im absoluten Sinn) wird.

Nun fragt sich, in welchem Punkt der Natur dieß der Fall seyn werde = Verklärungspunkt der Natur.

Wir haben nun im Bisherigen bis zu dem Punkt geführt, wo das anfängliche B in ihr bis zu $A^3$ erhoben ist. Da aber dieses $A^3$ relativ, immer noch ein Objektives ist — nämlich in Beziehung auf das Ganze —, so verhält es sich doch, obgleich das absolute A, in Bezug auf die Natur wieder als ein B in Bezug auf ein noch höheres A. Dieses noch höhere A kann nicht mehr *innerhalb* der Natur liegen, denn alles ist in dieser vollendet, wenn die dritte Potenz erreicht ist. Also liegt es *über* und *außer der Natur*. Wir könnten, wenn wir die Potenzen wollten fortlaufen lassen, es durch $A^4$ bezeichnen, weil wir schon ein $A^3$ in der Natur hatten, allein wir würden dadurch doch nichts anderes ausdrücken, als daß es in Ansehung der ganzen Natur $A^2$ sey. Dieses absolute $A^2$ also, zu welchem sich auch das $A^3$ der Natur, dessen höchste Thätigkeit wir in dem Anschauungsvermögen gefunden haben, wieder als ein B verhält, ist außer oder *über* der Natur, aber es wirkt doch *in* der Natur, es ist nicht von ihr abgeschnitten, indem es ja vielmehr im Gegensatz mit ihr das allgemein Erregende derselben ist.

Sein erstes Verhältniß nun zu dem $A^3$ der Natur ist wieder wie Subjektives und Objektives, Erregendes und Erregtes. Oder: sein erstes Verhältniß mit ihm ist *Gegensatz*. — Es kommt jetzt darauf an, die *Erscheinungen* dieses Gegensatzes zu finden. Es sind keine andern als die Erscheinungen des thierischen Instinktes, die für jeden nachdenkenden Menschen zu den allergrößten gehören — wahrer Probirstein ächter Philosophie.

*Eigenthümliches des Instinkts*: a) Handlungen, die mit Vernunft begangenen ganz ähnlich sind, und die doch b) ohne alle Ueberlegung, Reflexion oder ohne alle subjektive Vernunft, und da subjektive Vernunft = Verstand, ohne allen Verstand begangen werden. *Erklärungen davon*: Cartesius als Mechanismus — die Thiere als Maschinen. Leibniz durch dunkle Vorstellungen — freilich ist der Instinkt etwas der Art, aber die Erklärung viel zu allgemein. In neueren Zeiten hat man den Instinkt entweder als Analogon oder als Grad der Vernunft bezeichnet. Jenes sagt nichts, dieses ist Unsinn. Die Erklärung beruht auf dem Gegensatz von $A^3$, das sich hier wieder als B, d. h. als Schwerkraft in der höchsten Potenz verhält, und dem $A^4$ oder absoluten $A^2$. Das $A^3$ ist für das $A^4$ ein Stoff, worin es gern selber ein $A^2$ erwecken möchte (wie es zuvor in der Natur immer das sich Aehnliche erweckt hat), aber in den Thieren gelingt es ihm noch nicht, dennoch aber, weil das $A^3$ durch das absolute geistige Princip erregt wird, handelt es, als ob in ihm selber ein solches wäre; mit Einem Wort, das $A^4$ ist der Verstand der Thiere; oder wie es schon die Alten ganz richtig ausgedrückt haben: Deus est anima brutorum. Das Göttliche beseelt sie, und darum handeln sie oder handelt in ihnen das $A^3$ schon dem geistigen Princip gemäß, als wäre es selbst ein Geistiges (wie es ja implicite oder potentiell schon eines ist). Beim Menschen hingegen ist dieß nicht der Fall. Nicht das Göttliche ist seine Seele, sondern er ist selber seine Seele.

Drei Stufen des Instinkts sind zu unterscheiden. 1) Die Selbsterhaltung als Individuum und als Gattung (Liebe zu den Jungen), — Zugvögel. 2) Der Kunsttrieb — ein Hervorbringen von etwas außer sich — (zum Theil Compensation des Zeugungstriebes). Merkwürdig, daß im Instinkt gerade die zwei Künste, Architektur und Musik, repräsentirt sind, die sich ohne dieß verwandt, so daß Architektur unter den plastischen Künsten eigentlich der Musik entspricht (Vitruv). 3) Divination. Charaktere — ruhiges in-sich-selbst-Seyn — (was gar nicht wegzuläugnen ist). Einseitigkeit dieser Charaktere, die in der Menschenwelt verschwinden soll.

Durch die Einwirkung des $A^4$ auf das $A^3$ flammt gleichsam partiell in diesem ein $A^4$ auf, aber nur partiell, also nicht ein absolutes $A^4$, — partiell, weil immer nur in bestimmter Beziehung. Der Instinkt selbst ist immer an gewisse Organe gebunden und durch sie vermittelt; immer nur in besondern Fällen handeln die Thiere verständig, aber es ist ein allseitiger Verstand.

Nur im Menschen wird endlich das absolute $A^2$, das lang gesuchte, lang ersehnte, emporgehoben aus dem B, das an sich oder suâ naturâ Seyende aus dem Nichtseyenden.

Das suâ naturâ Seyende ist Geist, und das aus dem Nichtseyenden Erhobene, insofern also Gewordene, aber doch naturâ suâ Seyende ist endlicher Geist. (Scheinbar der höchste Widerspruch, aber solcher Widersprüche ist die Natur voll). Der Geist ist a) das naturâ suâ Seyende im Menschen, b) doch nur aus dem Nichtseyenden, also erschaffener, endlicher Geist, — ewige Differenz von Gott.

Es kann nur noch eine Frage aufgeworfen werden: Warum nur im Menschen das absolut Ideale oder das absolute A² aktuell gesetzt werde, sonst überall aber bloß potentiell. Dieß die Aufgabe einer eignen Wissenschaft, der Anthropologie, deren Begriff hiermit fixirt ist. — Nur Folgendes bemerke ich.

Das in der Natur erweckte absolute A² verhält sich zu der Natur, in welcher es erweckt wird, wieder als Subjektives zu Objektivem, Erkennendes zu Erkennendem. Nun ist aber das absolut Subjektive nur da, wo auch das absolut Objektive, d. h. das Objektive in seiner Vollendung, seiner Totalität. Dieß ist nur im Menschen nach dem alten Spruch, daß der menschliche Leib die Welt im Kleinen, Mikrokosmos sey. Es gibt nur eine einzige Art von Wesen, von welchen das Nämliche gesagt werden könnte, von jenen großen Ganzen nämlich, die, weil sie Körper und zugleich Welten sind, Weltkörper genannt werden.

## III.

Das seiner Natur nach Seyende ist auch allein das an sich selbst oder seinem Begriff nach Freie. Alle Abhängigkeit kommt nur von dem Seyn. Aber das in sich selbst und kraft seiner eignen Natur Seyende ist das, was schlechthin nicht durch anderes bestimmt werden kann (denn alles Bestimmtwerden ein Leiden, d. h. ein Nichtseyn). Gott als der absolut-seyende ist daher auch der absolut-freie, der Mensch aber als ein aus dem Nichtseyenden erhobenes Seyendes erlangt durch diese doppelte Beziehung seines Wesens auch eine ganz eigenthümliche Freiheit.

Inwiefern er nämlich aus dem Nichtseyenden emporgehoben ist, insofern hat er eine von dem Seyenden als solcher unabhängige Wurzel. Das Göttliche zwar ist das Emporhebende, Schaffende seines Geistes, aber das, woraus er emporgehoben wird, doch ein anderes als das

Emporhebende. Es verhält sich zu Gott, wie sich die Blume zur Sonne verhält. Wie die Blume zwar nur durch Wirkung der Sonne sich aus der finstern Erde erhebt und sich selbst in Licht verklärt, dabei aber doch immer ein von ihr seiner Wurzel nach Unabhängiges bleibt. Wäre das Verhältniß des Menschen zu Gott nicht ein solches, so hätte er keine Freiheit gegenüber von Gott. Er wäre wie ein Strahl in der Sonne, ein Funke in dem Feuer. Sie sehen, wie sich uns der Grundsatz, daß in Gott selbst etwas seyn muß, das nicht Er selber ist, hier auf dieser Stufe der Betrachtung wiederum als ein ganz nothwendiger aufdrängt. Er ist anstößig auf den ersten Blick, besonders bei den herrschenden abstrakten Begriffen der sogenannten Vernunftreligion, aber er ist unvermeidlich, wenn Freiheit behauptet werden soll.

Die Vertheidiger der Freiheit denken gewöhnlich nur daran, die Unabhängigkeit des Menschen von der Natur zu zeigen, die freilich leicht ist. Aber seine innere Unabhängigkeit von Gott, seine Freiheit auch in Bezug auf Gott lassen sie ruhen, weil dieß eben das Schwerste ist.

Dadurch also, daß der Mensch zwischen dem Nichtseyenden der Natur und dem absolut-Seyenden = Gott in der Mitte steht, ist er von beiden frei. Er ist frei von Gott dadurch, daß er eine unabhängige Wurzel in der Natur hat, frei von der Natur dadurch, daß das Göttliche in ihm geweckt ist, das mitten in der Natur über der Natur. Jenes kann man das eigne (natürliche) Theil des Menschen nennen, wodurch er Individuum, persönliches Wesen ist; dieses sein göttliches Theil. Dadurch ist er frei — im menschlichen Sinne —, daß er in den Indifferenzpunkt gestellt ist. — — Es ist offenbar, daß das physische Leben bis zum Menschen fortschreitet, daß eine stetige Folge von Erhebungen und Steigerungen bis zu ihm geht, daß Er der Punkt ist, wo das geistige Leben eigentlich aufgehe — Er das Geschöpf, in welchem das Leibliche als sanfte Unterlage sich dem Geistigen fügen und eben dadurch zur Beständigkeit erhoben werden sollte, nicht nur in ihm selber, sondern wegen des stetigen Zusammenhangs der Werke der Natur auch in der übrigen Natur. Sowie aber der Mensch, anstatt sein natürliches Leben dem göttlichen unterzuordnen, vielmehr in sich selbst das zur relativen Unthätigkeit bestimmte (das natürliche, eigne) Princip aktivirte — zur Thätigkeit erweckte —, war auch die Natur wegen des nun verfinsterten Verklärungspunkts genöthigt, eben dieses Princip in sich zu erwecken, und nolens volens eine von der geistigen unabhängige Welt zu seyn.

Daß etwas der Art vorgegangen, davon überzeugt uns alles. 1) Die jetzige Gestalt der Natur a) in Ansehung der verwischten Gesetzmäßigkeit (sonst wäre alles offen und klar); b) die Macht des Zufalls, die herein kam — die Natur erscheint gar nicht überall als ein so nothwendiges Ganze —; c) die Unruhe der Natur bei ihrer Geschlossenheit, da sie vielmehr, wenn sie ihre höchste Einheit erreicht hätte, in Ruhe seyn müßte. 2) Besonders die Gegenwart des Bösen, und also der Anblick der moralischen Welt. Denn das Böse ist eben nichts anderes als das relativ Nichtseyende, das sich zum Seyenden erigirt, also das wahre Seyende verdrängt. Es ist von der einen Seite ein Nichts, von der andern ein höchst reelles Wesen. — Auch in der Natur ist ein Böses, G i f t z. B., die Krankheit, und was der höchste Beweis der Wirklichkeit eines solchen Rückfalls der ganzen Natur und insbesondere des Menschen ist — der Tod.

Hiedurch gewinnen wir zugleich eine neue Ansicht der Natur. Bisher haben wir sie als die erste Potenz bezeichnet. Aber dadurch, daß sie die Ewigkeit nicht gewinnt, also in die Zeit versinkt, wird sie erste P e r i o d e. Die ganze Natur, wie sie jetzt ist, ist also eigentlich nur die erste Lebensperiode, der Vorhof des höchsten Lebens, nicht es selbst. Der Mensch selbst bleibt zwar Geist, aber unter der Potenz des B. Der Mensch ist a l s Geist, als Wesen höherer Ordnung, wieder auf die Stufe des Seyns, der e r s t e n P o t e n z zurückgesetzt. Der Proceß, der in der Natur begonnen hatte, fängt in ihm aufs neue und wieder von vorne an. Auch er muß sich erst wieder aus dem Nichtseyenden emporarbeiten, das Dunkle in sich verdrängen, und aus einer Finsterniß höherer Art, aus der Finsterniß des Bösen, des Irrigen, des Verkehrten das Licht des Guten, der Wahrheit und der Schönheit hervorrufen. Der Beweis dieser Uebermacht des Seyns über den Menschen, seines Zurücksinkens auf die erste Potenz liegt vorzüglich in der G e w a l t, die das

Aeußere in diesem Leben über das Innere hat. Nachdem einmal das Daseyn der Natur durch den Menschen gefährdet und die Natur genöthigt war sich als *eigne* Welt zu constituiren, so scheint jetzt alles nur auf die Erhaltung dieser äußeren Grundlage des Lebens gerichtet. Alles, auch das Edelste, was mit ihr in Collision kommt, geht zu Grunde, und das Beste muß gleichsam mit dieser äußern Gewalt in Bund treten, um tolerirt zu werden. Freilich was durch diesen Kampf sich hindurchschlägt, was gegen diese Uebermacht des Aeußeren sich dennoch als ein Göttliches behauptet, das ist wie durch's Feuer bewährt, in dem muß wirklich eine ganz göttliche Kraft seyn.

Indeß der größte Beweis für jenes Zurücksinken des Menschen in die Natur und auf die erste Potenz liegt in Folgendem.

Der Mensch ist nicht allein in der Welt, es gibt eine Mehrheit von Menschen, es gibt ein *Menschengeschlecht*, eine Menschheit.

Wie die Vielheit der Dinge in der Natur nach einer Einheit strebt und nur in dieser Einheit sich selbst vollendet und gleichsam glücklich fühlt, ebenso auch die Vielheit in der Menschenwelt.

Die wahre Einheit der Natur wäre aber der Mensch und durch ihn das Göttliche und Ewige gewesen. Nun hat die Natur diese sanfte Einheit durch Schuld des Menschen verloren; jetzt muß sie eine eigne Einheit suchen. Da aber die wahre Einheit doch nicht in ihr, sondern nur in Gott liegen kann, so ist sie eben durch diese Trennung von Gott beständigen Kämpfen Preis gegeben. Sie sucht die Einheit und findet sie nicht. Hätte sie ihren Einheits- und Verklärungspunkt erreicht, so wäre sie ganz organisch, sie hätte sich auf die höchste Stufe des Seyenden mit erhoben, und der im Menschen geweckte Geist hätte sich auch über sie ergossen. Nun sie diese organische Einheit nicht erreichen konnte, jetzt erhob der Anorgismus sein Haupt. Auch der Anorgismus gehört zu jenem Geschlecht des Nichtseyenden, das sich zu einem Seyenden erhoben hat. Es ist ein Widerspruch, daß ein *Reich* des Anorgischen; denn ein Reich ist eine Einheit, Anorgismus aber = Nicht-Einheit. Aber gerade das Nichtseyende ist jetzt das Seyende geworden und muß *nothgedrungen* das Seyende seyn wollen.

Gerade so nun wie die Natur ihren wahren Einheitspunkt verloren hat, hat ihn auch die Menschheit verloren. Für sie lag er eben darin, daß sie eine Indifferenz oder Mittelpunkt blieb — dann wäre Gott selbst ihre Einheit gewesen — und nur Gott kann die Einheit freier Wesen seyn.

Jetzt sind zwar noch immer freie Wesen, aber getrennt von Gott.

Jetzt müssen auch sie ihre Einheit suchen, und können sie nicht finden.

Gott kann nicht mehr ihre Einheit seyn, also müssen sie eine Natureinheit suchen, die aber, weil sie wahre Einheit für freie Wesen nicht seyn kann, nur ein ebenfalls zeitliches, vergängliches Band ist, wie das Band aller Dinge, und wie jenes Band, das die unorganische Natur zusammenhält.

Die Natureinheit, diese zweite Natur über der ersten, zu welcher der Mensch nothgedrungen seine Einheit nehmen muß, ist der Staat; und der Staat ist daher, um es gerade heraus zu sagen, eine Folge des auf der Menschheit ruhenden Fluchs. Da der Mensch nicht Gott zur Einheit haben kann, so muß er sich einer physischen Einheit unterwerfen.

Der Staat hat einen Widerspruch in sich selbst. Er ist eine Natureinheit, d. h. eine Einheit, die nur durch physische Mittel wirken kann. Nämlich freilich der Staat, wenn er auch nur mit einiger Vernunft regiert ist, weiß wohl, daß er mit bloß physischen Mitteln nichts ausrichtet, daß er höhere und geistige Motive in Anspruch nehmen muß. Aber er kann über diese nicht gebieten, sie liegen außer seiner Gewalt, und gleichwohl rühmt er sich, einen sittlichen Zustand hervorbringen zu können, also eine Macht zu seyn wie die Natur. Aber für freie Geister reicht keine Natureinheit zu; da gehört ein höherer Talisman dazu, und daher ist jede Einheit, die auch in einem Staat entsteht, doch immer nur precär und temporär.

Es ist bekannt, wie viele Mühe man sich, besonders seit der französischen Revolution und den Kantischen Begriffen, gegeben hat, eine Möglichkeit zu zeigen, wie mit der Existenz freier Wesen Einheit vereinbar, also ein Staat möglich sey, der eigentlich nur die Bedingung der höchstmöglichen Freiheit der Einzelnen sey. Allein dieser ist unmöglich. Entweder wird der Staatsmacht die gehörige Kraft entzogen, oder wird sie ihr gegeben, dann ist Despotismus da. (England ist Insel. Griechenland auch zum Theil Inselstaat). Daher ist es ganz natürlich, daß jetzt am Ende dieses Zeitraums, wo von nichts als Freiheit die Rede war, die consequentesten Köpfe, wenn sie die Idee eines vollkommenen Staates verfolgen, auf die Theorie des ärgsten Despotismus gerathen (Fichtes geschlossener Handelsstaat ꝛc.).

Meine Meinung ist, daß der Staat als solcher gar keine wahre und absolute Einheit finden kann, daß alle Staaten nur Versuche sind, eine solche zu finden, Versuche, organische Ganze zu werden, ohne sie je wirklich werden zu können, oder wenigstens nur mit dem Schicksal jedes organischen Wesens, zu blühen, zu reifen, endlich zu altern, zuletzt zu sterben. Was von der Idee eines Vernunftstaats, was vom Ideal eines Staats zu halten ist, hat Plato gezeigt, wenn er gleich das Wort nicht ausgesprochen. Der wahre Staat setzt einen Himmel auf Erden voraus, die wahre πολιτεία ist nur im Himmel; Freiheit und Unschuld ist die einzige Bedingung des absoluten Staats. Platos Staat setzt ganz diese zwei Elemente voraus. Aber Plato sagt nicht: einen solchen Staat, als ich hier beschreibe, führt aus, sondern: wenn es einen absolut vollkommenen Staat geben könnte, so müßte er so seyn, d. h. so setzte er Freiheit und Unschuld voraus, seht nun selber, ob ein solcher möglich ist.

Die höchste Verwicklung entsteht durch die Collision der Staaten untereinander, und das höchste Phänomen der nicht gefundenen und nicht zu findenden Einheit ist der Krieg, der so nothwendig ist als der Kampf der Elemente in der Natur. Hier treten die Menschen ganz in das Verhältniß von Naturwesen gegeneinander.

Rechnen wir nun noch dazu, wie viel Laster der Staat erst entwickelt — Armuth — das Böse in großen Massen —, so ist das Bild der ganz zum Physischen, ja sogar zum Kampf um ihre Existenz herabgesunkenen Menschheit vollendet.

Bisher haben wir die Erniedrigung des Menschen betrachtet. Nun auch seine Wiedererhebung. Seine Degradation beruht darauf, daß das Band zwischen $A^2$ und $A = B$ aufgehoben, und daß er selbst ganz der äußern Welt anheimgefallen. Diese Kluft kann nicht bleiben, denn sie würde die Existenz Gottes selbst antasten. Aber wodurch ist diese Kluft aufzuheben? Durch den Menschen in seinem jetzigen Zustand nicht. Also nur durch Gott selbst — nur Gott kann das Band der geistigen und natürlichen Welt herstellen, und zwar nur durch eine zweite Offenbarung, ähnlich der ersten in der anfänglichen Schöpfung. Hier tritt also der Begriff von Offenbarung im engeren Sinn als ein philosophisch nothwendiger ein. Die Offenbarung hat verschiedene Stufen; die höchste ist die, wo das Göttliche sich selbst ganz verendlicht, mit Einem Wort, wo es selbst Mensch wird, und gleichsam nur als der zweite und göttliche Mensch wieder ebenso der Mittler zwischen Gott und dem Menschen wird, wie es der erste Mensch zwischen Gott und der Natur seyn sollte. — Es konnte durch diese Offenbarung nicht der unmittelbare Rapport Gottes mit der Welt des Seyns hergestellt werden. Dieß war nicht möglich, ohne sie als eine eigne Welt, die sie jetzt geworden war, zu vernichten. Wollte Gott dieß, so bedurfte es überall keiner Offenbarung. Offenbarung setzt vielmehr den verdorbenen Zustand der Welt voraus. Für die Natur war der Mensch als Mittler bestimmt, und dieser hatte ihr gefehlt (manquirt). Jetzt bedurfte vielmehr der Mensch eines Mittlers. Aber dadurch, daß der Mensch dem geistigen Leben wieder gegeben wurde, wurde ja auch er wieder fähig Mittler zwischen Gott und der Natur zu seyn; und namentlich in der Erscheinung Christi zeigte es sich, was der Mensch in der Beziehung auf die Natur ursprünglich seyn sollte. Christus war durch seinen bloßen Willen Herr der Natur, er in jenem magischen Zusammenhang mit der Natur, in welchem der Mensch ursprünglich stehen sollte.

Dem Staat als Versuch die bloß äußerliche Einheit hervorzubringen steht, durch die Offenbarung gegründet, eine andere Anstalt entgegen, die auf Hervorbringung einer inneren oder Gemüthseinheit geht, die Kirche. Sie ist nothwendige Folge der Offenbarung, eigentlich nur die Anerkennung einer solchen. Die Kirche kann aber nach der einmal eingetretenen Trennung zwischen innerer und äußerer Welt keine äußere Gewalt werden, vielmehr wird sie, solange jene Trennung besteht, von der Macht des Aeußeren immer mehr nach innen gedrängt werden.

Der Fehler, der in der früheren hierarchischen Epoche der Kirche begangen wurde, war nicht der, daß sie Eingriffe in den Staat machte, sondern umgekehrt, daß sie selber dem Staat Eingang verstattete, sich ihm öffnete, Formen des Staats in sich aufnahm, anstatt in ihrer Reinheit von allem Aeußeren zu bleiben. Das Wahre und Göttliche soll einmal nicht durch äußere Gewalt gefördert werden, und sobald die Kirche anfing die Irrgläubigen zu verfolgen, so hatte sie schon ihre wahre Idee verloren. Sie hätte großmüthig, sich selbst bewußt ihres vom Himmel stammenden Gehaltes auch den Unglauben gewähren lassen sollen, sich nicht in den Fall setzen, Feinde zu haben, Feinde anzuerkennen.

Betrachtet man die neuere Geschichte, die im Grund mit der Ankunft des Christenthums in Europa beginnt, so scheint es, das Menschengeschlecht habe diese zwei Versuche, eine Einheit zu finden oder hervorzubringen, durchmachen müssen, zuerst den, eine innere Einheit durch die Kirche hervorzubringen, der aber mißlingen mußte, weil sie sich zugleich als eine äußere geltend machen wollte, dann den, die äußere Einheit durch den Staat. Erst seit dem Sturz der Hierarchie hat der Staat diese Bedeutung erhalten, und offenbar ist, daß der Druck politischer Tyrannei immer zugenommen hat in gleichem Verhältniß, als man jene innere Einheit entbehren zu können glaubte, und so wohl immer noch zunehmen wird bis zu seinem Maximum, wo denn vielleicht nach diesen einseitigen Versuchen die Menschheit endlich das Rechte findet.

Was auch das letzte Ziel seyn möge, so ist so viel gewiß, daß die wahre Einheit nur auf dem religiösen Wege erreichbar seyn kann, und daß nur die höchste und allseitigste Entwicklung der religiösen Erkenntniß in der Menschheit fähig seyn wird, den Staat, wo nicht entbehrlich zu machen und aufzuheben, doch zu bewirken, daß er selbst allmählich sich von der blinden Gewalt befreie, von der er auch regiert wird und sich zur Intelligenz verkläre. Nicht daß die Kirche den Staat oder der Staat die Kirche beherrsche, sondern daß der Staat selbst in sich das religiöse Princip entwickle, und der große Bund aller Völker auf der Grundlage allgemein gewordener religiöser Ueberzeugungen beruhe.

Welches aber auch das Schicksal der Gattung auf der Erde seyn möge, so ist es dem Einzelnen möglich, wie es der Mensch im Anfang in Bezug auf die ganze Erde gethan, so jetzt der Gattung vorauszueilen und das Höchste für sich zum voraus zu nehmen.

Hierdurch sind wir nun geführt auf die Betrachtung des menschlichen Geistes nicht in seinen äußeren Schicksalen und Versuchen, sondern nach seinem inneren Wesen und nach den Kräften und Potenzen, die auch im Einzelnen liegen.

Auch im menschlichen Geist als solchem sind wieder drei Potenzen oder Seiten. Die erste ist die, wodurch er gegen die reale Welt gekehrt ist, von der er sich nicht befreien konnte. Dieser entgegen steht die ideale, die Seite seiner höchsten Verklärung, seiner reinsten Geistigkeit. Die mittlere oder zweite ist die, wodurch er zwischen ideale und reale Welt in die Mitte eintritt, um durch Freiheit entwickelt das Band beider Welten in sich wiederherzustellen, oder die Entzweiung fortzusetzen.

Diese drei Seiten oder Potenzen des Geistes im Allgemeinen sind in der deutschen Sprache vortrefflich durch Gemüth, durch Geist und durch Seele bezeichnet. In jeder von diesen dreien aber sind wieder drei Potenzen, die sich wieder als Gemüth, Geist und Seele verhalten.

I. Das *Gemüth* ist das dunkle Princip des Geistes (denn Geist zugleich der allgemeine Ausdruck), wodurch er von der realen Seite in Rapport mit der Natur, auf der idealen in Rapport mit der höheren Welt, aber nur in dunkelm Rapport steht.

Das Dunkelste und darum Tiefste der menschlichen Natur ist die Sehnsucht, gleichsam die innere Schwerkraft des Gemüths, daher in ihrer tiefsten Erscheinung *Schwermuth*. Hierdurch besonders ist die Sympathie der Menschen mit der Natur vermittelt. Auch das Tiefste der Natur ist Schwermuth; auch sie trauert um ein verlorenes Gut, und auch allem Leben hängt eine unzerstörliche Melancholie an, weil es etwas von sich Unabhängiges unter sich hat. (Das über sich erhebt, das unter sich zieht herab).

Die nächste Potenz des Gemüths ist die in ihm dem Geiste entsprechende — also allgemein dem Charakter des Geistes. Geist ist das naturâ suâ Seyende, eine aus sich selbst brennende Flamme. Da ihm aber als Seyendem das Seyn entgegensteht, so ist der Geist eigentlich nichts anderes als die Sucht zum Seyn, wie die Flamme Materie sucht. Das tiefste Wesen des Geistes ist daher Sucht, Begierde, Lust. Wer den Begriff des Geistes in seiner tiefsten Wurzel fassen will, muß besonders sich mit dem Wesen der Begierde recht bekannt machen. In der Begierde zeigt sich zuerst etwas ganz aus sich Seyendes, die Begierde ist etwas Unauslöschliches; in Ansehung jeder Begierde kann die Unschuld nur einmal verloren werden. Sie ist ein Hunger nach dem Seyn, und jede Befriedigung gibt ihm nur neue Kraft, d. h. noch heftigeren Hunger. Da kann man das Unauslöschliche des Geistes erst recht sehen. Wie hoch diese Begierde, dieser Hunger nach dem Seyn im Menschen steigen kann, nachdem er sich selbst von dem Seyn abgeschnitten, keinen unmittelbaren Einfluß auf das Seyn mehr hat, wo also das Seyende gleichsam ganz bloß steht, ist leicht zu erachten.

Die dritte Potenz des Gemüths ist das Gefühl (Sensibilität, wie in der organischen Natur, das Vorhergehende Irritabilität). Das Gefühl ist das Höchste des Gemüths, das Herrlichste, was ein Mensch im Gemüth haben, und was er über alles schätzen soll.

Das Gemüth ist eigentlich das Reale des Menschen, mit und in welchem er alles auswirken soll. Der größte Geist ohne Gemüth bleibt unfruchtbar und kann nichts zeugen oder erschaffen. — Diejenigen, welche die Wissenschaft auf das Gefühl allein gründen wollen, gründen sie zwar auf die höchste Potenz, aber der tiefsten Stufe.

II. Die zweite Potenz des Geistes ist, was wir den Geist in engerem Sinn nennen, l'esprit, — das eigentlich Persönliche im Menschen, und darum auch die eigentliche Potenz der Bewußtheit.

Das Allgemeine des Geistes nach dem Vorhergehenden ist, daß er Begierde, Sucht, Hunger nach dem Seyn ist. In der ersten Potenz, im Gemüth, was noch das Bewußtlose des Menschen ist, ist er noch als bloße Begierde und Lust, hier aber als bewußte Begierde, als Wille mit Einem Wort. Wille ist daher das eigentlich Innerste des Geistes.

Der Wille hat aber wieder zwei Seiten, eine reale, die sich auf die Individualität des Menschen bezieht, den Eigenwillen, und eine allgemeine oder ideale Seite, den Verstand.

Also auch der Geist im engeren Sinn hat wieder drei Potenzen. a) Die erste ist die Potenz des Eigenwillens, des Egoismus, der blind wäre ohne den Verstand. (Der Eigenwille muß seyn. Er ist nicht an sich selbst das Böse, sondern nur dann, wenn er herrschend wird. Tugend ohne allen aktiven Eigenwillen ist verdienstlose Tugend. Daher man sagen kann, daß das Gute selber das Böse in sich schließe. Ein Gutes, wenn es nicht ein überwundenes Böses in sich hat, ist kein reelles lebendiges Gutes. Der aktivirteste, doch unterworfene Eigenwille das Höchste). b) Ihr entgegen steht die höchste, welche eben der Verstand ist. Aus Verstand und Eigenwille zusammen erzeugt sich die mittlere Potenz, c) der eigentliche Wille, der also hier wieder im Indifferenzpunkt erscheint. Allein nicht dieses Verhältniß — nicht seine Mitte zwischen Verstand und Eigenwillen, sondern die zwischen der ersten und dritten, der tiefsten und der höchsten Potenz macht eigentlich seine Freiheit aus. Daher wir, um das Wesen der Freiheit vollends zu erkennen, nothwendig erst die dritte Potenz betrachten müssen.

Es ist zwar die gewöhnliche Meinung, daß der Geist das Höchste im Menschen sey. Allein daß er es durchaus nicht seyn kann, folgt daraus, daß er der Krankheit, des Irrthums, der Sünde oder des Bösen fähig ist. Da Krankheit, Irrthum und Böses immer aus der Erektion eines relativ Nichtseyenden über ein Seyendes entsteht, so muß auch der menschliche Geist wieder ein relativ Nichtseyendes in Bezug auf ein Höheres seyn. Wäre dieß nicht, so wäre in der That kein Unterschied zwischen Wahrheit und Irrthum. Dann hätte gewissermaßen jeder und keiner Recht, wenn es nicht wieder eine höhere Instanz über dem Geiste gäbe. Denn der Geist kann nicht der höchste Richter seyn, weil seine Aussprüche sich nicht gleich bleiben. — Auch der Irrthum ist keine bloße Privation der Wahrheit. Er ist etwas höchst Positives. Er ist nicht Mangel an Geist, sondern verkehrter Geist. Daher der Irrthum höchst geistreich, und doch Irrthum seyn kann. — Ebenso das Böse ist nicht bloße Privation des Guten, nicht bloße Verneinung der inneren Harmonie, sondern positive Disharmonie. Das Böse kommt auch nicht aus dem Leib, wie so viele noch jetzt meinen. Der Leib ist eine Blume, woraus der eine Honig, der andere Gift saugt. Nicht der Geist wird vom Leib, sondern umgekehrt der Leib vom Geist inficirt. Das Böse ist in gewissem Betracht das reinste Geistige, denn es führt den heftigsten Krieg gegen alles Seyn, ja es möchte den Grund der Schöpfung aufheben. Wer mit den Mysterien des Bösen nur einigermaßen bekannt ist (denn man muß es mit dem Herzen ignoriren, aber nicht mit dem Kopf), der weiß, daß die höchste Corruption gerade auch die geistigste ist, daß in ihr zuletzt alles Natürliche, und demnach sogar die Sinnlichkeit, ja die Wollust selbst verschwindet, daß diese in Grausamkeit übergeht, und daß der dämonisch-teuflische Böse dem Genuß weit entfremdeter ist als der Gute. Wenn also Irrthum und Bosheit beides geistig ist und aus dem Geiste stammt, so kann er unmöglich das Höchste seyn. Also

III. Dieses Höchste, die dritte Potenz, ist die Seele. Schon im gemeinen Sprachgebrauch unterscheiden wir Menschen von Geist und Menschen von Seele. Ja ein Geistvoller kann doch seelenlos seyn.

Die Seele ist das eigentlich Göttliche im Menschen, also das Unpersönliche, das eigentlich Seyende, dem das Persönliche als ein Nichtseyendes unterworfen seyn soll. Zweifel dagegen. a) Man spricht von Seelenkrankheiten. Allein dergleichen gibt es nicht. Nur das Gemüth oder der Geist kann krank seyn, wie ich nachher noch bestimmter zeigen werde. b) Man sagt wohl auch im gemeinen Leben von einem Menschen: er hat eine böse, eine schwarze, eine falsche Seele. Allein nur so, wie man von einer falschen Tugend spricht. Man wird dagegen nie sagen können, daß der Mensch, der lasterhaft oder ruchlos handelt, mit Seele gehandelt habe. Also eine schwarze Seele heißt keine Seele. (Ebenso gibt es zwar einen geistreichen, aber keinen seelenvollen Irrthum).

Also Seele ist das Unpersönliche. Der Geist weiß, aber die Seele weiß nicht, sondern sie ist die Wissenschaft. Der Geist, weil er auch die Möglichkeit zum Bösen in sich hat, kann nur gut seyn, d. h. Theil haben an der Güte, die Seele aber ist nicht gut, sondern ist die Güte selbst.

Vom Gemüth, und zwar von seiner tiefsten Sehnsucht an geht also eine stetige Folge bis zur Seele. Die Gesundheit des Gemüths und des Geistes beruht darauf, daß diese Folge ununterbrochen sey, daß gleichsam eine stetige Leitung von der Seele aus bis ins Tiefste des Gemüths stattfinde. Denn die Seele ist das, wodurch der Mensch im Rapport mit Gott ist, und ohne diesen Rapport mit Gott kann die Creatur, der Mensch aber insbesondere, keinen Augenblick existiren. Sowie daher die Leitung unterbrochen ist, ist Krankheit da, und zwar Gemüthskrankheit, besonders wenn die Sehnsucht über das Gefühl siegt, was gleichsam im Gemüth die Seele vorstellt. Also 1) wenn die Leitung durch das Gefühl unterbrochen ist, so entsteht Gemüthskrankheit. 2) Ist die Leitung durch den Verstand unterbrochen, so Blödsinn. Menschen der Art haben oft viel Gemüthskraft und besonders starken Eigenwillen, der aber, weil er nicht durch den Verstand geleitet ist, unschädlich ist, eigentlich nur auf Genuß und dergleichen geht. 3) Ist aber die Leitung zwischen dem Verstand und der Seele unterbrochen, so entsteht das Schrecklichste, nämlich der Wahnsinn. Ich hätte eigentlich nicht sagen sollen: er entsteht, sondern: er tritt hervor. Um dieß zu erklären, bemerke ich Folgendes.

Was ist der Geist des Menschen? Antwort: Ein Seyendes, aber aus dem Nichtseyenden, also der Verstand aus dem Verstandlosen. Was ist also die Basis des menschlichen Geistes in dem Sinn, in welchem wir das Wort Basis nehmen? Antwort: Das Verstandlose. Und da sich der menschliche Geist auch zu der Seele wieder als relativ

Nichtseyendes verhält, so auch zu ihr wieder als Verstandloses. Das tiefste Wesen des menschlichen Geistes also, NB. wenn er in der Trennung von der Seele und also von Gott betrachtet wird, ist der Wahnsinn. Der Wahnsinn entsteht also nicht, sondern tritt nur hervor, wenn das, was eigentlich Nichtseyendes, d. h. das Verstandlose ist, sich aktualisirt, wenn es Wesen, Seyendes seyn will.

Die Basis des Verstandes selbst also ist der Wahnsinn. Daher der Wahnsinn ein nothwendiges Element, das aber nur nicht zum Vorschein kommen, nur nicht aktualisirt werden soll. Was wir Verstand nennen, wenn es wirklicher, lebendiger, aktiver Verstand ist, ist eigentlich nichts als geregelter Wahnsinn. Der Verstand kann sich nur manifestiren, zeigen in seinem Gegensatz, also im Verstandlosen. Die Menschen, die keinen Wahnsinn in sich haben, sind die Menschen von leerem, unfruchtbarem Verstand. Daher der umgekehrte Spruch: nullum magnum ingenium sine quadam dementia; daher der göttliche Wahnsinn, von dem Plato, von dem die Dichter sprechen. Nämlich, wenn dieser Wahnsinn durch Einfluß der Seele beherrscht ist, dann ist er ein wahrhaft göttlicher Wahnsinn, dann der Grund der Begeisterung, der Wirksamkeit überhaupt. — Aber überhaupt auch der bloße Verstand, wenn er nur kräftig, lebendig ist, ist eigentlich nur beherrschter, gehaltener, geordneter Wahnsinn. Allein es gibt Fälle, wo auch der Verstand den in der Tiefe unseres Wesens schlummernden Wahnsinn nicht mehr bewältigen kann. So kann auch bei einem heftigen Schmerz der Verstand keinen Trost geben. In diesem Fall also, wenn Geist und Gemüth ohne den sanften Einfluß der Seele sind, bricht das anfängliche dunkle Wesen hervor, und reißt auch den Verstand als ein relativ auf die Seele Nichtseyendes mit sich fort, es tritt der Wahnsinn hervor zum schreckenden Zeichen, was der Wille ist in der Trennung von Gott.

Auf ähnliche Weise entsteht der Irrthum, wenn die untergeordneten Kräfte, der Verstand, der Wille, die Begierde, die Sehnsucht, für sich weiter wollen, nicht sich submittiren dem Höheren.

Die eigentliche menschliche Freiheit besteht nun eben darauf, daß der Geist einerseits der Seele unterworfen ist, andererseits über dem

Gemüth steht. Je nachdem der Geist, d. h. der Wille (denn der Wille ist im Geiste wieder der Geist) den Eingebungen von oben, d. h. den Eingebungen der Seele, oder den Eingebungen von unten, d. h. den Eingebungen des Eigenwillens, folgt, je nachdem er entweder das Niedere oder das Höhere zu seinem Princip macht, je nachdem handelt er auch gut oder böse. Will sich der Wille gleichsam auf seine eigne Basis setzen, so wird er nothwendig der Seele entfremdet und damit dem Guten; unterwirft er sich aber der Seele, so wird er dem Eigenwillen entfremdet und dadurch dem Bösen.

Die Seele als die absolut göttliche hat eigentlich keine Stufen mehr in sich. Sie ist der innere Himmel des Menschen. Aber sie ist verschiedener Beziehungen mit dem Untergeordneten und dadurch verschiedenartiger Aeußerungen fähig. Die Seele kann sich 1) auf das Reale der untergeordneten Potenzen beziehen, also auf Sehnsucht und Selbstkraft oder Eigenwille. Dieß ist der Fall in der Kunst und Poesie. Sehnsucht und Selbstkraft ist eigentlich das Werkzeug in der Kunst. Hier zeigen sich beide ganz frei, in ihrer völligen Realität, aber der Seele so untergeordnet, wie sie es seyn sollen. Ohne Eigenkraft von der einen und tiefe Sehnsucht von der andern Seite entstehen Werke ohne Realität; ohne die Seele Werke ohne alle Idealität. Das Höchste in der Kunst ist aber auch die Durchdringung des Idealen und Realen (das Kunstwerk ganz idealisch und doch so reell wie ein Naturwerk — hier die Unschuld wieder).

Die Seele kann sich 2) beziehen auf Gefühl und Verstand, die beiden entsprechenden Potenzen in den beiden ersten Potenzen. Hierdurch entsteht die Wissenschaft im höchsten Sinne, diejenige nämlich, die unmittelbar von der Seele eingegeben wird, — die Philosophie.

Hier ist nun auch der Ort über das Wesen der Vernunft zu sprechen.

Allgemein wird zwischen Verstand und Vernunft ein Gegensatz statuirt. Dieß ist ganz unrichtig. Verstand und Vernunft sind dasselbe, nur auf verschiedene Weise angesehen. Gewöhnlich wird auch die Vernunft höher gesetzt als der Verstand. Dieß ist aber auch nur in gewissem Sinne wahr. Bei dem Verstand ist offenbar etwas mehr Aktives, Thätiges, in der Vernunft mehr etwas Leidendes, sich Hingebendes. Daher es eine ganz verschiedene Sache ist, ob man von jemand sagt, er sey ein verständiger oder ein vernünftiger Mensch. Sagt man von jemand, er habe viele Vernunft gezeigt, so ist darunter immer mehr gemeint, daß er Submission unter höhere Beweggründe als daß er Aktivität gezeigt habe. Da also im Wesen der Vernunft offenbar etwas Hingebendes, Leidendes liegt, von der andern Seite aber doch Verstand und Vernunft wahrhaft nur Eines seyn können, so werden wir sagen müssen: Vernunft sey nichts anderes als der Verstand in seiner Submission unter das Höhere, die Seele. Daher sich auch in der wahren Wissenschaft die Vernunft wirklich leidend verhält, und eigentlich die Seele thätig ist. Die Vernunft ist nur das Aufnehmende der Wahrheit, das Buch, worein die Eingebungen der Seele geschrieben werden, aber zugleich auch ein Probierstein der Wahrheit. Was die Vernunft nicht annimmt, was sie zurückstößt, was sie nicht in sich verzeichnen läßt, das ist nicht von der Seele eingegeben, das kommt aus der Persönlichkeit. Sie ist in dieser Beziehung für die Philosophie das, was der reine Raum für den Geometer. Was in der Geometrie falsch ist, einen unrichtigen Begriff, nimmt der Raum nicht an, stößt es zurück; z. B. ein Dreieck, in dem die größere Seite dem kleineren Winkel gegenüber läge.

Zu allen Hervorbringungen gehört auch ein dunkles Princip; dieß ist der Stoff, woraus die Schöpfungen des höheren Wesens gezogen werden. Für die Philosophie ist dieses dunkle Princip das Gefühl; also ohne Gefühl kann man es freilich zu nichts bringen, aber doch ist es nicht das Höchste.

Aus Seele, Vernunft und Gefühl besteht also die wahre Philosophie, und somit ist hier die Philosophie zu ihrer eignen Construktion durchgedrungen.

Die Seele kann sich 3) beziehen auf Willen und Begierde. Sind diese ganz der Seele untergeordnet und in beständigem Rapport mit ihr, so wird damit nicht die einzelne gute Handlung, sondern die moralische Verfassung der Seele oder die Tugend im höchsten Sinn, nämlich als virtus, als Reinheit, Trefflichkeit und Stärke des Willens. — Lasse die Seele in dir handeln, oder handle durchaus als ein heiliger Mann, dieß ist nach meiner Meinung das höchste Princip, worin das Wahre der verschiedenen Moralsysteme, des Epicurismus und Stoicismus, zusammenkommt. Kant hat von jenem Princip bloß den formellen Ausdruck. „Handle der Seele gemäß“ heißt so viel als: handle nicht als persönliches Wesen, sondern ganz unpersönlich, störe ihre Einflüsse in dir selbst nicht durch deine Persönlichkeit. Das Höchste in allen Werken auch der Kunst und Wissenschaft entsteht eben dadurch, daß das Unpersönliche in ihnen wirkt. Man nennt dieß in einem Kunstwerk z. B. die Objektivität, wodurch eigentlich nur der Gegensatz von Subjektivität ausgedrückt werden soll. Diese Objektivität erreicht, um mich der Ausdrücke meines Bruders in einer Abhandlung über die Seele[1] zu bedienen, „der wahre Künstler in seinen Werken, der wahre Held in seinen Thaten, der Philosoph in seinen Ideen“. Wo ein solcher Gipfel erreicht ist, da ist das Zeitliche und alle menschliche Subjektivität abgestreift, und es entstehen Werke, von denen man sagen möchte, die Seele habe sie allein ohne Zuthun des Menschen vollendet. Göttliches wird nur durch Göttliches erschaffen, erkannt, gewirkt.

Endlich kann die Seele auch ganz rein, ohne alle besondere Beziehung und völlig unbedingt wirken. Dieses unbedingte Walten der Seele ist Religion, nicht als Wissenschaft, sondern als innere und höchste Seligkeit des Gemüths und Geistes. Tugend, Wissenschaft und Kunst sind hier noch verwandt mit der Religion, ja sie haben nur Eine Wurzel mit ihr (obgleich sie deßwegen nicht Eines sind).

Die Seele ist das Entsprechende des $A^3$, das $A^3$ aber die göttliche Liebe, inwiefern sie das Band der Schöpfung = Identität des Nichtseyenden und Seyenden, des Endlichen und Unendlichen ist. Auch das Wesen der Seele also ist Liebe, und Liebe auch das Princip alles dessen, was aus der Seele entsteht. — Daß ein warmer Hauch der Liebe das Kunstwerk anwehen und verklären müsse, ist allgemein

[1] Grundsätze zu einer künftigen Seelenlehre von Karl Eberhard Schelling, in den Jahrbüchern der Medicin als Wissenschaft, 2. Bd., 2. Heft. S. 190 ff. D. H.

anerkannt. Wir sagen von den schönsten Werken, sie seyen mit Liebe gemacht, ja die Liebe selbst habe sie gemacht. — Auch die Wissenschaft in ihrer höchsten Potenz ist ein Werk der Liebe, und trägt darum mit Recht den schönen Namen Philosophie, d. h. Liebe der Weisheit. Der Mensch, der zum Philosophen geboren ist, empfindet dieselbe Liebe in sich, welche die göttliche empfindet, nämlich die ausgestoßene und ausgeschlossene Natur nicht in dieser Verstoßung zu lassen, sie geistig wieder ins Göttliche zu verklären und das ganze Universum zu Einem großen Werk der Liebe zu verschmelzen.

So haben wir also den Menschen auf den höchsten Gipfel geführt, dessen er in diesem Leben fähig ist. Es bleibt uns also nichts weiter übrig, als noch etwas über das Schicksal des Menschen in einem künftigen Leben zu sagen.

Alles, was bisher vorkam, gehörte eigentlich nur der ersten Potenz an. Die wahre zweite Potenz fängt für den Menschen erst nach dem Tode an. Auch hier verfahren wir übrigens so, daß wir vom Leben anfangen; wir reden also zuerst noch vom Uebergang des Menschen aus der ersten Potenz seines Lebens in die zweite, also vom Tode.

Die Nothwendigkeit des Todes setzt zwei absolut unverträgliche Principien voraus, deren Scheidung der Tod ist. Unverträglich ist nicht das Entgegengesetzte, sondern das sich Widersprechende; z. B. Seyendes und Nichtseyendes sind nicht unverträglich, denn sie gehören ja zusammen: wohl aber wenn das Nichtseyende als solches ein Seyendes seyn will und das wahrhaft Seyende zu einem Nichtseyenden machen. Dieß ist das Verhältniß von Gut und Bös. Der Widerstreit von Gut und Bös ist aber freilich durch Schuld des Menschen allgemein, also auch unabhängig vom Menschen und außer dem Menschen erregt. Diese Contrarietät in der Natur, an welcher der Mensch durch seinen Leib Theil hat, macht nothwendig, daß der Geist in diesem Leben nicht ganz in seinem Esse erscheinen kann, sondern zum Theil in seinem non-Esse. Der Geist des Menschen nämlich ist nothwendig ein Entschiedenes (mehr oder weniger entschieden freilich, inzwischen ist die Unentschiedenheit selbst wieder Entschiedenheit, nämlich das Gute doch nur bedingungsweise zu wollen) — also der Geist des Menschen ist entweder gut oder bös. Allein die Natur ist nicht entschieden, ja ihre jetzige Gestalt scheint eben auf der beständigen Gegenwirkung des Guten und Bösen zu beruhen, so daß sie gar nicht mehr dieselbe wäre, vielmehr ihre Eigenschaften ganz verlieren würde, wenn entweder das Gute oder das Böse von ihr hinweggenommen würde. Freilich wäre die Natur durch diesen inneren Widerstreit schon lange auseinander gefallen, wenn er nicht späteren Ursprungs, wenn nicht die Entzweiung später wäre als die Einheit: jetzt ist sie zwar auseinander, aber immer noch zusammengehalten durch die ursprüngliche Einheit. Da also in der Natur Mischung des Guten und Bösen, so ist eine ähnliche Mischung auch in dem, was der Mensch mit der Natur gemein hat, und wodurch er in Bezug mit ihr steht — in seinem Leib und seinem Gemüth (daher das Böse vor allem sein Gemüth zu morden sucht, weil in diesem noch ein Rest des Guten). Aus diesem Grunde kann also der Mensch in diesem Leben nicht ganz erscheinen, wie er *ist*, nämlich seinem Geiste nach, und es entsteht eine Unterscheidung des äußeren und inneren Menschen, des *erscheinenden* Menschen und des *seyenden* Menschen. Der seyende Mensch ist der Mensch, wie er seinem Geiste nach ist, der scheinende Mensch dagegen geht verhüllt einher durch den unwillkürlichen und unvermeidlichen Gegensatz. Sein inneres Gutes ist verdeckt durch das Böse, das ihm von der Natur her anhängt, sein inneres Böses verhüllt und noch gemildert durch das unwillkürliche Gute, was er von der Natur her hat. Einmal aber muß der Mensch in sein wahres Esse gelangen und von dem relativen non-Esse befreit werden. Dieß geschieht, indem er ganz in sein eignes $A^2$ versetzt, und also nicht zwar vom physischen Leben überhaupt, aber doch von *diesem* geschieden wird, mit Einem Wort durch den Tod oder durch seinen Uebergang in die Geisterwelt.

Was folgt aber nun dem Menschen in die Geisterwelt? Antwort: Alles, was auch hier schon Er *selber* war, und nur das bleibt zurück, was nicht Er *selber* war. Also geht der Mensch nicht *bloß* mit seinem Geiste im engern Sinn des Worts in die Geisterwelt über, sondern auch mit dem, was in seinem Leib Er *selber*, was in seinem Leib Geistiges, Dämonisches war. (Daher ist es so wichtig anzuerkennen, 1) daß auch der Leib an und für sich schon ein geistiges Princip enthalte, 2) daß nicht der Leib den Geist, sondern der Geist den Leib inficirt; der Gute steckt den Leib mit dem Guten, der Böse mit dem Bösen seines Geistes an. Der Leib ist ein Boden, der jeden Samen annimmt, in welchen Gutes und Böses gesäet werden kann. Also das Gute, was der Mensch in seinem Leibe erzogen hat, so wie das Böse, das er in ihn gesäet hat, folgt ihm im Tode).

Der Tod ist daher keine absolute Trennung des Geistes von dem Leib, sondern nur eine Trennung von dem dem Geist widersprechenden Element des Leibs, also des Guten vom Bösen und des Bösen vom Guten (daher auch das Zurückbleibende nicht der *Leib* genannt wird, sondern der Leichnam). Also nicht ein bloßer Theil des Menschen ist unsterblich, sondern der ganze Mensch seinem wahren Esse nach, der Tod eine reductio ad essentiam. Wir wollen das Wesen, das im Tode nicht zurückbleibt — denn dieß ist das caput mortuum —, sondern gebildet wird, und das weder bloß geistig noch bloß physisch, sondern das Geistige vom Physischen und das Physische vom Geistigen ist, um es nie mit dem rein Geistigen zu verwechseln, das Dämonische nennen. Also das Unsterbliche des Menschen ist das Dämonische, nicht eine Negation des Physischen, sondern vielmehr das essentificirte Physische. Dieses Dämonische ist also ein *höchst-wirkliches* Wesen, ja weit *wirklicher*, als der Mensch in diesem Leben ist; es ist das, was wir in der Volkssprache (und hier gilt es eigentlich: vox populi vox Dei) nicht *den* Geist, sondern *einen* Geist nennen; wenn z. B. gesagt wird, es sey einem Menschen ein Geist erschienen, so wird darunter eben dieses höchst-wirkliche, essentificirte Wesen verstanden.

Der Mensch im Tode wird nicht in das absolute oder göttliche $A^2$, sondern er wird in sein *eignes* $A^2$ versetzt. Das göttliche $A^2$ als das absolut seyende ist nothwendig auch das absolut Gute, und insoweit ist niemand gut als der einzige Gott. Außer ihm ist gut nur, was als ein relativ Nichtseyendes an dem Seyenden Theil hat; was sich aber ihm opponirt, in dem ist der Geist des Bösen. Der Gute also, indem er in sein eignes $A^2$ versetzt wird, wird freilich auch in das göttliche $A^2$ versetzt; der Böse aber, wenn er in sein eignes $A^2$ versetzt wird, wird eben darum von dem göttlichen $A^2$ ausgestoßen, an welchem er hier noch durch Vermittlung der Natur Theil hatte. Der Gute wird nämlich über die Natur erhoben, der Böse sinkt noch unter die Natur.

Gewöhnlich stellt man sich den Menschen im Zustand nach dem Tode als ein luftähnliches Wesen vor, oder recht abstrakt als ein pures, lauteres Denken. Aber er ist vielmehr, wie gesagt, ein höchst-wirklicher, ja weit kräftiger und also auch wirklicher als hier. — Beweis: a) alle Schwäche kommt aus der Getheiltheit des Gemüths. Wäre ein einziger Mensch, in welchem sie ganz getilgt, der nur das Gute in sich hätte, er könnte Berge versetzen. Daher wir auch sehen, daß Menschen, die es schon hier bis zum Dämonischen bringen (und im Bösen wird diese Entschiedenheit häufiger erreicht als im Guten) — etwas Unwiderstehliches in sich haben; sie fasciniren gleichsam alles ihnen Entgegenstehende, besonders wenn das ihnen Entgegenstehende auch nichts Gutes, sondern ein Böses ist, das nun nicht den Muth oder die Kraft hat, sich zu zeigen. Denn in jedem möglichen Fach wird es der entschiedene Meister und Virtuos über den Stümper und Pfuscher davontragen. b) Eben auch weil hier (in diesem Leben) ein Zufälliges beigemischt ist, wird das Wesentliche geschwächt. Daher der Geist von diesem Zufälligen befreit lauter Leben und Kraft ist, das Böse noch viel böser, das Gute noch viel guter.

Das Besondere des innern Zustandes betreffend, so wird er bekanntlich mit dem Schlaf verglichen, wobei freilich unter Schlaf das Auslöschen des Inneren durch das Uebergewicht des Aeußeren verstanden wird. Vielmehr ist aber dieser Zustand als ein schlafendes Wachen und ein wachendes Schlafen zu denken = clairvoyance, wobei ein unmittelbarer Verkehr mit den Gegenständen, nicht durch Organe vermittelt. — Wird dieß aber auch für den Bösen gelten? Antwort: Auch die Finsterniß hat ihr Licht, wie das Seyende ein Nichtseyendes in sich hat. Uebrigens ist der höchste Gegensatz der clairvoyance der Wahnsinn.

Wahnsinn also der Zustand der Hölle. — Eine Frage ist: wie wird es mit der Erinnerungskraft beschaffen seyn? Diese wird sich nur nicht auf alles Mögliche erstrecken, da ein rechter Mann schon hier viel darum geben würde, zur rechten Zeit vergessen zu können. Es wird eine Vergessenheit, eine Lethe geben, aber mit verschiedener Wirkung: die Guten dort angekommen werden Vergessenheit alles Bösen haben, und darum auch alles Leids und alles Schmerzes, die Bösen dagegen die Vergessenheit alles Guten. — Uebrigens freilich wird es auch nicht Erinnerungskraft seyn wie hier; denn hier müssen wir uns erst alles innerlich machen, dort ist schon alles innerlich. Die Bezeichnung Erinnerungskraft ist dazu viel zu schwach. Man sagt von einem Freund, einem Geliebten, mit denen man Ein Herz und Eine Seele war, man erinnere sich ihrer, sie leben beständig in uns, sie kommen nicht in unser Gemüth, sie sind darin, und so also wird die Erinnerung dort seyn.

Durch den Tod wird Physisches (soweit es wesentlich ist) und Geistiges in eins gebracht. Also dort wird Physisches und Geistiges zusammen das Objektive seyn — die Basis —, die Seele aber, jedoch nur bei den Seligen, wird als Subjektives eintreten, wird ihr eigentliches Subjekt, und dieß bringt mit sich, daß sie zu Gott gehen, mit Gott verbunden werden. Die Unseligkeit besteht eben darin, daß die Seele nicht als Subjekt eintreten kann wegen der Empörung des Geistes, daher Trennung von der Seele und von Gott.

Dadurch, daß der Mensch in sein eignes $A^2$ versetzt wird, wird er also in die Geisterwelt versetzt. Hier findet also die Construktion der Geisterwelt ihre Stelle. Wie es eine Philosophie der Natur gibt, so auch eine Philosophie der Geisterwelt. Hierüber nur Folgendes.

Gleich anfänglich, als Gott Reales und Ideales schied, mußte er auch das Ideale als eine eigne Welt setzen. Wie demnach im Realen Reales, Ideales und die Indifferenz beider war, so auch im Idealen, nur alles unter der Potenz des Idealen. Also im Idealen Gottes ist wieder etwas, das der Natur entspricht, nur daß es selbst ganz ideal ist. Das Reale im Idealen ist, wie wir so eben bei Gelegenheit des Menschen gefunden haben, das Gemüth. Auch in Gott ist ein

Gemüth, und dieses Gemüth ist im Geistigen Gottes wieder das Reale; es verhält sich zum Geist in Gott, zum absolut Seyenden, auch wieder wie erste Potenz, wie Basis, wie dunkles Princip. Das Gemüth in Gott ist also der Stoff der Geisterwelt, wie das eigentlich Reale der Stoff war, aus dem die physische Welt, und aus dem der Mensch erschaffen wurde. Also die reinen Geister sind erschaffen aus dem göttlichen Gemüth, und es gibt so gewiß eine Geisterwelt, auch unabhängig von Menschen, als es eine Naturwelt gibt. Wir erhalten unser Gemüth aus der Natur, die Geister aus Gott selbst.

Da auf diese Art auch in den reinen Geistern, die aus dem Gemüth Gottes erschaffen (das wieder relativ Unabhängiges von dem Geist in Gott, d. h. dem absolut Seyenden), — da also auch in den reinen Geistern ein relativ Nichtseyendes und ein Seyendes ist, so sind auch sie der Freiheit, also auch des Guten und Bösen fähig. Wie es nun die Absicht Gottes war, daß durch den Menschen, das höchste Geschöpf der Naturwelt, die Natur eine Verbindung mit der Geisterwelt erhalte, so war es wahrscheinlich auch seine Absicht, daß durch das höchste Geschöpf der Geisterwelt diese die Verbindung mit der Natur erhalte. Wenn nun auch dieses Geschöpf manquirte, so trat nothwendig in der Geisterwelt derselbe Abfall ein, wie in der sichtbaren Welt, und ebenso eine Trennung der guten und der bösen Geister. Ohne Zweifel wollte jenes höchste Geschöpf der Geisterwelt, das, wie der Mensch von Seite der Natur, so von der andern Seite zum Herrn der Welt bestimmt war, der Herr dieser Welt seyn ohne Gott, aus eigner Macht, und so fiel es. Natürlich mußte es nun das höchste Interesse für diesen höchsten erschaffenen Geist seyn, zu bewirken, daß diese Welt wirklich eine eigne von Gott getrennte werde, weil er nur alsdann hoffen konnte sie zu beherrschen. Also angenommen, daß sein Fall dem des Menschen voranging, mußte seine Bosheit sich gegen den Menschen richten, weil in diesem noch die einzige Möglichkeit vorhanden war, wie die Natur und die Geisterwelt zusammenkommen konnten, also die Möglichkeit, daß er ein eignes von Gott unabhängiges Reich erhielt, wie er doch suchte. Da nun der Mensch vor dem Fall noch wirklich in näherem Rapport mit der Geisterwelt stand, so konnte jener höhere Geist auch wirklich einen Einfluß auf den Menschen haben, unmittelbarer als jetzt; denn jetzt ist der Mensch, wie er gewöhnlich ist, selbst für den Teufel zu schlecht; das *Schlechte* ist das *Gemischte*; das lautre Böse ist in seiner Art etwas Reines. So ungefähr ließe sich also die christliche Erklärung des Falls wahrscheinlich machen.

So viel also über die ursprünglichen Einwohner der Geisterwelt, d. h. die darein erschaffen worden. Nun ist aber die Geisterwelt auch in anderer Beziehung eine Welt, nämlich ein System von Gegenständen, und zwar ganz ein solches wie die Natur. Denn überhaupt Natur und Geisterwelt sind nicht mehr verschieden als — um ein etwas krasses aber doch die Sache anschaulich machendes Beispiel zu gebrauchen, die Welt der Plastik und die Welt der Poesie, deren Gestalten nicht sichtbar auftreten, sondern in jedem wieder erzeugt werden müssen durch eigne Thätigkeit, also nur innerlich anschaulich sind. Die Geisterwelt ist die Poesie Gottes, die Natur seine Plastik. Im Menschen entsteht ein Mittleres, nämlich das sichtbare Drama, weil dieses seine geistigen Schöpfungen zugleich in der Wirklichkeit darstellt. Daher die Geschichte am besten als eine große Tragödie anzusehen ist, die auf der Trauerbühne dieser Welt aufgeführt wird, wozu sie die bloßen Bretter hergibt, indeß die Handelnden, d. h. die darauf vorgestellten Personen, von einer ganz anderen Welt sind. In jener Welt ist alles, was in dieser ist, nur auf poetische, d. h. geistige Weise, und kann darum viel vollkommener, auch auf geistige Art, mitgetheilt werden (der Geist ganz Gesicht, ganz Gefühl). Dort sind die Urbilder, hier die Abbilder.

Die unmittelbare Verbindung der Natur mit der Geisterwelt ist zwar durch den Menschen unterbrochen; deßwegen hören sie aber nicht auf Eine Welt zu seyn und sich aufeinander aus der Ferne wenigstens zu beziehen. Eine gewisse Sympathie bleibt doch noch zwischen ihnen, wie zwischen den Saiten verschiedener Instrumente, wo, wenn auf der einen ein Ton angeschlagen wird, die entsprechende Saite des andern sympathetisch mittönt. Also *dieser* Bezug der Geisterwelt mit der Natur dauert immer fort, er ist im Wesen des Universums selbst gegründet, er war unauflöslich. Und wie die Geisterwelt im Ganzen mit der Natur durch einen nothwendigen consensus harmonicus verbunden ist, so sind es auch die einzelnen Gegenstände der Geister- und der Naturwelt. So muß es in der Geisterwelt ebenfalls Gesellschaften geben, die denen auf der Welt entsprechen, nur daß dort durchaus Gleiches zu Gleichem kommt, hier aber Gemischtes beisammen ist. Deßwegen diejenige Nation, die sich am meisten aus der Mischung gesetzt hat, d. h. die entweder das Böse oder das Gute am meisten von sich ausgeschlossen hat, also entweder die frömmste und tugendhafteste oder die ruchloseste und lasterhafteste die meiste Macht hat, weil sie am meisten dämonisch ist. Völker, bei denen noch Freiheit, Unschuld, Reinheit der Sitten, Armuth, d. h. eben Trennung von den Dingen dieser Welt, wohnt, sind in Rapport mit dem Himmel und der guten Geisterwelt; die, bei denen das Gegentheil, mit der Hölle.

Ebenso steht jeder einzelne Mensch, je nachdem entweder das Gute oder das Böse in ihm zu höherer Reinheit gekommen ist, in Bezug entweder mit der guten oder bösen Geisterwelt. Der Mensch wird durch den fortgehenden Lebensproceß der Gattung abwechselnd empfänglich und unempfänglich für die Geisterwelt überhaupt. Der Mensch, der in sich das Gute rein vom Bösen geschieden, wäre ohne Zweifel des Rapports mit guten Geistern fähig, welche bloß die Mischung scheuen, und welche es, wie die Bibel einmal sagt, beständig lüstet hineinzuschauen in das Mysterium der äußeren Natur, — wo eigentlich das größte Geheimniß vorbereitet wird, nämlich die vollkommene Menschwerdung Gottes, wovon immer noch nur der Anfang geschehen ist. Ebenso wer das Böse in sich rein geschieden von allem Guten in sich hätte, würde mit bösen Geistern in Rapport seyn. Es ist unbegreiflich, wie man an einem solchen Zusammenhang je hat zweifeln können. Wir leben unter beständigen Eingebungen; wer auf sich achtgibt, der findet es. Besonders in schweren Fällen fehlen dem Menschen diese Eingebungen nie, und wenn er sie nicht hat, so ist es seine eigne Schuld. Der Mensch ist nie ganz verlassen, und bei dem vielen Traurigen, was ein jeder erfährt, kann er doch gewiß seyn, daß er unsichtbare

Freunde hat, ein heroischer Glaube, der fähig macht vieles zu thun und auch vieles zu leiden.

Wie jeder Mensch einen Bezug auf die Geisterwelt hat, so hat auch jedes Ding der Natur durch seine gute Seite einen Bezug auf den Himmel, durch seine böse auf die andere Seite der Geisterwelt. Daher der Mensch in nichts mehr Vorsicht haben muß als in seinem Umgang mit der Natur, besonders aber mit andern Menschen. (Diätvorschriften der alten Philosophen). Die Geisterwelt kann nur der Mischung wegen nicht in die jetzige eindringen. Könnte man aber in einem Ding z. B. das Gute ganz zudecken, austreiben oder bewältigen, so könnten die bösen Geister darein wirken. Dieß der Grund der schwarzen Magie und der Zauberei. — Doch dieß mag genug seyn von der Geisterwelt, und vielleicht ist es schon zu viel.

Geisterwelt und Natur müssen doch endlich verbunden werden, die höhere Potenz des eigentlich ewigen und absoluten Lebens noch eintreten. Gründe hiefür sind. 1) Die höchste geistige Seligkeit ist doch noch nicht die absolute. Wir wünschen etwas zu haben, das nicht wir selbst ist, wie Gott etwas hat, um uns darin zu beschauen als in einem Spiegel. 2) Die Natur ist ohne Schuld unterworfen dem jetzigen Zustand (Pauli Stelle), sie sehnet sich nach der Verbindung; 3) so auch Gott wieder nach der Natur. Er wird sie nicht ewig als Ruine stehen lassen. 4) Es müssen wirklich alle Potenzen in eins gebracht werden. Bisher sind nur zwei Perioden: a) die gegenwärtige, wo freilich alle Potenzen, aber untergeordnet dem Realen; b) das Geisterleben, wo auch alle Potenzen, aber untergeordnet dem Idealen. Es wird also eine dritte geben, c) wo alle der absoluten Identität untergeordnet sind — also das Geistige oder Ideale nicht das Physische und Reale ausschließt; wo beides gemeinschaftlich und als gleichgeltend dem Höheren untergeordnet ist. Diese Wiederherstellung aber ist unmöglich, bevor nicht dieselbe Scheidung in der Natur vor sich geht. Aber in dieser kommt es langsamer dazu, weil sie viel tiefere Lebenskraft hat. Der Mensch ist hierin ein Opfer für die Natur, wie sie erst für ihn ein Opfer war. Er muß mit seinem vollkommenen Daseyn auf das ihrige warten. Endlich freilich muß die Krisis der Natur kommen, wodurch sich die lange Krankheit entscheidet. Jede Krisis ist mit einer Ausstoßung begleitet. Diese Krisis ist die letzte der Natur, daher „das letzte Gericht". Jede Krisis auch im Physischen ist ein Gericht. Durch einen wahrhaft alchemischen Proceß wird das Gute vom Bösen geschieden, das Böse vom Guten ganz ausgestoßen werden, aus dieser Krisis aber eine ganz gesunde, lautere, reine und unschuldige Natur hervorgehen. In diese reine Natur wird nichts eingehen als das wahrhaft Seyende, das nur in seinem richtigen Verhältniß ein Seyendes seyn kann; die Natur wird also befreit seyn von dem falsch-Seyenden, dem Nichtseyenden. Dagegen wird nun das Nichtseyende, was sich in ihr zum Seyenden erhoben hatte, ihr als Basis untergeordnet, dieses Nichtseyende oder das Böse in die allertiefste Tiefe unter die Natur versetzt, und da diese schon der gemilderte göttliche Egoismus, so sinkt jenes in das verzehrende Feuer desselben, d. h. in die Hölle. Nach dieser letzten Katastrophe wäre also die Hölle das Fundament der Natur, wie die Natur das Fundament, die Basis des Himmels, d. h. der göttlichen Gegenwart. Das Böse ist dann nicht mehr vorhanden in Bezug auf Gott und das Universum. Nur in sich selbst ist es noch vorhanden. Es hat jetzt, was es wollte, das gänzliche in-sich-selbst-Seyn, also Trennung von der allgemeinen, der göttlichen Welt. Es ist den Qualen seines eignen Egoismus, dem Hunger der Selbstsucht überlassen.

Durch die Scheidung in der Natur erhält jedes ihrer Elemente den nächsten und unmittelbarsten Rapport zur Geisterwelt. Daher also Auferstehung der Todten. Die Geisterwelt tritt in die wirkliche ein. Die bösen Geister erhalten ihren Leib auch aus dem Element des Bösen, die Guten aus dem Element des Guten — aus jenem fünften Element, der göttlichen Materie.

Der höchste Endzweck der Schöpfung ist jetzt erfüllt, a) Gott ganz verwirklicht, sichtbar-leiblich, also $\frac{A^3}{A^2 = (A = B)}$, b) das Unterste zu dem Obersten gekommen (Umlauf) — das Ende in dem

Anfang — nur daß jetzt alles explicite, was zuvor implicite, c) besonders das Geheimniß der Menschheit. Im Menschen sind die beiden äußersten Extreme zusammengeknüpft. Darum ist er vor Gott höher geachtet als die Engel. Der Mensch ist aus dem Niedrigsten und Höchsten. Die Menschheit, die schon durch den Menschgewordenen Gott vergöttert war, ist jetzt allgemein vergöttert, und durch den Menschen, und mit ihm auch die Natur.

Wollen wir consequent seyn, so müssen wir auch in der dritten Periode wieder Perioden oder Potenzen anerkennen. Allein diese sind so weit außer unserem geistigen Gesichtskreis als (um ein schwaches Bild zu brauchen) der fernste Nebelfleck, durch kein Fernrohr mehr auflöslich, außer unserem leiblichen. Also wenn auch hier noch Perioden, so sind sie in ein successives Regiment zu setzen: a) des Menschgewordenen Gottes (vielleicht doch noch besonderes Regiment der Natur- und Geisterwelt, ohne Trennung jedoch). b) Regiment des Geistes. c) Endlich alles dem Vater überantwortet. Vielleicht dieß dann, wenn auch die Hölle nicht mehr ist; und in diese Perioden der Ewigkeit fällt also die Wiederbringung auch des Bösen noch, woran wir glauben müssen. Die Sünde ist nicht ewig, also auch ihre Folge nicht.

Diese letzte Periode in der letzten ist die der ganz vollkommenen Verwirklichung — also der völligen Menschwerdung Gottes, wo das Unendliche ganz endlich geworden ohne Nachtheil seiner Unendlichkeit.

Dann ist Gott wirklich Alles in Allem, der Pantheismus wahr.

Ueber den

# Zusammenhang der Natur mit der Geisterwelt.

Ein Gespräch.

Fragment.

(Aus dem handschriftlichen Nachlaß.)

Wohl zwischen 1809 und 1812.

# Einleitung

Seit Auflösung der friedlichen Eintracht, in welcher vor noch nicht allzu langer Zeit die Wissenschaften zusammenlebten, kann das Eigenthümliche der Philosophie in ein lebhaftes Streben nach dem Geistigen gesetzt werden, dem ein ebenso entschiedenes Unvermögen, sich wirklich dahin zu erheben, entspricht.

Die alte Metaphysik erklärte sich durch ihren Namen als Wissenschaft, die nach, also gewissermaßen auch aus der Erkenntniß der Natur folgte, eine gesteigerte Fortsetzung derselben war; sie nahm daher auch die Erkenntniß, deren sie sich außer der Physik rühmte, in einem gewissen tüchtigen, gediegenen Sinn, mit welchem allein dem Erkenntnißlustigen gedient seyn kann. Die neuere Philosophie hob ihren unmittelbaren Bezug mit der Natur auf, oder wußte ihn nicht zu behaupten, und verschmälte stolz jeden Zusammenhang mit Physik; die Ansprüche auf eine höhere Welt fortsetzend, war sie nicht mehr Metaphysik, sondern Hyperphysik. Allein jetzt zeigte sich auch das gänzliche Unvermögen zum vorgesetzten Zweck. Da sie sich ganz vergeistigen wollte, warf sie zuerst

[1] Diese Einleitung war, wie es scheint, ursprünglich nicht für ein Gespräch, sondern für eine Abhandlung bestimmt; sie gehört aber insofern zu dem folgenden Gespräch, als letztere unter dem Titel: Darstellung des Uebergangs von der Philosophie der Natur zur Philosophie der Geisterwelt, wesentlich den gleichen Inhalt haben sollte; wie denn übrigens die Einleitung auch im Manuscript mit dem Gespräch verbunden erscheint. Ein kleiner Theil des Concepts jener Abhandlung ist im handschriftlichen Nachlaß aufbewahrt. D. H.

den zum Proceß unumgänglich erforderlichen Stoff hinweg und behielt gleich anfangs nur das Geistige. Wenn aber das Geistige wieder vergeistigt wird, was kann daraus werden? Oder wenn wir in der Natur schon alles geistig haben wollen, was bleibt uns für die Geisterwelt noch übrig?

Diese Bemerkung kann dienen, die merkwürdige Erscheinung begreiflich zu machen, daß die Philosophie, gerade indem sie den höchsten Anlauf zum Geistigen nehmen wollte, am tiefsten herabsank und in Ansehung aller höheren Gegenstände immer unzulänglicher und unvermögender wurde, welches eine Zeitlang mit angesehen, endlich so lebhaft gefühlt wurde, daß ihr nichts anderes übrig blieb, als sich selbst den Proceß zu machen, ihre geistige Impotenz nicht nur zu bekennen, sondern augenscheinlich darzuthun. Inzwischen wurde auch dieses Resultat benutzt, die Vergeistigung noch um einen Grad weiter zu treiben. Es war nicht genug, sagte man, den Zusammenhang mit dem Objektiven, der verstandlosen Natur, aufgegeben zu haben, solang im Subjektiven noch ein so grober Begriff als der des Wissens geduldet wurde; das Wissen selber ist noch zu massiv, die Vergeistigung wird erst dann vollkommen seyn, wenn statt desselben nur noch ein zarter, flüchtiger Duft von Ahndung und Gefühl übrig ist, also auch das Subjektive wieder subjektivirt wird. Seitdem zeigt sich ein Theil geschäftig, statt des eigentlichen Geistes (der Erkenntniß) ein Surrogat desselben, das gewissermaßen noch geistiger als der Geist seyn soll, anzubieten und so wie sonst aus der Noth, jetzt aus der Unwissenheit eine Tugend zu machen.

In diesem Stand der Sache gab es wohl kein anderes Herstellungsmittel der Philosophie, als sie vorerst, wenn auch nicht vom Himmel, auf den sie Verzicht gethan, doch aus dem leeren Raum, in dem sie zwischen Himmel und Erde schwebte, zur Erde zurückzurufen, welches durch die Naturphilosophie geschah. Daß die zeitherigen Vergeistiger sich über dieses Beginnen als eine Herunterziehung der Philosophie, als eine Verleugnung alles Geistigen, ja des Heiligen und Göttlichen selber, ereiferten, war in der Ordnung und stand nicht anders zu erwarten.

Doch war gleich anfangs die Natur nur als die eine Seite des All erklärt und die Geisterwelt als die andere ihr entgegengesetzt worden. So wurde auch Philosophie der Natur stets nur für die eine Seite des großen Ganzen gegeben und in die wissenschaftliche Erklärung des Gegensatzes und des Zusammenhangs beider das Centrum philosophischer Wissenschaft gesetzt. Nun wir Anstalt treffen, dieser mit unseren ersten Schritten in der Philosophie übernommenen Aufgabe Genüge zu thun, läßt sich vorhersehen, daß eben jenen dieses Beginnen als ein überfliegendes, vielleicht schwärmerisches, auf jeden Fall unnatürliches erscheine. Denn geschieht ihnen dieß nicht mit ihren eignen Begriffen und Lehren, die, sobald sie über die Natur hinausgehen, den Charakter wahrer Unnatürlichkeit annehmen und sich darum auch so unkräftig für das Leben erzeigen? Ja sie werden hier mit denen Freunde werden, gegen die sie sonst zu streiten vorgeben, mit denen sie aber wirklich einiger sind, als sie selbst glauben; ich meine die, welche das Wort Geisterwelt nicht hören können, ohne in die ihnen eigne Geisterfurcht zu gerathen, eine Krankheit, welche beim höchsten Grade bis zur Scheu gehen soll, dem Menschen auch nur sein eignes Inneres als einen Geist zuzugestehen, beim geringeren aber sich auf die Fürsorge einschränkt, ihn wenigstens ganz von der Geisterwelt abzuschneiden und an keine andern Geister glauben zu lassen als an seine eignen und an solche, die mit ihm zugleich leben.

Diese beiden nun würden von unserer Unternehmung einen ganz falschen Begriff fassen, wenn sie meinten, daß hier auf irgend eine Weise die Geisterwelt unmittelbar zur Erkenntniß oder auch nur zur Sprache gebracht werden solle, da unserer ausdrücklichen Erklärung zufolge nur der wissenschaftliche Uebergang aus dem Gebiet der Natur in das der geistigen Welt erzeigt werden soll. Inwiefern daher die Natur unser Ausgangspunkt ist, würden sie am wenigsten irren, wenn sie diese Abhandlung als eine bloß physikalische ansehen wollten, indem ihr lediglich der Gedanke zu Grunde liegt, daß, gleichwie es im Physischen möglich gewesen, die Erde durch das Gesetz der Schwere an den Himmel zu knüpfen, und gleichwie wir uns schmeicheln dürfen, durch die goldene

Kette des allverbreiteten Lichts auch mit den entferntesten Sternen, die wir kaum durch die stärkste Bewaffnung des Auges einigermaßen zur Anschauung bringen, in freundlicher Wechselmittheilung zu stehen, daß ebenso auch im Geistigen ein von der Natur ausgehendes Band zu finden seyn möge, an welchem fortlaufend unsere bis jetzt bloß irdischen Wissenschaften sich zum Himmel erheben könnten, der doch ihr wahres Vaterland zu seyn scheint.

Nun steht es bei ihnen, ein solches Fortwachsen der Natur in die geistige Welt zu leugnen, und sie werden es leugnen. Doch geben sie zu, daß die Natur sich als das Untergeordnete der Geisterwelt verhalte, wenn sie nicht etwa ganz das Daseyn einer solchen leugnen, worauf wir uns hier nicht einlassen. Dieses Untergeordnete hat also in Bezug auf das Höhere irgendwo seine Grenze, sein bestimmtes Ende. Wie glauben sie nun, daß es sein Ziel finde und geschlossen sey, wenn nicht das Letzte, das es aus sich hervorbringt, schon ein über es Hinausgehendes, ihm nur noch mit dem untergeordneten Theil seines Wesens Angehöriges ist, wie der Mensch in Bezug auf die Erde? Und muß daher nicht jedes Niederere eben dadurch, daß es die Staffel zum Höheren ist, mit diesem in einem *natürlichen* Bezug stehen?

Also dieß hätten sie erst zu beweisen, daß zwischen der Natur und der rein geistigen Welt eine solche Kluft befestigt sey, als sie annehmen, oder wenigstens unsere Beweise, daß zwischen beiden ein natürlicher Zusammenhang stattfinde, umzustoßen, ehe sie gegen dieses Unternehmen die gewohnten Sprüche vorbringen. Nur unter dieser Voraussetzung halten wir selbst für möglich, der vorgesetzten Aufgabe Genüge zu thun. Wir selbst erkennen ein jedes Wissen, das nicht reine Entwickelung aus dem Gegenwärtigen, Wirklichen ist, für ein übersliegendes, das zu Schwärmerei und Irrthum führen muß. Wir erklären eben darum, daß, so hoch wir in der Folge das Gebäude unserer Gedanken treiben mögen, wir dennoch nichts geleistet haben wollen, wofern nicht der Tempel, dessen letzte Spitze sich in ein unzugängliches Licht verliert, in seinem tiefsten Grund ganz auf der Natur ruht.

Wir werden also von der andern Seite allerdings wagen, was

derjenige sich verstatten darf, der sich eines sichern Grundes bewußt ist, und über höhere Dinge mit mehr Bestimmtheit uns erklären können, als es bis jetzt möglich war. Derjenige hat erst, so zu sagen, das Recht zu den geistigsten Gegenständen, der zuvor ihr Gegentheil gehörig erkannt hat. Der Mensch fehlt in seinen Unternehmungen, auch den wissenschaftlichen, seltener durch das, was er unternimmt, als durch die Art, daß er nämlich in der Erkenntniß nicht stufenweise geht, indem dem, welcher die Bedingungen erfüllt, in der That auch in der Wissenschaft nichts versagt ist. Der Baum, der aus der Erde Kraft, Leben und Saft in sich zieht, darf hoffen, den blüthebehängten Wipfel wohl noch bis zum Himmel zu treiben; die Gedanken derer aber, die gleich anfänglich sich von der Natur trennen zu können meinen, sind, auch die wirklich geistreichen, nur wie jene zarten Fäden, die zur Spätsommerzeit in der Luft schwimmen, gleich unfähig den Himmel zu berühren und durch ihr eignes Gewicht zur Erde zu gelangen.

Im Bewußtseyn der wissenschaftlichen Mittel, die durch die Natur unseres Verfahrens gegeben sind, werden wir nicht in dem Fall seyn, irgend etwas Außerwesentliches, oder was in anderer Hinsicht auf Abwege führen kann, mit ins Spiel zu ziehen.

Flüge der Einbildungskraft, besonders wenn diese im Aeußerlichen gesucht werden sollen, wird man in dieser Abhandlung so wenig finden als ein gewisses leichtherziges Reden von Unsterblichkeit der Seele, bei dem sich Schriftsteller und Publikum gleich sehr zu gefallen scheinen. Wir wollen keine Meinung erregen, keiner Schwärmerei Vorschub thun, von welcher der Hauptgrund immer in dem Mangel oder der Unzulänglichkeit der Wissenschaft liegt. Wo diese verstummt in Dingen, die dem Menschen die wesentlichsten sind, da muß das Volk wohl sich selbst helfen. Wie weit ist es in der Bestimmtheit der Denkart vor den Gelehrten voraus! Ihm konnten unsere moralischen und andere Beweise für die Unsterblichkeit der Seele nicht genügen. Der gemeine Verstand begreift, daß der wahre Grund, der ihn von irgend einem Daseyn überzeugt, ihm nothwendig zugleich von der Beschaffenheit desselben Kenntniß gewähren muß, und daß jeder, bei dem dieß nicht der

Fall ist, nicht der wahre und natürliche, sondern nur ein ersonnener, künstlicher seyn kann. Aber auch jetzt noch gilt von den Gelehrten, was schon vor Zeiten gegolten, daß sie die Schlüssel der Erkenntniß weggeworfen haben, und selbst nicht hereinkommend den andern wehren, die herein wollen. Sogar die letzte Zuflucht, die dem Volk blieb, die zu den Wahrheiten der Offenbarung, wird ihm dadurch genommen, daß die Lehrer von diesen entweder einen bloß buchstäblichen oder nur einen allgemeinen moralischen Sinn haben. Die Erfahrenen wissen, in welchem Lichte sie erscheinen, wenn ihnen ein reeller Sinn beigelegt und die physikalische Beziehung gegeben wird. Die Kluft, welche zwischen der Offenbarung und der Wissenschaft stattfindet, rührt eben daher, daß jene alle Wahrheiten gleich anfänglich bis zu einem Grade individueller Bestimmtheit fortgeführt enthält, bis zu welchem unsere immer im Allgemeinen herumschwebende Philosophie noch nicht gelangen konnte.

Also nicht diejenigen mache man der Schwärmerei oder der Anleitung zu ihr verdächtig, welche auch in den geistigsten Gegenständen die Bestimmtheit der Erkenntniß suchen; eher die, welche, und wär' es auch unter dem Vorwand eines alle Wissenschaft übertreffenden Gefühls, ihr entgegenwirken. Wenn der Aberglaube den natürlichen Zusammenhang der Dinge ganz übersieht, so entspringt der Unglaube aus einer Erstickung des im Innern sich regenden Göttlichen durch die Masse des Natürlichen, die er nicht in Bewegung bringen, nicht in lebendige, bis zum Geistigen fortgehende Steigerung versetzen kann. Der Glaube, der sich als Gegensatz der Wissenschaft gibt, befindet sich ganz in demselben Falle. Unmöglich aber kann derjenige Glaube der wahre seyn, der aus einem anfänglichen Unglauben folgt, und der mit dem Unglauben Einen gemeinschaftlichen Ausgangspunkt hat.

Aber auch bloß auf die Form gesehen, sind diejenigen ohne Zweifel die wahren Phantasten zu nennen, welche die Welt der Wissenschaft als einen großen leeren Raum ansehen, wohinein ein jeder nach seiner individuellen Art verzeichnen kann, was ihm gefällt; die, welche von einem Zurückgehen auf die Anfänge, von einem gesetzmäßigen Hinaufbilden keinen Begriff haben, die, wenn sie sich selbst fragen, welcher Sicherheit sie sich im philosophischen Verfahren bewußt sind, bei geringer Aufrichtigkeit gegen sich selber gestehen müßten, nicht so viel zu besitzen, als z. B. erfordert wird, nur um aus einem Buch in irgend einer Sprache ein Blatt abzuschreiben, wobei man doch wissen muß, ob von der linken oder, wie beim Hebräischen, von der rechten Seite angefangen werden muß.

Bei einem Gegenstande, der mit den tiefsten Empfindungen des menschlichen Wesens in vielfachen und innigen Verhältnissen steht, kann der Schriftsteller, wofern es ihm bloß um Wirkung zu thun ist, seines Zwecks nicht wohl verfehlen, wenn er es nur versteht, jene Empfindungen auf eine leichte und erfreuliche Art ins Spiel zu setzen. Derjenige hingegen, der auf Hervorbringung genau-wissenschaftlicher Einsicht geht, muß wünschen, sie vor der Hand vielmehr zum Schweigen zu bringen. Er wird nichts der Neigung, nichts wenn auch noch so gerechter Sehnsucht zugeben, den Ernst der Wissenschaft mit der Höhe des Gegenstandes steigernd, nur fragen, was sich wissenschaftlich einsehen lasse, und sich selbst verleugnen um des unschätzbaren Gewinns einer unverlierbaren Wahrheit willen. Das tiefste Gefühl findet allein in der nicht mit ihm sich vermischenden Wissenschaft volle Bestätigung; ein Gemisch aus beiden wird von beiden verschmäht. Nur mit Glaube, Liebe und Hoffnung hofft er sich nie im Widerspruche zu finden; und nie wird er, was wirklich von ihnen eingegeben ist, darum geringschätzen, weil es sich wissenschaftlich nicht rechtfertigen läßt, indem wir vielleicht mit dem Dichter annehmen dürfen, daß in jenen heitern Räumen jedem schönen freundlichen Gefühl Wort gehalten wird. Aber, obgleich das innere, heilige Wesen, das allen Werken der Wissenschaft und Kunst die letzte Verklärung ertheilt, sind sie zu inniger Natur, um als sichtbares Princip der einen oder andren zu erscheinen.

Indem es bei uns stünde, unsere Gedanken auch in einer zugänglicheren Form mitzutheilen, wollen wir der strengeren den Vorzug, und womöglich in dieser Abhandlung ein Beispiel der Methode geben, die sich von der bisherigen dadurch unterscheidet, daß sie wirklich vom Gehalt unzertrennlich ist, daß sie durch den Gehalt, so wie dieser durch sie gegeben ist. Es hat nicht fehlen können, daß nicht von mancher ihrer Formeln der schmählichste Mißbrauch gemacht worden (ins Innere derselben ist noch keiner ganz eingedrungen), indem gerade das Lebendigste vorzugsweise mit Verstand behandelt seyn will. Von der andern Seite haben wir bemerkt, daß sie in Fällen reeller Untersuchung, wo ihnen, vielleicht ohne es zu wissen, ein gewisser Einfluß verstattet worden, mehr als jede gewöhnliche fördernd sich erzeigt; zum Beweis, daß der Zustand der Wissenschaft in verschiedenen Theilen sie zu fordern anfängt. Wer diese Methode umstoßen will, der muß nicht den geistlosen Gebrauch, ja überhaupt nicht sie selbst, sondern die Sache angreifen.

## Der Pfarrer erzählt.

Auf Aller=Seelen=Tag fuhren der Arzt und ich nach der Stadt, um mit Clara, die schon einige Tage zuvor in Begleitung meiner beiden Töchter dahin gereist war, am Abend zurückzukehren. Wie wir die schöne Stadt, die etwa auf der halben Höhe des Gebirgs, genau im Gesichtspunkt einer Oeffnung liegt, vor uns gegen die weite Ebene hin hatten, sahen wir eine Menge Menschen schaarenweis sich gegen eine seitwärts liegende sanfte Anhöhe ziehen. Wir vermutheten gleich, wohin der Zug gehe, und schlossen uns an, um das rührende Fest, welches an diesem Tag in katholischen Städten zum Andenken der Verstorbenen gefeiert wird, einmal selbst mitanzusehen. Wir fanden bereits den ganzen Raum mit Menschen angefüllt. Es war ein eigener Anblick, das Leben über den Gräbern zu sehen, das die matt scheinende Herbstsonne ahndungsvoll beleuchtete. Wir sahen, da wir uns aus den getretenen Wegen entfernten, bald um die einzelnen Gräber schöne Gruppen versammelt: hier blühende Mädchen, mit jüngeren Geschwistern an der Hand das Grab einer Mutter bekränzend, dort eine Mutter still am Grabe früh verlorener Kinder stehend, wo es des geweihten Wassers nicht, die Stelle der Thränen zu vertreten, brauchte, sondern sanft niederfließende, von süßer Wehmuth geheiligte Zähren die Grabhügel erfrischten. Ernsthaft und nachdenkend standen hie und da Männer vor einzelnen Grabstätten, die vielleicht einen frühe hingegangenen Freund oder eine unvergeßliche Freundin verschlossen. Alle zerrissenen Lebensverhältnisse erneuerten sich hier für den Betrachter, der mit Personen und Umständen bekannt war; die Brüder kamen wieder zu den Brüdern, Kinder zu den Eltern, und waren in diesem Augenblick wieder Eine Familie; nur die Geliebte, welcher der Tod den Geliebten geraubt, durfte sich in diesem Gedränge nicht zeigen, sie hatte vielleicht die Frühzeit gewählt, um ohne Zeugen mit dem Thau des Morgens die geliebte Stätte mit ihren Thränen zu benetzen. Das schöne Denkmal eines Jünglings, der hier als Fremder gestorben war, fand sich mit Blumen auf eine so zarte und sinnige Weise geschmückt, daß liebende Hände dabei gewirkt haben mußten. Wie rührend ist diese Sitte, sagte mein Begleiter, und wie bedeutend dieser Schmuck der Spätblumen auf den Gräbern: ist es nicht gerecht, diese Blumen des Herbstes den Todten zu weihen, die uns im Frühling jene fröhlichen Blumen aus den dunkeln Kammern heraufreichen, zum ewigen Zeugniß des fortdauernden Lebens und der ewigen Auferstehung.

In der Mitte des Platzes stand eine kleine Kapelle, unfähig die Menge zu fassen. Bald nach unserer Ankunft hatte sie sich so gefüllt, daß eine lange Reihe über die Gräber weg vor der Thüre heraus stand. Wir setzten uns an die Seite auf einen alten bemoosten Grabstein, dessen Züge längst unleserlich geworden, und hörten dem feierlichen Amte zu, dessen Gang wir nur aus den Bewegungen der Herausstehenden verfolgen konnten. Wir saßen in stille Wehmuth versunken. Wie viele, die hier über diese Gräber wandeln, werden übers Jahr selbst da unten liegen?

Wo mag unsere Freundin weilen? Wir hatten einigemal sie von ferne zu sehen geglaubt, aber ohne sie wirklich zu erkennen, oder ihr im Gedränge uns nähern zu können. Wir erinnerten uns, daß wir noch einen weiten Weg zu machen hatten. Wir waren von ihr in das auf der andern Seite der Stadt auf einem Hügel liegende Benediktinerkloster beschieden, wo wir sie um die Zeit der Abreise auf jeden Fall finden sollten. Wir sahen, daß es Zeit war, und entfernten uns schweigend.

In der Stadt fanden wir alles leer und öde; wir hielten uns kurze Zeit auf, um einige Erfrischungen zu nehmen, und stiegen nun zu dem schönen Kloster hinan. Bei der Ankunft wurden wir in das Bibliothekzimmer geführt, wo ein junger, wohlgebildeter Geistlicher uns erwartete, der die Pflicht zu haben schien, die Fremden zu empfangen und auf eine anständige Art zu unterhalten. Wir erfuhren bald von ihm, daß ihn der kürzlich verstorbene Fürst auf Reisen geschickt habe, daß er jetzt der Aufseher dieser Büchersammlung und zugleich Lehrer der philosophischen Wissenschaften in diesem Kloster geworden sey. Er zeigte uns mehrere Seltenheiten, die seiner Verwahrung anvertraut waren. Mehr als diese todten Schätze aber zog uns die herrliche Aussicht an, welche von den Fenstern in die entfernte Ebene hinausging, die bis zu dem Gebirg heran, auf dem wir uns befanden, mit Städten und Dörfern besät war, und durch welche der mächtige Strom nur wie ein schmales silbernes Band sich durchzog und stellenweise sichtbar wurde.

Er hatte uns schon im Anfang gesagt, daß wir Clara hier zu erwarten hätten, welche noch mit dem Prior des Klosters wegen gewisser Angelegenheiten zu sprechen hätte; mehrere Güter des Klosters seyen von denen ihrer Familie eingeschlossen, auch zähle jenes einige ihrer Ahnherrn unter seine vorzüglichsten Wohlthäter. Einige Bildnisse, die in dem Saale aufgehängt waren, erklärte er uns als die Bildnisse derselben; ja der Bruder einer derselben war im klösterlichen Habit vorgestellt; wir erfuhren, daß er wirklich Profeß gethan hatte und hier gestorben und begraben sey. Von der Wahrheit seiner Aussage würde uns die auffallende Aehnlichkeit zwischen ihm und unserer Freundin überzeugt haben, wenn wir sie im Geringsten bezweifelt hätten. Wir konnten uns über diese nach zweihundert Jahren wiedergekommene Aehnlichkeit nicht genug verwundern, und der Geistliche meinte, bei einem solchen Anblick könnte man wohl an Seelenwanderungen glauben.

Was noch sonderbarer ist, sagte ich, ist, daß vielleicht zwischen den Schicksalen dieser beiden entfernten Verwandten eine ebenso große Aehnlichkeit obwaltet als zwischen ihrem Aeußern, wonach man sie wenigstens für Bruder und Schwester halten sollte. Wer weiß, was diesen früheren Bruder (denn so muß ich ihn nennen) in diese einsamen Mauern führte, und ihn antrieb, hier sein Leben in Abgeschiedenheit zu beschließen.

Vielleicht ähnliche Verhältnisse, wie die, welche unsere Freundin die Ruhe unseres stillen Thales dem Leben in der Welt oder auch nur dem in einer größeren Stadt so weit vorziehen lassen. Wir haben sie beide oft dazu aufgefordert, weil wir glaubten, die Einsamkeit, die alle ihre Erinnerungen in immer gleicher Lebhaftigkeit erhält, werde in die Länge ihre Gesundheit untergraben.

Sie bewohnt also, sagte der Geistliche, noch immer jenes einsam stehende Haus, wo ich sie vor sechs Jahren besucht habe?

Das nämliche, antwortete ich. Ebenfalls ein Fremder hatte vor Jahren Grund und Boden dazu gekauft und es erbaut; sie fand es vor sechs Jahren auf der Flucht leer stehend, erkaufte es mit den dazu gehörigen Gärten und Weinbergen um einen verhältnißmäßig geringen Preis und bewohnt es jetzt wieder, da sie von den väterlichen Besitzthümern aufs neue vertrieben ist.

Damals, sagte der Geistliche, stand sie in keinen Verhältnissen mit unserem Kloster; ich mußte den Besuch, zu dem mich eine mit stiller Achtung gemischte Neugierde trieb, verstohlen und insgeheim machen. Es waren gewiß schmerzliche Verhältnisse, in denen sie sich befand; und der letztverstorbene Prälat unseres Klosters, der auf die Familie immer vielen Einfluß gehabt, war besonders der Heirath mit einem Protestanten ebenso entgegen, wie der ganze katholische Adel der Nachbarschaft, indem durch sie, als letzte Erbin, alle die schönen Güter auf die andere Seite übergingen. Es ist dieß heute der erste Besuch, den sie unserem Kloster macht, das sie nur als Kind einigemal, wie ich mich wohl erinnere, mit ihren Eltern betreten hat. Der alleinige Besitz so ansehnlicher Güter, in den sie jetzt zurückgetreten, hat vielleicht vieles verändert; außerdem hat der jetzige Vorsteher über viele Dinge eine weniger eingeschränkte Denkart, und beurtheilt richtiger diese Zeiten, in welchen alle auf gemeinschaftliche Rettung denken sollten, anstatt einheimische Zwistigkeiten zu nähren.

Der Arzt, der sich bisher immer mit den mancherlei Bildern unterhalten hatte, fiel hier mit den Worten ein: Der Unterschied unserer und der vorigen Zeiten scheint mir durch nichts anschaulicher zu werden als durch eine solche Sammlung von Bildnissen. Welche massive, nach allen Seiten ausgebildete und hervorgetriebene Köpfe sind diese Köpfe der Fürsten aus dem dreißigjährigen Krieg und früheren Zeiten; welche Stirnen, welche Augen die dieser Feldherren und anderer durch ihre Handlungen ausgezeichneter Personen, die wir nun hier beisammen sehen! Ich möchte wissen, ob von den letzten männlichen Sprößlingen dieser Familien ein einziger einen solchen Ausdruck von hoher geistiger Empfindung mit Charakterstärke verbunden an sich getragen als dieser Kopf, und ob beim Erlöschen des Geschlechts nicht bloß noch in weiblicher Gestalt die hohen Züge der Ahnherrn wiedergekommen sind?

In dem Augenblicke trat Clara äußerst heiter herein, und die Aehnlichkeit wurde nun erst bis zum Erschrecken auffallend, daß wir alle uns zusammennehmen mußten, die Empfindung zu verbergen. Denn ich weiß nicht, warum jeder vermied, ihr die Bemerkung mitzutheilen, oder sie nur vermuthen zu lassen. Sie zog mich gleich mit den Augen nach dem offenen Fenster, und wie sie die fernen blauen Berge ansichtig wurde, schmolz ihr Aug in Thränen und sie sagte: Dort hinter jenen Bergen, über welche die Sonne jetzt bald hinabsinken wird, und die immer blauer werden, dort liegt m e i n Alles begraben. O Albert, Albert, so mußten wir die ruhige Freistatt, die uns auf dieser Seite vereinigt hatte, nur verlassen, um auf lange — ach wie lang vielleicht — getrennt zu werden. Kaum habe ich dich verloren, werde ich aufs neue verjagt und sogar von dem Letzten, was mir von dir geblieben, von dem kleinen Raum Erde, der dich bedeckt, hinweggerissen. Räuber entweihen die Gräber meiner Väter; doch du schlummerst bei ihnen. Heute geht der Aermste, das Grab seiner Lieben zu besuchen, ich allein konnte das deinige nicht schmücken; doch fließen meine Thränen hier ruhig und unentweiht, und welcher Theil der Erde sie aufnehmen möge, sie bringen durch eine magische Gewalt zu dir und erfrischen dich in deinem Grabe.

Ich erschrak, da ich diese so schnelle und unerwartete Leidenschaft sah, und wollte sie unterbrechen, indem ich die Unterredung zum Allgemeinen zu lenken suchte. Ich gestehe Ihnen, sagte ich, diese Gedächtnißfeier der Verstorbenen hat auf mich tief gewirkt. Es ist mir wieder so klar geworden, wie dieses Leben, das wir jetzt leben, ein ganz einseitiges Leben ist, daß es erst vollendet wäre, wenn jenes höhere Geistige sich mit ihm verbinden könnte, wenn die, die wir Verstorbene nennen, nicht aufhörten mit uns zu leben, sondern nur gleichsam einen andern Theil der großen Familie ausmachten. Die Sitte der alten Aegypter hat etwas Grauenhaftes an sich, aber es liegt ein an sich wahrer und richtiger Gedanke zu Grunde. Wir sollten alle die Feste und Gebräuche, wodurch wir an einen Zusammenhang mit der jenseitigen Welt erinnert werden, unterhalten.

Verzeihen Sie mir, fiel hier der Geistliche ein, der sich inzwischen genähert und die letzten Worte gehört hatte, wenn ich hierin anderer Meinung seyn zu müssen glaube. So z. B. die heutige Gedächtnißfeier hat gewiß etwas Rührendes an sich; wenn sie aber dazu bestimmt seyn sollte, den Gedanken zu unterhalten, daß wir mit den Bewohnern jener andern Welt in Verbindung stehen können, würde ich sie geradezu für schädlich erklären, und es billigen, daß sie in Ihrer Kirche wie so manche andere aufgehoben werden. Da ihm niemand antwortete, fuhr er fort: Wir Lebende sind einmal auf diese Welt angewiesen; hier sollen wir das mögliche Gute thun und den mit uns Verbundenen jede Liebe und Treue beweisen, solange wir noch mit ihnen auf dem Wege sind, und gewiß würden wir diese Pflicht gegeneinander weit genauer und gewissenhafter erfüllen, wenn wir uns stets erinnerten, daß sie sterblich sind, und daß mit ihrem Tode für uns alle Verbindung mit ihnen aufgehoben ist, daß sie dann für die Leidenschaft unserer Liebe ebenso unerreichbar sind als für die unseres Hasses, unserer niedrigen Gesinnung.

Das Niedere, erwiederte Clara, kann vielleicht nicht auf das Höhere wirken, aber desto gewisser kann das Höhere in das Niedere wirken, und so wäre der Gedanke eines Herüberwirkens doch so ungereimt nicht — Wenn nämlich, fuhr der Geistliche fort, beide in der nämlichen Welt begriffen sind, wie im jetzigen Leben unser Geist und Leib Einer Welt angehören. Der Gestorbene aber ist für diese Sinnenwelt ganz todt, und kann unmöglich Wirkungen in einer Region hervorbringen, für die er so wenig Werkzeuge als Empfänglichkeit hat.

Ihre Rede, sagte ich ihm, erinnert mich an die Erklärung, welche unsere philosophirenden Gottesgelehrten heutzutag von dem Wunder geben, daß es eine außerordentliche Wirkung Gottes in die Sinnenwelt sey, ohne zu bedenken, wie viel von dieser Sinnenwelt selbst ganz Unsinnliches ist.

Dennoch, erwiederte er, müssen wir diese alten Grenzen in Ehren halten. Nur mit Bedauern könnte der Vernünftige sehen, wie sie verrückt würden, daß dann alles ohne Unterscheidung ineinander flöße, und wir bald weder mehr in der einen noch in der andern Welt recht zu Hause wären.

Sie gestehen aber doch selbst zu, sagte Clara, daß wenigstens in uns noch ein anderes als bloß sinnliches Wesen lebt, der Geist. Sie werden also auch zugeben müssen, daß wir durch diesen wirklich mit jener Welt in Verbindung stehen, und daß, die Abgeschnittenheit des Sinnlichen von dem Geistigen auch zugegeben, kein Beweis gegen einen möglichen Zusammenhang des Geistigen in uns mit den Kräften einer andern Welt ist.

Zugegeben, antwortete er, wenn unser Geist wirklich je sich zur reinen Geistigkeit erheben könnte, d. h. wenn er nicht durch seine Verbindung mit der Materie ganz von der Lauterkeit jener Welt geschieden wäre, zu der er sich erst nach Auflösung dieses Bandes zu erheben bestimmt ist.

Bei einer so gänzlichen Geschiedenheit, erwiederte ich, müßten Sie auch jeden Begriff von jener höheren Welt verwerfen.

So ist es auch, antwortete er: jeden Begriff, den der Verstand oder die Vernunft sich bilden wollten. Wir haben in uns einen einzigen offnen Punkt, durch den der Himmel hereinscheint. Dieser ist unser Herz oder, richtiger zu reden, unser Gewissen. Wir finden in diesem ein Gesetz und eine Bestimmung, die nicht von dieser Welt seyn kann, mit der sie vielmehr gewöhnlich im Kampf ist, und so dient es uns zu dem Unterpfand einer höheren Welt, und erhebt den, der ihm folgen gelernt hat, zu dem trostreichen Gedanken der Unsterblichkeit.

Und zu nichts mehr? versetzte Clara. Dieses Wort Unsterblichkeit ist mir viel zu schwach für meine Empfindung. Was sollen der heißen Sehnsucht die kalten Worte und die bloß verneinenden Begriffe? Sind wir denn in diesem Leben mit einem bloßen kahlen Daseyn zufrieden? Findet uns die Natur mit solchen Allgemeinheiten ab?

Der Glaube ist einsylbig, antwortete er, wie die Pflicht, aus der er kommt.

Sie geben vor, alle höhere Gewißheit auf das Herz zu gründen, und doch geben Sie dem Herzen nichts. Wir können einen langgewohnten Freund, den seine Pflicht weit von uns wegruft, nicht sich entfernen sehen, ohne ihm mit Gedanken in jene entlegenen Gegenden zu folgen, ohne uns lebhaft seine Lage, seine Umgebung vorzustellen, ohne den Wunsch zu wissen, wie er dort seine Lebensgewohnheiten verändert oder beibehalten.

Ein anderes ist, sagte er, eine Trennung in diesem Leben, ein anderes der Uebergang in eine Welt, die mit dieser gar nichts gemein hat.

Mir scheint dieß anders, sprach ich. Das Entgegengesetzte ist sich gerade das Nächste. Wüsten, Gebirge, weite Länder und Meere können uns von einem Freunde in diesem Leben trennen; die Entfernung des andern Lebens von diesem ist nicht größer als die der Nacht von dem Tag oder umgekehrt. Ein inniger Gedanke, verbunden mit völliger Abziehung von allem Aeußeren, versetzt uns in jene andere Welt, die uns vielleicht gerade um so verborgener ist, je näher sie uns liegt.

Ich leugne dieß nicht, antwortete er; jene geistige Welt mag in uns aufgehen, aber wir gehen nicht in ihr auf; unser Blick bleibt immer auf unser Inneres beschränkt und kann dem Schicksal abgeschiedener Freunde nicht folgen, worin ich ohnedieß eine Art von eigennütziger Liebe sehe.

Wie so? frug Clara.

Wir bilden uns auch in diesem Leben so leicht ein, daß Freunde, Lebensgefährten *unser* seyen, da sie doch nur Gottes sind, freie Wesen, niemand dienstbar als dem Einen. Wir besitzen sie nur als Geschenk; daran erinnert uns der Tod, wenn sonst nichts, ob es gleich weise scheint, auch im Leben sich immer zu erinnern, daß wir nichts im eigentlichen Sinn unser nennen können, daß das Gelübde der Armuth, der Entbehrung, besonders aber des Gehorsams gegen einen höheren verborgenen Willen ein Gelübde ist, das jeder Mensch auf sich nehmen sollte; und obgleich wir im Gebrauch aller Güter, besonders aber der edelsten, die uns Liebe und Freundschaft beut, um so vorsichtiger seyn würden, wenn wir uns erinnerten, daß das Wesen der Seele, die wir gern mit allen Kräften unseres Geistes und Herzens an uns ziehen, uns ganz zu eigen machen, ja, wenn es möglich wäre, mit unserm Daseyn zusammenschmelzen möchten, daß diese Seele nur in Gottes Hand ist, dem wir sie früher oder später überlassen müssen; daß ein Augenblick kommt, wo sie nicht mehr uns, wo sie wieder dem Ganzen angehört, in ihre ursprüngliche Freiheit heimkehrt, und nach Gottes Willen vielleicht einen neuen Lauf beginnt, der dem unsrigen nie wieder begegnet und ganz andere Absichten zu erreichen dient, als die sie hier erfüllte, indem sie zur Entwickelung unseres Inneren, zur Veredlung unseres Wesens wirkte.

So glauben Sie also nicht, sagte Clara, daß in Freundschaft und Liebe etwas seiner Natur nach Ewiges liegt, und ein Band, das Gott geknüpft hat, weder Tod, ja Gott selbst nicht auflösen können. Tausend Verhältnisse mögen mit diesem Leben zerreißen; sie haben vielleicht unser Inneres nie anders berührt als feindselig oder doch störend, aber das Band einer wahrhaft göttlichen Liebe ist unauflöslich wie das Wesen der Seele, in dem es gegründet ist, ewig, wie ein Ausspruch Gottes. Wären mir Kinder geschenkt und alle Kinder genommen, so könnte ich es nie für Zufall oder ein vorübergehendes Geschick halten, die Mutter dieser Seelen zu seyn; ich fühlte, ja ich wüßte, daß sie ewig zu mir gehören, ich zu ihnen, und daß sie mir, ich ihnen, durch keine Gewalt der Erde, noch selbst des Himmels genommen werden können.

Das ist auch gewiß, antwortete er, das wahre Muttergefühl, und doch gibt auch hier nicht das natürliche Verhältniß an sich das ewige Gefühl, sondern umgekehrt das Gefühl macht erst das Verhältniß ewig; denn warum gäbe es sonst so viele unnatürliche Mütter? Dieß zeigt uns, daß es nichts wahrhaft Ewiges gibt als die Gesinnung. Und wenn wir jene natürlichen Verhältnisse nicht ohne Andacht betrachten können, die ohne unser Zuthun entstehen, die eine unsichtbare Hand knüpft, die eine göttliche Bekräftigung für sich haben —

Glauben Sie vielleicht nicht, unterbrach ihn Clara, daß auch andere höhere Verhältnisse, Liebe und Freundschaft, göttlicher Art sind; daß eine stille, unbewußte, aber darum nur desto mächtigere Nothwendigkeit Seele an Seele zieht?

Ich leugne, sagte er, das Walten einer solchen Naturkraft nicht, ob ich es gleich nicht begreife, aber nachdem einmal der Mensch in diesen Streit und Widerspruch mit der Natur gekommen ist, den ich ebensowenig begreife, nachdem sich in der menschlichen Natur eine so tiefe Verderbtheit festgesetzt hat, daß er weder aus der einen, noch aus der andern Lebensquelle rein zu schöpfen vermag, und es fast gleich gefährlich ist, ihn an die Freiheit wie an die Nothwendigkeit zu weisen — nach dieser Verirrung gestehe ich, über alle Verhältnisse, woran der freie Wille auch nur einigen Theil hat, höchst zweifelhaft zu seyn, und wage mich nicht gern in dieses Labyrinth. Ich lasse der Wärme jedes schönen Herzens Gerechtigkeit widerfahren, nur hüten wir uns, die Eingebungen unseres Gefühls, die Erfindungen unserer Sehnsucht in allgemeine Wahrheiten umprägen zu wollen; dann ist keine Grenze mehr. Das finstere, wüste Gemüth hat gleiches Recht mit dem heiteren und geordneten, und wir wissen, welche Ungeheuer aus diesem Trieb, Geschöpfe einer ungeregelten Sehnsucht oder einer wilden Einbildungskraft zu verwirklichen, entsprungen sind.

Der Arzt, dem diese Unterredung schon lange nicht recht schien, fiel hier ein und sagte: Sie haben Recht, nur die geordnetsten Gemüther sollten sich mit der Frage nach einem zukünftigen Leben beschäftigen, nur heitere Gemüther jenen Regionen der ewigen Heiterkeit und Stille sich annähern. Keiner sollte sich dieser Untersuchung weihen, der nicht in der gegenwärtigen Natur einen festen und unverlierbaren Grund gewonnen, darauf er seine Gedanken aufführt. Nur wer das jetzige Leben begriffe, sollte vom Tode und einem zukünftigen reden. Alles Uebersfliegen unseres jetzigen Zustandes, jedes Wissen, das nicht reine Entwicklung aus dem Gegenwärtigen, Wirklichen ist, und etwas vorwegnehmen will, wozu ihn nicht der natürliche Gang des Geistes geleitet, ist verwerflich und führt zu Schwärmerei und Irrthum.

Auf diese Art, sagte der Geistliche, würden Sie in der That alles Wissen über die zukünftigen Dinge, wie ich, verwerfen; denn wer könnte wohl sagen, daß er das Leben begriffen habe?

Ich weiß nicht, erwiederte der Arzt, ob es irgend jemand sagen kann; aber das weiß ich, daß ich es für keine absolute Unmöglichkeit halte. Wir müssen es nur nicht zu hoch suchen, nicht die Wurzel, die aus dem Boden der Natur Kraft, Leben und Saft in sich zieht, und dann wohl ihre Blüthen bis zum Himmel treiben kann, gleich vorerst abschneiden, und überhaupt den Gedanken aufgeben, das Leben aus etwas Höherem und Anderem, als eben ihm selber begreifen zu wollen. Nicht von oben herab, sondern von unten hinauf, ist mein Wahlspruch, der, wie ich glaube, auch der uns von so vielen Seiten ziemenden Demuth ganz angemessen ist. Doch, setzte er hinzu, ich sehe, daß die Sonne schon gegen die Berge hinabsinkt, und ich fürchte die Herbstluft des Abends für unsere Freundin; lassen Sie uns also aufbrechen.

Clara schied schnell mit einem Blick nach den entfernten Bergen, und nachdem erst meine Töchter in der Stadt abgeholt waren, rollten wir wieder gegen den Eingang des Gebirgs, unserem Thale zu, hinab. Wir saßen stumm und schweigend nebeneinander, Clara still und in sich gekehrt, bis endlich der Arzt die Unterredung auf das Klosterleben brachte: Wie kommt es doch, daß manche sich bei dem Klosterleben so viel Angenehmes und Schönes zu denken pflegen? Ist es, weil jeder gern unter dem mönchischen Habit das Ideal eines ruhigen, klaren, mit sich selbst ganz ins Gleichgewicht gekommenen Menschen ahnden mag, ein Ideal, das jeder gern in sich verwirklicht wissen möchte, aber doch nicht verwirklicht? Denn die äußeren Beweggründe, das Wohlleben, die Sorgenlosigkeit dieses Standes und diesen ähnliche können doch nur auf den Pöbel wirken.

Mich, sagte Therese, könnte nur die schöne Lage der Klöster einnehmen, die Berge, auf denen sie so oft erbaut, die fruchtbaren Thäler, von denen sie umgeben sind.

Ist es nicht so, sagte ich, daß ein jeder das dunkle Gefühl hat, nichts zu besitzen gehöre zur Seligkeit, weil jeder Besitz Sorgen und Geschäfte verursacht, und daß, weil doch Armuth und Entbehrung harte und schmerzliche Dinge sind, das Klosterleben als ein wahres Ideal erscheinen muß, weil hier jeder, ohne zu besitzen, wohl und gemächlich zu leben hat.

Mir scheint, sagte Clara, daß alles Unveränderliche uns eine gewisse Ehrfurcht gebietet, wie nichts unsere Achtung mehr vermindert als das Gegentheil. Der Mensch, den ich in den gewöhnlichen Lebensverhältnissen sehe, bleibt für mich immer ein schwankendes ungewisses Wesen. Wer weiß, ob der nämliche, den ich jetzt groß und wahr handeln sehe, nicht in der Folge, von der Macht der Umstände gebeugt, kleinmüthig und gegen sein Herz handeln wird, derselbe, der heute klar, frei und rein erscheint, nicht früher oder später von einer heftigen Leidenschaft gefesselt, verfinstert, zerrissen wird. Der Mensch, der eine Entschließung für sein ganzes Leben nimmt, und so nimmt, daß er Gott und Welt zu Zeugen derselben ruft, und unter Bedingungen, welche ihr das Siegel der Unauflöslichkeit aufdrücken, der Mensch wird immer meine Achtung erwecken, wenn ich mir ihn als freiwillig, als besonnen handelnd vorstelle. Warum sonst pflegt man zu sagen, daß niemand vor seinem Tode selig sey, den allein, könnte man sagen, ausgenommen, der noch lebend stirbt — und was ist dieses feierliche Gelübde der Entbehrung und Weltentsagung anders als ein Tod bei lebendigem Leibe?

Mich wundert, sagte ich, daß keiner von uns die wohlthätige Wirkung anführt, die sorglose Einsamkeit auf Künste und Wissenschaft haben könnte.

Könnte, antwortete der Arzt, aber schon lange nicht mehr gehabt hat; wir müßten denn Werke der Gelehrsamkeit und des bloßen Sammlerfleißes als die Beweise davon anführen wollen.

Dennoch, antwortete ich, werden Künste und Gelehrsamkeit keine geringe Noth erleiden, wenn alle diese reichen Klöster mit ihren prachtvollen Gebäuden, ihren ansehnlichen Büchersammlungen, ihren Kirchen mit den vielen Altarbildern, Wandmalereien, dem künstlichen Schnitzwerk verschwinden werden.

Ja, sagte Therese, und die ganze Gegend dadurch öde wird. Ich kenne doch nichts Schöneres, als mitten in der Fülle der Natur, von wallenden Aehrenfeldern umgeben, in der Ferne Wasser, Wald, Rebenhügel, und überall alles belebt von regsamen Menschen, ein hervorragendes prachtvolles Gebäude mit Thürmen und Kuppeln. Die schönste Stadt macht auf mich nicht diese Wirkung, sie verdrängt die Natur, die man gewöhnlich erst in ziemlicher Entfernung von ihr wieder findet. Aber die Einfalt, die ungebundene Fülle einer ländlichen Gegend mit dem Prachtvollen und Großen vermischt, dieß gibt erst den wahren Eindruck.

Da würde meine Therese, sagte ich, doch auch Schlösser und schöne Landsitze der Edelleute gelten lassen müssen.

Ach nein, antwortete sie, ich liebe vor allem das Beständige, wo ich ein Zusammenhalten, ein Zusammenbleiben sehe. Güter gehen auch zu unserer Zeit von Hand in Hand, eine Familie stirbt aus, der Adel zieht sich in die Städte, und kommt er einmal heraus, so ist es nur, um durch den Contrast seiner Sitten, das Lärmende seiner Vergnügungen die Stille und Anmuth dieser schönen Thäler zu beleidigen.

Du hast Recht, versetzte ich, mein Kind, aber vergiß nicht, daß dein Gesichtspunkt für die Sache nicht der allgemeine seyn kann, am wenigsten in der wilden Zeit, der wir entgegengehen. Von aller Bedeutung, die sie sonst hatten, haben diese Anstalten vielleicht nur die malerische erhalten. Man wird es aber leichter und angenehmer finden, sie ganz aufzulösen, als sie zu dem ursprünglichen Sinn auf eine unserer Zeit angemessene Weise zurückzuführen. Oft wenn ich ein solches stilles Kloster unten im Thale liegen sah, oder an einem Hügel vorüberzog, von dem es herabsah, dachte ich bei mir selbst: möchte doch, wenn einst die Stunde allen diesen Denkmälern einer alten Zeit geschlagen hat, irgend einem unserer Fürsten der Gedanke kommen, eins oder zwei dieser Asyle zu erhalten, die Güter und Gebäulichkeiten beisammen zu lassen und zu einer Ausstattung für Künste und Wissenschaften zu machen.

Gibt es doch keinen wahren Geistlichen als den, der wirklich im Geiste lebt, also den wahren Gelehrten und Künstler. Bloße Uebung der Frömmigkeit zum Lebensgeschäft gemacht, und nicht mit lebendiger, thätiger, wissenschaftlicher Forschung verknüpft, führt auf Leerheit, und zuletzt zu jenem herz- und seelenlosen Mechanismus, der allein schon in Zeiten wie die unsrige das Klosterleben verächtlich gemacht hätte. In jenen Jahrhunderten wenig verbreiteter Kenntnisse, da Mönche die einzigen Depositäre der Wissenschaften und Kenntnisse waren, waren sie auch die wahren Geistlichen; seitdem ihnen die übrige Welt so mächtig über den Kopf gewachsen, haben sie immer mehr aufgehört es zu seyn. Die Wissenschaften haben Einen Endzweck mit der Religion; ihre schönsten Zeiten waren und sind, wo sie mit ihr in Einklang stehen. Gibt es doch Länder, wo bei dem Eintritt der Glaubensänderung die Klöster in Schulen umgeschaffen wurden; doch das meinte ich nicht.

Und was denn? frug der Arzt.

Dieses meinte ich so: da auf diesem Hügel sollte das nächste große Gedicht der Deutschen gedichtet werden, hier in diesem Thal eine Platonische Akademie, wie jene in Cosentina, sich versammeln, Männer jeder Kunst und Wissenschaft sollten hier einträchtig und von Sorgen befreit ein wahrhaft geistiges Leben leben: nicht in Städten sollten sie eingesperrt werden fern von der Natur und in den beengenden Verhältnissen der Gesellschaft. Denn der deutsche Geist liebt die Einsamkeit, wie er die Freiheit liebt; alles Conventionelle drückt ihn nieder. Nicht wie der zahme Gelehrte oder Dichter, der sich von der sogenannten Gesellschaft anziehen ließ, und Lob und Beifall, das Futter der Eitelkeit, wie das physische Bedürfniß aus ihrer Hand und von ihren Lippen nimmt, liebt er durch Wald, Berg und Thal frei zu schweifen, großgesäugt nur an den Brüsten der Natur. Nicht wie ein regelmäßiger Fluß, der eingedämmt nur vorgeschriebene Ufer und Länder durchströmt, sondern wie das inwendige Feucht der Erde, dessen geheime Gänge niemand erforscht, und das doch in alles dringt, und wo es will alles belebt, klar und frei hervorbricht, unbekümmert, ob einer des Wegs komme, der sich daran erfrische, aber stärkend und labend den, der die einsamen Pfade des Gebirges, die Felsen und abgelegenen Thäler nicht scheut. Schade daß ich oft, wenn ich das Ganze mir völlig ausgebildet hatte, mir sagen mußte, daß dieß alles nur ein angenehmer Traum bleiben wird, da der Deutsche einmal bestimmt scheint, nie nach seiner Eigenthümlichkeit behandelt zu werden. Er muß fremde Normen sich aufzwingen lassen, weil die, welche es wohl ändern könnten, so selten das Herz haben eigenthümlich in ihren Anstalten zu seyn — denn was würde der Nachbar dazu sagen, wenn man die Deutschen als Deutsche behandeln wollte!

So mögen denn wir, sagte der Arzt, uns aufs neue unserer glücklichen Lage freuen, wo wir, ohne von der Welt geschieden zu seyn, doch im steten Verkehr mit der Natur unsere Tage verleben. Ich habe die schönsten Klöster der Welt gesehen; oft, z. B. auf Monte Cassino, im Walde von Camaldoli, in den schönen Klöstern am Main und Rhein, hat mich die Sehnsucht nach dem beschaulichen Leben ergriffen, das hier in ewiger Stille zu verfließen scheint. Aber immer kam ich davon zurück, wenn ich bemerkte, wie weit ab die ganze Lebenseinrichtung von der Natur führt, wie Stumpfsinn, ja Ekel gegen dieselbe die Folge der Selbstpeinigungen wird, die ein strenges Gesetz den Verpflichteten auferlegt. Von allen möglichen Orden wünsche ich nur, daß Einer erhalten werde, der mir eine Nothwendigkeit für die menschliche Gesellschaft zu haben scheint. Es ist der Carthäuser Orden. Wie viele haben unter der Regel dieses Ordens ein Leben fortgesetzt, das ihnen sonst überall unerträglich gewesen wäre. Der ist das einzige Asyl der eigentlichen Unglücklichen, derer, die eine rasche That, zu der jugendlicher Muth oder gesellige Verhältnisse sie fortgerissen, oder eine Irrung zu beklagen haben, deren Folgen schrecklich und nicht mehr zu ersetzen sind. Die Welt und ihr Getriebe, das jeden ergreift, der sich nicht von ihr scheidet, die Theilnahme selbst, die ihr Schicksal erregt, bräche ihr Herz zusammen; das Leben selbst wäre ihnen Schmach, wenn sie nicht schon hier ein Land der Stille und Verborgenheit aufnähme, ähnlich jenem, in das wir nach dem Tode eingehen, wo der Schmerz über das Unwiderrufliche sich in Wehmuth und die allgemeine Erkenntniß auflöst, daß dieses Leben für den, der es einmal überwunden, nichts Wünschenswerthes übrig hat, und vor allem traurig ist das Loos der sterblichen Menschen. Nirgends habe ich interessantere Bekanntschaften gemacht als in den Carthäuser Klöstern, besonders Frankreichs; nirgends menschliches Leben und seine mannichfachen Verwicklungen inniger durchschauen lernen. Welche Zuflucht außer dem Grabe bleibt dem Unglücklichen, der durch unverschuldete Schuld sein Lebensglück verscherzt, wenn nicht mehr diese wohlthätige Gesellschaft ihm ihre Arme öffnet, die unter dem Scheine der äußersten Härte die menschenfreundlichste Absicht hegt, wo das Leben gleichsam zeitlos verfließt, und das stille Daseyn der Pflanzen, dem einzigen, woran ihre Mitglieder noch thätigen Theil nehmen, ihnen ein beständiges Bild der Gelassenheit und Abgeschiedenheit vorhält. Auch für meine Kunst habe ich viel von Mitgliedern dieses Ordens gelernt, die durch lange Beobachtung, besonders der Pflanzen, ihre wunderbaren Verhältnisse zu dem Menschen kennen gelernt haben.

Es ist wahr, sagte ich, ich habe mich oft gewundert, wie viel Sie mit unwirksam und gering scheinenden Dingen gewirkt haben, die zu der Gefährlichkeit der Umstände in gar keinem Verhältnisse zu stehen schienen — Und die ich eben darum, setzte er hinzu, in einer großen Stadt nicht hätte anwenden dürfen, wo die Menschen mit den gefährlichsten Mitteln am meisten bekannt sind und keinen Glauben an jene einfachen Dinge haben.

Darum also, sagte Clara, hätten Sie den Aufenthalt in einer kleinen Landstadt dem in einer großen Stadt vorgezogen?

Nicht allein darum, antwortete er. Der Naturforscher gehört aufs Land. Ich habe von der Physik der Bauern mehr gelernt als von der in den Hörsälen der Gelehrten. Beobachtung bleibt das Größte. Wie viel gibt ein einziger langer Sommertag, dessen Ende man nicht meint erleben zu können, vom frühen Morgen bis zur völlig eingetretenen Stille der Nacht im Freien durchlebt, zu beobachten. Ich habe da über die allgemeinsten Wirkungen der Natur, über Licht, Schall, das Spiel des Wassers auf der Erde und in den Wolken, über Kommen und Gehen von Naturkräften, über das Leben der Thiere, besonders aber über die Pflanzen Beobachtungen gemacht, dir mir kein Gelehrter hätte mittheilen können. Wer das Leben der Natur nicht im Großen und Ganzen beständig sieht, lernt ihre Sprache im Einzelnen und Kleinen nicht verstehen, er weiß nicht, in welchem Grade es wahr ist, daß der menschliche Körper eine kleine Natur in der großen ist, die unglaublich viel Analogien und Verbindungen mit ihr hat, an die kein Mensch denken würde, wenn nicht Beobachtung und Gebrauch sie uns gelehrt hätte.

Mir kann vor diesen Verbindungen oft grauen, sagte hier Clara, und vor dem Gedanken, wie alles Bezug hat auf den Menschen. Ja hielte diesen Schauern der Natur nicht eine andere Macht in mir das Gleichgewicht, ich müßte vergehen im Gedanken an diese ewige Nacht und Flucht des Lichts, dieß ewig ringende, nie seyende Seyn. Nur der Gedanke Gottes macht es wieder hell und friedlich in unserem Innern.

Im nämlichen Augenblicke schienen die Lichter eines nahen Hauses, nicht weit von ihrer Wohnung in den Wagen herein, der nach wenigen Minuten still hielt. Mit Clara ging Therese hinauf, wir andern aber ein jeder seinen Weg nach Hause.

---

Seit ihrer Wiederkehr hatten wir an unserer Freundin ein lebhaftes und fast beständiges Verlangen bemerkt, sich von Gegenständen jener anderen Welt zu unterhalten. Die Ereignisse der Zeit, die eine noch dunklere Zukunft ahnden ließen, vereint mit dem besonderen Leid, das sie betroffen, hatten die schöne Seele aus der stillen Fassung gesetzt, die wir sonst an ihr kannten. Der Schmerz über das Vergangene verwandelte sich in eine unaussprechliche Sehnsucht nach dem Zukünftigen. Es lag zugleich etwas Gewaltsames in ihrem Hinausstreben über die Natur und das Wirkliche. Begriffe von verborgenen Naturkräften, die sie schon früh im väterlichen Haus eingesogen, nachher der Umgang mit Albert, den eine leidenschaftliche Liebe zu gewissen Naturoperationen mit dem Arzte verband und, wie ich immer vermuthete, schon früher verbunden hatte, mochte sie mit dem Gefühl eines namenlosen Schrecklichen in der Natur erfüllt haben, von dem sie sich mit schauerlicher Lust bald vielleicht angezogen, bald wieder abgestoßen fühlte. Wir konnten uns das Gefährliche dieses Zustandes beide nicht verbergen und nahmen noch am folgenden Tage Abrede, ihren Gedanken wo möglich eine sanftere Richtung zu geben, ohne der gegenwärtigen Neigung gewaltsam in den Weg zu treten.

Wie gleichgültig, sagte ich unter anderem, behandeln wir nicht oft die Erkenntniß, gleich als könnte irgend ein Begriff in uns liegen, der nicht auf uns wirkte, der nicht Folgen auf unser Leben hätte. Wie vielen wird eine Erkenntniß, der ihr sittlicher Zustand widerspricht, zum Gift, das durch die peinliche Anregung der Masse des Unreinen, die in ihnen liegt, sie zur Wuth und zu schrecklichen Explosionen bringt. Wie manchen andern habe ich dahinwelken sehen im Streben nach einer Erkenntniß, der er nicht gewachsen war. Vielleicht erfordert eine jede Natur auch eine eigens temperirte Einsicht, bei der sie sich allein wohl befinden kann.

Ich glaube, sagte der Arzt, unsere Freundin ist in einem solchen Proceß begriffen, bei dem es nur darauf ankommt, die Krisis wohlthätig zu unterstützen und zu einem heilsamen Ziel zu lenken. Ihren bisherigen Begriffen hat das Geschehene einen gewaltigen Stoß gegeben; manches bewußtlos in ihr Schlummernde ist geweckt worden; die bisherige Ansicht thut dem im Innersten bewegten Gemüth kein Genüge mehr; sie wird nicht ruhen, bis sie eine neue Welt sich erschaffen, die der Größe ihrer Empfindungen angemessen ist. Willkürlich aufhalten läßt sich hier nichts, und zu der Kräftigkeit ihrer Natur läßt sich einiges Zutrauen fassen.

So also stellten wir uns ihren Zustand vor. Ein Beweis früher Beschäftigung mit dem Gedanken vom Tod und Zukünftigen, zugleich aber einer noch ruhigen Fassung und ungetrübten Heiterkeit bei demselben, fand sich nach ihrem Tode unter ihren Papieren, ein Blatt noch mit jungfräulich zarter Hand geschrieben, leider ein Bruchstück, das so lautete:

(leere Stelle im Manuscript.)

Mehr war davon nicht vorhanden. Wie wir nun in den nächsten Tagen des schönen Spätsommers sie zu einem Spaziergange ins Weite und Freie abzuholen kamen, bestand sie auf einen Weg, der in eine Art von engem Thal zwischen zwei Hügeln bis zu einem Punkt fortläuft, wo nur noch zwei getrennte Fußsteige, der eine auf diese, der andere auf jene Höhe hinaufleiten.

Als wir auf dem Weg waren, sagte sie:

Hier in dem traulichen Thälchen ist mir wohler. Ihm hat der Herbst nicht viel rauben können. Es hält die Sonnenwärme mehr zusammen, und könnte uns eher glauben machen, als sey es noch in der guten Zeit. Hier dringt noch duftender Thymian hervor, der das Gedächtniß stärkt; auf der Wiese schwankt schon lange die Zeitlose und deutet durch ihr schwaches Blau die blasse Farbe der Erinnerung an, worein zuletzt alles sich verliert. Es soll eine giftige Pflanze seyn. Das ist überall das Ende, und was die Natur im Anfang hatte, muß sich ja wohl im Schluß zeigen. Sie scheint selbst ein geheimes verzehrendes Gift in sich zu haben; aber warum theilt sie es ihren Kindern mit, daß auch sie davon verzehrt werden?

Ihre Klage scheint mir ungerecht, sprach hierauf der Arzt. Sie leidet ja selbst nach Ihrer Meinung an einem verborgenen Gift, das sie gern überwinden oder ausstoßen möchte, aber nicht kann. Trauert sie nicht mit uns? Wir können klagen, aber sie leidet stumm und kann nur durch Zeichen und Mienen mit uns reden. Welche stille Wehmuth liegt in mancher Blume, im Thau des Morgens, im Verbleichen der Farben am Abend. In wenigen Erscheinungen zeigt sie sich schrecklich, und immer nur vorübergehend. Bald tritt alles in die gewohnten Schranken zurück, und in ihrem gewöhnlichen Leben erscheint sie immer als eine gebeugte Kraft, die durch das Schöne, was sie in diesem Zustande erzeugt, uns rührend wird.

Es ist wahr, sagte sie hierauf; ich weiß z. B. nicht, welch' ein süßes Leiden für mich im Geruch mancher Blumen liegt, so daß ich auch immer auf ein gleiches Leiden in der Blume als Ursache des Dufts schließen muß.

Auch mir, sagte ich, scheint das ganze Wesen der Natur zu bezeugen, daß sie diesem Zustand nicht freiwillig unterworfen ist und sich sehnt von der Vergänglichkeit erlöst zu werden. Eben dieß, daß nichts dauert, diese innere Nothwendigkeit, nach der endlich alles zerstört wird, und die nur um so gräßlicher ist, je stiller sie ist, eben diese ist das Aengstigende in der Natur. Woher diese allgemeine, nie aufhörende Gewalt des Todes? Philosophen können wohl sagen: es gibt keinen Tod, nichts vergeht an sich; sie setzen da eine willkürliche Erklärung von Tod und Vergehen voraus. Das aber, was wir andere Menschen so nennen, bleibt deßwegen doch da, und läßt sich mit Worten so wenig hinwegschaffen, als es auf diese Art erklärt wird.

Dieß ist auch, sagte der Arzt, immer eine schlechte Aushülfe. Aber diese furchtbare Realität des Todes berechtigt den Menschen keineswegs, die Natur deßwegen anzuklagen, eher klage er sich selbst an!

Welch ein Gedanke! sagte hierauf Clara.

Ein Gedanke, antwortete er, den ich Ihnen einleuchtend zu machen hoffe, wenn Sie mir nur einige Fragen beantworten.

Recht gern, antwortete sie.

Nun dann, frug er, was denken Sie doch im lauteren Begriff der Natur? Ohne Zweifel eine wesentlich hervorbringende Kraft?

Allerdings, sagte sie.

Eine Kraft also, die dem Wesen nach nur aufs Hervorbringen geht?

Freilich, antwortete sie.

Die also auch von sich selbst nie aufs Zerstören gehen kann?

Warum nicht? frug sie dagegen. Denn es scheint, daß dieselbe Kraft, die hervorbringt, auch die zerstörende sey.

Ich frug, antwortete er hierauf, ob jene Kraft je *von sich selbst* aufs Zerstören gehen werde, und dieß halte ich für unmöglich. Sie wird vielmehr, so lange sie ungehemmt und frei ist, die reine Lust des Hervorbringens immerfort befriedigen. Wenn sie aber auch widerstrebenden Stoff anträfe, der sich nur bis zu einem gewissen Punkt bilden ließe, der also ihre hervorbringende Lust beschränkte, den würde sie verlassen, oder gar absichtlich zerstören, nur um die Lust des Hervorbringens immerfort zu genießen, wenn sie auch wüßte, daß sie mit dem neuen Geschöpfe wieder bei dem nämlichen Punkt ankäme.

So läßt es sich denken, sagte sie hierauf.

Nun also, fuhr er fort, der Grund, wodurch die hervorbringende Kraft eine zerstörende würde, und also auch der Grund der Zerstörung läge nicht in ihr selbst, der hervorbringenden, sondern in etwas Fremdartigem, in sie Gekommenen, einer Hemmung oder Beschränkung?

Freilich, antwortete sie.

Also die Natur an sich, sagte er, wäre unschuldig an Zerstörung?

So scheint es freilich, sprach sie hierauf.

Nun denn, sagte er, sollte wohl Gott je für sich und nach seiner Natur Urheber des Todes seyn können, und gilt nicht von ihm in einem viel höheren Sinne als von der Natur, daß er seine Lust am Erschaffen, nicht aber am Vernichten, am Bilden, nicht aber am Zerstören hat?

Unleugbar, sagte sie.

Außer Gott und Natur aber, was bleibt übrig? frug er weiter.

Ich sehe wohl, wo Sie hinwollen, sagte sie hierauf; das was in der Mitte zwischen Gott und Natur steht, der Mensch. Sie wissen aber, daß solche Ueberführungen mich nie beruhigen. Was ich nicht werden und kommen sehe, da, vor meinen Augen, dafür habe ich keinen Sinn.

Wohlan denn, sagte er, so will ich denn erzählungsweise fortfahren, nachdem ich nur noch zwei Fragen gethan. Der Natur setzen wir doch die Geisterwelt entgegen?

Sie bejahte es.

Und den Menschen können wir als den Wendepunkt beider Welten ansehen?

Auch hiermit stimmte sie ein.

Sollten wir also, fuhr er fort, nicht annehmen dürfen, es sey eine göttliche Bestimmung gewesen, daß diese Natur sich zuerst bis zum Menschen erhebe, um eben in ihm den Vereinigungspunkt beider Welten zu finden, und daß hernach durch den Menschen ein unmittelbarer

Uebergang der einen in die andere geschehen sollte, das Gewächs der äußern Welt ohne Unterbrechung fortwachsen in die innere oder die Geisterwelt? Denn jetzt geschieht zwar auch ein Uebergang, indem alles oder wenigstens der Mensch, wenn er stirbt, in die Geisterwelt hinübertritt. Aber dieser Uebergang geschieht nur mittelbar, durch den Tod und durch ein gänzliches Abbrechen von der Natur, so daß weder dieses noch jenes Leben ein ganzes heißen kann, sondern jedes nur eine Seite des ganzen oder ungetheilten. Dann also wäre nach meiner Meinung kein Tod gewesen. Der Mensch hätte schon hier ein zugleich geistlich und leibliches Leben gelebt; die ganze Natur hätte sich in und mit ihm zum Himmel oder zum unvergänglichen ewigen Leben erhoben. Gott wollte nicht ein todtes oder nothwendiges, sondern ein freies und lebendiges Band beider (der äußeren und der inneren Welt), und das Wort dieser Verbindung trug der Mensch in seinem Herzen und auf seinen Lippen. Von der Freiheit des Menschen hing also auch die Erhebung der ganzen Natur ab. Es kam darauf an, ob er vergäße, was hinter ihm war, und nach dem griff, was vor ihm war. Nun griff aber der Mensch (wie es geschehen, und warum es Gott zugelassen, frage ich hier nicht), genug er verlangte, sehnte sich zurück in diese äußere Welt, und verlor darüber die himmlische, indem er nicht allein seinen eignen Fortschritt, sondern den der ganzen Natur aufhielt. Wer es je mit Augen gesehen hat, welche schreckliche Folgen auf den menschlichen Körper eine gehemmte Entwicklung hat, nach welcher die Natur mit Heftigkeit verlangt, wie die durch ungeschickten Eingriff aufgehaltene oder durch bereits vorhandene Entkräftung unmöglich gewordene Krisis in der Krankheit unmittelbar das Zurücksinken der Kräfte in Todesschwäche und unfehlbar den Tod verursacht: der wird sich einen ohngefähren Begriff machen können von den zerstörenden Wirkungen, welche die durch den Menschen plötzlich eingetretene Hemmung ihrer Evolution auf die ganze Natur haben mußte. Die Kräfte, die voll und mächtig hervorgetreten waren, bereit sich in eine höhere Welt zu erheben und ihren Verklärungspunkt zu erreichen, schlugen in die gegenwärtige zurück und erstickten so den innern Lebenstrieb, der freilich immer noch wie ein eingeschlossenes Feuer wirkt, aber weil die eigentliche Erhebung nicht mehr möglich ist, als ein Feuer der Pein und Angst, das nach allen Seiten seinen Ausweg sucht. Jede Stufe, die aufwärts führt, ist lieblich, aber die nämliche, im Fall erreicht, ist schrecklich. Kündigt nicht alles ein gesunkenes Leben an? Sind diese Berge so gewachsen, wie sie da stehen? ist der Boden, der uns trägt, durch Erhebung entstanden oder durch Zurücksinkung? Und noch dazu hat hier nicht eine feste, stete Ordnung gewaltet, sondern nach einmal gehemmter Gesetzmäßigkeit der Entwicklung brach auch der Zufall herein. Oder wer wird glauben, daß die Fluthen, die so offenbar überall gewirkt, diese Thäler durchrissen und so viele Seegeschöpfe in unsern Bergen zurückgelassen haben, das alles nach einem innerlichen Gesetz bewirkt, wer annehmen, daß eine göttliche Hand schwere Felsenmassen auf schlüpfrigen Thon gelagert, damit sie in der Folge herabgleiten und friedliche Thäler, besäet mit menschlichen Wohnungen, in schrecklichem Ruin, fröhliche Wanderer mitten auf dem Wege begraben. O nicht jene Trümmer uralter menschlicher Herrlichkeit, wegen welcher der Neugierige die Wüsten Persiens oder Indiens Einöden aufsucht, sind die eigentlichen Ruinen; die ganze Erde ist Eine große Ruine, worin Thiere als Gespenster, Menschen als Geister hausen, und worin viele verborgene Kräfte und Schätze wie durch unsichtbare Mächte und wie durch den Bann eines Zauberers festgehalten sind. Und diese verschlossenen Kräfte wollten wir anklagen, und nicht vielmehr darauf denken, sie zuerst in uns zu befreien? Zwar der Mensch in seiner Art ist nicht weniger verzaubert und verwandelt. Darum sandte der Himmel von Zeit zu Zeit höhere Wesen, die durch wunderbare Gesänge und Zaubersprüche den Bann in seinem Innern lösen, ihm den Blick in die höhere Welt wieder öffnen sollten. Die meisten aber sind ganz von dem äußern Anblick befangen und meinen, in dem sey es zu finden. Wie Bauern um ein altes zerstört oder verzaubert Schloß herumschleichen mit ihren Wünschrüthlein in der Hand, oder in die unterirdischen verschütteten Gemächer mit ihren Lämpchen hineinleuchten, auch wohl Hebel und Brecheisen anlegen, in der Hoffnung Gold oder anderes Kostbares zu finden: so geht der Mensch um die Natur herum und in einige ihrer verborgenen Kammern hinein und nennt das Naturforschung; aber die Schätze sind nicht bloß vom Schutt zugedeckt, sie sind in die Trümmer und Steine selbst durch einen Bann verschlossen, den nur ein anderer Zauberspruch auflösen kann.[1]

Wir waren unter diesen Reden zu dem Punkt gekommen, wo der Weg aufhörte. Clara schien müde, und setzte sich auf die steinerne Bank im Grunde, die ein geschickter Steinhauer aus den nahen Brüchen hierher gestiftet hatte. Die Sonne hatte uns bisher im Rücken gestanden, jetzt da wir uns umwandten, stand sie bereits seitwärts der Oeffnung des kleinen Thales, wodurch die eine Seite in Schatten zu stehen kam, und die scharfe Beleuchtung der anderen den wunderbaren Eindruck der regellosen Massen des Gesteins erhöhte, aus dem viel dichtes Gesträuch mit herbstlich rothen und falben Blättern hervordrang. Von den Apfelbäumen, die hinter der Bank und die ganze steile Höhe hinauf gleich einem Walde standen, hob die Bewegung der Luft hie und da ein welkes Blatt ab und legte es sanft in Claras Schoos oder in ihre Haare. Sie schien es nicht zu beachten; mir fiel dabei ein, wie ganz anders im Frühling des vorigen Jahres sie unter diesen Bäumen saß, die sie mit ihren Blüthen überschütteten.

Der Arzt, der den Rain hinaufgegangen war, um von den Beeren zu holen, die erst durch die Kälte und den Reif der Herbstnächte einige Süßigkeit erhalten, kam inzwischen zurück. Clara wendete sich zu ihm und sagte: Sie haben mir ein erwünschtes Licht gegeben. Einen solchen magischen Zusammenhang des Menschen mit der Natur habe ich schon lang geahndet. Darum sind die Augen aller Geschöpfe auf ihn gerichtet, weil alles auf ihn berechnet war. Alles scheint ihn mit stummem Seufzen anzuklagen, oder stürzt sich auf ihn als den allgemeinen Feind. Mit Recht sind alle Pfeile der Natur gegen ihn gerichtet. Mit Recht stürmt hier kalter zerstörender Nord auf ihn, während dort sich ein Giftwind aus der Wüste erhebt, der seine Lebenskraft versehrt. Mit Recht stürzen seine Wohnungen über ihn ein, wenn die Erde, von der

[1] Randbemerkung: Eine ganz andere Welt darin begraben, als wir ahnden. Odyssee des Geistes.

Kraft des eingeschlossenen Feuers bewegt, erzittert; mit Recht verwüstet ausbrechender Feuerstrom mit wildem Zahn die mühseligen Arbeiten seines Fleißes. Die Kraft, die sich im Thier zu entwickeln bereit war, verwandelte sich, ins Innere zurückgetrieben, in flammende Wuth oder Gift, und wendet sich mit Recht zuerst gegen den Menschen.

Gedenken Sie doch, sagte der Arzt sie unterbrechend, der vielen heiteren und wohlthätigen Kräfte der Natur. Noch hat sie es nicht vergessen, daß sie durch den Menschen weiter erhoben und befreit werden sollte, daß auch jetzt noch in ihm der Talisman liegt, durch den sie erlöst werden soll. Darum kommt sie dem Menschen dankbar entgegen, wenn er Samen in die Erde streut, den wilden, dürren Boden sanft und fett macht, und lohnt mit überschwenglicher Fülle. Ihre wesentliche Empfindung für den Menschen scheint mir Freundschaft und oft Mitleiden zu seyn —

Und doch, fiel sie ein, geht sie so fühllos an den Scenen des Jammers und der Verzweiflung vorüber. Da liegt das arme Geschöpf in erschöpfender Fieberhitze und lechzet nach Erquickung und Rettung, die ihm eine kühlende Luft bringen könnte; aber unbarmherzig sendet die Sonne ihre stärksten Strahlen herab, und Luft und Erde verdichten sie zur stickenden Gluth. Dort verläßt ein Vertriebener Haus und Hof, wo ein Weib mit Kindern ihm verzweiflungsvoll nachjammert; der Himmel sendet ihm Sturm und Regen nach, Schloßen und Hagel treffen den nackten Scheitel des Geächteten.

Der Unglückliche, sagte der Arzt hier abermals unterbrechend, wird eben in dem Fall die Natur mit sich einstimmiger finden, als wenn sie ihm durch heitere Luft, holden Sonnenblick schmeichelt. Mag er sich doch täuschen, wie der, der glaubt, die Natur lächle zu seinem Freudentag. Denn an Schicksal und Stimmung des Einzelnen kann sie in ihrem großen, aufs Allgemeine gerichtetem Gange vielleicht nur selten theilnehmen. Aber vielleicht haben sich nie große, ganze Völker betreffende Veränderungen ereignet ohne gleichzeitige Bewegungen der allgemeinen Natur. Alle Geschichtsbücher sind davon voll, und wie viele Zeichen am Himmel, in der Luft, auf der Erde haben diesen verhängnißvollen Zeiten vorgeleuchtet. Alles spricht zu uns und möchte uns gern verständlich werden. Vieles ist dem Menschen hold und hat den offenbaren Willen, ihm seine nahe Zukunft zu verkündigen, wenn er es hören wollte. Ich könnte dafür manche, vielleicht unglaubliche Beobachtungen anführen.

Es ist nur zu wahr, sagte sie hierauf, alles drängt sich feindselig oder freundlich zum Menschen, alles sucht nur ihn und möchte sich seiner bemächtigen. Darum widersteht er dem Zauberblick des Goldes nicht, nicht den Lockungen der Welt, den Reizungen irdischer Schönheit. Nichts läßt ihn gleichgültig, Alles bewegt ihn —

Weil Er alles bewegen sollte, fiel hier der Arzt ein, weil er sich der Kraft in seinem Innern nicht bewußt wird, wodurch er über alles herrschen, von allem frei seyn könnte. Trägheit und Verdrossenheit sind die ärgsten Feinde des Menschen und eine Folge jenes ersten Falls. Wer sich selbst nicht besitzt, den nimmt in Kurzem anderes in Besitz. Wer nicht fort will, sinkt zurück. Worin besteht auch noch jetzt das Böse als in einem rückschreitenden Gang der menschlichen Natur, die, anstatt sich in ihr eigentliches Wesen erheben zu wollen, immer an dem hängt und das zu verwirklichen sucht, was nur Bedingung ihrer Thätigkeit, stille, unthätige Grundlage ihres Lebens seyn sollte. Woher kommt Krankheit als aus Verdrossenheit zur Entwicklung, daher, daß die einzelne Kraft nicht mit dem Ganzen fort will, nicht dem Ganzen ersterben, sondern eigenwillig für sich seyn? Darum sollten wir nichts so sehr in uns entgegenarbeiten als diesem Zustand. Der Mensch, der sich rührt, ist nicht verloren. Dem Thätigen hilft Gott und sieht ihm vieles nach. Es ist unglaublich, wie viel schon in dem Thätigseyn an und für sich liegt.

Ich kenne jene Kraft des Innern, sagte hier Clara, indem sie aufstand den Rückweg anzutreten, und habe erfahren, daß sie uns über alles Aeußere zu erheben vermag; aber ich weiß auch, in welchen Widerspruch das beste Innere, oft ehe es sich versieht, mit der Außenwelt verwickelt wird.

Auch dieß, sagte der Arzt, ist die nothwendige Folge jenes ersten

Zurücksinkens. Nachdem einmal diese Welt als eine äußere fixirt worden, kann alles Hohe und Göttliche zwar aus ihr sich emporheben, wie die Blume aus der Erde emporsteigt; aber es bleibt ein Fremdes in ihr, von dem sie bloß der Träger ist, ohne es in sich selbst aufnehmen zu können. Das waltende Gesetz geht nur auf die Erhaltung dieser Unterlage; alles andere ist ihm zufällig und muß es ihm seyn.

So ist es ihm also, sagte sie, vor allem andern der Mensch. Die heiligste Nothwendigkeit meines Innern ist kein Gesetz für die Natur. Das göttlich Nothwendige selbst nimmt in ihr die Farbe und den Schein des Zufalls an, und was erst zufällig war, wirkt, einmal vorhanden, mit der unwiderstehlichen Gewalt einer furchtbaren Nothwendigkeit. Wäre es wenigstens möglich, unser Inneres von diesem Widerspruch frei zu erhalten! Aber eben hier zeigt er seine größte Gewalt. Den zartesten Gefühlen unseres eignen Herzens zwingt er uns zu mißtrauen, wir sind Wesen, die nicht ungestraft lieben; und im Gegentheil vermöchte das Gesetz unseres Innern wohl Handlungen zu fordern, die jedes menschlich fühlende Herz verabscheuen müßte. Schon in dem Einfachsten, Ersten, Unabweislichsten sehe ich Stoff genug, um meine Empfindung wahr zu machen, daß das Schreckliche nicht nur geschieht und geschehen wird, sondern geschehen muß.

Dieß eben zu erkennen, sagte der Arzt, ist unsere Pflicht. Es hilft nichts, den Blick abzuwenden, die Augen zuzudrücken, damit man nur diesen Zustand nicht sehe. Wir mögen den Untergang des Schönsten, des Lieblichsten in der Welt menschlich beklagen; aber wir sollten zugleich jeden solchen Fall mit einer Art stiller Freude betrachten, weil er eine Bestätigung der Ansicht enthält, die wir von dieser Welt fassen müssen, und die unmittelbarste Hinweisung auf eine andere, höhere Welt. Wie viel glücklicher wären die meisten, wie viel vergebliches Sehnen hörte auf, wie viel leichter würde das Leben ertragen und verlassen, wenn sich alle beständig gegenwärtig erhielten, daß alles Göttliche hier nur Erscheinung, nicht Wirklichkeit ist, daß selbst das Geistigste nicht frei, sondern nur unter Bedingungen hervorkommt, daß es Blüthe, hie und da auch Frucht ist, aber nicht Stamm und Wurzel.

Das sagen aber doch die meisten oder alle, sprach hierauf Clara.

Sie sagen es wohl, erwiederte er, aber sie meinen, es könne anders seyn, und klagen den Menschen darum an, dem sie aus diesem Grunde auch allen Zusammenhang mit der Natur abschneiden möchten. Dadurch verwirren sie sich dann in ihren Systemen und Meinungen ebenso sehr als in ihren sittlichen Lehren. Sie fangen mit dem Allgemeinsten und Geistigsten an, und können darum nie bis zu dem Besondern und der Wirklichkeit herunterkommen. Sie schämen sich von der Erde anzufangen, an der Kreatur als an einer Leiter aufzusteigen und die übersinnlichen Gedanken erst aus Erde, Feuer, Wasser und Luft zu ziehen; darum bringen sie es auch zu nichts, und ihre Gedankengewebe sind Pflanzen ohne Wurzel, sie hängen an nichts, wie doch das Spinnengewebe an Sträuchern oder Mauern, sondern schwimmen, wie hier diese zarten Fäden vor uns, in der Luft und im Blauen. Und dennoch meinen sie damit die Menschen stärken, ja wohl gar dem Zeitalter aufhelfen zu können, das doch eben darunter leidet, daß, während der eine Theil freilich ganz in den Schlamm versunken ist, der andere sich so hoch verstiegen hat, daß er den Boden unter sich nicht mehr finden kann. Wenn wir in dieser Welt schon alles geistig haben wollen, was bleibt uns dann für eine künftige? Und mir scheint, daß die Menschen vor Zeiten ganz andere und viel bestimmtere Begriffe von jenem andern Leben gehabt haben, als sie noch in diesem mit festen, markigen Knochen auf der Erde standen. Derjenige erst kann das Geistige recht ins Auge fassen, der zuvor sein Gegentheil durch und durch erkannt hat; wie nur derjenige frei zu nennen ist, der das Nothwendige und die Bedingungen kennt, unter denen er walten kann. Auch zur Freiheit muß der Mensch erst erwachsen, auch sie erhebt sich in dieser Welt aus dem Dunkel der Nothwendigkeit, und bricht nur in ihrer letzten Erscheinung hervor als unerklärbar, göttlich, als ein Blitz der Ewigkeit, der die Finsterniß dieser Welt zertheilt, aber auch in seiner Wirkung gleich wieder von ihr verschlungen wird.

Ich habe mir oft gedacht, sagte hierauf Clara, daß der Anblick der Freiheit — nicht der, die man so nennt, sondern der wahren, eigentlichen — den Menschen unerträglich seyn müßte, die sie doch beständig im Munde führen und sich viel darauf zu gut thun. Sie begnügen sich so gern alle ihre Handlungen nach Gründen oder gar Grundsätzen zu bestimmen, und malen sich dann diese Knechtschaft ihres Herzens als Freiheit vor. Denn ich weiß nicht, ob ich irre, aber mir scheint diese Art von Freiheit von allen wenigstens die untergeordnetste zu seyn. Eine Freundin pflegte zu sagen: Himmel ist Freiheit; aber wenn Freiheit Himmel ist, so muß sie auch unumschränkte, gänzliche, göttliche Freiheit seyn.

Ich bin völlig dieser Meinung, sagte hierauf der Arzt. Die meisten Menschen scheuen sich vor der Freiheit, wie sie sich vor der Magie, vor allem Unerklärbaren, und besonders vor der Geisterwelt scheuen. Die Freiheit ist die wahre eigentliche Geistererscheinung; darum wirft ihre Erscheinung den Menschen vor sich nieder; die Welt beugt sich ihr. Aber wie wenige wissen mit diesem zarten Geheimniß umzugehen; darum sehen wir, daß die, die in den Fall kommen, dieses Götterrechts zu gebrauchen, wie Rasende werden, und von dem Wahnsinn der Willkür ergriffen in denjenigen Handlungen die Freiheit zu bewähren suchen, denen alles Gepräge innerer Nothwendigkeit fehlt, und die darum die zufälligsten sind. Nothwendigkeit ist das Innere der Freiheit; darum läßt sich von der wahrhaft freien Handlung kein Grund angeben; sie ist so, weil sie so ist, sie ist schlechthin, ist unbedingt und darum nothwendig. Aber als solche ist die Freiheit nicht von dieser Welt. Darum können die, die sich mit der Welt befassen, sie selten oder gar nicht ausüben. Diese müssen statt ihrer sich der Kunst ergeben; denn bei der entschiedenen Herrschaft des Aeußeren muß das Innerlichste, und zwar je innerlicher es ist, desto mehr den Schein des Aeußeren annehmen, ihm selbst zu dienen scheinen, daß es geduldet werde. So, scheint es, wollte es Gott, damit erst alles so viel möglich äußerlich werde, und das innere Leben durch den härtesten Kampf und das mächtigste Widerstreben sich durchschlage und zur Erscheinung komme. Je mehr wir die Eingeschränktheit dieser Welt erkennen, desto heiliger wird uns jede Erscheinung einer höheren und besseren in ihr seyn. Wir werden sie nie ungestüm fordern, aber wo sie sich von selbst findet, wo wir ein Herz antreffen, das den Himmel in sich hat, eine Seele, die ein stiller Tempel himmlischer Offenbarung ist, eine Handlung oder ein Werk, in dem Aeußeres und Inneres wie durch göttliche Milde versöhnt sich zeigt, die werden wir mit liebender Kraft umfassen, sie heilig halten und als Zeichen einer Welt verehren, in der das Aeußere ebenso dem Inneren untergeordnet ist, wie hier das Innere dem Aeußeren unterliegt.

O lassen Sie uns, sagte Clara, sich noch einmal gegen die fast gesunkene Sonne zurückwendend, lassen Sie in diese Regionen den Blick sich wenden; denn mir ist jetzt jenes hohe, heilige Geisterreich näher als Natur, Welt und Leben.

Wir gingen schweigend durch das Thor, und geleiteten sie durch die kurze Straße zum andern Thor bis vor ihre Wohnung.

Die Tage wurden jetzt schnell unfreundlich und erlaubten keine Spaziergänge ins Weite.

Ich beobachtete unsere Freundin, und sah wohl, daß sie sich immer mit dem Einen Gegenstand beschäftigte.

Eine wunderbare Innigkeit des Gefühls, die bis zur Anschauung gehen konnte, verrieth sich in einzelnen Reden: was ihr aber fehlte, war die Fähigkeit, sich ihre eignen Anschauungen durch Auswickelung klar zu machen. Ich kenne die wohlthätigen Wirkungen, welche auf uns der genau geordnete Zusammenhang eigner Gedanken hat; der Seele ist es wohl, wenn sie das, was sie innerlich wie durch Eingebung oder eine Art göttlicher Anschauung empfunden, nun auch äußerlich im Verstande zurecht gelegt, wie in einem Spiegel erblicken kann. Innige Gemüther scheuen sich vor dieser Entwicklung, die ihnen als ein Heraustreten aus sich selbst erscheint, sie wollen immer in ihre eigne Tiefe zurück und die Seligkeit des Mittelpunkts immerfort genießen.

Ich beschloß bei unserer Freundin zunächst dieser Richtung entgegenzuwirken, und dazu die erste Gelegenheit zu benutzen, überzeugt, daß wenn wir uns einmal dazu entschließen, wir gewöhnlich alles noch viel herrlicher und wunderbarer finden, als wir es in der Intuition gesehen zu haben meinten.

Sie kam mir inzwischen selbst mit ihrem eignen Verlangen zuvor. Es war am Weihnachtabend, auf den sie meine Kinder eingeladen hatte, um sie durch unerwartete Bescheerung zu erfreuen, und ihnen für diesen Tag womöglich die verlorene Mutter zu ersetzen.

Es war in ihrem Wesen diesen ganzen Abend etwas Verklärtes und eine Art unbeschreiblicher Heiterkeit, die wir lange nicht an ihr bemerkt hatten. Nachdem nun der erste Jubel der Kleinen vorbei war, und von den älteren Mädchen die eine mit den Gedichten, die sie sich lang gewünscht, die andere mit den Zeichnungsmustern, die ihr bescheert waren, sich bei Seite setzten, zog sie sich in die Tiefe des Zimmers zurück und fing, nachdem wir uns dort niedergelassen, so zu reden an:

Der Anblick dieser wohlgearteten Kinder ruft Ihnen und mir das Bild der Mutter hervor, die ich nicht gekannt habe, und gibt mir die klarste Gewißheit, daß sie ist, daß sie lebt, daß sie an unserer Freude theilnimmt. Mir ist überhaupt, als brächte uns dieser Tag den Abgeschiedenen näher; denn ist es nicht so, daß dieser Tag einst die Erde wieder mit dem Himmel verbunden hat?

Freilich, sagte ich; darum mußten Engel diese Geburt feiern, und Ehre Gott in der Höhe und Friede auf Erden verkünden, weil das Obere wieder zu dem Unteren gekommen, die lang getrennte Kette wieder geschlossen war.

In Augenblicken wie diese, fuhr sie fort, bedarf meine Ueberzeugung keiner Gründe; ich sehe alles wie gegenwärtig; mir ist, als umfinge auch mich schon das Geisterleben, als wandelte ich noch auf der Erde, aber als ein ganz anderes Wesen, getragen von einem sanften, weichen Element, ohne Bedürfniß, ohne Schmerz, — warum können wir diese Augenblicke nicht festhalten?

Vielleicht, antwortete ich hierauf, verträgt sich dieser Grad von Innigkeit nicht mit der Eingeschränktheit des jetzigen Lebens, dessen Bestimmung zu seyn scheint, daß alles auseinandergesetzt und stückweis erkannt werde. Und nicht wahr, setzte ich hinzu, wenn Sie in einem solchen Zustand sind, so scheint Ihnen Ihr ganzes Wesen wie in Einem Brennpunkt vereinigt, Ein Licht, Eine Flamme zu seyn.

Ganz so ist mir zu Muth, sagte sie.

Und wenn Sie aus diesem Zustand herauskommen, fühlen Sie sich unglücklich?

Wenigstens bei weitem weniger glücklich, sagte sie.

Und Sie können, fuhr ich fort, nicht verhindern, daß Sie nicht aus diesem Zustand herauskommen?

Sie sagte, es geschehe ihr wider ihren Willen.

So muß also doch, sagte ich, in der Abwechslung dieser Zustände eine Nothwendigkeit liegen, wie in andern Abwechslungen der Art. Jene centralische Anschauung, die uns mit einem Gefühl des höchsten Wohlseyns überströmt, scheint der Mäßigkeit des gegenwärtigen Lebens nicht angemessen; wir müssen sie als eine außerordentliche Vergünstigung ansehen, aber darum den ordentlichen Zustand nicht verschmähen.

Womit aber, sagte sie hierauf, sollen wir die Leere ausfüllen, die wir in diesem im Vergleich mit jenem empfinden?

Durch Beschäftigung, antwortete ich, oder eigentlich dadurch, daß wir uns auch für diesem Zustand die Güter jenes höheren versichern.

Und wie wäre dieß möglich? frug sie.

Es ist nicht unmöglich, sagte ich, daß wir eben das, was wir gleichsam auf eine untheilbare Weise unmittelbar angeschaut haben, auch wieder theilweise vor uns hinstellen, und so aus einer Erkenntniß, die in jedem einzelnen Theil Stückwerk ist, doch zuletzt ein Ganzes hervorbringen, das jenem zumal Empfundenen ähnlich ist, und das wir auch dann genießen können, wenn uns jene Seligkeit des Anschauens entzogen ist. Und eben diese Auseinanderfaltung der Erkenntniß, welche ihre Erhebung zur Wissenschaft ist, scheint mir die eigentliche geistige Bestimmung des Menschen für dieses Leben zu seyn.

Ich habe, sagte sie hierauf, vor der Wissenschaft immer die Achtung empfunden, die jemand für etwas hat, das ihm selbst versagt ist, und wovon er doch herrliche Wirkungen sieht. Denn Sie wissen ja selbst mit welchem Zutrauen ich mich immer an Sie gewendet als einen wissenschaftlichen Mann, bei dem mir, wie ich fest überzeugt war, geistiger Rath nie fehlen könnte. Eine gewisse Sicherheit, Zuverlässigkeit, Beständigkeit scheint nur mit Wissenschaft existiren zu können. Aber noch einmal so hoch will ich sie achten, wenn sie die Zauberkraft hat, die Seligkeit des beschaulichen Zustandes festzuhalten.

Das, sage ich eben nicht, daß sie könne, erwiederte ich; die Empfindung, welche die Wissenschaft gibt, ist eine andere, ruhigere, gleichmäßigere, beständigere; wohl aber sagte ich, daß sie die Erkenntniß, welche in der geistigen Intuition vorübergehend, wenngleich in höchster Klarheit und unbeschreiblicher Realität, der Seele nur gezeigt wird, gleichsam als eine getreue Erinnerung festhalte, und sie erst im wahren Sinn uns zu eigen mache.

Und wodurch, frug sie wieder, wird denn dieses Festhalten bewirkt?

Durch deutliche Begriffe, antwortete ich, in welche das untheilbarer Weise Erkannte zerlegt oder geschieden und aus der Scheidung wieder zur Einheit gebracht wird.

Also eine Scheidung muß doch dabei vorgehen? sagte sie.

Freilich, antwortete ich; und sehen Sie nur selbst, wie nöthig uns diese ist, um auch des unmittelbar Erkannten uns als eines bleibenden Guts zu versichern. Denn thöricht wäre wohl, der unmittelbaren Gewißheit des Fortlebens nach dem Tode, die Sie in sich zu haben versichern, noch durch Beweise zu Hülfe kommen zu wollen, die immer eine bloß mittelbare Einsicht erzeugen. Aber sagten Sie nicht selbst einmal: Sie verlangen die Unsterblichkeit des ganzen Menschen?

Das sagte ich, antwortete sie.

Wie nöthig ist es also, das alles, was zum ganzen Menschen gehört, theilweise zu unterscheiden und gleichsam vor uns hinzustellen, damit wir wissen, was wir bei dem Wort: der ganze Mensch, zu denken haben. Wollen Sie also, daß wir dieses einmal auseinanderlegen?

Sie willigte ein.

Gut also, sagte ich, zum ganzen Menschen rechnen Sie doch wohl auch den Leib?

Allerdings, sprach sie.

Außer dem Leib aber auch den Geist?

Freilich, erwiederte sie.

Und nehmen Sie an, daß dieser mit dem Leib einerlei, oder, daß er von ihm verschieden, ja sogar ihm entgegengesetzt sey?

Das Letzte, antwortete sie.

Wie aber nehmen Sie an, daß diese beiden Entgegengesetzten doch zu Einem Ganzen vereinigt seyn können?

Nur durch ein wahrhaft göttliches Band scheint mir dieß möglich, antwortete sie.

Wollen wir nun nicht auch den Ausdruck für dieses Band suchen? Es muß doch in uns, die wir den ganzen Menschen beisammen haben, vorhanden seyn?

Ohne Zweifel, sagte sie.

Also auch uns bekannt seyn?

Natürlich.

Und als das Verbindende an der Natur beider Verbundenen gleichen Antheil nehmen?

So scheint es.

Also ein Mittleres seyn zwischen Geist und Leib?

Freilich.

Und nicht dem Leib so schroff entgegengesetzt wie der Geist, sondern gleichsam ein milderes Wesen, das, so zu sagen, mit seinem oberen Theil den Geist berührt, aber mit seinem unteren bis zu dem Leib herabsteigt und sich in die Materie gibt?

Auch dieß schien ihr einleuchtend zu seyn.

Nun dieses in uns gegenwärtige, seiner Natur nach mittlere und mildere Wesen, wie werden wir es benennen?

Sie meinte es nicht errathen zu können.

Wunderbar, sagte ich, da es uns so nahe ist. Nicht wahr, fuhr ich also fort, einigen Menschen schreiben wir in vorzüglichem Verstande Geist zu?

Freilich.

Und welchen?

Denjenigen, meinte sie, welche sich hauptsächlich mit geistigen Gegenständen beschäftigten und darin eine große Stärke bewiesen.

Ist es aber, fuhr ich fort, je der Geist an und für sich, zu dem wir Liebe fassen, der das Vertrauen unseres Herzens gewinnt?

Mir scheint es nicht, sagte sie, da der Geist für sich sehr oft vielmehr etwas Zurückstoßendes an sich hat, was wir zwar achtend anerkennen, dem wir uns aber nicht zutraulich nahen.

Ist es nicht, fuhr ich fort, eben das Menschliche im Menschen, zu dem wir das meiste Herz haben?

Gewiß, sagte sie.

Also wäre der Geist nicht das eigentlich Menschliche im Menschen?

Es scheint mir nicht, sagte sie.

Was wäre es denn also?

Ich gestehe, sagte sie, ich sehe nicht, wo Sie mit Ihren Fragen hinaus wollen.

Erinnern Sie sich doch, daß wir sagten, einige Menschen haben in hohem Grade Geist, wie wir dagegen von andern sagen könnten, sie seyen im hohen Grade leiblich. Gibt es nun nicht eine dritte Klasse?

Ja wohl, sprach sie, nun verstehe ich. Von andern Menschen sagen wir, sie haben Seele.

Und diese ist es eigentlich, die wir vorzüglich lieben, die uns gleichsam auf magische Art an sich zieht, so daß wir zu Menschen, denen wir Seele in diesem Verstand zuschreiben, ein ganz eignes, unmittelbares Zutrauen gewinnen.

So sey es, versicherte sie.

Die Seele also wäre auch im Menschen das eigentlich Menschliche?

Allerdings, sagte sie.

Und daher auch wohl jenes sanfte mittlere Wesen zwischen Leib und Geist?

Sie erkannte auch dieses an.

Und der ganze Mensch wäre also eigentlich ein Ganzes aus den dreien: Leib und Geist und Seele?

So ist es, sprach sie.

Aber, fuhr ich fort, wie denken wir uns doch nun die Verbindung dieser drei zu Einem Ganzen?

Das möchte freilich, sprach sie, schwer zu beantworten seyn.

Wir wollen sehen, sagte ich. Das, was zwei Entgegengesetzte selbständig vereinigt, sollte doch wohl von einer höheren Art seyn als diese beide?

So scheint es.

Die Seele also höheren Geschlechts als Geist und Leib?

Sie bejahte auch dieses.

Und doch, sagte ich, scheint sie beziehungsweise auf den Geist wieder tiefer zu stehen, indem sie dem Leib gleichsam näher ist als jener.

Es schien ihr ebenso.

Können wir, frug ich weiter, überhaupt sagen, daß eines von den dreien allein und ausschließlich das Verbindende der andern sey, und wird nicht jedes dem andern wieder Mittel der Verbindung? Der Geist gibt sich durch die Seele in den Leib, der Leib aber wird durch die Seele auch wieder in den Geist erhoben; die Seele hängt mit dem Geist zusammen nur, insofern zugleich ein Leib da ist, und mit dem Leib nur, sofern zugleich der Geist da ist; denn wenn einer von beiden fehlte, könnte sie unmöglich als Einheit, d. h. als Seele, gegenwärtig seyn. Das Ganze des Menschen stellt also eine Art von lebendigem Umlauf vor, wo immer eins in das andere greift, keins von dem andern lassen kann, eins das andere fordert.

Ein wunderbarer Begriff, sagte sie hierauf, dem ich aber gleichwohl beistimmen muß.

Und dennoch, sagte ich, hat unter diesen dreien die Seele etwas voraus.

Und was denn? frug sie.

Wenn der Leib, antwortete ich, ganz rein und für sich gesetzt wäre, wäre darum nothwendig auch der Geist mit gesetzt?

Es scheint nicht, sagte sie, da ja beide entgegengesetzte sind.

Und wenn der Geist, dann nothwendig auch der Leib?

Ebensowenig, sagte sie.

Wenn aber die Seele gesetzt wäre, dann wäre nothwendig auch Leib und Geist gesetzt?

So ist es, sagte sie.

Die Seele also wäre doch das Vornehmste unter den dreien[1], weil sie allein die beiden andern in sich schließt, von diesen aber keines für sich weder sein Entgegengesetztes noch sie in sich schließt?

Sie bejahte auch dieß.

Wenn wir also von einer Fortdauer des ganzen Menschen redeten, sagte ich, so würden wir uns nicht mit einer Fortdauer des bloßen Leibes begnügen?

Gewiß nicht, antwortete sie.

Noch mit einer Fortdauer des bloßen Geistes?

Auch nicht.

Wenn aber uns einer die feste Gewißheit von der Fortdauer der Seele geben könnte, so wären wir beruhigt?

Es scheint wenigstens, antwortete sie, daß wir es seyn könnten.

Ich für meinen Theil, sagte ich hierauf, wäre es ganz gewiß, und würde ihm ohngefähr so antworten. Wenn in meinem zwanzigsten Jahre mir eine Wahrsagerin gesagt hätte, daß ich noch 30 Jahre leben würde, so hätte ich dieß nicht so verstanden, als ob der damals gegenwärtige Leib 30 Jahre derselbe bleiben sollte, indem ich ja wüßte, daß er schon binnen der 20 Jahre der Materie nach ein ganz anderer geworden wäre, als er zu Anfang war, noch würde ich geglaubt haben, daß mein Geist derselbe bliebe, der ja ganz andere Ueberzeugungen und gar sehr von den frühesten verschiedene Einsichten schon binnen der kürzeren Zeit, die ich gelebt habe, erhalten hat; sondern ich hätte gedacht, daß, was Leib und Geist betrifft, gar mannichfache Veränderungen mit ihnen vorgehen werden, das aber, was von Anfang an Ich selbst gewesen bin, das, was gemacht, daß ich mir und andern bisher immer als derselbe erschien, was sie unter allen Veränderungen an mir geliebt

[1] Der allerinnerste Keim, der eigentlich durch die beiden andern zu Tag bringen will (Randbemerkung).

oder gehaßt, auch unter den Veränderungen von 30 Jahren immer dasselbe bleiben werde. Du aber sagst mir, daß meine Seele ewig fortleben werde; und ich verstehe dieß nicht so, als könnten nicht mit meinem Leib wie mit meinem Geist die größten Veränderungen vorgehen, sondern daß eben jenes Innerste, mein eigentliches Selbst, was weder Leib noch Geist, sondern das einigende Bewußtseyn beider, also Seele war, ewig leben werde. — Ist nun nicht schon viel gewonnen, fuhr ich zu ihr redend fort, daß wir ausgemittelt haben, was das eigentlich sey, von dem gesagt wird, es daure fort, wenn man sagt, es gebe eine Fortdauer nach dem Tode, daß dieß nämlich (der eigentlich innerste Lebenskeim) nichts anderes denn die Seele ist?

Unstreitig, antwortete sie.

Und sehen wir nicht, daß die Philosophen daran gar nicht übel gethan, immer vorzugsweise von der Unsterblichkeit der Seele zu reden, als wäre damit eben alles gewonnen, wenn sie gleich vielleicht nicht genau wußten, warum sie so redeten.

Ich habe aber doch, antwortete sie, noch manches Bedenken.

Nun, sagte ich, so ist jetzt die Reihe, zu fragen, an Ihnen, da ich es fast schon zu lange fortgesetzt.

Was mir also Bedenken erregt, fing sie hierauf an, ist zuerst dieß. Haben wir die Seele vom Untergang gerettet, so scheint es freilich, als müssen Leib und Geist von selbst nachfolgen, weil die Seele nach unsrer Annahme die Einheit beider ist. Ich fürchte aber, es könnte jemand dieß umkehren, und sagen: wenn Geist und Leib im Tode getrennt werden — und dieß sey doch nothwendig anzunehmen —, daß alsdann auch das Band beider von selbst aufgelöst werde, indem die zuvor Verbundenen entweder gar nicht mehr, oder nur eines von ihnen, oder zwar beide, aber völlig getrennt, fortdauern. Noch schwerer aber scheint mir Folgendes: daß wir nämlich sagten, das eigentlich Fortdauernde sey die Seele, und doch alle und auch wir, nach einer allgemeinen Uebereinstimmung, die Welt, in welche der Uebergang aus dieser nach dem Tode geschieht, die Geisterwelt nennen, und also die Abgeschiedenen vorzugsweise als Geister betrachten.

Fürwahr, sagte ich hierauf, vortrefflich haben Sie alles empfunden. Möchte mir ebenso gelingen, alles Dunkle in der Sache vollends aufzulösen. Und ganz wahr ist, daß wir von der Seele als dem Band von Geist und Leib sehr undeutlich gesprochen, besonders darum, weil wir dazwischen hinein einmal annahmen, als könnte es eben je und irgend wann einen Leib für sich und einen Geist für sich geben. Denn wäre dieß möglich, so wäre die Zertrennlichkeit ihres Bandes unwidersprechlich. Haben wir aber nicht gleich zuerst, da wir jene drei nannten, eingesehen, daß jedes derselben des anderen bedürfe, keines das andere entbehren könne, und daß also, wenn sie einmal zusammen sind, sie durch ein ganz unauflösliches Band aneinander gekettet seyen.

Allerdings, antwortete sie.

Haben wir nicht, frug ich ferner, ihren Verkehr untereinander als einen lebendigen Umlauf vorgestellt, wo immer eines in das andere eingreift, so daß entweder alle zugleich aufhören müssen zu seyn, oder, wenn das eine fortdauert, nothwendig alle fortdauern?

So war es freilich, sagte sie.

Nun sind sie aber doch einmal wenigstens für den gegenwärtigen Umlauf des Lebens so miteinander verkettet?

Gewiß, sagte sie.

Und nicht auf eine zufällige, sondern auf eine wesentliche Art, indem keines hinweggenommen werden kann, ohne alle hinwegzunehmen?

Sie bejahte es.

Könnte ich nun nicht, frug ich weiter, aus dieser Verkettung einen ganz andern Beweis für die Fortdauer führen, als die Philosophen aus der Einfachheit der Seele zu führen pflegen, wenn es uns nämlich hier um einen Beweis zu thun wäre.

So schien es, sagte sie, wenn nicht der Tod nur allzu offenbar Ein Glied aus dem Umlauf hinwegnähme, womit dann, wenn alles nur zusammen bestehen kann, auch alles zusammenstürzen muß.

Darauf eben, sagte ich, wollte ich hinaus, Beste. Denn sehen Sie doch zu, ob das, was Sie hier angenommen, denn so gewiß, so unwidersprechlich ist, als es dem Augenschein nach den meisten vorkommt, die daher den Tod als eine gänzliche Losreißung und Trennung des Geistes und der Seele von dem Leib und des Leibs von jenen ansehn. Denn gesetzt es fände sich auch am Ende so, so dürften wir doch als Philosophirende es nicht so geradezu und nach dem Augenschein annehmen. Und so müßten wir denn vor allem andern fragen, was der Tod sey, und welche Veränderung durch ihn in dem Umlauf des jetzigen Lebens bewirkt werde. Dahin zielt auch, was Sie vorhin als das Zweite sagten, nämlich es scheine wunderbar, daß, da die Seele das eigentlich Fortdauernde sey, doch alle vom andern Leben als einem Geisterleben reden. Oder war es nicht so?

So war es, sagte sie.

Und wunderbar erscheint dieß allerdings nicht nur aus jenem Grunde, sondern überhaupt, wie wir fast wie durch Verabredung oder durch ein Naturgefühl darauf geführt worden sind, so allgemein den dem jetzigen nachfolgenden Zustand als einen geistigen vorzustellen. Denn wenn sie eine Fortdauer annehmen wollten, kostete es sie ja nichts, die entflohene Seele gleich wieder in einen andern Leib übergehen zu lassen, und zwar nicht nothwendig in einen Thierleib, wie die, welche die Seelenwanderung lehren, oder in den Leib eines neuen Menschen, sondern in einen ihr angemessenen und ohne Verlust der Persönlichkeit. Was möchte also wohl der Grund dieser fast allgemeinen Ansicht des Todes seyn; denn dafür dürfen wir ja wohl jene Meinung ansehen, daß sie nämlich einen bejahenden Begriff vom Tode gebe, statt des bloß verneinenden, demzufolge er in einer Trennung der Seele vom Leibe bestehen sollte?

Schon dieß, sagte sie, scheint mir ein großer Gewinn, daß der Tod vorgestellt wird als ein positiver Uebergang in einen geistigen Zustand, und nicht bloß als Aufhören eines gegenwärtigen. Was aber der Grund seyn mag von der Allgemeinheit jenes Begriffs, wenn wir ihn nicht in den Lehren unserer Religion suchen wollen, weiß ich nicht; man müßte denn sagen, es sey dem Menschen natürlich, jeden Zustand, in den ein Uebergang durch Verlassung des vorhergehenden geschieht, als den entgegengesetzten von diesem zu denken.

Und ganz gegründet, sagte ich hierauf, scheint mir diese Erklärung.

Also nahmen sie wohl auch an, der jetzige Zustand des Menschen sey der leibliche Zustand?

Freilich.

Und in diesem leiblichen Zustand sey dennoch der ganze Mensch gegenwärtig, nicht etwa bloß der Leib, sondern auch der Geist und die Seele?

Natürlich.

Und auch in dieser Leiblichkeit sey das Wesen des Menschen oder das eigentlich Menschliche im Menschen die Seele?

Auch dieß wurde so angenommen, sagte sie.

Aus diesem Zustand aber gehe der Mensch in den entgegengesetzten und also in einen geistigen über?

Allerdings.

Und auch in diesem geistigen Zustand sey der Mensch noch der ganze Mensch?

Ich weiß nicht, sagte sie, ob sie das so meinten.

Und doch, antwortete ich, mußten sie es so meinen. Denn wenn der Tod nach ihrer Vorstellung nichts anderes war als der Uebergang aus dem leiblichen Zustand in einen geistigen, in jenem aber der Leiblichkeit unerachtet der ganze Mensch, also Leib, Geist und Seele, gegenwärtig waren, so war kein Grund, warum in diesem Uebergang etwas von dem ganzen Menschen verloren gehen sollte; oder was ist wunderbarer, daß er auch im Zustande der Geistigkeit als Leib, Seele und Geist, also als ganzer Mensch zusammenbleibe, oder dieß, daß er im leiblichen Zustand nicht bloß Leib, sondern zugleich Geist, also auch Seele war?

An sich freilich, sagte sie, ist jener nicht wunderbarer als dieser.

Sie erinnern sich doch, fuhr ich fort, was unser Freund noch neulich mir wenigstens sehr glaublich gemacht hat, daß in dem gegenwärtigen Leben die Seele von der Materie verzaubert sey.

Wohl erinnere ich mich, antwortete sie.

Wenn nun dieß, fuhr ich fort, schon im jetzigen Leben der Seele begegnet, daß sie, obgleich das Wesentliche des Menschen, dennoch im

Ganzen von dem Leib festgehalten wird, wie viel eher muß es ihr begegnen können, von dem Geiste verzaubert und festgehalten zu werden?

Dieses freilich, sagte sie, ist ganz einleuchtend; nur jene Versetzung selbst aus dem Leiblichen ins Geistige ist damit noch nicht begreiflich gemacht.

Vielleicht, sagte ich hierauf, soll sie uns auch ein Geheimniß bleiben, bis wir sie selbst erfahren haben. Unbegreiflich jedoch kann ich sie nicht nennen, da sogar in dem engen Kreise der Gegenwart solche Versetzungen beständig geschehen.

Und welche denn? frug sie.

Nun, sagte ich, gleich im Uebergang vom Wachen zum Schlafen, und umgekehrt; denn der Umlauf des Lebens selbst wird im Schlaf nicht aufgehoben, sondern nur aus einem Mittel in das andere versetzt. Oder ist nicht im Schlaf der Geist, auch ohne daß wir es uns hernach erinnern, geschäftig mit Denken, Erfinden und andern Thätigkeiten, die ihm vorzüglich zugeschrieben werden, wie wir aus vielen Spuren schließen können; ebenso die Seele, die auch im Schlaf die Fähigkeit nicht verliert, zu wollen, zu lieben oder zu verabscheuen.

Sie scheinen mir da, mein Freund, sagte sie, Dunkles, wenn nicht durch ebenso, doch durch fast ebenso Dunkles zu erläutern.

Sie haben wohl Recht, antwortete ich, aber es ist mir auch bloß um das Eine zu thun: zu zeigen, wie jener Umlauf, der durch Leib, Geist und Seele gesetzt ist, ohne Aufhebung aus einer Welt in die andere versetzt werden könne.

Ihre Vorstellung muß also auch diese seyn, fuhr sie hernach fort, daß die Seele im Tode zur geistigen Seele erhoben werde?

Allerdings, sagte ich.

Und daß sie im gegenwärtigen Leben nur leibliche Seele gewesen sey?

Freilich.

Wie können Sie aber dieses behaupten, sagte sie, da die Seele schon jetzt mit überirdischen und himmlischen Dingen verkehrt?

Ach, antwortete ich, es ist freilich alles in allem enthalten: die tiefere Stufe enthält Weissagungen der höheren, aber sie bleibt darum doch die tiefere. Auch das Thier will ja über sich selbst hinaus; der Biber legt sich mit menschenähnlichem Verstand seinen Palast im Wasser an; andere Thiere leben in menschenähnlichen Verfassungen und häuslichen Verhältnissen. So gibt es vieles, das den Menschen schon jetzt in jene höhere Welt fortreißt; einige auch, die bewußt und freiwillig schon jetzt dem sterben, das sie im Tode verlassen müssen, und so viel möglich ein geistiges Leben zu leben suchen. Aber es gilt hier die Bestimmung der allgemeinen Stufe dieses Lebens, und diese kann nicht von jenen hergenommen werden, die ja eben dadurch ausgezeichnet sind, daß sie diese Stufe verlassen.

Aber der Leib? sagte sie hierauf. Wenn die Seele in jenem andern Leben geistig wird, so wohl auch der Leib?

Freilich, sagte ich; doch scheint mir dieß nicht der ganz richtige Ausdruck zu seyn, und ich sehe erst jetzt, daß wir uns auch in Ansehung der Seele anders hätten ausdrücken sollen.

Und wie denn? frug sie.

Nicht daß wir sagten, die Seele werde nach dem Tode geistig, als ob sie das nicht schon zuvor gewesen wäre; sondern das Geistige, das schon in ihr ist, und das hier mehr gebunden erscheint, werde befreit und vorherrschend über den andern Theil, wodurch sie dem leiblichen näher ist, und der in diesem Leben der herrschende ist. So sollten wir dann auch nicht sagen, daß der Leib in jenem höheren Leben geistig werde, als wäre er das nicht von Anfang gewesen; sondern daß die geistige Seite des Leibes, welche hier die verborgene und die untergeordnete war, dort die offenbare und herrschende werde.

So wäre also, sagte sie, nicht bloß die Seele zweiseitig, sondern auch vielleicht der Geist, ganz gewiß aber der Leib?

Unstreitig, erwiederte ich. Denn auch hier erinnern Sie sich doch gewiß jener Rede unseres Freundes, daß die Erde, und also auch der Leib, der von ihr genommen ist, nicht bestimmt war bloß äußerlich zu seyn, sondern Aeußeres und Inneres, in beiden eins seyn sollte; daß die bloße äußerliche Erscheinung des Ganzen die Folge einer aufgehaltenen Entwicklung war, die das innere Wesen nicht vernichten, aber doch einwickeln, binden und so dem Aeußeren unterwerfen konnte. Ist es nun nicht natürlich, daß, wenn die Eine Gestalt des Leibes zerfällt, in der das Innere vom Aeußeren gefesselt wurde, dagegen die andere frei werde, in welcher das Aeußere vom Inneren aufgelöst und gleichsam bewältiget wird?

So müßte also auch, sagte sie, diese geistige Gestalt des Leibes in der bloß äußeren schon vorhanden und dagewesen seyn?

Freilich, antwortete ich, aber als Keim, der zwar oft sich zu regen sucht, aber von der Gewalt des äußeren Lebens niedergehalten nur theilweise und nur in besonderen Zuständen seine Gegenwart zeigen kann.

Ich erinnere mich, sagte Clara, daß ich sonst oft habe reden hören von einem feineren Leib, der in dem gröberen enthalten sey und sich im Tode von ihm trenne; allein ich weiß nicht, warum diese Vorstellung mir immer so wenig Befriedigung gewährte.

Es ist dieß, sagte ich, der Fall mit allen bloß zufällig gefundenen Meinungen. Was nicht in einem nothwendigen Zusammenhang an uns kommt, vermag sich nie recht in die Seele einzuwirken.

Aber auch der Sinn dieser Meinung war wohl ein ganz anderer, sagte sie.

Freilich, denn nur als ein körperlich Feineres wurde jenes Mittelwesen gedacht, nicht aber als wirklich geistige Gestalt.

Sollte aber, fuhr sie fort, dieser himmlische Lebenskeim nur in uns, oder bloß in allen organischen Wesen seyn, in den unorganischen aber nicht, oder wie verhält es sich damit?

Ich sehe nicht ein, antwortete ich, warum der Keim eines höheren Lebens nicht schlechthin und in jedem Dinge seyn sollte, nur mehr offen in dem einen, verborgener in dem andern. Denn die ganze Natur war ja bestimmt, Aeußeres und Inneres in völligem Einklang darzustellen, und alle Kreatur, wie die Schrift sagt, sehnt sich mit uns, so gut als wir, nach dem höheren Leben, das in uns nur schon hier entwickelter ist.

Sollte sich denn wohl, sagte sie, die Gegenwart jenes Keimes nicht in allen Dingen auch wirklich darstellen lassen?

Ich weiß nicht, sagte ich hierauf, ob wir den jetzt bekannten Lebenserscheinungen der Körper, dem elektrischen Wechselspiel der Kräfte oder den chemischen Verwandlungen, eine so hohe Bezeichnung geben dürfen, und halte nicht für unmöglich, daß uns eine ganz neue Reihe von Erscheinungen aufgehen würde, wenn wir nicht mehr bloß ihr Aeußeres zu verändern, sondern unmittelbar auf jenen inneren Lebenskeim zu wirken vermöchten. Denn ich weiß nicht, ist es Täuschung, oder die besondere Beschaffenheit meiner Art zu sehen, aber mir sehen alle, auch die körperlichsten Dinge aus, als ob sie bereit wären, noch ganz andere Lebenszeichen von sich zu geben als die jetzt bekannten.

Aber auch sterben würden dann alle Dinge? frug sie weiter.

Es scheint so, sagte ich, aber ich bitte Sie, dieß selbst weiter zu erklären.

Der Tod, sagte sie, ist doch die Befreiung der inneren Lebensgestalt von der äußeren, die sie unterdrückt hält?

Vortrefflich, sagte ich.

Und der Tod ist nothwendig, weil jene zwei Lebensgestalten, da sie nach dem Herabsinken der Natur ins bloß Aeußerliche nicht zumal seyn konnten, nacheinander seyn müssen?

Ganz richtig, sagte ich, und herrlich haben Sie dieß so ausgedrückt.

Die zwei Lebensgestalten sind aber in jedem Ding?

Das haben wir so angenommen, antwortete ich.

Nun, sagte sie, so müssen alle Dinge ohne Unterschied sterben.

Unleugbar, sagte ich, scheint auch mir diese Nothwendigkeit.

Sehen wir aber nicht, fuhr sie fort, auch wirklich ein solches Sterben, besonders in manchen chemischen Veränderungen?

Ich weiß nicht, sagte ich.

Ich, fuhr sie fort, werde es nie vergessen, wie ich zuerst die Auflösbarkeit der Metalle in scharfen Wassern sah und nicht glauben wollte, daß nur durchsichtige, wie Brunnenwasser farblose Flüssigkeit Silber aufgelöst enthalten, ein himmelblaues Wasser Kupfer u. s. w., bis ich endlich durch den Augenschein davon überführt wurde.

Wunderbar genug ist es auch, sagte ich, und gibt viel über das Wesen der Körperlichkeit zu denken.

Werden nicht mit Recht, fuhr sie fort, jene auflösenden Wasser Geister genannt, und ist dieses Verschwinden der allerdichtesten und härtesten Körper nicht eine wirkliche Auflösung des Körperlichen ins Geistige, also ein Tod zu nennen?

Etwas Aehnliches ist hier freilich, antwortete ich; wir sehen, welcher Erhöhung die körperlichsten Dinge fähig sind, wenn sich ein höherer Geist ihrer gleichsam bemächtigt. Aber auch von der Wiederherstellbarkeit aller dieser Dinge in ihren anfänglichen körperlichen Zustand haben Sie sich überzeugt?

Freilich, antwortete sie.

Nun, sagte ich, so weiß ich nicht, daß hier eine andere Veränderung vorgeht als mit einem Theil unseres Körpers, der zufällig verbrannt worden ist, und durch äußere Mittel allmählich hergestellt wird.

Aber, fuhr sie fort, zeigen nicht alle körperlichen Dinge den Trieb sich zu vergeistigen? Was ist der Duft einer Blume, und wie geistig müssen die Ausflüsse riechender Körper seyn, die Jahre fortdauern, ohne sich zu verzehren? Will nicht alles Luft werden, um sich mit jenem reinen heiligen Element zu verbinden, das ich jedoch eher für ein selbständiges, untheilbares Wesen ansehen möchte, dessen Kraft alles Aufgenommene, so verschiedenartig es seyn möge, in Kurzem verwandelt und sich ähnlich macht.

Auch dieß alles, sagte ich, verhält sich so und beweist, daß alle Dinge nach einem freieren, ungebundenen Daseyn streben und unwillig die Fesseln tragen, in denen sie gefangen sind. Aber wer möchte doch die bloße Verwandlung in Luft ein Sterben nennen? Mir scheint der Tod etwas weit Ernsteres zu seyn?

Also sehen wir, sagte sie, in den übrigen Wesen außer dem organischen kein Beispiel des Sterbens?

Ich weiß nicht, sagte ich, aber mir scheint dieß so. Wir organische Wesen alle vermögen zu sterben, weil wir eigne Ganze sind. Die übrigen Dinge aber sind nur Glieder eines höheren Ganzen der Erde, und können wohl innerhalb desselben mannigfach gemischt und verändert werden, je nachdem es der Lebensgang des Planeten mit sich bringt, aber die Wohlthat des Sterbens oder der gänzlichen Befreiung der geistigen Lebensgestalt widerfährt ihnen nicht eher, als bis der Planet sein gesetztes Ziel erreicht hat und stirbt.

Der Arzt trat in dem Augenblick herein und unterbrach auf eine Weile das Gespräch. Ich erklärte ihm, wovon so eben die Rede gewesen, und nachdem er das Wesentliche gehört und einige Zeit darüber nachgedacht hatte, sagte er: Eine Trennung also ginge doch im Tode vor?

Inwiefern? antwortete ich.

Nun offenbar die von dem Leibe.

Freilich, sagte ich, aber nicht von dem innern Wesen des Leibes, sondern von dem Leib, sofern er ein Aeußerliches und ein Theil der bloß äußeren Natur ist.

Während des jetzigen Lebens aber, sagte er, war jenes geistige Wesen des Leibes im bloß äußeren schon vorhanden?

Als Keim wenigstens, antwortete ich.

So scheint aber zu folgen, fuhr er fort, daß das gegenwärtige Leben vor dem zukünftigen eine Vollkommenheit voraus habe.

Wie so? sagte ich.

Ganz klar scheint mir dieß, antwortete er. Denn dem jetzigen Leben kommt außer jenem geistigen Wesen des Leibes auch noch der äußere Leib zu, welcher dem künftigen abgeht: es hat daher offenbar etwas vor diesem voraus.

Mir scheint, sagte ich, was ich hierauf antworten könnte, so klar, daß ich es kaum sagen mag.

Sagen Sie es doch, antwortete er, denn irgend etwas Dunkles liegt hier doch noch irgendwo.

Ich meine also, daß Sie nicht den, der zwar eine Menge von Dingen, die aber alle geringeren Werthes sind, besäße, reich, den aber, der zwar nur wenige oder nur Eines, aber eins, das von unschätzbarem Werth ist, etwa einen Edelstein, der alle andern weit überträfe, dagegen arm nennen würden.

Gewiß nicht, sagte er, aber doch glaube ich nicht, daß Sie den äußeren Leib für eine Unvollkommenheit oder eine Sache von geringem Werth halten.

Verstehen wir uns nur, antwortete ich, so wird sich das schon finden. Denn einen Unterschied des Werths zwischen Innerem und Aeußerem geben wir doch wohl beide zu; nämlich das Aeußere scheint mir das bloße Seyn des Inneren, das Innere aber das Seyende in diesem Aeußeren zu seyn; oder ist es nicht so?

Ich bin es ganz zufrieden, sagte er.

Und das Seyende, fuhr ich fort, erkennt das Seyn, nicht aber umgekehrt wird das Seyende erkannt von dem Seyn?

Auch dieß gebe ich zu, sagte er.

Alles Erkennen ist aber doch ein Setzen?

Allerdings, sagte er.

Und das Seyn ist doch auch ein Setzen?

Er schien sich darüber zu bedenken.

Nun wenigstens, sagte ich, ein Setzen von sich selbst.

Insofern freilich, sagte er.

Aber ein Setzen, das sich nicht wieder erkennt, denn wir sagten, es werde nur von dem Seyenden erkannt.

Er gab dieß zu.

Dieses also, fuhr ich fort, das Seyende ist wieder das Setzende jenes Setzens?

Unstreitig folgt dieß —

Also ein Höheres, oder bestimmter, und wie es mir wenigstens ganz paßlich vorkommt, die höhere Potenz von ihm zu nennen?

Er gab es zu.

Also ein Unterschied wie zwischen höherer und niederer Potenz wäre doch, fuhr ich fort, zwischen Innerem und Aeußerem. Darum aber würde ich dieses an sich weder für eine Unvollkommenheit noch für eine Sache von geringem Werth halten. Denn das Seyende bedarf des Seyns, wie das Seyn des Seyenden. Ja ich hielte für möglich, daß auch dieser Unterschied ganz verschwinden könnte.

Und wie denn? fragte Clara, die diesen Reden aufmerksam zugehört hatte.

Wenn, sagte ich, das Aeußere so ganz von dem Inneren durchdrungen wäre, daß es in sich selbst das Erkennende sammt dem Erkannten hätte, und hinwiederum das Innere so das Aeußere in sich gesetzt hätte, daß das Erkennende auch das Erkannte in sich enthielte, und dieses beides zumal wäre, ein solches Aeußeres sammt einem solchen Inneren, so wäre dieß ja wohl das allerseligste und vollkommenste Leben zu nennen, und zwischen Aeußerem und Innerem kein Unterschied mehr, weil in beiden das Nämliche enthalten wäre.

Beide waren damit einverstanden.

Nun, sagte ich, in uns, wie wir jetzt sind, und zum Theil, obgleich auf viel unvollkommnere Art, auch in den andern lebenden Wesen scheint das Aeußere so weit gebildet zu seyn, daß es auch das Erkennende in sich enthält, und dadurch eine gewisse Selbständigkeit erhält. Denn auch die Thiere, denen wir kein wahrhaft Inneres zuschreiben können, und Menschen, die wir fast ebenso betrachten müssen, erkennen doch immerfort durch eine Art von äußerer Nothwendigkeit, zum Beweis, daß das Aeußere in ihnen selbst das Erkennende enthält.

Sie bejahten dieß beide.

An dem andern aber, fuhr ich fort, nämlich daß das Innere ebenso das Aeußere in sich gesetzt enthalte, fehlt es weit?

Freilich, sagte Clara.

Denn wenn das wäre, sagte ich, so würde das Aeußere nicht so allgemein dem Inneren widersprechen; es würde, um zu einer Erkenntniß der Dinge zu gelangen, nicht der Erfahrung und der mühsamen Erforschung bedürfen, die innerlich mögliche That wäre es unmittelbar auch äußerlich, und es wäre mit Einem Wort ein ganz seliges, ja gottähnliches Leben. — Auch würde, wenn im Innern ebenso ursprünglich das Aeußere gesetzt wäre, wie im Aeußeren das Innere, es nicht der Erziehung bedürfen noch des Unterrichts. Denn jenes vollkommene Innere würde doch denen ganz fehlen, die keine menschliche Erziehung genossen hätten und frühzeitig unter Thiere gerathen wären, wie einige Beispiele gezeigt haben?

Er bekräftigte es.

Und vieles kommt auch wieder auf die Art des Umgangs an, in welchem der Mensch von Kindheit an lebt?

Auch dieß wurde zugestanden.

Also ist dieses Innere nichts Vorhandenes, sondern wird erzogen und gepflegt wie eine Blume in einem ihr fremden Erdreich?

Freilich, war die Antwort.

Ist aber auch alles Streben nach Erkenntniß etwas anderes als ein Streben, das Aeußerliche soviel möglich als innerlich in uns zu setzen?

Nichts anderes, sagten sie.

Und würde dieses Streben nöthig seyn, wenn jenes vollkommene Innere in uns schon vorhanden wäre?

Unmöglich, sagte Clara.

Der Arzt aber fiel hier ein und sagte: Hier scheinen wir eben auf dem rechten Punkt zu seyn. Denn jenes Streben nach Erkenntniß und das vielfache andere, in dem wir soviel möglich alles Aeußere innerlich zu machen suchen, ist doch ein ganz freies Streben?

Freilich, antwortete ich.

Und auch den Leib schon hier dem Inneren so weit unterzuordnen, daß wir ein reines und unbeflecktes Leben leben, ist der freien Kraft in uns möglich.

Ich bejahte auch dieß.

Also können wir doch schon hier, in gewissem Grade, zuwegebringen, was uns im andern Leben widerfahren wird, nämlich die Unterordnung des Aeußeren unter das Innere; sind nicht alle Reden der Philosophen voll solcher Aussprüche, daß der Weisheitliebende schon hier als ein Gestorbener wandle; den äußeren Leib haben wir aber hier noch obendrein: sehen Sie also selbst ein, ob nicht offenbar das jetzige Leben einen Vorzug vor dem künftigen habe.

Lieber Freund, antwortete ich, ein jedes Ding hat wohl seine eignen Vorzüge, die das andere nicht hat, und ist doch darum vielleicht nicht schätzenswerther als dieses. Der Reichthum z. B. hat gewisse Vorzüge vor der Armuth; wenn aber eben dieser es allgemein schwerer oder gar unmöglich machte, ins Reich der Wahrheit einzudringen, die Armuth dagegen es erleichterte, so würde kein weiser Mann anstehen, die Armuth zu erwählen. Wer kann die Vorzüge des jetzigen Lebens verkennen? Hätte es diese nicht, wer hielte es aus? Aber immer fragt sich, welcher von seinen Vorzügen an sich selbst der größte ist. Mir scheint es der zu seyn, daß man hier schon jenen göttlichen Keim in sich pflegen und erziehen kann, und so zum Theil schon hier die Seligkeit jenes anderen Lebens genießen. Denn ohne dieses vollkommene Innere verlöre auch das äußere Leben seinen wahren und eigentlichen Reiz, der doch nicht in der Befriedigung der sinnlichen Lüste, sondern in der Empfindung der Schönheit und des eigentlich Innerlichen in allem Aeußeren besteht; denn der Rohe oder Verdorbene hat keinen Genuß von der Natur, der Geistige aber den größten.

So würde also dieser, sagte er, durch den Tod am meisten verlieren, jener am wenigsten.

Freilich, sagte ich, wie beim Hagelschlag der, dem tausend Morgen verwüstet werden, mehr verliert, als der, dem einer, und doch ist dieser unglücklicher daran. Aber überhaupt von Verlieren ist hier die Frage. Das ist ja nur die Rede derer, die hier zurückbleiben, und die sich nicht gewöhnt haben in jene Welt zu sehen; ohngefähr wie wenn einer vom Pflug oder der Heerde hinweg zur Herrschaft erhoben würde, und seine vorigen Gesellen nun sagten, er habe den Pflug oder seine Heerde verloren. Wir müssen also fragen, scheint es mir, was der, der schon hier geistig gelebt hat, im Tode gewinne, und dieß kommt mir nicht zweifelhaft vor, nämlich die Vollkommenheit eben desjenigen, wonach er hier im Leben am meisten gestrebt hat, und was daher nothwendig ein Höheres seyn muß als dieses Gegenwärtige. Denn ist es nicht so, daß, weil das Aeußere hier vollkommener ist, indem es auch das Innere in sich enthält, das Innere aber bei weitem nicht auf gleiche Weise das Aeußere in sich enthält, daß hier das Aeußere eine große Uebermacht über das Innere haben muß? Und folgt nicht, daß auch dieses Aeußere, weil es sich nicht mit dem vollkommenen Inneren verträgt, noch nicht das Vollkommenste seyn könne; denn wäre es dieß, so könnte zwischen ihm und dem Inneren überall kein Widerspruch mehr seyn?

Dieß folgt allerdings, sagte er, aus dem Früheren.

Nicht also auch, fuhr ich fort, daß Inneres und Aeußeres hier noch keineswegs gleich, sondern sich ungleich sind, nicht nur inwiefern das vollkommene Innere nicht mit dem vollkommenen Aeußeren zugleich besteht, sondern auch in dem Aeußeren selbst?

Auch dieß, sagte er, ist nothwendig; denn wären sie in dem Aeußeren vollkommen eins, so würde sich dieses unmittelbar in das Innere und dieses wieder in jenes auflösen.

Ist also nicht auch das Aeußere hier noch ein untergeordnetes Aeußeres, das sich zu dem vollkommenen Inneren als das Niedere zum Höheren verhält?

Freilich, sagte er.

Und in diesem Lebenskreis, bei dieser Uebermacht, die das Aeußere erlangt hat, wird das vollkommene Innere nie möglich seyn?

Er verneinte es.

Ebensowenig das vollkommenste Aeußere?

Ebensowenig, sagte er.

Um also das vollkommenste Innere zu erreichen, müssen wir diesen Lebenskreis verlassen?

Nothwendig, sagte er.

Und in einen höheren übergehen?

Allerdings, sagte er.

Und also nicht eine bloße Umkehrung des Verhältnisses wäre der Tod, so nämlich, daß durch ihn das Aeußere dem Inneren ganz untergeordnet würde, und der nun folgende Zustand bloß der umgekehrte des gegenwärtigen wäre; sondern der Tod wäre zwar auch dieß, aber zugleich die Erhebung in eine höhere Potenz, in eine wirkliche andere und höhere Welt?

Das eben, sagte er, war es, was ich wollte.

Und der Weise und Gerechte würde für jenen höheren Zustand diesen gegenwärtigen nicht ungern hergeben, sondern mit jenem Göttlichen, das er in sich gepflegt und sorgsam herangezogen, wenn es seine vollkommene Reife erhalten, daß es die Flügel ausbreiten könnte, die unvollkommene

Erde, aus der es emporgewachsen, mit keinem anderen Gefühl hinter sich lassen, als mit dem jene zarten, bunten Vögel, in die sich, der Fabel zufolge, die Blüthe eines Baumes in Indien verwandelt, von diesem Baum hinwegfliegen?

Gar schön, sagte er, sey dieß alles.

Ich antwortete aber: Noch ist nicht alles im Reinen; denn dem gegenwärtigen Leben schrieben Sie den Vorzug zu, daß es, obgleich ein niedrigeres, doch zugleich den Keim eines höheren in sich schließe, und so gewissermaßen mehr noch als dieses selbst enthalte. Oder war es nicht so?

So war es freilich, antwortete er.

Des Keimes nun, sagte ich, als solchen bedarf es nicht mehr, wenn das volle Gewächs da ist, und sein Verschwinden in diesem Fall ist kein Verlust. Doch weiß ich nicht, ob nicht auch darauf eine andere Antwort möglich wäre.

Auch diese sollten Sie uns geben, sprach er.

Jetzt nicht, sagte ich; denn ich bemerkte, daß schon seit längerer Zeit unsere Freundin in eignen Gedanken verloren war und unserem Gespräch nur noch halb oder gar nicht zuzuhören schien. Wie wir nun schwiegen, kam sie plötzlich zu sich, und sagte, als ob wir noch bei einer früheren Rede stünden: Mit all dem habe ich aufs neue gedacht, daß es eine wünschenswerthe Sache wäre, zu wissen, wie es dem Abgeschiedenen in ihm selbst zu Muth wäre, und dieß dünkt mir wäre die beste Antwort auf jene Frage (vermuthlich die wegen der Vorzüge des künftigen Lebens).

Wir stimmten damit überein.

Wie kommt es doch, sagte sie alsdann, daß der Tod so allgemein als ein Entschlafen vorgestellt wird. Sollte er nicht vielmehr ein Erwachen seyn?

Vielleicht, sprach ich.

Und doch, sagte sie, ist der Gedanke so süß, die Todten als Entschlafene zu denken, die ruhen von ihrer Arbeit.

Freilich, sagte ich.

Und ich weiß nicht, fuhr sie fort, wie äußerlich mir des Tages Glanz und Pracht erscheint, und erst, wenn er schwindet, geht das eigentlich Innere auf; aber warum muß es Nacht seyn?

Es zeigt, antwortete ich, die Nacht, daß jenes eigentliche Innere in uns noch unerfüllt ist, daß es für uns zu dem Verborgenen und Zukünftigen gehört.

Wenn in der Nacht selbst, fuhr sie fort, ein Licht aufginge, daß Ein nächtlicher Tag und Eine tagende Nacht uns alle umfinge, da wäre erst aller Wünsche letztes Ziel. Ist's darum, setzte sie hinzu, daß die mondhelle Nacht so wunderbar süß das Innere berührt und mit Ahndungen eines nahen Geisterlebens die Brust durchschauert?

Gewiß, sagte ich. Mir fällt das Wort eines oft verkannten Mannes ein, der mehr als einmal zu mir sagte: wer wachend könnte, was er schlafend muß, der wäre erst der vollkommene Philosoph. Ich aber sagte immer: der wäre der vollkommene Selige. Und fest glaube ich auch, daß den Seligen unter unsern Abgeschiedenen ein solches Loos zu Theil wird, und daß sie darum Entschlafene, nicht Eingeschlafene, genannt werden, gleichsam als solche, die im Schlaf wieder dem Schlaf entgangen und zum Wachen hindurch gedrungen sind, Entschlafene jedoch eher als Wachende, weil Schlafen schon hier dem innern Leben näher liegt als Wachen.

Mir hat, fuhr Clara fort, ein berühmter, uns allen bekannter Geistlicher, dem Beobachtungsgabe nicht abgesprochen werden kann, oft erzählt, wie im Augenblick des Einschlummerns sich eine unbeschreibliche Heiterkeit über sein ganzes Wesen ausgieße, wobei zugleich die Seele in der feinsten sittlichen und geistigen Thätigkeit sich befinde; alle seine Fehler stehen dann auf eine höchst peinliche Art vor ihm, und im Gegentheil, je reiner sich sein Herz fühle, desto seliger sey dieser Mittelzustand von Schlafen und Wachen. Von allem, was Traum heißt, sey dieser Zustand so unendlich unterschieden, daß seine Klarheit sogar die lebhaftesten Vorstellungen beim Wachen weit übertreffe, und jede gewöhnliche Art zu existiren gegen diese nur Traum, Schlummer, Tod zu seyn scheine. Er werde dann in ganz neue Gesichtspunkte versetzt, in eine Art bilderlosen Anschauens, worin doch alles aufs genaueste unterschieden und durchaus ohne Verwirrung sey. Dieser Zustand daure aber gewöhnlich (wie er aus verschiedenen Merkmalen wisse, ob er gleich ihm nicht so kurz vorkomme) nur eine Sekunde; er verschwinde durch eine plötzlich zuckende Bewegung und lasse das wehmüthigste Schmachten nach seiner Fortdauer in der Seele zurück. Bald darauf erfolge das gänzliche Einschlafen.

Jene zuckende Bewegung, sagte der Arzt, wird wohl allgemein als Zeichen des wachen Einschlafens bemerkt.

Sollte nicht, sagte ich, eben diese Bewegung der Schlag seyn, wodurch die Natur das aufgehen wollende innere Licht oder Sehen auslöscht und in bloßen Schlaf verwandelt?

Wenigstens, antwortete er, gibt es keinen größeren Beweis von der Uebermacht der äußeren Natur über unser jetziges Leben, als daß sie unsern innerlichsten Zustand in Schlaf verwandelt.

Wenn es aber wahr ist, fuhr ich fort, was so viele glaubhafte Männer, besonders Aerzte versichern, daß menschliche Wesen durch Einwirkung anderer Menschen, bei völlig erloschenen äußeren Sinnen, und während sie sich gegen alles andere, den Einwirkenden ausgenommen, wie todt verhalten, zur höchsten innern Klarheit und einem Bewußtseyn ihrer selbst übergehen, mit dem das im Wachen nicht von ferne zu vergleichen ist, so hätten wir, glaube ich, die Erfahrung eines Zustandes, den wir mit Recht einen höheren nennen und als ein wachendes Schlafen oder schlafendes Wachen ansehen könnten[1]. Und ich würde darum mit ihm nicht den Tod, sondern den Zustand, der ihm folgt, vergleichen, der, wie ich glaube, das höchste, durch kein Erwachen unterbrochene Hellsehen seyn wird.

Uebrigens, sagte der Arzt, haben die Annäherungen zu jenem höheren Schlaf die größte Aehnlichkeit mit den Annäherungen zum Tode.

Dieß ist nothwendig, sagte ich, denn eine Art von Sterben muß auch dort dem erhöheten Zustand vorangehen.

[1] Vgl. Stuttgarter Privatvorlesungen, Band VII, S. 477. D. H.

Ich habe viel von diesen dunkeln Erscheinungen gehört, sprach Clara, die aber in meiner nächsten Nähe vor mir verborgen gehalten wurden. Aber das Aeußere davon reizt mich nicht, sondern ich möchte das eigne Gefühl solcher Schlafenden von ihrem Zustande kennen.

Wenn man, antwortete der Arzt, auch bloß von ihrem äußern Ansehn auf jenes schließen will, so befinden sie sich in einem unbeschreiblichen Wohlseyn. Alle krankhafte Spannung der Gesichtszüge läßt nach, sie sehen fröhlicher, geistreicher, oft jugendlicher aus; alle Spuren von Leidenschaft verwischen sich aus dem erheiterten Antlitz, zugleich wird alles geistiger, namentlich die Stimme.

O wohlthätige Hand des Todes, fiel hier Clara ein, daran erkenne ich dich! Lassen Sie mich der früh verklärten Freundin gedenken, die meines Lebens Schutzengel war, wie bei ihr dieß alles eintraf; wie, als schon die Schatten des Todes sich ihr näherten, eine himmlische Verklärung ihr ganzes Wesen durchstrahlte, daß ich glaubte sie nie so schön gesehen zu haben als im nahenden Augenblick des Erlöschens, und nie geglaubt hätte, daß eine solche Anmuth im Tode wäre; wie dann die immer melodischen Laute ihrer Stimme himmlische Musik wurden, geistige Klänge, die noch jetzt tiefer in meinem Innern widertönen als der erste Zusammenklang sanft gestimmter Harmonikaglocken.

Fragt man jene Entschlafenen selbst, fuhr der Arzt fort, um ihr Befinden, so versichern sie, es sey das seligste, sie fühlen nichts von dem Körper noch von dem vorhergehenden Schmerz, und eine himmlische Klarheit, ein erwärmendes Licht durchströme ihr Inneres.

Auch vor dem Tode ja, sagte Clara, schweigen die Stürme der Krankheit, die Schmerzen hören auf, ja viele, und überdieß die besten, scheiden in einer himmlischen Entzückung.

Und doch, fuhr der Arzt fort, ist jener Zustand noch bloße Annäherung zu dem höchsten, noch werden sie von äußeren Dingen gerührt; obgleich mit geschlossenen Augen, sehen sie alles außer ihnen Befindliche, ja viele ihrer Sinne scheinen noch viel schärfer zu seyn.

Und was ist denn jener höchste Zustand? frug Clara.

Der, sagte er, wenn sie ganz von der Sinnenwelt entbunden werden, und nur noch durch den Einwirkenden mit Dingen außer sich zusammenhängen, dann erst verhalten sie sich wie völlig Todte zu der Außenwelt. Denn zuvor empfindlich für den feinsten Laut, ja für entfernte Töne, die kein anderes Ohr vernimmt, als wenn sie näher kommen, werden sie jetzt nicht vom Gerassel der Wagen, nicht vom Kanonendonner geweckt, und keine menschliche Rede dringt zu ihnen als des Einen, mit dem sie in Beziehung stehen.

Und dann erst, fragte Clara, entsteht auch das höchste Hellsehen?

Freilich, sagte der Arzt. Eben hier zeigt sich das höchste, innere Leben. Alles verkündet an ihnen das innigste Bewußtseyn; es ist als wäre ihr ganzes Wesen in Einen Brennpunkt zusammengedrängt, der Vergangenheit, Gegenwart und Zukunft in sich vereinigt. Weit entfernt die Erinnerung zu verlieren, wird ihnen weit zurück die Vergangenheit helle, wie die Zukunft oft in nicht unbeträchtlicher Ferne.

Folgt nicht aus allen diesen Erscheinungen, sagte ich hierauf, daß das geistige Wesen unserer Körperlichkeit, das im Tode uns folgt, schon vorher in uns gegenwärtig ist, daß es nicht dann erst entsteht, sondern bloß frei wird und in seiner Eigenthümlichkeit hervortritt, sobald nicht mehr die Sinne und andere Lebensbande es an die Außenwelt fesseln?

Der Arzt bekräftigte es, und setzte hinzu: Eine Menge Erscheinungen während des Lebens, die wir weder aus der Seele noch aus dem Leib als solchem ableiten können, bezeugen die Gegenwart jenes Wesens.

Mir, sagte Clara, ist die Innigkeit des Bewußtseyns in jenem Zustande das Liebste. Ich habe nie begreifen können, wie so viele Menschen kleinmüthig zweifeln können, ob das Bewußtseyn nach dem Tode nicht erlösche oder verweht werde. Denn mir schien der Tod immer eher sammelnd als zerstreuend, verinnigend, nicht veräußernd.

Erklärbar, sagte ich, ist indeß jenes zweifelhafte Reden, denn den meisten war und ist noch jetzt der Tod eine gänzliche Trennung von allem Physischen, und dieses (das Physische) scheint mir wenigstens die Grundlage aller Bewußtheit zu seyn.

Wie so? fragte Clara.

O Beste, sagte ich, Sie rechnen zum fortdauernden Bewußtseyn zuvörderst die fortdauernde Einerleiheit des Bewußtseyenden, oder nicht?

Ohne Zweifel, sagte sie.

Und daß dieses Bewußtseyende sich als dieses immer das Nämliche Bleibende von allem andern unterscheide?

Freilich.

Nun gibt es wohl nirgendwo, sagte ich, ein Dieses und ein Jenes, was doch zu jeder Unterscheidung erfordert wird, als nur im Physischen? — Oder, sagte ich nach einer Weile, weil Ihnen dieß nicht deutlich genug scheint, wenn Sie Sich als Sich und daher als von allem unterschiedene Person betrachten, fühlen Sie da nicht, daß im Grund Ihres Bewußtseyns etwas durch keinen Begriff Aufzulösendes liegt, etwas Dunkles, gleichsam als Halt Ihrer Persönlichkeit?

Das Dunkle fühle ich wohl, sagte Clara, aber eben dieses Dunkle wünsche ich hinweg, es stört die Reinheit des Wesens.

Hinweg nun, sagte ich, ist es, einmal erregt, nicht zu bringen, Liebe, und es soll auch nicht hinweg, weil mit ihm zugleich die Persönlichkeit verschwände; aber verwandelt kann es werden, daß es selbst Licht wird, nämlich als stummer Träger des höheren Lichts, die Eigenheit nur für dieses bewahrend, daß es Wurzel und Grund habe, nicht aber für sich selbst.

So wie der Demant, fragte sie, gleichsam nur für das Licht da ist, damit dieses in ihm durchleuchte und spiegle, und etwas sey, worin es sich fassen könne?

Ganz so, sagte ich.

Sollen wir nun sagen, fuhr ich fort, daß uns dieses an sich Dunkle von der Natur komme oder anderswoher?

Ohne Zweifel von der Natur.

Daß also jeder Mensch von Anbeginn an jenen dunklen Keim in sich trage, oder daß er vielleicht ein ganz zufälliges Gewächs sey?

Unmöglich wäre dieß zu denken, sagte sie.

Und daß dieser Keim zwar einer fortgehenden Verwandlung, aber keiner Zerstörung fähig, oder daß er sowohl verwandelbar als zerstörlich sey?

Nothwendig, sagte sie, ist das Erste anzunehmen.

Er hat aber etwas Physisches an sich? fragte ich wieder.

Freilich, sagte sie, wenn er uns von der Natur kommt.

Also muß uns etwas Physisches auch im Tode folgen?

Nothwendig, wenn anders jener Keim uns folgt —

Und wenn, setzte ich hinzu, das Bewußtseyn unserer selbst als unserer selbst übrig bleibt?

Sie bejahte auch dieß.

Sollte nun nicht, fragte ich, eben jenes geistige Wesen unserer Körperlichkeit der uns folgende Keim seyn?

Es scheint, sagte sie.

Der aus dem Körperlichen selbst sich zur Geistigkeit entwickelt hat?

Freilich, sagte sie.

Der aber immer die Beziehungen auf das Physische behält?

Allerdings, antwortete sie, denn er ist ja noch immer das Wesen der Körperlichkeit.

Und er kann nie die Verwandtschaft zu dem verlieren, von dem er ursprünglich genommen ist?

Nie, so scheint es.

Ist es nun nicht ganz natürlich, fuhr ich fort, daß die, welche zwar eingestehen, daß das Geistige vielfach in das Physische hereinwirke, aber nicht begreifen wollen, daß hinwiederum auch das Physische in die Geisterwelt hinübergreife, daß diese, sage ich, fürchten, wenn der Tod nach ihrer Meinung die Verbindung zwischen Seele und Leib trennt und völlig aufhebt, daß dann auch das persönliche Bewußtseyn zerfließen und zerrinnen möge, wie der Duft der verwesenden Blume in die Luft, ohne daß eine Spur davon übrig bleibt?

Ganz natürlich ist dieß, sagte sie.

Es gelingt wohl aber, fuhr ich fort, den wenigsten noch in diesem Leben jene Verwandlung des dunkeln Keims in ihnen in Licht? Denn mir wenigstens sind unter der Menge fast lauter solche vorgekommen, die trotzig auf ihrer Eigenheit bestehen, und das für das Erste halten, sich als sich geltend zu machen und zu behaupten.

Freilich, sagte sie.

Und die auch demgemäß denken und urtheilen, und alle ihre geistige Thätigkeit darauf richten; daß sie z. B. unfähig sind sich selbst zu vergessen in ihrem Denken und verloren zu seyn in der Betrachtung des Ewigen und Göttlichen, sondern immerfort nach einem Aeußern verlangen, das sie vor sich hinstellen und handhaben können, wie es ihnen gefällt, und das Göttliche auch wohl, wenn sie merken, daß es sich nicht so behandeln läßt, ganz verwerfen. Sollten nun die, welche nur dann sich ihrer bewußt zu seyn dünken, wenn sie ein Außer-sich haben, jenes höchsten Bewußtseyns fähig seyn: oder sind sie nicht vielmehr die geschworenen Feinde alles Hellsehens?

Wahrscheinlich das Letztere, sagte sie.

Müssen sie daher nicht, wenn man sagt, daß eben jene höchste Innigkeit des Bewußtseyns der Zustand sey, in den die Besten nach dem Tode übergehen, glauben, und auch andere glauben zu machen suchen, daß auf diese Art alles persönliche Bewußtseyn im Tode verschwinde?

Es scheint, sagte sie, daß sie das sagen müssen.

Wie aber, sagte ich, wenn jener anfänglich dunkle Keim in uns ganz in Licht umgewandelt ist, ist dann noch etwas in uns, wodurch wir von Gott unterschieden sind, oder nicht?

Ich verstehe, antwortete sie, die Frage nicht ganz.

Auch ist sie sehr unbestimmt, sagte ich. Versuchen wir es also von dieser Seite. Alle Dinge oder doch wenigstens wir Menschen sind doch in Gott?

Auch das, sprach sie, ist ja nicht deutlich, und kann auf mehr als eine Art genommen werden.

Gut also, sagte ich; von den Seligen wenigstens wird das allgemein gesagt, daß sie zu Gott gehen, daß sie vor Gott sind, auch daß sie in Gott ruhen. Oder sollen wir dieß alles für bloße schöne Redensarten halten, denen nichts Wirkliches entspricht?

Mit nichten, sagte sie.

Daß sie aber im Tode zu Gott gehen, wie man spricht, zeigt an, daß sie vorher nicht bei ihm waren, sondern getrennt von ihm, nicht in der wahren Heimath, sondern in der Fremde.

Freilich, sagte sie.

Nun aber getrennt von Gott konnten sie doch nicht seyn durch das wahrhaft Seyende, Vollkommene in ihnen?

So ist es allgemein angenommen, sprach sie.

Also nur durch das falsch Seyende in ihnen?

So scheint es, sagte sie.

So nämlich, fuhr ich fort, daß zwar in dem Vollkommenen in ihnen Gott war, nicht aber hinwiederum sie mit ihrem Unvollkommenen in Gott?

Das leuchtet ein, sagte sie.

Das Unvollkommene soll aber doch vergehen, oder wenn dieß nicht, doch umgewandelt werden in das Vollkommene; es soll zwar Seyendes bleiben, aber nur so weit, als es nöthig ist, um das eigne Seyn zum Träger des höheren zu machen.

Freilich.

Und diese Umwandlung nimmt schon hier ihren Anfang, bei den Guten wenigstens.

In alle Wege.

Je mehr sie aber fortschreiten in der Vollkommenheit, desto weniger sind sie nothwendig von Gott geschieden.

Freilich, sagte sie.

So daß, je vollkommener sie werden, sie endlich ganz übergehen in Gott und zuletzt gar in ihm verschwinden.

Ganz natürlich, sagte sie, scheint das zu folgen.

Ist aber nicht, sagte ich, auch diese Furcht sehr allgemein bei vielen, daß sie nämlich sorgen, wenn sie erst ganz verklärt würden, der Eigenwille in ihnen ganz überwunden, daß sie dann sich ganz und gar auflösen möchten, und nie und nirgendswo mehr zu finden seyen, sondern verschwimmen in Gott. Und gibt es nicht wieder andere, die das recht mit Liebe, als wäre es so, vorzustellen wissen, wie nämlich die Seele dann in Gott, wie ein Tropfen im Ocean oder wie ein Lichtstrahl in der Sonne verschwinde?

Ich habe dergleichen freilich auch gelesen, sagte sie.

Und etwas Nothwendiges, fuhr ich fort, liegt doch in der Vorstellung, denn daß die Seligkeit nur in der vollkommenen Einheit mit Gott möglich sey, das sagen doch alle und auch wir.

Freilich, antwortete sie.

Nur sehe ich so gar nicht ein, fuhr ich fort, ob denn jenes nothwendig folge, daß, wenn wir mit dem Göttlichen ganz eins geworden, dann alles besondere Daseyn für uns verloren sey. Denn der Tropfen im Ocean ist doch immer dieser Tropfen, wenn er gleich nicht unterschieden wird, das einzelne Fünkchen im Feuer oder der einzelne Strahl in der Sonne (wenn es einen solchen gäbe) sind, jenes doch immer das Fünkchen, und dieser der einzelne Strahl, wenn sie gleich nicht als besondere gesehen werden. Daher, wenn wir uns auch vorstellen, daß die Frommen im Tode von Gott in seliger Entzückung hingerissen würden, gleichsam als vom allgemeinen Magnet, zu dem alles sich hinsehnt, so daß sie jetzt ganz von ihm durchdrungen wären, und nur in ihm anschauten, empfänden und wollten, so sehe ich doch nicht ein, wie dadurch zugleich ihre ganze Eigenthümlichkeit verloren wäre. Oder wenn sie zu Gott im Tode in das Verhältniß kämen, worin die magnetisch Schlafende zu ihrem Arzt oder Heiland steht, daß sie nämlich zwar für alles andere todt, für ihn aber im höchsten Grade lebend und empfänglich wären, und in ihm alles andere empfänden, und keinen andern Willen hätten als den seinigen, ob dann wohl, möchte ich wissen, alles eigne Daseyn ganz und gar verloren, oder ob es nicht vielmehr zur höchsten Innigkeit erhoben wäre? Sollte es daher fast nicht scheinen, daß die, welche von jenem vollkommenen Einswerden mit dem Göttlichen die Vernichtung ihrer Besonderheit zu fürchten vorgeben, eigentlich nur jene Hingerissenheit und gänzliche Ergebung scheuen, wie sie schon hier sich vor jeder, auch geistigen Trunkenheit scheuen, und den, der von höchsten Dingen erfüllt ist, als einen Wahnsinnigen ansehen, und dem eignen Willen abgestorben seyn als den wirklichen Tod oder für was Aergeres als den Tod halten?

Mir scheint, sagte sie hierauf, doch noch etwas unerörtert da zu liegen.

Vielleicht, antwortete ich, und was denn?

Eben dieses, sagte sie, daß in dem obigen Beispiel ein jedes Stäublein von den vielen, die sich zu dem Magnet und in diese Verbindung hineinstürzen, von seiner Kraft freilich ganz durchdrungen ist und aus der belebenden Kette, wenn es auch könnte, nicht heraus möchte (so wohl scheint es ihm darin zu seyn), aber doch noch etwas an sich hat, was es nicht von dem Magnet hat. Ebenso die Schlafende in dem andern Beispiel.

Vortrefflich, sagte ich, und ganz, wie man zu sprechen pflegt, zur Sache!

Also glauben jene wohl, daß der Mensch außer dem Sittlichen, wodurch er in jenem Leben, wenn er schon in diesem darnach gestrebt hat, ganz mit dem Göttlichen sich vereinigen kann, nichts mit hinübernehme?

Sie müssen wohl, sprach sie, dieß glauben.

Also nichts Physisches, sagte ich, folge ihm dorthin?

Nichts; so scheint es.

Nicht also jener anfänglich dunkle Keim, der erst allmählich durch eine Art göttlicher Umwandlung das Licht in sich aufnimmt?

Auch dieser nicht.

Und der auch ganz umgewandelt doch nie seine erste Natur verleugnet?[1]

So wenig, scheint mir, sagte sie, als der durchsichtigste Demant deßwegen aufhört schwer oder überhaupt körperlich zu seyn.

Dieser dunkle Fleck unserer Existenz, fuhr ich fort, der, auch ganz aufgelöst und verklärt, doch immer etwas an uns übrig läßt, das nicht von Gott war.

[1] Immer das erregte Seyende bleibt (Randbemerkung).

Wovon denn? fragte Clara.

Haben Sie denn nicht selbst gesagt, er komme nur aus der Natur?

Freilich, sagte sie. Aber auch von der Natur sagen jene, die das Verschwinden aller Besonderheit in Gott lehren, sie sey Gott.

Sie mögen wohl, antwortete ich, wie man im Sprüchwort zu reden pflegt, schlagen gehört und vergessen haben, wie viel. Nämlich vielleicht haben sie einmal gehört: Gott sey in der Natur, und haben nur dieß kleine Wörtchen *in* vergessen, oder verstehen das so, als wäre die Natur Gottes Inneres, und sagen dann überhaupt die Natur sey Gott.

O Bester, fuhr sie hierauf fort, wie oft habe ich Sie selbst sagen hören, alles gehöre zu Gott, und nichts sey außer Gott?

Freilich, sagte ich, wie vieles zu uns gehört, das deßwegen doch nicht *wir selbst* ist; ja manches auch in uns, wenn wir im Ganzen und Weiten von uns reden, was doch zu unserem eigentlichen Selbst nicht gehört.

Ich erwartete, daß sie antworten würde, und sah sie darum an. Sie aber sagte: Sprechen Sie nur fort, mir kommt ein Licht aus alter Zeit; eine fast vergessene Rede wird mir wieder lebendig.

Ich fuhr also fort und sagte: So ist gleich jenes geistige Wesen, das sich aus unserer Körperlichkeit entwickelt und der Sitz der Ahndung, ein Organ des Zukünftigen ist, unser treuer Begleiter in diesem Leben, und folgt uns in das künftige; aber unglücklich, wer es für sein eigentliches Selbst hielte, das nur im Geiste wohnt. Und ebenso oder noch mehr der Körper, und was in uns Sitz der Begierde und Leidenschaft ist, gehört zwar zu uns, aber ist nicht wir selbst. Denn fordern wir nicht allgemein, daß unser eigentliches Selbst dieses andere und uneigentliche Selbst beherrschen solle?

Freilich, sagte sie.

Und wir unterscheiden also jenes von diesem?

Gar sehr, war ihre Antwort.

Wenn also, wie es allerdings so ist, die Natur zu Gott gehört, so kann sie zu ihm gehören nicht als sein eigentliches und erstes, sondern als sein uneigentliches und anderes Wesen, als ein in Bezug auf sein inneres Wesen — das eigentlich Seyende — Nichtseyendes. Und wir haben nun doch, fuhr ich fort, früher Inneres und Aeußeres unterschieden. Sagten wir nicht, das Innere sey in dem Aeußeren das eigentlich Seyende, das Aeußere aber bloß das Seyn von ihm?

Ich erinnere mich, sagte sie.

Können wir also nicht sagen, Gott sey in der Natur das Seyende, die Natur aber von Gott nur das Seyn?

Freilich.

Nur daß dieses Seyn Gottes selbst wieder ein höchst und allerwärts Lebendiges ist, wie die Künstler auch die Fußsohle des olympischen Jupiters noch mit Leben schmücken. Und wenn wir so reden, so ist damit keineswegs gesagt, Gott und die Natur sey einerlei.

Keineswegs, antwortete sie.

Wenn nun Gott uns aus diesem geringeren Theil seines Wesens, dem, was nicht Er selber ist, emporhebt oder schöpft, so ist unser anfängliches Wesen ein seinem Grunde nach von Gott verschiedenes?

Freilich.

Das auch eben darum sich in eigner Selbstthätigkeit erheben kann, um entweder sich dem Geiste nach in das Seyende zu verklären oder sich ihm zu widersetzen? Ohngefähr so, wie die Blume zwar nur durch die belebende Kraft der Sonne, aber durch einen eignen Trieb, aus einem von jener unabhängigen dunklen Grund sich erhebt, und selber zuletzt ihr angeborenes Dunkel in Licht verklärend, doch ein von Licht und Sonne Verschiedenes, aus einer andern Wurzel Stammendes bleibt, zwar versöhnt dem Licht, aber nicht es selbst.

Ich verstehe es, sagte sie.

So daß also, wenn wir nun auch nach dem Tode, in Geisterwonne versunken und ganz durchdrungen von der göttlichen Gegenwart, aus der seligen Welt, selbst wenn wir könnten, nicht herausmöchten, gleichwohl etwas in uns übrig bleibt, das von Gott verschieden ist, und das zwar ruht, aber doch ewig da bleibt als die erste Möglichkeit, uns entweder von ihm als dem Seyenden zu scheiden, oder als selbständig in ihm zu seyn.

Es folgt wohl, sagte sie.

Und jetzt erst mit gänzlicher Verklärung des angeborenen Dunkeln in uns hebt das klarste und innigste Bewußtseyn unserer selbst und unseres ganzen Zustandes, nicht allein des gegenwärtigen, sondern auch des vergangenen, an, und weit entfernt, daß es wie Eis im Wasser zerschmelzen sollte, wird es vielmehr erst jetzt vollkommenes Bewußtseyn, zu welchem sich das gegenwärtige, das von der widerstrebenden Bewußtlosigkeit immerfort verdunkelt und eingeschränkt wird, nur wie Traum und Dämmerung verhält.

Sie bejahte auch noch dieß.

Ich aber war nun entschlossen aufzubrechen; denn schon seit längerer Zeit hatten die kleineren Kinder über ihre Spielsachen sich schlafen gelegt; die älteren Mädchen aber, die nun auch nicht mehr hatten, womit sie sich beschäftigen konnten, waren eins nach dem andern in das innere Zimmer hereingekommen und hatten sich neben Clara hingeschmiegt. Der Arzt aber hatte noch eine Frage in Bereitschaft, die er mir kurz hinwarf, und die ich auch ebenso kurz zu beantworten suchte; allein wie Unterhaltungen von solchen Dingen bei nächtlicher Weile am liebsten gehört werden, und dann gewöhnlich durch die geheimen Schauer, die sie erregen, dienen, die Gesellschaft länger zusammenzuhalten, so wurden wir auch hier unversehens in eine solche Unterredung weiter hineingezogen, als es unser Wille war. Der Arzt sagte nämlich, nur das gefalle ihm nicht an dem Vorgetragenen, daß der Zustand des Hellsehens so allgemein als der dem Tode folgende sey angenommen worden, denn es sey doch zugleich gesagt worden, daß dieser Zustand an und für sich ein seliger sey: es können aber wohl die wenigsten, ganz unmöglich aber sey es, daß alle in einen so seligen Zustand gleich vom Leben weg übergehen.

Ich antwortete also kurz und sagte: Ich erinnere mich auch wenigstens einmal bestimmt gesagt zu haben, daß jenes nur den Besten widerfahre; was aber die anderen betrifft, so haben wir das gar nicht untersucht.

Clara aber meinte, die Unterredung wäre doch ganz unvollständig ohne dieß, wir wären einmal beisammen, und ich einmal, wie sie sich ausdrückte, im Zuge.

Ich sagte ihr aber: Glauben Sie denn, daß es so leicht ist, hiervon befriedigend zu reden. Denn wenn ich nur von dem äußersten Gegentheil jenes guten Zustandes reden wollte, dem, welcher die ganz und vollkommen Bösen erwartet, so wäre es leicht; wie aber in diesem Leben unzählige Mittelstufen zwischen Gut und Schlecht vorkommen, so wohl auch in jenem Leben zwischen Seligkeit und Unseligkeit, und nicht so einfach als viele denken, sondern gar wunderbar mannichfaltig muß es dort aussehen im unsichtbaren Reich, wenn der Spruch wahr ist: daß einem jeden vergolten wird, je nachdem er gehandelt hat und gesinnt gewesen ist bei Leibesleben. Wer aber möchte die Wunder jener Innenwelt wagen zu ergründen und darzulegen, da uns die dieser Außenwelt, welche wir täglich mit Augen erblicken, noch so verschlossen sind? Wahrlich, der müßte wie jener Armenier bei Plato gestorben gewesen seyn, und aus dem jenseitigen Leben zurückgekehrt in das gegenwärtige, oder wie dem schwedischen Geisterseher müßte ihm auf andere Art sein Inneres geöffnet werden, um in jene Welt hineinschauen zu können, der hiervon genau zu reden sich unterstände.

Der Arzt aber meinte, wenn man in einer Sache die beiden Aeußersten hätte, so ließe sich das dazwischen Liegende eher ausdenken.

Ich antwortete: Nicht immer mag dieß der Fall seyn; und dann ist hier jenes eben das Schwere, das andere Aeußerste zu finden; denn sehen Sie nur, ob wir nicht noch weiter zurückgehen müssen, und ob nicht schon jenes zu schnell und unbedingt behauptet war: der Tod sey überhaupt eine Versetzung ins Geistige; denn von der gegenwärtigen Körperlichkeit eines Menschen aus bis zur Geistigkeit mögen so viele Zwischenstufen seyn, daß er im Sterben wohl von jener losgerissen werden könnte, ohne deßhalb ins Geistige überzugehen, und die äußere körperliche Welt ganz zu verlassen. Selbst jener, in welchem der gute Keim des Fortschreitens liegt, kann doch nur stufenweise vergeistigt werden; dem aber, welcher schon hier vom zurückschreitenden oder bösen Willen beherrscht war, wird, wenn er jetzt durch Verlust des Leibes im

Fall ist, gezwungen fortzugehen, der lebhafteste Unwille erregt werden und ein heftiges Zurücksehnen nach dem Leibe, besonders in jenem geistig-körperlichen Wesen, das gewohnt war, alle Eindrücke von untenher oder von dem Körper zu erhalten, nicht aber der Seele untergeordnet zu seyn und durch Einflüsse einer höheren Welt geleitet zu werden. Dieses also wird auch jetzt das Herrschende bleiben, und gleichsam als ein Gewicht an der Seele sie immerfort zurückzuziehen streben in die Körperlichkeit; und daß dieß eine Nothwendigkeit sey, beweisen die ohne alle Verabredung übereinstimmenden Sagen aller Völker von häufigen Erscheinungen solcher Seelen bei den Grabmälern oder auf Wahlstätten; wir mögen nun diese Sagen als wahr annehmen oder nach heutiger Art als völlig unwahr verwerfen.

Hier verbreitete sich dann das Gespräch, wie es immer, wenn diese Materie in einem trauten Kreis berührt wird, zu geschehen pflegt, mit Lebhaftigkeit und allgemeiner Theilnahme über den ganzen Gegenstand. Besonders erklärte sich Clara ganz gegen alle Erzählungen der Art.

Sie beleidigen jeden gesunden Sinn, sagte sie, schon durch ihre gewöhnliche Pöbelhaftigkeit, und zeigen dadurch ihren Ursprung deutlich genug an; Sammlungen der Art, anstatt, wie sie vielleicht die Absicht haben, den Glauben an diese Dinge zu erregen, bringen im Gegentheil den bestimmtesten Widerwillen dagegen hervor; und wer kann an das glauben, was ihm gemein und widrig vorkommt?

Der Arzt, der sich einmal zum Vertheidiger aufgeworfen hatte, entgegnete ihr theils mit Scherz, indem er sagte, daß die Unseligen ja natürlich die schlechteste Gesellschaft ausmachen und die eigentliche Hefe des Menschengeschlechts seyen, theils mit der Bemerkung, daß es doch auch zierlichere Erzählungen der Art gebe, wovon er einige, namentlich die Begebenheit der Clairon, berührte.

Eben diese Geschichten, sagte sie, sind es, die ich durchaus nicht reimen kann. Oder wie soll ich es für möglich halten, daß Abgeschiedenen so viel Willkür übrig bleibe, um in unserer Umgebung beliebige Wirkungen hervorbringen, ja sogar, wie in jener Geschichte, an einem zarten Geschöpf noch nach dem Tode Rache nehmen zu können? Ob wir dergleichen Geschichten für sittlich möglich halten dürfen, wage ich nicht zu entscheiden.

Wenn es aber wahr ist, sagte er hierauf, was so viele Naturforscher, durch Erfahrung gedrungen, von einem geistigen Wirkungskreis jedes Lebenden sagen, und von der Art von Freiheit, mit der über ihn geschaltet werden kann, sollte es nun nicht auch möglich seyn, mittelst dieses Wesens, wenn es entbunden ist, unmittelbar auf das gleiche Wesen der Dinge wirken, und so auf eine ganz andere Art, als wir pflegen, Veränderungen hervorbringen zu können? Denn wir, um einen Schall oder irgend etwas der Art zu erregen, bringen zuerst in dem Aeußeren der Dinge durch Schlag oder Stoß oder auf irgend ähnliche Art eine Veränderung hervor, durch welche das Innere bloß mittelbar bewegt wird, ausgenommen in unserem eignen Körper, in dem der Wille unstreitig das Innere unmittelbar und zuerst anregt, und durch dieses erst das Aeußere. Unmöglich also kann es nicht scheinen, daß jenes Wesen, wenn es von seinem eignen Leib entbunden ist, mit größerer Freiheit auf andere Dinge gleichsam als Zersetzungsmittel wirken könne, um auch in ihnen das ähnliche Wesen frei zu machen; und vielleicht ist gerade der Schall, der ohnehin jenen Wesen so nahe verwandt scheint, das am leichtesten auf solche Art zu Entbindende, da er auch in der Natur in manchen Fällen nicht durch körperliche Erschütterung, sondern auf eine geistige Art entbunden zu werden scheint. Ueberhaupt aber, fuhr er fort, ist jenes geistig-körperliche Wesen wohl jetzt schon das eigentliche Organ der Willkür oder das Mittel, vermöge dessen wir in manchen Fällen Veränderungen durch bloßen Willen hervorbringen. Was ist das unfaßliche und doch sichtbare Wesen, das ins Auge sich ergießt bei Begeisterung der Liebe oder des Zorns, und woher diese Verzauberungskraft im Guten und im Bösen, die eben das geistigste aller Werkzeuge ausübt? Woher der unleugbar große Einfluß des Willens selbst auf die Wirksamkeit der Mittel, so daß sie in der That oft bloße Mittel zu seyn scheinen, durch welche die Absicht des Darreichenden durchwirkt? Welche Gewalt zeigen Verzückte über jenes geistig-sinnliche Wesen, so daß sie es nicht nur von dem Körper ganz zurückziehen können, wie jener Priester, der im Stande war, sich allen sinnlichen Empfindungen zu entreißen, wie ein Todter gleichgültig selbst gegen heftigen Schmerz dazuliegen, ja den Gehörsinn, der im Tode am längsten dauert, bis zu dem Grade zu mäßigen, daß er zwar die Stimmen der Redenden, aber als aus weiter Ferne kommende vernahm! Selbst es von sich abzutrennen und in die Ferne zu entsenden, scheint ja Sehnsüchtigen nicht unmöglich. Wie oft habe ich in französischen Hospitälern die armen Schweizerknaben betrachtet, die am Heimweh krank sind, und deren Körper zwar gegenwärtig sind, aber wie halb oder ganz entseelte, ohne Rede, fast ohne Zeichen, die Augen starr nach einem Punkt geheftet, während vielleicht (so dachte ich mir) ihr Geist unter den heimischen Felsen und Gebirgen umherirrte und dort von jemand hätte gesehen werden können! Seitdem ist mir auch das sehr glaublich geworden, was ich mich erinnere gehört oder gelesen zu haben, daß auch denen im andern Leben die nahe Ankunft eines Freundes oder Verwandten dadurch bekannt werde, daß sie seine Gestalt schon einige Zeit früher im Kreis der Himmlischen erblicken.

An diese jenseitigen Erscheinungen, sagte hierauf Clara, will ich lieber als an die diesseitigen glauben, denn gewiß ist doch, die Seele ist nicht, wo sie ist, sondern wo sie liebt, und das wahrste Heimweh ist wohl das nach dem andern Leben.

Sollte aber nicht, fuhr ich nach einer Weile fort, der willkürliche Gebrauch des geistig-körperlichen Wesens nach dem Tode auf jeden Fall selten seyn? Gibt es nicht auch zwischen dem Hellsehen und dem eigentlichen Schlaf einen oder mehrere Mittelzustände? Mir scheint der Traum ein solcher zu seyn und eigentlich ein unvollkommener Versuch, im Schlaf das Wachen und also das Hellsehen hervorzubringen.

Wenigstens, antwortete er, würde die Erfahrung dafür sprechen, daß Nachtwandler nicht träumen, dagegen, wie sie jene Eigenschaft verlieren, anfangen Träume zu haben, und zwar in der That prophetische.

So wäre es also denkbar, sagte ich, daß Menschen, die im Tode fast ganz der äußeren Natur anheimfallen, eine Art von Schlaf festhält, worin sie von einem traumähnlichen Ideensturm umgetrieben werden; und auch damit stimmen ja manche Sagen überein. Oder gibt es schon bei lebendigem Leibe etwas Peinvolleres, als im Traume in einem finstern Thale oder Walde herumirren und den rechten Weg nicht finden können, suchen und die Unmöglichkeit empfinden finden zu können, eingeschlossen seyn und nicht aufsteigen können, dergleichen ja jedem Träumenden oft begegnet. Wenn überhaupt die Imagination das Werkzeug ist, mit welchem am allgemeinsten gesündigt wird, sollte es nicht eben diese auch seyn, durch welche am meisten gestraft wird, und die Qualen, welche die Sündhaften in der andern Welt erwarten, vorzüglich in Qualen der Phantasie bestehen, deren Gegenstand besonders die ehemalige körperliche Welt wäre?

Er sagte, auch ihm sey dieß sehr wahrscheinlich.

Wenn aber, fuhr ich fort, auch ein Zustand des Hellsehens der allgemein nothwendige nach dem Tode wäre, wenigstens weil die Abgeschiedenen nur durch jenes geistig-körperliche Wesen mit der Körperwelt zusammenhängen, so wäre ein dem Guten entgegengesetzter Zustand doch noch begreiflich. Denn haben Sie nicht Kranke gekannt, denen jener Zustand die wohlthätigste Empfindung, Befreiung von Leiden und Heilung brachte, andere aber auch, die dazu aufgefordert heftige Schmerzen empfanden und viel tiefer in ihr Uebel zurücksanken?

Er bejahte es.

Sollte nun nicht, fuhr ich fort, etwas Aehnliches nach dem Tode möglich seyn, daß denjenigen, welche schon hier mehr innerlich als äußerlich gelebt, der Zustand des Hellsehens der seligste, nämlich eben durch seine Innigkeit und die Befreiung vom bloß Aeußeren, wäre, denen aber, die immer nur mit dem Leibe und durch denselben mit den äußeren Dingen verkehrt haben, und ganz von der Sinnlichkeit äußeren Wesens verzaubert waren, zur Qual gereichte, indem sie ihn hier schon mit allen Kräften geflohen und gegen alle Innigkeit sich gesträubt, das Göttliche in sich zum Schweigen zu bringen, ja zu morden, wenn es möglich gewesen wäre, und, mit Einem Wort, so viel möglich äußerlich zu leben gesucht haben. Denn hier wohl konnten sie es aushalten, theils weil die äußere Natur, trotz ihrer Entartung, doch immer viel göttlich Mildes enthält, das als ein Balsam auch auf sie einfloß; theils weil sie ihre Seele ganz mit äußeren Dingen erfüllen und sich, wie sie es ganz richtig nennen, durch diese zerstreuen konnten. Dort aber, wo ihnen alles Aeußere verschwunden ist, und wo ihnen kein Zustand als jener innige übrig geblieben ist, werden sie ja wohl recht zwischen Seyn und Nichtseyn schweben; unfähig ins eigentliche Seyende sich zu erschwingen, und von dem Nichtseyenden, das sie dafür hielten, durch den Tod abgeschnitten, werden sie alles versuchen, diese Pein zu mindern, bald sich erheben wollen und unwiderstehlich zurücksinken, bald wieder mit ihren Einbildungen in diese Welt hereingerathen, bis sie wieder finden, daß es damit nichts ist, und daß es Abirrungen vom rechten Wege sind, glücklich, wenn eine höhere Hülfe oder der Ruf eines vorangegangenen Seligen sie endlich auf die rechte Bahn bringt: und diesen Zustand halte ich für den eigentlichen der Seelenreinigung, wovon Alte und Neue so viel geredet. Denn nur wenige gehen hinüber so rein und befreit von aller Liebe zu dem Irdischen, daß sie sogleich losgesprochen werden können und in den obersten Ort gelangen. Selbst die aber, bei welchen nie ein böser Wille einwurzelte, sondern der ursprüngliche Keim des Guten zwar oft unter den Dornen der Welt verborgen und in der Entwicklung gehemmt, aber doch nie verkehrt oder ganz vernichtet worden, gehen noch mit so viel Eitelkeit, falscher Meinung, Einbildung und anderem Unlauteren beschwert hinüber, daß sie unmöglich gleich zur Gemeinschaft der Heiligen, vollkommen Seligen und Gesunden gelangen können, sondern erst durch gar viele, die einen jedoch durch mehr, die anderen durch weniger Läuterungen hindurchgehen, und eine kürzere oder längere Zeit, je nachdem sie geartet sind, auf diesem Wege zubringen müssen. Und gewiß nicht ohne Schmerzen kann eine solche Reinigung vor sich gehen. Denn wie sollten aus einer Seele so viele Wurzeln der Verdorbenheit ausgerissen, wie in Richtigkeit gebracht werden so viele Krümmen ohne eine unaussprechliche Empfindung der unendlichen Streitigkeit und Widerwärtigkeit, die sich zwischen der Gleichheit und Krümme befindet, zwischen dem Licht der Lauterkeit Gottes, das sich in die Seele senken will und zwischen den angewohnten

Beschaffenheiten der Seele, die ihm ganz entgegen sind. Oder sollte alles Unreine und Böse ohne tiefen und schmerzlichen Eingriff bewegt, angetastet, mit seinem Gegentheil bezwungen, getödtet und aus seinem Ort geworfen werden können in einer Seele, die mit jenem nicht bloß äußerlich angethan, sondern ganz durchzogen, ja mit ihm vermischt und innerlich durchwachsen ist, zumal die Seele im hellsehenden Zustand und auch in dem ihm sich annähernden weit empfindlicher als im vorhergehenden und gewöhnlichen ist. Und irre ich nicht, oder habe ich auch dieß von Ihnen gehört, daß die bloße Gegenwart unreiner Menschen in jenem Zustande aufs lebhafteste empfunden werde, und ihn vielfach störe, ja verhindere?

Allerdings, sagte er, sey dem so, und wisse er es aus vielen Beispielen.

Wie quälend also, sage ich, muß dem Unreinen, der nach dem Tode in einen ähnlichen oder doch annähernden Zustand übergeht, die eigne Gegenwart seyn, indem er jetzt allein mit sich selbst ist und das erntet, was er in sich gesäet hat; ja wenn jede böse Lust und Bestrebung eine Art von Persönlichkeit annehmen kann, und jede sündliche That wie ein böser Geist im Menschen wohnen bleibt, wie empfindlich muß der Seele dieses unreine Gefolge seyn, mit dem sie von hinnen geht? Dieses also, glaube ich, ließe sich mit großer Wahrscheinlichkeit von den entgegengesetzten Zuständen nach dem Tode sagen. Sehr beschränkt aber würde mir wenigstens der vorkommen, der nur von zwei entgegengesetzten Zuständen reden wollte, ist es gleich nach dem zuletzt angeführten Grund auch physisch nothwendig, daß die Reinen und Unreinen an ganz verschiedene, ja entgegengesetzte Orte gesondert werden. Aber da schon hier von diesem Sichtbaren aus so viele Staffeln ins Unsichtbare führen, wie Körper und Licht zwar sichtbar sind, der Schall aber nur hörbar und unsichtbar (es müßte denn einer sagen, er sey jetzt sichtbar gemacht worden), vollends aber, was die beiden andern Sinne, Geruch und Geschmack, an dem Innersten der Dinge unterscheiden, durch kein anderes Mittel zur äußeren Anschauung gebracht werden kann, noch weniger was in der verschiedenen Beschaffenheit der Luft wirkt, welche nach unseren äußeren Werkzeugen zu schließen sich immer gleich bleiben müßte; was sodann in den daher entspringenden Krankheiten thätig ist, und seinen Einfluß auf das ganze Gewächs- und Thierreich erstreckt: da dieß alles, sage ich, obschon im Sichtbaren liegend, uns völlig unsichtbar und verborgen ist, und jedes Wesen der Art, z. B. der Schall, ein eignes Reich innezuhaben scheint, das ganz für sich bleibt, und sich mit keinem andern vermischt, so sollten wir noch weniger Anstand nehmen zu glauben, daß in dem unsichtbaren Reich, in das wir nach dem Tode eintreten, viele einzelne Reiche und ganz verschiedenartige Welten sich befinden können, deren jede der Aufenthaltsort eines oder gewisser Geschlechter seyn kann, ja daß noch viele solche wunderbare Oerter nicht außer dem Umkreis des insgemein so genannten Sichtbaren liegen, wenn es anders wahr ist, was sich uns doch so wahrscheinlich dargestellt hat, daß nicht eine jede Seele nach dem Tode gleich ganz frei- und losgesprochen werde von dieser untern Gegend der Erde, sondern vielleicht erst durch stufenweise Vergeistigung in das eigentlich Uebersinnliche gelange. Und auch das wäre nicht anzunehmen, daß alle zur Strafe oder in einem an sich peinlichen Zustand an den tieferen Orten zurückblieben; oder sollte nicht die, welche, zwar nur nach dem Gesetz der äußeren Natur, diesem aber wirklich gemäß, als rechtliche, tapfere und besonnene Männer gelebt haben, irgend eine Welt des Friedens aufnehmen, ein Eiland der Seligen, so daß, was die Alten vom Elysium sagen, so wenig bloß Fabel wäre als ihre ganze Mythologie? Denn daß sie unmittelbar in die rein geistige Welt übergehen, ist schwer zu glauben; noch schwerer aber, daß sie in einem peinlichen Zustand zurückbleiben; vielmehr gerecht ist, daß ein jeder auch dort seines Glaubens lebe, die also, welche wie Sokrates zu dem guten und weisen Gott verlangend abscheiden, oder die der Gott ruft, weil nur eine göttliche Hand sie heilen kann, wie jenen im Tode verklärten Oedipus, die werden auch dorthin, zu diesem Gott gelangen. Diejenigen aber, die bis dahin mehr mit der äußeren Natur Gemeinschaft hatten, ohne darum ruchlos oder ganz gottvergessen zu leben, werden vielleicht in einem Land der Stille aufbehalten, ohne Pein, aber doch in einem schattenähnlichen

Leben, bis der Trieb nach einem höheren Daseyn erwacht, wie ihn die edle Seele des Achills bei Homeros empfindet, obwohl noch als vergeblichen Wunsch, nach diesem Leben zurückzukehren, wenn er sagt: lieber wollte er das Feld als Tagelöhner bestellen einem dürftigen Mann ohne Erb' und eignen Wohlstand, als die sämmtlichen Schaaren der geschwundenen Todten beherrschen. Was mich aber besonders an solche Zustände glauben läßt, ist nicht bloß die Betrachtung der großen Menge, die ohne Erleuchtung und ohne Gedanken eines wirklich höheren Lebens lebt, und die darum nur dieses Leben, zwar in anderer Gestalt, als bloßes Schattenleben, wieder leben kann, sondern auch jene dunklen Reden der Väter des alten Bundes von einem Ort der Verborgenheit unter der Erde, wo alles zusammenruht, von der Hölle als einer Macht, einem aufhaltenden Ort, der sich seine Beute nicht rauben läßt, wenn gleich hie und da ein Strahl durchbricht der Hoffnung, daß der Gerechte nicht an diesem Ort bleiben werde, Reden, die wir doch nicht auch alle für bloße Fabeln ausgeben dürfen, wenn wir einige Achtung für die Heiligkeit alter Ueberlieferungen haben. Ja, ist es nicht glaublich, daß in dem Maße, als das Geistige in diesem äußeren Leben mehr durchgebrochen ist, auch die Macht der Unterwelt über die Todten mehr und mehr gebrochen ist; oder sollen wir auch jene Reden von dem Sieg über das uralte Reich des Todes, den Christus davongetragen, für völlig leere allgemeine Redensarten halten? Vielmehr glaube ich dieses. Der Tod war wirklich eine Macht geworden. Als der Mensch, wie Sie sagen, in die äußere Natur zurückgriff und die Entwicklung in die geistige aufhob, reizte er jene furchtbare Gewalt, die Gott zum bloßen Träger der Kreatur bestimmt hatte, und rief sie in die Wirklichkeit. Vernichten konnte sie ihn nicht, aber sie hielt ihn auch im Tode fest, die ausgenommen, welche Gott hinwegnahm. Nur als der, durch welchen alle Dinge im Anfang gemacht waren, sich in die gesunkene und jetzt sterblich und vergänglich gewordene Natur herabließ, um auch in ihr wieder ein Band des geistigen und natürlichen Lebens zu werden, da wurde der Himmel, die wahre Geisterwelt, aufs neue allen geöffnet, und zum zweitenmal der Bund zwischen Erde und Himmel geschlossen. Da Er zum Sterben kam, erlosch das Licht der äußeren Natur, das einzige dem Menschen noch übrig gebliebene, zum Zeichen der höchsten Gewalt, die der Tod nun ausgeübt hatte; aber kaum war er selbst in jene dunkle Gegend eingetreten, als die Erde erbebte, der Vorhang im Tempel, das Bild der Scheidung zwischen dieser Welt und dem Allerheiligsten, in das wir jetzt nach dem Tode einzugehen Hoffnung haben, zerriß, und häufige Erscheinungen entschlafener Heiligen zeigten der ganzen heiligen Stadt die überwundene Macht des Todes an. Und so, ihr Lieben, wären wir wieder auf das süße Fest zurückgekommen, das wir heute feierten, und welches das wahre Geburtsfest der ganzen Natur und des Menschen zum ewigen Leben ist; von den Folgen dieses Tages hebt das geistige Lebensalter der Erde an, denn auch sie muß alle durchwandeln.

Nun aber, Kinder, laßt uns auch aufbrechen und nicht bis über Mitternacht weilen, denn schon fürchte ich, mancher, der uns zugehört hätte, möchte sagen, wir seyen auf Gedanken gekommen, wie sie nur die Nacht entschuldigt. Ob aber dem gleich nicht so ist, wollen wir doch jetzt aufhören.

Und so brachen wir denn auf und gingen ein jeder nach Hause.

---

Ohngefähr um die nämliche Zeit, einige Tage oder Wochen später etwa, war ein philosophisches Buch angekommen, das bei manchem Vorzüglichen, das es enthielt, in einer ganz unverständlichen Sprache geschrieben war, und so zu sagen von Barbarei aller Art strotzte. Clara fand es auf meinem Tische, und nachdem sie eine Weile darin gelesen, sagte sie:

Warum ist es doch unmöglich, daß die jetzt Philosophirenden nicht so schreiben, wie sie zum Theil wenigstens sprechen können? Sind denn diese erschrecklichen Kunstworte durchaus nothwendig, läßt sich dasselbe gar nicht auf allgemein menschliche Weise sagen, und muß ein Buch ganz ungenießbar seyn, damit es philosophisch sey? Ich meine damit nicht die Dunkelheit, die aus der Tiefe entspringt, und die nur für solche stattfinden kann, deren Augen gewohnt sind an der Fläche wegzusehen.

Das Tiefste muß nach meinem Gefühl gerade das Klarste seyn; wie mir das Klarste, z. B. ein Krystall, darum weil es dieß ist, nicht näher zu kommen, sondern eher sich zu entfernen und dunkler zu seyn scheint, und ich in einen Wassertropfen wie in einen Abgrund hinuntersehen kann. Allerdings muß das Tiefe und das Trübe wohl unterschieden werden. Ein anderes ist das Tiefe, ein anderes das Trübe; ein anderes das natürlich üppige Wachsthum des gesunden Stammes, wo jeder Nebenzweig wieder Schößlinge treibt, ohne daß sie der Künstler beabsichtigt oder besonders bemerkt, ein anderes die absichtliche Ineinanderwirrung verschiedener Ingredienzen und die künstliche Verfilzung, die, wenn man sie auseinander ziehen wollte, keine anderen als todte und nichts werthe Materialien lieferte.

Auch ich, sagte ich, sehe den Philosophen lieber mit dem geselligen Kranz im Haare als mit der wissenschaftlichen Dornenkrone, wo er sich als ein wahrer abgemarterter Ecce homo dem Volke vorstellt. Ich erinnere mich eines Wortes von Pascal, der sagt [1], wenn bei vorzüglichem Inhalt eine ungezwungene natürliche Schreibart angetroffen werde, so werde man ganz außer sich gesetzt und entzückt, denn man dächte vielleicht in einem solchen Buch einen besonderen Schriftsteller zu finden, man finde aber einen Menschen. Das Tiefe verhält sich, wie sein scheinbares Gegentheil, das Erhabene, das, wenn es in die schlichtesten Worte, die auch Arbeits- und Handwerksleuten nicht unverständlich sind, gekleidet wird, desto größere Wirkung macht. Die Sprache des Volks ist wie von Ewigkeit her; die Kunstsprache der Schulen ist von gestern. Das Ewige der Sache nach, wenn es dieß ist, sucht immer zuletzt auch das Ewige dem Ausdruck nach. Und um so mehr verwundere ich mich, daß es bei der Philosophie so wenig geschieht, je allgemeiner jetzt eine gewisse Aufmerksamkeit auf sie gerichtet ist, indem sie für manche sogar die Stellvertreterin der Offenbarung geworden ist, und selbst ein großes Kriegeshaupt unserer Zeit, den nahen Schlachttod ahndend, nicht wie Saul den Geist der Propheten beschwört und über Unsterblichkeit fragt,

[1] Pensées diverses 41.

sondern die Philosophen. Selbst Frauen finden sich ja jetzt in philosophischen Hörsälen ein. Hat denn keiner z. B. eine Freundin, der er gern seine Ueberzeugungen mittheilt? Und wenn er es thut, warum kann er nicht mit der Sprache, die er zu der Geliebten, über höhere Dinge sprechend, redet, auch vor dem ganzen Volk reden?

Ich erinnere mich, sagte Clara, daß wir, als Albert noch mit uns war, oft alle zusammen Gespräche hatten, die nur aufgeschrieben werden durften, um allgemein anzuregen. Warum, sagen Sie mir, werden philosophische Gespräche nicht allgemeiner geschrieben?

Ich antwortete: Ach, Beste, darüber wäre viel zu sagen. Zu philosophischen Gesprächen, wenn sie nicht unlebendig seyn sollen, werden bestimmte Persönlichkeiten erfordert. Daran mangelt es uns zwar nicht; es fehlt uns nicht an aufgeklärten, von ganz Deutschland hochgeachteten Männern, die dasselbe edle Zutrauen auf sich setzen, das einst die Sophisten Griechenlands, auch nicht an trotzigen, ja oft sogar fast patzigen Rednern, die ein schlauer Sokrates wohl beschämen könnte; es fehlt uns leider nichts als eben der Sokrates, eine so anerkannte und doch so bestimmte Persönlichkeit. Dazu kommt, daß unsere Philosophen gewöhnlich nur durch das langwierige, weitläufige Gespräch mittelst des Drucks sich unterreden, welches fast so ist, als wenn zwei, der eine von Europa, der andere von Amerika aus mit einander Schach spielten, und wobei schwerlich ein dramatisches Leben möglich ist. Denn die Schrift und die Druckerschwärze wird, wie man zu sagen pflegt, nicht roth, um welches einigen Grundes willen schon manche die Druckkunst als eine ganz herrliche, ja wahrhaft göttliche Erfindung preisen sollten.

Um so mehr, sagte sie, sollten die, die es verstehen, kleine Schaubühnen aufschlagen, wo sie die weitläufige Handlung ins Kurze und gleichsam auf Einen Punkt zusammengezogen lebendig vor Augen stellten.

Es käme auf den Versuch an, sagte ich. Wenn nur nicht die Nachahmung und Aufstellung bestimmter Persönlichkeiten bei uns so leicht selbst als eine Persönlichkeit aussähe, was bei den Alten nicht so der Fall war, und unter manchen Händen auch wirklich dazu werden möchte.

Gut denn, sagte sie, wenn die Personen nicht aus der Gegenwart genommen seyn sollen, warum nicht aus der Vergangenheit?

Doch nicht aus dem Alterthum, sagte ich, daß es wie manche griechisch genannte Tragödien ausfiele?

Nein, antwortete sie, aus der uns näheren oder aus der neueren Zeit. Welche herrlichen philosophischen Persönlichkeiten muß z. B. das fünfzehnte und sechzehnte Jahrhundert anbieten, wenn es wahr ist, was man von dem Mediceischen Hofe erzählt, welche andere vortrefflichen die uns noch näher liegende Zeit?

Wenn es nur nicht fast wieder dasselbe wäre, sagte ich, daß nämlich das philosophische Gespräch darin mehr der Komödie als der Tragödie ähnlich ist, daß es seinen Stoff mehr aus der Gegenwart als aus der Vergangenheit zu nehmen hat, wenn es nicht anders wieder kalt und bei aller aufgewandten Bemühung um Wahrheit und Lebendigkeit doch nur mühselig erscheinen soll. Der Philosoph, der etwas Rechtes aus der Wissenschaft zu sagen oder darzustellen hat, wird sich nicht bemühen, entfernten Eigenthümlichkeiten so nachzuforschen, als es nöthig wäre, um sie wahrscheinlich darzustellen. Hat doch, für mich wenigstens, schon die strenge Beobachtung der Sprach- und Kleidungsweise und anderer Formen einer früheren Zeit etwas der natürlichen Freiheit des Kunstwerks Widerstrebendes; wie viel mehr muß, was als Gespräch lebendig auf uns wirken soll, aus der Gegenwart genommen werden, oder doch einmal genommen worden seyn.

Gut denn, sagte sie, wenn nicht die Vergangenheit den Stoff darbieten soll, und die umgebende Wirklichkeit zwar ihn zum Theil darbieten könnte, dagegen aber wieder Bedenklichkeiten stattfinden, so gibt es doch noch ein Mittleres.

Und welches denn? fragte ich.

Daß Gespräche der Eigenthümlichkeit unserer Zeit gemäß ersonnen werden, gleichsam aus der Gegenwart herausgeschnitten, ohne doch bestimmte Personen nachahmend aufzustellen, Gespräche, wie sie jetzt gehalten werden können, und dergleichen manche ohne Zweifel wirklich gehalten werden. Ich wiederhole nochmals die Frage: warum könnten nicht

Gespräche, wie wir unter uns sie zu halten pflegen, erdacht, oder wirklich so gehalten, aufgeschrieben werden?

O Beste, sagte ich, wer vermöchte denn wohl eine solche Clara ganz so, wie wir sie jetzt vor uns sehen, mit aller Anmuth und Zartheit der Rede, der ganzen Lieblichkeit überraschender Wendungen, dem beseelten redenden Spiel der sanftesten Mienen darzustellen? Ich wenigstens vermöchte es nicht. Und dann doch nicht wie vom Himmel gefallen dürfte das Gespräch dastehen, sondern natürlich würde ein jeder auch verlangen, von den Umgebungen und Verhältnissen so viel zu wissen, daß er sie sich als wirkliche Person vorstellen könnte.

Nun, sagte sie lächelnd, mir scheint doch, um auch dieß hinzuzuthun, und ein Gespräch, dem unserigen ähnlich, auch historisch zu begründen, würde eben keine außerordentliche Erfindungskraft erfordert.

Das ist es eben, sagte ich. Wie würde man dem, der solche Gespräche bekannt machen wollte, mit Bitterkeit den Mangel und die Geringfügigkeit der Erfindung vorwerfen, schon darum, weil die wenigsten bedächten, daß das Aeußere hier ganz untergeordnet seyn und die Erfindung eigentlich auf das Innere gehen müsse. Und spränge im Gegentheil die Zuthat des Historischen nur einigermaßen ins Auge, so höre ich schon, wie gerufen wird: seht doch, welche Zwittergeburt von Roman und philosophischem Gespräch, ob ich gleich einige mit Recht geschätzte Romane kenne, die, wenn sie etwa moralische Gespräche überschrieben wären, den Titel nicht durch den Inhalt beschämen würden.

Und was wäre denn, sagte sie, am Ende an jener Zusammenstellung Arges? Neigt sich der Roman nicht wirklich in seinem zwischen Dramatischem und Epischem schwebenden Leben sehr zum Dialogischen hin? So daß es gerade noch die Frage wäre, ob irgend eine Form dem philosophischen Gespräch für unsere Zeit näher liegt als eben diese.

Ich weiß nicht, sagte ich, aber der Roman widerspricht seiner Natur nach der Einheit der Zeit und der Handlung, im philosophischen Gespräche dagegen scheint mir diese gerade so wesentlich wie im Trauerspiele, weil dort alles so ganz innerlich vorgeht, wegen des engen

Gedankenzusammenhangs gleichsam auf der Stelle, ohne sich von dem einmal eingenommenen Orte wegzubewegen, entschieden werden muß.

Ohne Zweifel, sagte sie lächelnd, damit der zarte, flüchtige, oft auf bloß augenblicklichen Wendungen beruhende Gedankenzusammenhang nicht verklinge?

Freilich, sagte ich.

Nun, sprach sie weiter, dieser Einwurf scheint mir noch von allen der bedeutendste; aber er könnte ja entweder vermieden werden in der Ausführung, oder die im gewöhnlichen Sinn verletzte Einheit in einer höheren wiederhergestellt werden.

Da müßte man zusehen, sagte ich, die Probe machen, denn die Eigensinnigkeiten einer jeden Kunstform lernt man nur in der Ausübung kennen.

Es sey damit, wie es wolle, fuhr sie fort, so fühle ich lebhaft das Wohlthätige, was eine solche Darstellung philosophischer Ansichten für unsere Zeit haben könnte, die im Ganzen doch so sehr nach Wissenschaft verlangt. Es wird so viel über den Unfug geklagt, der mit philosophischen Systemen und Theorien getrieben wird; sollte er nicht hauptsächlich in dem Gebrauch der Kunstsprache seinen Grund haben?

Es ist wahr, antwortete ich, die Kunstwörter kann, wie man jederzeit gesehen hat, auch ein im übrigen geistloser Kopf nachreden, und sie, wenngleich auf eine thörichte und läppische, doch auf eigne Art wieder zusammenstellen.

Wer aber, sagte sie, die Sache in einem gemüthlichen und äußerlich-kunstlosen Gespräch darstellen kann, der muß sie wirklich innehaben, sie durchdringen und von ihr ganz durchdrungen seyn. Ueberhaupt, setzte sie hinzu, halte ich nichts von dem Philosophen, der seine Grundansicht nicht jedem menschlich-gebildeten Wesen, ja erforderlichen Falls einem nur wohlbegabten und gutgearteten Kinde begreiflich machen könnte. Und wo soll es hinaus mit dieser jetzigen Trennung der Gelehrten und des Volks? Wahrlich, ich sehe die Zeit kommen, wo das Volk, das so immer unwissender in den höchsten Sachen werden muß, aufsteht und sie zur Rede setzt und sagt: Ihr sollt das Salz eurer Nation seyn;

warum salzt Ihr uns denn nicht? Gebt uns wieder die Feuertaufe des Geistes; wir fühlen, daß wir sie nöthig haben und weit genug zurückgekommen sind.

Und so sprachen wir noch manches über dieses Verhältniß, theils gleich damals, theils auch später.

---

Noch auf der Grenze von Winter und Frühling wurde ein schöner Tag gewählt, um nach der alten Waldkapelle hinaufzusteigen.

Auf dem Wege erzählte Clara: die Fischer haben ihr gestern gesagt, der See zeige einen gewissen Frühling an, das regellose Steigen und Fallen des Wassers lasse nach, auch hätten die Wasservögel sich gezeigt, die mit dem Winter verschwinden. Ich habe mich, fuhr sie fort, den ganzen Winter nach dem Anblick des Sees gesehnt. Wir sprachen so oft und manches vom Geisterleben, und immer stand mir dabei das Bild des Sees vor Augen. Gewiß nicht umsonst haben die Alten den Sitz der Seligen auf Seeumflossene Inseln verlegt.

Diese Verbindung der Gedanken scheint sehr natürlich, sagte der Arzt. Der Fluß ist mehr ein Bild des wirklichen Lebens, er zieht unsere Einbildungskraft mit sich in ungemessene Weiten wie in eine ferne Zukunft. Der See ist ein Bild der Vergangenheit, der ewigen Stille und Abgeschlossenheit.

Ich gestehe, fuhr sie fort, Ihre Reden haben doch noch einen unbefriedigten Wunsch in mir zurückgelassen.

Und welchen? fragte ich.

Soll ich es sagen? antwortete sie. Sie sprachen so oft von Oertern und Gegenden im Unsichtbaren, auch von Mittelörtern zwischen dieser uns sichtbaren Welt und der eigentlich unsichtbaren, dann aber auch von einem obersten Ort, wohin die wenigsten gleich nach dem Tode gelangen. Nun von diesem Ort, vom wahren eigentlichen Himmel möchten wir uns so gern allerwenigstens einige Begriffe bilden; oder woher sonst die Begierde, mit der alles aufgenommen wird, auch wenn es noch so sehr den Schein der Täuschung hat, was uns hierüber etwas aufschließen zu können scheint?

Und ja schon das, daß Sie jenen Aufenthalt einen Ort nennen, enthält viel Räthselhaftes. Können Geister auch in einem Ort seyn?

Ja wohl, antwortete ich, gehört dieß zum Allerräthselhaftesten, denn es gründet sich auf das Geheimnißvolle des Orts und des Raums überhaupt, dem ich mich nun einmal nicht enthalten kann etwas Wirkliches zum Grunde zu legen. Betrachten Sie doch aber die Sache nur so, daß wir wie alle geschaffenen Wesen wohl ewig nicht für uns selbst seyn können, also in einem anderen begriffen seyn müssen, das auch die anderen Wesen umfaßt, und nennen Sie dann dieses den Ort, wie ja viele auch gesagt, Gott selbst sey der Himmel und Ort der Geister, oder seine Herrlichkeit sey es.

Wenigstens, sagte sie hierauf, kommt mir nach Ihren Reden als eine fast kindische Vorstellung die Einbildung vor, womit manche sich unterhalten, die ihren künftigen Aufenthalt oder gar ihren Himmel auf einem der unzähligen Sterne über uns suchen.

Und doch, sagte ich, würde es uns auch für jene höheren Fragen nicht wenig fördern, wenn wir von der Sternenwelt außer unserer Erde größere Gewißheit hätten, denn auch hier können unsere Gedanken mit Sicherheit nur vom Sichtbaren zum Unsichtbaren aufsteigen, und wie vermöchten wir über die Geisterwelt etwas zu bestimmen, ehe wir die Grenze der sichtbaren erkannt?

Diese Folge ist mir nicht ganz deutlich, sagte der Arzt; denn die Grenze zu kennen, ist uns wichtig bei Dingen, welche ineinander verfließen; bei ganz entgegengesetzten aber scheint sie gleichgültig.

Eben dieß, antwortete ich, habe ich schon sonst bezweifelt und bezweifle es in diesem Augenblick aufs neue, daß die Natur und Geisterwelt in der Wirklichkeit so entgegengesetzt seyen, als sie es dem Begriff nach sind. Denn zuvörderst die Geisterwelt ist doch zum mindesten eine ebenso reale Welt als diese sichtbare hier; oder sollten wir sie für eine bloße Gedankenwelt halten?

Mit nichten, antwortete er.

Den meisten freilich, sagte ich, ist es gewöhnlich, das Geistige für weniger wirklich als das Körperliche zu halten; und doch zeigt schon diese untergeordnete Natur, deren Zeuge und Beobachter wir sind, so viel Geistiges, das in keinem Grad weniger reell und physisch ist, als das insgemein so genannte. Und auch das haben wir doch behauptet, daß dem Geistigen etwas Physisches nach dem Tode folge.

Freilich, sagte er.

Muß also nicht, fuhr ich fort, jene andere oder geistige Welt in ihrer Art ebenso physisch seyn, als diese gegenwärtige physische Welt in ihrer Art auch geistig ist?

Clara schien hoch erfreut über diese Rede und fragte mich, warum ich das nicht gleich im ersten Gespräch so gesagt hätte.

Es ist ja nur gut, sagte ich, indem es Sie nun doppelt zu erfreuen scheint, und doch lag es ja in unserem damaligen Gedanken schon.

Sie bat nun mit großer Lebhaftigkeit, daß ich also sagen sollte, was ich in jener andern Welt Physisches annehme.

Ich sagte: Sobald Sie oder irgend ein Freund die Unwissenheit über diesen sichtbaren Himmel von mir hinwegnehmen, will ich versuchen, meine Geistesaugen nach dem Unsichtbaren zu wenden.

Und doch, sagte sie, scheint ja jene Unwissenheit nicht so groß; denn keine Wissenschaft wird ja so allgemein gepriesen, von Kennern und Nichtkennern, wegen ihrer Gewißheit und Größe als eben die Astronomie.

Vielleicht, sagte ich, liegt die Schuld auch nicht an dieser Wissenschaft, sondern eben an mir. Ich habe leider wie der Künstler ein gewisses Urbild in meinem Kopfe, nach dem sich meine Zustimmung richtet. Trifft etwas mit ihm überein, so stimme ich bei, wenn es auch äußerlich noch so unglaublich scheinen sollte. Verwirft aber jenes innere Urbild die Sache, so kann ich sie nicht glauben, und wenn sie äußerlich auch noch so glaublich, ja, wie man zu reden pflegt, streng bewiesen wäre. So geht es mir eben auch mit jener Wissenschaft. Denn was die Gestirnlehrer von dem Weltbau im Ganzen gefunden haben wollen, das hat für mich nicht die mindeste innere Wahrscheinlichkeit, und was mir innerlich wahrscheinlich wäre, das hat noch keiner gefunden.

So sollten Sie, sprach Clara, doch dieses mittheilen, was Ihnen wahrscheinlich ist im eignen Gefühl und unwahrscheinlich im Angenommenen.

Wir sind hier unter uns, sagte ich, und so könnt' ichs wohl versuchen, aber nicht jetzt, sondern wenn wir oben sind.

Wir waren eben auf dem Punkt angekommen, von wo zuerst der ganze See übersehen werden konnte. Es war ein entzückender Anblick. Keine Luft bewegte sich, der blaue Himmel hing mit den wenigen zarten Wölkchen unbeweglich über dem See und spiegelte sich in ihm; das Wasser schlug, nur durch seine eigne Kraft bewegt, in sanften Wellen an die Ufer; eine Menge Vögel schwebte hin und her über die Fläche und schien an ihrem eignen Bild Freude zu haben, manche schienen es ergreifen zu wollen und machten sich Kopf und Flügel naß. Die Insel stand mit zartem Hoffnungsgrün wie mit einem Teppich umzogen; einzelne Gesträuche über den Gräbern und in der Mitte waren mit Laub bedeckt. Auf Bergen und in Thälern keimte das junge Gras; sogar die zarten Bäume hingen voll grüner Knospen; nur die alten, mächtigen Bäume, die Eichen, Buchen und andere hielten noch Stand gegen den Frühling und ragten vor und hinter uns noch in ihrer kahlen winterlichen Gestalt über die anderen hervor. Wir weideten uns lange an dem schönen Anblick der auflebenden Gegend, und zogen dann langsam über die Waldwiese bis zur alten Kapelle, in der wir nicht lange verweilten, weil sie noch ganz kalt und feucht war. Wir stiegen dann vollends bis zum Rande des Waldes hinauf und ließen uns in der Laube nieder, Clara im Grund, der Gegend gegenüber, wir aber zu den Seiten, und die Kinder zerstreuten sich da und dorthin, in der Meinung Veilchen zu finden. Wie wir nun ausgeruht hatten und der Arzt von neuem ansetzte, daß ich mein Wort lösen sollte, sagte ich:

So will ich denn mit einem Bekenntniß oder einer Erzählung von mir selbst anfangen. Ich hatte nämlich in der frühen Jugend die Gewohnheit, alles ganz wörtlich zu verstehen. So glaubte ich also, wenn man von der Sonne und den anderen selbstleuchtenden Sternen sagte, sie seyen über uns, daß sie wirklich an einem höheren und viel herrlicheren Ort wären als unsere Erde. Ebenso wenn von Gott gesagt wurde, er sey in der Höhe, oder von den Seelen der Frommen, sie seyen bei Gott im Himmel, nahm ich dieß ganz buchstäblich. Nachher, wie ich heranwuchs, belehrte man mich eines Besseren. Man sagte mir, oben und unten seyen bloß Beziehungs-Begriffe, und von der Sonne sey viel richtiger zu sagen, sie sey unter als über uns, indem wir in der That ebenso gegen sie fallen und beständig gezogen werden wie gegen die Erde. Von den anderen Sternen könne aber wenigstens ebenso gut gesagt werden, sie seyen unter als über uns. Es sey überall nichts als eine unermeßliche Tiefe und im Grunde bloßes Unten. Ein Himmel aber als ein höherer und vortrefflicher Ort sey gar nicht vorhanden, sondern überall seyen nichts wie Erden, die ihr Unten wieder in einer der unserigen ähnlichen Sonne haben, und auch diese Sonnen seyen wahrscheinlich wieder schwer gegen einen noch größeren Körper, und so gehe es immer mehr in die Tiefe und in einen ganz unermeßlichen Abgrund hinein, aber immer nach unten, wobei mir für mein Theil ganz schwindlich wurde, besonders über die unmenschlichen Zahlen und die unglaublichen Massen. Verstanden hatte ich nun wohl (denn es ist nicht schwer zu verstehen), daß sich die alltäglichen Begriffe von oben und unten nach der Richtung der Schwere bestimmen, aber ich konnte darum doch nicht aufhören an ein wahres Oben und Unten zu glauben. Einmal war ich Zuhörer bei einem Streit, wo zwei gegeneinander behaupteten, der eine, daß die Welt im Raume endlos ausgedehnt sey, der andere, daß sie irgendwo aufhöre; jener aber trug nach der Meinung der Zuhörenden den völligen Sieg davon, der andere aber ging beschämt und niedergeschlagen mit mir hinweg. Unterwegs nun suchte ich ihn aufzurichten, indem ich sagte, er habe gegen jene Behauptung verlieren müssen ohne seine Schuld: denn wenn man einmal wie sie beide eine völlige Gleichgültigkeit des Universums nach allen Seiten und in alle Weite annehme, so sey kein Grund irgendwo aufzuhören; es sey dann wirklich vernünftiger zu sagen, das gehe so fort ins Endlose. Die Pflanze, wenn sie nicht zur Blume sich steigerte, und nicht etwa von außen gehemmt würde, was aber bei dem Weltall nicht denkbar sey, würde ins Endlose fortwachsen. Alles Lebendige könne nur geschlossen werden durch ein bedeutendes Ende, und so würde ich behaupten, daß der Kopf am Menschen das Oben sey, wenn er auch nicht aufrecht ginge, und überhaupt ein wahres Oben und Unten überall annehmen, ebenso wie ein wahres Rechtes und Linkes, und Hinten und Vorn. Das Geschlossene sey aber überhaupt vortrefflicher und herrlicher als das Endlose, ja in der Kunst das Siegel der Vollendung. Das Weltall aber sey das Allervortrefflichste, nicht nur an sich, sondern auch als das Werk eines göttlichen Künstlers betrachtet, und ich frage ihn selbst, ob er nicht besser gethan hätte, die Sache von dieser Seite anzugreifen, als mit allgemeinen Begriffen, und ob er nicht seinem Gegner die Frage hätte vorlegen sollen, was vollkommener sey, eine endlose Reihe von Welten, ein ewiger Cirkel von Wesen ohne ein letztes Ziel der Vollkommenheit, oder wenn auch das Weltall auf etwas Bestimmtes, Vollkommenes hinauslaufe. Das leuchtete denn ihm sehr ein, und er führte es noch weiter nach seiner Art aus, indem er sagte, von einem so geschlossenen Ganzen lasse sich dann auch nicht sagen, daß es einen Raum außer sich lasse; denn wie eine Bildsäule z. B. ihren Raum in sich selbst habe, so daß nach dem Außer-ihr (wenn es schon da sey) gar nicht gefragt werde, so habe das Weltall als das alles befassende Kunstwerk nur in sich einen Raum; nach einem außer ihm könne aber gar nicht gefragt werden. Ich aber wurde nun vollends bestärkt in meinem Glauben, ich nahm wieder ein wahrhaftes Oben und Unten an, und bemühte mich zuerst die tödtliche Einförmigkeit, die durch die Gelehrsamkeit in die Welt gekommen war, wieder hinauszuschaffen. Vor allen Dingen zweifelte ich, ob die irdische Schwere, die durch eine kecke Muthmaßung über den ganzen Weltbau ausgebreitet wurde, außer einem gewissen Umkreis wirksam sey. Zwar die Kraft, aus der sie herstammt, schien mir immer allgemein, göttlich und ewig, ihr Verhältniß aber zu den irdischen Körpern weder ein allgemeines noch nothwendiges zu seyn, und der Schluß von unserer Erde auf die Sonnen ein beispielloser und in keiner andern Sache erlaubter. Statt des Einen Verhältnisses der Schwere also, dem die Sonnen und auch wieder die Sonnen der Sonnen unterworfen seyn sollten, dachte ich mir eine große Mannichfaltigkeit anderer, und freute mich nicht wenig, als die Beobachtung Doppelsterne zeigte, die sich wechselseitig umeinander, nicht aber um einen dritten bewegen, Figuren von Stern-Ganzen, die sich mit dem Daseyn eines Mittelpunkts nicht vertragen, z. B. fächerartig ausgebreitete Ganze, zusammenfließende Lichtmassen. Denn weil ich es für unmöglich hielt, daß die innere oder geistige Natur von jeher so von dieser äußeren getrennt gewesen, als es uns jetzt vorkommt, so nahm ich an, daß alles durch Scheidung und Vertheilung der Kräfte aus einem göttlichen Chaos so geworden sey. Wenn also nach einer Seite des Weltalls die Grobheit des Körperlichen zugenommen und endlich nothwendig ihr Aeußerstes erreicht habe, so müsse nach der anderen Seite ebenso das rein Dämonische, Geistige vorherrschend geworden und auch in dieser Richtung ein Aeußerstes erreicht worden seyn, von dem aus ein Uebergang ins rein Geistige stattfinde. Nur so sey das Weltall nach beiden Richtungen wirklich geschlossen. Werde aber außerdem angenommen, wofür so viele Gründe vorhanden seyen, daß erst durch eine später eingetretene Verderbniß ein Theil des Weltalls ganz von der geistigen Natur getrennt worden: so sey nur desto nothwendiger anzunehmen, daß, um diesen Theil nicht ganz versinken zu lassen, und ihn zugleich als Stoff für höhere Zwecke zu benutzen, durch einen neuen Scheidungsproceß dem nun erstorbenen das annoch Lebendige und Geistige entgegengesetzt, und so ein neuer Entwicklungsgang eingeleitet worden sey, durch welchen selbst aus dem verdorbenen Element noch immer himmlische Früchte erzeugt werden. Gerade dadurch also, daß in einem Theil des Universums die Macht des Aeußeren überhand genommen und das Innere ganz zurückgedrängt habe, sey der andere Theil desto freier, reiner und unvermischter zurückgeblieben, so daß erst zwei Welten geworden, da nach der anfänglichen göttlichen Bestimmung nur Eine seyn sollte, und wir jetzt in diese andere und reinere Welt durch den Tod übergehen müssen. Diesen Ort also des Reinen, Lauteren und Gesunden nannte ich den Himmel, und scheute mich nun nicht mehr, an einen, zwar nicht dem leeren Raum nach, der gegen alle Seiten gleichgültig sich ausdehnt, aber doch an einen der Natur und Beschaffenheit nach obern Ort zu glauben, und dagegen unsere Erde als einen Theil der untersten Gegend zu halten, in der wir, recht so wie es Sokrates ausdrückt, gleich als auf dem Grund des

Meers wohnen, wo alles von dem salzigen Naß angefressen und aufgelockert ist, und nichts oder nur höchst weniges rein und unverdorben angetroffen wird. Von dem Himmel aber nahm ich an, daß, so wie es die Natur des ganz von der Aeußerlichkeit Ergriffenen ist, aus einem bestimmten Raum nicht frei heraustreten zu können, und weder selbst anderem durchdringlich zu seyn noch anderes zu durchdringen, der Himmel im Gegentheil alles durchdringend und seiner Natur nach allgegenwärtig seyn müsse. Und weil dem Himmel sowohl als der Erde die Erinnerung ihres ursprünglichen Einsseyns, und wie sie im Grunde zusammengehören, geblieben sey, so suche eins das andere; der Himmel insbesondere aber strebe, aus der Erde so viel möglich das ihm Aehnliche zu ziehen, und rufe die aus dem Irdischen geläuterten Seelen im Tode zu sich. Unzählig seyen die Beispiele einer Herüberwirkung des Himmlischen in das Irdische, so daß in der That auch jetzt schon alles irdischen Lebens Kraft und Schönheit nur durch den Himmel bestehe. — So also kam ich dazu, jene geistige Welt, unbeschadet ihres Gegensatzes gegen die sichtbare, von ihr doch nur als die andere Seite, beide aber als ursprünglich zusammengehörig, und daher nicht so getrennt anzunehmen, als von den meisten zu geschehen pflegt. Ueberhaupt war mir die vollkommene Weltlichkeit des Himmels klar geworden, daß er nämlich ein ebenso mannichfaltiges, ja noch mannichfaltigeres Ganze als dieses sichtbare sey, ein All von unermeßlicher Fülle der Gegenstände und Verhältnisse, worin viele Stätten und Wohnungen sich befinden. Ja ich nahm sogar eine gewisse Aehnlichkeit beider Welten in Ansehung des Grundstoffs an. Denn das alles, was in der sichtbaren Welt auf eine unkräftige, leidende, körperliche Art sey, müsse in der unsichtbaren thätig, kräftig und geistig vorhanden seyn. Ich machte auch folgenden Schluß. Was ist es denn, was auch in dem Sinnlichsten uns entzückt? Ist es nicht gerade das Geistige? Denn das unthätige Körperliche muß ja in Bezug auf die höheren Fühlorgane ganz wirkungslos seyn. Was die feinere Scheidekunst unserer Sinne an den Dingen entdeckt, wirkt es nicht als ein flüchtiges, unfaßliches Wesen auf uns ein? Kann es eine geistigere Entzückung geben, als in die uns Musik versetzt?

Das Zarteste in allem ist göttlich. Wenn also das Göttliche und Geistige recht eigentlich in jener Welt einheimisch und zu Hause ist, so muß etwas Aehnliches von dem, was uns hier durch das Mittel der Sinne geistig rührt, auch dort angetroffen werden, und zwar der feinste Auszug, gleichsam die Würze und der Duft davon. Denn dort werden wir mit dem Wesen der Dinge zu thun haben, und nicht erst aus der groben Umgebung das Zarte abzuscheiden brauchen. Dort muß aller Geschmack Wohlgeschmack, jeder Laut Wohllaut, die Sprache selbst Musik und mit Einem Wort alles voll Einklang seyn, besonders aber jene alles andere übertreffende Harmonie, die nur der gleichen Stimmung zweier Herzen entspringt, viel inniger und reiner genossen werden. Denn auch das schien mir nun ganz unbegreiflich, wie je habe gezweifelt werden können, daß dort Gleiches zu Gleichem gesellt werde, nämlich innerlich Gleiches, und jede schon hier göttliche und ewige Liebe ihr Geliebtes finde, nicht allein, das sie hier gekannt, sondern auch das ungekannte, nach dem eine liebevolle Seele sich gesehnt, vergebens hier den Himmel suchend, der dem in ihrer Brust entsprach; denn in dieser ganz äußerlichen Welt hat das Gesetz des Herzens keine Gewalt. Verwandte Seelen werden hier durch Jahrhunderte oder durch weite Räume oder durch die Verwicklungen der Welt getrennt. Das Würdigste wird in eine unwürdige Umgebung gestellt, wie Gold mit schlechtem Kupfer oder Blei auf Einer Lagerstätte bricht. Ein Herz voll Adel und Hoheit findet eine oft verwilderte und erniedrigte Welt um sich, die selbst das himmlisch Reine und Schöne zum Häßlichen und Gemeinen herabzieht. Dort aber, wo ebenso das Aeußere ganz dem Inneren untergeordnet ist, wie hier das Innere dem Aeußeren erliegt, dort muß alles nach seinem inneren Werth und Gehalt sich Verwandte sich anziehen und nicht in zerstörlicher oder vorübergehender, sondern ewiger und unauflöslicher Harmonie bleiben. Und das Mitgefühl, das schon hier eine himmlische Erscheinung, aber schwach und vielfach getrübt in seinen Aeußerungen ist, muß dort einen ganz andern Grad der Innigkeit erlangen, wie wir hier schon bemerken, daß Körper, in einen geistigeren Zustand versetzt, ihre Verwandtschaften gegeneinander inniger empfinden, oder oft, wie ich mir habe erzählen lassen, zwischen Personen, die der nämliche Arzt zum Hellsehen gebracht hat, eine rührende Mitleidenschaft eintritt, daß, was die eine empfindet, auch die andere empfindet, als widerführe es ihr selbst, und Lust und Schmerz gleich getheilt werden. Und auch was die Aeußerung dieses Mitgefühls betrifft, zweifle ich nicht, daß sie viel vollkommener sey, als sie hier möglich ist. Denn auch die Sprache enthält ein geistiges Wesen und ein körperliches Element. Das Körperliche aber ist wie alles beschränkt und wie todt gegen das Geistige, auch allerwärts verschieden und gegenseitig undurchdringlich. Wunderbare Fälle gibt es, wo auch die Körper diese Eigenschaft gegeneinander zu verlieren scheinen: so werden gewisse sonderbare, aber nicht wohl zu leugnende Fälle erzählt, daß Menschen in Zuständen von Entzückung Sprachen, deren sie zuvor unkundig gewesen, verständlich geworden, ja daß sie, wie einst die Apostel, in anderen Zungen geredet. Hieraus würde folgen, daß noch in allen Sprachen, besonders aber den ursprünglichen, etwas von der Lauterkeit des anfänglichen Elements angetroffen werde. In der Geisterwelt aber, wohin nur das völlig Entbundene und freie Körperliche uns folgt, muß die wahre allgemeine Sprache gesprochen und können nur die Wörter gehört werden, die mit den Wesenheiten oder Urbildern der Dinge selbst Eines sind. Denn jedes Ding trägt in sich ein lebendiges Wort als Band des Selbst- und des Mitlautenden, das sein Herz und Inneres ist. Aber die Sprache wird dort nicht ein Bedürfniß der Mittheilung seyn, wie hier, noch ein Mittel, sein Inneres, anstatt es zu offenbaren, zu verbergen, sondern, wie es schon hier, obschon sehr eingeschränkt, Mittheilungen ohne Zeichen, durch einen unsichtbaren, aber doch vielleicht physischen Einfluß gibt, so wird diese Mittheilungsart dort ganz vollkommen und zur höchsten Freiheit gelangt seyn, so daß ich nicht zweifle, es werde auch jener göttliche Jüngling, der die Verklärung des Herrn malend selber verklärt hinwegschied, dort zur Darstellung nicht Stein, noch Holz, noch färbender Stoffe bedürfen, sondern durch unmittelbare Erweckung die Vorstellung der Urbilder hervorbringen, von denen er uns hier nur die Bilder zu zeigen vermochte. Und so ließe sich wohl noch vieles andere Herrliche von dort weissagen, nicht durch willkürliche Erdichtung, sondern als Folge richtiger zu Grund gelegter Begriffe, obgleich das meiste davon den hier Lebenden unglaublich vorkommen würde, wie daraus zu schließen ist, daß viele die Todten beweinen, nicht allein um ihrer selbst wegen, indem sie nun von denen verlassen sind, die ihnen im Leben über alles lieb gewesen, als auch um dieser willen, als ob sie nun vieler Freuden beraubt wären, die sie hier hätten genießen können. Ich aber werde mich nie überreden können, daß irgend etwas Vortreffliches, dessen Genuß auch das jetzige untergeordnete Leben bot, dort nicht noch viel herrlicher und reiner angetroffen werde, und daß das künftige Leben, weit entfernt für die Guten das bessere zu seyn, vielmehr das geringere und schlechtere wäre. Ist es anders wahr, daß allem Sinnlichen etwas Geistiges zu Grunde liegt, das das eigentlich Treffliche in ihm ist, so muß dieses ja nothwendig bleiben, so daß ich sogar den Tod nicht, wie man zu reden pflegt, für einen tödtlichen Sprung halten kann und, die Wahrheit zu sagen, nicht einmal für einen Uebergang in den geistigen Zustand schlechthin, sondern nur in einen weit geistigeren.

Während dieser Rede hatten wir ein Weib wahrgenommen, das unter den Bäumen unten an der Kirche umherging und den Opferkasten zu suchen schien, in den wir sie hernach etwas werfen sahen. Jetzt kam sie gegen uns herauf, blieb aber, wie sie auf der Hälfte des Wegs uns ansichtig wurde, stehen, und schien unschlüssig, ob sie nicht umkehren sollte. Sie faßte sich aber und kam herauf: ich erkannte sie für die Frau eines Krämers aus einem anderen drei Stunden entfernten Städtchen. Als sie uns grüßte, fragte ich sie, was sie hierher geführt; sie wollte aber mit der Sprache nicht heraus, bis ich ihr sagte, daß ich wohl bemerkt, wie sie hier unten geopfert habe und also irgend ein Anliegen haben müsse. Ach nein, antwortete sie hierauf, ich will es Ihnen nur gerade bekennen, ich weiß, daß Sie ein mildgesinnter Herr sind und den Herzen nicht Gewalt thun. Voriges Neujahr fiel mein jüngstes Kind, ein Knabe, den mein Mann vor allen seinen Kindern lieb hat, in ein hitziges Fieber, das immer gefährlicher wurde. Der Vater war gerade auf der Messe abwesend und ich in tödtlicher Angst.

Ach, sagte ich, sollte ich das liebste Kind verlieren, und zwar da ich allein bin. Wie soll ich den Vater empfangen, wie ihm mit der Botschaft entgegengehen: wird er nicht vielleicht glauben, es sey etwas versäumt worden und sich doppelt grämen. Wie ich nun so jammerte, nahm mich ein Nachbar bei Seite und sagte mir: Ich will ihr etwas im Vertrauen mittheilen, thu' sie dem heil. Walderich zu .... ein Gelübde, der hat schon viele erhört und wahre Wunder gethan; zugleich erzählte er mir eine Menge Geschichten, und daß ihm selbst einmal in großer Noth so geholfen worden sey. Ich sagte zu ihm: Wo denkt Er hin, ich ein evangelisch Weib sollte zu einem katholischen Heiligen ein Gelübde thun? Gott wird mir auch ohne das helfen, wenn er will. Indeß blieb mir die Sache doch im Sinn, besonders da er mir erzählte, daß eine Menge evangelischer Leute aus der ganzen Gegend ebenso wie die katholischen ihr Zutrauen auf den heil. Walderich setze; weil seine Kapelle seit uralten Zeiten da gestanden und die erste in der Gegend gewesen sey, haben sie es sich nicht nehmen lassen, und alljährlich falle ein groß Opfer in der Kirche, obgleich die Evangelischen sie eingehen lassen und nur noch ein paar male des Sommers Gottesdienst darin halten. Ich blieb aber immer standhaft, obgleich der Mann auch noch andere Leute brachte, die mich dazu aufforderten, und einer sogar sagte: Versäume sie es ja nicht; sie macht sich große Verantwortung; ihr Mann, wenn er hier wäre, würde es gewiß selber thun; was mir sehr aufs Herz fiel. Endlich kam der schreckliche Abend, wo mir der Doktor sagte, er sey nun das letztemal da gewesen, und ich solle gefaßt seyn, diese Nacht sterbe das Kind. Jetzt war ich ganz verlassen, und wie es mit dem Kinde zusehends immer schlechter wurde, und gar keine Hülfe mehr schien, da wurde ich überwältigt, und that ein innerlich herzlich innig Gelübde eines großen Opfers zum heil. Walderich, wenn er mir helfen wollte in meiner Noth. Und sehen Sie, fuhr sie fort, es war keine halbe Stunde vergangen, so fiel das Kind in einen sanften Schlaf und schlief immer fort bis an den Morgen, wo ich es dem Doktor sagen ließ. Der kam ganz verwundert, daß das Kind noch lebe, untersuchte es, wie es aufwachte, und sagte, daß es nun gerettet sey; das sey aber ein wahres Wunder, so sprach er, ohne von meinem Gelübde zu wissen. Nach einigen Tagen kam mein Mann, der sich nicht weniger als ich erfreute, und gleich seinen ganzen Jahresgewinn hingab und noch mehr, um das Versprochene zu erfüllen. Nun bin ich heute unten im Städtchen gewesen, um bei einem andern Krämer, der meinem Mann noch schuldig war, einen Theil des Gelds abzuholen und gehe jetzt über den Berg nach Hause.

Ich sagte zu ihr: Nun sicher hat ihr Gott geholfen, denn er siehet das Herz an. Gehe sie getrost nach Hause und grüße sie ihren Mann und ihre Kinder.

Die Erzählung hatte uns alle wunderbar gerührt, so daß wir noch eine Weile still sitzen blieben, ehe wir aufbrachen. Wie erfreulich ist es, sagte ich im Weggehen, zu dieser Zeit nur irgend einen Glauben zu finden. Denn weil zu allem Glauben gehört, zum Kleinsten wie zum Größten, so ist es bei dem Mangel desselben nothwendig, daß unsere Angelegenheiten immer mehr zurückgehen.

Sollte nicht aber wirklich, sagte Clara hierauf, anzunehmen seyn, daß Geister, denen lange Zeit an bestimmten Orten eine gewisse Verehrung erzeigt wird, durch die Magie dieses Glaubens wirklich Schutzgeister solcher Gegenden werden? Ist es nicht natürlich, daß diejenigen, welche zuerst in diese Wälder das Licht des Glaubens brachten, die diese Hügel mit Wein, diese Thäler mit Korn bepflanzt, und so die Urheber eines menschlicheren Lebens in zuvor wilden und fast unzugänglichen Gegenden geworden sind, daß diese, sage ich, auch einen fortwährenden Antheil an den Schicksalen der Länder und Völker nehmen, die durch sie gebaut und zu Einem Glauben vereinigt worden sind? Vergessen wohl Väter im Himmel ihre Kinder auf Erden? und jene, sind sie nicht wahre geistige Väter? Mich wenigstens rührt der Anblick eines Volks, das noch einen Schutzheiligen hat, an den es in allgemeiner Noth sich wenden, von dem es Hülfe und Trost erwarten kann.

Ein eignes Geheimniß, sagte der Arzt, liegt auch in der Oertlichkeit verborgen. Gewisse Lehrmeinungen, besondere Ansichten der Welt und der Dinge sind seit Menschen Gedenken einheimisch in bestimmten Gegenden, und nicht nnr in großen Ländermassen, wie im Orient, sondern in kleinen Landstrichen mitten unter der Masse anders Gesinnter. Aber auch jenes höhere Organ, das in diesem Leben sonst nur als vorübergehende Erscheinung auftritt, ist beständiger in manchen Gegenden, und wieder nicht bloß in größeren Reichen, wie das sogenannte andere Gesicht in den schottischen Hochländern, sondern, wie ich aus Erfahrung weiß, in ganz kleinen Bezirken. Waren nicht auch die Orakel der Alten an gewisse Gegenden, ja an bestimmte Plätze gebunden, und sollten wir nicht hieraus den allgemeinen Schluß ziehen, daß das Oertliche in Bezug auf das Höhere keineswegs so ganz gleichgültig ist, als insgemein angenommen wird? Ja empfinden wir nicht in jeder Landschaft eine gewisse geistige Gegenwart, die uns in der einen anzieht, in der andern zurückstößt? Das Nämliche gilt auch von einzelnen Zeiträumen.

Wie würden wir überhaupt, sagte ich, oft uns verwundern, wenn wir, nicht gewohnt bloß das Aeußerliche der Begebenheiten zu betrachten, bemerkten, daß die Umstände, welche wir für Ursachen gehalten haben, bloß Mittel und Bedingungen waren, daß, während wir es vielleicht am wenigsten dachten, Geister um uns geschäftig waren, die, je nachdem wir dem einen oder anderen folgten, uns zu Glück oder Unglück hinleiteten.

Warum aber geschieht es so selten, sagte Clara, und scheint so schwer zu seyn, daß dem Menschen sein Inneres eröffnet werde, wodurch er doch in beständiger Beziehung mit einer höheren Welt steht?

Es verhält sich damit, sagte ich, wie mit anderen Gaben, die nach Wohlgefallen ohne Verdienst ausgetheilt sind, und durch welche Gott oft das Niedrige und für gering Geachtete erhebt. Besonders aber Ein Geheimniß wollen die meisten nicht begreifen, daß eine solche Gabe nie dem Wollenden zu Theil wird, daß Gelassenheit und Ruhe des Willens die erste Bedingung dazu ist. Ich habe manche übrigens geistvolle Personen gekannt, die alle Mittel versuchten, und weder bei Tag noch bei Nacht die Einbildungskraft ruhen ließen, um, wie sie meinten, durch eine Ekstase mit geliebten Verstorbenen in Verbindung zu kommen; aber nie konnten sie des Wunsches theilhaftig werden, dagegen es scheint, daß zu allen Zeiten Menschen, die nichts dergleichen suchten, aber fromm und einfältig waren, gewürdigt wurden, Eröffnungen aus der anderen Welt zu erhalten. Darum halte ich die Vorschrift in jedem Sinne für gut und recht, daß der Mensch keine Verbindung mit Geistern je suchen solle.

Alles heftige Wünschen ist tadelnswerth, und ein solches Verlangen scheint ohne Heftigkeit nicht möglich zu seyn, sagte Clara.

Sollten wir nicht überhaupt gegen die Abgeschiedenen noch weit mehr die Zartheit beobachten, die wir den Lebenden schuldig zu seyn glauben? Wer weiß, ob sie nicht innigeren Theil an uns nehmen, als wir denken; ob nicht der heftig gefühlte Schmerz, ob nicht das Uebermaß der ihnen geweinten Thränen im Stande ist, sie zu beunruhigen?

Wir traten in dem Augenblicke aus den Bäumen der Kirche heraus, und die ganze Gegend lag in milder Verklärung wieder vor uns.

Nach einer Weile stiller Betrachtung sagte Clara: Woher kommt uns doch wohl jene tiefe, von aller Lust an dem, was man irdische Freuden nennt, unabhängige und mit dem vollen Gefühl ihrer Nichtigkeit bestehende Anhänglichkeit an die Erde? Warum, wenn doch unser Herz allem Aeußeren abgestorben ist, und es nur noch als Zeichen und Bild des Inneren mit Vergnügen betrachtet, warum bei der lebhaften Ueberzeugung, daß die andere Welt die gegenwärtige in jeder Hinsicht weit übertreffe, doch das Gefühl, daß es hart ist, von der Erde zu scheiden, der geheime Schauer, den wir vor dieser Scheidung, wenn auch nicht in unserer eignen, doch in anderer Seele, empfinden?

Lassen Sie uns, sagte ich hierauf, auch in diesem menschlichen Zug die Weisheit der Hand erkennen, die ihn in unsere Seele gelegt hat. Sagte uns nicht, selbst nachdem unsere Schätzung dieses Lebens bis auf das gehörige Maß herabgesetzt ist, ein stilles Gefühl, daß wir dieser Erde eine gewisse Anhänglichkeit schuldig sind, und daß sie unserem Herzen immer nahe bleiben wird, nicht als Mutter allein, sondern auch inwiefern sie Ein Schicksal und Eine Hoffnung mit uns theilt; oder hätte der Ewige uns nicht den bestimmten Blick in jenes andere Leben versagt, wer hielte hier wohl die ihm von Gott festgesetzte Zeit aus, und strebte nicht früher von hinnen zu kommen, wo beim besten Lauf des Lebens nie Sicherheit, nie Bestand, nie eigentliche Befriedigung erreicht wird, wo die reinere Freude selbst einen Stachel in uns zurückläßt und ein selten ruhendes Herz auch aus den Süßigkeiten des Lebens ein feines Gift zieht, das uns endlich untergräbt? Und so glaube ich, es sey sogar göttliche Absicht, daß im Inneren des Menschen auch nach dem Tode ein gewisses Mitgefühl für die Erde, von der er ein Theil war, übrig bleibe, daß diese Trennung von ihr wirklich empfunden werde, weil sonst der Tod nicht Tod wäre, und daß dieses Gefühl wirklich dem Tiefsten unseres Wesens eingesenkt ist, weil Gott ohne Zweifel auch von dem Massiven und Groben, das wir in der Erde zurücklassen, einen bessern Gebrauch zu machen weiß als die Philosophen.

Es scheint, sagte der Arzt, daß die Herabsetzung der Erde auf eine so mäßige Stufe manches auch in den religiösen Vorstellungen verändert.

Das sehe ich nicht ein, erwiederte ich; die Erde ist zwar aus dem Mittelpunkt verstoßen. Allein wenn es wenigstens Eine göttliche Endabsicht ist, daß das Innere soviel möglich im Aeußeren dargestellt werde, so sind die beiden Endpunkte, der, wo das Innerste am reinsten erhalten, und der, wo es am meisten verkörpert und veräußerlicht ist, gewissermaßen gleich wichtig, und wenn wir uns die lebendige fortgehende Schöpfung gleichsam als einen Umlauf vorstellen dürfen, in welchem beständig das Körperliche ins Geistige erhoben, das Geistige zum Körperlichen herabgesetzt wird, bis beide Elemente mehr oder weniger sich durchdrungen haben und eins geworden sind, so würde dieser Umlauf erst dann seinen wahren Zweck erreicht haben, wenn das Höchste und Geistigste bis zum Körperlichsten herabgestiegen, das Tiefste und Allergröbste aber bis zum Geistigsten und Verklärtesten emporgehoben wäre. Gerade also auf dieser äußersten Grenze der Welt, wo das Gewächs der Schöpfung gleichsam ganz in die Masse und Körperlichkeit geht, wäre im Laufe der Zeiten die Erscheinung des Reinsten und Geistigsten nothwendig gewesen, und im Gegentheil das, was aus dem Untersten und Gröbsten kommt, also gerade der Mensch, muß seiner letzten Bestimmung nach zur höchsten und zartesten Geistigkeit erhoben werden. Denn eher kann die Schöpfung nicht ruhen, bis das Oberste wieder zum Untersten gekommen, und es gilt auch hier, daß die Ersten die Letzten und die Letzten die Ersten werden müssen.

Ich sehe dieß im Allgemeinen gar wohl ein, sagte er hierauf. Aber sogar dieß, daß die Erde der tiefste und körperlichste Punkt des Weltganzen ist, können wir nicht behaupten, und ist nach allen unseren Kenntnissen sogar unwahrscheinlich. Wir mögen nun annehmen, daß die Natur der Planeten vom Körperlichen freier und entbundener werde, je mehr sie von der Sonne entfernt sind, oder uns auch bloß an die Bestimmungen der Dichtigkeiten halten, wie sie von den Sternkundigen angegeben werden, in keinem Fall stellt sich in der Erde ein Aeußerstes dar.

Es ist nun nicht gerade die Meinung, antwortete ich, daß jener äußerste Punkt eben in Einen Planeten falle, unleugbar aber ist es, daß die untersten Planeten die Region der herrschendsten Körperlichkeit sind. Der Mensch allein würde mich davon überzeugen. In ihm scheint das flüchtigste, zarteste Wesen an ein so zähes und hartes Element gebunden, daß ich ihn schon darum in der Leiter der Wesen sehr hoch stellen, und begreifen würde, warum er sogar vor jenen Kreaturen begünstigt worden, die Gott entweder wie aus sich selbst erschaffen, ohne etwas von dem anderen dazu zu nehmen, das in unsere Mischung mit eingegangen ist, oder die wenigstens nur aus dem zartesten Antheil dieses anderen Stoffs gebildet und schnell vollendet worden sind.

Es scheint, sagte Clara, in dieser Beziehung mit dem Menschen wie mit dem Kunstwerk zu seyn. Das Zarte, Geistige erhält auch hier erst seinen höchsten Werth dadurch, daß es mit einem widerstrebenden, ja barbarischen Element versetzt dennoch seine Natur behauptet. Wo das Sanfte des Starken Meister wird, da erst entsteht die höchste Schönheit.

Ich erinnere mich, sagte ich, in früherer Zeit über eben diese Sache auch den nordischen Geisterseher gehört zu haben, dessen Reden über diesen Punkt mir noch am ehesten Genüge thaten. Er meinte nämlich, warum es dem Herrn gefallen, auf dieser Erde geboren zu werden, sey um des Wortes willen gewesen, weil es hier allein habe können materiell fortgepflanzt, geschrieben und schriftlich genau erhalten werden. Wir schließen, sagte er, zu rasch nach Aehnlichkeiten. Es ist an sich unwahrscheinlich, daß auf allen andern Weltkörpern das Geschlecht der vernünftigen Wesen in einer so regen, allseitigen Verbindung durch Handel und Wandel, durch Sprache und Gesetze, durch Krieg und Frieden sey, als es das Menschengeschlecht hier ist. Er behauptete sogar, daß auf anderen Welten die Geschlechter in bloßen Familien leben, weit entfernt von jenen künstlichen, vielfach verschlungenen Verhältnissen, zu welchen Bedürfniß, Thätigkeitslust und ein weit allgemeinerer Geselligkeitstrieb die Menschen gebracht habe; dort finden auch nur mündliche Offenbarungen durch Geister und Engel statt, die, weil sie nicht an ein so fixes Mittel als bei uns gebunden, leicht sich wieder verflüchtigen und verlieren. Ueberhaupt seyen die Einwohner der verschiedenen Welten als verschiedene Glieder eines größten Menschen anzusehen, unter denen der Mensch unserer Erde den natürlichen oder äußerlichen Sinn vorstelle. Dieser sey das Letzte, worin das Innere des Lebens ausgehe, und worin es als in seinem gemeinschaftlichen Wesen ruhe. Ebenso sey auch das ausgesprochene und geschriebene Wort das Ziel und der Endpunkt aller göttlichen Offenbarung, wo sie ganz ins Aeußere übergegangen und das Wort im eigentlichen Verstand Fleisch geworden sey. Und auch das könnte man ja meines Bedenkens hinzusetzen, daß schon die Sprache, wie wie wir sie kennen, etwas Besonderes für die Erde sey. Vielleicht, daß sie auf anderen Welten weit elementarischer ist und musikähnlicher, mehr flüchtige Empfindungen anregt, als Gedanken mittheilt und in die Tiefe des Herzens einsenkt. Den Naturforschern käme es also nun zu, zu sehen, ob der Erde auch in anderer Beziehung der bestimmte Grad von Lebendigkeit zukomme, bei welchem das lebendige Wort hervorbricht; wie nicht das alleredelste der Metalle, sondern ein schon minder edles das glanzreichste ist, und wie derjenige Sinn, für welchen die starken und am meisten körperlichen Organe nothwendig waren, auch zugleich der innerlichste ist, wie dagegen der äußerlich am meisten innerliche und geistige innerlich wieder der äußerste zu seyn scheint. Doch in zu wunderliche Verwicklungen des Inneren und Aeußeren scheint dieß zu leiten, als daß ich mir getraute, diese Rede jetzt weiter auszuführen.

Aber auch die Sache bloß äußerlich wie insgemein genommen, nämlich nach Zahlenverhältnissen, sollte es doch nicht unmöglich seyn, erwiederte der Arzt, die Stelle und den Ort der Erde bedeutend zu finden. Denn ich weiß nicht, durch welche geheime Ahndung getrieben ich so fest überzeugt bin, daß es mit der Erde unter den Planeten eine besondere Bewandtniß haben müsse, auch ganz abgesehen von dem Glauben, daß sie der Schauplatz der einleuchtendsten und vollkommensten göttlichen Offenbarung gewesen. Aber die meisten der bisherigen Versuche, das Gesetz einer Reihe zwischen den verschiedenen Welten zu finden, schienen mir theils nicht wissenschaftlich genug, theils von unnatürlichen und falschen Voraussetzungen ausgegangen.

Wenn man, sagte ich hierauf, zu der alten Art zu zählen, die doch das meiste für sich hat, und zu der heiligen Zahl, die noch mehr, zurückkehren wollte: so würde nichts verhindern, nachdem zu erwarten ist, daß sie durch fernere Entdeckungen immer weiter überschritten werde, einen sich wiederholenden Septenarius anzunehmen, wo dann die Erde in dem untersten gerade die mittlere Stelle einnähme. Dieß verhalte sich aber wie es wolle, so scheint mir ein Wesen, das aus so tiefer Nacht in so hohes Licht erhoben worden, zu den größten Erwartungen berechtigt zu seyn. Verwandlungen, gegen welche auch die größten Ereignisse seines inneren und äußeren Lebens in der jetzigen Welt nicht in Betracht kommen, scheint mir ein Wesen entgegenzugehen, das bestimmt scheint, in sich die äußersten Enden des Daseyns wie Gott zu vereinigen . . . . .

# Entwurf zur Fortsetzung des Gesprächs „Clara".

## Der Frühling

## Der Frühling

O Frühling, Zeit der Sehnsucht, mit welcher Lebenslust erfüllst du das Herz! Uns zieht nach einer Seite das Geisterreich zu sich, indem wir fühlen, daß nur in jener höchsten Innigkeit des Lebens die wahre Seligkeit bestehen kann; von der andern ruft Natur mit tausendfältigem Zauber Herz und Sinne zurück in das äußere Leben. Ist es nicht hart, daß weder Innres noch Äußeres allein uns genügt, und daß doch so wenige fähig sind, beydes in sich zu vereinigen! Im Grunde ist es doch nur Ein und das nämliche Leben, unter verschiedenen Formen. Warum können diese beyden Formen nicht zumal, und Ein ungetheiltes Leben gleich von Anfang unser Loos seyn? Ihr sagt, daß durch die eigne Schuld des Menschen beyde getrennt worden sind und ich muß es wohl glauben, weil ich keinen andern Erklärungsgrund sehe. Aber werden beyde auch niemals zugleich seyn? Sind sie auf ewig getrennt? Kommt nie die Zeit, wo das Innere ganz verkörpert ins Äußere, das Äußere völlig verklärt ins Innre, beyde zusammen nur Ein unzerstörliches Leben darstellen werden? (... wo das Äußere ganz vom Inneren durchdrungen und das Innre <erfüllt> die Seele des Äußern seyn wird?)

Oder wird einst in der jetzigen Natur alles durch drey Stufen vollendet <werden>? Geht nicht die erste Kraft der Natur <für sich allein

nur auf> bloß auf das einzelne, <u. sich gegenseitig ausschl> egoistische Bestehen der Dinge, und wirkt ihr nicht von Anbeginn eine andre entgegen, die auf die Vergeistigung, auf die Innigkeit und Einheit ihres Seyns hinwirkt strebt?; bis auf der höheren Stufe beyde Kräfte in Einem und demselben Wesen versöhnt hervortreten und ein organisches, stets bewegliches, allem offenes und doch für sich bestehendes Leben hervortritt? Sind nicht dieselben Kräfte, welche in den unorganischen Wesen sich noch getrennt und im Widerstreit, in den organischen vereinigt und im Einklang zeigen, sind es nicht dieselben, in einem höheren Sinn, die den Widerstreit des jetzigen Lebens unterhalten, und stehen wir nicht in diesem Betracht recht eigentlich auf der ersten Lebensstufe? Siegt nicht die vergeistigende Kraft im Tod, und werden wir nicht dadurch auf eine höhere Stufe oder Potenz gesetzt?

Aber kommt in jenem großen Gange der Natur nie die eigentlich organische Stufe, die sie doch in dem kleinen Kreis des niedrigen Lebens erreicht? Sollten nicht eben dieselben drey Stufen oder Potenzen, die wir hier gewissermaßen zugleich und nebeneinander erblicken, auch im <Großen und Ganzen> nach einander auftreten sich zeigen, und dieselbe Stufenfolge in der Zeit seyn, die wir hier im Raume wahrnehmen? Und was wäre denn auch jene dreyfache Verbindung von Seele Leib und Geist, oder wie wäre eine Vollendung, wenn, <wie behauptet worden, hier,> im jetzigen Leben, das Leibliche <herrschend wäre u.> Geist und Seele gleichsam gefangen hielte; im Zustand nach dem Tode der Geist frey würde; die Seele aber nie in ihr wahres Wesen sich erhöbe? Denn alsdann erst herrschte die Seele, wenn die hier noch streitenden Kräfte, wenn Geist und Leib völlig versöhnt, Formen wären Eines und des nämlichen ungetheilten <u. darum auch wahrhaft vollkommenen seligen> Lebens. Seligkeit ist Freyheit und Herrschaft der Seele. Unmöglich kann der Zustand schon die volle Seligkeit seyn, wo die Seele dem Geist untergeordnet, und der Leib von seinem Gegentheil verschlungen ist. Unmöglich ist es, zu glauben, daß diese ganze körperliche Natur aus dem Nichts gezogen worden sey, um einst auf ewig ins Nichts zurückzugehen, und daß nur das geistige Leben ewig dauernd sey. Leiblichkeit ist nicht Unvollkommenheit, sondern wenn der Leib von der Seele durchdrungen ist die Fülle der Vollkommenheit. Unsrem Herzen genügt das bloße Geistesleben nicht. Es ist etwas in uns, das nach wesentlicher Realität verlangt; unsre Gedanken stehen nur bey der letzten Einheit still; dem getrennten Leben muß das vereinigte folgen. Die letzte Ruhe der Seele findet sich nur in der vollendeten Äußerlichkeit, und wie der Künstler nicht ruht im Gedanken seines Werkes, sondern nur in der körperlichen Darstellung, und jeder von einem Ideal Entbrannte es in leiblich-sichtbarlicher Gestalt offenbaren oder finden will: so ist das Ziel aller Sehnsucht das vollkommene Leibliche als Abglanz und Gegenbild des vollkommen Geistigen.

So ohngefähr redete Clara uns an, als wir in den ersten Tagen des Frühlings <den Berg bestigen hatten> auf dem Berg waren, von wo sie in das geliebte Land der Heimath blicken konnte. Die weite Ebene war in ein Meer von Blüthen und Licht verwandelt; alles schwamm in neuer Lust und Entzücken; es war einer jener Augenblicke, wo wir von der Allmacht des Lebens in der Natur ergriffen eine ewige Gegenwart zu genießen scheinen, wo es ist, als könnte uns kein Leid anwehen.

Wundert euch nicht, fuhr sie fort, als wir eine Weile noch schwiegen, über die plötzliche Rede. Wir haben oft und viel über die zukünftigen Dinge geredet, aber ich ruhte nicht, bis ich in Gedanken an das Ziel aller Zeiten gedrungen war. Der Frühling hat in mir diese Blüthe der Gedanken und der Hoffnung hervorgerufen. Es ist mir wieder recht innig klar geworden und ans Herz gedrungen, daß wir Kinder der Natur sind; daß wir unsrer ersten Geburt nach zu ihr gehören, und uns nie ganz von ihr lossagen können; daß wenn sie nicht zu Gott gehört, auch wir nicht zu ihm gehören können, und wenn sie nicht Eins werden kann mit Gott, auch unsere Vereinigung mit ihm entweder unvollkommen oder gar unmöglich seyn muß. Ja, nicht wir allein, die ganze Natur sehnt sich in Gott, von dem sie anfänglich genommen ist.

Zwar ist sie jetzt dem Gesetz der Äußerlichkeit unterthan, und auch sie, wie alles was in ihr lebt, muß die beyden Lebensformen nacheinander durchlaufen, die sie, ihrem Schicksal gemäß, nicht gleich vereinigen konnte. Auch dieser feste Bau der Welt wird sich einst auflösen ins Geistige; aber nur diese äußere Form zerfällt, die innre Kraft und Wesenheit besteht, um in neuer Verklärung offenbar zu werden. Das göttliche Feuer, das jetzt in ihr verschlossen ruht, wird einst die Oberhand gewinnen und dann alles was in sie bloß durch die Gewalt der äußerlichen Zurückdrängung des wahren Innerlichen eingeführt worden, verzehren; dann wird sie in ihren anfänglichen Zustand wiederkehrend nicht mehr das eigenmächtige Werk seyn, das die göttlichen Kräfte in sich gleichsam als Gefangene zurückhält, und freywillig wird das Geistige und Göttliche in dem geläuterten Wesen sich wieder vereinigen.

Ich rede davon als eine die nur ahndet aber keine Erkenntniß hat. Auch hier werden wir, um jene Erhöhung und Vervollkommnung der Materie zu begreifen, von dem Zustand ihrer jetzigen Erniedrigung und Unvollkommenheit ausgehen <müssen>. Wir werden diejenigen Eigenschaften betrachten müssen, durch die sie uns jetzt dem Geistigen entgegengesetzt scheint und wirklich entgegengesetzt ist, um diejenigen zu begreifen, durch welche sie einst mit dem Geistigen Ein Wesen sein wird.

Notizen auf der Rückseite:

1. Realität der Geisterwelt (der Vergangenheit)
2. Vollkommene Menschlichkeit der Geister.
3. Mannigfaltigkeit. Ihre Vorstellungen.

I. Die Clairvoyance im Allgemeinen

II. Im Besonderen, worin sie besteht

a) Gegensatz der Wissenschaft; alles unmittelbar, nichts mittelbar; vielleicht etwas von der Stufenfolge der Wissenschaften unter sich. Alles in unmittelbarem Gefühl.

b) Ohne Kampf – Die lange Ruhe; auch die Sünde hinweg.

c) Keine Erinnerung der Dinge als abwesend. Keine Vergangenheit.

d) Innigkeit der Gemeinschaft aus dem letzten Theil.

III. Ob der Zustand der Cl. auch anwendbar auf die Verdammung und ob kein Zwischenzustand von Seligkeit und Unseligkeit?

IV. Über das Wo?

# I

# Die Weltalter

## Erstes Buch

## Die Vergangenheit

**DRUCK I**

1811

# Einleitung

(3) Das Vergangene wird gewußt, das Gegenwärtige wird erkannt, das Zukünftige wird geahndet.

Das Gewußte wird erzählt, das Erkannte wird dargestellt, das Geahndete wird geweissagt.

Die bisher geltende Vorstellung von der Wissenschaft war, daß sie eine bloße Folge und Entwickelung eigener Begriffe und Gedanken sey. Die wahre Vorstellung ist, daß es die Entwickelung eines lebendigen, wirklichen Wesens ist, die in ihr sich darstellt.

Es ist ein Vorzug unserer Zeiten, daß der Wissenschaft das Wesen wiedergegeben worden, und zwar, wie wohl behauptet werden darf, auf eine nicht wieder verlierbare Weise. Es ist nicht zu hart, wenn geurtheilt wird, daß nach dem einmal geweckten dynamischen Geist jedes Philosophiren, das nicht aus ihm seine Kraft nimmt, nur (4) noch als ein leerer Mißbrauch der edeln Gabe zu sprechen und zu denken angesehen werden kann.

Das Lebendige der höchsten Wissenschaft kann nur das Urlebendige seyn, das Wesen, dem kein anderes vorausgeht, also das älteste der Wesen.

Dieses Urlebendige, da nichts vor oder außer ihm ist, von dem es bestimmt werden möchte, kann sich, in wiefern es sich entwickelt, nur frey, aus eigenem Trieb und Wollen, rein aus sich selber, aber eben darum nicht gesetzlos, sondern nur gesetzmäßig entwickeln. Es ist keine Willkühr in ihm; es ist eine Natur im vollkommensten Verstande des Worts, wie der Mensch der Freyheit unbeschadet, und eben dieser wegen eine Natur ist.

Nachdem die Wissenschaft der Materie nach zur Objektivität gelangt ist, so scheint es eine natürliche Folge, daß sie dieselbe der Form nach suche.

Warum war oder ist dieß bis jetzt unmöglich? Warum kann das Gewußte auch der höchsten Wissenschaft nicht mit der Geradheit und Einfalt wie jedes andere Gewußte erzählt werden? Was hält sie zurück die geahndete goldne (5) Zeit, wo die Wahrheit wieder zur Fabel und die Fabel zur Wahrheit wird?

Dem Menschen muß ein Princip zugestanden werden, das außer und über der Welt ist; denn wie könnte er allein von allen Geschöpfen den langen Weg der Entwicklungen, von der Gegenwart an bis in die tiefste Nacht der Vergangenheit zurück verfolgen, er allein bis zum Anfang der Zeiten aufsteigen, wenn in ihm nicht ein Princip vor dem Anfang der Zeiten wäre? Aus der Quelle der Dinge geschöpft und ihr gleich hat die menschliche Seele eine Mitwissenschaft der Schöpfung. In ihr liegt die höchste Klarheit aller Dinge und nicht sowohl wissend ist sie als selber die Wissenschaft.

Aber nicht frey ist im Menschen das überweltliche Princip noch in seiner uranfänglichen Lauterkeit, sondern an ein anderes geringeres Princip gebunden. Dieses andere ist selbst ein gewordenes und darum von Natur unwissend und dunkel; und verdunkelt nothwendig auch das höhere, mit dem es verbunden ist. Es ruht in diesem die Erinnerung aller Dinge, ihrer ursprünglichen Verhält-(6)nisse, ihres Werdens, ihrer Bedeutung. Aber dieses Ur-bild der Dinge schläft in der Seele als ein verdunkeltes und vergessenes, wenn gleich nicht völlig ausgelöschtes Bild. Vielleicht würde es nie wieder erwachen, wenn nicht in jenem dunkeln selber die Ahndung und die Sehnsucht der Erkenntniß läge. Aber unaufhörlich von diesem angerufen um seine Veredlung bemerkt das Höhere, daß das Niedere ihm nicht beygegeben ist, um von demselben gefesselt zu bleiben, sondern damit es selbst ein Anderes habe, in welchem es sich beschauen, darstellen und sich verständlich werden könne. Denn in ihm liegt alles ohne Unterscheidung, zumal, als Eins; in dem andern aber kann es, was in ihm Eins ist, unterscheidbar machen, aussprechen, auseinanderlegen. Darum verlangen beyde gleich sehr nach der Scheidung, jenes, damit es in seine ursprüngliche Freyheit heimkehre und sich offenbar werde, dieses damit es von ihm empfangen könne und ebenfalls obgleich auf ganz andere Art wissend werde.

Diese Scheidung, diese Verdoppelung unsrer selbst, dieser geheime Verkehr, in welchem zwey (⁷) Wesen sind, ein fragendes und ein antwortendes, ein wissendes oder vielmehr das die Wissenschaft selber ist, und ein unwissendes nach Klarheit ringendes, diese innere Unterredungskunst, das eigentliche Geheimniß des Philosophen ist es, von welcher die äußere, die davon Dialektik heißt, nur das Nachbild, und wo sie zur bloßen Form geworden, der leere Schein und Schatten ist.

Also erzählt wird seiner Natur nach alles Gewußte; aber das Gewußte ist hier kein von Anbeginn fertig daliegendes und vorhandenes, sondern ein aus dem Innern immer erst entstehendes. Durch innerliche Scheidung und Befreyung muß das Licht der Wissenschaft aufgehen, ehe es äußerlich werden kann. Was wir Wissenschaft nennen, ist nur erst Streben nach dem Wiederbewußtwerden, also mehr noch ein Trachten nach ihr, als sie selbst; aus welchem Grund ihr unstreitig von jenem hohen Manne des Alterthums der Name Philosofohpie beygelegt worden ist. Denn die von Zeit zu Zeit gehegte Meynung, die Philosophie durch Dialektik endlich in wirkliche Wissenschaft verwandeln zu können, verräth nicht wenig Eingeschränktheit, (⁸) da ja eben das Daseyn und die Notwendigkeit der Dialektik beweißt, daß sie noch keineswegs wirkliche Wissenschaft ist.

Der Philosoph befindet sich im Grunde in keinem andern Fall als der andre Historiker auch. Denn auch dieser bedarf erstens vieler Scheidungskunst oder Kritik, um das Falsche von dem Wahren, das Irrige vom Rechten in den erhaltenen Ueberlieferungen zu sondern. Auch bedarf er gar sehr jene Scheidung in sich selbst, wohin das gehört was man zu sagen pflegt, er müsse sich von den Begriffen und Eigenheiten seiner Zeit frey zu machen suchen, und noch vieles andre, wovon hier zu reden zu weitläuftig wäre.

Alles, schlechthin alles, auch das von Natur äußerliche, muß uns zuvor innerlich geworden seyn, ehe wir es äußerlich oder objektiv darstellen können. Wenn im Geschichtsschreiber nicht selbst die alte Zeit erwacht, deren Bild er uns entwerfen will: so wird er nie anschaulich, nie wahr, nie lebendig darstellen. Was wäre alle Historie, wenn ihr nicht ein innrer Sinn zu Hülfe käme? Was sie bey so vielen ist, die zwar das meiste (⁹) von allem Geschehenen wissen, aber von eigentlicher Geschichte nicht das Geringste verstehen. Nicht bloß menschliche Begebenheiten, auch die Geschichte der Natur hat ihre Denkmäler, und man kann wohl sagen, daß sie auf ihrem weiten Schöpfungsweg keine Stufe verlassen, ohne etwas zur Bezeichnung zurückzulassen. Diese Denkmäler der Natur liegen großentheils offen da, sind vielfach durchforscht, zum Theil wirklich entziffert, und doch reden sie uns nicht <und> sondern bleiben todt, ehe jene Folge von Handlungen und Hervorbringungen dem Menschen innerlich geworden: denn vom Innerlichwerden fängt alles Wissen und Begreifen an.

Nun haben einige gemeynt, es sey möglich, jenes Untergeordnete ganz bey Seite zu setzen, und alle Zweyheit in sich aufzuheben, so daß wir gleichsam nur innerlich seyen und ganz im Ueberweltlichen leben. Wer kann die Möglichkeit einer solchen Versetzung des Menschen in sein überweltliches Princip und demnach einer Erhöhung der Gemüthskräfte in's Schauen schlechthin läugnen? Ein jedes physisches und moralisches Ganzes be (¹⁰) darf zu seiner Erhaltung von Zeit zu Zeit der Reduktion auf seinen innersten Anfang. Der Mensch verjüngt sich immer wieder und wird neuselig durch das Einheitsgefühl seines Wesens. In eben diesem schöpft besonders der Wissenschaftsuchende beständig frische Kraft; nicht der Dichter allein, auch der Philosoph hat seine Entzückungen. Er bedarf ihrer, um durch das Gefühl der unbeschreiblichen Realität jener höheren Vorstellungen gegen die erzwungenen Begriffe einer leeren und begeisterungslosen Dialektik verwahrt zu werden. Ein anderes aber ist, die Beständigkeit dieses anschauenden Zustandes verlangen, welches gegen die Natur und Bestimmung des jetzigen Lebens streitet. Denn wie wir sein Verhältniß zu dem vorhergehenden ansehen mögen, immer wird es darauf zurückkommen, daß was in diesem untheilbarerweise zusammen war, in ihm entfaltet und theilweis auseinandergelegt werde. Wir leben nicht im Schauen; unser Wissen ist Stückwerk, d. h. es muß stückweis, nach Abtheilungen und Abstufungen erzeugt werden, welches nicht ohne alle Reflexion, geschehen kann.

(11) Daher wird auch der Zweck im bloßen Schauen nicht erreicht. Denn im Schauen an und für sich ist kein Verstand. Auch in der äußern Welt sieht ein jeder mehr oder weniger das nämliche und kann es doch nicht jeder aussprechen. Ein jedes Ding durchläuft, um zu seiner Vollendung zu gelangen, gewisse Momente: eine Reihe aufeinander folgender Prozesse, wo immer der spätere in den früheren eingreift, bringt es zu seiner Reife: diesen Verlauf in der Pflanze z. B. sieht der Bauer so gut als der Gelehrte und kennt ihn doch nicht eigentlich, weil er die Momente nicht auseinanderhalten, nicht gesondert, nicht in ihrer wechselseitigen Entgegensetzung betrachten kann. Eben so kann der Mensch jene Folge von Prozessen, wodurch aus der höchsten Einfalt des Wesens zuletzt die unendliche Mannigfaltigkeit erzeugt wird, in sich durchlaufen und unmittelbar gleichsam erfahren, ja, genau zu reden, muß er sie in sich selbst erfahren. Aber alles Erfahren, Fühlen, Schauen ist an und für sich stumm und bedarf eines vermittelnden Organs, um zum Aussprechen zu gelangen. Fehlt dieses dem (12) Schauenden oder stößt er es absichtlich von sich, um unmittelbar aus dem Schauen zu reden, so verliert er das ihm nothwendige Maß, er ist Eins mit dem Gegenstand und für jeden dritten wie der Gegenstand selber; ebendarum nicht Meister seiner Gedanken und im vergeblichen Ringen das unaussprechliche dennoch auszusprechen ohne alle Sicherheit; was er trifft, das trifft er, jedoch ohne dessen gewiß zu seyn, ohne es fest vor sich hinstellen und im Verstande gleichsam als in einem Spiegel wieder beschauen zu können.

Also um keinen Preis aufzugeben ist jenes äußere Princip; denn es muß alles erst zur wirklichen Reflexion gebracht werden, damit es zur höchsten Darstellung gelangen könne. Hier geht also die Gränze zwischen Theosophie und Philosophie, welche der Wissenschaftliebende keusch zu bewahren suchen wird. Die erste hat an Tiefe, Fülle und Lebendigkeit des Inhalts vor der letzten gerade soviel voraus, als der wirkliche Gegenstand vor seinem Bilde, die Natur vor ihrer Darstellung voraus hat; und allerdings bis zur Unvergleichbarkeit geht diese Verschiedenheit, wenn eine todte das Wesen in ([13]) Formen und Begriffen suchende Philosophie zur Vergleichung genommen wird. Daher die Vorliebe inniger Gemüther für sie, die ebenso leicht erklärbar ist, als die Vorliebe für die Natur im Gegensatz der Kunst. Denn diesen Vorzug haben die theosophischen Systeme vor allen bisher geltenden, daß in ihnen wenigstens eine Natur ist, wenn auch eine ihrer selbst nicht mächtige, in den andern dagegen nichts als Unnatur und eitle Kunst. Aber so wenig Natur der recht verstandnen Kunst, so wenig ist die Fülle und Tiefe des Lebens recht verstandner Wissenschaft unerreichbar; nur allmähliger gelangt sie dazu, mittelbarer und durch stufenweises Fortschreiten, so daß der Wissende immer von seinem Gegenstande verschieden, dagegen dieser auch von ihm getrennt bleibt und Objekt einer besonnenen, ruhig genießenden Beschauung wird.

Hindurchgehen also durch Dialektik muß alle Wissenschaft. Aber, kommt nie der Punkt, wo sie frey und lebendig wird, wie im Geschichtschreiber das Bild der Zeiten, bey dessen Darstellung er seiner Untersuchungen nicht mehr gedenkt? ([14]) Kann nie wieder die Erinnerung vom Urbeginn der Dinge so lebendig werden, daß die Wissenschaft, da sie der Sache und der Wortbedeutung nach Historie ist, es auch der äußern Form nach seyn könnte, und der Philosoph, dem göttlichen Platon gleich, der die ganze Reihe seiner Werke hindurch dialektisch ist, aber im Gipfel und letzten Verklärungspunkt aller historisch wird, zur Einfalt der Geschichte zurückzukehren vermöchte.

Unserem Zeitalter scheint es vorbehalten gewesen zu seyn, den Weg zu dieser Objektivität der Wissenschaft für immer zu öffnen. So lange diese auf das Innerliche beschränkt bleibt, fehlt es ihr an dem natürlichen Mittel äußerer Darstellung. Jetzt ist, nach langen Verirrungen, die Erinnerung an die Natur, und an ihr vormaliges Einsseyn mit ihr, der Wissenschaft wieder geworden. Aber dabey blieb es nicht. Kaum waren die ersten Schritte, Philosophie mit Natur wieder zu vereinigen, geschehen, als das hohe Alter des Physischen anerkannt werden mußte, und wie es, weit entfernt das Letzte zu seyn, vielmehr das Erste ist, von dem alle, auch die Entwickelung ([15]) des göttlichen Lebens, anfängt. Nicht mehr von der weiten Ferne abgezogener Gedanken beginnt seitdem die Wissenschaft, um von diesen zum Natürlichen herabzusteigen; sondern umgekehrt, vom bewußtlosen Daseyn des Ewigen anfangend, führt sie es zur höchsten Verklärung in einem göttlichen Bewußtseyn hinauf. Die übersinnlichsten Gedanken erhalten jetzt physische Kraft und Leben, und umgekehrt wird Natur immer mehr der sichtbare Abdruck von den höchsten Begriffen. Eine kurze Zeit, und die Verachtung, womit ohnedies nur noch die Unwissenden auf alles Physische herabsehen, wird aufhören, und noch einmal wahr werden das Wort: Der Stein, den die Bauleute verworfen, ist zum Eckstein worden. Dann wird die so oft vergebens gesuchte Popularität von selbst sich ergeben. Dann wird zwischen der Welt des Gedankens und der Welt der Wirklichkeit kein Unterschied mehr seyn. Es wird Eine Welt seyn, und der Friede des goldnen Zeitalters zuerst in der einträchtigen Verbindung aller Wissenschaften sich verkünden. ([16])

Bei diesen Aussichten, welche die gegenwärtige Schrift auf mehr als eine Weise zu rechtfertigen suchen wird, darf sich wohl ein oft überlegter Versuch hervorwagen, der zu jener künftigen objektiven Darstellung der Wissenschaft einige Vorbereitung enthält. Vielleicht kommt der noch, der das größte Heldengedicht singt, im Geist umfassend, wie von Sehern der Vorzeit gerühmt wird, was war, was ist und was seyn wird. Aber noch ist diese Zeit nicht gekommen. Wir dürfen unsere Zeit nicht verkennen. Verkündiger derselben, wollen wir ihre Frucht nicht brechen, ehe sie reif ist, noch die unsrige verkennen. Noch ist sie eine Zeit des Kampfs. Noch ist des Untersuchens Ziel nicht erreicht; noch muß, wie die Rede von Rhythmus, Wissenschaft von Dialektik getragen und begleitet werden. Nicht Erzähler können wir seyn, nur Forscher, abwägend das Für und das Wider jeglicher Meynung, bis die rechte feststeht, unzweifelhaft, für immer gewurzelt.

(17) Erstes Buch

# Die Vergangenheit

(19) Wie lieblich ist der Ton der Erzählungen aus der heiligen Frühe der Welt, da noch alles zusammen ist im Hause des Vaters, bis die Söhne ausgehen ein jeder nach seinem Geschäft, endlich das Geräusch der Stämme und Völker anhebt!

Doch nicht von diesen reden wir hier; die Geschichte der Entwickelungen des Urwesens haben wir uns vorgesetzt zu beschreiben und zwar anfangend von seinem ersten noch unaufgeschlossenen Zustand, der vorweltlichen Zeit.[1]

Keine Sage tönt aus jener Zeit herab, denn sie ist die Zeit des Schweigens und der Stille. Nur in göttlichen geoffenbarten Reden leuchten einzelne Blitze, welche diese uralten Finsternisse zerreißen.

Doch vor allem in uns selbst müssen wir die Vergangenheit zurückrufen, um zu finden, wovon alles ausgegangen und was zuerst den Anfang gemacht. Denn je menschlicher wir alles nehmen, (20) desto mehr können wir hoffen, uns der wirklichen Geschichte zu nähern.

Aber selbst dieß, daß wir eine Vergangenheit in so hohem Sinne annehmen, scheint in gar vieler Hinsicht der Rechtfertigung zu bedürfen.

Wäre die Welt, wie einige <sogenannte>[2] Weise <gemeynt>[3] haben, eine rück- und vorwärts ins Endlose auslaufende Kette von Ur-

---

[1] *Rb*: Zu benützen bei Vorrede zu den W.A.

[2] vermeynte *S*. [3] behauptet *S*.

sachen und Wirkungen; so gäbe es im eigentlichen Verstande weder eine Vergangenheit noch eine Zukunft. Aber dieser <ungereimte Gedanke>[1] sollte billig mit dem mechanischen System, welchem allein er angehört, zugleich verschwunden seyn.

Wie wenige kennen eigentliche Vergangenheit! Ohne kräftige, durch Scheidung von sich selbst entstandene, Gegenwart gibt es keine.[2] Der Mensch, der sich seiner Vergangenheit nicht entgegenzusetzen fähig ist, hat keine, oder vielmehr er kommt nie aus ihr heraus, lebt beständig in ihr. Ebenso jene, welche immer die Vergangenheit zurückwünschen, die nicht fortwollen, indeß alles vorwärts geht, und die durch ohnmächtiges Lob der vergangenen Zeiten wie durch kraftloses Schelten der Gegenwart beweisen, daß sie in dieser nichts zu wirken vermögen.

(21) Die meisten scheinen überhaupt von keiner Vergangenheit zu wissen, als der, welche sich in jedem verfließenden Augenblick durch eben diesen vergrößert, und die offenbar selbst noch nicht vergangen, d. h. von der Gegenwart geschieden ist.

Wäre <aber>[3] auch in jedem Sinne bewährt die alte Rede, daß nichts Neues in der Welt geschehe; wäre auf die Frage, was ist's, das geschehen ist? noch immer jene Antwort die richtige: Ebendas, was hernach geschehen wird, und auf die, was ist's, das geschehen wird? Ebendas, was zuvor geschehen ist, so würde daraus nur folgen, daß die Welt in sich keine Vergangenheit und keine Zukunft habe; daß alles, was in ihr von Anfang geschehen ist, und was bis zum Ende geschehen wird, nur zu Einer großen Zeit gehört; daß die eigentliche Vergangenheit, die Vergangenheit schlechthin, die vorweltliche ist; die eigentliche Zukunft, die Zukunft schlechthin, die nachweltliche – und so würde sich uns ein System der Zeiten entfalten, von welchem das der menschlichen nur ein Nachbild, eine Wiederholung in engerem Kreise wäre.

Alles, was uns umgibt, weist an eine unglaublich hohe Vergangenheit zurück. <Der Erde selbst und einer Menge ihrer Bildungen muß

[1] Ungedanke *S.* [2] ; wieviele erfreuen sich einer solchen? *S.*
[3] jedoch.

ein (22) unbestimmbar höheres Alter zugeschrieben werden als dem Geschlecht der Pflanzen und der Tiere, diesen wieder ein höheres als dem Geschlecht des Menschen. Wir sehen eine Reihe von Zeiten, von denen je eine der andern folgte und immer die folgende die vorhergehende zudeckte; nirgends zeigt sich etwas Ursprüngliches, eine Menge nach und nach angelegter Schichten,>[1] die Arbeit von Jahrtausenden muß hinweggenommen werden, um endlich auf den Grund zu kommen.

Wenn die vor uns liegende Welt durch so viele Mittelzeiten herabgekommen endlich diese geworden ist: wie vermöchten wir auch nur das Gegenwärtige zu erkennen ohne Wissenschaft des Vergangenen? Schon die Eigenheiten einer ausgezeichneten menschlichen Individualität sind uns oft unbegreiflich, bis wir die besonderen Umstände erfahren, unter welchen sie geworden ist und sich gebildet hat. Und der Natur sollte man so leicht auf ihre Gründe kommen? Ein hohes Werk des Alterthums steht als ein unfaßliches Ganzes vor uns, bis wir der Art seines Wachsthums und seiner allmäligen Entstehung auf die Spur gekommen sind. Wie viel mehr muß dieß bey einem so vielfach zusammengesetzten Individuum, als schon die Erde ist, der Fall seyn! Welche (23) ganz andre Verwicklungen und Verschränkungen müssen hier stattfinden! Auch das Kleinste, bis zum Sandkorn herab, muß Bestimmungen an sich tragen, hinter die es unmöglich ist zu kommen, ohne den ganzen Lauf der schaffenden Natur bis zu ihm zurückgelegt zu haben. Alles ist nur Werk der Zeit und nur durch die Zeit erhält jedes Ding seine Eigenthümlichkeit und Bedeutung.

Wenn aber einmal <die Basis aller>[2] Erkenntniß, Wissenschaft oder Herleitung aus der Vergangenheit ist, wo ist hier ein Stillstand? Denn auch bey'm letzten Sichtbaren angekommen, findet der Geist noch eine nicht durch sich selbst begründete Voraussetzung, die ihn an eine Zeit weist, da nichts war, als das Eine unerforschliche <Wesen,

[1] von *S.* durch den entsprechenden Absatz in Druck II (u. S. 120) ersetzt.

[2] der wahre Grund und Anfang auch der *S.*

das alles in sich verschlungen enthielt, und>[1] aus dessen Tiefe sich alles hervorgebildet; und wenn nun dieses wieder recht im Geiste betrachtet wird, entdecken sich auch in ihm neue Abgründe und nicht ohne eine Art von Entsetzen<, ähnlich dem, womit der Mensch erfährt, daß seine friedliche Wohnung über dem Heerd eines uralten Feuers erbaut ist, bemerkt er>,[2] daß auch in dem Urwesen selbst etwas als Vergangenheit gesetzt werden mußte, ehe die gegenwärtige Zeit möglich wurde, daß[3] dieses Vergangene <noch immer im (24) Grunde verborgen liegt, und daß dasselbe Princip in seiner Unwirksamkeit uns trägt und hält, das in seiner Wirksamkeit uns verzehren und vernichten würde.>[4]

Ich habe gewagt, die Gedanken, welche sich mir über das Organische der Zeit und der drey großen Abmessungen derselben, die wir als Vergangenheit, Gegenwart und Zukunft unterscheiden, durch oft wiederholte Betrachtung gebildet haben, schriftlich aufzuzeichnen; doch nicht in strengwissenschaftlicher, nur in leicht mittheilender Form, damit sie die Unvollständigkeit ihrer Ausbildung selbst anzuerkennen scheinen, welche ihnen, obgleich lang' umhergetragenen, nach allen Seiten zu geben der Drang der Zeiten nicht erlaubt hat.

Wie vielgestaltig ist das Ansehen der Zeit! Im Begriff gegen das ewig Wahre gehalten, wie leer, daß es verzeilich scheint, sie für ein Spielwerk unserer Gedanken auszugeben, das aufhörte, sobald wir nicht mehr Stunden und Tage zählten! Jetzt ein unmerkliches geisterartiges Wesen, das mit so leisem Tritt wandelt, daß wir mit dem Morgenländer sagen möchten: Sie ruht ohne daß sie aufhört zu fliegen, und sie fliegt ohne daß sie aufhört zu ruhen; jetzt mit Schrit-(25)ten einhertretend, unter denen die Erde erbebt, Völker zusammenstürzen.

Schon längst, wäre nicht auch für solche abgezogne Untersuchungen die Zeit vorübergeeilt, konnte es verdienstlich seyn, Form und Wirklichkeit, Schein und Wesen in der Zeit genau zu scheiden. Bey dem gegenwärtigen Stand der Wissenschaft verlangen wir mit Recht, alles

---

[1] von sich selbst seyende Wesen,

[2] erkennt er endlich *S.*    [3] eben *S.*

[4] es ist, was die gegenwärtige Schöpfung trägt und noch immer im Grunde verborgen ist. *S.*

gleich im Leben und That zu sehen und handeln die großen Gegenstände nicht mehr einzeln, oder getrennt nach Kapiteln, ab. Wir ahnden einen in der Zeit tief verborgen liegenden und bis ins Kleinste gehenden Organismus. Wir sind überzeugt (oder wer ist es nicht?) daß jedem großen Ereigniß, jeder folgenvollen That ihr Tag, ihre Stunde, ja ihr Augenblick bestimmt ist, und daß sie kein Nu früher an's Tageslicht tritt, als die Kraft will, welche die Zeiten anhält und mäßigt. Wäre es nun auch[1] zu viel gewagt, die <Abgründe>[2] der <Zeiten>[3] <jetzt> schon durchschauen zu wollen; so ist doch der Augenblick gekommen, das große System der Zeiten in seinem weitesten Umfange zu entwickeln.

Doch ehe wir den langen dunkeln Weg der Zeiten von Anbeginn betreten, sey es uns verstattet, mit wenigen Worten das <Höchste>[4] auszusprech=(26)en, das über aller Zeit ist, und in aller Entwicklung sich offenbaren will.

Es ist nur Ein Laut in allen höheren und besseren Lehren, daß das Seyn schon ein tieferer Zustand des Wesens, und daß sein urerster unbedingter Zustand über allem Seyn ist. Einem jeden von uns wohnt das Gefühl bey, daß Die Nothwendigkeit dem Seyn als sein Verhängniß folgt. Alles Seyn strebt zu seiner Offenbarung und in sofern zur Entwicklung; alles Seyende hat den Stachel des Fortschreitens, des sich Ausbreitens in sich, Unendliches ist in ihm verschlossen, das es aussprechen möchte; denn ein jedes Seyendes verlangt nicht bloß innerlich zu seyn, sondern das, was es ist, auch wieder, nämlich äußerlich zu seyn. Nur über dem Seyn wohnt die wahre, die ewige Freyheit. Freyheit ist der bejahende Begriff der Ewigkeit oder dessen, was über aller Zeit ist.

Den meisten, weil sie jene höchste Freyheit nie empfanden, scheint es das Höchste, ein Seyendes oder Subjekt zu seyn; daher fragen sie: was denn über dem Seyn gedacht werden könne? und antworten sich selbst: Das Nichts, oder dem Aehnliches.

---

[1] freilich *S.* [2] Tiefen *S.* [3] Zeit *S.*
[4] <was jenseits aller Zeit liegt>

(27) Ja wohl ist es ein Nichts, aber wie die <lautre>[1] Freyheit ein Nichts ist; wie der Wille, der nichts will, der keiner Sache begehrt, dem alle Dinge gleich sind, und der darum von keinem bewegt wird. Ein solcher Wille ist Nichts und ist Alles. Er ist Nichts, in wie fern er weder selbst wirkend zu werden begehrt, noch nach irgend einer Wirklichkeit verlangt. Er ist Alles, weil doch von ihm als der ewigen Freyheit allein alle Kraft kommt, weil er alle Dinge unter sich hat, alles beherrscht und von keinem beherrscht wird.

Die Bedeutung der Verneinung ist allgemein eine sehr verschiedene, je nachdem sie auf das Innere oder Aeußere bezogen wird. Denn die höchste Verneinung im letzten Sinn muß Eins seyn mit der höchsten Bejahung im ersten. Was alles in sich <hat>,[2] kann <es> eben darum <nicht>[3] <zugleich> äußerlich haben. Ein jedes Ding hat Eigenschaften, woran es erkannt und gefaßt wird; und je mehr es Eigenschaften hat, desto faßlicher ist es. Das Größte ist rund, ist eigenschaftslos. Am Erhabenen findet der Geschmack, d. i. die Unterscheidungsgabe, nichts zu schmecken, so wenig als am Wasser, das aus der Quelle geschöpft ist. König, sagt ein Alter, ist, der nichts hofft, und der nichts fürchtet. So wird in dem sinnreichen Spiel (28) eines älteren deutschen Schriftstellers voll Innigkeit derjenige Wille arm genannt, <der, weil er alles in sich hat, nichts außer sich hat, das er wollen kann>.[4]

So ist die Ewigkeit ebendarum, weil sie <nichts Seyendes und> nach außen[5] reinste Wirkungslosigkeit ist, in sich selbst die höchste Wesentlichkeit.

Wie fangen wir es nur an, diese Lauterkeit zu beschreiben? Fragen wir nur, was im Menschen allem wirklichen, allem bedingten Seyn vorangeht; denn was im Menschen das Höchste ist, das ist in Gott, das ist in allen Dingen das Wesen, die eigentliche Ewigkeit. Sehet <ein>[6] Kind an, wie es in sich ist ohne Unterscheidung, und ihr werdet in ihm ein Bild der reinsten Göttlichkeit erkennen. Wir haben sonst das Höchste ausgesprochen als die wahre, die absolute Einheit von Subjekt und Ob-

---

[1] reinste. [2] ist. [3] nichts.
[4] der an nichts hängt, der, weil er sich selbst genug ist, nichts hat, das er wollen kann. [5] stumm und als *S.* [6] das

jekt, da keins von beyden und doch die Kraft zu beyden ist. Es ist die reine Frohheit in sich selber, die sich selbst nicht kennt, die gelassene Wonne, die ganz erfüllt ist von sich selber und an nichts denkt, die stille Innigkeit, die sich freut ihres nicht Seyns. Ihr Wesen ist nichts als Huld, Liebe und Einfalt. Sie ist im Menschen die wahre Menschheit, in Gott die Gottheit. Daher wir <gewagt>,[1] jene Einfalt des (29) Wesens über Gott zu setzen, wie schon einige der Aelteren von einer Ueber-Gottheit geredet, unähnlich darinn den Neueren, die in verkehrtem Eifer diese Ordnung wieder umkehren wollten. Sie ist nicht Gott, sondern der Glanz des unzugänglichen Lichtes, in dem Gott wohnt, die verzehrende Schärfe der Reinheit, welcher der Mensch nur mit gleicher Lauterkeit des Wesens sich nähern kann. Denn da sie alles Seyn in sich als in einem Feuer verzehrt, so muß sie jedem unnahbar seyn, der noch im Seyn befangen ist.

Daher die so allgemeine Frage: wie wir denn diese Lauterkeit erkennen? Die einzige Antwort ist: werde in dir selber eine gleiche Lauterkeit, fühle und erkenne sie in dir als das Höchste und du wirst sie unmittelbar als das absolut Höchste erkennen. Denn wie soll dem, der in sich selbst zertheilt und vielfältig ist, die höchste Einfalt Etwas werden?

In Ansehung des Menschen ist freylich alle Wissenschaft Erinnerung: in Bezug auf die Ewigkeit nicht, welche nie Vergangenheit werden kann. Nur der Mensch bedarf der Befreyung, damit sein Wesen wieder sey, was es an sich ist, ein Blick der lautersten Gottheit, in welchem so wenig ein Subjekt oder Objekt unterschieden ist, als (30) in ihr selber. Daher ist gerade die Erkenntnis des Höchsten die einzige ihrer Art, was Unmittelbarkeit betrifft und Innigkeit. –

Wodurch wurde diese Seligkeit bewogen, ihre Lauterkeit zu verlassen und herauszutreten in das Seyn? – Dieß ist der gewöhnliche Ausdruck der Frage über das Verhältniß der Ewigkeit zum Seyn, des Unendlichen zum Endlichen. Aber es ist schon oft bemerkt worden, es

[1] gedrungen sind

sey unmöglich, daß diese Lauterkeit je aus sich selbst heraustrete, unmöglich, daß sie etwas von sich absondere, ausstoße, oder daß sie überhaupt nach außen wirke. Sie kann ewig nur in sich selbst bleiben: nur innere Bewegungen lassen sich in solcher Innigkeit denken; ja auch dieses läßt sich nicht einmal sagen, daß in ihr etwas vorgehe; denn sie ist ganz Eins mit ihrem Thun, und es selber.

Laßt es uns auch hier wieder menschlich nehmen; vielleicht daß es uns gelingt, jenes Verhältniß, das in der Abgezogenheit der Begriffe schwer zu fassen ist, anschaulicher zu erkennen. Wer vermag es, die Regungen einer Natur in ihren Uranfängen genau zu beschreiben, wer diese geheime Geburtsstätte des Wesens zu enthüllen? Doch läßt sich soviel einsehen, daß eine jede Na-(31)tur im Zustande der ersten Innigkeit nichts sey als ein stilles Sinnen über sich selbst, das aber, weil sie es nicht von sich abzusondern vermag, seiner selbst nicht bewußt seyn kann; ein In-sich-gehen, ein Sich-suchen und Sich-finden, das je inniger desto wonnevoller ist, und die Lust erzeugt, sich zu haben und sich äußerlich zu erkennen, welche Lust sodann den Willen empfängt, der der Anfang zur Existenz ist.

Nur empfangen wird dieser Wille, nicht gezeugt, denn in dem lauteren Wesen ist keine <zeugende,> nach außen wirkende[1] Kraft. Also zeugt jener andre Wille, der der Wille zur Existenz ist, sich selbst, und ist darum der ewige Wille zu nennen.[2] Denn es ist hier <auch> an kein Werden oder Anfangen aus dem Vorhergehenden zu denken; denn vor dem andern Willen war die Ewigkeit als ein Nichts; sie war, <was>[3] dein Ich war, ehe es sich selbst gefunden und empfunden; sie war, aber sie war als wäre sie nicht, und konnte darum auch nichts anderem thätig vorausgehen, noch der Anfang zu <Etwas>[4] seyn. <Aller Anfang ist erst von>[5] dem andern Willen, der, weil ihm der erste nicht reell vorausgehen kann, in seiner Art eben so absolut seyn muß, als der Wille der nichts will.

---

[1] also auch keine außer sich zeugende *S.*

[2] da der erste mehr das Wollen der Ewigkeit selber war. *S.*

[3] wie *S.* [4] etwas *S.*

[5] Alle Wirkung kommt nur von und mit *S.*

([32]) Allgemein angenommen ist, die Zeit sey der Ewigkeit Widerspiel und Gegensatz, doch zugleich in einem nothwendigen Verhältniß zu ihr. Dieses Verhältniß kann nicht so vorgestellt werden, als ob die Ewigkeit in der Zeit aufhörte und durch sie als Vergangenheit gesetzt würde. Denn die Ewigkeit ist ewig Ewigkeit; und alle Vergangenheit gehört selbst schon zu der Zeit. Wenn wir ein Samenkorn der Erde übergeben, so ist es als das Werk einer anderen Zeit unabhängig von der Zeit der zukünftigen Pflanze und könnte beziehungsweise auf diese wohl als ewig angesehen werden: aber kaum wirken die Kräfte der Erde und des Wassers in ihm, so greift es in die Zeit der werdenden Pflanze ein, nicht dadurch, daß es in ihr fortbesteht, sondern daß es als Samenkorn aufhört zu seyn und als Vergangenheit gesetzt wird. Beweis genug, daß es die Zeit schon als Möglichkeit enthielt.

Aber ebensowenig läßt sich denken, die Ewigkeit sey das unmittelbar Setzende der Zeit: denn weder, wie sie überhaupt wirkend werde, ist zu begreifen, noch wie sie als das absolut sich selbst Gleiche das ihr Ungleiche hervorbringen sollte.

([33]) Nur ein von der Ewigkeit als solcher verschiedenes, ja nur ein ihr thätig entgegengesetztes Princip kann das erste Setzende der Zeit seyn. Aber doch kann dieses Princip von der Ewigkeit nicht absolut getrennt; es muß, schon des Gegensatzes wegen, auf andere Weise wieder Eins mit ihr seyn.

Wenn jener zweyte, in der Lauterkeit des Wesens sich selbst erzeugende, Wille der Wille zur Existenz ist, und wenn mit dem Seyn Streben zur Offenbarung und zur Entwicklung kommt: so ist dieser andre Wille das erste Setzende der Möglichkeit einer Zeit; denn von der Wirklichkeit ist noch überall nicht die Frage.

Dieser andre Wille aber ist *in* der Ewigkeit und schon darum ein seiner Natur nach ewiger Wille. Er ist, wie wir uns ausdrücken können, der Ewigkeit gleich der *Existenz* nach.

Aber er ist verschieden von ihr ja ihr entgegengesetzt durch die völlig andre Natur, schon darum, weil jene der Wille ist, der nichts will, dieser aber der bestimmte Wille, der Etwas will. Wenn die Ewigkeit in sich selbst nichts anderes ist, denn unendliches Ausquellen und Besahen ih-(34)rer selbst; so muß jener andre Wille beziehungsweise auf sie einschränkender, zusammenziehender, verneinender Natur seyn.

Also erkennen wir zwey gleich ewige Willen, die der Natur nach verschieden ja entgegengesetzt sind, aber der Existenz nach Ein Wesen ausmachen.

Alle sind darinn einstimmig, daß die Gottheit ein Wesen aller Wesen, die reinste Liebe, unendliche Ausfließlichkeit und Mittheilsamkeit ist. Aber sie behaupten doch zugleich, daß die Gottheit als solche existire. Aber von sich selbst gelangt die Liebe nicht zum Seyn. Existenz ist Eigenheit, ist Absonderung; die Liebe aber ist das Nichts der Eigenheit, sie sucht nicht das ihre und kann darum auch von sich selbst nicht existirend seyn. Ebenso ein Wesen aller Wesen hat nichts, das es trägt und da es nicht an sich persönlich ist, so muß das besondere, persönliche Wesen, das wir Gott nennen, ihm erst einen Grund machen. Nur das Etwas ist der Träger des Nichts, das selbst nicht seyn kann. Wollten wir auch einen persönlichen Gott als etwas sich von selbst verstehendes annehmen: so würde er doch so wenig als irgend ein persönliches Wesen, der Mensch z. B., aus bloßer Liebe bestehen können. Denn diese, die (35) ihrer Natur nach unendlich ausbreitend ist, würde zerfließen und sich selbst verlieren ohne eine zusammenhaltende Kraft, die ihr Bestand gibt. Aber so wenig die Liebe existiren könnte ohne eine ihr widerstehende Kraft: so wenig diese ohne die Liebe. Wäre die Kraft der Eigenheit allein oder hätte sie auch nur das Übergewicht: so wäre entweder Nichts oder es wäre nur das ewig sich Verschließende und Verschlossene, in welchem nichts leben könnte, womit also der Begriff eines Wesens aller Wesen verloren und die Kreatur ausgeschlossen wäre. Denn gegen das Geschöpf wäre jene Kraft der Selbstheit in Gott vernichtendes und verzehrendes Feuer, ewiger Zorn, der nichts duldete, wenn ihm die Liebe nicht wehrte, tödtliche Zusammenziehung wie von der Kälte in unsrer Planetenwelt, wenn die Sonne aus ihr hinweggenommen wäre.

Wir sehen jedoch in der gegenwärtigen Entwicklung diesen zweyten Willen, den wir auch wohl den eigenen der Gottheit nennen könnten, gleich im Beginne dem ersten, wenigstens dem Begriff nach, untergeordnet. Die Liebe erscheint als das wahre Wesen; obgleich von sich selbst nicht seyend, ist sie doch im Gegensatz mit der andern Kraft das allein eigentlich Seyende, diese dagegen verhält (36) sich nur als Grund ihrer Existenz, als das, was nicht selber noch um sein selbst willen ist, sondern nur ist, damit die Liebe als das wahre Wesen seyn könne; also als ein beziehungsweise Nichtseyendes.

Dieses Verhältniß des andern Willens, wornach er sich zu dem Wesen als Nichtseyendes verhält, hat die Betrachter auf mancherley Art irregeführt. Einige dadurch, daß sie glaubten, diese als Nichtseyendes sich verhaltende Kraft sey auch in sich selber nichtseyend, also ein Nichts. Weßhalb die Idealisten sie kurzweg als eine gar nicht und auf keine Weise vorhandene zu behandeln pflegen. Aber schon der göttliche Platon hat in der höchsten Allgemeinheit gezeigt, wie nothwendig auch das Nichtseyende sey und wie ohne diese Einsicht überall Gewißheit von Zweifel, Wahrheit von Irrthum nicht unterscheidbar seyn würde. Hier, wo dieses Princip gleich in seinem lebendigen Verhältniß zu dem höheren dargestellt worden, wird es genug seyn, an folgendes zu erinnern.

Das Seyn kann als solches allerdings nie das Seyende seyn; aber es gibt eben kein bloßes Seyn, kein reines, leeres Objektives, in welchem gar nichts Subjektives wäre. Das Nichtseyende ist nicht absoluter Mangel an Wesen, es ist nur (37) das dem eigentlichen Wesen entgegengesetzte, aber darum in seiner Art nicht minder positive Wesen; es ist, wenn jenes die Einheit ist, der Gegensatz und zwar der Gegensatz schlechthin oder an sich. Schon darum ist eine ewige Kraft, ja wir würden richtiger sagen, es sey die ewige Kraft schlechthin, die Stärke Gottes, wodurch vor allem andern Er Selbst als Er Selbst ist, der einzige, von allem abgeschnittene, der zuerst und allein seyn muß, damit anderes seyn könne. Ohne dieses wirkende Princip wäre der Begriff der Einzigkeit Gottes ein leerer, ein gemeinverneinender Begriff. Wenn auch Gott gewollt hat, daß dieses Princip dem Wesen als der eigentlichen Gottheit in ihm unterworfen sey: so ist es darum doch in sich nicht weniger ein Lebendiges. Gott der eigentlich seyende ist über seinem Seyn; der Himmel ist sein Thron und die Erde sein Fußschemel; aber auch das in Bezug auf sein höchstes Wesen Nichtseyende ist so voll von Kraft, daß es in ein eignes Leben ausbricht. So erscheint in der Vision des Propheten, wie sie Raphael dargestellt hat, der Ewige nicht von dem Nichts, sondern von lebendigen Thiergestalten getragen. Nicht minder groß hat der hellenische Künstler das Aeußerste menschlicher Schicksale, den Tod der Kinder der Niobe am Fuße des Thrones gebildet, auf wel- (38) chem sein olympischer Zeus ruht, und selbst den Schemel des Gottes durch die Vorstellung der Amazonenkämpfe mit kräftigem Leben geschmückt.

Auf andere Weise aber hat dieser Begriff Andere befangen, deren blindem Gefühl die Kraft der Existenz das Höchste ja das Göttliche selber zu seyn scheint. Diese haben wohl eine Empfindung vom Ewigen oder von Gott, aber die zarte Gottheit, die in Gott selber über Gott ist, haben sie nicht empfunden. Weil nun die Kraft der Existenz auf der Dunkelheit oder ihrem thätigen Gegensatz gegen das Wesen und das ihm Verwandte beruht: so scheint sie unaussprechlich und unerkenntlich, oder, wie ein Alter, obwohl in anderer Beziehung, sich ausdrückt, nur dem Nichterkennenden erkennbar zu seyn. Daher dann eben jene, welche auf diese Kraft das größte ja das einzige Gewicht legen, auf die Meynung gerathen sind, das Wissen bestehe im Nichtwissen, alles wissende Wissen löse das Seyn auf und vernichte es.

Allein abgesehen davon, daß die Kraft des Seyns in dieser Vorstellung überhaupt zu hoch, nämlich als das einzig zu Erkennende, genommen worden: so ist auch die Folge nicht richtig, daß darum alles Wissen seiner Natur nach ein Nicht- (39) wissen sey. Denn unfaßlich ist das Seyn soweit und inwiefern es Nichtseyendes ist; soweit es aber als Nichtseyendes dennoch ein Seyendes ist, soweit ist es allerdings faßlich und erkennbar. Das Seyende und das Nichtseyende in ihm sind nämlich nicht zwey, sondern einerley Wesen nur von verschiedenen Seiten betrachtet. Das, wodurch es Nichtseyendes ist, ist dasselbe, wodurch es Seyendes ist. Denn Nichtseyendes ist es nicht wegen Mangel an Licht oder Wesen, sondern als aktive Verschlossenheit, thätiges Zurückstreben in die Tiefe und Verborgenheit, also als wirkende Kraft, die in ihrer Art ebenfalls ein Wille, also nothwendig ein seyendes und in so fern erkennbares ist.

Von jetzt beginnt eine neue Epoche der Betrachtung.

In dem Willen, der nichts will, war keine Unterscheidung, weder Subjekt noch Objekt, sondern höchste Einfalt. Der zusammenziehende Wille aber, der der Wille zur Existenz ist, scheidet beydes in ihr. Denn er erzeugt sich in dem Willen, der nichts will, nicht anders, als wie sich ein Wille im Gemüth des Menschen erzeugt, und ist in so fern von ihm umfangen und gehalten, so daß er, obschon ein eigner von ihm verschiedener Wille, doch der That nach von ihm nicht zu (40) trennen ist. Wie aber der Wille des Gemüths das Gemüth selbst fesselt und bindet: so hält der eigne oder zusammenziehende Wille auch die Liebe fest; denn nur von ihr, die in sich wirkungslos ist, kommt alle Kraft, und ohne sie vermöchte er nicht schaffender noch wirkender Wille zu seyn. Also will er nicht von ihr lassen und macht sich selbst zum Objekt oder Wirkenden von ihr, sie aber zum Subjekt, Innern, Latenten von sich und setzt die, die zuvor nicht seyend war, dadurch als seyend. In der Zusammenziehung aber kehrt sich dieß in so fern um, als hier das bejahende Princip in Bezug auf die contrahirende Urkraft zwar Objektives, aber nicht Wirkendes noch frey Ausfließendes, sondern Leidendes, Eingeschlossenes, Latentes wird.

Die Mitte aber, oder das Band zwischen Subjekt und Objekt ist eben der zusammenziehende Wille selber, inwiefern er sich nach oben zum Objekt macht und dadurch die Liebe festhält, daß sie seyend wird; nach unten aber sich selbst zum Subjekt macht und mit der von oben genommnen Kraft das Wesen zum Seyn zusammenzieht.

Also haben wir von nun an nicht mehr zwey Willen, sondern den Einen aus beyden zusammengewachsnen Willen zu betrachten, den ich den (41) ersten wirkenden Willen, oder seiner Ganzheit nach auch schlechtweg das erste Wirkliche nennen werde.

Die Menschen sind gewohnt, das Seyn als etwas ganz Willenloses und gleichsam nur als eine Zugabe zum Wesen anzusehen. Gleichwohl, wenn sie auf die innere Existenz Acht geben wollten, würden sie das Gegentheil finden und z. B. bemerken, daß ohne Antheil ihres eignen Selbst auch das Beste, das in ihnen der Anlage nach seyn mag, zu keiner Wirklichkeit gedeiht. Denn bey den ihnen bequemen und besonders vortheilhaften Eigenschaften wissen sie wohl, sie durch sorgfältige Pflege zu erhöhen und in's Licht zu stellen; eben so, wenn es ein guter oder böser Zweck fordert, ganze Seiten ihrer Existenz aufzugeben und wenn nicht zur Vernichtung doch zur Latenz zu bringen. Ein Wesen, das sich seiner selbst nicht annimmt, ist, als wäre es nicht. Sich selber wollen, sich seiner annehmen, sich zusammenfassen, sich in seiner Ganzheit setzen, ist alles Eins, ist allein die thätige, die wahre Existenz.

Wir sind jetzt angekommen auf dem Punkt, von welchem alle Entwicklung und somit unser eigentliches Geschäft erst beginnt.

(42) Dunkel ist aber selbst dieses noch, wie sich die contrahirende Kraft gleichsam zum Mittelpunkt der Existenz, zum Herrschenden und in so weit zum Existirenden machen könne, da doch ausdrücklich erklärt worden, daß sie sich zum Wesen oder eigentlich Seyenden nur als untergeordnetes, nicht seyendes verhalten könne.

Zur Erklärung sey also dieses gesagt. Vorerst wurde die contrahirende Kraft keineswegs als das schlechthin Nichtseyende, sondern als ein auch in sich Seyendes erklärt. Sodann wird nicht der eigne Wille als solcher für das Existirende erklärt, sondern das Ganze, was daraus entsteht, daß er das Wesen von der einen Seite als das Seyende von der andern als das Seyn setzt. Ferner wurde der einschließende Wille nicht als das Existirende schlechthin, sondern nur als das erste Existirende erklärt. Ob er nun nicht auch als das Band von Subjekt und Objekt einst noch ein beziehungsweise nicht seyendes werde, wissen wir nicht. Daraus aber, daß das zuletzt allein Existirende und durch die Entwicklung sich Offenbarende die Liebe ist, folgt nicht, daß die ihr entgegengesetzte Urkraft nicht einst herrschend war und die Liebe ebenso verschlossen in sich enthielt, wie sie jetzt vielleicht der Liebe untergeordnet erscheint.

(43) Alle Entwickelung setzt Einwickelung zum voraus. Warum schreitet alles vom Kleinen ins Große fort, da es ja sonst wohl, wenn es um das bloße Fortschreiten zu thun wäre, auch umgekehrt seyn könnte? In der Anzi ehung liegt der Anfang. Alles Seyn ist Contraction

und die zusammenziehende Grundkraft die eigentliche Original- und Wurzelkraft der Natur.

Dunkelheit und Verschlossenheit ist der Charakter der Urzeit. Alles Leben wird zuerst und bildet sich in der Nacht; darum wurde diese von den Alten die fruchtbare Mutter der Dinge, ja nebst dem Chaos das älteste der Wesen genannt. Je höher wir in die Vergangenheit zurückgehen, desto mehr finden wir unbewegliche Ruhe, Ungeschiedenheit und gleichgültiges Zusammenseyn derselben Kräfte, die sich erst leise, dann zu immer wilderem Kampf entzünden. So in den Gebirgen der Urwelt, die mit ewig stummer Gleichgültigkeit herabzusehen scheinen auf das bewegliche Leben zu ihren Füßen; so in den ältesten Bildungen auch des Menschengeistes. Derselbe Charakter von Verschlossenheit kommt uns in dem stummen Ernst des Aegyptiers, in den Riesendenkmälern Indiens, die für keine Zeit, sondern für die Ewigkeit gebaut scheinen, ja selbst noch in der stillen Größe, der erhabenen Ruhe (44) der ältesten Werke hellenischer Kunst entgegen, die gleichsam unmittelbar vor der Entzündung des Streits entstanden noch die letzte Blüthe der Kraft jenes ruhigeren Weltalters scheinen.

Sollte der Urzustand des Wesens, dessen Entwickelungen wir im vielgestaltigen Leben der Welt zu sehen glauben, nicht ein ähnlicher gewesen seyn, und sollten wir nicht ebendarum das Recht haben, an eine Vergangenheit in viel höherem als dem gewöhnlichen Sinne zu glauben? Alle Lehren der ältesten Zeit stimmen darinn überein, den dem jetzigen vorausgegangenen Zustand als den einer unendlichen Verschlossenheit, einer unerforschlichen Stille und Verborgenheit zu schildern. Alle Entwickelung setzt ein Daseyn schon zum voraus, aber ist nicht der Charakter des reinen für sich genommenen Seyns eben der eines stummen, in sich selbst verschlossenen und sich nicht kund gebenden Lebens?

Sprechen wir hier gleich das Gesetz aus, das wir zwar sonst schon erkannt, das sich aber in der gegenwärtigen Darstellung durch eine Menge wiederkehrender Fälle bestätigen wird! Dieselben Kräfte, deren Zumalseyn und Zusammenwirken das innere Leben ausmacht, sind es auch, welche nach einander hervortretend als die (45) Principien des äußerlich sich entwickelnden Lebens und seiner auf einanderfolgenden Perioden erscheinen. Dieselben Stufen, die sich in der Simultaneität als Potenzen des Seyns betrachten lassen, erscheinen in der Succession als die Perioden des Werdens und der Entwicklung. So pflegt man zu sagen, die erste Lebensepoche der Erde sey die magnetische gewesen, von welcher sie in die elektrische hinübergetreten, ohne zu läugnen, daß während jener Urperiode bereits alle Kräfte, die magnetische nicht ausgenommen, als besondere in der Erde gelegen haben, nur untergeordnet dieser einen. Gleichwie also hier einer stets im Ganzen begriffenen Kraft doch auch wieder eine gewisse Unabhängigkeit von demselben zugestanden wird, so daß sie begriffen von ihm es auch selbst wieder zu begreifen fähig ist: eben so muß es als erlaubt erscheinen, jenen aller Entwicklung vorausgehenden Urzustand als die Periode des göttlichen Lebens anzusehen, in welcher das Seyn oder die späterhin als untergeordnet sich zeigende, verneinende Urkraft als allgemeines, das Leben selbst bestimmendes Princip herrschend war.

Hier stellt sich erst die rechte Hoheit des Gegensatzes dar und seine der Einheit gleiche Unbedingtheit. Die beyden Kräfte, wenn wir sie (46) so nennen dürfen, die still ausfließende, sanft sich mittheilende der Liebe und die zusammenziehende, der Ausbreitung widerstrebende, sind die Kräfte Einer und der nämlichen Natur; in so fern sind sie der Einheit untergeordnet. Von der andern Seite erscheinen sie frey und unabhängig von der Einheit und ordnen sich diese selbst wieder unter. Nur kraft seines Willens ist der Ewige da, aber es hängt nicht von seiner Freyheit ab, sich eine andere Folge der Offenbarung zu erwählen, als diejenige, welche durch die Natur jener beyden Principien bestimmt ist. Dunkelheit geht vor ihm her und erst aus der Nacht seiner Natur kann die Klarheit seines Wesens hervorbrechen. Das Niedere ist in der Entwicklung nothwendig vor dem Höheren; die verneinende, einschließende Urkraft muß seyn, damit Etwas sey, das die Huld des göttlichen Wesens, die sich sonst nicht zu offenbaren vermöchte, trage und emporhalte. Also muß auch nothwendig der Zorn eher seyn, denn die Liebe, die Strenge eher, denn die Milde, die Stärke vor der Sanftmuth. Die Priorität steht im umgekehrten Verhältniß mit der Superiorität, Begriffe, welche zu verwechseln nur einer Parteiwuth möglich ist, wie die ist, die unsere Zeiten auszeichnet.

(47) Da wir hier des Begriffes der Einheit erwähnt haben, so wird es uns verstattet seyn, den verschiednen Sinn derselben, den sie nach den verschiednen Momenten der Betrachtung annimmt, genauer zu erklären.

Denn gleich zu Anfang wurde die Lauterkeit als absolute Einheit von Subjekt und Objekt erklärt, da keine von beyden und doch beyde der Kraft nach sind. Das Letzte ist durch die bisherige Entwickelung deutlich geworden. Denn die Lauterkeit war schon ihrer Natur nach das Wesen oder das, was späterhin als das Seyende erschien; sie enthielt aber zugleich der Möglichkeit nach jenen andern Willen, der sich nur in ihr erzeugen kann und der die Kraft alles Seyns d. h. alles Objektiven ist.

Eine andere Art der Einheit aber ist die, welche zugleich mit dem Gegensatz hervortritt, indem der zusammenziehende Wille sich zum Band von Subjekt und Objekt macht. Denn da er auf diese Art, als das erste Wirkende, die Mitte oder ein gemeinsames und zusammengewachsenes von beyden ist, so sind die beyden Entgegengesetzten beziehungsweise auf ihn die völlig gleichen Formen der Existenz und werden existentiell gleich, da sie wesentlich ungleich sind und (48) sich wie Höheres und Niederes verhalten. Es ist diese existentielle Gleichheit, oder die Gleichheit beyder Principien in Bezug auf das Existirende, die wir durch die Gleich-Gültigkeit oder die Indifferenz beyder bezeichnet haben.

Beurtheiler, die gewohnt sind, jeden Begriff oder Satz bloß äußerlich zu nehmen, indeß ihnen der innre Gang und Zusammenhang der Entwicklung verborgen bleibt, haben diese existentielle Gleichheit für eine Einerleyheit der Principien selber angesehen, eine Verwechslung, die selbst in dem nachläßigen Ausdruck, wornach gesagt wird, beyde seyen Eins, keine Entschuldigung findet. Denn um nicht zu erwähnen, daß dieser Ausdruck sehr oft durch den genaueren erklärt worden, in welchem jene Behauptung so lautet: dasselbe Existirende welches das eine ist, ist auch das, welches das andere ist: so scheinen die, welche auch den bequemen Ausdruck auf solche Art mißverstehen konnten, in der That unkundig der ersten Gesetze jedes Urtheils. Denn in keinerley Urtheil, selbst nicht in dem bloß wiederholenden Satz noch in der Erklärung wird eine Einerleyheit, sondern immer eine wirkliche Zweyheit verstanden, ohne welche die Einheit selbst ([49]) keinen Sinn hätte. Wer etwa sagte: Gott und das All sey'n Eins, und dieß als Einerleyheit verstände, der hätte unversehens, da er zwey Begriffe zu haben meynte, nur Einen wirklich gehabt und also überall nicht geurtheilt. Eben so ist jene Einheit der beyden Principien nicht als Einerleyheit gemeynt; denn daß die Liebe je der Zorn, der Zorn die Liebe sey, ist ja allerdings unmöglich. Wohl möglich aber ist, daß Ein und dasselbe Existirende nach seiner einen Eigenschaft Zorn nach der andern Liebe sey.

Gegen diese Einheit, welche eine Einerleyheit des Subjekts, nicht der Prädikate ist, findet keine dialektische Einwendung statt, man müßte denn behaupten wollen, eben dieses sey unmöglich und gegen den sogenannten Grundsatz des Widerspruchs. Allein wie falsch dieser verstanden worden, zeigt schon der gewöhnliche Ausdruck, daß dasselbe nicht zugleich seyn und nichtseyn könne, da aus dem oben Abgehandelten nothwendig folgt, daß ein jedes Seyende zugleich Seyendes und Nichtseyendes seyn müsse, indem das Seyn eben das Nichtseyende an ihm ist. Richtig verstanden sagt dieser Grundsatz nichts anderes, als daß entgegengesetzte Subjekte nicht als Subjekte Eins seyn können, was aber nicht verhindert, daß sie ([50]) als Prädikate Eins seyen. Dann mögen die so Redenden auch zusehen, wie sie die Natur rechtfertigen wollen, die sich darinn zu gefallen scheint, gegen jenen sogenannten Grundsatz zu sündigen und sich auch dadurch nicht irre machen läßt in der existentiellen Gleichheit, die sie widerstreitenden Kräften zu ertheilen liebt, daß die eine der Natur nach schwächer ist als die andere; denn obwohl der Südpol des Magnets z. B. schwächer als der Nordpol, das weibliche Geschlecht schwächer als das männliche ist, wo weicht doch dem Seyn nach kein Princip dem andern; beyde behaupten vielmehr die entschiedendste Gleichheit.

Schon die Scholastiker fanden bey Erklärung des Begriffs der Dreyeinigkeit in der göttlichen Natur für nöthig, den wahren Sinn des Bandes in jedem Urtheil schärfer, als es in der Logik unserer Zeiten geschieht, zu bestimmen. Noch Leibnitz, der ihnen hierinn folgte, bemerkt die Unwahrheit jener so oft wiederholten Regel: Disparate können weder von sich gegenseitig noch von einem Dritten ausgesagt werden. Es würde, meynt er, freylich schlecht gesagt seyn, Eisen sey Holz oder umgekehrt, und doch könne der Fall eintreten, wo mit Recht zu sagen sey: Et ([51]) was, das Eisen ist, (nämlich Einem Theil nach) dasselbe sey Holz, (einem andern Theil nach). Ebenso könne zwar nicht gut geradezu gesagt werden: die Seele sey Leib, der Leib Seele; wohl aber, dasselbe, was in dem einen Betracht Leib ist, sey in dem andern Seele. Wir würden allgemein sagen: das Band im Urtheil sey nie ein bloßer Theil von ihm, wenn auch, wie angenommen wird, der vorzüglichste, sondern sein ganzes Wesen, und das Urtheil sey eigentlich nur das entfaltete Band selber; der wahre Sinn eines jeden Urtheils, z. B. des einfachsten, A ist B, sey eigentlich der: das, was A ist, *ist* das, was auch B ist, wobey sich zeigt, wie das Band sowohl dem Subjekt als dem Prädikate zu Grunde liegt. Es ist hier keine einfache Einheit, sondern eine mit sich selbst verdoppelte oder eine Identität der Identität. In dem Satz, A ist B, ist enthalten, erstens der Satz A ist X, (jenes nicht immer genannte *dasselbe*, von dem Subjekt und Prädikat beyde Prädikate sind); zweytens der Satz, X ist B; und erst dadurch, daß diese beyden wieder verbunden werden, also durch Reduplikation des Bandes entsteht drittens der Satz, A ist B. Hieraus erhellt auch, wie im einfachen Begriff ([52]) schon das Urtheil vorgebildet, im Urtheil der Schluß enthalten, der Begriff also nur das eingewickelte der Schluß nur das entfaltete Urtheil ist, Bemerkungen, die ich für eine künftige höchst wünschenswerthe Bearbeitung der edeln Vernunftkunst hier niederlegen will. Denn obgleich Dialektik für sich betrachtet keineswegs die höchste Wissenschaft ist: so muß diese doch ebenso von ihr wie die Rede vom Rhythmus begleitet seyn. Für Anfänger aber oder Unwissende in dieser Kunst wird nicht philosophirt, sondern diese sind in die Schulen zu verweisen, um die Regeln zu erlernen, wie es in anderen Künsten geschieht, da keiner leicht ein tonkünstlerisches Werk aufzustellen, oder zu beurtheilen wagen wird, der nicht die Regeln des Satzes erlernt hat.

Einige aber haben geglaubt, jenem Begriff der Einheit den des Zusammenhangs entgegenstellen zu können, unstreitig in der Meynung, um die Differenz der Principien zu retten, müsse die Einheit aufgegeben werden. Von diesen ist nichts zu sagen, als daß sie bis zu dem Punkt der Betrachtung, auf welchem wir uns hier befinden, gar nicht gelangt sind. Denn wer möchte wohl in der urersten Lauterkeit des Wesens, da noch gar keine Zweyheit ist, einen Zusam- (53) menhang vermuthen, oder wer die Einheit des Existirenden in beyden Principien einen Zusammenhang nennen? Das letzte niemand, als wer etwa auch sagen wollte, in dem, der jetzt mild, jetzt zornig erscheint, hange der mild handelnde Mensch mit dem zornig handelnden zusammen, da beyde nur Ein und der nämliche Mensch sind.

Auch wir werden vielleicht noch den Punkt angeben, wo die Einheit beyder Principien als Zusammenhang ausgesprochen werden kann. Aber dieser Zusammenhang setzt die weit höhere Einheit schon voraus.

Nach diesen Erklärungen werden wir keinen Anstand nehmen, das erste Existirende als ein Doppelwesen auszusprechen, das gleichsam aus zwey Willen zusammengewachsen, nicht Liebe und nicht Zorn, sondern die wirkliche Indifferenz von beyden ist, so daß beyde gleicherweise zu seinem Daseyn gehören.

Der erste wirkende Wille ist daher nicht die unthätige, sondern die thätige Mitte, das zusammenziehende Band von Subjekt und Objekt, die er wenn auch als opponirte doch als ungetrennte und in ihm ununterscheidbare setzt. Es entsteht daher die völligste Einheit, die zwar von jener lauteren des Wesens verschieden ist, inwiefern diese ohne alle (54) Zweyheit war, aber ihr doch nichts in der Innigkeit nachgibt. Die zuvor fühllose Einheit ist zwar hier fühlend geworden, aber darum nichtsdestoweniger die wonnigste Einheit. Es ist dieser Moment des ersten Sich-Zusammennehmens, Sich-selbst-Fassens nur mit dem

Moment des kräftigsten Bewußtseyns zu vergleichen, wo Subjekt und Objekt sich gegenseitig fühlend und gegenseitig in einander wirkend nur Ein untheilbares Wesen ausmachen; oder, weil diese Innigkeit des Bewußtseyns im gewöhnlichen Leben so selten ist, jenen außerordentlichen Zuständen, wo ein menschliches Wesen ganz in sich selber und in der höchsten innern Klarheit, von der Außenwelt aber völlig abgeschnitten ist. Denn obschon in diesem Moment das erst wirkungslose Wesen wirkend geworden, ist es doch nur in sich, nicht nach außen wirkend; dem Keime gleich, der ein noch unentfaltetes Leben in sich verbirgt.

Hier ist noch weder an einen Streit zwischen Subjekt und Objekt, noch an eine Zwietracht der Kräfte im Seyn zu denken; vielmehr in holdem Wechselspiel erfreuen sie sich des gegenseitigen Findens und Gefundenseyns. Die Lauterkeit empfindet nicht ohne Wonne ihre erste und reinste Realität; die zusammenziehende Kraft aber freut sich ([55]) der Milderung ihrer Strenge und Herbheit, des gestillten Hungers ihrer anziehenden Begierde. Und da es kein nothwendiges Band ist, was die beyden Kräfte im Seyn zusammenkettet, sondern nur die freye, jeden Augenblick sich wiederholende, mit sich selbst gleichsam spielende Thätigkeit des contrahirenden Princips: so ist auch die freye Bewegung der beyden Kräfte keineswegs aufgehoben, sondern in jedem Augenblick frey hervorstrebend und in jedem wieder sanft geeint erzeugen sie in dem Existirenden die reinste Wonne stiller Beschaulichkeit, worinn ihm die Wunder seines eignen Wesens offenbar werden.

Diese spielende Lust im anfänglichen Leben Gottes scheinen die Alten wohl erkannt zu haben, welche sie ausdrucksvoll die Weisheit nennen, einen unbefleckten Spiegel der göttlichen Kraft und, (der leidenden Eigenschaften wegen, die das Wesen im Seyn angenommen), ein Bild seiner Gütigkeit. In einem mit Recht heilig geachteten Buch wird sie so redend eingeführt: Der Herr hat mich gehabt im Anfang seiner Wege; ehe er was machte, war ich da. Ich bin eingesetzt von Ewigkeit, von Anfang, vor der Erde: als die Berge noch nicht eingeenkt waren, noch die Bronnquellen Wasser quollen, da war ich der

Werkmeister bey ([56]) ihm und hatte meine Lust täglich und spielete vor ihm allezeit.

Es ist eine Lehre, die so alt ist als die Wissenschaft selbst, daß die Wesenheiten der Dinge von einem ewigen Herkommen, und bevor sie äußerlich sichtbar geworden, in ewigen Ur-Bildern vorhanden gewesen seyn. Diese Lehre würde schon längst lebendiger aufgefaßt seyn, wenn man sich nicht begnügt hätte, sie auf allgemeine Gründe zu stützen. Die Erzeugung solcher Ur-Bilder ist ein nothwendiges Moment in der Lebensentwicklung des Urwesens. Sie gehört dem Zustand der ersten wirkenden Innigkeit an. Hier ging alles, was einst seyn sollte, an dem innern Blick des still anschauenden Wesens vorüber. In dem Spiel der Zweyheit, die doch immer wieder sich in Einheit auflöste, entstand je nach der verschiednen Stellung der Kräfte gegen einander ein Blick oder Gesicht des ihr angemeßnen Geschöpfs; ein Blick, weil es in dem zarten Mittel gleichsam nur aufblickte; ein Gesicht, weil es im Aufsteigen wieder verging, so daß nichts Bleibendes und Festes, sondern alles in unaufhörlicher Bildung war.

Das schöne Wort Idea sagt seiner Urbedeutung nach dasselbe, was das deutsche Wort ([57]) Gesicht. Wenn daher auch jene vorbildlichen Erscheinungen der Dinge nicht grade als physische Naturen im gewöhnlichen Sinn des Wortes anzusehen sind: so sind sie doch auch keine bloße Verstandeswesen, wie die Platonischen Urbilder verstanden worden und können nicht ohne alles Physische gedacht werden.

Unläugbar ist, daß in den Zuständen innrer Begeisterung, welche allein sich mit dem gegenwärtigen Moment des Urwesens vergleichen lassen, immer auch das Physische in ein eignes Verhältniß zum Geistigen trete. Nun ist der gegenwärtige Lebensmoment schon mit der ersten, zartesten Leiblichkeit verbunden, mit der sich das Geistige unmittelbar gleichsam überzieht. Denn in dem Seyn, wo die zusammenziehende Urkraft die einschließende, die bejahende aber die eingeschloßne ist, nimmt das Wesen der Lauterkeit die ersten leidenden Eigenschaften an. Es entsteht ein schon gemildertes Lichtwesen, das von jenem ersten unerträglichen Glanz der Lauterkeit dadurch verschieden ist, daß er hier bereits durch das entgegengesetzte Princip gemäßigt ist. Es ist aber diese zarteste Leiblichkeit von dem Seyenden selber so wenig verschieden, als im Sich-zusammennehmen, das der Anfang zu aller inneren Produktion seyn muß, das (58) Zusammennehmende von dem Zusammengenommnen verschieden ist. Also fallen Seyn und Seyendes, Leibliches und Geistiges hier ganz in Eins. Sie verhalten sich nicht wie zwey Wesenheiten, sondern nur wie die zwey verschiednen Ansichten Einer und derselben Wesenheit.

So früh finden sich Geistiges und Leibliches als die zwey Seiten derselben Existenz ein, und wir können wohl sagen, daß der gegenwärtige Moment ihrer höchsten Innigkeit die gemeinschaftliche Geburtsstätte dessen ist, was sich späterhin als Materie und Geist entschieden entgegensteht.

Denn es kann die im gegenwärtigen Augenblick sich erzeugende erste Materie noch keine dem Geist entgegengesetzte, sondern nur selbst eine geistige Materie seyn, die, wenn sie auch in Bezug auf das Seyende leidende Eigenschaften hat, doch in sich und in Bezug auf alles Untergeordnete eitel Kraft und Leben ist. Gäbe es nicht einen solchen Punkt wo Geistiges und Physisches ganz in einander sind, so würde die Materie nicht, wie es unläugbar der Fall ist, der Wiedererhöhung in dasselbe fähig seyn. In der Materie auch der rein körperlichen Dinge liegt ein innrer Verklärungspunkt, der bey der organischen Materie nur wirklich entfalteter und (59) ...... (fehlt 1 Zeile) ...... gen. Wer sein Aug' einigermaßen für die freye Betrachtung der Dinge geübt hat, weiß, daß sie nicht durch dasjenige allein schon vollendet erscheinen, was zu ihrem Daseyn schlechthin nothwendig gehört; es ist noch ein Anderes um sie oder in ihnen, das ihnen erst den vollen Glanz und Schein des Lebens ertheilt: ein Ueberflüssiges spielt gleichsam um sie und umströmt sie als ein zwar unfaßliches doch nicht unbemerkliches Wesen. Sollte dieses durchblickende, durchscheinende Wesen nicht eben jene innere geistige Materie seyn, die noch immer in allen Dingen dieser Welt verborgen liegt und nur auf ihre Befreyung wartet? Unter den körperlichsten Dingen wurde es vorzugsweise in den Metallen gesucht, deren eigenthümlicher Glanz von jeher den Blick der Menschen bezauberte, aber wie durch einen allgemeinen Instinkt im Golde geahndet, das durch die Weichheit und Fleischähnliche Zartheit, die es mit der größten Gediegenheit verbindet, das dem geistig-leiblichen Wesen verwandteste schien, und das sogar durch eines jener scheinbar zufälligen Spiele, die wir so oft zu bemerken Gelegenheit haben, von allen Völkern zur Bezeichnung des glücklichen Weltalters der ⟨Unschuld und⟩[1] Eintracht aller Dinge gebracht wur- (60) de; gleich als wär' es allein noch ein Zeichen aus jener seligen Urzeit.

Doch am meisten scheint dieses Princip seiner Palingenesie in der organischen Natur sich zu nähern. Es ist das Oel, wovon das Grün der Pflanzen gesättiget wird, der Balsam des Lebens, wovon die Gesundheit ihren Ursprung hat; es ist erkennbar im Durchscheinenden des Fleisches und der Augen, in jenem unläugbaren physischen Ausfluß, wodurch die Gegenwart des Reinen, Gesunden, Lieblichen wohlthätig, befreyend auf uns wirkt; ja unstreitig selbst in dem geistigen Wesen, das in der höchsten Verklärung menschlicher Leiblichkeit als Anmuth überströmt. Denn da der Anmuth selbst die Rohheit nicht widersteht, oder sie, wenn nicht anerkennt, doch fühlt: so läßt sie sich schon darum kaum ohne die Gegenwart eines wirkenden physischen Wesens denken; oder besteht ihre wunderähnliche und selbst im Barbaren wenigstens Erstaunen erregende Wirkung allein darinn, daß sie uns die Materie in ihrem göttlichen und gleichsam ihrem Urzustand vor augen bringt?

Es wird also wohl nicht mehr zu voreilig seyn, wenn wir den gegenwärtigen Moment als ...... (fehlt 1 Zeile) ...... (61) klären, in welchem das Wesen sich bloß noch als daseyend empfindet. Es ist hier im genauesten Verstande nur Ein Wesen, das Existirende, zu dem das Seyende als Subjekt, das Seyn als Objekt gehört; und diese drey sind ineinander und schlechthin ununterscheidbar.

Nun kann auch das höchste Leben, und dieses am wenigsten, im gegenwärtigen Moment nicht stehen bleiben. Denn selbst Gott ist nur

---

[1] ruhigen

die Hülle der Gottheit. Die urerste Lauterkeit ist noch immer verborgener Weise das eigentlich Existirende, und der erste wirkende Wille doch wahrhaft nur der Grund ihrer Existenz. An sich weder Subjekt noch Objekt, aber durch den wirkenden Willen jetzt als beydes gesetzt, bleibt sie doch an sich selbst stets die wesentliche Einheit. Sie freut sich also wohl eine Weile ihres fühlenden und sich selbst fühlbar gewordenen Lebens – man verstatte uns nur einstweilen dieses bildliche Reden –; bald aber empfindet sie nur inniger und schärfer – durch den Widerspruch mit dem Gegensatz, in den sie versetzt ist – die Einheit ihres eigenen Wesens. Sie fühlt die Milde ihrer ursprünglichen Natur im Gegensatz sowohl mit der Strenge des zusammenziehenden Willens als im Gegensatz mit sich selber als Subjekt, wo sie zwar immer noch Einheit, aber nicht mehr stille, ([62]) sanft ausquellende, sondern wirkende und zusammenziehende Einheit ist, am meisten aber im Gegensatz mit dem Seyn, in welchem sie die wirkliche Zweyheit und Widerwärtigkeit empfindet, indem sie gegen ihre Natur, vermöge der sie ausfließend und ausbreitend ist, zusammengezogen und eingeschlossen ist.

Also verlangt sie ferner weder Subjekt noch Objekt zu seyn, sondern frey zu werden, um als die sanfte stille Einheit auszugehen von beyden.

Dieß ist das Verhängniß alles Lebens, daß es erst nach der Einschränkung und aus der Weite in die Enge verlangt, um sich faßlich zu werden; hernach, nachdem es in der Enge ist und sie empfunden hat, wieder zurückverlangt in die Weite und gleich wiederkehren möchte in das stille Nichts, darinn es zuvor war, und doch nicht kann, weil es sein eigen selbstgegeben Leben aufheben müßte.

Auf diese Art verlangt auch die Lauterkeit, nachdem sie in dem ersten wirkenden Willen zur Existenz gekommen, wieder von ihr auszugehen. Nun sind Subjekt und Objekt durch den wirkenden Willen als Eins, und eben damit ist die Existenz gesetzt. Also entsteht ein stilles Verlangen ([63]) nach der Scheidung dieser beyden, das auch den wirkenden Willen nicht in Ruhe läßt, der nicht ein einfaches, sondern ein

Doppelwesen ist, in dem Liebe und Zorn gleichgewogen sind. Insofern er nun die Liebe in sich empfindet und ihr Wille ist, entsteht auch ihm ein Verlangen nach der Scheidung; kaum aber empfindet der andre oder eigne Wille in ihm die Scheidung, so erschrickt er und fürchtet, daß die Existenz verloren gehen möchte und zieht also wieder zusammen.

Nun kann der existirende Wille diesen andern Willen doch nicht lassen; denn ebendarauf, daß er die Mitte von beyden ist, beruht seine eigne Wirklichkeit; es entsteht also in ihm selbst der Widerstreit; ein Wechsel von Expansion und Contraction, indem ihn die Liebe zur Scheidung, der eigne Wille aber zur Anziehung treibt. Im Conflikt zwischen diesen beyden streitenden Willen verliert er die eigene Freyheit und wird, als der erste klopfende Punkt, gleichsam das schlagende Herz der Gottheit, das in nie aufhörender Systole und Diastole Ruhe sucht und nicht findet. Je mehr er aber auf diese Art selbst die Noth und Widerwärtigkeit empfindet, desto mehr verlangt auch er nach Befreyung und nach Errettung aus der Nothwendigkeit.

(64) In der Expansion gehet das Seyn und mit ihm der Widerstreit aus der Einheit und lässet sie frey; in der Einung aber wird sie immer wieder gehalten, daß sie nicht entfliehen kann und immer wieder festgemacht, und auf's Neue zum Seyn zusammengezogen; damit aber auch wieder als seyendes gesetzt. Es ist eine unwillkührliche Bewegung, die einmal angefangen sich immer von selber macht; denn durch jede Contraction wird dem wirkenden Willen wieder die Liebe als der erste Wille empfindlich, so daß er wieder zur Expansion sich entschließt: durch die Scheidung aber wird ihm der andre Wille als die Begierde zur Existenz immer neu erregt, und da er nicht von ihm lassen kann, weil ebendarauf, daß er beyde Willen ist, die Existenz beruht, so entsteht unmittelbar aus der Expansion wieder Contraction und ist hier keine Ausflucht.

Indem der Widerstreit ausgehet aus der Einheit, werden nothwendig auch die beyden Urkräfte im Seyn aus der Einheit gesetzt und unabhängig von einander; oder vielmehr da im Seyn nur die ausbreitende, bejahende Kraft sich als leidende verhält, ist es diese, die frey ausgeht aus dem Zwang. Allein indem das Seyn zurückgerufen wird zu der Einheit mit dem Seyenden, also ([65]) wieder als Seyn gesetzt, werden auch die beyden Kräfte genöthigt, ein gemeinsames Seyn zu suchen und aufs Neue gehalten und wieder reell gemacht.

Auch im Seyn also ist Wechsel von Scheidung und Einung; oder vielmehr die Scheidung zwischen Seyn und Seyendem ist bedingt durch die Scheidung im Seyn und beyde fallen zusammen.

Durch das Auseinandergehen der Kräfte im Seyn werden sie frey und es entsteht hieraus das erste eigne Leben im Objektiven.

Dieses erste, sich selbst bewegende Leben ist die uranfängliche ewige Natur von Gott, die immer ausgesprochen, immer wieder zurückgenommen wird, und nur in diesem beständigen Wechsel des Aus- und Einathmens ein Leben hat.

Indem nämlich der Wille der Liebe das eigne Leben im Seyn hervorruft und die Kräfte scheidet, verliert so zu sagen der andre Wille, der Wille des Zorns, sein Recht an das Seyn, und die Freyheit geht in der Scheidung als ein Blitz auf; wenn aber der andre Wille die Kräfte aus der Flucht zurückruft, verliert die Liebe ihr Recht an beyde und wird der offne Punkt wieder ([66]) verschlossen. Auf diese Art ist das Leben der ewigen Natur in diesem Moment nur ein beständiger Wechsel von Sterben und Leben, indem sie abwechselnd dem einen Willen lebt und dem andern stirbt, abwechselnd aus der Einheit in ein eignes Seyn ausgeht und das eigne Seyn wieder verliert. Also ist hier an kein stehenbleibendes Seyn zu denken, und ist die ganze Erzeugung doch nur wie eine göttliche Erscheinung, die, aus dem Widerspruch entsprungen, nichts Beständiges werden noch hervorbringen kann.

Expansion ist Vergeistigung, Contraction ist Verkörperung. Also kommt auch die Materie in diesem Moment um einen Schritt näher zu ihrer endlichen Gestaltung. Denn in dem ersten Zustand stiller Beschaulichkeit, wo das Seyn mit dem Seyenden Eins ist, war kein Widerstreit beyder Eigenschaften; das Leibliche war geistig und das Geistige leiblich. Hier aber scheint sich die Materie in einem Zustand von Unentschiedenheit und gleichsam in einem Kampf zwischen Geistigkeit und Körperlichkeit zu befinden.

War das Objektive des vorhergehenden Moments ein geistig-leibliches Wesen, so werden wir das des gegenwärtigen schon um einen Grad näher der Körperlichkeit annehmen und eine wirk- (67) liche Erzeugung von finstrer, dem Geistigen widerstrebender, nicht mehr offner, Materie im Seyn des Urwesens zugeben müssen. Denn da die zusammenziehende Kraft, welche eigentlich die leiblich machende ist, hier im offnen Gegensatz mit der vergeistigenden wirksam ist: so kann sie in dieser Wirksamkeit nur eine dem Geistigen widerstehende Materie erzeugen, obschon hier überall an keine bleibende Geburt gedacht werden kann.

Der Mittelzustand nämlich von Scheidung und Einung, da es zu keinem von beyden entschieden kommt, ist der Streit. Die beyden Kräfte, deren Verhältniß im ersten Zustand des Seyns ein harmonisches Spiel friedlicher, gegenseitiger Erregung war, werden dadurch daß sie immer getrennt, immer wieder zur Einheit zurückgerufen werden, zu immer heftigerem Streit entzündet. Aus jeder neuen Einheit wieder gerissen, bis endlich die höchste Widerwärtigkeit entsteht, scheinen sie sich suchen zu müssen, nicht, damit sie wirklich Eins seyen, sondern, um sich gegenseitig zu bekämpfen. Denn die verneinende Kraft ist jedesmal mit der Einung, die bejahende aber mit der Scheidung einverstanden und durch sie begünstigt, so daß keine bleibend (68) die Oberhand gewinnt, sondern jede abwechselnd siegt und besiegt wird.

Doch ist es wesentlich, auch hier verschiedne Momente zu erkennen. Denn im Anfang dieses Streits, da die Contraction noch weniger überwunden ist, hat diese im Ganzen immer das Uebergewicht über die Expansion. Noch ist der Streit nicht zur höchsten Heftigkeit entflammt. Aber immer wiederkehrend gewinnt die Scheidung immer mehr an Gewalt und droht, ihr gleichwerdend, endlich das Uebergewicht über sie zu erhalten. In dem Augenblick dieses beständig erneuerten Streits zwischen der stets kräftiger wiederkehrenden Scheidung und der immer weniger widerstehenden Contraction muß die Materie als das Mittlere von beyden gleichsam zerrissen und zuletzt eine Zertheilung bis in's Kleinste, eine Auflösung der erst geschlossenen Einheit des Seyns in das Chaos hervorgebracht werden.

Es ist erlaubt, den Streit zwischen Scheidung und Einung auch als einen Streit zwischen den zwey Dimensionen anzusehen. Denn die contrahirende, stets auf den Mittelpunkt wirkende, Urkraft ist das Setzende der ersten Dimension, vermöge welcher keine Mannichfaltig- (69) keit, keine gegenseitige Freyheit und Unabhängigkeit der Dinge seyn würde, sondern nur unverbrüchliche Einheit und alle Einzelheit unterdrückende Nothwendigkeit. Nur durch eine gegenwirkende, den Zwang der ersten aufhebende und sie brechende Kraft, deren Wirkung die der ersten durchkreuzend, die zweyte Dimension hervorbringt, macht eine Unterscheidbarkeit der Dinge und ein gegenseitig freyes und unabhängiges Leben zwischen den verschiednen Organen des großen. Ganzen möglich. Denn die ausbreitende Kraft, gegen die anziehende in Freyheit gesetzt und doch von ihr nicht gelassen, zersprengt die Einheit, aus der sie entfliehen will, nach allen Richtungen; und bildet, nach allen Seiten den Mittelpunkt fliehend, von der contrahirenden Kraft aber doch gehalten, lauter einzelne Centra, die, von widerwärtigen Kräften getrieben, ein eignes und selbständiges Leben zu haben scheinen.

Es ist auffallend, daß in der ganzen Natur jedes selbständige Leben von Bewegung um den eignen oder einen äußeren Mittelpunkt anfängt. Im Größten wie im Kleinsten, im Rad der Planeten, worinn sich die tief verborgne Einheit der Welt zuerst aufzuschließen scheint, wie (70) in den rotatorischen Bewegungen jener fast nur dem bewaffneten Aug sichtbaren lebensvollen Welt, von welcher die organische Natur anzufangen scheint, zeigt sich Umtrieb als die erste Form und Offenbarung des eignen gesonderten Lebens. Vielleicht wäre es nicht die schlechteste Ansicht, jenes göttliche Chaos, die wandelnden und mit unbegreiflicher Geschwindigkeit um die eigne Axe und den Mittelpunkt sich bewegenden Gestirne mit diesem der Infusorien in Vergleich zu setzen. Noch bewahrt das Blut, dieses nur innerlich gesetzte und bereits höheren Kräften unterworfne Chaos, die alte Form der Bewegung im Ganzen und im Einzelnen, und nichts scheint die nach größerer Ruhe sich sehnende Natur eifriger zu suchen, als aus dieser Bewegung zu entkommen und die widerwärtigen Kräfte zu scheiden, wozu sie durch das unaussprechlich hohe, noch von keinem begriffene, Wunder der Artikulation den Anfang macht, bis es ihr gelingt, im System der freyen Bewegung beyde Kräfte durch den Gegensatz der ausstreckenden und beugenden Muskeln auseinander zu halten, die, dem Willen gehorchende Wünschelruthen, zwar immer noch der rotatorischen Bewegung folgen, aber jene nur nach außen, diese nur nach innen schlagen.

(71) In jenem Rad einer unablässig in sich selbst gehenden Bewegung erhält die Materie vollends ihre letzte Zubereitung. Denn durch die beständige Trennung und Wiedervereinigung der Kräfte gelangen sie mehr und mehr zur gegenseitigen Empfindung von einander; die Kraft, welche ihrer Natur nach unthätig und untergeordnet seyn sollte, die zusammenziehende, nimmt im Gegensatz mit der andern immer mehr geistige und thätige Eigenschaften an; die andre hingegen, als die reinste Geistigkeit, wird immer mehr in's Leidende und Untergeordnete gezogen, wodurch auf unendliche Weise die eine in die andre gebildet und der Grund zur künftigen Empfindungs- und Vorstellungsfähigkeit in beyden gelegt wird.

Nun ist jedoch das Erscheinen aller körperlichen Eigenschaften nur wie ein Aufblicken zu nehmen; denn da, wie die beyden Kräfte im Seyn, ebenso auch Seyendes und Seyn immer wieder als Eins gesetzt und zur Einheit zurückgerufen werden; so bleibt das Objektive beständig, so zu sagen, auf dem Sprung in's Aeußerliche, ohne dahin wirklich gelangen zu können.

Konnte daher der Kampf im Objektiven als ein Kampf zwischen Geistigkeit und Körperlichkeit (72) betrachtet werden: so ließe sich der zwischen dem Seyenden und dem Seyn als Kampf zwischen Innerlichkeit und Aeußerlichkeit ansehen.

Doch es ist Zeit, auf das Innere des in diesem Widerstreit existirenden Wesens zurückzugehen.[1]

Den beständigen Wechsel von Scheidung und Einung setzend muß es innerlich nicht weniger von Widersprüchen zerrissen seyn als äußer-

[1] *Rb*: Subjekt. Wagen wir jetzt auf das Innere zu sehen.

lich; wie bey gewaltsamen und regellosen Bewegungen der organischen Kräfte auch das Innere eines Wesens mitleidet.[1]

Dieß ist die Folge aller Lebensentwickelung, daß sie durch den Widerspruch gegen das Seyn die erste Eintracht des Lebendigen stört, es dem Leiden und dem Schmerz hingibt. Wir erinnern an die Entwickelungskrankheiten des menschlichen Lebens im physischen wie im moralischen Verstand. Der Schmerz ist etwas Nothwendiges und Allgemeines, der unvermeidliche Durchgangspunkt zur Freyheit. Wir werden uns nicht scheuen, auch das Urwesen so wie es die Entwickelung mit sich bringt im leidenden Zustande darzustellen. Leiden ist allgemein, nicht nur in Ansehung des Menschen, auch in Ansehung des (73) Schöpfers der Weg zur Herrlichkeit. Er führt sein Geschöpf keinen andern Weg, als durch den er auch selbst hindurchgehen mußte. Aller Schmerz kommt nur von dem Seyn, und weil ein jedes Wesen sich erst in das Seyn einschließen muß und aus der Dunkelheit desselben durchbrechen zur Verklärung, so ist auch das göttliche Wesen nicht von allem Schmerz losgesprochen, und muß erst leiden, eh' es den Triumph seiner Befreyung feyert.

Dahin ist jetzt die friedliche Einheit des Wesens mit seinem Daseyn, die wir im ersten Moment erkannten, und welche überall der erste Zustand alles Lebens ist. Entzweyt sind im Seyn die erst einträchtigen Kräfte, und je inniger noch die Einheit des Seyenden mit dem Seyn ist, desto mehr nimmt das Existirende als Seyendes an der wachsenden Zwietracht im Seyn Theil. Doch sind hier ebenfalls Momente zu unterscheiden, indem auch im Innern des Wesens auf anfänglich ruhigere Bewegungen immer heftigere folgen. So lang die zusammenziehende Kraft ein Uebergewicht über die ausbreitende behauptet, wird sie im Innern durch den anfangenden Streit noch dumpf, zu blindem bewußtlosem Wirken erregt; mächtige, gewaltige und, weil durch die Einheit nicht gemäßigte, ungeheure Geburten steigen auf, (74) wie aus dem Spiel der Kräfte im Traum entstehen, wenn die vernünftige Seele nicht einfließt und diese für sich wirken. Nicht mehr

[1] (Wird immer heftiger entzündet).

in jenem Zustand der Innigkeit oder des Hellsehens, wo das ganze Innere wie mit Licht erfüllt ist, noch von seligen die Zukunft vorbedeutenden Visionen verzuckt, brütet das in diesem Widerstreit existirende Wesen wie in schweren, aus der Vergangenheit aufsteigenden Träumen: bald aber mit wachsendem Streit ziehen wilde Phantasien durch sein Inneres, in denen es alle Schrecknisse seines eignen Wesens empfindet. Die herrschende und dem Streit der Richtungen im Seyn, da es nicht aus noch ein weiß, entsprechende Empfindung ist die der Angst. Inzwischen geht die Scheidung fort und bringt die Kräfte zu immer größerer Trennung, daß die zusammenziehende Kraft gleichsam für ihr Daseyn zittert. Je mehr sie noch in ihrer Stärke ist, desto blinder wirkt der existirende Wille; daher auch die Kräfte mit blinder Sucht wild und verstandlos zur Wiedervereinigung streben. Im Verhältniß aber, als die Kräfte im Seyn und damit Seyn und Seyendes selber geschieden werden, bricht aus dem Mittelpunkt derselben die Freyheit oder das Wesen der uranfänglichen Lauterkeit in einem verzehrenden Glanze hervor, nicht anders als im elektrischen Prozeß, je ([75]) mehr die getrennten Kräfte in Brunst gegen einander gerathen, in der Scheidung selbst das elektrische Feuer als Blitz erscheint. Nun ist die Lauterkeit im Gegensatz <mit der <blinden> Gewalt des existirenden Willens>[1] wesentliche Einheit, in der Freyheit, Geist, Verstand und Unterscheidung wohnt. Also möchte <der Wille im Zusammenziehen>[2] selbst den Blitz der Freyheit wohl fassen und sich zu eigen machen,[3] um dadurch frey schaffender und bewußter Wille zu werden, der ausginge aus der Widerwärtigkeit und keinen Gegensatz mehr hätte, und möchte auch <seinen>[4] Schöpfungen eben diese wesentliche Einheit, die Verstand und Geist ist, mittheilen. Aber der blinde Wille kann die Freyheit nicht fassen; denn es ist ein unfaßlicher, übermächtiger Geist; daher er bey

---

[1] mit der Gewalt der blinden, verneinenden Kraft

[2] die blinde Kraft im Wirken

[3] *Rb*: denn sie ist zwar gegen ihren Willen in's Wirkende erhoben, und weil sie doch Bejahendes seyn soll und muß, möchte sie sich selbst zur Freyheit machen. Also sucht sie den Blitz des bejahenden Wesens zu ergreifen,

[4] ihren.

dessen Erscheinung erschrickt, (denn er fürchtet sich vor ihrer Lauterkeit, indem er unwillkührlich erkennt, daß sie sein wahres Wesen und, ihrer Sanftmuth ohnerachtet, stärker ist, denn er in seiner Strenge), und durch den Anblick jenes Geistes wie besinnungslos wird und ihn blindlings zu ergreifen und in dem, was er hervorbringt, innerlich nachzubilden sucht, ob er ihn etwa festhalten könne. Aber es ist nur wie ein fremder, seiner selbst nicht mächtiger Verstand, womit er wirkt, ein Mittleres zwischen völliger Nacht des Bewußtseyns (76) und begonnenem Geist, eine Art Wahnsinn, der letzte Zustand des höchsten inneren Streits und Widerspruchs.

Nicht umsonst haben die Alten von einem göttlichen Wahnsinn gesprochen.[1] <Denn so> sehen auch wir noch die sichtbare[2] Natur, <welche nur das äußerlich gewordne Bild der innern ist,> in dem Verhältniß, als sie dem Geist sich annähert, gleichsam immer taumelnder werden. Denn es befinden sich zwar alle Dinge der Natur in einem besinnungslosen Zustande; jene Geschöpfe aber, die der letzten Zeit des Kampfes zwischen Scheidung und Einung, Bewußtseyn und Bewußtlosigkeit, angehören, sehen wir in einem der Trunkenheit ähnlichen Zustand und <gleichsam>[3] von[4] Wahnsinn getrieben dahinwandeln. Nicht umsonst wird der Wagen des Dionysos von Löwen, Panthern, Tigern gezogen; denn es war dieser wilde Taumel von Begeisterung, in welchem die Natur <über dem>[5] innern Anblick des Wesens geräth, den der uralte Naturdienst ahndender Völker in den trunkenen Festen bacchischer Orgien gefeyert.[6] Wogegen[7] jenes wie wahnsinnig in sich selbst laufende Rad der anfänglichen <Natur>,[8] und die <mächtigen>[9] furchtbaren Kräfte des Umtriebs in anderem schrecklichem Gepränge uralter götterdienstlicher Gebräu- (77) che durch besinnungslose, rasende Tänze, durch den erschütternden Zug der Mutter aller Dinge auf dem

[1] , den sie dem Dichter und jedem andern zuschreiben, in dem eine Kraft sich zeigt, die mehr wirkt als sie begreift. So

[2] schon beruhigte [3] wie [4] zerreißendem [5] vom

[6] gleichsam den Untergang d. alten reinen Naturd. zu beklagen

[7] der schreckliche Druck der zusammenziehenden Kraft,

[8] Geburt [9] darinn wirkenden

Wagen mit ehernen Rädern, begleitet von dem Getöse einer rauhen, theils betäubenden theils zerreißenden Musik abgebildet wurde. Denn weil Klang und Ton allein in eben jenem Kampf zwischen Geistigkeit und Körperlichkeit zu entstehen scheinen: so kann die Tonkunst allein ein Bild jener uranfänglichen Natur und ihrer Bewegung seyn, wie denn auch ihr ganzes Wesen im Umlauf besteht, da sie von einem Grundton ausgehend, durch noch so viele Ausschweifungen zuletzt immer in den Anfang zurückkehrt.

Die Beschreibung dieses Zustandes haben wir nicht aus besondern Kräften des Urwesens hergeleitet, sondern nur das allgemeine Schicksal einer sich aus eignen Kräften und ganz für sich selbst entwickelnden Natur geschildert. Denn dem Menschen hilft der Mensch, hilft selbst Gott; dem Urwesen aber in seiner schrecklichen Einsamkeit kann nichts helfen; es muß diesen chaotischen Zustand allein und für sich durchkämpfen.

Die größte Bestätigung der Wahrheit unserer Beschreibung liegt darinn, daß jenes drehende Rad der Geburt, jener wilde sich selbst zerreißende Wahnsinn noch jetzt das Innerste aller Dinge, ([78]) und nur beherrscht und gleichsam zugutgesprochen durch das Licht eines höheren Verstandes, die eigentliche Kraft der Natur und aller ihrer Hervorbringung ist.

Indeß können wir uns wohl vorstellen, mit welchen Augen diese Beschreibung von einem Theil der Zeit wird angesehen werden. Wir erwarten, es soll auch bey dieser Gelegenheit die alte Anklage heydnischer Naturvergötterung wieder ertönen.

Dem aufmerksamen Leser wird es nicht entgangen seyn, wie wir in dieser ersten Periode den Begriff von Gott nur mit Einschränknug, nie geradezu ausgesprochen, wie es in unsern strengeren Darstellungen überall geschehen ist. Denn jenes uranfängliche Wesen der Lauterkeit erklärten wir als das, was selbst über Gott und die Gottheit in ihm ist; das so genannte erste Wirkliche aber wagten wir nicht Gott zu nennen.

Was ist es denn nun nach unserer Ansicht? – Es ist in seiner Ganzheit genommen gleichsam der ewige Keim Gottes, da noch nicht ein wirklicher Gott, sondern nur ein Gott der Möglichkeit oder den Kräften nach ist; welcher Keim oder potentielle Zustand Gottes in der Folge der Evolution so nothwendig vor Gott hergehen muß, (79) als die Einwickelung überall der Entwickelung vorangehen muß.

Ich frage die, welche gegen diese Priorität der Natur streiten, ob sie denn überall keine Natur in Gott erkennen? Dann müssen sie sich auf jenes urerste Wesen der Lauterkeit einschränken; denn nur dieses, oder die reinste Gottheit, ist Naturlos, weil sie über allem Seyn und die ewige Freyheit ist; und doch erklären sie in ihrer Rohheit eben diese für das Nichts, worunter sie das insgemein so genannte verstehen. Wo ist denn also ihr Gott?

So wie sie jene Region auch nur mit einem Schritte verlassen; so wie sie Gott Wirklichkeit, Existenz, Daseyn beylegen, müssen sie in ihm eine Natur anerkennen. Denn wo Wirklichkeit ist, da ist Natur, da ist zusammenziehende Kraft, da ist Tiefe und Verschlossenheit.

Haben doch auch jene schon lange des Ausdrucks sich bedient, Gott sey der Grund seiner eigenen Existenz! War dieser Grund ein bloßes Wort, oder wurde darunter etwas Reelles verstanden? Das Erste, so nehmen wir es jetzt genauer in der Wissenschaft und erlauben nicht mehr Worte ohne Sinn zu gebrauchen. Das (80) Letzte, so folgt schon daraus, daß zwischen Gott, inwiefern er Grund seines Daseyns ist, und zwischen dem seyenden Gott ein reeller Unterschied seyn muß; es ergibt sich ferner, daß die Gott selbst zukommenden Eigenschaften nicht die nämlichen seyn können, die ihm als Grund von sich selber zukommen. Es folgt, daß, wenn der seyende Gott als freyes, im höchsten Sinn seiner bewußtes intelligentes Wesen erkannt werden muß, Gott als Grund von sich selbst nicht in dem nämlichen Sinne frey, bewußt, intelligent seyn könne. Wenn nun die Meisten das diesen Eigenschaften Entgegengesetzte physisch nennen, so mögen sie selbst zusehen, ob sie nicht die Priorität des Physischen, (Potentiellen), in Gott, trotz ihres Abscheues gegen dasselbe, unwissender Weise zugeben.

Es ist leicht, die Bemerkung zu machen, daß das Hauptgebrechen der jetzigen Art zu philosophiren in dem Mangel der mittleren Begriffe liegt, wornach z. B. was nicht frey im moralischen Verstande alsogleich mechanisch, was nicht seyend oder nichtseyend, gar Nichts, was nicht intelligent verstandlos ist. Die mittleren Begriffe sind aber gerade die wichtigsten, da die einzigen eigentlich erklärenden in der gan- (81) zen Wissenschaft. Wer nur nach dem so genannten Grundsatze des Widerspruchs denken will, der mag wohl geschickt seyn, für und wider alles, den Sophisten gleich, zu disputiren, aber die Wahrheit zu finden, die nicht in schreyenden Extremen liegt ,ist er völlig ungeschickt.

Doch vielleicht suchen wir den Grund des Mißverstandes tiefer als nöthig; es läßt sich wohl mit einer historischen Erklärung auskommen. Auch Spinoza redet ja von Gott als einer Natur. Also meynen sie, daß niemand dem ähnliches vorbringen könne, ohne in allen Stücken derselben Meynung zu seyn; besonders, da sie bewiesen zu haben glauben, daß sein System das einzige der Vernunft mögliche sey.

Spinoza verdient eine ernste Betrachtung; fern sey es von uns, ihn zu verläugnen in dem, worinn er unser wissenschaftlicher Ahnherr, unser Lehrer und Vorgänger gewesen. Ja Er allein von allen Neueren hat jene Urzeit gefühlt, von der wir in diesem Buch einen Begriff zu geben versucht haben.

Spinoza kennt jenes mächtige Gleichgewicht der Urkräfte, die er als ausgedehnte (also doch wohl ursprünglich zusammenziehende?) und den (82) kende (doch wohl des Gegensatzes wegen ausdehnende, ausbreitende?) Urkraft einander entgegensetzt. Aber er kennt auch nur diesen Moment ihrer existentiellen Gleichheit. Ob er bey dieser eine Unterordnung der einen unter die andre der Natur oder dem Wesen nach annimmt, ist wenigstens zweifelhaft. Haben diejenigen, welche uns eine solche Gleichsetzung zugeschrieben, denn nicht einmal den Begriff der Potenz bemerkt, der unsrer Ansicht eigenthümlich ist und schon allein hinreichte, sie von der spinozischen gänzlich zu unterscheiden? Ist es ihnen nie aufgefallen, daß die Natur oder das Reale von Gott stets nur als erste Potenz seines Daseins dargestellt worden? – Ihrer unvollkommen Entgegensetzung wegen sind auch die beyden Urkräfte bey Spinoza in völliger Gleichgültigkeit und Unthätigkeit neben einander ohne gegenseitige Erregung oder Steigerung der einen durch die andre. Darum beharrt auch seine Substanz in ewiger Gleichheit und geschlossenem Seyn, ohne Entwickelung oder Erhebung. Obschon Einheit der beyden Urkräfte, ist sie es doch nur auf die Art, wie es bey uns der Grund der Existenz oder das erste Wirkliche ist; sie ist daher ewige Verborgenheit, tritt nie zum Aktus hervor, verklärt sich nie in ein Seyendes. Mit einem Wort, Spinoza ist, wie es längst erklärt worden, (83) der reinste Realist, und so weit vollendet, als es bey dem abgezognen Verhältniß möglich war, in welchem alle neueren Systeme gegen die wirkliche Natur stehen.

Es ist dieß ein andrer Anstoß, den unsre Vorstellung von Anbeginn gefunden, daß sie die sichtbare Natur so hoch gestellt und alle jene Kräfte, die wir aus dem Innern der Materie hervorbrechen sehen, für wahrhaft ewige Kräfte erkannt. Zwar behaupten wir darinn nichts Neues in Bezug auf die eigentlich Alten. Wir haben ihre Meynung nur genauer verstanden und uns nicht begnügt mit der Vorstellung bloß gedachter oder bloß denkbarer Urbilder. Wir verwerfen nicht nur die gewöhnliche Meynung, nach welcher die anziehende und die ausbreitende Urkraft, die Elemente des Feuers und des Wassers, die Kraft des Blitzes und die Sanftmuth des Lichtes, erst mit dieser äußerlich sichtbaren Welt entstanden seyn sollen, wir nehmen auch an, daß diese Kräfte in dem Urwesen, das der Welt voranging, nicht ohne Wirkung gewesen, und die Ausdrücke, deren wir uns in dieser Beziehung gebrauchen, sind darum nicht, wie manche sich vorgestellt, uneigentlich sondern eigentlich verstanden. Es hätte bey uns gestanden, (84) die zwey Hauptmomente der Entwickelung, die bis jetzt beschrieben worden, durch physische von der organischen oder allgemeinen Natur hergenommene, Ausdrücke zu bezeichnen. Der Erfahrene wird die hier stattfindenden Beziehungen ohne unser Erinnern finden.

Was ist es übrigens, das die Meisten an der Materie so beleidigt, daß sie dieselbe so gar geringer Herkunft achten? Am Ende ist es doch nur die Demuth der Materie, die ihnen so anstößig ist. Aber eben diese Gelassenheit ihres Wesens zeigt, daß ihr etwas von jenem uranfänglichen Wesen inwohnt, das nach innen reinste Geistigkeit und doch nach außen vollkommne Leidenheit ist. So hoch wir auch die Aktuosität stellen, zweifeln wir doch, daß sie an sich das höchste sey. Denn das

Wesen, aus dem selbst Gott hervortritt, ist ein Glanz der Lauterkeit, der nur ausfließen, aber nicht wirken kann. Ueberall scheint das sanft Leidende und Empfangende vor dem Wirkenden und Thätigen zu seyn. Ich zweifle nach vielen Gründen nicht, daß in der organischen Natur das weibliche Geschlecht vor dem männlichen da ist und daß hierauf zum Theil die angebliche Geschlechtslosigkeit der untersten Pflanzen und Thiere beruht.

([85]) Es ist angenommen, ein jedes sogenanntes System müsse nach seinem Princip beurtheilt werden. Es fragt sich aber, was unter Princip zu verstehen ist.

Inwiefern bey jeder Entwickelung die Einerleyheit des sich entwickelnden Subjekts vorausgesetzt wird, in so fern hat unstreitig ein jedes System nur Ein Subjekt, Ein Lebendiges, das sich in ihm entwickelt. Allein von dem Princip in diesem Sinn läßt sich eben darum nicht gleichsam ein für allemal der feste Begriff geben; denn da es in einer beständigen Bewegung, Fortschreitung, Steigerung begriffen ist, kann jeder Begriff nur für einen Moment gelten; es ist als Lebendiges in der That nicht Eines, sondern unendlich Vieles. Hieraus ist denn wohl zu ersehen, daß in keinem lebendigen Ganzen wissenschaftlicher Kunst irgendwo ein Punkt sey, da man gleichsam anhalten, oder den man fest machen könnte, sondern daß schlechterdings die Entwickelung des Ganzen abgewartet werden muß, ehe der vollständige Begriff des sich entwickelnden Subjekts gegeben werden kann. Denn dieses Subjekt ist in der Mitte und am Ende so gut wie im Anfang, und es ist nicht das, was es in diesem oder jenem Punkt der Entwickelung ist; es ([86]) ist überhaupt nichts Einzelnes, sondern das Eins und Alles in dem Ganzen. Wer daher dem Subjekt einer solchen Entwickelung eine proteische Natur vorwirft, der hat es im Groben besser getroffen, als er wohl selber verstand.

Der Ausspruch ist so oft gehört worden: ein System sey überhaupt unmöglich, wobey aber unterlassen worden zu erklären, was unter System verstanden werde. Wäre System ein Ganzes von Sätzen, die alle ein festes, stehenbleibendes Seyn aussagen, so wäre die sogenannte Naturgeschichte, wenn sie es in der Beschreibung bis zur Vollkommenheit gebracht hätte, das Muster aller Systeme. Oder würde unter System ein Ganzes zusammenhängender Sätze verstanden, deren jeder auch einzeln und für sich genommen Wahrheit hat: so wäre die Geometrie vielleicht das einzige System, ob es gleich wohl niemanden eingefallen ist, sie im eigentlichen Verstand als ein solches zu betrachten. In Bezug auf lebendige Wissenschaft kann man dagegen sagen, daß ein jeder Satz schon dadurch, daß er als Satz ausgesprochen wird, falsch ist. Zum Beispiel, der Satz: das Urwesen ist absolute Einheit von Subjekt und Objekt, ist als eine für sich geltende Wahrheit ausgesprochen, offenbar falsch, weil (87) dasselbe in andrer Beziehung auch wirkende Einheit, in andrer vielleicht gar Gegensatz von Subjekt und Objekt ist. Aber eben so falsch ist sein widersprechender: das Urwesen ist Nichteinheit von Subjekt und Objekt, einzeln genommen. Dagegen im lebendigen Zusammenhang des Ganzen, welches ihm seine Stelle und mit ihr die Gränze seiner Gültigkeit bestimmt, kann jeder von beyden Sätzen als wahr erscheinen. Daher man nun vielmehr umgekehrt sagen möchte: jeder Satz sey außer dem System falsch, nur im System, im organischen Zusammenhang des lebendigen Ganzen gebe es eine Wahrheit.

Das System im schlechten Sinne würde daher, wie Alles, was vom Uebel ist, vom Stehenbleiben herkommen, von der mangelnden Kraft der Entwickelung, der Steigerung, Hindurchführung. So sehen wir offenbar die ganze Verschiedenheit dagewesener Systeme entspringen durch das Festwerden auf Einem Standpunkte; nicht dieser, sondern nur das Stillstehen bey ihm ist das Falsche. Denn weiter entwickelt und fortgebildet müssen sie alle im wahren, im umfassenden Systeme zu Hause seyn.

Gewöhnlich wird der Begriff von Princip nicht in jenem höheren Sinne genommen: er be- (88) deutet den Meisten schlechtweg den Anfangspunkt. Wie ungenügend oder verkehrt sodann die Ansicht werden müsse, wenn die Natur des Ganzen nach der Natur des Ersten beurtheilt wird, leuchtet von selbst ein. Was für ein Name könnte wohl der Ansicht, in deren Entwickelung wir hier begriffen sind, auf diese Weise geschöpft werden?

Wer sich an das Höchste des Ganzen hielte, jenes urerste Wesen der Lauterkeit, könnte, inwiefern dieses in der späteren Entwickelung als das allein eigentlich Seyende oder Ideale erscheint, versucht werden, das Ganze Idealismus zu nennen; und ich selbst habe mir wohl verstattet, jenes Wesen als Absolut-Ideales zu bezeichnen, um es von sich selbst, so fern es bereits wirkliches Seyendes ist, zu unterscheiden, und sodann auch das Ganze wohl als absoluten Idealismus auszudrücken.

Allein das verkümmerte und dem Mißverstand ausgesetzte dieser Bezeichnung läßt sich nicht verkennen. Denn an sich ist einmal jene Wesentlichkeit weder ideal noch real; oder vielmehr, wenn sie nach innen als das reinste Ideale, als lauterste Aktuosität erscheint, so ist sie dagegen nach außen wirkungslos, reinste Leidenheit und in so fern der Natur des Realen gleich.

([89]) Sollte also die Bezeichnung des Ganzen von jenem hohen Punkte hergenommen werden: so ließe es sich offenbar weder als Realismus noch als Idealismus betrachten; es wäre vielmehr zu erwarten, daß diese Gegensätze erst in der weiteren Entwickelung hervortreten.

Allein so wie wir bewiesen haben, daß in jener Wesentlichkeit noch nicht einmal die Möglichkeit eines Anfangs ist, sondern erst in dem andern Princip; so könnte auch nur in diesem der Anfang oder Nerv des Systems gesucht werden.

Diesem nach müßte das Ganze für Realismus und Pantheismus erklärt werden, wie es auch häufig genug geschehen ist; mit welchem Rechte, läßt sich aus dem vorhergehenden beurtheilen.

Wird auf das höhere Alter gesehen, so hat der Realismus unstreitig den Vorzug vor dem Idealismus. Wer die Priorität des Realismus nicht anerkennt, der will die Entwickelung ohne vorausgegangene Einwickelung; er will die Frucht und die aus ihr werdende Blüthe ohne die harte Bedeckung, die sie verschließt. Wie das Seyn die Kraft und Stärke des Ewigen selber ist, ([90]) so ist der Realismus die Kraft und Stärke jedes philosophischen Systems.

Ein jeder erkennt an, daß die Kraft der Zusammenziehung der eigentlich wirkende Anfang jedes Dings ist. Nicht von dem leicht Entfalteten, sondern vom Verschlossenen, das nur mit Widerstreben sich zur Entfaltung entschließt, wird die größte Herrlichkeit der Entwickelung erwartet. Nur jene uralte heilige Kraft des Seyns wollen viele nicht anerkennen, und möchten sie gleich im Anfang verbannen, ehe sie in sich selbst überwunden der Liebe weicht, die sie aus sich gebiert.

Der erste innig fühlende und bemerkende Mensch mußte das Daseyn eines ewigen Gegensatzes in sich und außer sich erkennen. Schon in den Uranfängen der Natur dieß Widerstrebende nirgends aber im Sichtbaren dessen Quelle findend mußte er früh sich sagen, daß der Grund des Gegensatzes älter als die Welt, ja so alt als das älteste der Wesen selbst sey; daß wie in allem Lebenden so schon im Urlebendigen eine Doppelheit sey, die herabgekommen vielleicht durch unzählig viele Stufen bey uns als Leibliches und Geistiges, als Finsterniß und Licht, als Feuer und Wasser, oder als männliches und weibliches ([91]) Geschlecht auftrete. Weßhalb denn gerade die ältesten Lehren am einstimmigsten jenes erste alles erzeugende Princip als ein doppelkräftiges oder als ein Wesen mit zwey sich widerstreitenden Wirkungsweisen vorstellen.

In unsern aber, von jenem Urgefühl der Menschheit so sehr und immer mehr entfremdeten, Zeiten hat sich die Empfindung jener Zweyheit fast mehr durch die Versuche, sie hinwegzuschaffen und auf irgend eine Weise zu läugnen, als durch wirkliches Anerkennen und Begreifen ausgedrückt.

Wenn man von dem Seyn nur das nimmt, was sich davon uns entgegenstellt und von dem anderen Princip nur so viel, als etwa auch der bloße Mechaniker von ihm in sich finden kann; so entsteht der abgezogenste Ausdruck, in welchem die Zweyheit dargestellt werden kann; sie erscheint als Gegensatz von Seyn und Denken.

Diesem Denken stellte sich das allgewaltige Seyn von jeher als eine unbezwingliche Kraft entgegen, so daß die alles erklärende Philosophie nichts schwerer fand, als von eben diesem Seyn eine Erklärung zu geben. Grade diese Unfaßlichkeit, dieses thätliche Widerstreben gegen alles Denken, dieses aktive Dunkel, diese positive Neigung zur Finsterniß mußte sie zur Erklärung machen. (92) Aber lieber wollte sie das Unbequeme ganz hinwegschaffen, das Unverständliche ganz auflösen in Verstand oder auf irgend eine Weise in Vorstellung.

Ein jeder, der dieß thut, ein jeder, welcher läugnet, daß es ein allem Denken positiv entgegengesetztes, thätig widerstrebendes Princip gibt, der läugnet die Realität an sich und heißt mit Recht (in der gemeinen Bedeutung des Worts) Idealist.

Der Idealismus in diesem Verstand, als völlige Verläugnung jener Urkraft des Seyns, ist keineswegs auf die Schule eingeschränkt, noch eiue Geburt erst der gegenwärtigen Zeiten. So wie er unter uns zur Erscheinung gekommen, ist er in der That nur das ausgesprochene Geheimniß der Richtung, welche das alles versuchende Denkvermögen des Menschen schon seit mehreren Jahrhunderten genommen hat.

Es bewährt sich auch hier, daß der Mensch jederzeit seinen Gott nach sich selbst, so wie dann freylich auch sich wieder nach seinem Gott bilde. Wie es unter uns immer mehr Sitte wurde, Humanität als das Einzige, Tüchtigkeit und Kraft aber, die doch ihr zum Grunde dienen müssen, für gar nichts anzusehen: so hat man sich auch (93) bemüht, aus der höchsten Idee so viel möglich alles hinwegzunehmen, was Macht und Kraft ist, so daß ein philosophischer Redner unsrer Zeit von diesem humanen Gott eine Beschreibung für jedermann machen kann, in der vor lauter Licht und Lichtstrahlen nichts gesehen wird.

Ein solcher Gott ist das natürliche Bild eines Menschen, der die Kraft der Vertiefung in sich ganz verloren hat; seine Ohnmacht ist der eines Volkes vergleichbar, das in gutmüthiger Bestrebung nach sogenannter Kultur und Aufklärung dazu gekommen ist, alles in sich in Gedanken aufzulösen; dagegen aber mit dem Dunkel zugleich alle Stärke und jenes – warum sollte das rechte Wort nicht genannt werden? – barbarische Princip verloren hat, das, überwunden, aber nicht vernichtet, die eigentliche Grundlage aller Größe ist.

Wenn daher nach diesem Redner alles, was außer jenem Urlicht der Gottheit da ist, nur noch Bild ist, ein leeres Schematisiren ihrer selbst, und wenn fernerhin alles, was in dieser Bilderwelt noch weiter sichtbar wird, die ganze so genannte erscheinende Natur – die Erde und der Himmel, sonst die Veste der Macht Gottes genannt – nur ein Nichts des Nichts, ein Schat- (94) ten von dem Schatten ist; (warum nicht gar bey so Pindarschem Schwung Träume von Schatten?) so wäre eben diesem Redner dagegen aufzugeben, bey Anwendung des homerischen Verses, den Kato der ältere auf die Krieger vor Karthago anwandte, unter dem Volk, das solche Redner hat, auch nur den Einen zu finden, von dem wie von Scipio zu sagen wäre:

Jener allein ist kräftig, die Andern flattern als Schatten.

Wie wohlthätig ist es, bey der Beweglichkeit und Leichtfertigkeit des Denkens ein Princip zu wissen, das weder vom Menstruum des schärfsten Begriffs aufzulösen, noch im Feuer des geistigsten Denkens zu verflüchtigen ist! Ohne dieses dem Denken widerstehende Princip wäre die Welt vielleicht wirklich schon in Nichts aufgelöst; nur dieser unüberwindliche Mittelpunkt erhält sie gegen die Stürme des nie ruhenden, beweglichen Geistes. Ja, es ist die ewige Kraft Gottes. Es muß in dem ersten Existirenden ein der Offenbarung widerstrebendes Princip seyn. <Denn wenn>[1] eine Kraft ist, welche die Offenbarung bewirkt, muß es nicht auch eine Kraft seyn, die ihr entgegenwirkt, und läßt sich eine ganz unthätige Indifferenz gedenken? Es ist in dem ersten Wirklichen ein irrationales, ein der Auseinandersetzung wider- (95) stehendes, also auch Kreaturwidriges Princip, welches die eigentliche Stärke in Gott ist: wie es im hohen Ernst der Tragödie Stärke und Gewalt sind, Diener des Zeus, welche den menschenliebenden Prometheus dem meerumrauschten Felsen anschmieden. Es ist so nothwendig anzuerkennen als die Persönlichkeit Gottes. Wird doch schon in der Sprache älterer Philosophie die Persönlichkeit erklärt, als der letzte Akt oder die letzte Potenz, wodurch ein intelligentes Wesen unmittheilbarer Weise besteht. Es ist das Princip, was Gott, anstatt, wie wohl auch gemeynt worden, mit der Kreatur zu vermengen, auf ewig von ihr scheidet. Alles kann dem Geschöpf mitgetheilt werden; nur das Eine nicht, <von und durch>[2] sich selbst zu seyn.

---

[1] denn nur ein solches kann der Grund der Offenbarung werden. Wenn

[2] den unsterblichen Lebensgrund in sich selbst zu haben, von und aus

Daß es der göttlichen Natur unwürdig sey, ein solches Princip in ihr anzunehmen, kann schon überhaupt nicht gesagt werden; denn wie sollte unwürdig seyn können, was nothwendig ist zu ihrem Seyn? aber dieser Einwurf schließt überdieß eine falsche Voraussetzung in sich. Denn als wirkendes Princip geht es dem seyenden Gott voran; im seyenden aber ist es untergeordnet; träte es aber auch je wieder zum Aktus hervor, so müßte zuvor ausgemacht werden, ob es je durch göttlichen Willen hervortritt. ([96])

([96]) Was von dem Realismus gilt, gilt auch von dem Pantheismus. In jenem Urzustand des Gleichgewichts aller Kräfte ist das Eine auch das All, und das All das Eine. Aber auch diese Einheit ist keine unthätige, sondern durch eine im Urwesen wirkende Kraft gesetzt. Wie daher der Realismus den Vorzug des Alters hat vor allen andern Absichten, so kommt auch dem Pantheismus die unstreitige Priorität vor seinem Gegensatze, dem Idealismus und Dualismus, zu. Wir können sagen, er sey in Gott selbst das frühere und ältere System. Aber eben dieses pantheistische System der Urzeit, dieser Urzustand der All-Einheit und Allverschlossenheit ist es, welcher durch die folgende Zeit immer mehr verdrungen und als Vergangenheit gesetzt werden soll. — —

Wodurch ist dieser Zustand zur Vergangenheit geworden? denn daß er vergangen ist, davon überzeugt uns die Aeußerlichkeit und das beruhigte Ansehen der Natur, ihr organisches Verhältnis im Gegensatz jener wilden unorganischen Zeit.

Durch keine Macht außer dem Urwesen, wenn auch eine solche denkbar wäre. Denn seine Kraft kann nichts beugen; nichts vermag diese un- ([97]) verbrüchliche Einheit seines Wesens zu brechen, die Simultaneität und Aequipollenz der Kräfte in ihm aufzuheben.

Aber auch er selbst, der im Seyn eingeschloßne Gott, vermag es nicht von sich selbst. Denn von sich selbst ist er ein untrennbares Ganzes, und jener höhere Wille, der zugleich sein Wille ist, die Liebe, kann ihn wohl in den Zustand des Widerspruchs und des Streits versetzen, aber nicht ihn aus demselben herausführen; auch durch keines der in ihm eingeschlossenen Principien ist dieser Zustand zu ändern, weil nichts von ihm zu trennen ist.

Also wären überhaupt nur folgende Fälle denkbar:

Entweder müßte das Urwesen in diesem Zustande des Widerspruchs verharren, da es weder zur Scheidung noch zur Einung käme. Oder es müßte wirklich die Scheidung geschehen; entweder durch Uebermacht des höheren Willens, oder indem der wirkende Wille sein eigen Leben aufgäbe. Oder endlich es müßte jenem auf Scheidung dringenden höheren Willen sein Verlangen auf andre Weise und so erfüllt werden, daß der andere (98) Wille dabey in seiner Kraft und Wirksamkeit bestünde.

Das Erste ist gegen die Voraussetzung, ist auch an sich undenkbar. Denn ewige Zerrüttung, ewiges Chaos, ewige Qual und Angst ist unmöglich; aller Widerspruch findet durch sich selbst sein Ende. Das andere aber, daß die Scheidung über die Einung absolut siegte, ist wieder unmöglich. Denn damit würde das zusammenziehende Princip gar vernichtet; es wäre zwar wieder die anfängliche Lauterkeit, aber ohne Offenbarung. Das will sie aber nicht; denn so oft sie auch entfliehen möchte aus der Macht des Umtriebs, bleibt sie doch wieder, weil sie ihr Sehnen nach Offenbarung nicht lassen kann; sie will, daß der Gegensatz sey, damit sie aus ihm als Einheit aufgehen könne. Wer zweifelt, daß jenes übergöttliche Wesen der Lauterkeit, wenn es nur von der Existenz frey seyn wollte, alle Widerwärtigkeit in sich verzehren und so als vernichtendes Feuer von ihr ausgehen könnte? Aber dieß leidet die Liebe, leidet die Absicht der Offenbarung nicht. Im beständigen Daseyn und beständig gehemmten Ausbruch des Feuers liegt das höchste Geheimniß. Das dritte endlich, daß der existirende Wille sein eigenes Leben (den Eigenwillen) ganz aufgäbe, (99) ist nicht weniger unmöglich, denn er würde damit alles zurücknehmen und auch den Anfang aufheben. Es wäre ein völlig rückgängiger Prozeß. Aber alles Rückschreitende ist vom Argen, und nicht die Freyheit, zurückzunehmen, sondern die Kraft, das Angefangene durchzusetzen und bis zum Ende hinauszuführen, ist göttlicher Art. Auch ist es an sich undenkbar. Der eigne oder zusammenziehende Wille müßte entweder durch den höheren Willen aufgehoben werden, was schon bewiesnermaßen unmöglich ist. Oder der contrahirende Wille als solcher müßte sich selber aufheben. Aber dieser ist ein an sich blinder Wille, der gegen sich selbst keine Freyheit hat, und unmöglich ist, daß dasselbe durch dasselbe überwunden werde. Also bleibt nur das Letzte übrig, daß nämlich dem Wesen und somit auch dem Existirenden seine Sehnsucht nach Freyheit und Offenbarung auf andre Weise gestillt werde.

Der unauflöslich scheinende Widerspruch, welcher hier statt findet, ist, wie sich immer klarer gezeigt, daß das Existirende sich scheiden und doch zugleich existirend, d. i. Eins bleiben sollte. Durfte die Einheit sterben, so war der Widerspruch gar nicht vorhanden: aber im Allervollkommensten darf nichts verloren gehen; auch der (100) sanfteste Uebergang aus der Einheit in die Zweyheit, wobey jene aufhörte, stritte gegen die Vollkommenheit und Unveränderlichkeit der göttlichen Natur, in der keine Verwandlung des Wesens, kein Wechsel von Finsterniß und Licht seyn kann. Bewegte sich das Eine selber aus der Einheit in die Zweyheit, so ginge die Einheit verloren. Aber die Zweyheit soll seyn, und die Einheit nichtsdestoweniger bestehen. Dieß wäre nun schlechterdings nur möglich, wenn das einende Princip eben dadurch, daß es in sich bliebe, das scheidende Princip setzte, und eben dadurch, daß es das aufschließende Princip setzte, in sich selbst als zusammenziehendes bestünde. Aber nur dann bliebe es als solches in sich selbst, wenn es durch sein Zusammennehmen das scheidende Princip *außer* sich setzte. Aber nichts vermag außer dem wenn gleich nur noch im Keim vorhandenen Gotte zu seyn, denn er ist das Wesen aller Wesen, in ihm liegt der Same und die Möglichkeit alles Wirklichen. Also müßte jenes außer dem Existirenden gesetzte Princip doch zugleich in Gott, und nur außer dem Existirenden seyn, d. h. Gott müßte sich in ihm nur verdoppeln, es müßte nur eine andere, zwar von der des Existirenden, aber nicht von ihm selbst verschiedene Persönlichkeit Gottes seyn. Dennoch aber müßte es von Gott (101) seyn, so fern er das Existirende oder im Seyn Eingeschloßne ist; denn außer diesem war zuvor nichts, auch Gott nicht. Dieses selber aber, das Existirende, ist ein untrennbares Ganzes und wie es ist, so soll es nach der Voraussetzung bleiben. Nicht durch Theilung, nicht durch Lostrennung oder Absonderung irgend eines der in ihm enthaltenen Principien kann also der im Seyn eingeschloßne Gott die andre Persönlichkeit setzen, sondern nur so, daß er selbst dabey in seiner Integrität und Geschlossenheit bleibt. Ein solches Setzen eines andern außer sich, wobey das Setzende in seiner Ganzheit bleibt, ist aber Zeugung. Also Zeugung, Selbstverdoppelung des im Seyn eingeschloßnen Wesens wäre die endliche, wäre die einzig mögliche Auflösung des höchsten Widerstreits.

Der Begriff der Zeugung wird zwar auch im weiteren Sinne genommen und überall angewendet, wo in einem lebendigen Wesen die erst innerlich schaffende Kraft nach außen zu wirken beginnt, gleichviel, ob sie das ihm Gleiche, oder ob sie überhaupt nur ein von ihm Unabhängiges und Selbständiges hervorbringt. So wird auch den Dichtern und Künstlern in ihren Hervorbringungen eine zeugende Kraft zugeschrieben, und zwar in dem Verhältniß, als das Hervorgebrachte von (102) ihnen unabhängig erscheint. Die Pflanze, in welcher sich die Urform der Zeugung am reinsten darstellt, ist nicht erst in der wirklichen Befruchtung, sondern gewissermaßen schon im Uebergang zum Blüthenstande zeugend, indem sie auch hier bereits ein von ihr Verschiedenes hervorbringt, wodurch sie die bloße Fortsetzung ihrer selbst aufhebt. Aber überhaupt nicht bloß das organische Wesen im Ganzen, auch die einzelnen, besonders die Sinnesorgane, sind beständig zeugungslustig. Das Ohr will immer hören, wie man daraus sieht, daß manche ohne Schall oder Ton oder Wort gleichsam nicht leben können, die sie sich daher selbst erregen, wenn es außer ihnen stille ist, wie Viele auch mit sich selbst zu reden pflegen. So ist das Auge in einer beständigen Neigung zum Sehen, welches ein wahres außer-sich-Schaffen, Zusammenziehen d. i. Zeugen ist, und wird ihm nicht von außen Veranlassung gegeben, so entschließt es sich, im besonders reizbaren Zustande, zu Zeugungen auf eigne Hand. Allgemein scheint ein jedes Wesen, das sich in seiner eignen Fülle nicht mehr enthalten oder zusammenziehen kann, außer sich zusammenzuziehen, wohin z. B. das hohe Wunder der Bildung des Worts im Munde gehört, welches eine wahre Zeugung ([103]) des vollen Innern ist, wenn es nicht mehr in sich selbst bleiben kann.

Auch das Existirende sucht ja in der zunehmenden Fülle seines Innern nichts anders als das Wort, durch das es ausgesprochen, befreyt, entfaltet werden könne, und überall löst nur das gezeugte oder gefundne Wort die innere Zwietracht.

Auch der Mensch, wenn seine erste Persönlichkeit anfängt, die Angst und jene tiefen inneren Schmerzen alles Lebens zu empfinden, muß, will er anders nicht im chaotischen Zustand bleiben oder einem innern verzehrenden Feuer anheimfallen, sich den Erretter, die andere höhere und bessere Persönlichkeit zeugen, welche die erste zur Entscheidung, zur Aufschließung, zur Besonnenheit bringt.

Liebe ist der Antrieb zu aller Entwickelung. Liebe bewegt das Urwesen zur Aufgebung der Verschlossenheit. Denn nicht äußerlich bloß, innerlich wird die zusammenziehende Kraft überwunden. Je mehr ihr durch fortgehende Scheidung das Wesen der Lauterkeit geoffenbart und innerlich empfindlich wird, desto mehr fühlt sie, daß dieß ihr eignes wahres ursprüngliches Wesen ist, und welch' eine strenge, harte und blinde Natur sie sey gegen die Sanftmuth, den Verstand und das Licht jenes ([104]) höheren Wesens, und verliert immer mehr den Muth, ihm zu widerstehen, kann aber als die ewige Kraft und Stärke doch nicht aufhören, zusammenziehend zu seyn. Je mehr sie nun der Scheidung nachgibt, ohne doch die Contraction lassen zu können, desto mehr schwillt ihr das Herz; ihr Wesen wird zugleich sehnsuchtsvoller, ahndender; ihre Bewegungen sind nicht mehr wie die tobenden Stürme des Winters, sondern wie die Wehen des kommenden Frühlings, wenn ein schmerzlich süßer Hauch durch die ganze Natur zittert und alle Wesen von innerer Wonne wie aufgelöst scheinen, indeß sie zu ihrer höchsten Lebensenergie sich vorbereiten. Denn indem nun die zusammenziehende Kraft ihr Leben innerlich freygibt, der Zorn ohnmächtig wird und allen Willen und mit ihm das Vermögen zur Contraction verliert, äußerlich aber, oder der That nach, als die ewige Kraft des allein von Natur unsterblichen Wesens doch nicht aufhören kann, schaffend, contrahirend zu seyn: so ist jetzt auch in Ansehung des Urwesens jener Moment des höchsten Drangs der Kräfte erreicht, da es unvermögend in sich zusammenzuziehen oder zu zeugen, außer sich das ihm ähnliche, damit aber ein von ihm Unabhängiges, Selbständiges erzeugt.

(105) Was könnte aber die zusammenziehende Urkraft anders aus sich zeugen, als das, dessen die Wesenheit begehrt, durch deren Verlangen sie allein in jenen Widerstreit versetzt wurde, das ihr ähnliche, die reinste Liebe! Wie im Herzen die Liebe, so wird aus dem Mittelpunkt der Contraction des ewigen Vaters der ewige Sohn geboren.

Nun ist der Wunsch der Liebe erfüllt. Zum erstenmal erkennt sie die zusammenziehende Kraft als einig mit ihr selbst. Denn sie selbst, die reine Lauterkeit für sich, vermag weder zu zeugen noch zu schaffen; dazu bedurfte sie der zusammenziehenden als der allein wirkenden und zeugenden Kraft, die darum in sich eben so ewig ist wie sie. Aber sie sollte doch nur zeugende Kraft, also, in dem Existirenden selbst, nicht um ihrer selbst willen seyn. Darum stritt die Liebe gegen sie, bis sie innerlich überwunden sich wirklich zur Zeugung entschloß. Jetzt ist das Verlangen der innern Liebe gestillt; von nun an läßt sie die zusammenziehende Kraft ruhig gewähren. Denn es darf die zusammenziehende Kraft nicht aufhören, sondern muß ewig fortwirken, damit ewig der Sohn aus dem Vater gezeugt und ewig die väterliche Kraft durch den Sohn entfaltet werde, und aus (106) dieser Zusammenwirkung die ewige Wonne des Ueberwindens und des Ueberwundenwerdens entstehe. Der Sohn ist nicht des Vaters Gegensatz, sondern seine Lust und Liebe, wie, um ein schwaches Gleichniß zu geben, es uns Wonne ist, den Freund zu finden, der unser für sich verschlossenes Inneres zum Aufschließen, zum Sich-Aussprechen bringt, oder der uns endlich das Wort gibt, das alle Widersprüche unseres Lebens löst. Denn nur mit dem Sohn fängt das Selbstverstehen und die Unterscheidung in dem Vater an, wie schon ein älterer Schriftsteller sich ausdrückt: Der Sohn ist die Gränze der väterlichen Tiefe und der Quellbronn der verständlichen Dinge.

Unmittelbar nämlich, durch das bloße Daseyn des Sohns, wird nicht der Vater zwar, aber die väterliche auf Indifferenz der Kräfte und Verschlossenheit gehende Einheit als nichtseyend, zwar nicht in sich selbst, aber doch in Bezug auf den Sohn, gesetzt. Was aber seyend in sich beziehungsweise auf Anderes als nichtseyend gesetzt ist, ist als vergangen gesetzt. Also durch die Zeugung des Sohns tritt die dunkle Urkraft des Vaters selbst in die Vergangenheit zurück und erkennt sich als vergangen in Bezug auf ihn. Aber so wie die zusammenziehende Kraft in die Potentialität, (107) Vergangenheit, Innerlichkeit zurückgetreten (als erste Potenz wirklich gesetzt) ist, hört der Widerspruch der Liebe gegen sie auf, denn sie ist in ihrem wahren Verhältniß. Nun kann sie immerfort innerlich wirken und die Liebe erfreuet sich ihres Wirkens: denn nur durch ihr Wirken ist der ewige Sohn, in welchem jetzt die Liebe des Vaters ruht, nicht mehr anfachend den Streit der vorigen Zeiten. Die beyden Principien sind nun zuerst in Freyheit gegeneinander gesetzt; und erfreuen sich der gegenseitigen Unabhängigkeit, da sie doch zusammen nur Eine Natur ausmachen.

Der Sohn ist der Versöhner, der Befreyer und Erlöser des Vaters, und wenn die väterliche Kraft vor dem Sohne war, so war sie nicht weniger auch vor dem Vater; denn der Vater selbst ist nur in dem Sohn und durch den Sohn Vater. Daher der Sohn auch wieder Ursache von dem Seyn des Vaters ist und hier vorzugsweise gilt jene den Alchemisten bekannte Rede: des Sohnes Sohn ist der des Sohnes Vater war.

Es beginnt mit dem Sohn die zweyte Epoche, die Zeit der Gegenwart, der herrschenden Liebe. Jenes oben ausgesprochene Gesetz, daß dieselben Kräfte, welche innerlich zusammenwirken, (108) äußerlich unabhängig von einander werden und als herrschende Mächte jede ihre eigne Zeit haben, dieses große Gesetz alles Lebens ist hier in dem höchsten der Fälle bestätigt.

Die erste Wirkung des Sohns in Ansehung der väterlichen Kraft ist, daß er die Einheit des Seyns und des Seyenden in ihr überwindet, welches nicht möglich ist, ohne auch in jedem von diesen für sich das Seyende oder Wesen in Freyheit zu setzen gegen das Seyn.

Denn sowohl im Seyn als im Seyenden war das Wesen, aber in beyden auf entgegengesetzte Art.

Im Seyenden war es dadurch unfrey, daß es als Subjekt der zusammenziehenden Kraft und dadurch selbst als zusammenziehend gesetzt wurde, da es seiner Natur nach ausfließende und mittheilende Kraft ist.

Im Seyn hingegen war es dadurch unfrey, daß es zusammengezogen und in so fern als Objekt gesetzt war.

Nun beruht die Einheit zwischen dem Seyenden und dem Seyn eben darauf, daß das Wesen im Seyenden als Subjekt, im Seyn als Objekt gesetzt ist. Mithin kann jene Einheit nicht (109) aufgehoben werden, ohne daß zugleich im Seyenden und im Seyn das Wesen frey wird gegen das Seyn oder von der zusammenziehenden Kraft.

Das Verhältniß, in welchem sich das Wesen zur contrahirenden Kraft im Seyenden befindet, können wir uns nicht besser vorstellen, als durch das Verhältniß, worein das an sich freye und lautere Gemüth gegen einen bestimmten Willen gesetzt ist, der sich in ihm erzeugt: denn obwohl in ihm entsprungen, nimmt er doch bald das Gemüth selbst gefangen, so daß auch dieses in Bezug auf ihn seine Freyheit und Lauterkeit verliert. Frey von ihm wird es aber, wenn nun vielmehr dieser Wille nach innen, in die Verborgenheit zurücktritt, das Gemüth dagegen wieder frey ausfließen und sich mittheilen kann.

Eben also auch wird das Wesen im Seyenden nur in dem Verhältniß frey, als die contrahirende Kraft, der andre Wille, der es zum Subjekt von sich machte, überwunden und somit als Inneres, als latent und beziehungsweise als Subjekt gesetzt wird, indeß das Wesen als das Umfangende, Einschließende von ihm nach außen kommt und wieder frey ausfließende Liebe wird.

(110) War das Wesen im Seyenden dadurch unfrey, daß es als Subjekt gesetzt war, da es an sich oder seiner Natur nach über allem Subjekt ist: so ist es im Seyn dadurch unfrey, daß es in Bezug auf die verneinende Kraft Objektives, Nichtseyendes ist, da es beziehungsweise auf diese vielmehr seyendes seyn sollte. Also wird die Befreyung des Wesens im Seyn darinn bestehen, daß hier vielmehr das Wesen immer mehr als seyendes oder gegenwärtiges (in so fern Subjektives), das Seyn oder die verneinende Urkraft dagegen immer mehr als be-

ziehungsweise nichtseyendes, vergangenes (in so fern Objektives) gesetzt wird.

Denn nicht absolute Trennung der Kräfte soll die Scheidung seyn, nicht Zerreißung des anfänglichen Bandes der Einheit; wäre dieß, so würde die ewige Kraft des Vaters nicht überwunden in Liebe, sondern vernichtet. Nur Lösung soll die Scheidung seyn, durch welche jedes Princip unabhängig von dem andern oder in seine eigene Freyheit gestellt wird. Wir werden diese Lösung am richtigsten ansehen, wenn wir sie als Artikulation des erst stummen Bandes der Existenz betrachten, wodurch dieses in das vernehmliche, sprechende Wort verwandelt wird, ([111]) in welchem Selbst- und Mitlauter nicht getrennt, sondern nur in das gehörige, aussprechliche Verhältniß zu einander gesetzt sind.

Nun verwirklicht sich der Sohn in dem Verhältniß, als er die dunkle Kraft der Indifferenz in dem Vater überwindet, d. h. in dem Verhältniß, als er das Band artikulirt. Daher ist der Sohn in seiner Verwirklichung nichts anders als das lebendige, artikulirende Wort selbst, und hinwiederum das lebendige Wort nichts anders als der Sohn in seiner Verwirklichung.

Dadurch, daß das Seyende die zusammenziehende Kraft als Innres oder Subjekt in sich hat, nach außen aber frey ausquellendes lauteres Wesen ist, wird es zum selbständigen, selbstbewußten, sich erkennenden Wesen, und mit einem Wort in's Geistige erhöht. Es ist ein aus sich leuchtendes Feuer, das keines Seyns außer sich bedarf, sondern sich selbst genug ist.

Aber nur durch und in dem Sohn ist das Seyende vom Seyn geschieden und in's Geistige erhöht; wie nur im Sohn der Vater wirklicher Vater ist. In sich selbst aber ist er noch immer was er zuvor war und könnte der Sohn vergehen, so ginge auch das Selbstbewußtseyn des Vaters zurück in jene tiefe Verschlossenheit, von ([112]) der wir in uns selbst das schwache Bild finden, wenn sich unser Inneres im finstern, unfreyen, ungeschiedenen Zustand befindet.

In gleichem Verhältniß als das Seyende vom Seyn geschieden wird und in die ewige Selbstgegenwärtigkeit erhöht, wird nothwendig das Seyn als Vergangenheit gesetzt. Aber doch nur als das Seyn kann es als Vergangenheit gesetzt werden. Dieß kann nur geschehen, wenn in gleichem Verhältniß das, was in ihm seyendes oder Wesen ist, als gegenwärtig und als seyend gesetzt wird.

Also in jedem von beyden, im Seyenden wie im Seyn, werden die wirkenden Kräfte in das freye und ihrer Natur angemeßne Verhältniß gesetzt; in jedem von ihnen ist das lebendige Wort als das frey einende und schaffende Band; jedes von ihnen wird also zu einer Welt für sich entfaltet.

Die Welt, zu der das Seyn entfaltet wird, ist die Natur; die Welt, zu welcher das Seyende, die Geisterwelt.

Natur und Geisterwelt entspringen aus dem gemeinschaftlichen Mittelpunkt Einer und derselben Ureinheit immer gleichförmig, zumal mit einander, durch Einen Akt der ewigen Dualisirung. (113)

Denn die väterliche Kraft hört nie auf zu wirken, so daß die beyden nicht etwa bloß im Anfang, sondern immerfort nur aus dem Vater, entstehen, der darum mit Recht die Einheit der Natur und der Geisterwelt heißt. Ohne die Zusammenziehung des Vaters hört die Natur ganz auf, als das Seyn, das von Anfang an nur in der Contraction und durch sie bestand, mit ihm aber auch das Geistige, das ewig nur wird, indem die contrahirende Kraft überwunden, und als Inneres gesetzt wird.

Aber nur durch den Sohn sind die beyden Welten geschieden; durch ihn sind im eigentlichen Verstand alle Dinge gemacht sowohl in der sichtbaren als unsichtbaren Welt. Könnte er je aufhören zu wirken, so ginge Natur und Geisterwelt wieder zusammen und in die Einheit zurück. Die Frage, durch welche Kraft beyde in der Gegenwart auseinandergehalten sind, ist zum mindesten ebenso wichtig, als die, durch welche sie ursprünglich oder in der Vergangenheit angesehen Eins sind?

Aber sind sie denn nun durch den Sohn schlechthin getrennt und ist überall kein Verhältniß mehr zwischen beyden, außer der väterlichen Einheit, (114) die als tragende Vergangenheit noch immer dem Gegensatz zu Grunde liegt, in dem sie sich befinden? Entsteht nicht eben aus der Geschiedenheit selbst eine höhere Einheit und mußten sie nicht vielleicht bloß darum geschieden werden, damit jene höhere Einheit entfaltet werde? War die erste auf Ungeschiedenheit beruhende eine bewußtlose und nothwendige: so müßte diese andre aus der Scheidung hervorgehende eine freye und bewußte Einheit seyn.

Um zur Beantwortung dieser Frage zu gelangen, ist es nöthig, auf den ersten Sinn der Scheidung zurückzugehen. Damit aber nicht dasselbe auf die nämliche Weise wiederholt werde, wollen wir versuchen, das, was oben mehr in erzählender Form, hier mehr auf dialektische Art auszudrücken.

Da das Seyn oder Objektive sich zum Seyenden im Ganzen wieder als Nichtseyendes verhält: so können wir es als den Gegensatz, das Seyende aber als die Einheit ansehen. Das Existirende, da in ihm Seyendes und Seyn zu höchster Innigkeit verschmolzen, läßt sich als Einheit der Einheit und des Gegensatzes aussprechen, wie wir uns auch oft dieses Ausdruckes bedient haben.

(115) Aber es ist diese noch keineswegs für sich selbst, nur in sich selbst oder verborgener Weise. Es kann in dieser Innigkeit nicht stehen bleiben; jede Existenz dringt weiter zu ihrer Entwickelung; ein jedes Gewächs verlangt nach seiner Fülle, will sprossen, treiben und endlich sich zur Blüthe entfalten. Die Einheit und der Gegensatz in Einem und demselben Wesen wollte das Ewige, das, was es war, auch wieder seyn, d. h. sich selbst offenbar werden als solches. Zu diesem Ende mußten Einheit und Gegensatz geschieden oder selbst entgegengesetzt werden, und bis zu diesem Punkt haben wir auch die Entwickelung geführt.

Aber diese Scheidung oder Entgegensetzung war nicht um ihrer selbst willen; sie war nur, damit das Ewige sich durch sie offenbare als Einheit der Einheit und des Gegensatzes.

Dieses wäre nun nicht dadurch möglich, daß jene in der Existenz eingewickelter Weise schon vorhandene Einheit (die Einheit der Einheit und des Gegensatzes) unmittelbar wieder als Band zwischen beyden einträte; denn da hörte sogleich alle Scheidung auf, es wäre im Grunde wieder, was zuvor war, eine eigentliche Entscheidung wäre nicht erfolgt, die alte Verschlossenheit träte auf's Neu' an die Stelle der Entwickelung.

(116) Der Gegensatz also muß bleiben; Einheit und Gegensatz jedes muß für sich seyn, und – eben *in* diesem Für-sich-seyn eines jeden und ohne daß es aufgehoben wird muß die Einheit erscheinen.

Dieß läßt sich nun bloß gedenken, wenn im Verhältniß der Entgegensetzung beyder in jedem der Geschiedenen für sich die Einheit sich erzeugt, wenn sie also durch einen innern aus jedem besonders gezeugten Einklang und eben darum *in* der Geschiedenheit und durch sie Eins werden.

Nur so offenbart sich das höchste Wesen der Liebe: denn daß Principien einträchtig sind, die durch eine bindende Kraft dazu gezwungen sind, ist kein Wunder, aber Liebe ist, wenn bey existentieller Unabhängigkeit Freyes zu Freyem gezogen wird.

Aber die Anlage oder Möglichkeit einer solchen freywilligen Einheit muß doch schon in jedem für sich liegen, wann auch undeutlich und unentwickelt. Und in beyden sind ja wirklich dieselben Principien, dasselbe scheidende, und einende Wort. Nicht die Verschiedenheit, sondern nur das umgekehrte Verhältniß der Kräfte in beyden macht den Unterschied. In beyden wird durch den fortgehenden Prozeß die verneinende (117) Urkraft immer mehr als latent gesetzt; aber im Seyenden dadurch, daß sie mehr und mehr Subjekt, im Seyn dadurch, daß sie mehr und mehr Objekt wird. In gleichem Verhältnis als die zusammenziehende Kraft im Seyenden innerlich gesetzt wird, kann die Liebe als frey sich mittheilende Wesenheit ausfließen; und ebenso, in gleichem Verhältniß, wie die zusammenziehende Kraft des Seyns äußerlich gesetzt wird, keimt ihr die Liebe im Herzen und überwindet von innen heraus das harte Aeußere. Dort ist die Liebe das wirkende Aeußere, die zusammenziehende Kraft das latente Innere, das nur ist, damit die Liebe etwas habe, wovon sie gehalten und durch das sie selbständig werde; hier dagegen ist die Liebe das wirkende Innere, die verneinende Kraft das wirkungslose Aeußere. Auf diese Weise ist die Möglichkeit gegeben, daß mit der höchsten äußeren Entgegensetzung die größte innere Einheit verbunden sey. So liegt der Tag in der Nacht, die Nacht im Tage verborgen, nur eins überwältigt durch das andre. So liegt im Guten das Böse, nur verborgen und unwirksam, aber als nothwendiger Halt des

Guten selber; so hinwiederum im Bösen das Gute, ohne welches das erste gar nicht seyn könnte, nur niedergehalten von jenem.

(118) Hier stellt sich also zuerst eine dritte Art der Einheit dar, die jedoch nur die in der Wirklichkeit offenbar gewordne erste, aber von der zweyten auf existentieller Gleichheit beruhenden ganz verschieden ist. Wir werden diese innere Einheit eine wesentliche und qualitative nennen können, da im Gegentheil die Verschiedenheit immer mehr eine bloß äußere, unwesentliche, quantitative wird.

Es ist dieser Begriff von bloß quantitativer Differenz des Seyns und des Seyenden häufig für die Behauptung einer unwesentlichen Differenz der Principien selber gehalten worden, wie denn in solchen Materien von der Mehrzahl schwerlich etwas andres als oberflächliches Ansehen und Beurtheilen erwartet werden kann. Wer nur einige Aufmerksamkeit hat, muß einsehen, daß gerade die bloß quantitative Differenz zwischen Seyendem und Seyn den entschiedensten qualitativen Gegensatz der Principien in ihrer Bloßheit oder für sich betrachtet voraussetzt.

Eben dieser Begriff ist durch den des bloßen Potenzunterschiedes erklärt worden. Denn in dem Seyn z. B. ist auch ein Seyendes; aber im Seyenden als solchen ist wieder das Seyende dieses Seyenden; und wenn jenes in der je- (119) tzigen Unterscheidbarkeit der Principien oder als artikulirte Differenz sich durch die Formel A = B bezeichnen läßt: so wäre das in's Geistige und Bewußte erhöhte Seyende durch $A^2$ auszudrücken.

Also schon durch ihre innere Natur sind sich Seyendes und Seyn, das Geistige von Gott und das von ihm geschiedne Leibliche, Natur und Geisterwelt verwandt. Doch ist dieß nur abstrakt gesprochen und als wären beyde stehende Begriffe. Das Wahre ist, daß diese innere Einheit eine mehr und mehr werdende und im Verhältniß der Scheidung sich entwickelnde ist. Denn Natur und Geisterwelt entspringen in stets gleichem Maß aus der ewigen Einheit. In dem Verhältniß als im Seyn die Liebe seyend und aus dem Nichtseyenden erhoben wird, in gleichem Verhältniß wird im Geistigen des Vaters der Zorn latent oder Inneres, die Liebe Aeußeres, Offenbares; und umgekehrt. Aber eben dadurch werden sie ja auch geschieden; denn untrennbar war das Seyn von dem Seyenden nur durch die wirkende Contraction des Vaters. Also werden sie durch eben das, was sie von einander scheidet, zu jener höchsten Einheit gebracht, in der sie als geschiedene sich wieder umfassen und mit dem ganzen Reichthum ihres Inhalts gegenseitig in einander auflösen. Wenn (120) nämlich durch den stets fortgehenden Prozeß einer wahrhaft göttlichen Scheidekunst das jetzt noch so tief verborgene Wesen der uranfänglichen Lauterkeit in dem Seyn immer mehr erhoben und als seyend gesetzt wird: so ist die Natur in ihrer letzten Vollendung, obwohl von einer ganz andern Seite her, dem Wesen nach völlig eben das, was das Geistige in Gott zu gleicher Zeit seyn wird; denn in jener wie in diesem wird, obschon auf entgegengesetzte Art, die Liebe als das allein Seyende, das verneinende Princip aber als das Nichtseyende gesetzt.

So also werden die beyden Welten durch fortgehende Scheidung immer mehr zu der letzten Einheit vorbereitet, die nur aus dem Inneren einer jeden für sich entwickelt werden kann.

Nicht vorhanden soll diese Einheit seyn; denn die Gegenwart beruht auf dem Gegensatz, ist nur Uebergang von jener anfänglichen tiefverschloßnen Indifferenz zu der letzten und entfaltetsten Einheit. Nur eine immer werdende, sich stets erzeugende und, mit einem Wort, vom gegenwärtigen Standpunkt *zukünftige*, kann jene Einheit seyn.

Sie ist nicht vorhanden in dem Sinn, daß sie zwischen den beyden Geschiedenen oder objek- (121) tiv schon gesetzt wäre; aber werden soll sie doch zwischen ihnen, d. h. sie soll der Potenz nach, also subjektiv schon seyn – verborgner Weise soll in den Tiefen der Gottheit die unsichtbare Kraft wohnen, die sich einst zu dieser aus innrem Einklang der geschiedenen entspringenden Einheit als Wesen oder Subjekt bekenne.

Dieses Wesen, in Ansehung dessen Natur und Geisterwelt, Einheit und Gegensatz, schon jetzt auf höhere obwohl noch nicht äußerlich sichtbare Weise, Eins sind, kann nicht der Vater seyn; denn der Vater ist noch immer die Kraft der ersten Einheit, durch welche Natur und Geisterwelt ineinander und ungeschieden sind; der Sohn aber ist die

Persönlichkeit, welche sie scheidet und welche also nicht zugleich jene seyn kann, die sie als Subjekt wieder verbindet. Jene unsichtbare und in der Gegenwart verborgne Einheit muß also, da sie nur Gott seyn kann, eine von der Persönlichkeit des Vaters so wie des Sohns verschiedene, dritte Persönlichkeit seyn, welche zwar in der des Vaters, weil er in sich schon Einheit der Einheit und des Gegensatzes war, eingewickelt bereits vorhanden seyn mußte, die jedoch erst durch den Sohn wirklich entwickelt wird, der eben darum die Indifferenz des (122) Vaters überwinden, die erste den Gegensatz noch einwickelnde Einheit scheiden mußte. Daher es ganz der Sache gemäß wäre zu sagen, daß diese dritte Persönlichkeit potentiell von dem Vater, aktuell von dem Sohne ausgehe.

Erst durch diese dritte Persönlichkeit ist Gott ein wahrhaft ganzes, geschlossenes in sich vollendetes Wesen; klar ist zugleich, wie nur in dieser Dreyheit von Persönlichkeiten die höchste Einigkeit des Wesens sich offenbaren kann. Auch diese Persönlichkeit ist kein einzelnes Princip, kein Theil der Gottheit, sondern der ganze Gott, aber im Zustand seiner höchsten, lebendigsten Entfaltung.

Da für diese dritte Persönlichkeit auch das zuvor subjektive, durch die Scheidung in's Geistige erhöhte wieder mit dem Seyn oder Wirklichen Eins ist: so können wir ihr Wesen wohl nicht angemeßner ausdrücken, als wenn wir sagen, in ihr sey wieder die uranfängliche Lauterkeit, die absolute Einheit von Subjekt und Objekt, in der höchsten Verwirklichung: in so fern würde sie Geist zu nennen seyn, aber – nicht beziehungsweise, wie das in's Geistige erhöhte, dem Seyn entgegengesetzte, Seyende, sondern, wegen ihrer Erhebung über das Seyende wie (123) über das Seyn –, der Geist an sich oder der absolute Geist.

Es sey uns über diese Entwickelung der Gottheit in mehrere Persönlichkeiten ein allgemeines Wort vergönnt.

Als stillstehende Kraft ist Gott nicht zu denken, außer in jenen abgezogenen unlebendigen Systemen, die in anderer Hinsicht fast allgemein verwerflich gefunden werden. Ist in ihm Leben und Persönlichkeit, so ist eine fortschreitende Bewegung in ihm, worinn er jedoch nur von sich ausgehen und auch nur wieder in sich selbst zurückkehren kann, also zugleich Anfang und Ziel der Bewegung ist. Es ist hier keine arithmetische Progression, kein äußeres Vieles, sondern ein inneres, das aus Einem geht und auch immer Eines oder in sich bleibt. So wie ein Fortschreiten in Gott ist, muß auch eine Folge von Persönlichkeiten zugegeben werden. Denn würde die Handlung, wodurch sich das Ewige zur Schöpfung entschließt, auch als die stetigste Bewegung der Einheit in die Zweyheit vorgestellt, so ginge uns über der Zweyheit die Einheit, und so, bey dem Fortschritt vom Gegensatz zur höheren Einheit, also in die Dreyheit, die Einheit und Zweyheit über der Dreyheit verloren. Wenn des Fort- (124) schritts ohnerachtet in Gott keine Veränderung seyn soll: so muß mit der Zweyheit die Einheit und mit der Dreyheit sowohl die Einheit als die Zweyheit bestehen, welches ohne verschiedne Persönlichkeiten, die jedem dieser Momente entsprechen, wohl nicht denkbar ist.

Wird die Gottheit nicht gleich in ihrem ersten Zustand als entfaltet gesetzt, so daß es keiner Schöpfung bedarf: so ist also ihr Urzustand der einer Nichtentfaltung: nun kann doch die Kraft, durch welche die Entwickelung verneint und angehalten ist, nicht dieselbe seyn, durch welche sie auch bejaht und eingeleitet wird. Daher es sehr begreiflich ist, daß alle die, welche sich nicht zu jenem Akt der Selbstverdoppelung erheben, die Entwickelung nie weiter zu führen vermögen, als bis zu dem Moment, den wir als Existenz bezeichnet haben, und daß sie von nun an, wenn sie weiter wollen, nichts als Worte vorbringen.

In allen Uransichten der Menschheit, allen Religionen ohne Unterschied, liegt die stille Ahndung jener Folge von Persönlichkeiten, die nothwendig ist, um den Zustand der entfalteten und zugleich beruhigten Schöpfung zu erklären. Denn so läßt nicht allein die Indische Religion ihren höchsten Gott den zweyten, Brama, erzeugen, (125) durch welchen die in jenem verborgne Welt erst hervorgezogen wird. Auch in der griechischen Fabel folgte der Herrschaft des Uranos, der uranfänglichen himmlischen Wesenheit, die Herrschaft des Kronos, in dessen Natur zwey Vorstellungen verbunden werden, die der ewig gebährenden, ewig verschlingenden Zeit, des unabläßig in sich selbst laufenden Rads der Geburt, und die der goldenen Zeit, welcher zuletzt immer jene Eintracht der Dinge zum Vorbild diente, in welcher sie vor dem Anfang der jetzigen Zeiten zusammenlebten. Denn es bleibt dem Menschen in dem lebhaftesten Gefühl der Entzweyung mit sich und der ganzen Welt noch die Ahndung, einmal im Ganzen und selber mit das Ganze gewesen zu seyn und der Wunsch ist so natürlich, lieber gleich in dieses zurückzugehen, als durch einen langen Kampf wieder dahin zu gelangen. Den Kronos aber verdrängte sein Sohn Zeus, der Herrscher der Gegenwart, dem nur in der Zukunft ein gleiches Schicksal geweissagt ist. Vor Zeus Herrschaft gab es nur wilde, regellose Geburten, nichts Bleibendes und Bestehendes; mit Zeus aber beginnt das Reich der Form, beginnen die bleibenden ruhenden Gestalten. In der andern Beziehung aber, da die Zeiten Saturns als die Zeiten hoher Glückseligkeit betrachtet wurden, mußte dem Realismus ([126]) der griechischen Religion zufolge diese Verdrängung als Gewaltthat vorgestellt und beklagt werden.

Ueber alle Vergleichung erhaben und einzig ist aber die christliche Idee, besonders in der Art, wie sie die Mehrheit der Personen mit der Einheit des Wesens verbindet, indem dadurch offenbar wird, wie jene fortschreitende Bewegung aus demselben durch dasselbe und in dasselbe geht, also nirgends eine Verwandlung des Wesens statt findet. Vortrefflich sagt schon ein geistvoller Lehrer der ersten Jahrhunderte: Mehrere Naturen annehmen ist hellenisch, nur Eine Person glauben jüdisch; aber die Eine Natur zur heiligen Dreyheit entfalten und die Dreyheit der Personen wieder in die Einheit des Wesens sammeln, ist die rechteste, die wahrhafteste Lehre.

Die stillen, unsichtbaren Wirkungen des Christenthums sind unstreitig größer und ausgebreiteter als insgemein angenommen wird. Es wäre gewiß nicht ohne Interesse in den bedeutendsten Werken der Wissenschaft und Kunst die sanftredenden Züge aufzusuchen, die sich aus jenem in sie herübergefunden. Schon darum weil durch die Mittheilung von Kindheit auf (wenigstens nach der frühern bessern Erziehungsart) seine Lehren ([127]) für das ganze Leben eine fast unabweisbare Gegenwärtigkeit erhalten, sind sie der Stoff, woran, ihr selbst unbewußt, die natürliche Geisteskraft aller tieferen Menschen von Jugend auf sich übt; so mögen sie denn als stiller Reiz auf manches sinnige Gemüth gewirkt und auch dem, welchem das Einzelne fremd blieb, doch das Höhere und Seltnere mitgetheilt haben, den dem Christenthum so ganz eigenthümlichen Sinn der Menschlichkeit und Natürlichkeit, der grade bey den höchsten Hervorbringungen und Forschungen so wesentlich ist. Denn indem die Offenbarung die erhabensten Dinge in den klarsten und einfältigsten Worten ausspricht, wodurch sie ihm so nahe gebracht werden, daß er über diese Nähe erschrickt, bleibt dem Forscher auch dann, wenn er sie wieder in die wissenschaftliche Ferne gerückt hat, der erste Eindruck: so daß man wohl behaupten kann, ohne das Licht der Offenbarung würde kein wissenschaftlicher Forscher wagen können, sich den innern Hergang bey den ersten göttlichen Wirkungen so natürlich und mit solchen menschlichen Begriffen vorzustellen, als es nothwendig ist. Denn bey der großen Entfernung, in die wir diese Gegenstände setzen müssen, ist es natürlich, auch die entlegensten und von allem Menschlichen entferntesten Begriffe für sie zu suchen; woher es denn auch ([128]) kommen mag, daß, wie die Geschichte der Philosophie so auffallend zeigt, alle diejenigen unter den Neuern, welche, lediglich dem eignen Eindruck in Ansehung jener Gegenstände folgend, vom Empfangenen der Offenbarung sich so weit als möglich zu entfernen suchten, in ihren Gedanken mehr und mehr sich verstiegen und zuletzt ganz in's Leere und Oede geriethen. Ich bekenne nicht ungern, daß kein menschliches Buch noch irgend ein anderes Mittel meine Ansichten so gefördert, als die stille Anregung jener Schriften, welche ihre Tiefe bey der höchsten Klarheit, wundervolle Uebereinstimmung auch in einzelnen nur wie verloren scheinenden Aeußerungen und die nur dem Kenner fühlbare Schärfe in den scheinbar unfaßlichsten Dingen schon allein zu dem Rang göttlicher Bücher erheben würde. Von ihnen habe ich zuerst gelernt, das, zu dessen Erkenntniß ich von Jugend auf den heftigsten Trieb fühlte, endlich auf die menschlichste Weise zu suchen und die überfliegenden Gedanken auf das natürliche Maß menschlicher Begreiflichkeit zurückzubringen.

Damit will ich aber nicht sagen, daß die Uebereinstimmung absichtlich gesucht worden: denn wer der reinen Wissenschaft folgt, ist am wenig- (129) sten fähig, sich irgend etwas bloß äußerlich anzueignen; für ihn muß auch ein göttliches Wort verloren seyn, so lange nicht aus eigner Brust ein innerlich gezeugter Widerhall ihm antwortet. Auch zweifle ich, ob ohne eine solche fortschreitende Bewegung, wie sie vielleicht nur durch die Wissenschaft entwickelt werden kann, die christliche Idee begreiflich vorzustellen ist. Auch hier ist der lebendigen Einsicht nicht wenig durch die Art geschadet worden, alles dogmatischhart und schroff, satzweise, hinzustellen, indeß die Offenbarung alles im Werden und in der Bewegung darstellt, und z. B. nirgends die Idee der Dreyeinigkeit als Dogma ausspricht, sondern den Vater in der Zeugung des Sohns, den Sohn im Gezeugtwerden und im Aussprechen des Vaters, den Geist im Ausgehen von beyden oder doch vom Vater vorstellt. Wir wissen wohl, was zur Erklärung hievon dient, daß nämlich die christliche Lehre sich von Anfang im Kampf gegen frühere Religionsarten und gegen einheimische Feinde entwickeln mußte, wo Glaubensbekenntnisse, bestimmte Lehrbegriffe oder Symbola nothwendig wurden. Wenn auch späterhin der Protestantismus, der seiner Natur nach ein beständiger Streit gegen das unbewegliche seyn sollte, eine lebendigere, freyere (130) Entwickelung hätte erwarten lassen, so mußte doch auch er dem äußeren Verhältniß unterliegen. Denn da seine Bekenner frühzeitig über ihren Glauben angefochten, vernommen, ja sogar zu öffentlichem Verhör gezogen wurden: so war es unvermeidlich, denselben auf Artikel und feste Sätze zurückzubringen, eine traurige Wirkung aller Polemik, vor der sich jede Lehre zu hüten hat, obgleich die Meister sie erst durch Erfahrung kennen lernen.

Bey ganz veränderten Verhältnissen scheint aber die Zeit gekommen, wo die freye, lebendige Entwickelung des Christentums, dessen lang' erwartete Wiedergeburt offenbar nahe ist, mit Ruhe und zugleich mit der Erwartung unternommen werden könnte, daß es in dieser menschlicheren Gestalt auch die menschlichen Herzen aufs Neue gewinnen und der ganzen Ansicht der Dinge und Verhältnisse eine völlig andere Richtung geben könnte.

Es gehört zwar zu den gewöhnlichen Bestimmungen der christlichen Lehre, daß die Ordnung der Personen in Gott keine Ordnung der Zeitfolge, noch selbst der Unterordnung sey. Allein die Verneinung einer Folge in der Zeit würde keineswegs die Verneinung der Folge überhaupt in sich schließen; was aber das bestimmte Ver- (131) hältniß des Vaters zu dem Sohne betrifft, so ist die väterliche Kraft wohl eher denn der Sohn, aber eben dieselbe ist auch eher denn der Vater; denn zwischen beyden ist ein vollkommenes Wechsel-Verhältniß und vor dem Sohn ist auch der Vater nicht, sondern nur die verschlossene, verborgene Natur der unentfalteten Gottheit. Zwischen dieser aber und der in die drey Persönlichkeiten entfalteten Natur der Gottheit ist keine Folge der Zeit. Wäre aber auch der Sohn als der Sohn nothwendig dem Vater sofern er der Vater ist untergeordnet, so würde sich doch diese Ungleichheit unmittelbar dadurch aufheben, daß in andrer Beziehung der Sohn auch wieder über dem Vater ist, wie der Geist, ob er gleich von Vater und Sohn ausgehend beyde vorauszusetzen scheint, in andrer Beziehung über beyden ist; woraus erhellt, daß jede Unterscheidung unmittelbar sich wieder auflöst in die überschwengliche Einheit des Wesens.

Jede andre Vorstellung, dergleichen auch zu unsrer Zeit, nachdem die Wissenschaft dieser Idee wieder näher gerückt, manche ausgeboren worden, scheint die drey Personen nur als drey Partikeln oder Principien der Gottheit zu begreifen, wo es nöthig wäre, Gott selbst gleichsam noch als ein (132) Viertes zu setzen. Eine solche Vorstellung wäre unter andern, wenn man jenes in's Geistige erhöhte Seyende, (das $A^2$) für den Geist ausgeben wollte; denn jenes Seyende ist immer noch der durch den Sohn nur verklärte Vater; eben so das Seyn (das $A = B$) immer noch das durch den Sohn nur vom Seyenden geschiedene, von der väterlichen Kraft aber stets gehaltene Seyn des Vaters: der Sohn ist nicht etwas (ein Theil) von dem Vater, sondern er ist das, was im Ganzen des Vaters, in beyden Principien (im $A^2$ wie im $A = B$), die Einheit überwindet, also selbst auch wieder ganze Person; und das nämliche wäre auf dieselbe Weise von dem Geist zu zeigen. Daher ob es gleich in gewissem Betracht für möglich gehalten werden könnte, auch die drey Personen wieder als drey Potenzen auszudrücken und z. B. den Vater als erste, den Sohn als zweyte, den Geist als dritte Potenz zu setzen, bey genauer Erwägung diese Vorstellung doch als unpassend erklärt werden muß, indem der Potenzenunterschied nur innerhalb einer jeden Person möglich ist, auf sie selber aber, der vollkommnen Gleichheit und Ganzheit ihres Wesens halber, keine andre als schiefe Anwendung leidet.

Wir haben uns schon mehrmals den Ausdruck erlaubt, die väterliche oder contrahirende ([133]) Kraft werde mehr und mehr als vergangen oder latent gesetzt. Hiermit wurde die Meynung ausgedrückt, daß sie nicht zumal, nicht gleichsam mit Einem Schlag überwunden werde. Nun sind zwar die beyden Wirkenden in gegenseitiger Unabhängigkeit von einander; aber die contrahirende Kraft des Vaters ist an sich selbst eine blinde Kraft, und inwiefern der Vater durch den Sohn in's Geistige oder Bewußte erhoht ist, in so fern und in so weit ist sie überwunden, also als nichtwirkend gesetzt. Demnach kann das Bestimmende jenes Widerstandes nicht in der contrahirenden Kraft des Vaters noch überhaupt im Vater als solchem liegen: es kann aber eben so wenig in dem Sohn liegen; denn dieser hat kein andres Wollen oder Verlangen, als dieses, den Vater zu scheiden und also die auf Indifferenz gehende Kraft in ihm zu überwinden. Da sonach dieß Bestimmende weder in dem Vater noch in dem Sohne seyn kann, so kann es nur außer ihnen liegen; in dem Geist. Der Geist ist frey von dem Vater und dem Sohn, in dem Sinn, wie auch diese frey und unabhängig von einander sind; aber er ist zugleich die wesentliche, freye und bewußte Einheit beyder, oder in ihm wohnt das gemeinsame Bewußtseyn des Vaters und des Sohns. Denn der Geist, als das durch ([134]) Vater und Sohn nur verwirklichte Wesen der uranfänglichen Lauterkeit ist an sich die reinste Besonnenheit, die höchste Freyheit, der lauterste Wille, der, ohne sich zu bewegen, alles bewegt und durch alles geht. Also ist er zugleich der gemeinsame Wille beyder, oder er ist der Wille, in dem beyde Eins sind. Darum kann weder der Vater in Bezug auf den Sohn, noch der Sohn in Bezug auf den Vater anders wirken, als nach dem freyen Willen des Geistes.

Wäre in der Kraft des Vaters kein Widerstand, wäre also alles, was Seyn ist, gleich und zumal als vergangen, alles Seyende als gegenwärtig und damit jene in der Zukunft liegende höchste Einheit beyder als wirklich gesetzt: so wären alle drey Persönlichkeiten in höchster Klarheit in einander, es wäre keine Zeit, sondern absolute Ewigkeit.

Nun wird aber angenommner Maßen das Seyn nicht zumal noch ohne Widerstand überwunden.

Hiedurch entsteht also ein fortwährendes Ringen zwischen dem das Seyn als vergangen und zwischen dem es als gegenwärtig setzenden Princip; oder, da die Gegenwärtigkeit des Seyns auf der Einheit der Kräfte beruht, seine Ver- (135) gangenheit auf der Befreyung des Seyenden von ihm, so entsteht ein fortwährendes Ringen zwischen dem die Einheit und zwischen dem die Zweyheit setzenden Princip.

Da aber in diesem Ringen doch beständig eine Zweyheit, also das Seyende in gewissem Grad als gegenwärtig, das Seyn in gewissem Grad als vergangen, die vollkommne Dualisirung aber, (welche unmittelbar in die letzte und höchste Einheit übergeht), mehr oder weniger als zukünftig gesetzt wird: so entsteht dadurch in jedem Augenblick Zeit, und zwar als ganze Zeit, als Zeit, in der Vergangenheit, Gegenwart und Zukunft dynamisch auseinander gehalten, aber eben damit zugleich verbunden sind.

Da jedoch dieses Verhältniß nicht bleiben kann, indem das Seyn immer mehr überwunden wird: so folgt auf jede so gesetzte Zeit eine andre Zeit, durch welche wieder jene als vergangen gesetzt wird; oder es entstehen Zeiten.

Ein Ursprung oder Anfang der Zeit, der wie der Anfang keines Lebens ohne kräftige Differenziirung und eine wirklich polarische Entgegensetzung gedacht werden kann, ist nach jeder mechanischen Ansicht unbegreiflich. Wenn, wie insgemein angenommen wird, die Zeit nur Eine (136) Richtung hat: so müßte ihr widersprechender Weise verstattet seyn, vor sich selbst herzugehen und gleichsam vorauszuschießen, aber ohne noch Zeit zu seyn; jenes, weil jede werdende Zeit eine gewesene schon voraussetzt, dieses weil sonst kein eigentlicher Anfang wäre. Ist es an dem, (wie es denn allerdings ist), daß jeder Anfang der Zeit eine schon gewesene voraussetzt: so muß der Anfang, der wirklich Anfang ist, den Ablauf derselben nicht erst zu erwarten haben, sondern sie muß gleich anfangs vergangen seyn. Ein Anfang der Zeit ist also undenkbar, wenn nicht gleich eine ganze Masse als Vergangenheit, eine andre als Zukunft gesetzt wird; denn nur in diesem polarischen Auseinanderhalten entsteht jeden Augenblick die Zeit.

Ein solcher Anfang ergiebt sich aus der hier entwickelten Ansicht von selbst. Folgendes sind die Hauptmomente der ganzen Genealogie der Zeit, wie sie im bisherigen vorbereitet worden.

Das Wesen oder die eigentliche Kraft der Zeit liegt im Ewigen. Denn die urerste lautere Wesenheit ist nicht einmal als das Ewige anzusehen, indem sie vielmehr die Ewigkeit selber ist. In ihr ist auch nicht einmal eine Vorherbestim (137) mung der Zeit, sie ist schlechthin über der Zeit. Aber das Existirende ist schon das Ewige; die Einheit, die in ihm ist, ist nicht mehr die lautere, stille, sondern die reale, die wirkende Ewigkeit. Denn in ihm sind bereits Vergangenheit, Gegenwart und Zukunft verborgener Weise als Eins gesetzt; die Vergangenheit durch das Seyn, die Gegenwart durch das Seyende; aber auch jene höchste und letzte Einheit (die Einheit der Einheit und des Gegensatzes) lag ja schon verschlossener oder eingewickelter Weise in ihm.

Aber auch das Ewige ist, wie bereits früher bemerkt worden, für sich nur der Anfang des Anfangs, noch nicht der wirkliche Anfang. So ist das Samenkorn zwar die Möglichkeit des Anfangs der Pflanze, aber noch keineswegs der Anfang selber.

Wirklicher Anfang kann nur von absoluter Freyheit kommen. Die Liebe ist es, die in jener ersten verschlossenen Einheit auf Scheidung dringt. Aber auch sie ist nur noch ein Suchen des Anfangs ohne ihn finden zu können. Alle Verworrenheit, der ganze chaotische Zustand, in dem sich unser Inneres bey jedem Anfang eines neuen Bildungsprozesses befindet, entspringt aus dem Suchen und Nichtfindenkönnen des Anfangs. Der gefundene (138) Anfang ist das gefundene Wort, durch das aller Widerstreit gelöst wird. Dieß gilt auch für jenen Zustand des Widerspruchs und des Streits, in den das Existirende durch die Liebe mit sich selbst gesetzt wird. Darum heißt es: Im Anfang war das Wort.

Inwiefern nun der Zustand friedlicher aber völlig innerlicher Einheit dem Zustande des Widerspruchs vorausgehend gedacht werden muß, in so fern könnte es möglich scheinen, zu fragen, wie früh oder spät das Verlangen nach Offenbarung sich in jener Einheit geregt und auf die Scheidung dringend den Zustand des inneren Streits veranlaßt habe?

Allein wer sich recht jene Tiefe der Indifferenz und Verschlossenheit in dem Ewigen vergegenwärtiget, wer es eingesehen und verstanden hat, daß sie nicht wirklicher Anfang seyn kann: der wird auch begreifen, daß jenes erste Wirken der Liebe absoluter Anfang ist, indem kein vorhergehendes zu ihm in einem realen Verhältnisse stehen kann. Denn ob wir gleich das Wesen in jener Indifferenz das erste Wirkliche genannt, so ist es doch eben darum, weil erstes Wirkliches, nur Wirkliches in sich, aber beziehungsweise auf andres nur Samenkorn, nur erste Möglichkeit des (139) wirklichen Seyns und geht daher diesem, zwar der Potenz oder dem Begriff, aber keineswegs der That nach voran. Sollten wir den Anfang jenes Wirkens nach der Dauer des Zustandes anfänglicher Eintracht bestimmen, so müßte dieser Urzustand selbst schon der einer aktuellen (entfalteten) Existenz gewesen seyn, nicht der einer gänzlichen Versunkenheit in sich selbst, die nach außen wie völlige Wirkungslosigkeit ist. Also ist hier nichts denn ein bodenloser Abgrund der Ewigkeit, da kein Maß anwendbar, kein Ziel und keine Zeit bestimmbar ist; und ist auch jenes Suchen des Anfangs kein anderes, denn ein ewiges, aus sich selbst entspringendes, Suchen.

Haben wir uns erlaubt, jenem Urzustand in Worten eine Dauer zu geben, so war dieß nur bildlich oder mythisch nicht wissenschaftlich zu nehmen.

Wer uns entgegenhält, daß wir die Herkunft der Welt durch lauter Wunder erklären, der sagt eben damit das Rechte. Glaubt denn irgend wer, daß die Welt ohne ein Wunder, ja ohne eine Reihe von Wundern habe entspringen können? Bis zur Geburt des Sohns ist alles Wunder, alles Ewigkeit. Nichts entspringt durch Wirkung eines Vorhergehenden, sondern alles auf ewige Weise.

([140]) Wird der Wille, der nichts will, als das Höchste, zugestanden, so gibt es aus ihm keinen Uebergang; das erste ihm Folgende, der Wille der Etwas will, muß sich selbst erzeugen, absolut entspringen. Und so wenn das Ewige Ewiges ist kann es allem Folgenden nur der Möglichkeit nach vorangehen. Also muß auch der Anfang der Sehnsucht in ihm absoluter Anfang seyn.

Mit jener ersten Scheidung, in der die Liebe den Anfang sucht, aber nicht findet, ist im Ewigen schon eine innre Zeit gesetzt; denn Zeit entsteht unmittelbar durch Differenziirung der in ihm nicht bloß als Eins, sondern als äquipollent gesetzten Kräfte. Aber zuvörderst ist diese Zeit keine bleibende, geordnete Zeit, sondern in jedem Augenblick durch neue Contraction, durch Simultaneität bezwungen, (die in diesem Streit schon als Raum aufblickt), muß sie dieselben Geburten, die sie so eben gezeugt, wieder verschlingen; sie ist eben darum auch keine Zeit, die ihren wirklichen Anfang finden, die ausgesprochen, offenbar werden könnte, und kann in so fern die anfanglose und, weil sie nur im Ewigen ist und nicht äußerlich werden kann, die ewige Zeit heißen –; beydes, wie leicht einzusehen, in einem ganz andern Sinne, als diese Ausdrücke sonst gebraucht worden.

([141]) Die Zeugung des Sohns durch die väterliche Kraft ist das erste reale Verhältniß; mit dieser ist aber auch der erste wirkliche Anfang. Darum ist das Seyn des Sohns mit dem Anfang Eins und umgekehrt.

Nur durch eine zweyte von der ersten verschiedne Persönlichkeit, welche die Simultaneität der Principien in ihr entschieden aufhebt, das Seyn als erste Periode oder Potenz, das Seyende als Gegenwart und die in der ersten ebenfalls eingeschloßne wesentliche und freye Einheit beyder als Zukunft setzt, nur durch eine solche kann auch die im Ewigen verborgne Zeit ausgesprochen und geoffenbart werden, welches dann geschieht, wenn die Principien, die in ihm als Potenzen des Seyns coexistirend oder simultan waren, als Perioden hervortreten.

Nun zuerst ist der wirkliche Anfang gefunden, auch ein Anfang der Zeit; und der Welt inwiefern diese die jedesmalige Gestalt des göttlichen Lebens nicht an sich zwar, aber in seiner Offenbarung ist. Aber dieser Anfang ist nicht Anfang, der aufhören könnte Anfang zu seyn, sondern immer gleich ewiger Anfang. Denn noch jeden Augenblick wird der göttliche Sohn geboren, durch den die Ewigkeit in Zeit aufge-(142) schlossen und ausgesprochen wird; diese Zeugung ist keine vorübergehende, die einmal geschehen aufhörte, sondern eine ewige und stets geschehende Zeugung. Jeden Augenblick wird wie im ersten die Strenge und Verschlossenheit des Vaters überwunden, und dieser Akt, da er stets und allein eine Zeit in den Dingen setzt, ist nicht nur einmal, sondern immer und seiner Natur nach ein vorzeitlicher Akt.

Dieser Akt, sagten wir, setze eine Zeit in den Dingen. Die anfangende Zeit ist nämlich in Bezug auf die Dinge oder die Welt keineswegs als eine äußere zu denken, so daß die Dinge oder die Welt in ihr anfingen oder existirten. Es ist die Natur der Welt, (im oben bestimmten Sinn, da sie nicht mit dem All gleichbedeutend ist, welches nur das Eine seyn kann und zwar sofern es das Eine ist), die Natur der Welt, in diesem Sinn, ist, anfänglich zu seyn. Aber dieser Anfang ist kein Anfang *in* der Zeit. Die fast für allgemein anzunehmende Täuschung, als wäre die Welt oder doch jedes Ding in der Zeit, läßt sich leicht auflösen. Nicht nur dieses oder jenes Ding, z. B. der Weltkörper oder das organische Gewächs; schlechthin jedes hat seine Zeit in sich selbst, ob sie gleich in den hier genannten entfalteter, ausgesprochner ist als in den (143) andern; ja sollte irgend ein Ding durch den hohen Grad seiner Ungeschiedenheit ohne lebendige innre Zeit scheinen, so unterliegt es wenigstens keiner außer sich; kein Ding hat eine äußre Zeit, sondern jedes nur eine innre, eigne, ihm eingeborne und inwohnende Zeit. Der Fehler des Kantianismus in Bezug auf die Zeit besteht darinn, daß er diese *allgemeine* Subjektivität der Zeit nicht erkennt, daher er ihr die beschränkte gibt, wodurch sie zu einer bloßen Form unserer Vorstellungen wird. Kein Ding entsteht in der Zeit, sondern *in* jedem Ding entsteht die Zeit auf's Neue und unmittelbar aus der Ewigkeit, und ist gleich nicht von jedem zusagen, es sey im Anfang der Zeit, so ist doch der Anfang der Zeit in jedem, und zwar in jedem gleich ewiger Anfang. Denn es entsteht jedes Einzelne durch dieselbe Scheidung, durch welche die Welt entsteht, und also gleich anfangs mit einem eignen Mittelpunkt der Zeit. Auch seine Zeit ist in jedem Augenblick seine ganze, und nach Zeiten werdend wird es doch nicht in der Zeit. Nur dadurch, daß außer ihm andere Wesen sind, die ebenfalls eine Zeit in sich selber haben, wird eine Vergleichung seiner Zeit mit der Zeit anderer möglich. Hiedurch erst, nämlich durch Vergleichung und Messung verschied- (144) ner Zeiten entsteht jenes Scheinbild einer abstrakten Zeit, von welcher wohl zu sagen ist, sie sey eine bloße Weise unseres Vorstellens, nur nicht eine nothwendige und angeborne, sondern eine zufällige und angenommne. Und gegen dieses Scheinbild gehen denn alle Einwürfe, die von jeher gegen die Realität der Zeit sind erhoben worden.

Die Frage, ob die Welt von unendlicher Zeit her, oder ob sie seit einer bestimmten Zeit existire? ist zu allen Zeiten aufgeworfen worden, ein Beweis, daß die rechte Antwort, so einfach sie auch dem, der sie gefunden, zu seyn scheint, noch nie gegeben worden. Denn daß der Begriff einer unendlichen Zeit ein ungereimter Begriff sey, davon ist jeder leicht zu überführen; und dennoch kommt der menschliche Verstand immer wieder dahin, so lange nicht seine Wurzel ausgerissen worden. Diese liegt in dem Obigen, daß jeder Anfang der Zeit eine schon gewesene Zeit voraussetzt, die nach dem gemeinen mechanischen Begriff der Zeit nicht aus einer vorhergehenden Einheit gleich als Vergangenheit (als absolute Gewesenheit) ausgeschieden, sondern nur als wirklich verflossen gedacht werden kann; daher dann vor jeder möglichen Zeit (145) eine andre als verfließend und so allerdings nie und nimmer ein Anfang der Zeit gedacht werden kann.

Wenn nun aber nach der von uns gegebenen dynamischen Erklärung ein Anfang der Zeit durch Dualisirung gar wohl zu denken ist: so kann doch nicht wieder gefragt werden, seit wann die Zeit angefangen habe, oder: wie lang jetzt schon die Zeit daure? nicht, als wäre die Zeit nicht in jedem Augenblick in bestimmte Gränzen eingeschlossen, sondern darum, weil die Zeit in jedem Augenblick ganze Zeit, d. h. Vergangenheit, Gegenwart und Zukunft ist, die nicht von der Vergangenheit, nicht von der Gränze, sondern vom Mittelpunkt anfängt und in jedem Augenblick der Ewigkeit gleich ist. Denn weil jeder Augenblick die ganze Zeit ist, so könnte nur gefragt werden – nicht: wie viele Zeit ist schon verflossen? sondern –: wie viele Zeiten sind schon gewesen? wo sich dann leicht ergibt, daß dieser Zeiten, weil jeder Augenblick eine ist, nach innen eine wahre alle Zahl übertreffende Unendlichkeit seyn kann, (wie in jedem Theil der Materie diese innre, dynamische, Unendlichkeit ist), ohne daß darum eine nach außen gränzen- oder endlose Zeit angenommen werden könnte.

([146]) Nicht durch diskrete, sich succedirende Theile Einer Zeit, sondern nur dadurch, daß die Zeit in jedem Augenblick die ganze ist und die ganze stets der ganzen folgt, ist jene sanfte Stetigkeit zu begreifen, die man durch das Bild eines Zeitflusses auszudrücken suchte. Nun muß diese Folge von Zeiten doch wohl selbst zeitlos seyn, und kann also nicht wieder nach irgend einer Zeit gemessen oder bestimmt werden. Es erscheint daher nach dieser Ansicht auch der bekannte Satz des sogenannten Kriticismus, den er allein seiner mechanischen Erklärung des Verstandesgebrauchs zulieb erfunden, daß nämlich keine reale Folge ohne Zeit gedacht werden könne, nichts weniger als begründet, wie ihm denn selbst die sinnliche Erscheinung widerspricht. Denn auch da, wo nach den gewöhnlichen Begriffen Ursache und Wirkung im Spiel ist, tritt keineswegs eine Zeit zwischen beyde. Die Kreise, die ein in's Wasser geworfenes Steinchen hervorbringt, sind mit der Wirkung ihrer Ursache zumal da; so an Ort und Stelle der Donner mit dem Blitz. Ueberhaupt aber scheint bey jeder Verursachung ein jenem ersten Zeit-Erzeugungs-Prozeß ähnlicher dynamischer Prozeß vorzugehen, und die Priorität auf Seiten der nur so genannten Ursache ebenfalls ein als-vergangen-gesetzt wer- ([147]) den durch die Wirkung zu seyn; ein Gedanke, dessen Anwendung auf das allgemein bekannte Draufgehen oder Erlöschen der Ursache in der Wirkung, auf die Gesetze der Mittheilung des Stoßes und ähnliche Dinge wir andern überlassen müssen.

Wir beschäftigen uns hier mit einer Materie, die von jeher zu den dunkelsten gerechnet werden; und obwohl überzeugt, ihr ein neues Licht gegeben und Fragen beantwortet zu haben, die man kaum anzuregen wagte, wollen wir doch unsre Gedanken für nichts weniger als vollendet oder vollständig ausgeben. Noch manches Wunderbare läßt sich hier finden, noch Manches, was dem von uns angedeuteten zur Ergänzung, zur größeren Schärfung dienen kann.

Was heißt es denn nun, wenn gesagt wird: jede mögliche einzelne Zeit sey die ganze Zeit? Wir meynen damit nicht bloß, daß sie in sich ganz sey, weil sie Vergangenheit, Gegenwart und Zukunft zumal enthält. Wir meynen zugleich, daß sie die ganze, jetzt noch nicht seyende, Zeit selber (deutlicher vielleicht die absolute Zeit zu nennen) in sich enthalte, also ein wirkliches Bild von ihr sey. Die ganze Zeit würde nämlich dann *seyn*, wenn sie nicht mehr zukünftig wäre, und wir können (148) daher sagen, die Zukunft oder die letzte Zeit sey *die ganze Zeit*. Dieß als richtig angenommen enthält jede mögliche Zeit die ganze Zeit; denn was sie von ihr nicht als Gegenwart enthält, das enthält sie doch als Vergangenheit oder als Zukunft; ferner: jede Zeit enthält dasselbe; denn sie unterscheidet sich von ihrer vorhergehenden nur dadurch, daß sie zum Theil als vergangen setzt, was diese als gegenwärtig, und zum Theil als gegenwärtig, was jene noch als zukünftig setzte; und eben so nur auf die umgekehrte Art unterscheidet sie sich von der ihr folgenden Zeit. Also setzt jede einzelne Zeit die Zeit *als ein Ganzes* schon voraus. Ginge ihr nicht die ganze Zeit der Idee noch voran, so könnte sie diese nicht als zukünftig setzen, d. h. sie könnte sich selbst nicht setzen, indem sie ohne diese bestimmte Zukunft selber nicht diese bestimmte Zeit seyn könnte. Aber auch nur der Idee nach setzt sie die ganze Zeit voraus; denn wäre diese in ihr als wirklich gesetzt, so wäre sie nicht die einzelne, die bestimmte, die sie ist.

Nun wird aber ein solches Verhältniß des Einzelnen zu einem Ganzen, bey welchem jenes zu seiner Wirklichkeit dieses schon als vorhanden in der Idee voraussetzt, allgemein als ein organisches betrachtet. Also ist die Zeit im Ganzen (149) und Großen organisch. Aber wenn im Ganzen, so auch im Einzelnen. Mehrere ja unendlich viele

Zeiten können wieder eine (beziehungsweise) ganze Zeit als ihre Einheit voraussetzen, wonach sich ein System eines nach innen oder dynamisch unendlichen, nach außen aber allerdings endlichen oder geschlossenen Organismus der Zeiten denken läßt.

Ohne einen solchen Organismus wäre die ganze Geschichte nur ein Chaos voll Unbegreiflichkeiten. Jene Zeiteinheiten sind Perioden. Eine jede Periode stellt in sich die ganze Zeit dar; denn auch sie fängt wieder von einem Zustand größerer oder geringerer Ungeschiedenheit an, so daß sie beziehungsweise auf die letzten Zeiten der vorhergegangenen Periode zurückzugehen scheint, indeß sie im Ganzen wirklich fortgeschritten ist.

Aber was ist denn nun das organisirende Princip dieser Perioden? Ohne Zweifel dasjenige, was die Zeit als Ganzes enthält. Die ganze Zeit aber ist die Zukunft. Also ist nur der Geist das organische Princip der Zeiten. Der Geist ist frey von dem Gegensatz der contrahirenden Kraft des Vaters und der expandirenden des Sohns. In ihm zuerst sind beyde wieder zur vollkommnen Gleichheit gelangt; denn beyden läßt (150) Er gleiches Recht, weil er ewig aus dem Vater durch den Sohn entfaltet wird, also beyder gleicherweise zu seinem Daseyn bedarf. Wenn die Kraft des Vaters als Vergangenheit gesetzt wird in Bezug auf den Sohn, so ist die Meynung keineswegs, daß sie als überall nicht seyend gesetzt ist. Sie wird nur als Nichtseyendes der Gegenwart, aber in der Vergangenheit allerdings als seyend und wirkend gesetzt. Aber auch als Vergangenheit ist sie ja nicht absolut gesetzt, (denn immer noch dauert die Ueberwindung durch den Sohn), also zum Theil noch als gegenwärtig, zum Theil als zukünftig. Aber der Wille des Vaters in Bezug auf den Sohn und des Sohns in Bezug auf den Vater ist der Wille des Geistes. Der Geist erkennt, in welchem Maß die ewige Verborgenheit des Vaters aufgeschlossen und als Vergangenheit gesetzt werden soll. Der Geist ist also der Eintheiler und Ordner der Zeiten. Denn die Verschiedenheit und die Folge der Zeiten beruht nur auf der Verschiedenheit dessen, was in jeder als Vergangenheit, als Gegenwart und als Zukunft gesetzt ist. Nur der Geist erforschet alles, auch die Tiefen der Gottheit. In ihm allein ruht die Wissenschaft der kommenden Dinge; ihm allein steht es zu, das Sigel zu lösen, unter welchem die Zukunft beschlossen liegt. Darum (151) sind die Propheten vom Geiste Gottes getrieben, weil dieser allein der Eröffner der Zeiten ist: denn Prophet ist ein jeder, der den Zusammenhang der Zeiten durchschaut.

So hat also auch das göttliche Leben wie es aus der Wirkung und Gegenwirkung der anziehenden und ausbreitenden Kraft des Vaters und des Sohnes entspringt, wie alles Leben seine Zeiten und Perioden der Entwickelung. Der Unterschied ist nur, daß Gott das freyeste Wesen ist und daß die Perioden der Entwickelung seines Lebens allein von seiner Freyheit abhängig sind; jedes andre Leben aber durch unfreywillige Einschränkungen zur Entfaltung fortschreitet. Jede Zeit oder Periode der göttlichen Offenbarung ist eine Begränzung in ihm. Will man die Möglichkeit einer solchen bestreiten durch die abgezogenen Begriffe von Gott als dem Schrankenlosesten Wesen? Maß ist überall das Größte. Das Gränzenlose sieht Platon, sahen alle höheren Geister vor ihm als das relativ-böse Princip, Gränze und Maß als das Wesen des Guten an. Ohne sich an jene leeren Begriffe zu kehren, wird der gesunde Verstand Einschränkungen der göttlichen Offenbarung in jedem Augenblick anerkennen müssen. Woher diese Begränzungen? Nur Er Selbst, der von (152) nichts außer sich bestimmte, kann sie sich selber auferlegen, vermöge dessen, was in ihm die eigentliche Freyheit, der besonnene Wille ist. Freywillig kann er eine Seite seines Wesens verbergen und zuschließen, daß sie nicht offenbar werde; denn noch immer wirkt ja der Vater, aber nicht mehr mit blind zusammenziehender Kraft, nach einer bloß aus seinem Wesen folgenden Nothwendigkeit, mit der unwiderstehlichen Gewalt seiner bedingungslosen Existenz, sondern nach dem Willen des Geistes, der als reinste Besonnenheit, Allwissenschaft und Vorsehung mit unerforschlicher Weisheit die Entwickelung und mit ihr die Zeiten mäßigt. Von dem freyen Willen des Geistes, der zugleich der des Vaters ist, hängt es ab, was aus der Verborgenheit hervortreten und was in ihr verschlossen bleiben soll. Dem besonnenen Künstler gleich, der in Kunst oder Wissenschaft mehr besorgt ist, die Entwickelung anzuhalten als zu beschleunigen, damit das rechte Licht an der rechten Stelle hervorbreche und nur aus der höchsten Steigerung der Ursachen die erwartete Wirkung erfolge, entfaltet der göttliche Geist mit Ruhe und Vorsicht die Wunder seines Wesens, und auch jetzt noch, durch die Weisheit gemildert, ist die retardirende, die einschließende Kraft die eigentliche Stärke in Gott.

(153) Wie oft verlangt oder erfleht menschliche Ungeduld einen beschleunigten Gang der Weltentwickelung, indeß der allein Weise zögert, und die Welt das ganze Maß der Schmerzen tragen läßt, ehe die versöhnende Geburt erfolgt! Lange Zeitalter hindurch fühlen ganze Völker sich unwohl und doch kraftlos, ihr Schicksal zu ändern, in eine bessere Zeit durchzubrechen. Was hindert sie, wenn die Zeit für den Menschen nur eine innere Form ist, die selbstgesetzte Schranke aufzuheben und so wie mit Einem Zauberschlag in die glücklichere Zeit durchzudringen? Was erhält Jahrhunderte hindurch, trotz aller gegenwirkenden Belehrung, gewisse Ansichten, Meynungen oder Maximen selbst nach den verderblichsten Folgen bey Ansehen, da nichts leichter scheinen sollte, als durch Erfahrungen gewitzigt sie zu ändern? Was läßt lange Zeiten hindurch gewisse Eigenschaften, Talente oder Bestrebungen des Geistes todtenähnlich schlummern, bis sie, wie durch einen plötzlichen Frühling geweckt, aus diesem Winterschlaf erwachen und nun nicht einzeln, sondern wie Knospen und Blüthen an Bäumen, Hecken und Stauden, von allen Seiten, geschaart und in Masse hervorbrechen? Diese Fragen, welche nur die nächsten sind, indeß dem aufmerksamen Betrachter viel auffallendere der Art überall ent- (154) gegen kommen, beweisen allein schon, daß alles *seine* Zeit hat, daß die Zeit nicht ein äußeres wildes, unorganisches, sondern ein inneres im Großen wie im Kleinen immer ganzes und organisches Princip ist.

Das Geheimniß alles gesunden und tüchtigen Lebens besteht unstreitig darinn, sich die Zeit nie äußerlich werden zu lassen und mit dem Zeiterzeugenden Princip in sich selber nie in Zwiespalt zu kommen. Denn der selbst Innige wird von der Zeit getragen; der äußerliche trägt sie, oder nach dem bekannten Wort, den Wollenden führt, den Nichtwollenden zieht sie. Wie Gott, so wird der Mensch nur durch die Scheidung von seinem Seyn in die höchste Selbstgegenwärtigkeit und

Geistigkeit erhöht. Frey ist nur der, dem sein ganzes Seyn bloßes Werkzeug geworden ist. Alles, was noch in der Ungeschiedendeit lebt und so weit es noch in ihr lebt, lebt in der Vergangenheit. Dem, der sich der Scheidung in sich widersetzt, erscheint die Zeit als strenge, ernste Nothwendigkeit. Für die aber, die, in immerwährender Selbstüberwindung begriffen, nicht nach dem sehen, was hinter, sondern was vor ihnen ist, wird ihre Macht unfühlbar. Liebe dringt in die Zukunft, denn nur der Liebe wegen wird die Ver- (155) gangenheit aufgegeben. Sehnsucht hängt an der Vergangenheit fest, ist Schmachten nach dem ersten Einsseyn und Mangel an thätiger Liebe. Lust ist in der Gegenwart; beyde stört die Zeit, nur der Liebe ist sie befreundet.

Liebe ist's, wodurch die erste starre, die Kreatur ausschließende Einheit überwunden worden. – Schöpfung ist Ueberwindung der göttlichen Selbstheit durch die göttliche Liebe. Die Natur ist nichts anders als der durch Liebe gemilderte, sanftgebrochne göttliche Egoismus.

Aus dem durch den Geist bewußten und nach Absicht geleiteten Zusammenwirken der einschließenden Kraft des Vaters und der ausbreitenden des Sohns ergibt sich von selbst die Gestaltung der sichtbaren Welt.

Denn in dem Verhältniß als die dunkle Urkraft überwunden wird, erhebt sich das Wesen oder Seyende aus ihr; da sie aber in jedem Augenblick nur bis zu einem gewissen Grade überwindlich ist, so wirkt sie bey Erreichung dieses Grades der weitern Entwickelung entgegen, daß das Gewordene stehen bleibt und als ein Bestimmtes erscheint. Denn wie die Dinge stehen bleiben ist keine geringere Aufgabe als wie sie sich (156) entwickeln. Die retardirende Kraft, indem sie das Seyende auf einer bestimmten Stufe der Entwickelung zurückhält, dient als ein Wesen, das seiner Natur nach nicht bejahend seyn kann, nur zur Begreiflichkeit des Einzelnen oder als Mitlauter zu seiner Aussprechlichkeit und Wirklichkeit.

Die Entstehung des Raums, welche das Hervortreten der sichtbaren Dinge aus dem Unsichtbaren begleitet, zeigt sich am natürlichsten durch jene Erscheinung, die wir in den Gliedern organischer Wesen Turgescenz nennen. Der Raum wird nicht, wie man sich vorzustellen pflegt, gleichsam zumal ausgegossen, noch ist er eine nach allen Seiten endlos ausgebreitete Leere; auch er entsteht von innen heraus aus dem Mittelpunkt der widerstehenden Kraft, die sein wahres Wesen ist, und ohne deren beständiges Widerstreben gegen die Ausbreitung gar kein Raum möglich wäre.

Uebrigens gelten von der Natur des Raums ganz dieselben Bestimmungen, die oben von der Natur der Zeit gegeben worden; z. B. daß die Dinge nicht im Raum, sondern der Raum *in* den Dingen, ihre maßgebende Kraft ist, daß jeder mögliche Raum der ganze, und der Raum da- (157) her im Großen wie im Kleinen ebenfalls organisch ist.

Wir behalten uns vor, alle diese Bestimmungen, die noch manches andre Merkwürdige mit sich führen, bey einer künftigen Gelegenheit genauer zu entwickeln.

Der Raum im Ganzen ist nichts anders als das schwellende Herz der Gottheit, das jedoch noch immer durch unsichtbare Kraft gehalten und zusammengezogen wird.

An allen sichtbaren Dingen erkennen wir erstens die Realität als solche, sodann ihre Aktualität oder ihr äußeres Für-sich-seyn, endlich ihre Art oder innere Verschiedenheit von andern. Die Realität kann nur die eigentliche Schöpfungskraft; die Aktualität kann nur das aussprechende Princip, die Art nur das frey und besonnen bildende Wesen ertheilen. Der Vater allein ist der Schöpfer, der Sohn ist der Macher, der Geist der Bildner der Dinge.

Da sich alle Dinge der Art nach nur durch den Grad unterscheiden, *in* welchem das bejahende Princip in ihnen entwickelt und aus dem Nichtseyenden erhoben ist; die verneinende Kraft aber nicht zumal noch ohne Maß und Regel son- (158) dern nur in gesetzmäßigem Fortschreiten, bey dem kein Mittelglied übersprungen wird, grad- und stufenweise überwunden wird: so ist diese allmälige Uebewindung Eins mit der successiven Hervorbringung der Dinge nach Abtheilungen, Stufen und Unterschieden, wobey wiederum nothwendig das Niedere dem Höheren vorangeht.

Indem aber durch eben dieses stufenweise geschehende Zurückdrängen der verneinenden Kraft und Dagegenerheben der bejahenden die Folge der Zeiten bestimmt ist: so leuchtet unmittelbar ein, daß die Folge der Dinge mit der Folge der Zeiten Eins ist, daß alle Dinge nur Früchte ihrer Zeiten, und zwar jedes die Frucht einer bestimmten Zeit ist und daß sie nur als solche begriffen werden können.

Aber ihre Zeit, die allein ihre Art, ihren Charakter, ihr ganzes Wesen bestimmt, wird immer selbst wieder verdrungen, also sie mit ihr.

Weil aber die Zeit im Ganzen und Großen wie im Einzelnen organisch ist, weil also jede folgende Zeit wieder die Einheit aller vorhergehenden ist: so reproducirt jede folgende Zeit die Werke der vorhergehenden, setzt sie aber als nicht- (159) seyend, als vergangen, d. i. als untergeordnet in Bezug auf ihre eignen Hervorbringungen.

So ist ein ewiger Wechsel von Entstehen und Vergehen, bis die ganze, alles befassende, der Ewigkeit gleiche, Zeit in einem Wesen entwickelt worden, welches auf der höchsten Stufe der Entfaltung nothwendig geschieht. So wie diese erreicht ist, erhalten alle Werke der Zeiten ihre letzte Bestätigung; denn nach völlig geschehener Entfaltung kann die nunmehr ganz als vergangen gesetzte Contraction wieder völlig frey wirken.

Nachdem also das Seyn aufs höchste entfaltet und durch die Zeit auseinandergesetzt ist, tritt die contrahirende Kraft als tragende Vergangenheit in ihre volle Rechte, und die letzte Wirkung, durch welche der ganze Prozeß sich schließt, ist diese, daß sie nochmals das Entfaltete (ohne es zurücknehmen zu können) als Eins setzend oder zusammenfassend, die Simultaneität zwischen allem Gewordenen hervorbringt, so daß die Früchte verschiedener Zeiten in Einer Zeit zusammen leben und in concentrischer Stellung, wie Blätter und Werkzeuge einer und der nämlichen Blüthe, um Einen Mittelpunkt versammelt sind.

So also haben wir nach Kräften zu zeigen gesucht, wie jenes uralte Reich der Vergangen- (160) heit durch eine höhere Kraft immer mehr verdrungen und bis zur Gestalt der gegenwärtigen Welt entwickelt werde.

Wenn das herrschende System der Urzeit das der All-Einheit, oder Pantheismus, war: so kann die Frage aufgeworfen werden: welches

System das der Gegenwart oder der noch dauernden Zeit seyn werde?

Da die Gegenwart, wie gezeigt worden, auf dem Gegensatz beruht, so kann das in ihr herrschende System im Allgemeinen wohl nicht richtiger als duch Dualismus ausgesprochen werden.

Da aber die Gegenwart selbst nur Uebergang ist und das letzte und höchste doch nur jene entfaltetste Einheit seyn kann, in welcher Einheit und Gegensatz selbst wieder vereint sind: so ist klar, daß der Dualismus nie vollkommenstes letztes System seyn könne, in welchem alle Wissenschaft stillstünde; ob er gleich das letzte ist, in welches die früheren, der Urzeit angehörigen, Systeme sich entwickeln müssen.

Wenn wir annehmen dürfen, daß auch im Ursprung menschlicher Ansichten keine Zufälligkeit waltet und daß das ewige Wesen dem Menschen- (161) geist nur in der Folge sich aufschließen kann, welche es in seiner ursprünglichen Offenbarung beobachtet: so dürfen wir wohl in den drey Hauptmomenten, durch welche das göttliche Leben sich bis zur Gegenwart entwickelt, die Keime jener drey großen Ursysteme aller Religion und Philosophie erblicken, wie sie ein geistreicher Schriftsteller aufgestellt hat, wenn wir gleich zweifeln, in Ansehung der Ordnung und Auseinanderfolge, die er ihnen gibt, mit ihm übereinstimmen zu können, da wir in der Ansicht der einzelnen von ihm abweichen zu müssen glauben.

In der urersten Lauterkeit, der reinen Ewigkeit, läßt sich keine Handlung, keine Thätigkeit denken, oder inwiefern dieß geschieht, wird schon ein andres als in ihr sich erzeugend gedacht; also kann auch aus ihr nichts folgen durch eine That oder eigne Bewegung; sie ist nur ein ewig Ausquellen, Ausfließen, der Schönheit gleich, die im ruhigsten Stand in Anmuth überströmt. Diesem Moment gehört daher das älteste aller Systeme, die Emanationslehre, an. Wir können diese Zeit mit der mythischen der Geschichte vergleichen; und mythisch wird auch alle Emanationslehre, so wie sie den Moment überschreitet, für welchen sie gleichsam allein gilt, von (162) der ersten Erscheinung im Morgenande an bis auf die jüdische Kabbala und die Träume der Gnostiker.

Unläugbar ist, daß in gewissem Sinn ein jedes System der Emanation zum Anfang bedarf, indem das Erste, das auf die Ewigkeit folgt, nie durch eine Bewegung in dieser, sondern nur aus eigner Macht entspringen kann, wie das Ueberfließende sich selbst trennt von dem, aus welchem es überfließt.

Der erste aus der Lauterkeit frey und absolut ausquellende Wille ist der Wille zur Existenz, und inwiefern dieser dem Willen, der nichts will, entgegengesetzt ist, so entsteht hier, wenn man will, der erste, aber noch zarteste reinste Dualismus, der verschieden von dem späteren ist, welcher erst aus der wirkenden Einheit sich entwickelt und diese voraussetzt; noch mehr aber von dem aller Einheit entgegengesetzten und sie läugnenden. Denn dieses alle Vernunft zerstörende System, das zwey sich widerstreitende, nicht nur von einander unabhängige, sondern gleich ursprüngliche und auf keine Weise vereinbare Principien behauptet, möchten wir in einer Folge gesetzmäßiger lebendiger Entwickelungen nicht aufzählen: sollten wir ihm eine ge (163) schichtliche Stelle anweisen, so wäre es unter den Ausgeburten des Mißverstandes und der Vergessenheit der höheren besseren Systeme.

Der Dualismus, der hier gemeynt ist, fällt gleichsam in den Uebergang aus der mythischen in die heroische Zeit der Geschichte. Das Reale regt sich hier schon als Gegensatz, aber noch ist es in gewissem Betracht dem Idealen untergeordnet.

Eben darum ist dieser Dualismus nicht mit jenem wirkenden oder reellen zu verwechseln, der einer viel späteren Zeit angehört; er kann überhaupt nur statt finden, inwiefern bloß auf die Idee der beyden Principien, auf die Existenz aber gar nicht geachtet wird. Denn in Ansehung dieser stellen sich ja die beyden Principien schon darum wieder als vereint dar, weil das zweyte in dem ersten, wenn auch unabhängig von ihm, entspringt, beyde also in so weit doch zu Einem Wesen gehören.

Noch weniger aber läßt sich dieser Dualismus in einen ausschließenden Gegensatz mit dem Pantheismus bringen, indem er selbst das künftige Princip desselben als eines seiner Glieder in sich begreift.

(164) Bleibt die Betrachtung bey diesem Moment stehen, so entspringt ein System, ähnlich dem, nach den genauesten Untersuchungen nur so zu verstehenden, parsischen Dualismus. Denn die höhere Ein-

heit, auf welche er die beyden Principien zurückführen soll, ist ihm offenbar nur angedichtet, und das bey weitem begründetste über seine Ansicht des Verhältnisses der beyden Principien besteht darinn, daß ihr zufolge der gute Gott Ormuzd höher als das böse Princip Ariman, dieser aber nichtsdestoweniger von ihm unabhängig war; denn die Superiorität des guten Princips verträgt sich allein mit der Lehre von dem endlichen Sieg des Guten über das Böse, und wenn die Betrachtung hier stehen bleibt, sind auch die beyden Principien in ihrem Gegensatz wohl nicht anders auszusprechen, als durch das gute und böse, wozu das frühe Gefühl des tiefen sittlichen Verderbens und der vielen Uebel des Lebens den Menschen ohnedieß einladen mußte.

Daß im Guten selbst, also auch im höchsten Guten ein Princip liegt, das, wenn es sich aus der Verborgenheit oder Unterordnung erhöbe, dem Licht und der Liebe widerstrebte, und daß eben in der Bewältigung dieses immer wenn gleich nur potentiell vorhandenen Bösen die wirk- (165) liche Güte besteht, geben wir nach unsern Begriffen nicht bloß zu, sondern behaupten es als eine unwiderlegliche Wahrheit.

Ein Schritt weiter und die Betrachtung erkennt, daß jene beyden Principien doch an sich zu Einem Wesen gehören, wenn auch diese Einheit noch eine verborgene, eingewickelte ist und daher nur als im Begriff, oder potentiell daseyend ausgesprochen werden kann, nicht als die höhere Einheit, die beyde Principien unter sich begreift. Denn die höchste wesentliche Einheit, (die absolute Identität von Subjekt und Objekt) bleibt immer die Liebe selbst, oder, diese ist die Einheit schlechthin, so wie das andere Princip der Gegensatz schlechthin.

Das umfassende System, weil es jene in beyden Principien verborgene Einheit erkennt, kann diese gleich als Einheit der Einheit und des Gegensatzes aussprechen, jedoch so, daß sie mehr für eine zukünftige als für eine gegenwärtige erkannt wird.

Noch ein Schritt weiter und die erste stillschweigende Einheit beyder zeigt sich als eine ausgesprochne wirkliche, die aber nur dadurch möglich ist, daß sich der Wille zur Existentz als (166) das andre Princip zum Herrschenden macht. Damit tritt der Realismus oder, was für gleichbedeutend angesehen werden kann, der Pantheismus als herrschendes System hervor. Diese Epoche ist dem heroischen Zeitalter der Geschichte zu vergleichen.

Der bereits erwähnte Autor scheint eine ausschließende Entgegensetzung zwischen Dualismus, und Pantheismus feststellen und auf alle Weise die Meynung hervorbringen zu wollen, als sey ein Pantheismus, der zugleich Dualismus wäre, ganz undenkbar. Wird aber unter dem letzten der so eben entwickelte verstanden: so ist gezeigt worden, daß das Princip des Pantheismus der Wille zur Existenz ist, den jener selbst als Eines seiner Glieder begreift; und würde unter Pantheismus nur die Lehre von der Einheit der Principien überhaupt verstanden, so liegt, wie ebenfalls gezeigt worden, in jenem Dualismus schon die Einheit verborgen. Wäre die unsichtbare Einheit nicht schon vorhanden, wie sollten sich die absolut Entgegengesetzten auch nur wechselseitig fühlbar und empfindlich werden, was doch zu einem thätigen Gegensatz erfordert wird? Was sich feindet, das muß sich finden können, und was sich finden kann, das muß auf irgend eine Weise zusammengehören. Aber noch überdieß, jener an- (167) fängliche Dualismus geht, wie wir gezeigt zu haben glauben, nicht durch Verderb, sondern vermöge eines nothwendigen Gesetzes aller Entwickelung in Realismus oder Pantheismus über und schließt sich in ihn ein, eben um jene in sich verborgne Einheit zu offenbaren. Also fodert der Dualismus selbst den Pantheismus als ein wesentliches Element, als einen nothwendigen Durchgangspunkt, durch den er erst zum eigentlichen, wirkenden (reellen) Dualismus werden kann.

Wird aber dieser letzte Dualismus verstanden: so können wir zwischen diesem und dem Pantheismus keinen andern Gegensatz anerkennen, als der zwischen dem Keim und der aus ihm hervorstrebenden Pflanze ist. Wir können uns in der letzten Beziehung zwar einen Pantheismus denken ohne Dualismus, d. h. einen Pantheismus, der Keim geblieben, nicht in Dualismus aufgegangen ist; aber nicht umgekehrt einen Dualismus, der nicht entweder, wie jener anfängliche, stillschweigend die Einheit enthielte, oder der nicht aus dem Pantheismus hervorbräche, und diesen als seine Involution voraussetzte.

Auch hier, im Uebergang von der Einheit zur Zweyheit, entsteht ein höherer Dualismus, in welchem sich jener erste wiederholt, nämlich ([168]) der zwischen den Principien der beyden Systeme selber. Denn das die väterliche Kraft ausschließende, scheidende Princip, das in so fern ein von ihm Verschiednes und Freyes seyn muß, ist das Princip des Dualismus; die einschließende Kraft des Vaters aber das Princip des Pantheismus. Also auch hier fodert wieder ein Princip und System das andere. Aber eben hier, wo die anfänglich unoffenbare Einheit der Einheit und des Gegensatzes als wirklich hervortritt, bleibt die Einheit das höchste, und ordnet sich die beyden streitenden Systeme unter. Die christliche Lehre, welche die beyden Principien als zwey verschiedne Persönlichkeiten, aber eines und desselben Wesens, erkennt, vereiniget auf's vollkommenste die Zweyheit mit der Einheit; denn auch die jetzt im Geist wirklich gewordne (erst nur potentielle) Einheit hebt dieselbe keineswegs auf, sondern ist selbst wieder nur eine Persönlichkeit von Gott, so daß also Einheit, Zweyheit, und wieder die Einheit dieser beyden jedes als ein Selbständiges für sich erscheint. Inwiefern nun derjenige Dualismus der höchste ist, in welchem Dualismus und Pantheismus, Zweyheit und Einheit selbst wieder die Gegensätze sind: läßt sich wohl keine vollkommnere Auflösung des Streits aller menschlichen Systeme denken, als diejenige ist, ([169]) die im Begriff der Dreyeinigkeit des göttlichen Wesens schon längst geoffenbart ist.

Der Streit von Pantheismus und Dualismus kann besonders in sittlicher Beziehung auch angesehen werden als Streit zwischen Nothwendigkeit und Freyheit.

Ein jeder von uns fühlt, daß alle Nothwendigkeit nur von dem Seyn komme; nur was auch nicht einmal als seyend angesehen werden kann, lebt in übernatürlicher ja übergöttlicher Freyheit.

Freyheit ist wie Liebe, wie Reinheit des Willens das Höchste. Diese Freyheit ist noch keine Freyheit der That und selbst die innern Bewegungen, die wir allein in solcher Lauterkeit annehmen können, sind auf eine so wesentliche Art frey, (mit dem Wesen, der Freyheit, selber Eins), daß sie mit der Nothwendigkeit gar nicht in Gegensatz zu bringen sind.

Der Wille zur Existenz, wenn er zum Aktus kommt, ist schon entschiedne That; hier fängt die Unterscheidbarkeit an; hier scheint es, müsse Freyheit oder Nothwendigkeit anerkannt werden.

Die Contraction des ersten wirkenden Willens, durch welche die uranfängliche Lauterkeit ([170]) sich selber mit einem Seyn überkleidet, ist mit der unergründlichen That in Vergleich zu setzen, wodurch das menschliche Wesen sich vor aller einzelnen oder zeitlichen Handlung zu einem innerlich bestimmten Wesen zusammenzieht, oder sich das gibt, was wir Charakter in ihm nennen.

Ich glaube, daß nicht leicht jemand annehmen wird, er selbst oder irgend ein anderer Mensch habe sich seinen Charakter gewählt; und dennoch unterläßt keiner, ihm die aus seinem Charakter folgende Handlung als eine freye zuzurechnen. Hier erkennt also jeder eine Freyheit an, die in sich Nothwendigkeit, nicht Freyheit in jenem späteren Sinne ist, die nur da stattfindet, wo Gegensatz ist. Das allgemeine sittliche Urtheil erkennt daher in jedem Menschen – und in so fern überhaupt – eine Region an, da gar kein Grund ist, sondern absolute Freyheit, die sich selbst Schicksal, sich selbst Nothwendigkeit ist.

So nah liegt jedem Menschen der Ungrund der Ewigkeit, vor dem er sich entsetzt, wenn er ihm vor's Bewußtseyn gebracht wird.

Vor der aus jener Tiefe kommenden Handlung ist kein Grund anzugeben; sie ist so, weil ([171]) sie so ist, sie ist schlechthin und in so fern nothwendig. Vor dieser grundlosen, durch sich nothwendigen, Freyheit scheuen sich die Meisten, wie sie sich vor der Magie, vor allem Unbegreiflichen und besonders vor der Geisterwelt scheuen. Wo sie daher ein solches Handeln aus dem Ungrunde gewahr werden, fühlen sie sich vor ihm niedergeworfen, wie vor einer Erscheinung aus der höheren Welt und finden die Kraft nicht, ihm zu widerstehen. Dieses Handeln aus dem Ungrund ist der geheime Talisman, die dunkle erschreckende Gewalt, wodurch bisweilen der Wille eines einzigen Menschen die Welt vor sich zu beugen vermag. Vielleicht ist das Geheimniß ein Glück, das darauf ruht. Es gibt auch andre, welche es nach dieser Gewalt lüstert, die sie gern üben möchten aber nicht verstehen. Sie merken wohl das Gepräge der Nothwendigkeit in der unbedingt freyen Handlung, aber sie suchen diese Nothwendigkeit im Aeußern. Weßhalb von jeher die Meisten, die in dem Fall waren, allein aus sich handeln zu können, von dem Wahnsinn der Willkühr ergriffen, in den zufälligsten Handlungen, denen alles Gepräge innrer Nothwendigkeit fehlt, ihre Freyheit suchten. Beugt sich den ersten die Welt, so spottet sie dieser nur als Trunkener und Wahnsinniger, so (172) sehr sie auch ihres Zustandes wegen gefürchtet werden mögen.

Wie das Reale zu unsrer Zeit soviel möglich aus der Theorie entfernt worden: so der Charakter aus der Sittenlehre. Zwar ist dieser nur der ewige Grund, den der Wille sich selber macht, damit der andre aus dem ersten gezeugte Wille einen Gegenstand habe, etwas Widerstehendes finde, das er aufschließe und zu immer höherer Gestaltung entwickele. Wir fodern von dem Menschen allerdings auch, daß er seinen Charakter überwinde, nicht aber daß er ohne Charakter sey. Eben weil er überwunden, aufgeschlossen, gesteigert werden soll, muß er eher seyn als das Ueberwindende: eben hieraus erhellt seine entschiedne Priorität in allem Handeln und Wirken, ja, wir möchten sagen, in allem, auch im innern, Hervorbringen. Denn überall zeigt sich ja, daß nicht Talent, Verstand, List und Kunst – wie sich jetzt so viele einbilden, nachdem Verstand und Talent lange Zeit allerdings mehr wie billig hintangesetzt werden – sondern der Charakter das letzte Entscheidende ist. Konnten wir das Seyn, jene Urkraft der Zusammenziehung und Verneinung, die Stärke in Gott nennen, so ist der Charakter die einzige, die eigentliche Stärke der Menschen. Der (173) Charakter ist jene absondernde Kraft in ihm, dadurch er allein er selbst ist und bey der höchsten Mittheilsamkeit doch von allen andern verschieden bleibt. Wir erkennen das Handeln nach Gründen und sogenannten Grundsätzen an seiner Stelle als etwas treffliches an; können jedoch den unmöglich bewundern, dem bey seinem Handeln so viele Wahl übrig bleibt, noch jene für die berufenen Erzieher einer Nation ansehen, die, jenes Handeln für das einzige haltend und das wahrhaft unbedingte nicht kennend, den Willen zum völligen Knecht des Verstandes erniedrigen.

Der Wille, so wie er nur zum Seyn sich neigt, wird innerlich Nothwendigkeit, aber eine ganz andre Nothwendigkeit ist schon die der That folgende. Denn ob er gleich nach oben immer frey bleiben muß (in jenem Verstande, da er innerliche Nothwendigkeit ist), ist er doch durch die Mitte zwischen dem Seyenden und dem Seyn, in der er sich befindet, gebunden. Und obwohl das ewig freye unendliche Wesen dieser Gebundenheit widerspricht und innig nach der Freyheit begehrt, kann es den Kreis doch nicht mehr durchbrechen. Vermöge der bloßen Nothwendigkeit der göttlichen Natur würde keine weitere Entwickelung erfolgen. Daher diejenigen, welche bey jener ste- (174) hen bleiben, auch nur ein System innerer Schöpfung zugeben können.

Auch die Freyheit also muß erst in ihr Gegentheil sich einschließen, um wirkende Freyheit zu werden und als solche durchbrechen zu können. Vor der sittlichen Freyheit geht die Nothwendigkeit nothwendig voran. Denn wenn jene nur da anzunehmen ist, wo eine Scheidung, Entscheidung statt findet, so muß ihr ein Zustand der Ungeschiedenheit also der Nothwendigkeit vorausgehen. In diesem Verstand kommt daher auch dem Fatalismus eine nothwendige Priorität vor dem Dualismus zu.

Das anfängliche Gleichgewicht der Kräfte, in welches wir die Nothwendigkeit der göttlichen Natur setzen, konnte leicht an das bekannte Gleichgewicht der Willkühr erinnern, welches die Moralisten zur Erklärung der menschlichen oder moralischen Freyheit ersonnen haben. Wäre der Sinn ihrer Meynung dieser: ein Gleichgewicht der Kräfte sey der Anfang der geistigen Geburt, die Nacht, aus der der Mensch erst in das frohe Licht der Freyheit geboren werde: so könnten wir ihren Begriff wohl mit dem unsrigen vereinen. Denn wenn der Entwickelung die Einwickelung vorausgeht und diese zu jener sich als ihre Nega- (175) tion verhält: so muß auch der Freyheit die Negation der Freyheit vorausgehen. Allein schon zuerst denken sie jenes Gleichgewicht nicht als das Vorausgehende der Freyheit an sich, sondern nur als das Vorhergehende der einzelnen freyen Handlung. Vor jeder derselben befindet sich der Wille im vollkommnen Gleichgewicht zwischen entgegengesetzten Motiven: da nun hiebey eine Handlung unmöglich ist, so entsteht die Schwierigkeit, daß dasselbe durch dasselbe überwunden, der nämliche Wille zu derselben Zeit im Gleichgewicht und auch nicht im Gleichgewicht seyn müßte: um also doch aus diesem herauszukommen, wird eine außer dem Gleichgewicht befindliche, von allen Motiven unabhängige, d. i. verstandlose Willkühr erdacht, die mechanischer Weise jenes Gleichgewicht aufhebt, aber genau betrachtet nichts anders als der absolute Zufall selbst ist.

Vergleicht man diese verworrene, dunkle, vernunftwidrige Vorstellung, die so allgemein angenommen und bis auf unsre Zeit im Grunde die herrschende ist, mit der wahren Idee, von der sie sogar einen Schein an sich hat: so kann man nicht umhin, zu denken, es sey dem größten Theil der Menschen, selbst denjenigen, die sich des Denkens rühmen, in den nächsten wie in den entfern- (176) testen Dingen die Wahrheit nur wie durch einen Nebel zu sehen vergönnt.

Die Wahrheit ist, daß jenes Gleichgewicht der Kräfte erstens kein unthätiges, ruhendes, sondern ein lebendiges, kräftiges ist, worinn eine wirklich zusammenziehende Kraft ist; zweytens daß es nur Bedingung, nur der eine Faktor der eigentlichen Freyheit ist; daß der andre Faktor als der jenes Gleichgewicht überwindende nicht Willkühr oder ein Wesen seyn kann, in dem eine Wahl statt findet, sondern nur ein ganz bestimmtes Princip, das nur jenem ersten dynamisch entgegenwirken und also auch nur diese eine, durchaus keine andre Wirkungsweise haben kann; daß hinwiederum das Gleichgewicht sich gegen jenen andern Faktor als kein mechanisches ganz und gar passives verhält, das durch eine bloße Willkühr (z. B. den willkührlichen Vorsatz nun tugendhaft zu seyn) alsobald überwunden wird; daß endlich aus diesem Streben ein weit höherer Dualismus hervorgeht, als jener Gegensatz der im Gleichgewicht befindlichen Kräfte, ein Dualismus nämlich, der zwischen der ersten das Gleichgewicht setzenden und der zweyten es überwindenden Kraft und Persönlichkeit stattfindet; und daß nur hier- 177) aus erst jener nicht so sehr an der Oberfläche liegende, nicht so mechanische und leichte, sondern tiefe, höchst dynamische und kräftige Prozeß entsteht, in welchem der Mensch allein sich als moralisch freyes Wesen verkündet.

Jedoch wie durch diesen höheren Dualismus das eigentlich, das moralisch Freye auch in Gott hervortrete, scheint eine genauere Entwickelung zu erfodern.

Fürs erste, da doch jenes andre, das erste überwindende, Ich aus dem ersten hervorgehen, von ihm gezeugt werden soll, entsteht die Frage, ob das erste in dieser Zeugung sich als ein Freyes oder Nichtfreyes verhalte? Frey könnten wir es doch nur nennen, inwiefern ein Wesen auch in dem, daß es heftig einer Sache begehrt, frey heißen kann. Die Begierde, der Hunger nach Liebe, der in jedem existirenden Wesen, je strenger es sich zusammenfaßt, desto schärfer wird, das Unvermögen, im Streit mit der Liebe sich in sich selbst zu enthalten, treibt ein Wesen zu jener Selbstverdoppelung, durch welche das erste Ich fähig wird das andre zu zeugen. Da ein jedes freyes Wesen dieses andern Ichs bedarf, nur um überhaupt frey zu werden: so verlangt ein jedes dar- (178) nach, wie es nach der Besonnenheit, nach Bewußtsein, nach Freyheit verlangt. Weil es aber durch dieses zweyte Ich selber frey wird, so kann ein der Verirrung ausgesetztes Wesen, wie der Mensch ist, dieses andre Ich, anstatt es in sich wirken zu lassen, zum Mittel für seine Zwecke und für seine eigne Freyheit machen, welches die höchst mögliche Umkehrung des wahren Verhältnisses ist, und dadurch kann endlich jene Zeugung und Selbstverdoppelungskraft so eingeschränkt werden, daß sie nur noch als Mittel zu immer höherer Steigerung der Selbstheit, nicht mehr als Befreyendes von ihr wirkt; ja es möchte ein Punkt kommen, wo der Mensch jener Zeugungskraft völlig verlustig wird. Wo aber im Gegentheil das erste Ich jenes zweyte Ich als Mittel zu seiner wirklichen Befreyung gebraucht, oder es als solches in sich wirken läßt, da hilft es jenem selbst wieder zu seiner Geburt: denn der Akt jener Zeugung ist ein ewiger, nie aufhörender, der in Gott und Menschen jeden Augenblick neu geschieht und geschehen muß.

Welche Art der Freyheit aber werden wir eben diesem andern, das erste überwindenden, Ich zuschreiben? Offenbar doch verhält es sich gegen das Seyn, ja gegen das Existirende selber als (179) frey, und wenn wir nur diesen negativen Begriff der Freyheit im Auge haben, so ist es ja wohl frey zu nennen. Was es aber handelt, das handelt es keineswegs aus Wahl, sondern, obgleich höchst besonnen, doch der innern Nothwendigkeit seiner Natur gemäß. Denn es ist nichts anders, denn Liebe und kann keinen andern Willen in sich haben, als den der Liebe und Sanftmuth. Also nicht diese andre Persönlichkeit können wir als jenes moralisch Freye ansehen, das wir in ihm suchen.

Die Wirkung des andern Ichs ist die Scheidung des ersten, wodurch es als Seyendes befreyt wird von seinem Seyn und in's Geistige gesteigert. So weit es nun vom Seyn befreyt ist, so weit genießt dieses Seyende der Freyheit in sich selbst. Aber jenes erste Ich ist ja nicht ein für allemal geschieden; in jedem Moment soll die Scheidung, in jedem auf's Neue die Verklärung des Seyenden in's Geistige geschehen. Also das erste Ich ist nicht vernichtet; die Kraft seiner Einheit besteht noch und wirkt in jedem Augenblick. Wäre keine Scheidung, so wäre es bewußtlos, blind zusammenziehende Kraft. Da es aber im Moment der Aktion der Scheidung selbst in's Bewußtseyn erhoben wird, also jeden Augenblick sich als frey, (180) als ein Wesen erblickt, das nichts hinter sich hat als den Ungrund der Ewigkeit, aus dem es unmittelbar entsprungen: so kann es im Akt der Scheidung selbst entweder ihr sich hingeben, oder die ihm gewordene Freyheit zum Mittel für sich machen, um ihr zu widerstehen – und diese Möglichkeit ist es, auf welcher endlich die moralische Freyheit beruht. Das sich-Hingeben an jenes andre und bessere Ich ist eigentlich erst das sich-*Entschließen* (se résoudre) sich-Aufschließen, Oeffnen, ist eigentlich erst die *Entscheidung*. Dagegen das sich-Verweigern eigentlich nicht ein sich-Entschließen, sondern Einschließen ist, Verstockung und Verhärtung, obgleich freywillige.

Es ist von jeher das Gefühl gewesen, daß wahre Freyheit nur im Guten, im Bösen aber eigentlich keine sey. Daher die Sprüche: Nur der Tugendhafte ist frey; der Böse ist ein Knecht der Sünde und ähnliche; daher auch die wissenschaftliche Behauptung einiger, daß es nur einen freyen Willen für's Gute gebe. Hätte diese Meynung den Sinn: der böse Wille sey nur nicht von und durch sich selbst frey, übrigens aber doch frey, so wäre dagegen nichts einzuwenden. Denn es ist so eben gezeigt worden, wie das erste oder selbstische Ich die Freyheit nur von dem andern (181) und bessern Ich hat, und dieser, die ihm in der beständigen Solicitation zur Aufgebung der Selbstheit als ein Blick wird, bloß wahrnimmt, um sie für sich zu gebrauchen, d. h. um sie zu mißbrauchen.

Dargethan wäre also, daß einzig und allein das erste Ich moralisch frey in dem Sinn heißen kann, da zur Freyheit eine gleiche Möglichkeit des Guten und des Bösen erfordert wird – und zwar nicht ursprünglich, sondern nur inwiefern ihm in jener Scheidung der Kräfte, der Zersprengung der Finsterniß, ein Blick der Ewigkeit und also auch der Freyheit seines Wesens wird.

Auch in Gott kann daher nur das erste Ich oder der Vater, inwiefern er in der beständigen Scheidung durch den Sohn begriffen ist, frey im moralischen Sinn heißen. Es ist unstreitig der freye Wille des Vaters, das ursprüngliche Gleichgewicht der Kräfte in sich aufheben zu lassen; sein freyer Wille also die Schöpfung. Freywillig gibt er sein eigen Leben, als das eigene, (anderes ausschließende) auf, Er Selbst das erste Beyspiel jener großen nicht genug zu erkennenden Lehre: Wer sein Leben findet, der wird es verlieren, und wer sein Leben verliert, der wird es finden. In der ersten Lust des In-sich-gehens fand er sein (182) Leben und kam in den Fall es zu verlieren; jetzt aber verliert er es, um es in weit höherem Sinne wieder zugewinnen. Auch Er konnte die ihm durch das andre Ich wieder geoffenbarte Freyheit und Ewigkeit seines Wesens ergreifen, um als Er Selbst in ewiger selbstgenugsamer Verschlossenheit zu verharren.

Es ist eine Frage, die gleich bey der ersten Entwickelung aufgeworfen werden konnte: ob jenes irrationale, der Auseinandersetzung widerstrebende, Princip in Gott sich freywillig unterworfen, oder nur bewältigt durch die höhere Macht in die Vergangenheit zurückgetreten sey? Die bekannte tiefsinnige Stelle der Schrift, wo gesagt ist, die Kreatur sey der Eitelkeit nicht willig, sondern nur mit Widerstreben unterworfen, könnte auf eine unfreywillige Unterwerfung der Natur gedeutet werden. Allein schon die folgende Stelle, daß sie unterworfen sey um deß willen, der sie unterworfen, und auf Hoffnung, zeigt, daß hier nur der natürliche oder nothwendige Wille gemeynt sey. Denn kein Wesen stirbt vermöge des natürlichen Willens seinem eignen Seyn, und Verläugnung wird nie um des Verläugnenden, sondern um eines Höheren willen geübt; dann aber doch nicht gezwungen, sondern freywillig. Also immer noch (183) vermöge der natürlichen Begierde bewegt sich das dem höhern Willen unterthane Herz des Vaters, aber beständig beschworen und nicht sowohl durch Ueberwindung als nach dem schönen Platonischen Bild durch Ueberredung des höheren besänftigt bleibt es in williger Verborgenheit, ein innerlich schlagend heilig Herz, still das Leben unterhaltend aber nie in die Aeußerlichkeit hervorwirkend.

Wer gedenkt hier nicht überhaupt gern des hohen Platon, der es zuerst gewagt, in der Vorzeit und nicht sowohl neben als vor dem freybesonnenen, geistig ordnenden Wesen einen Zustand wilder Bewegung eines regellosen, der Anordnung widerstrebenden, Princips anzunehmen? und wenn das, was dem ähnlich ist in unserer Ansicht, der Verdammung unserer Zeiten nicht sollte entgehen können, so möge Sein Name uns als Schutz zur Seite stehen, der noch immer gilt, weil sie ihn unter die Idealisten zählen, der ausdrücklichen Erklärung des Seyns als eines originalen, dem Verstand thätig widerstrebenden Princips ohngeachtet.

Wenn Platon von der Materie als einem mit Gott coexistirenden Princip redet: so scheint er jenen Standpunkt vor Augen zu haben, wo Gott von dem Seyn geschieden schon als ver- (184) klärter Geist über seiner Hülle schwebt. Wenn aber nach einer früheren Einheit gefragt wird, in der Gott und die Materie Eins gewesen, so möchte sie bey ihm schwerlich anderswo, als in jener einst gewesenen Natur zu suchen seyn, mit deren Ueberwindung Gott erst eigentlich Gott wurde. Denn auch Gott mußte aus einem vorhergehenden Zustand, da er noch nicht Gott war, sich erheben, wie der Mensch im ersten Zustand bloß der Möglichkeit nicht aber der Wirklichkeit nach Mensch ist; und schon längst haben wir die Meynung erklärt, daß alles, was jenseits des eigentlichen, persönlichen Seyns der Gottheit liege, Natur zu nennen sey. Denn nur das Geistige von Gott ist Gott selbst zu nennen, wie nur das Geistige des Menschen der Mensch selbst ist; und von dieser Vergeistigung kommt alles her, was in der jetzt beruhigten Natur Verständiges, Mildes und Geordnetes ist; alles Harte und Widerwärtige aber kommt, wie Platon es in der unschätzbaren Stelle ausdrückt, von dem vorigen Zustand, von dem Körperähnlichen, Chaotischen her, diesem Mitaufgezogenen ihrer vormaligen Natur, da ein großes Theil Verwirrung in ihr war, ehe sie zu dem jetzigen Schmuck der Anordnung gelangt ist.

([185]) Doch wollen wir damit den berufenen Auslegern keineswegs vorgreifen, deren Urtheil wir diese Erklärung gern unterwerfen.

Ohne einen vorangehenden natürlichen Willen gäbe es keine Freyheit. Die Zweyheit im Willen entsteht nur dadurch, daß ein Wille schon vorhanden ist und ein andrer Wille ihm angemuthet wird. Die Nothwendigkeit geht also stets und in jeder Handlung der Freyheit voran. Wie verkehrt erscheint es, Gott vor der Schöpfung ein für allemal seinen Entschluß zu ihr fassen zu lassen. Ja wohl ist die Schöpfung nur durch einen Entschluß Gottes, aber dieser E n t s c h l u ß ist ein ewiger, nie aufhörender; noch immer wird die Selbstheit des ewigen Vaters überwunden in Liebe und öffnet sich und fließt über in's Geschöpf. Jeder Tag verkündiget aufs Neue diesen Sieg, und jede Nacht erneuert dieß Wunder.

Die hohe Meynung des menschlichen Verstandes von sich selbst, da er sich in dem Fall dünkt, zu wählen und durch List und Kunst das Beste unter allem Möglichen zu ersehen, mußte wohl auch einmal auf Gott angewendet werden. Wer ihm aber keine andere Freyheit zugesteht, als die, untermehreren möglichen Welten die beste auszusuchen, gesteht ihm den geringsten möglichen Grad ([186]) der Freyheit zu. Wahl ist Qual; ist Folge des unerleuchteten, unaufgeschloßnen Willens; sie ist nicht Freyheit, sondern Mangel der Freyheit, Unentschiedenheit. Wer weiß was er will, der handelt gradezu. Zwischen Tugend und Laster wählen, heißt nur ungewiß seyn, wobey der größte Vortheil zu finden. Wer es aber in dem einen oder andern zur Meisterschaft gebracht, handelt ohne Wahl und erst dann mit vollkommner Freyheit.

Eine andre Freyheit ist, wie aus dem bisherigen erhellt, die des Vaters; eine andre die des Sohns: dem Geist werden wir vorzugsweise die eigentlich geistige, die in absoluter Besonnenheit, Klarheit und Allwissenschaft besteht, zuschreiben. Diese drey Stufen oder Arten der Freyheit sind verhältnismäßig dienämlichen, auch für den Menschen.

Der Geist ist das, worein sich zuletzt alles verklärt; denn nur der Geist ist die ganz entfaltete und ganz wieder zur Einheit gekommne Gottheit.

Auch für das menschliche Wissen gibt es einen letzten Verklärungspunkt. Keines der drey Hauptsysteme ist das höchste, obgleich eines im-
(187) mer näher dem letzten Punkte der Entwickelung liegt. Aber alle sind nothwendig, wie die verschiednen Bildungsstufen eines Lebens; keines kann übergangen werden, wenn das eigentliche Ganze, d. h. wenn das allein wahre System entwickelt werden soll.

Wenn ich hiemit die Möglichkeit eines solchen auszusprechen scheine: so ist doch keineswegs meine Meynung, daß es für jedermann daseyn könne; vielmehr möchte ich sagen: das System sey wohl möglich ja wirklich, aber es sey nicht darstellbar – äußerlich nämlich, so daß es nun ein jeder nehmen und sich wie anders Wissen zueignen könnte. Denn dieses ganze Wissen ist nur in einer beständigen nie aufhörenden Erzeugung, so daß es nimmer zum todten Besitzthum werden kann. Es ist der innerlich-wiederholende und nachbildende Prozeß jenes großen ungeheuren Prozesses alles Lebens von seinem ersten stillen Anfang bis zur Gegenwart, ja bis in die fernste Zukunft. Wie viele aber haben wohl Kraft, Vermögen, Selbstverläugnung genug, sich in diesen Prozeß hineinzubegeben. Denn nicht ohne harten innern Kampf, nicht ohne Scheidung seiner selbst von sich selbst wird die Wahrheit gewonnen. Selbst theoretisch ihn mitmachen ist nicht genug. (188) Wer den Prozeß alles Lebens, wie er in gegenwärtigem Buch beschrieben, nicht praktisch erfahren, wird ihn nie begreifen. Der ein Werk, das in seiner Seele lag, vom ersten verschlossenen Keim bis zur vollkommnen Gestalt ausgebildet; der im Kampf mit einer unbezwinglich scheinenden Natur dennoch zur Klarheit gelangt, der etwa mag urtheilen. Leute ohne geistige Erfahrung können hier nichts richten.

Auch ist ja die nothwendige Folge der Erkenntniß des allein wahren Systems keineswegs, wie von den Gegnern alles wahren Wissens vorgegeben wird, die allgenügende Wissenschaft; auf sehr natürlichem Wege könnte vielmehr das gerad' Entgegengesetzte folgen.

Und so sehr ich jederzeit die Rechte der Wissenschaft vertheidiget habe und mein ganzes Leben hindurch vertheidigen werde, möchte ich, wär' es nicht unbescheiden, bey dieser Gelegenheit sagen, was ich so oft, was ich besonders lebhaft bey der gegenwärtigen Darstellung gefühlt, wie weit näher, als die Meisten wohl begreifen können, ich jenem Verstummen der Wissenschaft bin, welches dann nothwendig eintreten muß, wenn wir erkennen, wie alles so unendlich persönlich zugeht, daß es unmöglich ist, irgend etwas eigentlich zu wissen. Dieses Resul- (189) tat der Wissenschaft wäre nur wenig von jenem Sokratischen verschieden, der das eine gewonnen zu haben sich rühmte, zu wissen, daß er nichts wisse. Aber er wußte es doch und diese Gewißheit war nicht der Anfang, sondern das Ziel seiner Forschungen. Wenn aber Andere der Meynung sind, mit diesem Bekenntniß der Unwissenheit gleich anfangs sich beruhigen zu dürfen: so läßt sich dieß nur als eine seltsame Verirrung betrachten. Denn wenn der wirklich Unwissende versichert, er wisse nichts, oder sein Talent bestehe im Nichtwissen, was ist denn da Merkwürdiges daran? Wann es aber der Wissende sagt, dann hat es einen hohen Sinn. Ein anderes ist, nicht wissend seyn aus Mangel an Wissenschaft, ein anderes nicht wissend seyn wegen Ueberschwenglichkeit der Erkenntniß und der Gegenstände. Des Nichtwissens in diesem Sinn durfte ein Sokrates sich rühmen; wenn aber schlaffe Weichlichkeit, eine aller Anstrengung unfähige Geistes- und Herzensträgheit, deren ganze Thätigkeit darauf eingeschränkt ist, sich mittelst einer eigenliebigen Sophistik gegen alles ernstlich gemeynte Wissen zu vertheidigen, ebendieses zu sagen sich herausnimmt, und dieß sogar bey der Welt für Bescheidenheit und Sokratische Weisheit geltend machen kann: so ist diese Erscheinung nur als eines der vielen (190) Symptome der schrecklichen Verkehrtheit dieser Zeiten zu betrachten.

Da das wirklich umfassende System seinen Namen nicht von irgend einem jener einzelnen Momente tragen könnte, deren abgesonderte Auffassung eben so viele einzelne Systeme erzeugt: so wäre es offenbar nur nach dem letzten Verklärungspunkt zu benennen, in welchem als der höchsten Einheit aller Widerstreit sich auslöst.

Da dieses der Geist ist: so würde es am richtigsten das System des Geistes, welches nothwendig auch das der Wahrheit ist, genannt werden.

Man kann behaupten, daß die öffentlich geduldete Metaphysik nur eben jenes höhere Ganze suche. Denn wenn sie auch jetzt auf den Theismus eingeschränkt ist, der nur mit dem Dualismus bestehen kann, und im Grunde dasselbe mit ihm ist: so findet sie doch in der Behauptung desselben als ursprünglichen aus keinem höheren herzuleitenden und auch nicht weiter zu entwickelnden Standpunkts so viele Schwierigkeiten, daß sie endlich dahingekommen ist, sich selbst für unvermögend zu erklären und auf ihre Existenz feyerlich Verzicht zu thun. Da aber diese unmuthige (191) Selbstvernichtung doch nicht bestehen kann, und die Foderung einer wahren Metaphysik unter einer noch weder an Herz noch Geist erstorbnen und so wesentlich religiösen Nation, wie die deutsche ist, immer wiedererwachen muß; so ist zu hoffen, daß, wenn sie nur erst zur Erkenntniß des Gegenwärtigen gekommen, sie auch ihre Scheu vor den höheren Standpunkten ablegen werde, indem sie einsehen muß, daß nur die Anerkennung derselben, nicht als letzter, wohl aber als anfänglicher, sie in den ruhigen Besitz der Wahrheit setzen kann, nach dem sie schon so lange vergeblich, weil vom unrechten Punkt aus, getrachtet hat. So wehrt sich diese Metaphysik gleichsam blind gegen jedes Einheitssystem, im Grunde aber gegen alle lebendige Entwickelung. In beyderley Betracht wird sie in der gegenwärtigen Darstellung, wenn sie anders Kenntniß von ihr nimmt, es nicht anders als entsetzlich finden können, daß Etwas in Gott sey, das verdrungen, das als Vergangenheit gesetzt werde. Erst hatte sie nicht begriffen, daß Pantheismus der nothwendige Keim ist, aus welchem allein sich wahrer Theismus, als das eigentlich geschichtliche und der geschichtlichen Zeit angehörige System, entwickeln kann. Hier wird sie übersehen, daß es ebendieses ihr widerwärtige pantheistische Wesen ist, das in Gott (192) verdrungen werden muß, um für das Freye, das Persönliche Raum zu machen.

Weil wir aber nicht in Abrede stellen können, die Geduld dieser alten Metaphysik und der öffentlichen Toleranz, von der wir auch darum billiger Weise nicht viel zu rühmen haben, oftmals **auf harte Proben** gestellt und auch in gegenwärtiger Untersuchung nicht immer Maß und Schritt jener zugestandnen Wissenschaft gehalten zu haben: so rechnen wir es um so mehr zur Pflicht, zu zeigen, worinn ihr Verfahren troz des scheinbaren Mißverhältnisses mit dem Gang unserer Betrachtung einige Vergleichbarkeit hat.

Die Metaphysik zählt bekanntlich drey Beweise für das Daseyn Gottes. Der erste ist der mit Recht so genannte ontologische, welcher zulezt darauf beruht, daß in Gott die Existenz durch das Wesen schon gesezt, er selbst also ein innerlich nothwendiges Wesen sey. Gegen diesen Beweis ist, wenn er ganz in sich selbst bleibt und nicht etwa aus jenem innerlich nothwendigen Seyn den Uebergang in ein äußeres machen oder jener Einheit des Wesens und der Existenz selbst wieder die Existenz als Prädikat beylegen will, schlechterdings nichts einzuwenden. Allein er bringt (193) dafür auch nur die Idee eines Wesens zu Stande, dem das Seyn innerlich ist, von dem es aber schlechthin nicht äußerlich ausgesagt werden kann. Es entspricht daher dieser Beweis ganz jenem Zustand uranfänglicher Lauterkeit, in welcher alle Existenz verschlungen und die Gottheit viel zu rein ist, um auch nur als existirend ausgesprochen werden zu können. Nun ist aber die Metaphysik mit diesem rein ontologischen Wesen nicht zufrieden, sondern verlangt ein wirklich Existirendes, ein solches, von dem das Seyn als Prädikat auszusagen ist. Will sie dieß vermöge jenes ontologischen Beweises erlangen: so verdirbt sie ihn, indem sie ihn über seine Gränze treibt. Es bliebe ihr daher nichts übrig, als aus jenem Ersten zu einem Zweyten fortzugehen, das nicht mit ihm einerley, sondern ein wirklich Zweytes und der Grund der Existenz jenes Ersten wäre. Da sie dieß aber nicht könnte, ohne ein Fortschreiten in Gott oder doch ein Ausquellen in ihm anzunehmen, welches ihr zu natürlich und zu lebendig ist, und ihren stillstehenden, abgezogenen Begriffen widerstreitet: so bricht sie hier ab und sucht obwohl unbewußter Weise das Mangelnde auf einem andern Wege herbeyzuschaffen.

(194) Weil sie sich nämlich doch gedrungen sieht, ein Existirendes zu erkennen, so verschafft sie sich dieses durch einen von unten aufstei-

genden Schluß; durch den zweyten, mit Recht so genannten kosmologischen Beweis, da sie von der Zufälligkeit aller existirenden Dinge endlich auf eine letzte unbedingte Ursache derselben schließt, und gelangt so zu dem ersten Existirenden, wie wir es genannt haben. Da sie aber als unbedingte Ursache nur ein nothwendig existirendes Wesen ansehen kann: so sieht sie sich gedrungen, diese auf ganz andrem Wege gewonnene Idee doch wieder mit der jenes ontologischen Wesens zu verbinden, ohne einen Zusammenhang oder eine wahre Einheit zwischen beyden nachweisen zu können. Sie bedarf also zum Komplement ihres ontologischen Beweises den anderwärts hergeholten kosmologischen; und zum Komplement des kosmologischen den mit ihm gar nicht zusammenhangenden ontologischen. Da sie aber auch an der Idee eines nothwendig existirenden ersten Wesens nicht genug hat, sondern ein selbstbewußtes, persönliches nach Zweck und Absicht handelndes verlangt, und ihr ein solches weder der ontologische noch der kosmologische gewähren kann, es sey denn daß sie beyde über ihre Gränze treibe: so müßte sie auch hier eigentlich ([195]) jenes kosmologische Wesen wieder als ein Eingewickeltes betrachten, und die Succession oder Steigerung ihrer Begriffe als eine Succession oder Steigerung in dem Wesen selbst begreifen. Da aber dieses sowohl ihren abgestandenen Begriffen widerstrebt, als auch wegen Mangel des Stoffs der Entwicklung unmöglich ist, indem sie, aus Furcht vor Pantheismus, die Ursache als getrennt von ihrer Wirkung, ganz unnatürlich obenan, verlassen, einsam, abgezogen und unlebendig gesetzt hat: so bleibt ihr wieder nichts übrig, als das, was sie durch diesen Beweis nicht erlangen konnte, durch einen neuen und ganz andern Beweis zu suchen.

Hielt sie sich zuvor noch an die allgemeine Eigenschaft der Zufälligkeit der Dinge fest, so dringt sie jetzt in das Innre derselben und ihren Zusammenhang unter einander ein, und da sie in demselben überall die Spuren einer nach Zweck und Absicht, mit Freyheit und Besonnenheit wirkenden Ursache erkennt: so schließt sie endlich von dieser Bemerkung auf ein persönliches, freyes und intelligentes Wesen als Welturheber zurück. Indem aber der Begriff eines freyen intelligenten Wesens in der Luft schweben würde, wenn ihm nicht die Nothwendigkeit Grund machte: so muß sie von diesem dritten, physikotheologischer Beweis an den zweyten kosmologischen zurückgehen, ([196]) und auf diese Art selbst, jedoch ohne es zu bemerken, das Nothwendige als Basis, als Vorausgehendes des Freyen erkennen. Da ferner das Intelligente nur die Form und die Anordnung der Dinge erklärt, die Materie aber eigentlich schon vom vorigen Moment her daseyn müßte: so bedarf es, um ihn als Weltschöpfer darzustellen, des Rekurses auf den Begriff eines schlechthin nothwendigen Wesens, mit dem sich der Begriff einer Mehrheit nicht verträgt, und außer welchem daher alles, auch die Materie, da sie nicht zu ihm selber gehören kann, zufällig seyn muß.

Auch diese drey Beweise verhalten sich also wie Glieder einer Kette, wo immer das folgende vom vorhergehenden erzeugt werden sollte; welches aber bey dem mechanischen unlebendigen Verfahren der Metaphysik unmöglich ist. Dennoch offenbart sich ihr ursprünglicher Zusammenhang, und daß sie eigentlich nur verschiedene Momente der Entwicklung Eines und desselben Wesens ausdrücken, dadurch, daß der frühere alles Spätere fodert und der spätere die früheren voraussetzt. Keiner von ihnen ist hinlänglich zu dem vorgesetzten Zweck, die vollständige Idee Gottes in ihrer Realität zu erzeugen; wohl aber wären sie es alle zusammen, wenn sie in lebendige dynamische Verbindung gebracht würden, welches aber nur auf dem von uns betretenen Wege möglich ist.

# Briefwechsel mit Eschenmayer.

1810.

# Eschenmayer an Schelling

über dessen Abhandlung

Philosophische Untersuchungen über das Wesen der menschlichen Freiheit.

Kirchheim, den 18. Okt. 1810.

Ich drückte Ihnen schon mündlich mein Verlangen aus, auch die freie Sphäre des Menschen von Ihnen umschrieben zu sehen. Denn ich hielt inzwischen Natur und Geschichte für zwei so geschiedene Dinge, daß, ob wir gleich in der menschlichen Individualität beide zusammentreffen sehen, mir doch ihr höherer Zusammenhang im Absoluten der Demonstration entrückt schien. Ihr Versuch über die Freiheit des Menschen war mir daher in jeder Hinsicht merkwürdig, da ich seine Schwierigkeiten nicht nur kannte, sondern auch das vergebliche Bemühen, die widerstreitenden Elemente zu vereinigen, schon öfters selbst fühlte. Auch jetzt noch, nachdem ich Ihre Abhandlung gelesen habe und Ihren Standpunkt mit dem meinigen zusammen halten konnte, scheinen mir theils die ehmals vorgebrachten Einwürfe noch nicht ganz entwaffnet, theils regen sich in mir neue Zweifel, theils finde ich mich veranlaßt, mich selbst aus alten Mißverständnissen herauszuarbeiten. Alles dieß lege ich Ihnen in diesem Briefe vor mit der Bitte, mein Irriges, Mißverstandenes, alle die alten Reminiscenzen, wo sie sich vorfinden sollten, wie auch den assertorischen Ton auf freundschaftliche Weise zu deuten.

Zuerst halte ich mich an das Princip Ihrer ganzen Deduktion. Sie sagen: Da nichts vor oder außer Gott ist, so muß er den Grund seiner Existenz in sich selbst haben, und unterscheiden nachher diesen Grund von Gott, insofern er existirt. Ich behaupte dagegen: Wenn Gott den Grund seiner Existenz in sich selbst hat, so hört gerade dadurch der Grund auf Grund zu seyn und fällt mit der Existenz in Eins zusammen. In der Reihe der Naturdinge können wir zwar 1
Grund und Folge, Substanz und Accidenz u. s. w. unterscheiden, wir können einen ruhenden Körper von seiner Bewegung, ein Organ von seiner Funktion, oder auch einen Willensentschluß von seiner Aeußerung unterscheiden, aber für Gott ist dieser Unterschied ungültig, eben weil nach Ihrer Annahme Grund und Folge, Form und Wesen, Seyn und Werden in einen und denselben Punkt

2 zusammenfallen. Allein nicht nur die Ausschließung des Prädicats des Grundes
3 von Gott ist es, was ich behaupte, sondern die ganze logische Denkweise überhaupt gibt keinen Maßstab für Gott, und Er wird durch Anwendung unserer Stammbegriffe von Grund und Folge, Form und Wesen, Seyn und Werden offenbar zu einem Verstandeswesen herabgewürdigt, das in der eingebildeten Sphäre, die wir Ihm anweisen, keine andere Rolle übernehmen kann als unser Ich in der Seinigen. Gegen Ihre früheren Behauptungen erscheint diese Annahme einen Schritt rückwärts gegangen. In den Jahrbüchern heißt es: Die Vernunft hat nicht die Idee Gottes, sondern sie ist diese Idee selbst und nichts außerdem. In diesem Satze, in welchem die Vernunft der Idee Gottes gleich gesetzt ist, können die Stammbegriffe des Verstandes von Grund und Folge u. s. w. keine Anwendung mehr finden, weil die Einheit nicht die Allheit auszumessen vermag, und die Vernunft als das universelle Organ nicht wieder rückwärts in den Verstand als dem particulären Organ kann aufgenommen werden.
4 Der Gott, den Sie so stellen, ist mir bloß ein particulärer Gott, wie unser Ich, und alle Construktionen, die Sie von ihm ausgehen lassen, die aber so gestellt sind, als ob sie seine eigenen wären, haben keine höhere Consequenz als diese, welche das menschliche Ich in seinen eigenen Systemen hat. Wenn nämlich die Idea in der Vernunft vom Willen befruchtet und vom Verstande geboren wird, so entsteht das schaffende Wort, das sich in der Natur oder Sinnenwelt manifestirt.
5 Dieß ist die Geschichte des innern geistigen Processes, welcher dem Ich auf seinem armseligen Erdsphäroid eigenthümlich zugehört, und, wie mir scheint, Ihnen für Gott zum Schöpfungsprocesse geworden ist. Die Uebertragung unserer Stammbegriffe und des durch sie gesetzten geistigen Processes ist nicht einmal anwendbar auf andere Planeten- oder Sonnenbewohner, geschweige dann auf Gott. Denn offenbar ist den Sonnenbewohnern für Natur und Geschichte eine Einheit höherer Ordnung aufgegangen als uns, indem unser Planetensystem nur ein Differential von dem System der Sonnen ist, d. h. den Sonnenbewohnern
6 muß das Irrationale, das die dynamischen Principien von Licht und Schwere uns zurücklassen, in dem System der Sonnen ausgeglichen seyn, und ihnen muß daher ein Schöpfungsproceß in anderem Verhältniß und Maße erscheinen als uns.

Um mich Ihnen deutlich zu machen, bedarf ich einiger Sätze: Mir ist die Vernunft das universelle Organ, in welchem ausschließlich die Allheit wohnt,
7 der Verstand hingegen das particuläre Organ, in welchem die Einheit herrschend ist, und der Sinn das singuläre Organ, welchem allein die Vielheit zugehört. Es ist hier nicht Raum, eine Sphäre um jedes dieser Organe zu ziehen, und zu zeigen, wie je zwei und zuletzt alle ineinander greifen, und was jedem eigenthümlich ist. Ich bemerke bloß, daß die Individualität des Ichs als die absolute Einheit dieser drei Systeme auftritt, aber als solche ihr Centrum nicht im universellen Organ, wie die Philosophie bisher wähnte, sondern im particulären Organ, nämlich im Verstande, hat. Das Ich kann nie aus seiner Einheit heraustreten, es kann nie zur Allheit sich erheben, noch zur Vielheit herabsinken. Diese Einheit hat man immer mit der absoluten Identität verwechselt,

was ganz unstatthaft ist; ebenso ist es ein Fehler unserer Sprache, daß wir die
Einzelnheit, welche nur Eins von vielen bezeichnet, nicht von Einheit, in welcher
die Vielheit selbst verbunden ist, unterscheiden gelernt haben. Darf ich mich eines
wiewohl schwachen Analogons bedienen, so ist es folgendes: Der Verstand ist
das Prisma, in welchem der jenseitige indifferente Lichtstrahl diesseits in seine 8
Farben gebrochen wird. Die Indifferenz ist in der Vernunft, die Brechung im
Verstande, und die Farben sind die Sinnen. Die Stufe des Verstandes ist die
horizontale des Ichs. Was es daher aus seinem universellen Organ empfängt,
das kann ihm nie als sein Werk und seine That erscheinen, sondern nur als
Ideal des Besseren und Vollkommeneren, als es selbst ist. Was es hingegen aus
seinem singulären Organ empfängt, das kann es sich unterordnen und zur Einheit
verbinden. Der Verstand ist gleichsam ein Spiegel von doppelter Reflexion, und 9
das Ich sein mittlerer aber durchsichtiger Beleg, oder vielmehr die in der Mitte
schwebende Fluxion desselben, gleichsam die fließende Abscisse einer Hyperbel.
Das Ich ist die Potenz Null seines ganzen Systems, seine positive Seite stellt
das Unendlichgroße oder den Raum, seine negative Seite das Unendlichkleine oder
die Zeit dar u. s. w.

Wenn demnach die Behauptungen so oft gehört werden, und von jeher gehört
wurden, daß nicht nur die Idee Gottes für sich, sondern auch mit Prädicaten,
die in der That keinen bloßen Schein haben, wie z. B. Allmacht, Allweisheit
und Allgüte, in der Vernunft vorkommen, so ist es jetzt unsere Sache, der Philosophie diese Täuschung vorzuhalten.

Als Menschen betrachtet bescheiden wir uns sogleich, wenn von Allmacht,
Allgüte, Allweisheit die Rede ist, daß wir diese Eigenschaften, oder wie man es
nennen will, auch nicht von Ferne erreichen können, und daß unser Wille, unser
Gemüth und unser Verstand nicht nur ein Diminutivum, sondern ein bloßes
Differential derselben ausdrücke, und doch kommen diese Ideale wirklich in unserer
Vernunft vor, und werden von jedes Menschen Munde ausgesprochen; wie läßt
sich dieß vereinigen? Dadurch, daß der Mensch, da er nur vermittelst seines
particulären Organs einer beschränkten Denk- und Handlungsweise und somit
einer beschränkten Macht, Weisheit und Güte fähig ist, diesen Prädicaten die
Allheit seines universellen Organs beimischt, und in Allmacht, Allgüte und Allweisheit zwar nicht sein eigen Werk und That, aber doch seine Ideale ausspricht,
die in seinem universellen Organ einheimisch sind. Selbst diese Prädicate sind 10
wir demnach nicht berechtigt auf das Göttliche zu übertragen, weil es dadurch
mit unserem Superlativ, mit den Idolen unseres Organs befleckt würde. Es ist
mithin eine pure Täuschung, wenn irgend eine Demonstration etwas Wissenschaftliches von Gott prädiciren oder irgend einen Superlativ aus unserem Willen
und Gemüth und, was noch weit weniger gilt, die Stammbegriffe oder Kategorien von Grund, Wesen u. s. w. aus unserem Verstande auf Gott übertragen
will. Die Naturphilosophie, die sich vom Nothwendigen nie wird losmachen
können, und die ihre Evidenz, die ihr vermittelst der Idee der Wahrheit zu
Theil wird, gerne einem Gott schenken möchte, hat in neuerer Zeit überall aus

der Natur einen Gott herausklauben wollen, wobei ich als Beleg und als abschreckendes Beispiel nur das — — von — —[1] anführe, der sein Freies und Lebendiges in sich so sehr entäußert hat, daß ihm Erz, Erde und Elektricität zu Gott wurden. Ich kehre die Sache um, und sage: nicht im Gebiete des Nothwendigen, sondern im Gebiete des Allerfreiesten ist Gott zu suchen, wenn er ja gesucht seyn soll. Was folgt daraus?

Daß Gott, dem wir die freie Macht zugestehen müssen, unserem Willen diese bestimmte Sphäre von freien Handlungen, unserer Vernunft diese Ideale, unserem Verstande diese nothwendige Denk- und Schlußweise und unserem Sinne diese Schranken von Sub- und Objektivität anzuweisen, nicht wieder rückwärts
11 davon afficirt seyn könne; auch die allerwärts hin ausgedehnte Schrankenlosigkeit,
die in unsern Idealen sich ausspricht, erreicht Gott nicht um ein Haar besser;
denn eben diese Schrankenlosigkeit ist eine bloße Form, die für Gott keinen höhern
Werth haben kann als für uns die Form eines Baumblattes. Zu sagen, daß
12 Gott nichts anderes als Vollkommenes erschaffen könne, klingt sonderbar. Wenn
er aber Unvollkommenes erschaffen will, wer hat etwas dagegen einzuwenden?
Sind wir dann als die Zierde des Erdballs vollkommene Wesen? So weit kann
sich die Philosophie verlieren, die die Abkunft ihrer Ideale nicht kennt und in
denselben Gott zu erfassen wähnt.

Auf diesem Standpunkt des Particularismus folgen nun Ihre übrigen Folgerungen ganz consequent.

13 Sie leihen Gott die Sehnsucht, sich selbst zu gebären, als ob in Gott ein
Wunsch seyn könnte, etwas zu werden, was er noch nicht wäre. Wenn der
Wille sich dem Gemüth einverleibt, so entsteht das, was wir Sehnsucht nennen,
ein ganz menschlicher Proceß, der keine Uebertragung auf Gott duldet. Ebenso
14 verhält es sich mit den Prädicaten der *Persönlichkeit*, der *Selbständigkeit*, des *Selbstbewußtseyns*, des *Selbsterkennens*, des *Lebens*
u. s. w. Sie sind alle ein Gemisch des freien Princips mit dem Nothwendigen
und dadurch rein menschlich und unangemessen der Würde Gottes. Dadurch,
15 daß Sie die Freiheit einen Begriff nennen, mußte Ihnen dieselbe mit dem Nothwendigen vermischt erscheinen. Denn — weil die Freiheit allem Denken vorausgeht, gleichsam die Seele und der Impuls derselben ist, so kann sie nicht
wieder ins Denken aufgenommen werden und als Begriff erscheinen, ohne allen
Werth einzubüßen. Die zum Begriff gewordene Freiheit ist nur ein schwacher
Widerschein von dem ursprünglichen Bilde derselben. Die Freiheit ist nur im
Wollen ganz lebendig, im Begriffe ist sie schon zur Hälfte erstorben. Man wird
hier entgegenhalten: wie sollen wir aber von der Freiheit uns unterrichten, ohne
sie in den Begriff aufzunehmen? Allerdings wahr! Dieß ist eben das Irrationale,
16 von dem Sie in Ihrer Abhandlung reden. Die Freiheit ist zu groß für den

[1] Titel und Name thun hier wohl nichts zur Sache, und scheinen um so füglicher entbehrt werden zu können, als es von der andern Seite unbillig scheinen könnte, als Beleg einer allgemeinen Behauptung Produkte anzuführen, die unwidersprechlich auf keine andere Rechnung als die ihres Verfassers gehören. Anm. *Schellings*.

Begriff, und darum bleibt noch etwas übrig, was sich nicht bequemen will, ein
nicht aufgehender Rest, der seine Wurzel noch in ein fremdes Gebiet hinüber-
treibt, das sich aber nicht mehr construiren läßt. Das Irrationale ist freilich
das Merkwürdige, aber nicht dadurch, daß der Verstand keine Einheit dafür hat,
sondern als Uebergangspunkt in ein Gebiet, das keiner Messung mehr fähig ist.
Soll dann alles gedacht werden? Ist das Gemüthliche in uns, die Freundschaft,
die Liebe, die Versöhnung in uns gedacht? Ist das Sittliche, die Tugend, die 17
Schönheit gedacht? Sollen die herrlichsten Provinzen unseres Geistes durchs
Denken verdorben werden? Dieß ist die philosophische Sünde, daß man auch
das Heiligste in uns dem Verstande überantworten will, damit er durch seine
Einheit das abtödten soll, was ursprünglich nur zur Allheit gehört. Das Schöne 18
schon besteht aus lauter Irrationalgrößen, die sich aber in einer höheren Harmonie, als deren der Verstand fähig ist, wieder auflösen, nämlich im Gemüthe
des Menschen, wo der Begriff kein Recht mehr hat.

Um der Einsicht dieser Sätze näher zu kommen, ist die Bemerkung nöthig,
daß der Verstand eine doppelte Seite habe, eine leidende (negative) und eine
thätige (positive). Auf der thätigen Seite liegt die ganze Natur, in welcher die
Idee der Wahrheit rege ist; sie ist das Feld der Construktionen, der Mechanik
und Dynamik, der rein nothwendigen Gesetzmäßigkeit und Evidenz, jeder Begriff
ist ein Focus von Vorstellungen, der Verstand ist Meister seiner Objekte, und
hier darf nichts unentdeckt bleiben.

Anders verhält sichs auf seiner negativen Seite; der Verstand wird hier
selbst von einer höhern Ordnung der Dinge bemeistert, nämlich der sittlichen
Welt. Hier vermag er seine Objekte nicht in einen Brennpunkt zu sammeln,
sondern sie reflektiren sich von ihm in unendlich divergirenden Strahlen. Alle
Begriffe sind zwar Einheiten, aber die Reflexe der leidenden Seite des Verstandes
sind Einheiten von höherer Ordnung, als jene seiner thätigen. Ein Naturbegriff
und ein sittlicher verhalten sich zueinander wie Negatives zu Positivem. Wie
himmelweit ist der Begriff der Liebe, der Freundschaft von dem Begriff der 19
Zahl und des Kreises verschieden? Und doch nennen wir beides Begriffe. In
diesem Gebiet, nämlich dem Sittlichen, ist zwar keine Evidenz der Erkenntniß
mehr, aber dafür etwas Herrlicheres und Größeres, nämlich die Fülle des Cha-
rakters, der Adel der Gesinnung, der Wohllaut der Menschennatur. Zwischen
der negativen und positiven Seite des Verstandes liegt die Indifferenzlinie, gleichsam die Achse zwischen zwei entgegengesetzten Schenkeln einer Hyperbel. Auf ihr 20
bewegt sich das Schöne und die Einbildungskraft, welche keine Naturgesetze mehr
anerkennt und sich über alle Construktionen hinaufgestellt hat. In dieser Ansicht
liegt die Differenz der drei philosophischen Systeme. Auf der positiven Seite
des Verstandes, in welche nur die niedere Ordnung der Dinge, nämlich die
Natur fällt, liegt die Naturphilosophie. Auf der negativen Seite des Verstandes, 21
welche gegen die höhere Ordnung der Dinge, die sittliche Welt der Geschichte,
gekehrt ist, liegt die Moralphilosophie. In der Mitte beider liegt die Kunstphilosophie.

Darf ich es Ihnen jedoch ohne Mißdeutung gestehen, so scheint mir Ihr Versuch
über die menschliche Freiheit eine völlige Umwandlung der Ethik in Physik, eine
Verschlingung des Freien durch das Nothwendige, des Gemüths durch den Verstand,
des Sittlichen durch das Natürliche, und überhaupt eine völlige Depotenzirung der
22 höhern Ordnung der Dinge in die niedere zu seyn. Pflicht, Recht, Gewissen und
Tugend, wo sollen sie ihre wahre Stelle in Ihrem System finden? Aus Proportionen und Disproportionen, wie zwischen Gesundheit und Krankheit, was im
Grunde nur die Stufe des Organischen aber nicht des Ethischen bezeichnet, gehen sie
nicht hervor, und noch weniger aus jener dynamischen Gradreihe, wo zwei Kräfte aus
23 einem gemeinschaftlichen Centrum sich trennen und zuletzt als Licht und Finsterniß
einander gegenüberstehen. Das Centrum und seine Peripherie, welche allerdings
auf der Naturseite die Hauptrolle spielen, finden auf der sittlichen Seite keine
Anwendung mehr. Je mehr das Wahre gegen das Schöne fortrückt, oder das
rein Physische gegen das Organische, desto mehr muß in den Formen, auch selbst
nur als Symbol betrachtet, der Kreis durchbrochen werden und eine Seite wie
in der Parabel und zwei wie in der Hyperbel dem Unendlichen öffnen. Aber
in der sittlichen Ordnung — da gilt auch dieses nicht mehr, und nur noch die
transcendenten Linien von unendlicher Ordnung, welche für jedes x eine unzählige
24 Menge von y geben — ein herrliches Bild des Willens und der Freiheit —
bieten uns in der sittlichen Welt noch ein Analogon dar. Die Geschichte der
Menschheit ist eine Cycloide.

Um mich Ihnen ganz auszusprechen, von welcher Bedeutung mir das Vernunftsystem, und von welcher mir Gott ist, muß ich freilich vieles negiren, was
Sie in Ihrer Abhandlung von ihm sagen. Gott hat keine Natur, Gott hat
keinen Grund in sich, das in-Sich und außer-Sich hat keine Bedeutung für
Gott, es gibt keinen von Gott unabhängig fortwirkenden Grund, was Ihnen
die Möglichkeit des bösen Princips enthält. Gott ist keine Einheit und zwar
unauflösliche zweier Principien, die im Menschen sich trennen, was, beiläufig
gesagt, die Freiheit, welche auf dieser Trennung beruht, in Gott negirt. Es
25 gibt nicht zwei gleich ewige Anfänge aus einer Indifferenz; denn das Ewige ist
26 nicht eins und zwei, sondern das All. Es sind freilich drei Ideen, nämlich
Wahrheit, Schönheit und Tugend, wovon jede die Allheit unseres universellen
Organs auf eigene Weise repräsentirt, und worin das Ewige mithin selbst getheilt
erscheint; allein die Unbestimmtheit unserer Sprache bedarf hier noch einer großen
Ergänzung. Das Ewige ruht nur in der Harmonie jener Ideen, sie selbst aber
für sich genommen drücken bloß die Ordnungen des Unendlichen aus, und zwar
so, daß die Wahrheit die niedere Ordnung oder das Reinphysische, die Schönheit
die mittlere Ordnung oder das Organische, und die Tugend die höhere Ordnung
oder das Sittliche bezeichnet. Es ist hier bloß von dem metaphysisch Unendlichen
die Rede, das vom Mathematischen höchst verschieden ist. Denn dem Mathematiker zerfällt die Idee der Wahrheit, mit welcher er es allein zu thun hat,
selbst wieder in verschiedene Ordnungen des Unendlichen, wovon aber selbst die
höchsten, wie z. B. seine transcendenten Linien von unendlicher Ordnung niemals

die niedere Ordnung des metaphysisch Unendlichen erschöpfen können, d. h. auch die höchste Ordnung des mathematisch Unendlichen ist nur ein Reflex von der Idee der Wahrheit. Einen gleichen Unterschied läßt das metaphysisch Positive und Negative vom mathematischen zu. So ist die Tugend oder das gute Princip die höchste metaphysische Position, das böse Princip hingegen oder das, was ich Erbsünde nenne, die letzte metaphysische Negation. Ich halte diese Unterscheidung für höchst wichtig zur Klarheit der Philosophie und glaube, daß ein großer Theil ihrer Mißverständnisse auf jener Nichtunterscheidung beruht. Aber alles dieß, so hoch es auch im Unendlichen stehen mag, leidet keine Anwendung auf Gott, und ebenso verhält es sich mit der Uebertragung des Prädicats der Existenz auf Gott. Es mag sonderbar scheinen, auch die letzte Zuflucht des Verstandes 27
— die Basis, auf welcher das Ich so sicher ruht, das: Es ist, als die unveräußerliche Copula unseres ganzen Vernunftsystems von Gott auszuschließen, und doch ist es auf diesem Standpunkte, auf dem ich stehe, nothwendig. Gibt es eine Existenz außer Raum und Zeit? Wenn der Raum unendlich ist, wo finden wir noch eine Stelle außer ihm? Wenn die Zeit ohne Ende ist, wo finden wir einen Moment außer ihr? Und doch werden wir Gott nicht in Raum und Zeit setzen wollen, wie ein Naturobjekt. „Es gibt aber auch eine Existenz außer Raum und Zeit" — Allerdings! Unsere ganze Idealwelt ist demselben entrückt. Aber auch hier gilt das Prädicat der Existenz nur immanent auf das Vernunftsystem. Dieß Räthsel und alle übrigen löst, was man auch dagegen sagen mag, allein die Religion und der Glaube. Der Glaube leiht keine Eigenschaften aus, ihm ist das Prädicat der Existenz ein gleichgültiges Ding, er ist sich selbst die Urkunde der Gottheit, die keines Zeugen aus dem Verstande bedarf. Da er ein für allemal dem Wissen entsagt hat, so liegt ihm an der ganzen Immanenz unserer Erkenntniß nicht viel. Wir sind in Gott — dieß ist unbezweifelte Wahrheit — aber wie der Lichtstrahl in der Sonne, das Sandkorn im Universum, oder die einzelne Vorstellung im ganzen Vernunftsystem. So wenig 28
der Lichtstrahl vermöchte die Sonne zu erleuchten, oder das Sandkorn das Universum einzuschließen, oder die einzelne Vorstellung das ganze Vernunftsystem zu fassen, so wenig vermögen wir auch nur einen Gedanken von Gott zu fassen. 29
Sie nennen vielleicht dieß Hyperbel, und ich finde meinen Ausdruck selbst noch tief unter der Würde Gottes. Weil wir auf diesem Erdsphäroid nichts Höheres haben, womit wir uns vergleichen könnten, so fällt uns ein, uns zum Ebenbilde 30
Gottes zu machen, wozu der Verstand auch seinen Senf gibt, indem er uns auf gar künstliche Weise zeigt, wie Gott wirklich forcirt gewesen sey, ein solches liebliches Ebenbild zu erschaffen. Mir ist der ganze Himmel bevölkert, jeder Stern hat seine eigene Völkergeschichte. Je höher aber die Ordnungen der Sterne steigen, desto vollkommener müssen auch die Organisationen seyn, desto klarer der Verstand, desto vortrefflicher die Ideale von Wahrheit, Schönheit und Tugend. Die höheren Ordnungen der Sterne aber sind unsere Metamorphosen, und wenn 31
da noch eine Speculation stattfindet, so wird auch da Gott nur als Asymptote erscheinen, aber von höherer Bedeutung. Ein Sonnenbewohner müßte lächeln,

wenn er vernähme, daß der Mensch auf dem halbverbrannten Teller, Erde genannt, sich als Ebenbild Gottes brüstete, wie wir lachen würden, wenn die Philosophie der Würmchen im Grase so weit ginge, sich zu Ebenbildern des Menschen zu machen. Der Ausruf: es ist ein Gott, der aus aller Menschen Munde geht, was ist er anders, als eine Uebersetzung des Glaubens in den Verstand, wobei dieser das Prädicat Existenz beimischt? Es ist ein Legiren des Glaubens mit dem unreinen Metall des Verstandes, nur, damit wir im gemeinen Leben eine gangbare Münze mit dem Brustbild Gottes haben. Die Copula: es ist — gilt aber nur immanent im Vernunftsystem, aber nicht transcendent auf Gott. Inzwischen wäre die Uebertragung der Copula in dieser Beziehung noch das Unschuldigste, wenn nicht gleich der Verstand dadurch, daß ihm dieses Recht eingeräumt wird, den ganzen übrigen Schwall von Prädicaten hervorsuchte und Gott auf seine positive Seite herüberzöge, wo die Natur liegt, und wo des Construirens kein Ende ist.

In dem Ausruf: Gott ist allmächtig — gibt unser Wille die Macht her, unser universelles Organ die Allheit, unser Verstand die Existenz und der Glaube Gott, und so bildet sich dieser Satz. Ist dieß aber eine Wissenschaft von Gott, wenn unsere eigenen Funktionen dem Glauben beigemischt werden? Daß man den Philosophen das, was das Volk nie bezweifelt, erst sagen muß, daß sie ohne Glauben keinen Gott hätten, und daß sie ihn im Wissen nie haben können! In dem engen Kreise, in dem wir uns umtreiben, sehen wir freilich den Glauben nicht, aber er ist unsichtbar da, und muß da seyn, weil der ganze Kreislauf unseres Wissens in ihm ruht. Wer den Namen Gottes ausspricht, spricht ja mit ihm auch seinen Glauben aus, und nur dann, wenn wir von ihm prädiciren wollen, mischen sich unsere niederen Funktionen mit ein, welche das Gold beflecken.

Ich gestehe Ihnen, daß sich jedesmal mein ganzes Wesen empört, wenn ich solche Versuche sehe, wie das *** Lehrbuch. Nie werde ich den schneidenden Gegensatz des Sittlichen mit der Natur aus der Acht lassen, und nie aufhören, die eigenen Waffen dieser Menschen gegen sie selbst zu kehren, bis sie das verruchte Spiel aufgeben, das sie mit dem Heiligen in der Naturphilosophie treiben. Ich halte es für eine Sache der Menschheit, diesem Irrthum, der als Unfug getrieben wird, alle Kraft entgegenzusetzen. Denn es ist meine ernste Meinung, daß von da aus sich unser Charakter und unsere Gesinnung verschlimmert. Unser
32 Gemüth, das zum Religiösen hinaufgehoben werden sollte, wird dem Verstand zu seinen Tändeleien überantwortet, welcher wie die bestochenen Richter eine auf falsche Thatsachen gegründete Vertheidigung übernimmt. Die Ueberzeugung, die vom Wissen kommt, ergreift nie die Totalität des Menschen, sondern nur den Verstand, die Ueberzeugung hingegen, die vom Glauben kommt, ist unüberwindlich, sie erfüllt den ganzen Charakter des Menschen, und von ihr allein wäre eine Energie zu erwarten, die sich dem Ungestüm der Welt entgegensetzte.

Und nun zur Hauptsache — zum Guten und Bösen. Nach Ihrer Ansicht geht der Verstand aus dem Verstandlosen, die Ordnung aus dem Chaos, das

Licht aus dem finstern Grunde der Schwere hervor. Sollte uns etwas hindern,
diese Gegensätze noch weiter fortzusetzen, und die Tugend aus dem Laster, das 34
Heilige aus der Sünde, den Himmel aus der Hölle und Gott aus dem Teufel
hervorgehen zu lassen? Denn das, was sie den dunkeln Grund der Existenz
Gottes nennen, ist doch so etwas Aehnliches von Teufel.

In diesen Gegensätzen nun ist ein allmähliches Herausbilden zum Licht, ein
Aufgehen des innersten Centrums u. s. w. Ihre Ansicht kommt hier mit der
alten Mythe überein, welche ihren ersten Gott aus der blinden Nacht geboren
werden läßt. Ich frage aber, wozu dieß alles? Wenn Gott von Ewigkeit ist,
wie sollte je das Verstandlose dem Verstande, das Chaos der Ordnung, die
Finsterniß dem Lichte vorangegangen seyn? Das Ewige kann doch der Zeit nicht 35
fröhnen und keinen Wechsel der Dinge in sich dulden. Ebensowenig kann ich
zugeben, daß die Verhältnisse der Naturprincipien von Licht und Schwere, auch 36
nicht einmal auf analoge Weise, auf die sittliche Ordnung der Dinge übergetragen
werden. Das Gute und Böse entsteht eben dann erst, wenn die Naturprincipien
gänzlich verschwunden sind und alle ihre Bedeutung verloren haben. Der Mensch
wird nur darum frei, weil kein Naturgesetz mehr einen Zwang für ihn hat.

Ihren speciellen Construktionen kann ich aus Mangel an Raum hier nicht
folgen, aber mir ist es klar, daß Sie dabei jenen innern geistigen Proceß,
welchen jedes Ich in seinen Systemen durchlauft, wenn sein Wille durch den
Verstand hindurch in der Natur sich manifestiren soll, wie ein Künstler sein
Kunstwerk vor sich hin projicirt, und einen Gott zu einem Schöpfungsprocesse
untergeschoben haben. Es ist gar nicht anders möglich! — Diesen Gott, von
dem Sie reden, und den Sie in dem Gebähren einer Schöpfung belauschen,
müssen Sie, wo nicht begriffen, doch wenigstens idealisirt haben. Ihre Vernunft
muß also sich über die Idee Gottes gestellt haben, sie muß, da Sie Gott als
Einheit zweier Principien vorstellen, die Idee Gottes als Subjekt mit der Einheit
als Prädicat verglichen, und mithin, weil jedes Vergleichende über seinen Ver- 37
hältnißgliedern stehen muß, sich über beide erhoben haben. Und somit mußte
die Selbstoffenbarung Gottes mit der Ihrigen zusammenfallen, nur mit dem
Unterschiede, daß die beschränkte Macht und Weisheit, dessen sich das Ich bescheidet, in jenem Ideal zur Allheit unsers universellen Organs gesteigert ist.

Nur einmal in der ganzen Abhandlung finde ich Sie auf dem Standpunkt,
wo der Uebertritt von der Speculation zum Glauben nicht mehr fehlen sollte,
und dieß ist in der Prädicatlosigkeit des Ungrundes. Ohne Noth, wie mir scheint,
nennen Sie diesen Ungrund Indifferenz, wodurch gleich ein neuer Widerspruch
rege wird. Sie sagen: In dieser Indifferenz ist weder das Gute noch das Böse.
Sehr wahr! Woher nun die Zweiheit Reales und Ideales, Finsterniß und Licht? 38
Es kann doch kein Zwei entstehen ohne ein differenziirendes Princip des Einen.
Wo liegt dieses? Sie sagen ferner, diese Gegensätze seyen als Nichtgegensätze,
d. h. in der Disjunktion, und jedes für sich von dem Ungrund zu prädiciren.
Ohne wieder darauf zu dringen, woher überhaupt es komme, daß Gegensätze
prädicirt werden sollen, scheint diese Stelle entweder ganz unverständlich oder

nur in dem Sinne verständlich, daß das einemal dieses, das anderemal jenes, mithin jedes für sich von dem Ungrund zu prädiciren sey, was aber offenbar so viel heißt, als: Der Gegensatz, der in der Coexistenz negirt sey, müsse in der Succession affirmirt werden, was für das Gegensetzen überhaupt keinen Unterschied macht.

Am Ende heißt es: „unmittelbar aus dem Weder — Noch oder der Indifferenz bricht also die Dualität hervor". Ich frage, wenn die Zweiheit unmittelbar aus der Indifferenz hervorgeht, muß sie dann nicht vorher darin gewesen seyn? Sie soll aber weder — noch darin seyn, wer kann das verstehen? Das Wesen des Grundes nennen Sie Ungrund, dieser theilt sich in zwei gleich ewige Anfänge (muß hier nicht ein Princip des Theilens vorausgesetzt werden?), er theilt sich in zwei, aber nicht in beide zugleich, sondern in jedem gleicherweise, also in jedem das Ganze. Haben Sie durch diese Subtilität etwas gewonnen? Wenn dieß Chamäleon des Ungrundes das einemal ganz weiß, das anderemal ganz schwarz sieht, so frage ich, wo liegt der Grund dieses Gestaltenwechsels? Was ist gewonnen, wenn der Gegensatz in der Coexistenz negirt, dafür aber in der Succession wieder affirmirt ist, so daß Licht und Finsterniß, Gutes und
39 Böses zwar nicht zugleich, aber nacheinander aus dem Ungrund hervorgehen. Dieser Ungrund theilt sich, damit Liebe und Leben sey, und das Getheilte wieder Eins werde. Ich zeige Ihnen diese Schlußweise in der Mechanik am Hebel auf.
40 Zeit und Raum ist der Ungrund für den Hebel, der Grund ist sein absoluter Schwerpunkt oder die Indifferenz aller relativen Gleichgewichte, die an ihm stattfinden, das Auseinandergehen in zwei gleich ewige Anfänge sind die beiden Arme des Hebels, der eine als Kraft, Lichtprincip oder das Gute, der andere als Last, finsteres Princip oder das Böse, seine Existenz oder Leben besteht in Zug und Gegenzug oder überhaupt im relativen Gleichgewicht, aber eben dieß relative Gleichgewicht strebt immer wieder auf das Absolute zurück und sucht wieder Eins zu werden, und dieß ist die Liebe. Die einzige Differenz ist, daß das böse und gute Princip, Last und Kraft am Hebel nur in der Coexistenz anschaulich gemacht werden können; es hindert uns aber in der That nichts, den Hebel das einemal ganz als Last, das anderemal ganz als Kraft zu denken. Setzen Sie nun an die Stelle des Hebels das Ich, so ist Ihre ganze Construktion darin. Und so ist es auch, dieser Hebel ist der Gott der Naturphilosophie, und einen andern kann sie nicht erringen. Ich suche übrigens alle diese Widersprüche, welche an der Grenze der Speculation nie fehlen können, nicht auf, um einen besondern Werth darauf zu legen, ich ehre diese Widersprüche sogar, und habe sie einst liebgewonnen, denn gerade ihre Unauflöslichkeit führte mich über ihr ganzes Gebiet hinaus, so daß ich jetzt scherzend und wohl auch mit verächtlichem
41 Blick auf die Eitelkeit aller philosophischen Systeme, mein eigenes am wenigsten ausgenommen, zurückschaue. Wer nur einmal einen hellen und unbefangenen Blick in die Religion gethan hat, wie hoch sie steht, der wird nicht nur für das Irrationale des Verstandes, sondern selbst für die unmögliche Größe, wie z. B. die gerade Wurzel des Negativen, eine Gleichung in ihr finden.

Kehren wir lieber wieder zum Einfachen zurück und fliehen die anfangslose
Zeit, die wie eine zusammengerollte Schlange sich in ihren eigenen Schwanz 42
beißt, und uns im Kreise herumführt — das wahre Bild der Naturphilosophie
— so daß, wenn wir den Kopf zu greifen wähnen, wir schon wieder am
Schwanze sind.

Die Schöpfung ist nicht entstanden, sondern gegeben. Wie die menschliche
Vernunft gesetzt ist, so ist auch die Idee der Wahrheit in ihr gesetzt, und die 43
Schöpfung oder Natur ist nichts anders als der totale Reflex der Idee der
Wahrheit und die negative Seite des Vernunftsystems. Sie rührt demnach nicht
unmittelbar von Gott, sondern von der Idee der Wahrheit, die in unserem
universellen Organ einheimisch ist. Die Frage also, ob und wie sie entstanden,
hat keinen Sinn, weil wir die Idee der Wahrheit, welche die Seele aller Construktionen ist, nicht wieder in eine Construktion aufnehmen und sie selbst zu
Maß und Verhältniß bringen können. Alle unsere Construktion fällt in die
Natur hinein, aber nicht über sie hinaus. Dieß ist eben der schmähliche Irrthum des Verstandes, daß er vom Fragen nicht lassen kann, und daß, weil er
in seiner Particularität alles vor sich entstehen und vergehen sieht, er dieß auch
auf das Universelle anwenden und particulär machen will. Die Allheit will er
zur Einheit herabsetzen. Er möchte gern eine Schöpfung verschlingen und ver- 44
dauen, um sie in feculenter Gestalt wieder von sich zu geben. Allein die Natur
ist so ewig als die Idee der Wahrheit. Wie es sich auf der negativen oder
Naturseite verhält, so ist es auch auf ihrer positiven oder sittlichen Seite. Die
Weltgeschichte ist nichts anderes als der totale Reflex der Idee der Tugend. Wie 45
die menschliche Vernunft gesetzt ist, so ist auch die sittliche Ordnung der Dinge
gegeben. Auch hier will der Verstand Eingriffe thun und einen ersten Menschen
geboren werden lassen, ohne zu bedenken, daß das Pünktchen Erde mit seinem
politischen Bruchstück wie der Tropfen im Ocean entstehen und vergehen kann,
ohne daß die Weltgeschichte des Universums im mindesten dabei gestört wird.

Die besondere Form, in der sich die Völkergeschichte unserer Erde ausbildet,
ist dem Verstand sein höchster Maßstab, und er ahndet nicht, daß die ganze
Menschengeschichte vielleicht nur ein Roman oder Drama ist, den die Sonne
gedichtet hat, und wozu sie die Schauspieler schickt und abruft, wie sie es für gut 46
hält. Es gibt eine intellektuelle Sonnenfinsterniß, wobei der Verstand einen so
großen Schattenkegel von sich wirft, daß er sich das Universelle ganz dadurch
bedeckt, und daraus schließt er, daß das Universum kleiner wäre als er. Die
Weltgeschichte, nicht die unsrige, ist so ewig als die Idee der Tugend. Ebenso ist der Organismus nichts anderes als der totale Reflex der Idee der Schönheit
und mit der Vernunft zugleich gegeben. In der Harmonie dieser drei Ideen, wo- 47
von jede das Ewige auf eigene Weise repräsentirt, liegt das Absolute, das, wie
Sie hier selbst sehen, nichts Göttliches ist. Und jetzt erst entsteht die höhere 48a
Frage, wer hat diese Harmonie, mit welcher Natur, Geschichte und Organismus
im schönsten Einklang gegeben ist, in unsere Vernunft gelegt? Hier ist es, wo
die logischen und metaphysischen Pulse stocken, denn wie sollten sie ihre Wellen

über die Vernunft hinausschlagen; allein die Religion und der Glaube beseelen sie wieder.

Die Vernunft mit der Harmonie jener Ideen ist durch Offenbarung vorhanden. Hiebei aber ist ein Stillstehen aller Prädicate, ein Verschwinden alles Erkennbaren; Liebe, Freundschaft, und was wir Edles im Gemüthe tragen, ist
48b vor diesem Glanze nichtig geworden, die Freiheit selbst und ihre Sonne — die Tugend sind dunkle Pünktchen in ihm. Der Glaube allein lebt und lebt ewig.

Aber wie leben wir gut und böse? Wenn wir nicht künstlich folgern wollen, so ist die Antwort ganz einfach. Gut leben wir, wenn wir unsere Macht in Demuth der Religion, unser Wissen in Glauben, unser Gemüth in Andacht und unsere Weisheit in Frömmigkeit zu verwandeln suchen. Auf diesem Wege der Verwandlung liegt freilich sehr viel, und zwar viel Unbestimmtes und Vorgespiegeltes, aber Pflicht, Recht, Gewissen und Tugend sind ja die Wächter des Guten und begleiten den Menschen wie Genien. Wie leben wir aber böse? Auf dem umgekehrten Wege. Wenn unsere Macht in Uebermuth und Gewalt, unser Wissen in Lüge und Unglauben, unser Gemüth in Laster und Sünde und unsere Weisheit in Bosheit und Falschheit ausartet. Ein solcher Mensch wird die Wächter des Guten austreiben, und weil er doch des strafenden Gewissens nicht los werden kann, es übertäuben.

Diese Skizze enthält die zwei Pole der Moral, nämlich die Annäherung zu Gott und den Abfall von ihm. Wer uns die Freiheit schenkte, der mußte um des Guten willen das Böse zulassen, denn das Verdienst des Menschen, das an diese Freiheit geknüpft ist, ist ja der einzige Zweck unserer sittlichen Bestimmung. Wenn das Princip des Bösen so gestellt ist, daß wir Gott selbst um Erschaffung desselben bitten würden, damit uns ein Verdienst um seinetwillen erwachsen könne, würden wir wohl Gott als Stifter oder Mitverursacher desselben anklagen? Ueberwiegt das Verdienst des Menschen nicht alle möglichen Deutungen
49 des Bösen? Ich behaupte aber, daß die Frage, warum ein Böses in der Welt sey, nicht nur widersinnig, sondern auch verwegen sey. Der Rathschluß Gottes muß uns so heilig seyn, daß wir nur vor ihm verstummen und blinde Ergebung in ihn haben können, keineswegs aber vernünfteln sollen. Denn mit welchen Gründen sollen wir vernünfteln? Gründe, welche über die Vernunft hinaus bis zu jener Region dringen, wo der Rathschluß Gottes wohnt, haben wir keine, und alle übrigen sind nichtig und der Frage ungenügend. Die Philosophie kann ihren sträflichen Egoismus nicht fahren lassen. In dem Wahn, daß die sittliche Ordnung der Dinge, in der wir leben, zur Hauptsache der Schöpfung gehöre, glaubt sie sich berechtigt, manche Frage, welche den Schöpfer angeht, stellen zu können, bedenkt aber nicht, daß diese Ordnung nur eine der unendlich vielen Formen ist, wovon jede an eine höhere und tiefere sich anfügen wird, so zahllos wie das Heer der Sterne. Wer soll jenen Plan fassen, welchem unsere Menschengeschichte nur wie ein Blatt dem Baume, ein Haar dem Kopfe und ein Tropfen dem Ocean eingefügt ist. Wie sieht eine Hand aus, wenn sie vom Leibe getrennt ist — ein unnützes Stück von häßlichem Anblick, und wie schön harmonirt

diese Hand mit dem Ganzen, wenn sie dem Leibe eingefügt ist? So verhält sich die Form unserer sittlichen Ordnung zum Ganzen. Diese einfachen Schlüsse sollen übrigens nicht die tiefere Ansicht ersetzen.

Vom Frommen sagen wir, er wohne in Gott, vom Gottlosen aber müssen 50a
wir sagen, der Teufel wohne in ihm. Diese Differenz ist das Entscheidendste für die ganze Moral. Wenn wir ein menschliches Herz auf moralische Weise ebenso wie ein Physisches zerlegen und eine Neigung um die andere wie Fibern schichtweise von ihm ablösen könnten, so würde die innerste Wurzel desselben das böse
Princip seyn. Dieser tiefste unmoralische Attraktionspunkt ist aber nicht positiv, 50b
sondern vielmehr dem Guten gegenüber die letzte Negativität. Er ist nicht ewig wie Gott, sondern vielmehr das allerzeitlichste Wesen, das jeden Augenblick sich selbst aufzehrt und sich aufs neue wieder erzeugt. Wie der Mensch geboren wird, so gibt ihm die Erde diesen Erbtheil als Erbsünde mit, die ihn bis ans Grab wie ein feindliches Wesen begleitet und nur durch immerwährenden Kampf bezwungen wird. Wer diesen Kampf nicht mit ihm beginnt, der verliert seine Seligkeit an dieß scheußliche Wesen, das lockend wie die Sirene immer erfreuen und sättigen will, und wenn es den Menschen so getäuscht hat, mit Hohngelächter in die Hölle hinabstößt.

Und hier ist es, wo ich mich mit Ihrer Ansicht befreunde. Dieses allerzeitlichste Wesen, das vom Ewigen, vom All, von den Idealen Wahrheit, Schönheit und Tugend für immer ausgestoßen ist, und das sonnenhelle Antlitz des Weisen und Frommen auf ewig flieht, ist, wenn es vom Verstande des Menschen aus seiner Negativität erhoben und positiv wird, jener Grimm des Eigenwillens, der die ganze Gegenwart auf einmal aufzehren möchte und die ganze Gemeinschaft vernünftiger Wesen zu seinen verruchten Zwecken erschaffen wähnt. Es gibt dreierlei Arten von Bösem, die wie drei Potenzen da stehen. Die erste Art ist der Eigennutz, in welchem der Verstand der Sinnenwelt sich unterwirft. In ihm ist das Böse noch gemildert; denn bei solchen Menschen können alle Handlungen, welche mit dem Eigennutz in keiner Berührung stehen, noch gut seyn. Die zweite Art ist das Böse um des Bösen willen, oder die Bosheit, in welcher der Verstand von der Vernunft abfällt. In solchen Menschen sind die Leidenschaften öfters noch das Wohlthätige. Man kann an den Stolz, an den Hochmuth, an die Eitelkeit appelliren, um die Bosheit von sich abzuhalten. Nur in diesem Sinne, nämlich gegen die tiefere Potenz des Bösen gehalten, können die Leidenschaften noch einen Werth haben, an sich aber sind sie durchaus verwerflich, und die Energie, die aus ihnen hervorgeht, steht unter der Herrschaft des bösen Princips. Die dritte Art ist das Böse, um Gott zu fluchen, oder die Gottlosigkeit. In ihr fällt der Verstand von Gott ab, und der von
Gott abgefallene Verstand ist der Teufel. Ich könnte Ihnen die Erscheinung des 50c
Teufels und seiner Handlanger aus unserer Geschichte schildern, aber ich mag dem Teufel diese Ehre nicht anthun. Ebenso gibt es drei Arten von Gutem. Das Erste ist die Mäßigkeit und Klugheit. Das Gute wird hier befördert, weil der Beifall desselben mit Vortheil zurückwirkt. Dieß ist der Eigennutz, der die

Bescheidenheit mit sich führt, und der andere nicht beeinträchtigt. In ihm ist der Verstand größtentheils vom Sinnlichen abgezogen. Die zweite Art ist die Sitte und Weisheit, oder das Gute um des Guten willen, wobei das eigene Wohl schlechthin dem Allgemeinen aufgeopfert werden muß. Dieß ist der von der Vernunft regierte Verstand. Die dritte Art ist das Gute um Gottes willen oder die Frömmigkeit, der Gott vertrauende Verstand, der Glaube, die völlige Resignation.

Der Verstand ist also der Mittelpunkt, der das Gute vom Bösen scheidet. Wird er von der Vernunft beherrscht, und ist er Gott vertrauend, so sind alle Handlungen gut. Wird er aber von der Sinnlichkeit beherrscht, und fröhnt er jenem allerzeitlichsten Wesen, so müssen alle Handlungen böse seyn.

Und nun zur letzten Ansicht: Gott ist außer allem Gegensatz, außer aller Indifferenz, Identität, Absolutem u. s. w. Denn alles dieß bezeichnet bloß die Linie, welche zwischen dem Glauben und Wissen liegt, worin die Vernunft sich selbst nur gleich ist und eben darum keinen Gott erfaßt. Die Frage, ob das böse Princip abhängig oder unabhängig von Gott sey, ist daher ohne Werth, weil Gott in keinem Gegensatze steht, und kein Auge zureicht, Gott in Beziehungen zu schauen. Genug, daß wir wissen, daß der Teufel aus dem Tempel Gottes verstoßen ist, und doch die Religion unser höchstes Gut ist. Das Geoffenbarte hingegen tritt in Gegensatz mit der Welt, das Heilige mit der Sünde, die Tugend mit dem Laster, der Himmel mit der Hölle, und Christus mit dem Teufel. Der Teufel steht nicht mit Gott in Gegensatz, sondern mit Christus. Erst mit der christlichen Lehre konnte sein Unwerth und Unwesen sich darstellen, wo der Erlöser dem Versucher, der Versöhner dem Widersacher u. s. w. sich gegenüberstellt. Die Erbsünde ist die Wurzel der Sinnlichkeit, dem Menschen von der Erde eingeboren, keineswegs aber von Ewigkeit her vorhanden. In ihr ist ein beständiger Zug. Wie eine sanfte Naturgewalt lockt sie den Menschen hinab, ihr zu folgen ist keine Mühe. Durch Sinnenreiz schleicht sich das süße Gift ein, bald ergreift es die Werkstätte der Gedanken, senkt sich in den Schoß der Leidenschaften und ruft die Schlummernde auf, ihr zu dienen. Denn die Leidenschaften sind die Vasallen der Erbsünde, die ihrem Hofe Glanz und Leben verschaffen. Wie ein fallender Körper durch das Moment der Acceleration eine immer stärkere Kraft erreicht, so gewinnt auch das süße Gift der Sinnlichkeit, das wie die Schwere immer nach der Erde zieht, je weiter es greift, eine intensivere Stärke. Endlich zur verzehrenden Flamme geworden, leckt es an der Schwelle des Tempels, wo der Glaube thront und das Unsterbliche im Menschen vom Irdischen sich reinigt. Denn auch diesen Thron muß das feindselige Wesen umstürzen, wenn seine Herrschaft gelingen soll. Aber auf einmal erscheint jetzt das Bessere im Menschen, wie es des Abgrunds gewahr wird, der sich ihm aufthut. Eine innere Stimme, welche nie fehlt, wo es Noth thut, ruft ihn zur Flucht, aber das, was wie die Sinnlichkeit im Menschen Wurzel gefaßt hat, ist nicht zu fliehen, sondern zu bekämpfen. Und nun beginnt der Kampf des Guten mit dem Bösen. Der Kampf ist nicht ungleich, aber wer soll siegen? Vernehmen Sie, Freund! was ich Ihnen aus meinem Innersten gebe. Eine

unmittelbare Offenbarung hat jeder Mensch in seiner Seele. Sie ist nicht durch Kunst und Wissenschaft erzeugt, ihr Licht kommt von oben, wir nennen es Glaube. Aber dennoch geht die Welt ins Arge, und das Bild, das ich Ihnen vorhin vom einzelnen Menschen gab, trifft die ganze Völkergeschichte. Erinnern Sie sich an die großen Epochen der Menschheit. Im Glanze der römischen Weltherrschaft erschien Christus der Retter der Menschen. Und so mußte es kommen — den Gang der Menschen zum allgemeinen Verderben mußte eine vermittelte Offenbarung auf einmal
hemmen. Denn nie sind menschliche Kräfte genug, die Rückkehr zum Guten im 51
Ganzen zu bewirken; darum hat Gott seinen Sohn in die Welt gesandt, uns zu erleuchten und zu begnadigen. Der tiefe Sinn, der in dem positiven Christenthum liegt, kann nur dadurch ganz klar werden, daß es eine Anstalt der Erleuchtung und Gnade ist, welche Gott durch mittelbare Offenbarung an die Menschen gelangen läßt. So wie die letzte Negativität, was ich Erbsünde nenne, positiv zu werden beginnt, wobei, wie ich gezeigt habe, der Wille der Menschen in Willkür und Gewalt, das Gemüth in Lüge und Falschheit, der Verstand in Bosheit und Unglauben sich verkehrt, und dadurch die leibhafte Erscheinung des Teufels in der Geschichte gegeben ist, so kann dieser positiven Verkehrtheit der Menschen nur durch ein noch stärkeres Positives Schranken gesetzt werden, und dieß ist eben das positive Christenthum, welches durch mittelbare Offenbarung Gottes in Christus erschien. Die Christuslehre ist inzwischen durch ihre Ausleger verdorben
worden, und die einfachen Wahrheiten, die nur zum Herzen sprechen, sind dem 52
Verstande überantwortet worden. Dieser hat das verheißene Reich Gottes zergliedern wollen und dadurch die Unschuld des Herzens, die an ihm hing, ausgerottet und es mit sich selbst in Zwietracht gesetzt. Es ist die List des Satans, das Auge der Menschen von den großen Wahrheiten abzulenken und dahin zu richten, wo die geringeren Thatsachen auf die Kapelle des Verstandes gebracht, in zehn ungleichartige Bestandtheile auseinandergehen. Man mag die physische Erklärung der Wunder des neuen Testaments scharfsinnig nennen, ich nenne selbst den Versuch dazu irreligiös. Hat man vergessen, daß die Erscheinung von Christus
und seiner Lehre selbst das größte Wunder und nie anders als wie eine mittel- 53
bare Offenbarung Gottes an die Menschen anzusehen ist? Sollten dem Gesandten Gottes nicht die Kräfte der Natur zu Gebote stehen, um sich als solchen anzukündigen? Sind die geringeren Thatsachen nicht schon durch jene höheren erklärt? Weil man die Wunder nicht unter Gesetze bringen kann, wie die Polarität des Magnets, so sollen sie als Thatsachen verdächtig seyn. Es liegt ein Geheimniß in der Geschichte, wovon eine Ziffer folgende ist: So oft die Giganten der Erde den Himmel bestürmen wollen, so oft geschehen Zeichen vom Himmel. — Darum erschien Christus im höchsten Glanze der römischen Weltherrschaft, wo der göttergleiche Stolz auf dem Throne wurzeln wollte. Ein unsichtbarer Genius schwebt über der Weltgeschichte. Selten senkt er sich nieder, um die Freiheit der Menschen im Gange der Geschichte nicht zu stören. Sobald aber das kühne Geschlecht, sicher geworden durch das Gelingen seiner irdischen Unternehmungen, eitel und im Uebermuth das Heilige antastet, was nur geschieht, wenn es mit ihm auf

das Aergste gekommen, dann schwingt der Genius wie eine schwarze Wolke die Flügel über die Schicksale der Menschen. — — — —

Die Wunder sind nur mit kindlichem Gemüthe aufzufassen. Wie ein Kind, das, von der Freude des Weihnachtgeschenkes ergriffen, nie fragt, woher das Christkindlein komme, wohin es gehe, und woraus es bestehe, so müssen auch wir Kinder in dem Reiche Gottes seyn. Allein der Verstand, der sich um all dieß nichts bekümmert, treibt sein Werk und Wesen auf seine Weise fort, und hat es nun mit der Christuslehre so weit gebracht, daß die Entzweiung des Christenthums mit sich selbst, die er vor langer Zeit schon stiftete, jetzt in einen Indifferentismus übergeht, ein Zeichen der Zeit, das uns schrecklich mahnen wird. Nichts ist verderblicher in der Religion als Lauheit und Kaltsinn, denn in ihr ist der Charakter der Menschen abgeschätzt zur Sklaverei und zum Frohndienst der Gottlosen. Die Intoleranz in Indolenz zu verwandeln, ist eigentlich das
54 gelungenste Werk des Satans. Wie weit es mit uns gekommen ist und noch kommen wird, weiß mancher zu deuten, aber jedem ist es klar, daß der Geist des Verführers durch das Menschengeschlecht gehe, und daß in der großen Cycloide der Menschengeschichte wieder eine Epoche reife, wo bei gefülltem Maß der Sünden und Laster ein Weltgericht aus der Hand Gottes kommen wird. Schon einmal war er der gnädige Richter, ein andermal wird er der strenge seyn. Der Weise und Fromme bewahre sich rein, und wirke durch Beispiel und Rede so viel er vermag. Er lasse sich nicht blenden von dem allverwüstenden Egoismus, der sich an die Stelle Gottes setzt, die Kennziffer des Teufels. In der Philosophie ist dieß ein Irrthum, aber ein verderblicher und gleichlaufend mit dem politischen Taumel. Im menschlichen Leben hingegen ist es ein Greuel zum Weltgericht reif. Schon schlägt wieder die verzehrende Flamme an die Schwelle der Tempel und Altäre. — Aber hier steht auch die unüberwindliche Grenze. Wo das ewige Verhältniß zwischen Religion und Politik verkannt wird, geht ein schwarzes Verhängniß über die Menschen auf, in wildem Aufruhr kämpft Leidenschaft gegen Leidenschaft, Freund mit Freund und Bruder mit Bruder. Haß und Erbitterung, Unrecht und Gewalt, Verstellung und List, Götterstolz und Kriechsinn, und wie sonst das schlechte Gefolge noch heißt, sind die Rollen des Tages. — Nirgends Versöhnung, und nimmer ruht es dann, bis das entartete Geschlecht untergegangen, und zu neuer Saat eines bessern und schönern Lebens heraufkeimt.
— — — — — — — — — — — — — — — — — —

Dieß ist die große Wahrheit der Weltgeschichte, daß ihr ewiger Plan keine Umkehrung des Verhältnisses duldet, in welchem Politik und Religion zueinander stehen.

Ist noch etwas übrig, was zum Verständniß des Ganzen nöthig wäre? Ich glaube — nicht. Aber eine Wahrheit gibt es noch, die lebendig in meiner Seele liegt. — Es ist die unsichtbare Gemeinschaft der Geister. Wer die seligen Träume geträumt hat auf einem andern Sterne, dem ist die Erde vorübergeschwunden wie ein Meteor der Nacht. — Leben Sie wohl.

## Antwort auf das voranstehende Schreiben.

München, im April 1812.

Wären wir nicht durch Räume getrennt, vielleicht hätte sich aus Ihrem Brief und meiner Antwort ein Gespräch gemacht. Ich wünsche, auch der Verhandlung in die Ferne, soweit es seyn kann, diese Form zu geben, und glaube dieß am leichtesten zu erreichen, wenn ich die Stellen Ihres Briefs, welche mir vor andern eine Beantwortung zu fordern scheinen, am Rande mit Ziffern bezeichne, auf die ich mich in diesem Schreiben beziehe. Hiedurch findet sich der Leser in den Stand gesetzt, Rede und Gegenrede unmittelbar gegeneinander zu halten.

Ich habe oft gewünscht, daß, wie in alten Zeiten so in unsern, wenn nicht über Glaubensartikel, doch über philosophische Behauptungen und Systeme öffentliche Gespräche in Gegenwart gelehrter Zeugen stattfinden möchten. Wie viel wäre dadurch gewonnen, nicht bloß in Bezug auf solche, die nur Trübung und Verwirrung der Begriffe zur Absicht haben, damit niemand mehr deutlich sehe, oder aus dem Anblick klug werde. Auch zwischen ächten Wahrheitsforschern besteht der Anfang des Widerspruchs nicht selten in ganz unmerklichen Abweichungen, einer oft unschuldig scheinenden Veränderung oder Verwechslung der Begriffe, die im Fortgang zu den ungeheuersten Folgerungen führt, über die der ehrliche Gegner selber in Erstaunen gerathen müßte. Bei mündlicher Verhandlung würde solchen Abweichungen gleich im Anfange begegnet, und der Stoff im Entstehen zerstört, aus dem sich oft lange polemische

Reden und Auseinandersetzungen entspinnen, die im Grunde ohne Werth und unnützer Wortschwall sind.

Sie haben eingewilligt, daß Ihr Schreiben zugleich mit meiner Antwort gedruckt werde, und gaben dadurch zu erkennen, daß es Ihnen nur um die Ausmittlung der Wahrheit oder wenigstens des eigentlichen Streitpunktes zu thun sey, die sich bei einer solchen unmittelbaren Nebeneinanderstellung des Einwurfs und der Antwort nicht leicht verbergen können.

Wie Sie nun sich bedingen, Ihre Einreden und Bemerkungen geradezu und im behauptenden Tone vorzubringen, so werden Sie diesen auch mir nachsehen, wo er zur Sache gehörte, ohne in der Offenheit der Aeußerungen eine Verletzung der Ihnen längst geweihten Achtung und Freundschaft zu erblicken.

Erwarten Sie übrigens nicht, daß ich genau der Ordnung Ihres Briefes folge. Denn es lassen sich zwar beim unmethodischen Gang leicht Einwürfe häufen; aber die Antwort, da sie nur aus dem Ganzen der Ansicht fließen kann, muß schon darum in gewisser Art systematisch werden.

Ich trenne, was Sie gegen meine Behauptungen vorbringen, und was Sie auf eigne Hand behaupten. Erst werde ich versuchen, jenes zu beantworten; hernach erlaube ich mir, Ihnen meine Gedanken auch über Ihre Denkart zu eröffnen.

Zuerst also sind Sie überhaupt nicht zufrieden, daß ich wissenschaftliche Untersuchungen über das Wesen der Freiheit für möglich gehalten und wirklich unternommen habe. Das Wesen wie das Verhältniß der Freiheit schien Ihnen schon immer der Demonstration entrückt, unter welcher Sie eben Wissenschaft überhaupt verstehen. Die Freiheit, sagen Sie (15—16), könne nie zum Begriff werden — als könnte irgend etwas zum Begriff werden, das nicht Begriff ist! Das Nämliche, scheint mir, könnten Sie in dem nämlichen Sinn auch von dem Stein sagen. Ebenso wenn Sie (17) fragen: Ist das Sittliche, die Tugend, die Schönheit gedacht? worauf ich fragen könnte: ist der Stein, ist der Ton, ist die Farbe gedacht? Hierin hat also die Freiheit nichts Besonderes.

Fast scheint es, Sie glauben: was Gegenstand wissenschaftlicher Untersuchung werde, das werde eben dadurch schon zu einem bloßen Begriff gemacht, wie Sie auch sagen (15), dadurch, daß ich die Freiheit einen Begriff nenne, müsse mir dieselbe mit der Nothwendigkeit vermischt erscheinen. Ich weiß aber nicht, daß ich die Freiheit einen Begriff nenne, ob ich gleich von einem Begriff der Freiheit rede. Ich kann aber auch vom Begriff jeder beliebigen Sache, z. B. eines Steines, reden, ohne darum den Stein, mit welchem man Häuser baut, für einen Begriff auszugeben.

Das Argument, dessen Sie sich in dieser Hinsicht bedienen, würde also den Fehler haben, daß es zu viel bewiese. Sie geben zu, man müsse sich doch von der Freiheit unterrichten, also sich einen Begriff von derselben machen. Aber das sey eben das Irrationale, wovon ich rede. Die Freiheit sey nie ganz in den Begriff aufzunehmen, immer bleibe noch ein Rest, der im Begriff nicht aufgehe (16).

Sie wollen das Irrationale in der Höhe suchen, das ich in der Tiefe. Sie nennen irrational, was unserem Geiste am unmittelbarsten gegenwärtig ist, wie Freiheit, Tugend, Liebe, Freundschaft (17), ob Sie gleich in diesem Sprachgebrauche sich nicht gleich sind, und an andern Stellen (6) diesen Begriff in einem ganz dem meinigen analogen Sinn anwenden. Ich nenne irrational, was dem Geiste am meisten entgegengesetzt ist, das Seyn, als solches, oder das was Plato das Nicht-Seyende nennt.

Sollte sich dieser Widerspruch nicht schon durch bloße genaue Begriffsbestimmung entscheiden? Der Ausdruck: etwas in Begriffe auflösen, ist durch den öftern Gebrauch geläufig geworden; daher es leicht geschehen könnte, ihn auch in verkehrtem Sinne anzuwenden. Der Begriff einer Sache ist doch wohl nichts anderes als das geistige Bewußtwerden derselben; Denken nichts anderes als der geistige Proceß, durch den wir zu diesem Bewußtwerden gelangen. Auflösung im chemischen Sinne (woher der Ausdruck doch genommen ist) findet nur statt, wo ein Fremdartiges mit dem andern gleichartig werden soll. Um uns aber der Freiheit, der Tugend, der Freundschaft, der Liebe geistig bewußt zu werden, bedarf es nicht erst einer besonderen Operation der Aufnahme oder Auflösung ins Bewußtseyn; sie sind an sich dem Geistigen gleichartig; Begriff und Sache unmittelbar eins. Was dagegen dem Geistigen oder dem Denken widerstrebt, das Reelle, das Seyn, als solches, dieses ist's, dessen wir zwar auch uns geistig bewußt werden können, dessen Begriff aber eben darin besteht, nicht im Begriff aufzugehen. Es ist also nach meinem Bedünken eine völlige Umkehrung des wahren Verhältnisses, das Geistigste irrational und dagegen das Ungeistige rational zu nennen.

Nach Beseitigung dieser allgemeinen Gegenrede erlauben Sie mir zu den Einwendungen fortzugehen, welche Sie den in meiner Abhandlung enthaltenen Grundbegriffen von Gottes Natur und Wesen entgegenstellen.

„In Gott (dem existirenden versteht sich) müsse unterschieden werden, zwischen dem bloßen Grund der Existenz und dem Existirenden selber oder dem Subjekt der Existenz". So lautet meine Behauptung. — Dagegen Sie (1): „Weil Gott den Grund seiner Existenz in sich selbst hat, so hört gerade darum der Grund auf Grund zu seyn und fällt mit der Existenz in eins zusammen". — Das Letzte gebe ich Ihnen vollkommen zu. Der Grund zur Existenz und die Existenz sind an sich nicht verschieden, wenn Sie unter dieser eben nichts weiter als die Existenz, das reine Existiren, als solches, verstehen. Begriffen Sie aber das Ganze darunter, inwiefern dazu auch das existirende Subjekt gehört, so müßte ich es leugnen; denn der Grund ist das nicht-Subjekt, das nicht selber Seyende, also von der Existenz, sofern darin das Subjekt schon mitbegriffen wird, nothwendig verschieden. Allein ich habe überhaupt nicht von einem Unterschied zwischen der Existenz und dem Grunde zur Existenz gesprochen, sondern von einem Unterschied zwischen dem Existirenden und dem Grund zur Existenz; welches, wie Sie selbst sehen, ein bedeutender Unterschied ist.

Wahrscheinlich indeß wollten Sie eben dieses sagen: Weil Gott den Grund seiner Existenz in sich selbst habe, so müsse dieser Grund mit dem existirenden Gott in eins fallen, wie auch sonst (2) nach meiner Lehre Wesen und Form und ähnliche Gegensätze in Einen Punkt zusammenfallen.

Das in-eins- oder in-Einen-Punkt-Zusammenfallen sind leider Ausdrücke, die sich durch den häufigen Gebrauch etwas leicht gemacht haben. Nennen Sie in-eins-fallen, einerlei werden; oder verstehen Sie darunter, zu Einem Wesen gehören? Beide Begriffe möchten Sie wohl verwechseln. Im ersten Sinn wäre Ihre Folgerung unrichtig, im andern würde ich sie zugeben. Gott hat den Grund seiner Existenz in Sich, in seinem eignen Urwesen, also gehört dieser Grund mit zu demselben Urwesen, zu welchem auch der existirende Gott (Gott als Subjekt der Existenz) gehört. Ich bezeichne dieses Urwesen, aus dem Gott selbst erst durch den Akt seiner Manifestation hervortritt, deutlich genug in meiner Abhandlung (S. 497 [VII, 406]); wie ich es auch sonst, um es von Gott (als bloßem Subjekt der Existenz) zu unterscheiden, nicht Gott, sondern das Absolute schlechthin genannt habe. Daraus aber, daß der Grund und das Subjekt der Existenz zu Einem Urwesen gehören, folgt nicht, daß sie beide unter sich gar nicht unterschieden seyen; vielmehr gerade, weil zu Einem Wesen gehörig, müssen sie in anderer Hinsicht unterschieden, ja entgegengesetzt seyn. — Gemüth und Geist des Menschen gehören zu Einem Wesen und fallen, auf die bestimmte Person bezogen, wirklich in eins zusammen, d. h. sie machen zusammen nur das Eine Urwesen aus, von welchem die wirkliche Person die bloße Entfaltung ist; aber in dieser Entfaltung sind sie nothwendig unterschiedene, voneinander unabhängige Potenzen, die bekanntlich sogar in Widerspruch miteinander gerathen können.

Aber nicht bloß der Begriff Grund (den Sie übrigens in einem von mir gar nicht gedachten — dem vulgären Sinne nehmen, indem Sie ihm (2) als Correlatum den Begriff Folge zugeben, wonach am Ende wohl gar der seyende Gott eine Folge des Seyns, des nicht-seyenden Grundes wäre) — nicht bloß der Begriff Grund, auch die Begriffe Form und Wesen, Seyn und Werden, überhaupt alle Verstandesbegriffe sind Ihnen, übergetragen auf Gott, anstößig und verdammlich (3), indem Gott dadurch offenbar zu einem Verstandeswesen, oder wie Sie es späterhin (4) ausdrücken, zu einem bloß particulären Gott würde.

Hiedurch wird unser Handel mehr ins Weite gespielt und gewissermaßen zu der allgemeinen Frage von dem Werth und der Geltung verständiger Begriffe in Bezug auf Gott ausgedehnt. Auf diese Streitfrage nun kann ich mich hier nicht einlassen; und zwar erstens darum, weil ich nur in Erwägung ziehe, was mich oder meine Behauptungen insbesondere angeht, aber keineswegs unternehmen will, Ihre Begriffe über Gegenstände zu berichtigen, in Ansehung welcher Sie mit allgemeinangenommenen Vorstellungen im Widerspruch sind. Daß dieß hier der Fall ist, glaube ich leicht zeigen zu können, und Sie selbst gestehen es (14) unverholen. Ist nicht Gott nothwendig schon eben dadurch ein in gewissem Sinne particuläres Wesen, daß er ein persönliches Wesen ist? Läßt sich Persönlichkeit ohne Absonderung, ohne für-sich-Seyn, also in diesem Sinn ohne Particularität denken? Kann ferner ein nach Zweck und Absicht handelndes Wesen gedacht werden, das nicht eo ipso auch ein Verstandeswesen ist?

Ich preise Sie daher öffentlich wegen der ungemeinen Consequenz und Offenheit, mit der Sie das eine wie das andere verwerfen und gerade heraus sagen: die Prädicate der Allmacht, der Allgüte, der Allweisheit seyen wir nicht berechtigt auf Gott überzutragen (10); es verhalte sich ebenso (14) mit den Prädicaten der Selbständigkeit, der Persönlichkeit, des Selbsterkennens, des Selbstbewußtseyns, des Lebens u. s. f.; ja daß Sie am Ende (27) sogar verbieten, von Gott zu sagen: Er ist; das alles seyen nur Menschlichkeiten, aus unsern Gedanken- und Gemüthsprocessen geschöpfte Particularitäten, unangemessen der Würde Gottes. Es geht freilich Gott hiebei nicht besser als morgenländischen Monarchen, die unter dem Vorwand ihrer über alles Menschliche erhabenen Würde und der göttlichen Verehrung ihrer Völker aller freien Bewegung und menschlichen Lebensäußerung beraubt werden. Um Gott ja recht hoch und fern von allem Menschlichen zu stellen, nehmen Sie ihm sorgfältig alle verständigen und verständlichen Eigenschaften, Kräfte und Wirkungen ab.

Dahin — muß bei consequenter Verfolgung alle Kantische, Fichtesche und Jacobische, überhaupt die ganze Subjektivitätsphilosophie kommen, welche unsere Zeit beherrscht. Sie allein sind in dieser Hinsicht dem Selbstbetrug entgangen, durch den sich andere täuschen. Diese legen zwar aus andern Gründen auf die Lehre von einem persönlichen Gott ein großes, wenn auch nicht immer verstandenes Interesse. Aber um diese Lehre zu begreifen, werden Voraussetzungen gefordert, welche den Purismus, zu dem sich unsere Weltweisheit verstiegen, ins Angesicht beleidigen. Allein, wie Sie richtig gefühlt haben, es gibt hier keine Wahl. Entweder überall keinen Anthropomorphismus, und dann auch keine Vorstellung von einem persönlichen, mit Bewußtseyn und Absicht handelnden Gott (welches ihn ja schon ganz menschlich macht), oder einen unbeschränkten Anthropomorphismus, eine durchgängige und (den einzigen Punkt des nothwendigen Seyns ausgenommene) totale Vermenschlichung Gottes. Dieß ist es, was jene scheuen, die gern für Philosophen von Metier angesehen seyn möchten. Denn es ist ja jedem Anfänger in der vernünftigen Religionslehre bekannt, daß Gott über alles Menschliche weit erhaben ist, und unwiderleglich hat Kant erwiesen, daß alle Anwendung von menschlichen Verstandesbegriffen auf Gott unstatthaft und thöricht ist. Sie würden sich also ganz um den Ruf der Philosophen zu bringen glauben, wenn sie ein wirkliches Begreifen eines persönlichen Gottes für möglich erklärten. Reden wollen sie aber doch davon, weil es schön klingt und erbaulich lautet.

Allein — wie gesagt, auf diese Streitfrage will ich mich nicht einlassen. Mein Hauptgrund ist, weil ich dieser ganzen Art zu argumentiren überhaupt keine Gültigkeit zugestehe. Es kann überhaupt nicht die Frage seyn, mit welchem Recht wir unsere Begriffe auf Gott übertragen; wir müssen vorerst wissen, was Gott ist. Denn gesetzt, es fände sich bei fortgesetzter Untersuchung, daß Gott wirklich selbstbewußt, lebendig, persönlich, mit Einem Wort menschenähnlich ist, wäre es dann noch ein Einwurf, daß wir damit unsere menschlichen Begriffe auf ihn übertragen? Wenn er nun menschlich ist, wer darf etwas dagegen einwenden? — Wenn, wie Sie sagen, meine Vernunft in dem, was Sie von Gott bejaht, sich über Gott gestellt hätte (37), so würde ja die Ihrige in dem, was Sie von Gott verneint, es ebenso, ja noch weit entschiedener thun, indem sie sich a priori, ohne alle Untersuchung, bloß subjektiv über Gott abzuurtheilen erlaubt, da ich im Gegentheil nichts aus mir selbst von Gott behaupte, sondern nur *seinen* Wegen nachzugehen suche.

Auf welcher Seite liegt dann wohl die Anmaßung — unter dem Schein der Bescheidenheit; auf welcher unter der Hülle demüthig lautender Verneinungen der Dünkel menschlichen Urtheilens?

Sie sagen: Gott *muß* schlechterdings übermenschlich seyn. Wenn er nun aber menschlich seyn wollte, wer, um Ihnen eine Frage, die Sie bei anderer Gelegenheit thun (12), zurückzugeben, wer dürfte etwas dagegen einwenden? Wenn er selbst herabsteigt von jener Höhe und sich mit der Creatur *gemein macht*, warum sollte ich ihn mit Gewalt auf dieser Höhe erhalten wollen? Wie sollte durch die Vorstellung seiner Menschlichkeit *ich* ihn erniedrigen, wenn er doch sich selbst erniedriget?

Ehe durch objektive Untersuchung, durch Entwicklung des Urwesens selber, ausgemacht ist, was Gott ist, können wir von Gott so wenig etwas verneinen als bejahen. Was er auch ist, das ist er durch *sich selbst*, nicht durch uns. Also kann ich ihm auch nicht zum voraus vorschreiben, was er seyn soll. Er ist, was er seyn *will*. Also muß ich erst seinen Willen zu erforschen suchen; nicht aber ihm zum voraus wehren zu seyn, was er seyn will.

Diese ganze Argumentation ist mit der Kantischen Philosophie zugleich veraltet, und sollte billig nicht mehr gehört werden. Wenn wir sagen: Gott darf nicht nach menschlichen Begriffen gedacht werden, so machen wir die Beschaffenheit unserer menschlichen Begriffe ebenso — nur zum negativen Maß der Gottheit, wie Protagoras das wirklich bloß Subjektive des Menschen zum Maß aller Dinge machte. Aber Sie gehen hierin noch weiter als Kant und machen die *Erde* (5) oder, wie Sie es nennen, unser armseliges — wie mir aber scheint, doch nicht so gar verächtliches — Erdsphäroid wieder zum Maß unserer Begriffe.

Keiner unserer geistigen Gedanken geht über die Erde hinaus. Die Anwendung unserer Stammbegriffe gilt nicht einmal bis in den nächsten Planeten oder die Sonne (6), geschweige bis in den Himmel. Wenn also Gott selbstbewußt, selbsterkennend und persönlich ist, so ist dieß für ihn (11) ein Afficirtwerden durch die Begriffe unseres irdischen Verstandes (die er doch übrigens uns selber eingepflanzt hat), und um dieses Afficirtwerden zu verhindern, muß er selbst auf Leben und Persönlichkeit Verzicht thun. —

Auch auf das Argument, das Sie aus Ihrer Theorie von Vernunft und Verstand hernehmen, wobei dieser bald als das Prisma für den jenseitigen indifferenten Lichtstrahl (8), bald als ein Beleg von doppelter Reflexion (9) erscheint, kann ich mich aus dem nämlichen Grunde nicht einlassen; weil ich überhaupt verwerflich finde, über Gott aus Gründen absprechen zu wollen, die nicht aus ihm selbst, sondern aus unserem Erkenntnißvermögen hergenommen sind. Außerdem aber kann ich jene Sätze von Vernunft und Verstand nur als ganz willkürliche Versicherungen ansehen. Ich gehe daher von diesen allgemeinen Beweisen, die im Grunde alle schon voraussetzen, was erst bewiesen werden soll, und daher, die Wahrheit zu sagen, nichts beweisen, zu den Bemerkungen Ihres Schreibens fort, die gegen die Evolution Gottes aus sich selbst, wie sie in jener Abhandlung — nicht sowohl dargestellt als angedeutet worden, gerichtet sind.

„Ich leihe, sagen Sie, Gott die Sehnsucht, sich selbst zu gebären, als ob in Gott ein Wunsch seyn könnte, etwas zu werden, was er noch nicht wäre". Hierauf beweisen Sie dann (13), daß Sehnsucht etwas ganz Menschliches ist. Sie konnten sich diesen Beweis in jeder Hinsicht ersparen, besonders aber, wenn es Ihnen gefiel, meinen Gedanken, anstatt ihn in den nächsten beliebigen Ausdruck zu übersetzen, mit den Bestimmungen wiederzugeben, unter welchen er in meiner Abhandlung vorkommt. Ich behaupte: es ist in Gott außer dem, was in Ihm eigentlich Er Selber ist, ein anderes, von diesem verschiedenes, obwohl nicht abzutrennendes, Princip, dessen Charakter Sehnsucht ist, und zwar bestimmt Sehnsucht, das Göttliche in sich zu empfangen und darzustellen. Von eben diesem wird gezeigt, daß es das einzige Werkzeug der Offenbarung und Aktualisirung (in=Thätigkeit=Setzung) des eigentlichen Subjekts oder Seyenden ist. Sehnsucht ist sein Charakter, wie der der ganzen Natur, nicht daß sie eine Sehnsucht hätte, sondern sie ist selbst und wesentlich Sehnsucht. Wenn Ihnen also auch (was doch nicht der Fall ist) verstattet seyn konnte, erst dieses von dem eigentlichen Selbst Gottes unterschiedene Wesen mit Gott selber (dem seyenden) zu verwechseln oder zu vereinerleien, so konnten Sie doch selbst dann nicht sagen, ich schreibe Gott eine Sehnsucht zu, oder ich leihe ihm dieselbe, wie man dieß von einer Eigenschaft sagen kann. Sie mußten dann wenigstens sagen, ich mache Gott selbst zur Sehnsucht, oder ich behaupte: Gott selbst sey wesentlich Sehnsucht. Also auf jede Art ungenau und unangemessen meiner Vorstellung ist der gebrauchte Ausdruck; und der Nerv der Behauptung, daß dieses Princip das einzige Werkzeug der Aktualisirung des verborgenen und an sich bloß in sich selbst seyenden Wesens der Gottheit sey, wird nicht einmal berührt.

Doch — Sie fragen, wozu überhaupt diese Sehnsucht, die zwar nach dem Verstande sich richtet, nach ihm verlangt, aber nicht selbst Verstand, also verstandlos ist (Abh. S. 433 f. VII, 360)? „Wenn Gott von Ewigkeit war, wie sollte je das Verstandlose dem Verstande, das Chaos der Ordnung, die Finsterniß dem Lichte vorangegangen seyn" (35)? Ich verwundere mich zwar, wie Sie das War von Gott aussagen mögen, nachdem Sie kurz zuvor (27) das Ist von ihm ausgeschlossen. Ich begnüge mich also Sie zu fragen, in welchem Sinne Sie jenes War nehmen? Wenn Gott von Ewigkeit war — nämlich im Zustand der Offenbarung und der vollen äußeren Wirklichkeit, in die er sich nur durch die vollendete Schöpfung setzt —: so ist allerdings nicht einzusehen, wie jemals das Chaos der Ordnung, das Verstandlose dem Verstand, die Finsterniß dem Lichte habe vorangehen können. Wenn aber Gott nicht von Ewigkeit war — nämlich im Zustand der Aktualität und der geoffenbarten Existenz, wenn er im Gegentheil einen Anfang seiner Offenbarung machte, so ist damit zwar noch nicht bewiesen, daß dem gegenwärtigen Zustand der Ordnung das Chaos, dem Licht die Finsterniß, dem Verstande das Verstandlose vorausgegangen sey; aber es besteht auch kein Einwurf dagegen, der von der Ewigkeit Gottes hergenommen wäre. Sie haben nun die Wahl, wozu Sie sich bekennen wollen, — dazu, daß Gott von Ewigkeit war, nämlich dem Urwesen und nicht-geoffenbarten Seyn nach, oder daß er von Ewigkeit war, auch dem geoffenbarten Seyn nach. Im ersten Fall hat Ihr Beweis seinen Nerv verloren; im andern Fall behaupten Sie, daß die Schöpfung mit Gott gleich ewig ist, oder daß Gott nothwendig von Ewigkeit her geschaffen habe. Dann trifft aber Ihr Einwurf nicht vorzugsweise oder allein meine Behauptung; und ebenso gut und in gleichem Sinn könnten Sie der allgemeinen Lehre, welche in Uebereinstimmung mit dem Christenthum einen Anfang der göttlichen Offenbarungen behauptet, entgegensetzen: „das Ewige könne doch nicht der Zeit fröhnen, oder einen Wechsel der Dinge in sich dulden". —

Allein Sie greifen jene Erklärung der Schöpfung von einer gefährlicheren Seite, der moralischen, an. Weil ich behaupte, daß geschichtlich oder der Wirklichkeit nach das Verstandlose vor dem Verstand, Finsterniß vor dem Licht sey, so meinen Sie (34), was uns hindern könnte, diese Erklärung weiter fortzusetzen, und die Tugend aus dem Laster, das Heilige aus der Sünde, den Himmel aus der Hölle und Gott aus dem Teufel hervorgehen zu lassen? — „Denn setzen Sie hinzu, das was Sie den dunkeln Grund der Existenz Gottes nennen, ist doch so etwas Aehnliches vom Teufel".

Das Letzte wünschte ich von Ihnen nicht gesagt. So leicht hoffte ich von Ihnen meine Abhandlung doch nicht gelesen, wenn Sie darüber urtheilen wollten. Bei nur geringer Aufmerksamkeit konnten Ihnen Stellen, wie die folgenden, nicht entgehen. „Wir haben ein für alle mal erklärt, daß das Böse, als solches, nur in der Creatur entspringen kann". — „Das anfängliche Grundwesen (worunter eben jener dunkle Grund der Existenz Gottes verstanden wird) kann nie an sich böse seyn." — „Es kann auch nicht gesagt werden, daß das Böse aus dem Grunde komme, oder daß der Wille des Grundes Urheber desselben sey" (S. 453, 488 VII, 375, 399] u. a.). Eine solche Unterschiebung, welche in der Verbindung, worin sie steht, das zuvor nur einwurfsweise Vorgebrachte beinahe in die Behauptung verwandelt: nach meinen Grundsätzen gehe Gott aus dem Teufel hervor, sollte ein Mann Ihres Geistes denen lassen, deren leicht überreizter Verstand durch ihnen fremde und unerhörte über Begriffe unwillkürlich auf solche monstra et portenta geleitet wird[1].

Ich halte mich also bloß an die allgemeine in Ihren Worten enthaltene Voraussetzung, daß Gott überhaupt nach jener Theorie aus dem Grund hervorgehe, gleichviel was dieser ist, oder womit er vergleichbar seyn mag.

Es ist Ihnen bekannt, und Sie selbst führen die darauf sich beziehende Stelle meiner Abhandlung an, daß ich das Urwesen oder die unanfängliche und absolut ewige Gottheit *vor* und *über* allem Grunde setze (S. 497 [406]) und in dieser Beziehung immer von dem Grund rede als von einem Princip, das Gott in Sich (in seinem Urwesen) hat. Indem Sie also voraussetzen, daß Gott überhaupt und indistinkte aus dem Grunde hervorgehe, d. h. seinen Ursprung aus dem Grunde habe, entstellen Sie in der That meine wirkliche Behauptung. Es war Ihnen aus derselben Stelle (S. 497 [406]) bekannt, daß ich dem Grund überall nur ein Verhältniß zu dem Existirenden gebe, nicht aber zu dem, was *über* dem Grund, wie über dem Existirenden ist. Nur zu diesem verhält er sich als Grund (Grundlage) der Existenz. Sie mußten daher wenigstens die Bestimmung hinzusetzen: Gott als das Existirende (*τὸ ὄν*), als Subjekt der Existenz, gehe aus dem Grunde zur Existenz hervor. Aber bei dieser Bestimmung leuchtete die Unmöglichkeit der Behauptung zu unmittelbar ein. Denn der Grund zur Existenz kann doch zu nichts weiter Grund seyn als eben zum *Existiren*, rein als solchem; nicht aber Grund von dem, *was existirt*, dem Subjekt der Existenz, welches, wie ich Ihnen schon (1) zeigte, zwei himmelweit verschiedene Begriffe sind.

[1] Z. B. einem Süßkind. Man s. dessen Prüfung der Schellingischen Lehren von Gott 2c. im 17ten Stück des Magazins für christliche Moral und Dogmatik; auch besonders abgedruckt. Tübingen bei Cotta. — Was es mit dieser (angeblichen) Prüfung auf sich hat, werde ich in einem folgenden Heft ausführlicher zu zeigen Gelegenheit nehmen. Später hinzugesetzte Anmerkung.

Wollten Sie meinen wirklichen Gedanken ausdrücken, so konnten Sie nur sagen: das irrationale, für sich verstandlose Princip in Gott sey für ihn Grund, d. i. Grundlage, Bedingung, Medium der Offenbarung seines nur in sich seyenden Subjekts, oder Bedingung seiner äußerlich wirkenden Existenz. Wollten Sie gegen diesen Gedanken streiten, so gab es nur zwei Mittel. Sie mußten behaupten, daß Gott niemals nöthig gehabt habe sich zu offenbaren, daß Gott von jeher geoffenbart gewesen, und der geoffenbarte Gott mit dem Urwesen einerlei sey. Oder Sie mußten leugnen, daß ein für sich verstandloses Princip in Gott sey, und das Medium der Offenbarung werden könne, was Ihnen ja nach den gewohnten Begriffen gar nicht schwer fallen konnte.

Dasselbe Verhältniß, das nach *Ihrer* Darstellung meiner Grundsätze *Gott* zu dem Grunde hat, scheinen Sie auch zwischen Licht und Finsterniß, Verstand und Verstandlosem vorauszusetzen. Sie stellen sich, wie es scheint, vor, das Licht habe als *Potenz*, als Wesen seinen Ursprung von der Finsterniß, der Verstand als *Princip* habe seinen Ursprung von dem Verstandlosen — das Seyende von dem Nichtseyenden. Hierin nun würden Sie mich auf eine unbegreifliche Weise mißverstehen. Die Finsterniß ist nicht darum nothwendig, damit überhaupt ein Wesen sey, wie das Licht ist; das Verstandlose ebenso muß nicht darum seyn, damit es einen Verstand gebe. Das Licht, und was ihm analog ist, der Verstand, ist eine, von der Finsterniß ganz unabhängige, ja eine höhere Potenz als diese (= $A^2$); oder (um das Eigentliche zu sagen) das Licht ist eben das seinem *Begriff* nach (*in sich*) Seyende, was *dazu* keiner andern Potenz bedarf. Aber eben darum, weil es das in-sich-Seyende ist, bedarf es, um *als* dieses in-sich-Seyende zu *seyn*, d. h. um sich *als* dieses *zu erweisen*, *thätig* zu offenbaren, des gegenwirkenden Princips der Finsterniß, welche also Grund (Grundlage, Unterlage, Bedingung) seiner Aktualisirung ist, und als Bedingung ihm als *Wirklichem*, in-Wirkung-Gesetztem, nothwendig — nicht dem Begriff, wohl aber der Zeit nach — vorangehen muß. Im Gegentheil ist nun die Finsterniß, als das absolut-Entgegengesetzte des Lichts, nothwendig das von sich selber (*in sich*) nicht *Seyende*, d. h., sie hat kein wahres Seyn in sich selber und ist ursprünglich nur ein Seyn außer sich; denn sie ist nicht um ihrer selbst, sondern nur um eines andern, nämlich um des Lichtes willen, nur als Bedingung oder Werkzeug von dessen Offenbarung. Und so wie die Finsterniß Bedingung oder Grund des äußerlich-Seyns oder Existirens des Lichtes ist, so ist hinwiederum das Licht Ursache eines in-sich-Seyns der Finsterniß — sie ist schöpferisches Princip, das aus dem Nichtseyenden etwas Seyendes (die Creatur) hervorruft.

Nur in Bezug auf diese sage ich — in der Stelle (S. 433 [360]), die Sie doch bei der obigen Folgerung allein vor Augen haben konnten —, das Seyende gehe aus dem Nichtseyenden, der Verstand aus dem Verstandlosen, das Licht aus der Finsterniß hervor.

Wollten Sie indeß diesen Satz in einen allgemeinen verwandeln, so mußten Sie die meinen Gedanken gemäße Bestimmung hinzusetzen. Der Verstand geht aus dem Verstandlosen, aber dem ersterbenden, Licht aus Finsterniß, aber der überwundenen, hervor. Der Verstand kann, als solcher, als wirklich, nur aufgehen, indem das zuvor herrschend gewesene Verstandlose sich ihm unterwirft, und relativ auf ihn wie todt (Materie, Stoff) wird. Das Licht kann als solches in der Wirklichkeit nur aufgehen, wenn das erst herrschende Princip der Finsterniß ihm erstirbt, sich ihm unterwirft.

Wenn also auch jene Folgerung abscheulich genug lautet, um jedermann mit Entsetzen zu erfüllen, so brauchte doch bloß die meinem Sinn gemäße Bestimmung hinzugefügt zu werden, um jedermann mit ihr auszusöhnen. Die Tugend geht allerdings zwar nicht dem Begriff und dem Wesen, aber doch der Wirklichkeit nach aus dem Laster, nämlich dem überwundenen und getödteten, hervor. Heiligkeit ist nur möglich nach gänzlich erstorbener Sünde, und geht insofern in der That aus der Sünde, nämlich der getödteten, hervor. Der Himmel ruht in allewege auf der Hölle, und es ist dieß ein Satz, der sich jedem einleuchtend machen läßt. Himmel ist höchste Eintracht, Hölle Zwietracht der Kräfte. Lebendige Eintracht ist überwundene und unterworfene Zwietracht. Der Himmel wäre wirkungslos ohne die Hölle; es gibt kein Himmelsgefühl als in der beständigen Ueberwindung der Hölle der Zwietracht, wie es kein Gesundheitsgefühl gäbe ohne Bewältigung der stets im Hervortreten begriffenen, immer wieder zum Schweigen gebrachten Krankheit. Soll Gott in einem Menschen leben, so muß der Teufel in ihm sterben, so wie Sie umgekehrt sagen: in dem Menschen, der Gott los sey, wohne der Teufel.

Wie schon ehemals meinen Sie überhaupt auch jetzt wieder sich besonders der Sittlichkeit gegen mein System annehmen zu müssen, das nach Ihnen für Pflicht, Recht, Gewissen und Tugend keine Stelle hat (22). Ich könnte Ihnen zwar dieß leicht erwiedern. Ich könnte fragen, welche Früchte für die Moral die Vermuthung tragen kann, daß der Mensch auf Erden nur ein Schauspieler seyn könnte, den die Sonne schickt und abruft, wie sie (die Sonne) es für gut hält (46), oder jene romanenhafte Unsterblichkeit (31), wonach wir die höheren Sterne als die Schauplätze unserer künftigen Metamorphosen zu betrachten haben, oder auch, daß Ihrer ganzen Philosophie die Idee einer Geisterwelt so völlig fremd ist. Dieß erhellt aus dem mitgetheilten Schema (21) Ihres Systems. Eine negative Seite des Verstandes, welche die Natur, eine positive, welche die Geschichte ist (auch die „höhere Ordnung der Dinge" genannt, als gäbe es keine andere!); in der Mitte beider die Kunst; das ist alles! Doch, wie gesagt, ich liebe solche Folgerungen überhaupt nicht, weil es sich von selbst versteht, daß, was theoretisch betrachtet irrig oder unkräftig ist, auch nothwendig moralisch kraftlos oder irreführend seyn muß.

Aus (todten) Proportionen und Disproportionen (mit mathematischen Formeln) läßt sich die Tugend freilich nicht herausbringen (22); ich versichere Sie aber, daß dieß nicht meine Absicht ist, und daß Sie weit von meinem Sinn entfernt sind, wenn Sie Ihnen geläufige Formeln, wie die „dynamische Gradreihe, wo zwei Kräfte aus einem gemeinschaftlichen Centro sich trennen" mir unterlegen.

Sie sehen durch meine Lehre (unstreitig einiger physikalischer Ausdrücke wegen) — die Ethik schon von der Physik verschlungen, die höhere Ordnung der Dinge zur niederen depotenzirt (21—22). Sie können nicht zugeben, daß die Naturprincipien von Licht und Schwere auch nur analogisch auf die sittliche Ordnung der Dinge übergetragen werden (36); hingegen da, wo Sie selber die Natur des Bösen erklären wollen, nennen Sie das innere Princip desselben den tiefsten unmoralischen Attraktions-Punkt im Menschen (50). Welch ein Unterschied ist wohl in der gegenwärtigen Beziehung zwischen Schwere und Attraktion, wie ich denn überhaupt in dem, was Sie von der Natur des Bösen sagen, im Grunde nur meine eigne Idee wieder finden kann? „Die Begriffe von Peripherie und Centrum gehören bloß der Naturseite an, und seyen in der moralischen Welt keiner Bedeutung fähig" (23), und doch machen Sie kurz vorher die Natur zur negativen, die sittliche Welt zur positiven Seite, und vergleichen beide (20) mit den entgegengesetzten Schenkeln einer Hyperbel (wodurch, im Vorbeigehen zu sagen, die sittliche Welt vollkommen der Natur gleich gesetzt wird, indeß bei einer Vergleichung der ersten mit dem Centro, der andern mit dem Umkreis, wenigstens die Superiorität der moralischen über die physische Welt dargestellt würde); die Geschichte der Menschheit dann weiter zu einer Cycloide, mit der Behauptung, nur noch die transscendenten Linien von unendlicher Ordnung bieten Analoga für die sittliche Welt dar (24). Gleich als wären diese Linien weniger Naturformen, als es der Kreis ist! Und wenn überhaupt mathematische Analoga von sittlichen Dingen verstattet sind, warum nicht das weit allgemeiner bedeutsame von Mittelpunkt und Umkreis, als das Ihnen so gefällige von den Schenkeln, den Abscissen, der Asymptote der Hyperbel?

Ueberhaupt will ich bemerken, daß ich verwundert bin, wie Sie noch immer an mathematischen Gleichnissen hangen, die Ihnen vielleicht für untergeordnete Dinge einige Vortheile gewähren konnten, und die Neigung nicht überwinden können, sich alles auf diese todten Formeln zurückzubringen. Sie wollen sogar (40) meine dialektische Theorie vom ersten Ursprung der Zweiheit, wie einst die magnetischen Erscheinungen, am Hebel deutlich machen. Ich hätte davon, der angenommenen Ordnung nach, gleich zu Anfang reden sollen. Aber ich unterließ es, weil ich in jener ganzen Exposition (38—40) eine Verwirrung meiner Begriffe fand, bei der ich kaum wußte, wo anzufangen. Ich mußte entweder erst die ganze Sache zurechtstellen, von Anfang herleiten, wer weiß, ob mit besserem Erfolg, da die Ruhe, mit der Sie jetzt scherzend und selbst verächtlichen Blicks (41) auf alle philosophischen Systeme herabsehen können, Ihnen schwerlich verstattet hätte der Herleitung zu folgen. Oder ich mußte jene Stelle Ihres Briefes nachahmen, wo Sie, um sich ganz auszusprechen (24–25), in lauter Negationen reden; ich mußte sagen: „Ein lebendiger Proceß, wie jener des ersten Ursprungs der Zweiheit, läßt sich nicht am Hebel darstellen. Was ich den Grund nenne, läßt sich nicht (40) mit dem Schwerpunkt vergleichen; sollte je ein solches Mechanisiren hier stattfinden, so müßte er mit dem einen Gewicht des Hebels verglichen werden. Es braucht kein besonderes differenziirendes Princip in dem Einen, um den Ursprung der Zweiheit zu erklären (38). Ich habe niemals behauptet, daß Böses und Gutes — zugleich oder nacheinander — aus dem Ungrund hervorgehen" (39) u. s. w. Wozu würden aber alle diese Verneinungen gedient haben? Der Hergang des Processes, das Geschichtliche, Genetische ist Ihnen unbekannt, wie könnten Sie, und wer mit Ihnen in gleichem Falle ist, aus dem Dialektischen sich zurecht finden?

Hiemit will ich also meine Antworten auf Ihre Einwendungen beschließen, indem ich glaube, das Bisherige könnte hinreichen, Sie zu überzeugen, daß Sie den Sinn und Zusammenhang der in meiner Abhandlung enthaltenen Ideen noch nicht völlig erreicht haben. Ich übergehe vieles, das leicht auflösbar oder geradezu irrig ist, wie wenn Sie mir (25) Schuld geben, ich negire die Freiheit in Gott, weil ich das Band der Principien in ihm für (moralisch) unauflöslich erkläre, oder wenn Sie der Naturphilosophie — (freilich weiß ich nicht, was Sie so nennen) die anfanglose Zeit (42) zuschieben.

Habe ich nun bisher Ihre Einwendungen vielleicht etwas zu kurz und trocken beantwortet, so ziemt es mir jetzt zu gestehen, daß diese Einwendungen, so wie überhaupt Ihre Ansichten meines Systems ziemlich folgerichtig aus Ihrer eignen Betrachtungsart der Dinge folgen, und daß jenes da, wo Sie stehen, Ihnen nicht wohl anders erscheinen kann. Meine Antwort würde daher unvollkommen und ungenügend seyn, wenn

Sie mir nicht erlaubten, nun auch im Gegentheil meine Gedanken über Ihren philosophischen Standpunkt mitzutheilen.

„Die Schöpfung ist nicht entstanden, sondern gegeben. Wie die menschliche Vernunft gesetzt ist, so ist auch die Idee der Wahrheit in ihr gesetzt, und die Schöpfung oder (?) Natur ist nichts anderes als der totale Reflex der Idee der Wahrheit" (43). Sie rührt demnach keineswegs unmittelbar von Gott her, sondern die sogenannte Idee, Wahrheit, ist ihre einzige Schöpferin (ebendas.). Diese sogenannte Idee ist aber selbst nur gesetzt, inwiefern die menschliche Vernunft gesetzt ist, und mit ihr zugleich. Somit fällt Ihnen die ganze Natur in die menschliche Vernunft hinein. Diese Ansicht erhebt sich also zwar nicht über den allersubjektivsten Idealismus; aber es ist nicht das lebendige Ich, wie bei Fichte, sondern mittelbar die kalte Vernunft, unmittelbar der todte Begriff Wahrheit, durch den die Natur producirt, oder, weil dieß schon zu lebendig ist, schlechthin gesetzt ist. Ich finde diese Art von Idealismus die bequemste von allen. Sie überhebt aller Fragen wegen des Hergangs, des Geschehens, welches immer die schwierigsten sind. Die Frage, ob und wie die Natur entstanden, hat keinen Sinn, weil die Idee der Wahrheit, die Seele aller Construktionen, nicht wieder in die Construktion aufgenommen werden kann. Es gibt Menschen, denen die Welt, wegen angeborener Unempfindlichkeit für die Farbe, wie ein Kupferstich aussieht. Menschen, für welche die Natur das wirklich würde, was sie in Ihren Gedanken ist, ein totaler Reflex der sogenannten Idee Wahrheit, müßte sie unstreitig wie ein Buch voll geometrischer Figuren vorkommen. Das Wort Reflex würde übrigens die Sache ganz leicht machen, wenn sich nur ein Reflex denken ließe ohne etwas, wovon oder woraus reflektirt wird. Da Sie aber außer der menschlichen Vernunft und der in ihr gesetzten sogenannten Idee Wahrheit nichts haben, so wäre ich begierig, woher Sie das reflektirende Medium zu jenem totalen Reflex nehmen wollten?

Wie es sich auf der Seite der Natur verhielt, so verhält es sich auch mit der sittlichen Seite, „die Weltgeschichte ist nichts anderes als der totale Reflex der Idee der Tugend (45). Eine so einfache und unschuldige Weltgeschichte wäre dem bedrängten Menschengeschlechte wohl zu gönnen. Aber eine Geschichte, in welcher Sie selbst die Erscheinungen und Wirkungen des Teufels ganz leicht nachweisen könnten, wenn Sie dem Teufel nur diese Ehre anthun wollten (50b), in der von jeher neben seltenen und verborgenen Tugenden alle Kräfte der Bosheit in offenbarer Wirkung sich gezeigt haben, eine solche Geschichte als einen totalen Reflex der Tugend begreifen zu wollen, scheint mir doch wirklich zu menschenfreundlich.

Ebenso ist der Organismus nur der totale Reflex der Idee der Schönheit und mit der Vernunft zugleich gegeben (47). Wenn der entzückte Betrachter gesteht, daß auf der Oberfläche des vollkommenen menschlichen Leibes alle einzelnen Schönheiten des Universums in der ergötzlichsten Harmonie zusammenspielen, so wird doch kaum jemand finden, daß Magen, Gedärme, Milz, Leber, Pankreas und die vielen einzelnen von der Natur vorsorglich nach innen gebrachten Werkzeuge, die doch auch zum Organismus gehören, oder daß der Organismus überhaupt in so manchen das Schönheitsgefühl des Menschen mit Abscheu erfüllenden Geschöpfen ein totaler Reflex der Schönheit sey.

Nochmals; ich finde eine Vernunft, mit der alles schon gesetzt ist, ungemein bequem, und verwundere mich nur, wie Sie noch Reflexe jener drei Abstraktheiten nöthig finden. Es wäre weit kürzer, Natur, Geschichte und Organismus (den Sie insofern nicht zu der Natur zu rechnen scheinen) ohne solche Umstände gleich in ihrer ganzen Breite mit der Vernunft und ihren drei Abstraktheiten zumal gesetzt seyn zu lassen.

Unstreitig verwundert Sie der Ausdruck, dessen ich mich über jene sogenannten Ideen bediene. Denn das ist ja doch gewiß und entschieden, und gibt täglich zu den schönsten Reden Veranlassung, daß Wahrheit, Tugend und Schönheit Ideen sind. Und zwar dieß ganz wörtlich verstanden. Auch für ächt Platonisch wird es gehalten. Denn Plato spricht z. B. im Phädrus von der Schönheit, daß wir sie einst im höchsten Glanze gesehen und uns ihrer erinnern, wenn wir hier schöne Dinge erblicken. Soviel ich nun mir anmaßen kann, Platos Sinn zu verstehen, meint er hiebei die ursprüngliche Schönheit — nicht eine für-sich-seyende, da sie ja an sich selbst kein Subjekt seyn kann, sondern die Schönheit des an und von sich **Schönen**, und dieses, als ein wirkliches Subjekt (ein ὄντως ὄν), kann ja nach dem Sprachgebrauche und nach Platonischer Denkweise auch allein ein Ur-Bild, eine Idea genannt werden. Auch ist bekannt, daß Plato sonst nicht von der Gleichheit, von der Schönheit, der Güte, der Gerechtigkeit, der Heiligkeit, sondern von dem Gleichen selber (*αὐτὸ τὸ ἴσον*, Phaed. p. 169), von dem Schönen, dem Guten, dem Gerechten, dem Heiligen selber (*περὶ αὐτοῦ τοῦ καλοῦ, καὶ αὐτοῦ τοῦ ἀγαθοῦ καὶ δικαίου καὶ ὁσίου*, Phaed. p. 171) als von Urbildern redet, wie ihm ja diese allein *τὰ ὄντα* heißen können, welche nach ihm jede Seele ursprünglich schaut (Phaedr. p. 328). Nun ist freilich wahr, daß, wer das an sich Gute, das von sich Schöne, das an sich Gleiche selber sieht, eben dieser auch die urbildliche Schönheit, die urbildliche Güte und Gleichheit schaut; aber das Urbildliche daran ist nicht die Schönheit als Eigenschaft, als Abstraktum, sondern das Seyende (*τὸ ὄν*), das Subjekt, das Ur-Schöne selbst.

Nun ist das eben das Eigenste Ihrer Philosophie, oder, wie Sie es selber lieber nennen, Ihrer Nichtphilosophie, daß sie überall kein *ὄν*, kein wahrhaft und an sich Seyendes will, weil Gott ihr particulär, ein Subjekt werden möchte. Die Vernunft ist Ihnen das universelle Organ; diese hat zum unmittelbaren Gegenstand die reine Allheit (7). Das Ewige ist Ihnen nicht Eins, sondern das All (26). Der Frevel des leidigen Verstandes besteht (44) eben darin, daß er die Allheit zur Einheit herabsetzen, oder, wie Sie es (ebend.) erklären, alles particulär, individuell, persönlich, zu einem Subjekt oder Seyenden machen will. Die Einheit ist das Leben und die Seele in der Allheit. Ein Herabsetzen der Allheit zur Einheit kommt mir daher nicht anders vor als ein Herabsetzen des Leibes zur Seele, des Körpers zum Geiste. Zu einer solchen selbst- und subjektlosen Allheit sind dann jene Abstraktheiten Wahrheit, Tugend, Schönheit eben recht, weil sie durchaus nicht nöthigen, ein Subjekt anzunehmen, oder die Allheit zur Einheit herabzusetzen; und nur in der Harmonie dieser sogenannten Ideen (was denken Sie wohl bei dem Wort, wie bei dem folgenden liegen?) darf Ihnen eben darum das Absolute liegen, das, wie ich hier freilich selber sehe (48), nichts Göttliches ist. Denn drei Abstrakta, denen wieder eine ebenso abstrakte Harmonie untergelegt wird, geben noch lange kein Subjekt, geschweige ein Göttliches. Zu verwundern ist es nur, daß Sie noch von einem Absoluten (warum nicht von einer bloßen Absolutheit?) sprechen. —

Sie fühlen freilich selbst, daß Ihnen die sogenannte Vernunft nichts wie Abstraktheiten vorhält; darum flüchten Sie das Göttliche in ein Gebiet, das weit über aller Vernunft, allem Verstande liegt, in welchem selbst Freiheit und Tugend als dunkle Punkte verschwinden (48 b). Aber Sie gewinnen in der That nichts dadurch. Denn wenn Sie auch jetzt in Ihren Gedanken weit über alle Vernunft hinaus sind, folgt Ihnen das Veto dieses universellen Organs nach, welchem zufolge Gott durchaus nicht particular, d. h. persönlich, ein Subjekt seyn darf, und auch da verläßt Sie die Furcht vor dem Verstande nicht, der Ihnen ertödten möchte, was ursprünglich nur zur Allheit gehört (18); und der Gott, den Sie dort suchten, darf doch nur ein solcher seyn, von dem keine Prädicate, auch nicht die der Allmacht, Allgüte, Allweisheit, auszusprechen sind, von dem man nicht einmal sagen darf: Er ist, also ein subjektloser, ein nicht seyender Gott. So sehr hält Sie diese Vernunft gefangen, daß Sie noch auf der Flucht vor ihr von dem Druck ihrer Fesseln und ihrer universellen Abstraktheiten fest- und niedergehalten werden.

Sie suchen, wie ich fast vermuthen muß, unsere wissenschaftliche Differenz darin, daß ich Ihnen diese Flucht in ein höheres Gebiet nicht nachmache oder wohl gar sie Ihnen verarge. Nichts weniger! Ich wünschte nur, Sie machten sich recht von jener abstrakten Vernunft los; ja Sie gäben ihr gleich vornherein den Abschied — nicht erst, wo von Gott die Rede ist, indem sie zum Verstehen der Natur, des Lebens und der Geschichte ebensowenig taugt. Aber indem Sie sich von dieser Vernunft und ihrem Gebiet ganz losgemacht zu haben glauben, finde ich Sie gerade mitten darin. Denn was sind jene oft angeführten Aussprüche:

Gott dürfe nicht persönlich seyn ꝛc. anders als Machtsprüche Ihres universellen, d. h. gegen alles Seyende, alles was Subjekt ist oder heißt, feindseligen Organs?

Darf ich mir erlauben, Sie noch weiter über diese Selbsttäuschung aufzuklären, in der Sie mir befangen scheinen? — Sie nennen die Vernunft das universelle Organ, in welchem ausschließlich die Allheit wohne (7). Den Verstand hingegen das particuläre Organ, in welchem die Einheit herrsche und das alles zu particularisiren suche. Nun ist eben das Particuläre das Lebendige und jene selbst- oder subjektlose Allheit ist das Unlebendige; gerade wie das Schöne, das Gute, das Wahre zwar das Lebendige, Wahrheit, Güte und Schönheit aber als solche Unlebendige sind. Also ist es nach Ihrer eignen Aussage die Vernunft, welche tödtet, und der Verstand, der lebendig macht; oder wenn nach einer andern Stelle der Begriff und der in ihm wirkende Verstand das Lebendige tödtet, so ist eben Ihre Vernunft, welche Ihnen die Allheit über die Einheit (das Todte über das Lebendige) setzt, der allerärgste Verstand, und während Sie gegen den Verstand sich ereifern, befinden Sie sich in der Gewalt des allererstorbensten Verstandes, der nur noch abstrakte Begriffe, aber nichts Seyendes, Lebendiges zuläßt. Wie wir denn gar oft beobachten können, daß die Menschen eben gegen das sich am heftigsten wehren, wovon sie am meisten befangen sind; und man oft nur recht achtzugeben braucht, gegen welche Dinge sie am hitzigsten sich äußern, um zu vermuthen, daß es eben diese sind, die ihnen am meisten zu schaffen machen.

In der That, während Sie den Begriff so sehr herabsetzen, wüßte ich es meinerseits nicht leicht anzustellen, um eine todtere Begriffsphilosophie, einen abgestorbeneren Formalismus auszudenken, als den eines Systems, das aus Reflexen von: Wahrheit, Tugend, Schönheit und aus Combinationen von solchen Abstraktheiten gezimmert wäre.

Unter diesen Umständen gereicht es Ihrem Gefühl zur Ehre, wenn Sie (29) versichern, daß wir auch nicht Einen Gedanken von Gott zu fassen vermögen; ich finde diesen Ausdruck nichts weniger als hyperbolisch, und wenn auch nicht gerade unter der Würde Gottes, doch lange nicht angemessen der Dürftigkeit der Werkzeuge, die Sie allein dem Menschen zugestehen. — Die Würde Gottes könnte ich nämlich dadurch niemals erhöht finden, daß es dem vollkommensten seiner irdischen Geschöpfe nicht einmal möglich wäre, einen Gedanken von ihm zu erfassen. Zwar setzen Sie den Menschen, dessen Geschlecht (das jüngste von allen) nach einer andern Stelle wohl als ewig anzusehen wäre, in intellektueller Hinsicht tief unter die (noch keineswegs so ausgemachten) Bewohner anderer Sterne. Da dieß aber ohne Gründe geschieht, so werden Sie uns andern verstatten, inzwischen bei dem Glauben zu bleiben, daß der Mensch in der allgemeinen Leiter auch der vernünftigen Wesen eine sehr hohe Stufe einnehme. Daß die Erde in der unermeßlichen Zahl der Sterne nur als ein Pünktchen schwimmt (45), ist kein Grund dagegen, da Gott seine Gaben nicht nach Größe oder Höhe auszutheilen pflegt, und nach einem — keinem tiefern Forscher unbekannten — Grundgesetze seiner Haushaltung, das schon allein hinreichen würde unser räthselhaftes Verhältniß zu begreifen, vielmehr das Geringe und Niedere vorzieht. Sie spotten, daß es uns einfalle, uns zum Ebenbild Gottes zu machen, wozu dann der Verstand auch seinen Senf gebe, indem er gar künstlich zeige, wie Gott wirklich forçirt gewesen sey, ein solches leibliches Ebenbild zu schaffen (30). Mein Glaube dagegen ist, daß es kein menschlicher Einfall war, wodurch der Mensch Ebenbild Gottes wurde, daß vielmehr Gott selbst ihn dazu gemacht; wogegen es freilich ein anderer und entgegengesetzter Einfall (ein Einfall des Menschen und des Teufels war), wodurch der Mensch zum Nicht-Ebenbild Gottes wurde. In dieser Herabwürdigung des Menschen (auch des ursprünglichen) stimmt Ihre Philosophie, wie überhaupt alle neueren aufs Nichtwissen hinauslaufenden Lehren, ganz überein mit dem System der verderblichsten Aufklärung, deren Zweck ja eben kein anderer ist, als den Menschen soviel möglich von Gott zu trennen; eine geheime Uebereinstimmung, auf die man nicht aufmerksam genug machen kann.

Ich erinnere mich hiebei der Stelle von Mallebranche in der Vorrede zu seinem Werk: Recherche de la Verité, die so lautet:

„Zwischen dem Schöpfer und den körperlichen Geschöpfen steht, seiner Natur nach, in der Mitte des Menschen Geist, da nach dem heil. Augustinus über demselben nichts ist als Gott, unter ihm nichts außer den Körpern. Aber gleichwie ihn seine große Erhabenheit über die materiellen Dinge nicht verhindert, mit denselben verbunden, ja von einem Theil der Materie abhängig zu seyn, so steht die unendliche Entfernung, die zwischen dem menschlichen Wesen und dem menschlichen Geiste statthat, nicht im Wege, daß dieser mit jenem unmittelbar und aufs allerinnigste vereiniget werde. — Daß der große Haufe der Menschen oder die heidnischen Philosophen in dem Geiste nichts außer seinem Verhältniß und seiner Verbindung mit den Körpern, keineswegs aber seine innere Einigung und Beziehung zu Gott betrachten, wundert mich gar nicht. Aber daß christliche Philosophen, welche den Geist Gottes menschlichem Witz, Mosen dem Aristoteles und den erleuchteten Augustinus dem elenden Erklärer irgend eines heidnischen Philosophen vorsetzen sollten, in solchem Irrthum schweben, den Geist eher für eine Form des Körpers zu halten, als anzunehmen, daß er zum Ebenbild Gottes und um des Ebenbildes Gottes, d. h. nach Augustinus um der Wahrheit willen, geschaffen sey, mit welcher allein der Geist unmittelbar vereiniget ist, dieses ist's, was alle Verwunderung übersteigt".

Unstreitig erwiedern Sie hierauf, daß Sie diese Vereinigung des Menschen mit Gott, welche Sie in der Erkenntniß aufheben, durch den Glauben wiederherstellen, dem Sie (33) ausschließlich alle Eigenschaften einer kraftvollen, aus dem ganzen Menschen stammenden und diesen hinwiederum ergreifenden Ueberzeugung zueignen wollen — ganz folgerecht nach dem, was Sie früher als Vermögen des Verstandes und der Vernunft angegeben. Aber ich frage Sie, wie ein Glaube, der von Gott nicht einmal einen Gedanken zu fassen vermag, dem nicht einmal verstattet ist zu sagen, daß Er ist, geschweige, daß er persönlich, selbstbewußt, geistig, allgütig ist, — wie ein solcher gedankenloser, geisttödtender, stummer Glaube eine Verbindung des menschlichen Geistes mit Gott zu unterhalten vermag? Ja, nicht einmal möglich ist Glauben in dem Sinn, und ein Glaube, mit dem kein Denken und kein Wissen verbunden ist, hebt sich selbst auf. Erklären Sie denselben, wie Sie wollen, oder erklären Sie ihn auch nicht; eine Funktion unseres Innern ist er denn doch, die von Bewußtseyn, also von Wissen und Denken unzertrennlich ist. Das Wort Glaube kommt uns bekanntlich aus der heiligen Schrift und zunächst aus unserem lutherischen Lehrbegriff, und drückt eigentlich nur die Zuversicht in der Ueberzeugung, die Einstimmigkeit des Herzens mit der gewissen Erkenntniß aus. Aechter Glaube ist selbst nichts anderes als ein glaubendes, d. h. zuversichtliches Wissen, in welchem, wie in allem wahren Wissen, Herz und Geist in Einklang sind; keineswegs aber ist er, wie Sie und einige andere wollen, eine gänzliche Negation alles Wissens.

Machtsprüche, wodurch Sie — allerdings folgerecht — dem Menschen auch in Ansehung alles Einzelnen, dessen Erkenntniß und richtige Beurtheilung zu seinem Heil und seiner Beruhigung nothwendig ist — allen Trost des Wissens absprechen; Machtsprüche, wie der (49): die Frage, warum ein Böses in der Welt, sey nicht nur widersinnig, sondern verwegen, sind nach meinem Bedünken durchaus nicht im Sinn eines gottergebenen Glaubens. Wenn Gott uns den Grund der Zulassung des Bösen verbergen wollte, so ist es unstreitig nicht bloß vermessen, sondern wahnsinnig, denselben wissen zu wollen. Aber woher könnten, nach Ihren eignen Grundsätzen, Sie doch jenes wissen? Wollte uns aber Gott wirklich zu Mitwissern haben seines ewigen Plans, was haben — um Ihnen wieder Ihre Frage (12) zurückzugeben — Sie dagegen einzuwenden? Also bleibt es dem Menschen ewig nicht nur verstattet, sondern geboten, daß er suche, die Absichten Gottes, auch die verborgensten, zu erkennen, aber nicht ferne und fremd zu bleiben als ein bloßer Knecht im Hause, sondern bekannt und einheimisch zu werden im Reiche des Vaters, als der Sohn, den er zum Vertrauten seiner Geheimnisse bestimmt hat und immerfort erzieht. Dieß ist der große, von den Zweiflern und Nichtwissern nicht geahndete Sinn des Christenthums, daß es die Scheidewand niedergerissen, daß wir nun herrannahen dürfen und, wie der Apostel sagt, den Zugang haben alle in Einem Geist zum Vater.

Sie reden zwar und sehr angelegentlich vom Christenthum. Aber theils ist es in der That nicht so einfach (52), wie Sie es gern herstellen möchten, nämlich eine bloß zum Herzen sprechende, dem Geist keine Geheimnisse offenbarende Lehre; theils weiß ich nicht, wie Sie die wirkliche Einfalt desselben, z. B. die Lehre, daß Gott seinen Sohn gesendet, mit der Erhabenheit Ihrer Begriffe von Gott und seiner Würde vereinigen wollen. Denn wie sollte der Gott, den nur ein belächelnswerther Verstand zum Superlativ der Menschennatur macht (10), zu dem so ganz menschlichen Verhältnisse kommen, einen Sohn zu haben, den er sendet? Oder wie sollte dieses „Pünktchen Erde, das mit seinem politischen Bruchstück wie der Tropfen im Ocean entstehen und vergehen kann, ohne daß die Weltgeschichte des Universums im mindesten dadurch gestört wird" (45), zum Hauptschauplatz seiner Offenbarungen von Gott ausersehen gewesen sey? Oder wie das Ergehen des Menschen über den, wenn er sich als Ebenbild Gottes brüstet, der Sonnenbewohner lächeln dürfte, wie wir über die Würmchen im Grase, wenn sie sich zu Ebenbildern des Menschen machten (31), und der Gang der Menschengeschichte, welche vielleicht nur ein Roman oder ein Drama ist, das die Sonne gedichtet hat (46), in den Augen dessen so wichtig gewesen seyn, der über allen Sonnen ist?

Freilich setzen Sie diese Bedeutung des Christenthums wieder auf das ziemlich gangbare Maß herab, indem Sie wiederholt die Offenbarung Gottes durch Christum eine mittelbare (51. 52 ꝛc.) nennen, und nach dem beliebten Auskunftsmittel aufgeklärter Theologen das Wort behalten, aber die Kraft der Sache aufheben. Wenigstens begreife ich demnach nicht, wie Sie die Versuche natürlicher Wundererklärungen irreligiös nennen (53), da mit einer natürlichen Erklärung der Wunder, Christi z. B., ihr mittelbar-göttlicher Ursprung doch recht gut bestehen kann.

Aber nicht nur der Begriff Offenbarung, alle andern Begriffe des Christenthums müssen Ihnen bei gehöriger Consequenz zu solchen mittelbaren, d. i. uneigentlichen, Begriffen werden. Wenn es nach reinen Vorstellungen anstößig heißen muß, Gott mit menschlichen Eigenschaften zu denken, und es nur ein menschlicher Einfall ist, den Menschen als ursprüngliches Ebenbild Gottes zu denken, also auch an eine Wiederherstellbarkeit desselben zu dieser Ebenbildlichkeit zu glauben — wenn das alles sich so verhält: so ist das ganze Christenthum eine nichtssagende, frostige, noch dazu unschmackhafte Allegorie, die man je eher je lieber auf den einfachen, unbildlichen, nüchternen Sinn zurückführen muß, und das Bestreben derer, die dieß wirklich zu thun versuchten, verdient, anstatt irreligiös, in Ihrem Sinn vielmehr religiös genannt zu werden; denn es entspringt, bei den Besseren wenigstens, aus derselben Reinheit der Vorstellungen von Gott, welche Sie bewegt alle menschlichen Begriffe von Gott zu verwerfen.

Ich werde mich übrigens freuen, wenn Sie in der Reinheit dieser Ansichten wirklich ein Mittel finden sollten, dem Verderbniß der Zeit zu steuern, und lasse der Tiefe Ihrer Empfindung von demselben Gerechtigkeit widerfahren; ohnerachtet ich nicht einsehe, wie sich unter andern von **s Lehrbuch aus unser Charakter und unsere Gesinnung verschlimmern soll (32), wenn ich auch ebensowenig behaupten will, daß sie sich dadurch verbessern. Wie weit es mit unserer Zeit gekommen (54), stellen Sie treffend dar. Aber gegen die Wirksamkeit des Mittels erlaube ich mir nur einen einzigen Zweifel. Die Predigt eines allem Wissen entgegengesetzten (aber, wie mir vorkommt, mit dem Unglauben zuletzt von Einer Wurzel stammenden) Glaubens, war lange vor uns, war vor den Ereignissen der letzten Jahrzehnte in der Welt; und ihre Verkünder hatten gewiß den besten Willen, wie Jacobi, und auch Kant führte ja eben dahin. Und doch hat sie sich so ganz unwirksam bewiesen und nicht das Geringste gerettet (um nicht mehr zu sagen). Wie sollte die Arznei, die dem Uebel des allgemeinen Unglaubens und dem noch schlimmeren der Gleichgültigkeit (ebend.) nicht zuvorkommen konnte, das schon in seiner ganzen Gewalt eingetretene heilen können? Welches Heil läßt sich überhaupt von einer Philosophie erwarten, die, was alles Höhere betrifft, in lauter Negationen besteht und sich wegen der dem Menschen wichtigsten Fragen ins Nichtwissen zurückzieht? Denn dieses Nichtwissen des Höheren kann sich auch jene ruchlose, gegen alles Höhere feindselige Aufklärerei wohl gefallen lassen, und erfreut seyn, ihren

Hauptzweck auf einem scheinbar unverwerflichen, sogar moralisch gebahnten Weg erreicht zu sehen.

Als Christus in der Zeit des höchsten Verderbens erschien, fing er nicht damit an zu sagen: Wir können nichts von Gott wissen, keinen Gedanken von ihm fassen, noch weniger uns einfallen lassen, sein Ebenbild zu seyn. Auch die Menschheit unserer Zeit verlangt nach etwas Positivem, das ihr nur ein kräftiger, der wahren Ideen mächtiger Verstand wiedergeben kann. Dann werden auch die Weisen wieder an einen Gott glauben, wie der Gott unserer Väter war, was aufrichtiger Weise jetzt keiner vermag. In dieser Hinsicht besonders habe ich Ihr Schreiben als eine der merkwürdigsten Urkunden des Geistes unserer Zeit betrachtet.

Und so sey denn diese lange Antwort endlich geschlossen. Fasse ich unser Verhältniß kurz zusammen, so scheint es mir so zu stehen. Es fehlt Ihnen an den eigentlichen Mittelbegriffen meines Systems. Sie kennen meine Worte und einzelne Sentenzen, welche Sie dann auf Ihre Art verstehen. Ein Hauptgrund liegt darin, daß Sie sich noch immer vom Fichteanismus nicht losgemacht haben und meine Ansicht nur für eine weitere Entwicklung desselben zu halten scheinen, also auch meine Lehren nach den Begriffen deuten, die Sie von dort mit herüber gebracht haben. Das Bedauerlichste für mich ist Ihre Meinung, mich wirklich verstanden zu haben, und daß Sie die Versicherung des Gegentheils mir vielleicht als Anmaßung auslegen. Allein wie ich mein Gedankensystem nicht in Einem Tage erfunden, so können auch meine Ansichten, nach ihrem ganzen Zusammenhang, nicht in Einem Tage begriffen werden. Unmöglich ist mir dabei, es so bequem einzurichten, daß Sie das Ganze von Ihrem gewohnten Sitz aus übersehen und erfassen könnten. Der Boden, auf dem Sie sich befinden, trägt dieses Ganze nicht; darum kann es nicht zu Ihnen kommen, sondern Sie müssen zu ihm kommen, wie einer, der das Münster zu Straßburg (ohne allen Vergleich sey es übrigens gesagt!) mit Augen erblicken will, von seinem Sitz aufbrechen und dorthin gehen muß, weil es sich nicht von seiner Stelle regen und zu ihm kommen kann. Es sey damit nichts über den Werth Ihres

Standpunkts gesagt; Sie mögen ihn, wie billig, für den besten halten und auch nach der Hand wieder zu ihm zurückkehren; nur wenn Sie mein System einsehen und beurtheilen wollen, müssen Sie sich ganz von ihm entfernen und auch nichts von dem mitbringen, was Sie auf diesem Standpunkt für wahr gehalten haben.

Was Ihre eignen Lehren oder Ueberzeugungen betrifft, so beklage ich, daß ein Mann Ihres Geistes so früh seiner Untersuchung Ziel gesteckt, zu früh gewissen Begriffen vertraut, die sich ihm bei näherer Prüfung kaum bewähren konnten. Was Sie z. B. über Verstand und Vernunft sagen, ist alles aus einem Gedankengewebe hergenommen, in das wohl nie ein Strahl von Kritik gedrungen ist; als müßte nicht, was Vernunft und was Verstand ist, eben erst von der rechten Philosophie ins Licht gestellt werden, anstatt umgekehrt diese durch willkürlich angenommene Begriffe von jenen beleuchten zu können. Ich wünsche darum sehr, daß es Ihnen nur einmal gefallen möge, statt aus bloßen Voraussetzungen zu argumentiren, aufs wirklich Erste zurückzugehen, und überhaupt den ganzen Vorrath der Begriffe, dessen Sie sich jetzt als allgemein gangbarer Münze bedienen, kritisch zu sichten.

Wenn ich nun auch das alles zu gerade heraus gesagt, zu nackt und bloß hingelegt haben sollte, so entschuldigen Sie es mit dem lebhaften Wunsche, bei dieser Gelegenheit keinen Zweifel zwischen uns zurückzulassen, und mich mit Ihnen über unser gegenseitiges Verhältniß einmal zu verständigen. Sobald es auf Wahrheit ankommt, gilt ohnedieß kein Ansehn der Person; aber was ich vorgebracht, ist auch keineswegs eigentlich gegen Sie gerichtet, dessen wahres Wesen und Wollen ich von einzelnen Aeußerungen wohl unterscheide, sondern gegen die ganze Denkweise, welche Sie zu vertheidigen würdigten.

Und somit leben Sie wohl.

# Ueber die Natur der Philosophie als Wissenschaft.

1821.

Der Gedanke oder das Bestreben, ein System des menschlichen Wissens zu finden, oder, anders und besser ausgedrückt, das menschliche Wissen im System, im Zusammenbestehen zu erblicken, setzt natürlich voraus, daß es ursprünglich und von sich selbst nicht im System — daß es also ein ἀσύστατον, ein nicht Zusammenbestehendes, sondern vielmehr sich Widerstreitendes ist. Um diese Asystasie, diesen Unbestand, diese Uneinigkeit, gleichsam dieses bellum intestinum in dem menschlichen Wissen zu erkennen — (denn dieser innere Widerstreit muß offenbar werden), mußte der menschliche Geist sich in allen möglichen Richtungen schon versucht haben. Daher mußten z. B. in Griechenland a) die bloßen Physiker vorausgehen, die da glaubten, alles auf bloße Natur-ursachen zurückführen zu können, b) der Dualismus des Anaxagoras, c) die Lehre der Eleaten, welche, um allen Widerstreit aufzuheben, die bloße *Einheit* setzten, während der Gegensatz oder die Nicht-Einheit gleiche Rechte hat, und das wahre System eben nur dasjenige seyn kann, welches Einheit der Einheit und des Gegensatzes ist, d. h. welches zeigt, wie die Einheit mit dem Gegensatz und der Gegensatz mit der Einheit zugleich bestehe, ja wie es zum Besten des anderen nothwendig sey — dieß alles mußte vorausgehen, ehe im Platon auch nur die wahre *Idee* eines Systems erscheinen konnte. Also der Zeit nach sind die

Aus einer im Winter 1821 gehaltenen Vorlesung über das System der Philosophie. (Beginn der Vorlesung am 4. Januar 1821.) D. H.

Systeme vor dem System. Bedürfniß der Harmonie kommt erst aus Disharmonie.

Endlich muß, damit das Streben nach dem System wirklich vorhanden sey, die Einsicht hinzukommen, daß jener Widerstreit der Ansichten nicht etwas Zufälliges, in subjektiver Unvollkommenheit, etwa oberflächlichem Denken oder Verkehrtheit der Einzelnen, oder gar, wie manche Seichtlinge sich vorstellen, in bloßen Logomachien Gegründetes sey. Man muß sich überzeugt haben, daß dieser Widerstreit einen objektiven Grund hat, daß er in der Natur der Sache selbst, in den ersten Wurzeln alles Daseyns gegründet ist. Man muß eben darum die Hoffnung aufgegeben haben, diesen Widerstreit, dieses bellum omnium contra omnes damit zu beendigen, daß irgend eine einzelne Ansicht der andern absolut Meister werden, ein System das andere unterjochen könne. Dieß kann freilich scheinbar oft der Fall seyn. Nämlich obwohl alle ausschließenden Systeme dieß miteinander gemein haben, nicht das System, und insofern etwas Partielles, Untergeordnetes zu seyn, so kann doch eins allerdings auf einer höhern Stufe stehen als das andere. Oder — denn dieß verdient genauere Darstellung — eigentlich verhält es sich so. In allen Widersprüchen der Systeme untereinander ist doch zuletzt nur Ein großer Widerspruch, Ein Urzwist. Wir wollen denselben so ausdrücken, daß nach der einen Behauptung A = B, nach der andern = C ist. Nun kann es aber geschehen, daß beide Systeme, das, welches A = B, und das, welches A = C setzt, auf einer sehr untergeordneten Stufe aufgefaßt werden und so gegeneinander auftreten. Mittlerweile findet sich einer, der über diesen untergeordneten Standpunkt sich erhebt, aber auf dem höhern nicht etwa das aufstellt, wodurch A = B und A = C vereinigt werden, sondern wieder nur A = B, aber auf einer höhern Stufe, in einer höhern Potenz; — sehr häufig aber ist, daß die Einseitigkeit nur greller ausgebildet wird, denn wie einmal die Zerlegung angefangen, schreitet sie natürlich fort und zuletzt dahin, wo nur die Individualität entscheidet, wodurch man aber gesteht, daß keines des anderen absolut Meister; — hat sich aber A = B wirklich gesteigert (ohne übrigens im Wesentlichen verändert zu seyn), während A = C sich nicht gesteigert hat, sondern geblieben ist, so wird vor der Hand A = B Meister von A = C. Aber dieß dauert nicht lang, A = C wird endlich seines Nachtheils gewahr und steigert sich ebenfalls, so daß sie sich, nur auf dem höhern Standpunkt, wieder ebenso gut entgegenstehen als vorher auf dem niederen.

Eine andere, noch zufälligere Möglichkeit ist diese: Wenn A = B und A = C sich vollkommen die Wage halten, so wird es eben darauf ankommen, wer von beiden, der 1, oder der 2 behauptet, der bessere Kämpfer ist. Allein dieß ist ein Sieg, der durchaus nichts entscheidet.

Also allerdings scheinbar und für eine Zeit kann ein System des andern Meister werden, wirklich und in die Länge nicht, und daß dieß unmöglich sey — daß an sich jedes System gleiches Recht habe, gleichen Anspruch zu gelten — dieß ist die Einsicht, welche der Idee des Systems im großen Sinn — des Systems par excellence — vorausgehen muß. Solange der Materialist noch dem Intellektualisten oder der Idealist dem Realisten sein Recht nicht zugesteht, ist an das System κατ᾽ ἐξοχήν nicht zu denken. Ich bemerke übrigens, daß hier nur von Systemen die Rede ist, die wirkliche Momente der Entwicklung darstellen, nicht von solchen, denen etwa nur ihre Urheber diese Titel geben, und denen man zu viel Ehre anthun würde, wenn man sie auch nur eines Irrthums fähig halten wollte. Wer irren will, der muß wenigstens auf dem Wege seyn; wer aber gar nicht einmal sich auf den Weg macht, sondern völlig zu Hause sitzen bleibt, kann nicht irren. Wer sich in die See wagt, kann durch Stürme oder eigne Ungeschicklichkeit freilich vom Wege abkommen und verschlagen werden, wer aber gar nicht aus dem Hafen ausläuft, dessen ganzes Bestreben vielmehr darin besteht, nicht auszulaufen, sondern durch ein ewiges Philosophiren über Philosophie zu verhindern, daß es gar nie zur Philosophie komme, der hat freilich keine Gefahren zu befürchten.

Also die Idee des Systems überhaupt setzt den nothwendigen und unauflöslichen Widerstreit der Systeme voraus: ohne diesen würde sie gar nicht entstehen.

Oft genug ist der Philosophie diese Asystasie, dieser innere Widerstreit vorgeworfen worden. Kant in verschiedenen Stellen seiner Schriften stellte der Metaphysik gleichsam zur Lehre und Besserung als beschämendes Beispiel die Mathematik vor, und nach ihm andere. „Seht hier, sagen sie, wie in der Geometrie z. B. alle einig sind von jetzt an bis zu Euklides hinauf und von da bis zu Thales und zu den ägyptischen Priestern, während es in der Philosophie heißt: quot capita, tot sensus, wie viel Köpfe, so viel Systeme, und jeder Tag ein neues gebiert". Was nun diese über Nacht entstehenden betrifft, so habe ich schon meine Meinung gesagt. Wenn man aber die Philosophie darum geringschätzt, weil es in ihr Systeme gebe, in der Geometrie nicht, so sage ich: Freilich in der Geometrie gibt es keine Systeme, weil es kein System gibt — und in der Philosophie muß es wohl Systeme geben, eben weil es ein System gibt. Es ist gerade, als ob man den stereometrisch regelmäßigen Krystall der menschlichen Gestalt darum vorziehen wollte, weil in jenem keine Möglichkeit zur Krankheit liegt, im menschlichen Körper aber die Keime aller möglichen Krankheiten. Denn so ungefähr wie Krankheit und Gesundheit verhält sich das einzelne System zu dem System *κατ᾽ ἐξοχήν*. Auch im menschlichen Organismus unterscheiden die Aerzte einzelne Systeme. Wer nun an einem dieser Systeme leidet, d. h. bei wem es besonders hervortritt, der ist gleichsam gebunden an dieses System, in seiner Freiheit gehemmt, recht eigentlich ein Sklave desselben. Der Gesunde aber fühlt keines dieser Systeme insbesondere, er weiß nicht, wie man zu sagen pflegt, daß er ein Verdauungs- 2c. System hat; er ist frei von allem System. Warum? Nicht darum, daß nicht diese Systeme in seinem Organismus lägen — da wär' ihm schlecht damit gedient —, sondern weil er nur im Ganzen lebt, im Totalsystem, in welchem alle jene einzelnen Systeme gleichsam verstummen und unmöglich werden (das Wort „gesund" ist höchst wahrscheinlich soviel als ganz). Ebenso in der Philosophie: wer bis zum Ende durchgedrungen ist, sieht sich wieder in völliger Freiheit, er ist frei vom System — über allem System.

Wir haben also bis jetzt Folgendes bestimmt. 1) Die äußere Möglichkeit des Systems, gleichsam die Materie, der Stoff dazu, ist eben der innere unauflösliche Widerstreit im menschlichen Wissen. 2) Dieser Streit muß offenbar geworden seyn, er muß sich in allen möglichen Richtungen gezeigt und ausgebildet haben. 3) Man muß einsehen, daß in diesem Streit nichts Zufälliges, sondern alles ein in den ersten Principien selbst Gegründetes sey. 4) Man muß die Hoffnung aufgeben, diesen Streit jemals dadurch zu beendigen, daß ein System Meister werde über das andere. Wenn es aber unmöglich ist, einseitig eins durch das andere zu unterjochen, so muß man sich 5) — und dieß ist eine neue Bestimmung — man muß sich auch nicht vorstellen, eine Einheit zu finden, in welcher sie sich alle gegenseitig vertilgen, denn auch damit ginge ja der Begriff des Systems unter, sondern die Aufgabe ist eben, daß sie wirklich zusammenbestehen. Im ersten Fall (wenn sie sich alle gegenseitig vertilgten) würde man statt des Systems nur einen bodenlosen Abgrund vor sich sehen, in den alles versinkt, und in dem sich nichts mehr unterscheiden läßt. Nicht vertilgt werden sollen die Systeme, sondern zusammenbestehen, wie die verschiedenen Systeme in einem Organismus, und durch dieses ihr Zusammenbestehen eine Ansicht erzeugen, die über allen einzelnen liegt, die gesunde Ansicht, bei der der Mensch sich wohl fühlt, wie im gesunden menschlichen Körper alle Differenzen der Organe und Funktionen in Ein untheilbares Leben sich auflösen, dessen Empfindung Wohlseyn ist.

Irgend ein wirkliches System vertilgen, vernichten zu wollen, wäre gerade gegen den Zweck. Denn woraus entsteht die Einseitigkeit der Systeme? Antwort: wie Sie bereits deutlich einsehen müssen, nicht aus dem, was man behauptet, sondern aus dem, was man leugnet. Schon Leibniz sagt irgendwo sehr naiv: „Ich habe gefunden, daß der größte Theil der Sekten Recht haben in einem guten Theil dessen, was sie behaupten, aber nicht so sehr in dem, was sie leugnen". Leibniz fühlte wohl, daß eben das Ausschließende das Falsche ist, und doch stellte er selbst wieder ein offenbar einseitiges System auf, wenn er behauptete, alles komme in der Welt auf Vorstellkräfte zurück. Derselbe Leibniz sagt an einer andern Stelle seiner Schriften: „Je tiefer man in den Grund der Dinge eindringt, desto mehr Wahrheit läßt sich in den Lehren der meisten Sekten entdecken. Man kommt endlich auf einen perspektivischen Mittelpunkt, in welchem man alles vereinigt findet. Stellt man sich in diesen Mittelpunkt, so sieht man nur Regelmäßigkeit und Uebereinstimmung; entfernt man sich von diesem, und je weiter man sich entfernt, desto mehr verwirrt sich alles, ein Theil deckt den andern, die Linien verschieben sich". Aber er setzt auch hier hinzu: „Sektengeist ist bisher der Fehler gewesen. Man hat sich selbst eingeschränkt, indem man verworfen hat, was andere lehrten". Also auch hier wird der Fehler ins Verwerfen gesetzt. Warum ist aber derselbe Leibniz eben in denselben Fehler verfallen? Antwort: Sein System stand allerdings auf einer hohen Stufe, und so war freilich auch in diesem System ein gewisser, aber doch immer partiell-perspektivischer Mittelpunkt, von welchem aus manche tiefer stehende Lehren und Behauptungen übereinstimmend erscheinen konnten.

Ich habe bisher von dem äußern Grund des Systems oder dem Bestreben gesprochen, das menschliche Wissen im System — im Zusammenbestehen zu sehen. Dieser äußere Grund ist der an sich unauflösliche Widerstreit im menschlichen Wissen. Ich habe diesen nicht dargethan, bewiesen; ich habe ihn vorausgesetzt und voraussetzen müssen. Hätte ich mich darauf einlassen wollen, so hätte ich statt des Systems selbst auch die Vorbereitung dazu — die Propädeutik desselben — geben müssen. Nämlich die beste Propädeutik ist eben, diesen nothwendigen Widerspruch, in den das erwachende Bewußtseyn, die erwachende Reflexion geräth, von den ersten Wurzeln an durch alle seine Verzweigungen bis zur Verzweiflung zu verfolgen, wo dann der Mensch gleichsam gezwungen ist, die Idee jenes höheren Ganzen zu fassen, in welchem die widerstreitenden Systeme durch ihr Zusammenbestehen jenes höhere Bewußtseyn erzeugen, in dem er wieder frei ist von allem System, über allem System. Dieses Geschäft ist eigentlich das der bloßen Dialektik, welche keineswegs die Wissenschaft selbst, wohl aber die Vorbereitung zu ihr ist.

Also der äußere Grund des Systems ist die ursprüngliche *ἀσυστασία* des menschlichen Wissens. Was ist nun aber das Princip seiner Möglichkeit? Nämlich das Wünschenswerthe eines solchen alles

Widerstreitende in Einklang bringenden Ganzen sehen wir wohl ein, aber wie ist es möglich, und unter welchen Voraussetzungen ist es allein denkbar? — Die erste Voraussetzung hierzu ist unstreitig 1) die allgemeine Idee der Fortschreitung, der Bewegung in dem System. Denn es ist allerdings unmöglich, daß widerstreitende Behauptungen, wie man zu reden pflegt, zugleich — nämlich in einem und demselben Moment der Entwicklung wahr seyen. Wohl möglich aber ist, daß für einen gewissen Punkt der Entwicklung der Satz: A ist B wahr sey, für einen andern A ist nicht B. Hier hält die Bewegung die widerstreitenden Sätze auseinander. 2) Aber zu dieser Bewegung bedarf es eines Subjekts der Bewegung und Fortschreitung, worunter das sich Bewegende und Fortschreitende selbst verstanden wird, und in Ansehung dieses Subjekts werden zwei Voraussetzungen gemacht: a) es ist nur Ein Subjekt, das durch alles geht; denn wäre ein ander Subjekt in B; und wieder ein anderes in C, so wäre B und C völlig geschieden, und es wäre kein Zusammenhang. Wie es nur ein und dasselbe Subjekt ist, das in den verschiedenen Gliedern eines Organismus lebt, so muß es nur Ein Subjekt seyn, das durch alle Momente des Systems geht — darum sind aber nicht die Glieder, durch welche es geht, auch einerlei. — Aber b) dieses Eine Subjekt muß durch alles gehen und in nichts bleiben. Denn wo es bliebe, wäre das Leben und die Entwicklung gehemmt. Durch alles durchgehen und nichts **seyn**, nämlich nichts so seyn, daß es nicht auch anderes seyn könnte — dieses ist die Forderung.

Was ist dieses Subjekt, das in allem ist, und in nichts bleibt? Wie sollen wir es nennen? — (Im Vorbeigehen, diese Frage ist identisch mit der sonst so gewöhnlichen, was Princip der Philosophie sey. Nämlich das Princip der Philosophie ist das, was nicht etwa nur im Anfang Princip ist und dann aufhört es zu seyn, sondern was überall und immer, was im Anfang, Mittel und End' gleicherweise Princip ist. — Ferner hat man sonst wohl auch unter Princip einen obersten Satz verstanden. Da man nämlich die Philosophie nur als eine Kette von auseinander folgenden Sätzen betrachtete, stellte man sich vor, daß es einen obersten Ring in dieser Kette geben müsse — einen ersten Satz, aus welchem sodann ein zweiter, aus diesem wieder ein dritter folgt u. s. f. So hatte Cartesius als obersten Satz sein: Cogito ergo sum. Fichte: Ich bin Ich. Allein in einem lebendigen System, das nicht eine Folge von Sätzen ist, sondern von Momenten des Fortschreitens und der Entwicklung, kann von einem solchen obersten Satze nicht die Rede seyn). Also was ist Princip des Systems, was ist jenes Eine Subjekt, das durch alles geht, und in nichts bleibt? Wie sollen wir es nennen, was von ihm aussagen? — Wir wollen erst sehen, was die Frage: was ist es? selbst bedeutet. „Etwas namhaft machen, das es ist". Nun dieß ist leicht. Soll ich etwa sagen: A ist B? Freilich! Aber es ist auch nicht B. Allein ich verlange eine genaue Bestimmung desselben, ich verlange, daß sein Begriff mit festen Grenzen umschrieben, definirt werde. Wenn man eine Definition verlangt, so will man wissen, was das Subjekt definitiv ist, und nicht bloß so ist, daß es auch etwas anderes oder gar das Gegentheil davon seyn kann. Dieß ist hier der Fall. Ich kann weder bestimmt sagen, A sey B, noch bestimmt, es sey nicht B. Es ist sowohl B als nicht B, und es ist weder B noch nicht B. Es ist nicht so B, daß es nicht auch nicht B wäre, und es ist nicht so nicht B, daß es schlechterdings und auf keine Weise B seyn könnte. Und daßelbe würde der Fall seyn mit jeder andern Bestimmung, mit C, mit D u. s. f. Was bleibt nun übrig? Soll ich etwa die ganze Reihe hersagen, soll ich sagen: es ist A, B, C, D u. s. f. Aber, meine Herrn, das ist ja eben die ganze Wissenschaft, das ist ja eben schon das System selbst. Was bleibt also übrig? Antwort: ich muß eben das Indefinible, das nicht zu Definirende des Subjekts selbst zur Definition machen. Was heißt definiren? Dem Worte nach: in bestimmte Grenzen einschließen. Definiren läßt sich daher nichts, als was von Natur in bestimmte Grenzen eingeschlossen ist. Daher die Definition einer geometrischen Figur etwas ganz Einfaches, weil eben ihr Wesen in der Begrenzung besteht. Hier ist das Definiendum schon ein Definitum — ich definire sie eigentlich nicht, sie ist schon definirt, und wenn ich sage, ich gebe eine Definition, z. B. von der Ellipse, so heißt dieß nur so viel: ich werde mir der Definition der Ellipse — der in ihr selbst liegenden — nur bewußt. Daher Geometrie = definible Wissenschaft. Allein mit dem Subjekt der Philosophie ist es etwas ganz anderes. Dieses ist schlechthin indefinibel. Denn 1) es ist nichts — nicht etwas, und selbst dieß wäre wenigstens eine negative Definition; allein es ist auch nichts nicht, d. h. es ist alles. Es ist nur nichts einzeln, stillstehend, insbesondere; es ist B, C, D u. s. w. nur, sofern jeder dieser Punkte zu dem Fluß der unzertrennlichen Bewegung gehört. Es ist nichts, das es wäre, und es ist nichts, das es nicht wäre. Es ist in einer unaufhaltsamen Bewegung, in keine Gestalt einzuschließen, das Incoercible, das Unfaßliche, das wahrhaft Unendliche. Zu diesem muß sich erheben, wer der vollkommen freien, sich selbst erzeugenden Wissenschaft mächtig werden will. Hier muß alles Endliche, alles, was noch ein Seyendes ist, verlassen werden, die letzte Anhänglichkeit schwinden; hier gilt es alles zu lassen — nicht bloß, wie man zu reden pflegt, Weib und Kind, sondern was nur Ist, selbst Gott, denn auch Gott ist auf diesem Standpunkt nur ein Seyendes. Hier, wo wir diesen Begriff (Gott) zuerst nennen, mögen wir an ihm als dem höchsten Beispiel jenes Frühere nachweisen. Wir sagten: es ist nichts, das das absolute Subjekt nicht wäre, und es ist nichts, das jenes Subjekt wäre. Nämlich das absolute Subjekt ist nicht nicht Gott, und es ist doch auch nicht Gott, es ist auch das, was nicht Gott ist. Es ist also insofern über Gott, und wenn selbst einer der vorzüglichsten Mystiker früherer Zeit gewagt hat von einer Uebergottheit zu reden, so wird dieß auch uns verstattet seyn, und es wird ausdrücklich hier bemerkt, damit nicht etwa das Absolute — jenes absolute Subjekt — geradezu mit Gott verwechselt werde. Denn dieser Unterschied ist sehr wichtig. Also selbst Gott muß der lassen, der sich in den Anfangspunkt der wahrhaft freien Philosophie stellen will. Hier heißt es: Wer es erhalten will, der wird es verlieren, und wer es aufgibt, der wird es finden. Nur derjenige ist auf den Grund seiner selbst gekommen und hat die ganze Tiefe des Lebens erkannt, der einmal alles verlassen hatte, und selbst von allem verlassen war, dem alles versank, und der mit dem Unendlichen sich allein gesehen: ein großer Schritt, den Platon mit dem Tode verglichen. Was Dante an der Pforte des Infernum geschrieben seyn läßt, dieß ist in einem andern Sinn auch vor den Eingang zur Philosophie zu schreiben: „Laßt alle Hoffnung fahren, die ihr eingeht". Wer wahrhaft philosophiren will, muß aller Hoffnung, alles Verlangens, aller Sehnsucht los seyn, er muß nichts wollen, nichts wissen, sich ganz bloß und arm fühlen, alles dahingeben, um alles zu gewinnen. Schwer ist dieser Schritt, schwer, gleichsam noch vom letzten Ufer zu scheiden. Dieß sehen wir daraus, daß so wenige von jeher dieß im Stand waren. Wie hoch erhebt sich Spinoza, wenn er lehrt, daß wir von allen einzelnen und endlichen Dingen uns scheiden und zum Unendlichen erheben sollen, und wie tief sinkt wieder eben derselbe, wenn er dieses Unendliche zur Substanz, d. h. zu etwas Todtem, Stillstehendem, macht, und wenn er diese Substanz als Einheit des ausgedehnten und des denkenden Wesens erklärt, gleichsam zwei Gewichte, wodurch er sie ganz niederzieht in die Sphäre der Endlichkeit! So zu unserer Zeit Fichte, der vor mir an dieser Stelle stand, der zuerst wieder kräftig zur Freiheit aufrief, dem wir es eigentlich verdanken, daß wir wieder frei, ganz von vorn philosophiren, wie tief sieht er unter sich alles Seyn, in welcher er nur eine Hemmung freier Thätigkeit sieht! Aber indem ihm alles äußere und objektive Seyn verschwunden ist, — im Augenblick, da man erwartet, ihn über alles Seyende sich erheben zu sehen, klammert er sich wieder an das eigne Ich an. Aber nicht bloß die Objekte, auch sich selbst muß der lassen, der sich in jenen freien Aether erschwingen will. Man gesteht dem Menschen zu, sein sittliches Leben durch einen großen Entschluß mitten in der Zeit wie von vorn beginnen zu können. Sollte dieß nicht auch im Geistigen geschehen können? Aber eben hierzu muß er schlechthin von vorn, von neuem geboren werden.

Ich sagte: eben das Indefinible jenes absoluten Subjekts müsse selbst zur Definition gemacht werden. Allein wenn wir genauer zusehen, so überfällt es uns, daß wir damit von jenem absoluten Subjekt doch nichts als einen verneinenden Begriff gewonnen, und so überhaupt Gefahr ist, ins Verneinen zu gerathen. Denn selbst das Wort unendlich drückt ja doch eigentlich nur die Negation der Endlichkeit aus. Ebenso: indefinibel, incoercibel, unfaßlich. Also wissen wir doch eigentlich nur, was jenes Subjekt nicht ist, nicht aber, was es ist. Darum lassen wir aber nun doch nicht ab, sondern streben auf alle Weise den bejahenden Begriff desselben zu erlangen.

Wir wollen zusehen, wodurch wir in jene Gefahr des Verneinens gerathen. Was haben wir gethan? Wir sagten uns bestimmt und kategorisch, jenes absolute Subjekt sey das Indefinible, das Unfaßliche, das Unendliche. Aber eben damit haben wir ja gegen unseren eignen Grundsatz gehandelt, nämlich daß von jenem absoluten Subjekt nichts schlechthin, nichts so auszusagen sey, daß nicht auch das Gegentheil möglich wäre. Dieß muß nun auch seine Anwendung haben auf den Begriff des Indefinibeln. Nämlich es ist nicht so indefinibel, daß es nicht auch ein Definibles werden könnte, es ist nicht so unendlich, daß es nicht auch endlich werden könnte, nicht so unfaßlich, daß es nicht auch faßlich. Und wenn Sie nun dieß recht festhalten, so haben Sie den positiven Begriff. Nämlich um sich in eine Gestalt einschließen zu können, muß es freilich außer aller Gestalt seyn, aber nicht dieses, das außer aller Gestalt, das unfaßlich-Seyn ist das Positive an ihm, sondern, daß es sich in eine Gestalt einschließen, daß es sich faßlich machen kann, also daß es frei ist, sich in eine Gestalt einzuschließen und nicht einzuschließen. Denn auch gleich anfangs wurde ja nicht behauptet, daß es schlechthin das Form- und Gestaltlose sey, sondern nur, daß es in keiner Gestalt bleibe, von keiner gefesselt werde. Wir setzten also ausdrücklich voraus, daß es Gestalt annehme; denn nur indem es Gestalt annimmt, aber aus jeder wieder siegreich heraustritt, zeigt es sich als das an sich Unfaßliche, Unendliche. Es würde aber nicht frei seyn, aus jeder Gestalt hervorzutreten, wenn es nicht von Anfang an frei gewesen, Gestalt anzunehmen und nicht anzunehmen. Ich sage von Anfang an — denn nachdem es einmal Gestalt angenommen, so ist es vielleicht nicht fähig, unmittelbar wieder in seine ewige Freiheit durchzubrechen, sondern nur indem es durch alle Gestalten hindurch geht. Aber ursprünglich ist es doch frei, sich in eine Gestalt einzuschließen und nicht einzuschließen.

Ich möchte es aber nicht so ausdrücken: es ist das, was frei ist, Gestalt anzunehmen. Denn so würde diese Freiheit als Eigenschaft erscheinen, die ein von ihr noch verschiedenes und unabhängiges Subjekt voraussetzt — sondern die Freiheit ist das Wesen des Subjekts, oder es ist selbst nichts anderes als die ewige Freiheit.

Unter dieser ist aber wieder nicht die bloße Unabhängigkeit von äußerer Bestimmung zu denken, sondern eben die Freiheit, sich in eine Gestalt einzuschließen. Nämlich es ist die ewige Freiheit, aber es ist auch diese nicht so, daß es sie nicht auch nicht seyen könnte, nämlich eben durch Uebergehen in eine andere Gestalt — und hier sehen wir denn, woher eigentlich jene Duplicität des Seyns und nicht-Seyns, jene natura anceps in ihm kommt, nämlich eben davon, daß es die lautere absolute Freiheit selbst ist. Denn wäre es nur so die Freiheit, daß es nicht auch Nicht-Freiheit werden könnte, daß es Freiheit bleiben müßte, so wäre ihm die Freiheit selbst zur Schranke, selbst zur Nothwendigkeit geworden, es wäre nicht wirklich absolute Freiheit.

Nun haben wir endlich den Begriff ganz und vollständig, und so, daß wir ihn nicht wieder verlieren können. Alles, was wir noch zusetzen könnten, ist bloße weitere Auswickelung und Erklärung, und so nehmen Sie es auch auf. Nämlich statt wesentlicher Freiheit können wir auch sagen: 1) es sey das ewige, lautere Können, nicht das Können von etwas (womit schon ein Beschränktes), sondern das Können um des Könnens willen, das absicht- und gegenstandlose Können: dieß ist überall das Höchste, und wo wir es sehen, glauben wir einen Strahl jener ursprünglichen Freiheit zu sehen; 2) es sey Wille — nicht Wille eines von ihm verschiedenen Wesens, sondern es sey nichts als Wille — der lautere Wille selbst, auch nicht der Wille von Etwas (denn damit schon beschränkt), sondern der Wille an sich, nicht der Wille, der wirklich will, doch auch nicht der, der nicht will, nämlich abstößt, sondern der Wille, sofern er weder will noch nicht will, sondern in völliger Gleichgültigkeit ist (einer Gleichgültigkeit, die sich selbst wieder und die Nichtgleichgültigkeit einschließt) — und historisch wenigstens ist Ihnen vielleicht bekannt, daß eben diese Gleichgültigkeit — diese Indifferenz als Form des eigentlichen Absoluten angegeben worden.

Wie nun diese ewige Freiheit sich zuerst in eine Gestalt — in ein Seyn — eingeschlossen, und wie sie durch alles hindurchgehend und in nichts bleibend endlich wieder hindurchbricht in die ewige Freiheit — als die ewig ringende, aber nie besiegte, stets unüberwindliche Kraft, die jede Form, in die sie sich eingeschlossen, immer selbst wieder verzehrt, also aus jeder wieder als Phönix aufsteht und durch Flammentod sich verklärt — dieß ist Inhalt der höchsten Wissenschaft.

Aber wie können wir jene ewige Freiheit innewerden, wie jene Bewegung wissen? Das ist jetzt die nächste Frage.

Es ist eine uralte Lehre, daß Gleiches nur von Gleichem erkannt werde[1]. Das Erkennende muß seyn wie das Erkannte und das Erkannte wie das Erkennende. So ist auch das Auge dem Licht ähnlich nach jenem alten Spruch, welchen Goethe in die Vorrede zu seiner Farbenlehre aufgenommen hat:

Wär' nicht das Auge sonnenhaft,
Wie könnten wir das Licht erblicken?
Lebt' nicht in uns des Gottes eigne Kraft,
Wie könnt' uns Göttliches entzücken?

Hier handelt es sich insbesondere nicht um eine historische Kenntniß jener Bewegung, sondern um eine Mitwissenschaft, **conscientia**. Hieraus folgt also, daß in uns selbst etwas jener ewigen Freiheit Aehnliches und Gleiches — oder noch bestimmter: jene ewige Freiheit muß selbst in uns seyn, selbst in uns das Erkennende von sich seyn.

Wie ist dieß möglich? — Ich frage: ist denn der Begriff der ewigen Freiheit überhaupt so entfernt von unserem Wissen? Was ist die ewige Freiheit? Wie wir schon gesehen, ist sie a) = dem ewigen, lauteren Können. Jedes Können aber ist ein Wissen, wenn auch nicht

[1] Sextus Empiricus adv. Gramm. Lib. I, c. 13. [Vgl. die Stelle selbst in der Abhandlung über die Freiheit, Bd. VII, S. 337].

umgekehrt. b) Das Können in Wirkung ist das Wollen: ehe es zur Wirkung übergeht, das ruhende Wollen. Der Wille, inwiefern er nicht will, Gleichgültigkeit, Indifferenz. Nun aber was ist jedes Wollen? Es ist ein Anziehen, ein sich zum Gegenstand Machen, d. h. ein Wissen, denn auch das Wissen ist ein sich zum Gegenstand Machen, und wenn die ewige Freiheit in ihrer Gleichgültigkeit der ruhende Wille, so ist sie auch das ruhende Wissen = nicht wissendes Wissen. (Meine Behauptung ist übrigens nicht, daß Wollen und Wissen einerlei seyen, sondern nur, daß in jedem Wollen ein Wissen, denn das Wollen kann ohne Wissen nicht gedacht werden).

c) Die Begriffe von Können und Wollen sind vereinigt in dem deutschen Wort *mögen*. Ich mag nicht = Ich will nicht. „Mag auch ein Blinder dem andern den Weg weisen" = Kann auch ꝛc. Die ewige Freiheit ist das ewige Mögen, das Mögen nicht von etwas, das Mögen an sich, oder, wie wir dieß auch ausdrücken können, die ewige Magie: — ich gebrauche dieses Wort, weil es meinen Begriff ausdrückt; es ist zwar ein fremdes Wort, wenn wir es aber für uns gebrauchen, so nehmen wir nur unser Eigenthum zurück. Ob wir sagen, das ewige Können, oder ob wir sagen, die ewige Magie, ist einerlei. Nur empfiehlt sich das Wort dadurch, daß es zugleich jenes Vermögen ausdrückt, in alle Gestalten sich zu begeben und in keiner zu bleiben. Eben dieß gilt aber auch vom Wissen. Auch das ruhende Wissen ist an sich unendlich, das in jede Form sich geben kann. Jene Magie, solang sie unwirkend, ist = ruhendem Wissen. Indem sie wirkend wird, in eine Form sich einschließt, wird sie wissend, sie erfährt ein Wissen, geht so von Formen zu Formen, schreitet von Wissen zu Wissen, aber nur um zuletzt in die Seligkeit des Nichtwissens (welches dann ein wissendes Nichtwissen ist) wieder durchzubrechen. Diese Bewegung erzeugt also Wissenschaft (es ist natürlich hier nicht von menschlicher Wissenschaft die Rede). Wissenschaft entsteht ursprünglich nur dann, wenn ein Princip aus dem ursprünglichen Zustand des Nichtwissens heraustritt und wissentlich wird, und nachdem es alle Formen durchgangen, in das ursprüngliche Nichtwissen zurückkehrt. Was der absolute Anfang ist, kann sich nicht wissen; übergehend ins Wissen hört es auf der Anfang zu seyn und muß darum fortschreiten, bis es sich als Anfang wieder findet. Der als sich selbst wissender Anfang wiederhergestellte Anfang ist das Ende alles Wissens.

In der ursprünglichen Magie liegt aber mehr als bloßes Wissen, nämlich objektive Hervorbringung. Um daher jenes Wissen, das zugleich ein objektives Hervorbringen und Erzeugen ist, von dem bloßen Wissen zu unterscheiden, das nur eine ideale Wiederholung des ursprünglichen Wissens ist, mußte man in der Sprache einen eignen Ausdruck suchen, nämlich Weisheit. Weisheit ist noch mehr als Wissen, es ist das wirkende Wissen, es ist das Wissen in That und Leben, oder sofern es zugleich praktisch. Daher können auch wir jene ewige Freiheit die Weisheit nennen, die Weisheit par excellence in dem hohen Sinne, in welchem dieses Wort besonders von den Morgenländern und namentlich im A. T. gebraucht wird. Das hebräische Wort, das Weisheit bedeutet, zeigt eigentlich seinem Ursprung nach Herrschaft, Macht, Stärke an. Nur in der Weisheit ist die Macht und die Stärke, denn sie ist das, was in allem, aber eben darum auch über allem ist. Aber nur in der Einheit ist Stärke, in der Zertrennung Schwäche. Von dieser Weisheit fragt ein altmorgenländisches Gedicht[1]: „Wo will man Weisheit finden, und wo ist die Stätte des Verstandes? Niemand weiß, wo sie lieget, sie wird nicht funden im Land der Lebendigen. Der Abgrund spricht: sie ist in mir nicht, und das Meer spricht: sie ist nicht bei mir". Der Sinn ist: die Weisheit ist in nichts Einzelnem, sie weilt nicht im Lande der Lebendigen, denn sie bleibt überhaupt nicht, sie fährt durch alles, wie der Wind, dessen Sausen man wohl hört, aber niemand kann sagen, wo seine Stätte ist. Daß dieß der Sinn ist, erhellt aus der Fortsetzung der Rede, wo es heißt: „Sie ist verhohlen vor den Augen aller Menschen, die Verdammniß und der Tod sprechen: Wir haben mit unseren Ohren ihr Gerücht gehört", d. h. sie ist an uns vorübergegangen, wir haben von ihr nur gehört in transitu, im

[1] Hiob 28.

Vorbeigehen. „Selbst Gott weiß nur den Weg zu ihr", nämlich sie ist ihrer Natur nach nichts Stillstehendes, und auch bei Gott kann sie nicht als ein Stillstehendes seyn. „Gott weiß nur den Weg zu ihr, denn er sieht die Enden der Erde", d. h. alles menschlichen Lebens, und die Weisheit ist nicht im Anfang, nicht im Mittel, nicht im Ende allein, — sie ist im Anfang, Mittel und Ende.

Also hier ist die Weisheit = ewiger Freiheit.

Nun aber im Menschen ist nicht mehr diese Weisheit, in ihm ist kein objektives Hervorbringen, sondern bloß ideales Nachbilden; er ist nicht der magische Beweger aller Dinge; in ihm ist nur noch Wissen. Aber in diesem Wissen sucht er die ewige Freiheit oder Weisheit. Wie könnte er sie aber suchen, wenn sie nicht sich selbst in ihm suchte? Denn das Erkannte muß seyn wie das Erkennende. Wie aber könnte die ewige Freiheit sich in seinem subjektiven Wissen suchen, wenn sie sich noch objektiv suchen könnte? Denn ihre ganze Bewegung ist allerdings ein Suchen ihrer selbst. Wenn sie sich also im Menschen, im subjektiven Wissen sucht, so kommt dieß nur daher, daß sie in ihrem objektiven Suchen gehemmt worden ist. Eben dieß ist der Fall. Wir haben sie beschrieben als die in nichts bleibt. Nun sehen wir freilich, daß sie in nichts bleibt, jede Form wieder zerstört, aber was sie an die Stelle der zerstörten setzt, ist nur wieder dieselbe Form. Also darin ist kein Fortschritt, vielmehr Hemmung zu erkennen. Unwillig treibt sie jede Form bis zur Selbstzerstörung (z. B. die Pflanze bis zur Samenbildung), immer hoffend, daß etwas Neues entstehe. Woher dieser Stillstand, läßt sich nicht erklären, aber der Anblick der Welt überzeugt uns von demselben. Der regelmäßige Lauf der Gestirne, der stets wiederkehrende Cirkel der allgemeinen Erscheinungen deutet auf ihn. Die Sonne geht auf, um unter-, sie geht unter, um wieder aufzugehen. Das Wasser läuft ins Meer, um wieder aus ihm zu kommen. Ein Geschlecht kommt, das andere geht, alles arbeitet, um sich aufzureiben und zu zerstören, und es kommt doch nichts Neues. Objektiv also ist die Fortschreitung gehemmt. Nur im Wissen ist noch der offene Punkt, hier kann sich die Weisheit noch suchen und finden. Darum liegt sie dem Menschen an, sie in sein Inneres aufzunehmen. Zwar das Wirkende, das objektiv Hervorbringende ist aus diesem Wissen verschwunden, die Magie ist daraus hinweg. Was in jener objektive Bewegung, That und Leben war, ist im Menschen nur noch Wissen, aber dieses Wissen ist doch dem Wesen nach dasselbe: es ist die ewige Freiheit, die in ihm noch als Wissen ist; es ist dieselbe Magie, die alles hervorbringt, die aller Kunst Meister ist, aber die jetzt in dem Menschen beschränkt ist auf das Wissen, auf die bloß ideelle Wiederholung des Processes.

---

Wie können wir jenes absolute Subjekt, die ewige Freiheit wissen; dieser Frage liegt die noch allgemeinere zu Grunde: Wie kann sie überhaupt gewußt werden? Nämlich:

1) Es ist ein Widerspruch darin, daß die ewige Freiheit erkannt werden soll. Sie ist absolutes Subjekt = Urstand; wie kann sie denn Gegenstand werden? Unmöglich kann sie es werden als absolutes Subjekt, denn als solches steht sie zu nichts in gegenständlichem Verhältniß; es ist das absolut Urständliche, dem nichts etwas anhaben kann, insofern das eigentlich Transcendente. Statt absolutes Subjekt ist es auch das reine Wissen zu nennen, und es kann also als solches nicht das Gewußte seyn. Dieß ist an allen den Begriffen zu zeigen, mit denen wir den des absoluten Subjekts oder der ewigen Freiheit verglichen haben. Z. B. wir sagten, es sey ewiges, lauteres Können. Aber das lautere Können entzieht sich allem, es ist ungegenständlich, absolute Innerlichkeit. Das Gleiche ist der Fall mit dem lauteren Wollen und mit dem Mögen.

Wenn nun jene ewige Freiheit als absolutes Subjekt nicht gegenständlich ist, so kommt es darauf an, daß sie Objekt, gegenständlich werde. Dieß aber ist wohl möglich. Denn da sie **absolute** Freiheit, d. h. Freiheit, auch nicht Freiheit (nicht Subjekt) zu seyn, so **kann** sie als Subjekt heraustreten. **Als** Objekt ist sie dann freilich zu wissen, wir sehen sie in allen ihren Gestalten, aber nicht **als** die ewige Freiheit, nicht als Subjekt, nicht **wie sie an sich ist**.

Es scheint also, daß sie überall und auf keine Weise zu erkennen sey. Als absolutes Subjekt ist sie über aller Erkenntniß, als Objekt ist sie nicht in ihrem An-sich. Nur auf Eine Art könnte dennoch das absolute Subjekt als solches erkannt werden. Nämlich dann, wenn es aus dem Objekt wiederhergestellt würde zum Subjekt. Denn dann ist es nicht mehr bloß Subjekt, und doch auch nicht so Objekt, daß es darüber als Subjekt verloren wäre, sondern es ist als Objekt Subjekt und als Subjekt Objekt, ohne darum zwei zu seyn, als das Erkannte das Erkennende und als das Erkennende das Erkannte. Dann erkennt die ewige Freiheit sich, wie sie erkannt war.

Da nur in jener Umwandlung aus Objekt in Subjekt die Möglichkeit eines Selbsterkennens der ewigen Freiheit liegt, so ist also auch das absolute Subjekt sich nicht erkennend a) im Anfang — denn da ist es das bloße reine Wissen (ruhendes Wissen = nicht wissendes Wissen); ebenso ist es nicht sich erkennend b) im Mittel oder im Uebergang, da erkennt es sich, aber als ein anderes, nicht als die ewige Freiheit, c) nur im Ende ist es sich erkennend als sich.

Sie soll sich freilich erkennen, es ist darauf abgesehen: was wäre für sie auch anderes zu erkennen als sich selbst, da nichts außer ihr? Also sie soll Subjekt und Objekt von sich seyn, aber die zwei Pole sind durch die ganze Bewegung auseinander gehalten, eben dieß macht erst die Bewegung, die beiden Enden dürfen nicht zusammenfallen, denn sowie sie zusammentreffen, hört die Bewegung auf. Man kann sich dieß durch eine Magnetnadel deutlich machen: wenn die beiden Pole in der Magnetnadel zusammenkommen könnten, würde das Leben derselben aufhören.

Also die ganze Bewegung ist nur Bewegung zur Selbsterkenntniß. Der Imperativ, der Impuls der ganzen Bewegung, ist das **Γνῶθι Σεαυτόν,** Erkenne dich selbst, dessen Ausübung allgemein als Weisheit angesehen wird. Erkenne, was du bist, und sey, als was du dich erkannt hast, dieß ist die höchste Regel der Weisheit.

So also ist die ewige Freiheit in der Indifferenz die ruhende Weisheit, in der Bewegung die sich suchende, nirgends ruhende, im Ende die verwirklichte. Wenn also in der ganzen Bewegung die sich suchende Weisheit ist, so ist die ganze Bewegung Streben nach Weisheit, es ist die — objektive — Philosophie.

Nun könnte man sagen: hier (im Ende) ist die ewige Freiheit also als absolutes Subjekt erkennbar. Ja, aber nur für sich selbst. Die ewige Freiheit kann daher überhaupt nur sich selbst erkennen; es gibt überhaupt keine Erkenntniß von ihr, als in welcher dasselbe dasselbe erkennt. Also für den Menschen scheint es keine Erkenntniß der ewigen Freiheit zu geben. Nun fordern wir aber doch eine solche, und zwar unmittelbare Erkenntniß. Die einzige Möglichkeit einer solchen wäre, wenn jenes Selbsterkennen der ewigen Freiheit unser Bewußtseyn, also umgekehrt unser Bewußtseyn ein Selbsterkennen der ewigen Freiheit wäre. Oder, da dieses Selbsterkennen auf der Umwendung aus dem Objektiven ins Subjektive beruht, wenn jene Umwendung in uns geschähe, d. h. wenn wir selbst die aus dem Objekt ins Subjekt wiederhergestellte ewige Freiheit wären.

Vor diesem Gedanken dürfen wir nicht erschrecken. Denn a) im Menschen allein ist wieder jene abgründliche Freiheit, er ist mitten in der Zeit nicht in der Zeit, ihm ist verstattet wieder Anfang zu seyn, er ist also der wiederhergestellte Anfang. b) Eine dunkle Erinnerung, einmal der Anfang, die Macht, das absolute Centrum von allem gewesen zu seyn, rührt sich offenbar in dem Menschen. Er wäre es nämlich zweimal, 1) inwiefern er dieselbe ewige Freiheit ist, die im Anfang war, nur die wiedergebrachte, er wäre also das absolute Centrum als jener Anfang, und er wäre es 2) als die wiedergebrachte Freiheit.

Allein wenn auch der Mensch nur die zu sich gekommene Freiheit ist — wie er sie wirklich ist, denn der Mensch ist seinem Innern nach nichts anderes als Ichheit, Bewußtseyn, alles Bewußtseyn setzt aber ein zu sich selbst Gekommenseyn voraus — wenn nun aber auch der Mensch dieser wiedergebrachte Anfang ist, so weiß er sich nicht als solchen. Denn wüßte er sich als solchen, wüßte er sich als die zu sich gekommene Freiheit, so bedürfte es gar der Frage nicht, wie wir jene ewige Freiheit erkennen, wir würden sie unmittelbar erkennen, wir wären eben nur jenes Wissen der ewigen Freiheit um sich selbst. Da wir nun dieses Wissen der ewigen Freiheit zwar sind, aber es nicht wissen, so müssen wir in das Wissen dieses Wissens erst wieder geführt werden durch die Wissenschaft. Allein die Wissenschaft hat dazu auch keinen andern Weg, kann es nicht leisten, als indem sie von der ewigen Freiheit ausgeht; von dieser kann sie aber nicht ausgehen, ohne von ihr zu wissen. Hier ist also ein offenbarer Cirkel. Wir müßten das Resultat der Wissenschaft schon haben, um die Wissenschaft nur anfangen zu können. Hier sind wir an dem Punkt, wo die Schwierigkeit offenbar ist, die bisher nur dunkel vorschwebte. Was bleibt also übrig? Sollen wir uns etwa mit dem Ahnden helfen? Aber ahnden ist ein unvollkommenes Wissen. Ahnden bezieht sich eigentlich nur aufs Zukünftige. Nun kann man zwar nicht widersprechen, daß wir mit dem ersten Schritt in der Philosophie auch das Ende ahnden, es gibt keine Wissenschaft ohne Divination. Es ist aber nicht gleich, ob ich im Anfang das Ende divinire, oder aber den Anfang selbst ahnde, denn letzteres ist ein Widerspruch. Dasselbe ist mit dem Glauben der Fall. Ich halte den Glauben in Ehren, aber gleich an das Princip glauben, ist lächerlich. — Oder sollen wir etwa mit einer Hypothese anfangen, die erst zur Gewißheit wird im Ende? Dieß läßt sich hören, aber es genügt nicht. Jedenfalls wäre immer hier ich das Setzende der Wissenschaft und des Princips. Aber in der Philosophie gilt es, sich zu erheben über alles Wissen, das bloß von mir ausgeht. Was ist nun aber zu thun? Wovon sollen wir ausgehen? — Hier muß denn ausgesprochen werden, was die meisten hindert auch nur in die Philosophie hineinzukommen: es ist die Vorstellung, daß sie hier mit einer demonstrativen Wissenschaft zu thun haben, die gleich zuerst von einem Gewußten ausgeht, um von diesem zu anderem Gewußten, von diesen wieder zu anderem u. s. f. zu gelangen. Aber Philosopie ist nicht demonstrative Wissenschaft, Philosophie ist, um es mit Einem Wort auszusprechen, freie Geistesthat; ihr erster Schritt ist nicht ein Wissen, sondern vielmehr ausdrücklich ein Nichtwissen, ein Aufgeben alles Wissens für den Menschen. So lang Er noch wissen will, wird ihm jenes absolute Subjekt zum Objekt werden, und er wird es eben darum nicht an sich erkennen. Indem er sagt: ich, als ich, kann nicht wissen, ich — *will* nicht wissen, indem *Er* sich des Wissens begibt, macht er Raum für das, was das Wissen ist, nämlich für das absolute Subjekt, von dem gezeigt ist, daß es eben das Wissen selbst ist. In diesem Akt, da er sich selbst bescheidet, nicht zu wissen, setzt er eben das absolute Subjekt *als* das Wissen ein. In dem Akt dieses Einsetzens werde ich nun freilich seiner inne als des Ueberschwänglichen. Dieses Innewerden könnte man wohl auch ein Wissen nennen. Aber es muß gleich dazu gesetzt werden: es ist ein Wissen, das in Ansehung meiner vielmehr ein Nichtwissen ist. Jenes absolute Subjekt ist nur da, sofern ich es nicht zum Gegenstande mache, d. h. nicht weiß, mich des Wissens begebe; sowie aber dieses Nichtwissen sich wieder aufrichten will zum Wissen, verschwindet es wieder, denn es *kann* nicht Objekt seyn.

Man hat dieses ganz eigenthümliche Verhältniß sonst wohl auszudrücken gesucht durch das Wort *intellektuelle Anschauung*. Anschauung nannte man es, weil man annahm, daß im Anschauen oder (da dieß Wort gemein geworden) im *Schauen* das Subjekt sich verliert, außer sich gesetzt ist: *intellektuelle* Anschauung, um auszudrücken, daß das Subjekt hier nicht in das sinnliche Anschauen, in ein wirkliches Objekt verloren sey, sondern verloren, sich selbst aufgebend in dem, was *gar nicht Objekt* seyn kann. Allein eben weil dieser Ausdruck erst der Erklärung bedarf, so ist es besser, ihn ganz bei Seite zu setzen. Eher könnte man für jenes Verhältniß die Bezeichnung *Ekstase* gebrauchen. Nämlich unser Ich wird *außer* sich, d. h. außer seiner Stelle, gesetzt. Seine Stelle ist die, Subjekt zu seyn. Nun kann es aber gegen das absolute Subjekt nicht Subjekt seyn, denn dieses kann sich nicht als Objekt verhalten. Also es muß den *Ort* verlassen, es muß außer sich gesetzt werden, als ein gar nicht mehr Daseyendes. Nur in dieser Selbstaufgegebenheit kann ihm das absolute Subjekt aufgehen in der Selbstaufgegebenheit, wie wir sie auch in dem *Erstaunen* erblicken. Dieses ist etwa der sanftere Ausdruck, dessen sich der milde Platon bedient, wenn er sagt: „Vor allem ist dieß der Affekt des

Philosophen — das Erstaunen, τὸ θαυμάζειν, und hinzusetzt: denn es gibt keinen andern Anfang der Philosophie als das Erstaunen[1]. Herrlicher Ausdruck, den Sie sich tief in Ihre Seele schreiben sollen, besonders da es so viele dumpfsinnige Menschen gibt, die dem Anfänger in der Philosophie immer zurufen, in sich selbst hineinzugehen — in seine tiefsten Tiefen, wie sie sagen, was aber nur so viel heißt: immer tiefer in seine eigne Beschränktheit. Nicht das in sich hinein, das außer sich Gesetztwerden ist dem Menschen Noth. Eben durch das in sich selbst Hineingehen ist er zuerst um das gekommen, was er seyn sollte. Nämlich Er war die ewige Freiheit, die sich selbst verloren hatte, die durch die ganze Natur sich wieder suchte — er war diese wieder zu sich selbst gebrachte Freiheit, und sollte also auch diese bleiben; aber indem er sich nur wieder in ihr selbst beschauen, sie ergründen, sie sich anziehen, also sich zum Subjekt machen wollte, so blieb er freilich Subjekt, aber die ewige Freiheit blieb ihm nun auch bloßes Objekt. Wie kann er es anders anfangen, um wieder zu werden, was er war — die Weisheit, nämlich die Selbsterkenntniß der ewigen Freiheit — als indem er sich selbst wieder jenes Orts entsetzt, sich selbst außer sich setzt?

Ich bemerke hierbei, Ἔκστασις ist eine vox anceps, die im besseren und schlimmeren Sinn genommen werden kann. Nämlich jede Entfernung oder Entsetzung von einer Stelle ist Ekstase. Es kommt nur darauf an, ob etwas entfernt wird von einer ihm zukommenden, gebührenden Stelle, oder von der ihm nicht gebührenden Stelle. Im letzteren Fall ist es eine heilsame Ekstase, die zur Besinnung führt, während die andere zur Sinnlosigkeit führt.

Wie kann aber der Mensch zu dieser Ekstase gebracht werden, welches so viel heißt als: wie wird der Mensch zur Besinnung gebracht? Ich will dieß im Allgemeinen hier zeigen (nicht die ganze Genesis).

Also indem der Mensch jene ursprüngliche Freiheit sich zum Objekt macht, es mit ihr zum Wissen bringen will, entsteht nothwendig folgen-

[1] Theaet. p. 76. (S. die Schrift gegen Jacobi, S 191; im vorhergehenden Band S. 124. D. H.).

der Widerspruch: er will die ewige Freiheit als Freiheit wissen und empfinden, aber indem er sie zum Gegenstand macht, wird sie ihm unter der Hand zur Nichtfreiheit, und doch sucht und will er sie *als* Freiheit. Er will sich ihrer als Freiheit bewußt werden, und macht sie doch in eben diesem Anziehen zu nichte. Es entsteht daher im Innern des Menschen ein Umtrieb, eine rotatorische Bewegung, indem der Mensch beständig nach der Freiheit sucht, diese aber ihn flieht. Dieser innere Umtrieb ist der Zustand des zerreißendsten Zweifels, der ewigen Unruhe. Nicht bloß die Freiheit hört auf, auch jener, der sie wissen will, ist im Zustand der höchsten Unfreiheit — in beständiger Spannung gegen die Freiheit, die er ewig sucht, und die ihm beständig entflieht. Diese auch auf Seite des Menschen stattfindende Spannung (Spannungslosigkeit = Freiheit) erreicht endlich ihren höchsten Punkt, eine ἀκμή, welche eine Entladung zur Folge haben muß, wodurch das, was sich zum Wissenden der ewigen Freiheit *in ihr selbst* machen wollte, hinausgeworfen — in die Peripherie gesetzt — zum schlechterdings *Nichtwissenden* gemacht wird. Hier erst ist ihm wieder wohl. Diese Krisis ist aber nur *Anfang*, Bedingung des eigentlichen Processes, der jetzt beschrieben werden soll. Durch die Entscheidung nämlich sind nun zwei gesetzt, auf der einen Seite unser Bewußtseyn im Zustand des absoluten Nichtwissens, auf der andern das absolute Subjekt, welches nun als ewige Freiheit dem Bewußtseyn aufgeht und sich verkündet als das, was das andere nicht weiß. Diese beiden sind nun zwar außereinander, aber sie bleiben nicht in der Trennung. Sie verließen nur die *falsche Einheit*, in der sie befangen waren, um die wahre, rechte und freie zu gewinnen; aber eben *weil* sie aus einer und derselben Einheit ausgeschieden werden, so verhalten sie sich fortwährend als gleichsam sympathisirende Organe, wo in dem einen keine Veränderung vorgehen kann, die sich nicht im andern reflektirt. Eine Veränderung aber ist nothwendig, denn das absolute Subjekt kann in dieser Enge (der absoluten Innerlichkeit) nicht bleiben, es begibt sich gleich wieder in Bewegung. Diese Bewegung hat, wie jede Bewegung, drei große Momente. 1) Der *erste* Moment nämlich ist der, wo das absolute Subjekt in der absoluten Innerlichkeit sich findet = A. Diesem entspricht in dem Wissen der Moment, wo es absolute Aeußerlichkeit, d. h. Nichtwissen, ist = B. Nun aber kann das absolute Subjekt in diesem absoluten An=sich nicht verharren, es geht nothwendig über in die Aeußerlichkeit, oder A wird Objekt = B. Also 2) zweiter Moment, A wird B. Im ersten Moment blieb dem Wissen nichts übrig als absolut nicht wissendes zu seyn; im zweiten, wo A = B wird, geht das schlechthin Nichtwissende selbst in Wissen = A über; das als absolutes Nichtwissen, als B, als Aeußerliches gesetzte Wissen erhebt sich wieder zum Innerlichen — Wissenden — = A. Der Uebergang aus Subjekt in Objekt reflektirt sich durch das Uebergehen aus Objekt in Subjekt. Daher braucht man den Ausdruck Reflexion. Wie sich der Gegenstand im Wasser abspiegelt, gerade so steht das absolute Subjekt im umgekehrten Verhältniß zum Bewußtseyn. Das absolute Subjekt läßt nur übrig absolutes Nichtwissen. Wird aber A B so wird in dem gleichen Verhältniß B A, d. h. Wissen.

Im Moment seiner Aeußerlichkeit bleibt aber das absolute Subjekt nicht stehen, es wird c) in einem dritten Moment wieder A aus B, es wird wieder aufgerichtet in Subjekt; nur ist es jetzt das aus B wiederhergestellte A. In dem Verhältniß wird das mit ihm im Rapport stehende Wissen sein Verhältniß auch ändern; indem das absolute Subjekt wiederhergestellt wird, muß das Wissen absterben zum Nichtwissen, B, das A geworden, wieder B, d. h. Nichtwissen, werden, aber als aus Wissen zurückgebracht, ist es nicht mehr schlechthin Nichtwissen, sondern es ist wissendes Nichtwissen; es ist Nichtwissen, aber nicht äußerlich, wie im Anfang, sondern innerliches, es hat sich die ewige Freiheit, von der es in jener Krisis ausgestoßen war, wieder zum Innern, innerlich gemacht, oder: es hat sich die ewige Freiheit wieder erinnert — jetzt weiß es sie, und zwar unmittelbar, nämlich als das selbst Innere von ihr. Daher die uralte Lehre, daß alle Philosophie nur in Erinnerung bestehe. (Um wieder zu sich als ursprüngliches Innere der ewigen Freiheit — denn es entstand ja in ihr — zu kommen, mußte es erst außer sich gesetzt werden).

Man kann jenes Verhältniß des Wissens zum absoluten Subjekt durch zwei Linien anschaulich machen. Man denke sich zwei Linien.

$$\begin{array}{l} A \overset{B}{\rule{4cm}{0.4pt}} B = A \\ B \overset{A}{\rule{4cm}{0.4pt}} A = B \end{array}$$

In diesen Linien ist in der einen das absolute Subjekt (A) der Anfang, in der andern das Wissen im Nichtwissen = B. Beide sind Correlate. Das absolute Subjekt geht nun in einem Punkt seiner Bewegung über ins Objekt (B); in demselben Moment reflektirt sich das B der oberen Linie in der unteren als A, oder das Nichtwissen geht über in das Wissen (A). Nun wird aber im dritten Moment das absolute Subjekt der oberen Linie (A), das im zweiten Moment in das Objekt (B) übergegangen war, wieder aus demselben in das Subjekt zurückgebracht, oder mit andern Worten: B wird wieder A, und in demselben Moment reflektirt sich das B = A der oberen Linie wieder in der unteren, und es erscheint da A = B oder das Wissen vereinigt mit dem Nichtwissen.

So viel im Allgemeinen. Es ist dieß der Grundriß einer eigentlichen Theorie der Philosophie.

Nun noch einzelne Erläuterungen und Corrollarien.

Der Proceß beruht auf einem Auseinanderhalten des absoluten Subjekts und unseres Wissens, wobei aber doch ein beständiger Rapport zwischen beiden, so daß mit jeder Bewegung des absoluten Subjekts sich auch das Verhältniß des Wissens ändert. Es kann nach dieser Ansicht nicht mehr die Frage seyn, wie ich mich der Realität dieses Wissens versichere. Denn a) in jener Selbstaufgegebenheit, jener Ekstasis, da ich, als ich, mich erkenne als völliges Nichtwissen, wird mir unmittelbar jenes absolute Subjekt zur höchsten Realität. Ich setze das absolute Subjekt durch mein Nichtwissen (in jener Ekstasis). Es ist mir nicht Objekt, das ich wissend weiß, sondern absolutes Subjekt, das ich nichtwissend weiß und eben durch mein Nichtwissen setze. Dieser Rapport zwischen meinem Wissen und dem absoluten Subjekt, kraft dessen in dem absoluten Subjekt ebenso viel Realität als in meinem Wissen nicht-Realität, ist allerdings nur dadurch möglich, daß beide ursprünglich eins, daß die ewige Freiheit ursprünglich in unserm Bewußtseyn oder unser Bewußtseyn ist, ja daß jene ewige Freiheit gar keine Stätte hat, wo sie zu sich kommen kann, als in unserm Bewußtseyn. b) Was von diesem ersten Setzen des absoluten Subjekts gilt, nämlich daß das absolute Subjekt als solches mich nichtwissend, und umgekehrt ich als nichtwissend das absolute Subjekt setze, gilt auch von jedem einzelnen Wissen in dieser Fortschreitung. Nämlich $\alpha$) das Wissen ist in einer beständigen Veränderung, es ist stets ein anderes und doch dasselbe, aber $\beta$) nicht mein Wissen gestaltet sich um, sondern es wird gestaltet; seine jedesmalige Gestalt ist nur der Reflex (das Umgekehrte, daher Reflexion!) von der in der ewigen Freiheit, und $\gamma$) ich appercipire jene Gestalt unmittelbar durch den Reflex in mir, d. h. durch die Veränderung in meinem Wissen. $\delta$) Also geht auch alles Wissen nur innerlich auf. Wir sind nicht bloß die müßigen Zuschauer, sondern selbst in einer beständigen Umwandlung bis zur Gestalt der vollkommenen Erkenntniß; es ist kein oberflächlicher, es ist ein tiefgehender Proceß, der die Züge seiner Bewegung in unser eignes Innere eingräbt. Und so muß es auch seyn. Nichts kann bloß äußerlich an den Menschen gebracht werden. Durch innerliche Scheidung und Befreiung muß das Licht der Wissenschaft uns aufgehen.

---

In der Philosophie läßt sich nichts als reiner fertiger Satz hingeben: nur allmählich läßt sich der vollständige Begriff erzeugen. Ich gehe jetzt nochmals auf den schon beschriebenen Proceß zurück, und knüpfe wieder an die oben erwähnte Krisis an, in Folge deren das absolute Subjekt und das Bewußtseyn auseinander treten. Ursprünglich nämlich ist das menschliche Bewußtseyn das Innere, zu Grund Liegende, Tragende oder Subjekt der zu sich selbst kommenden ewigen Freiheit, aber das stille, d. h. nichtwissende, nicht thätige, nicht hervortretende Innere. Das Zusichkommen der ewigen Freiheit beruht darauf, daß es aus dem Objekt ins Subjekt wieder umgewandelt wird, aus B in A. B ist also das zu Grunde Liegende, gleichsam das Untergelegte dieses A. Nun ist

B einzelne Form oder Gestalt — die des Menschen. Also der Mensch oder das menschliche Bewußtseyn ist das stille Innere der zu sich gekommenen ewigen Freiheit, das einzelne menschliche Bewußtseyn nur die Grundlage des absoluten oder allgemeinen Bewußtseyns. Dabei jedoch bleibt es nicht stehen. Denn sonst weiß zwar die ewige Freiheit sich selbst, aber nicht der Mensch weiß sie. Es kann daher nicht fehlen, daß der Mensch jene ewige Freiheit, die er ist (der er Subjekt ist), sich anziehe, sie für sich wolle. Das particulare Princip, das einzelne menschliche Bewußtseyn, welches nur die Grundlage des absoluten oder allgemeinen Bewußtseyns ist, der Mensch also möchte gern das Universalbewußtseyn als sein individuelles. Aber damit hebt er das allgemeine Bewußtseyn selbst auf. Denn dieß beruhte ja eben darauf, daß jenes B in A, das stille, verborgene, unmerkliche Innere des A war. Also indem er jenes lautere Bewußtseyn anziehen will, zerstört er es. Hier also der Widerspruch, daß der Mensch das, was er will, durch sein Wollen zunichtemacht. Aus diesem Widerspruch entsteht jene innere umtreibende Bewegung, indem das Suchende das, was es sucht, gleichsam in einer beständigen Flucht vor sich her treibt. Daher zuletzt jene Krisis, in welcher jene Einheit, die wir durch B umgewandelt in A ausdrücken — das Bewußtseyn der ewigen Freiheit (= das Urbewußtseyn) zerrissen wird. Durch die Krisis sind wir wieder in den Anfang gestellt, A ist wieder reines, absolutes Subjekt, so sehr Subjekt, daß es nicht einmal um sich selbst weiß; das einzig Neue, das stehen bleibt, gleichsam als Ruine des vorhergehenden Processes ist das herausgesetzte und zum Nichtwissen gebrachte B. Dieses ist durch das Heraussetzen frei geworden, es ist der erste Augenblick seiner Besinnung, es genießt das erstemal die Freiheit und Seligkeit des Nichtwissens. Es ist nun — um den positiven Ausdruck anzugeben — das, was wir das freie Denken nennen können. Denken ist Aufgeben von Wissen; Wissen ist gebunden, Denken in völliger Freiheit, und schon das Wort deutet darauf, daß alles freie Denken das Resultat einer aufgehobenen Spannung, eines Auseinanderhaltens, einer Krisis ist. Nämlich entweder kommt es her $\alpha$) von dehnen, oder $\beta$)

von dem hebräischen Wort דין oder γ) von δῖνος, das einer wirbelnden Bewegung Entkommene. Immer deutet es auf den Ursprung aus einem Streit. Dasselbe Resultat ergibt sich, wenn wir auf einen alten Gebrauch des Worts „denken" zurückgehen, wie er noch z. B. in der Redensart vorkommt: „Vornehme Leute denken lange", d. h. ihre Erinnerung währt lange. Auch hier ist das Denken als das Herausgesetzte, zuvor Wissende bezeichnet.

Die jetzt auseinander Getretenen sind doch nur das auseinander getretene Urbewußtseyn selbst. In ihrem Eins- und Zusammenseyn war das Urbewußtseyn, in ihrem Auseinandergehen ist es auch noch, aber als ein Zerrissenes, das sich wiederherzustellen sucht, das auch potentiell im Keim nämlich, als ein Wiederherstellbares darin liegt. Dieses Urbewußtseyn selbst in seiner Potentialität, in seiner bloßen Wiederherstellbarkeit ist die Vernunft, oder noch bestimmter: das Urbewußtseyn, das in jenem Außereinander sich wiederherzustellen strebt, das wir nur als eine Anregung, als eine Meldung, als einen Zug in uns empfinden, ist die Vernunft. Hieraus erhellt die potentielle, die bloß leidende Natur der Vernunft, aber eben daraus auch, daß die Vernunft nicht das thätige Princip in der Wissenschaft seyn kann.

Da in beiden nur das Urbewußtseyn auseinander getreten ist, so ist nicht bloß das freie, nicht wissende Denken, sondern auch das ihm entgegenstehende absolute Subjekt ist also nur ein Ausgeschiedenes jenes Urbewußtseyns, und nur als solches, als Correlatum meines nichtwissenden, gegenstandlosen Wissens, kann es überhaupt gesetzt seyn, und inwiefern dieses nichtwissende Wissen freies Denken, so kann ich sagen: es ist durch mein freies Denken gesetzt, es ist mein Gedanke, aber nicht in dem Sinn, wie auch eine Chimäre mein Gedanke ist, sondern weil es ursprünglich mit dem, was jetzt das Denken ist, eins und beisammen war. Deßwegen wird es eben im Denken ausgeschieden von dem Urbewußtseyn, das auch mein Bewußtseyn war. Ich kann sagen: es ist mein Begriff — dieß heißt aber nicht so viel: a) es ist Gegenstand meines Begriffs, sondern es ist der Begriff selbst; b) es ist nicht, wie man zu reden pflegt, bloßer Begriff, sondern es ist die ewige Freiheit selbst, die nur darum mein Begriff heißt, weil sie im Urbewußtseyn, das auch mein Bewußtseyn war, ursprünglich begriffen ist; denn jeder Begriff ist nur ein Ausgeschiedenes aus meinem Bewußtseyn, und heißt eben darum Begriff, weil es in ihm begriffen war. Auch ist es nicht etwa so vorzustellen, als ob das Denken voranginge und das absolute Subjekt setzte, sondern in einem und demselben Akt — in derselben Entscheidung – treten beide hervor; beide werden miteinander geboren und treten zugleich hervor aus der Ureinheit. Das freie, alles Wissens sich erwehrende Denken sieht sich nun gegenüber dem absoluten Subjekt. Es ist ein großer Moment, die eigentliche Geburtsstunde der Philosophie.

Jene Ureinheit aber sucht beständig sich herzustellen. Denn auch jene Scheidung ist ein gewaltsamer Zustand — und zwar ist das Verhältniß der beiden Entgegenstehenden dieses, daß das als absolutes Subjekt, als A, Gesetzte sich herzustellen sucht in **B = A**, d. h. in das sich selbst Wissende. Es kann in dieser Abstraktion nicht bleiben, denn es hat sein Inneres, seine Erfüllung verloren; es ist das reine Wissen selbst, aber das nicht weiß, es ist das leere Wesen des Bewußtseyns, das Erfüllung sucht; aber seine Erfüllung ist eben in B. Auch A will sich erinnern seines Wissens, d. h. B, welches eben sein Subjekt, sein Wissen war, sich wieder innerlich machen. Nun wird aber A, dieses absolute Subjekt, in seiner Abstraktion nur erhalten durch B, durch die Gewalt des nichtwissenden, sich alles Wissens begebenden Wissens. Seiner Natur nach hält es gleichsam keinen Augenblick Stand, weil es natura anceps ist, Freiheit, die es ist, und auch nicht ist, also sogleich sich entscheiden muß. Also es ist, kann ich sagen, mein Begriff, aber es ist ein Begriff, der stärker ist als ich, ein lebendiger, ein treibender Begriff, es ist das seiner Natur nach Beweglichste, ja die Beweglichkeit selbst. Dagegen verhält sich nun das nichtwissende Wissen zu ihm als die anhaltende, retardirende Kraft dieser Bewegung. Denn eben weil es nur durch die Gewalt des nichtwissenden Wissens erhalten ist in jener Abstraktion, eben darum kann es sich nicht bewegen, wie man zu sagen pflegt, ohne Wissen und Willen dieses Wissens, das sich der Freiheit des Nichtwissens nicht begeben will, und auf diese Weise ist mein Wissen freier, ruhig beschauender, die Bewegung Schritt vor Schritt begleitender Zeuge. — So darf ich denn freilich nicht mehr fragen, wie ich jene Bewegung wisse. Denn die Bewegung selbst und mein Wissen dieser Bewegung, jeder Moment der Bewegung und mein Wissen dieses Moments sind jeden Augenblick eins, und dieses anhaltende, retardirende, reflektirende Wissen ist eigentlich das Wissen des Philosophen, ist das, was er in dem Proceß eigentlich sein nennen kann. Denn die Bewegung selbst ist völlig unabhängig von ihm, und — was sehr wichtig ist — nicht er bewegt sich in seinem Wissen und erzeugt dadurch Wissen (ein so erzeugtes Wissen ist subjektiv, ein bloßes Begriffswissen, ohne Realität), sondern im Gegentheil sein Wissen ist das an sich Unbewegliche, nicht bloß Nichtwissen, sondern gegen das Wissen sich Setzende, der Bewegung Widerstrebende, sie Aufhaltende, was sie nöthigt in jedem Moment Stand zu halten, zu verweilen und keinen zu überspringen. In diesem Retardiren zeigt sich also auch die eigentliche Kraft des Philosophen; derjenige ist Meister dieser Kunst, der stets besonnen bleibt, der im Stand ist, die Bewegung anzuhalten, sie zu nöthigen, daß sie verweile, der der Bewegung also gleichsam keinen Schritt verstattet, als der nothwendig ist, und ihr auch jederzeit nur den Schritt verstattet, der nothwendig ist, keinen größern und kleinern. Darin also die philosophische Kunst; sowie ja überhaupt der wahre Künstler überall mehr an der anhaltenden und retardirenden als an der producirenden, treibenden, beschleunigenden Kraft erkannt wird.

Man kann sagen: der Philosoph oder jenes Wissen befinde sich mit dem Treibenden, gleichsam unaufhaltsam nach Wissen Verlangenden in beständiger Unterhandlung; er muß ihm jeden Schritt schwer machen, sich gleichsam um jeden Schritt mit ihm streiten. Dieser innere Verkehr, dieß beständige Gespräch, in dem zwei Principien sind, eines, das das Wissen selbst, das Wissen als Wesen ist, aber nicht weiß, das andere, das wissend ist, aber nicht das Wesen, nicht das Wissen selbst — nur nichtwissendes Wissen — eines, das sich erinnern will, und das andere, das ihm zur Erinnerung hilft. Diese innere Unterredungskunst ist es, von welcher die äußere, die bloß davon Dialektik heißt, nur das Nachbild, und wo sie zur bloßen Form geworden, der leere Schein und Schatten ist [1]. Dieses Verhältniß hat gleichsam in seiner Person dargestellt jener, nicht wie man in Hyperbeln zu reden pflegt, sondern wahrhaft göttliche Mann, dessen innere Größe und Herrlichkeit zu begreifen schon allein den Weg zur wahren Philosophie zeigen könnte, — Sokrates, ohne alle Frage der Lichtpunkt, die hellste Erscheinung des ganzen Alterthums, in welchem die Vorsehung zeigen wollte, was die ursprüngliche Vortrefflichkeit der Natur vermöge, Sokrates, der, wenn er sagte, er wisse nur, daß er nicht wisse, dadurch sein Verhältniß bezeichnen wollte zu jenem eigentlich Wissen Erzeugenden, das er überall und wo er konnte zu erregen suchte. Er selbst sagte, er gebäre nicht mehr — wie es auch jenem nichtwissenden Wissen nicht gebührt, das gleichsam das Abgestorbene ist, die gebärenden Kräfte liegen nur in der ewigen Freiheit — er gebäre nicht mehr, wohl aber helfe er zu gebären und leite die Geburt, sich mit seiner Mutter, der Hebamme, vergleichend. Wie eine verständige Hebamme die Geburt nicht übereilt, sondern die Gebärende ermahnt, auszuhalten und auszuharren im Geburtsschmerz, bis die rechte Stunde zur Geburt gekommen ist, so verhielt sich auch er, nicht als der beschleunigende, sondern als der durch beständigen Widerspruch aufhaltende Leiter der Bewegung oder Geburt.

Indem nun, um die Bewegung noch mit wenigen Worten zu beschreiben, indem die Ureinheit, B = A wiederhergestellt wird, kann sich das mit ihm in Rapport stehende B nicht mehr verhalten a) als schlechthin Nichtwissendes (denn es ist nicht mehr bloß Subjekt); b) nicht mehr als Wissendes, denn es hat kein Objekt mehr. Es ist also überhaupt kein Raum für B, und da es doch nicht vernichtet werden kann, so bleibt ihm nichts übrig als selbst aufzugehen in dem B = A, d. h. sich selbst zu erkennen als das in A verwandelte B, und so sich dem A wieder innerlich oder erinnerlich zu machen. Es ist also jetzt a) wieder was zuerst, das stille Innere der ewigen Freiheit (denn es braucht die ewige Freiheit nicht mehr anzuziehen), und doch zugleich das Wissende

[1] Vgl. die Weltalter, im vorhergehenden Band, S. 201. D. H.

von ihr, weil es eben aus der Bewegung das ganze vollständige Wissen mit zurückbringt — denn es hat die ewige Freiheit in allen ihren Momenten gesehen, und es ist b) das sich selbst wissende, denn es hat sich in allen seinen Tiefen kennen gelernt. Aber eben dieß sollte erreicht werden, daß es sich selbst wisse als das Innere der ewigen Freiheit. Vorher war es das Innere der ewigen Freiheit, aber nichtwissend. —

Das Ziel also ist das unmittelbare Wissen der ewigen Freiheit. Aber um dieses Ziel zu erreichen, müssen auch hier, wie in der ursprünglichen Bewegung, die Pole auseinander gehalten werden.

Zur Begründung der Philosophie als Wissenschaft gehört auch, daß ihre Nothwendigkeit dargethan werde. Dieß ist nun aber im Grunde schon durch das Bisherige geleistet. Die Nothwendigkeit der Philosophie geht unmittelbar hervor aus jenem unvermeidlichen inneren Streit, von dem die Rede war. Ich sage unvermeidlichen. Denn das menschliche Bewußtseyn kann einmal nicht dabei stehen bleiben, das stille Innere, das bloß Tragende der ewigen Bewegung, der Bewegung der ewigen Freiheit selbst zu seyn. Nicht eben gezwungen, aber doch nothwendig und unausbleiblich wird der Mensch sich die ewige Freiheit, die er ist, anziehen, sie für sich wollen, um eigenmächtig mit ihr zu wirken. Denn es ist nicht zu denken, als wäre dieß bloß im Anfange der Dinge geschehen. Jedes einzelne menschliche Bewußtseyn ist wieder ein Zusichkommen der ewigen Freiheit. Aber in jedem menschlichen Bewußtseyn geschieht wieder dieselbe Anziehung.

So würde also, könnte man sagen, jeder Mensch von Natur sich in jener innern umtreibenden Bewegung befinden? — Aber ist denn dem nicht auch so, und müssen wir nicht gestehen, daß der größte Theil der Menschen in einem besinnungslosen Zustande dahin wandelt? Wenn auch die Spannung, zu welcher innere Thätigkeit gehört, nicht als solche erscheint, so ist sie doch da in ihrem Resultat, der Besinnungslosigkeit; und wenn man jene Spannung in den meisten Menschen nicht mehr wahrnimmt, so ist es nur darum, weil sie nicht einmal bis zu diesem Punkt innerer Thätigkeit gelangen, sondern frühzeitig zerstreut, von ihrem Innern abgezogen in eine für sie wohlthätige Betäubung versetzt werden. So geschieht es, daß ein innerer Kampf in den meisten nicht zum Ausbruch, oder wenigstens nicht zu jenem Grade von Spannung gelangt, der Entscheidung nothwendig macht. Daß der Grund und Anlaß zu jenem innern Widerstreit in der menschlichen Natur liege, erhellt daraus, daß fast in jedem Zeitalter Ununterrichtete und Ungelehrte aufstehen, in denen eben jener innere Kampf von selbst und freiwillig entsteht, und die dann trotz des Widerspruchs der Schulgelehrten auf ihre eigne Hand philosophiren und eine bald mehr bald weniger glückliche Krisis bestehen. Wo aber jener innere Streit ursprünglich erregt ist, ohne durch jene Krisis und Scheidung in besonnenes Wissen sich aufzulösen, da erzeugt er nothwendig das, was wir Irrthümer nennen, und alle Irrthümer sind nur Erzeugnisse jener innern, in wildem Kampf sich untereinander bekämpfenden geistigen Kräfte.

Der Irrthum ist nichts Gleichgültiges, nicht bloßer Mangel, sondern eine Verkehrtheit der Erkenntniß (er gehört in die Kategorie von Bösem, Krankheit). Wäre aller Irrthum nur schlechterdings falsch, nämlich von aller Wahrheit entblößt, so wäre er ungefährlich. Von dieser ungefährlichen Art sind freilich manche Behauptungen, denen man zu viel Ehre erweisen würde, wollte man sie für Irrthümer erklären. Denn auch der Irrthum hat etwas Ehrwürdiges, es ist stets etwas von der Wahrheit in ihm, aber eben diese Entstellung, diese Verkehrung der Wahrheit, diese in dem schrecklichsten Irrthum noch erkennbaren oder wenigstens dunkel gefühlten Züge der ursprünglichen Wahrheit sind das Entsetzliche des Irrthums. Die sanfteste Kraft — die in den Bildungen organischer Wesen wirkende —, wenn sie gehemmt wird, erzeugt das Monstrose, das uns schrecklich ist nicht wegen seiner Unähnlichkeit, sondern eben wegen seiner Aehnlichkeit mit dem wahren Gebild, weil noch immer die menschliche Gestalt erkennbar ist. Auch jene innere Rotation entsteht durch eine Hemmung, eine Anziehung, aber die bewegende Kraft hört nicht auf, denn sie strömt aus ewiger Quelle.

Man könnte sagen: der Irrthum entsteht durch das bloße wissen Wollen. Man darf also nur nicht wissen wollen, so ist man vor dem Irrthum gesichert. Dieß ist allerdings das Hausmittel, dessen sich die meisten bedienen. Allein 1) wissen **wollen** hängt nicht von dem Menschen ab, er will wissen, eh' er weiß, daß er wissen will. Denn schon jedes einzelne Bewußtseyn entsteht im Menschen aus einer Anziehung, ein sich zum Gegenstand Machen dessen, was er ist. Der Mensch befindet sich also schon von Natur in einem Wissen, — eben in jenem Wissen, in das er sich versetzt, indem er gegen die ewige Freiheit, die er seyn sollte, sich zum wissenden Subjekt macht. Da nun dieses Wissen entstanden ist dadurch, daß er die ewige Freiheit zum Objekt machte, sie gleichsam von ihrer Stelle rückte, so hat dieß natürlich nur **Entstellung** des Wissens zur Folge, und ein **Gemisch** von Wahrem und Falschem mußte in seiner Erkenntniß entstehen. In diesem gemischten, unreinen Wissen leben wir von Natur — daher auch das „natürliche" Wissen. Menschen, welche ohne erst gereinigt zu seyn und gleichsam ganz bedeckt von der Unreinheit dieses Wissens sich der Philosophie nahen, müssen nothwendig in noch größere Verwirrung gerathen, als in der sie sich ohnedieß befinden. Natürlich kann ihr ganzes Dichten und Trachten nur dahin gehen, eben jenes verkehrte Wissen zu behaupten, und sich für dieses wie für ihr Leben zu wehren: — ganz recht, denn ihr Leben ist nur in diesem Wissen. Daher sie, was sie in diesem Wissen finden, als allgemein-gültige ewige Wahrheiten aufstellen. Z. B.: „das Natürliche ist außer dem Uebernatürlichen". Freilich ist es jetzt so, und schmerzlich empfinden wir diese Trennung, und eben von diesem Schmerz verlangten wir durch höheres Wissen befreit zu werden. Aber weil jene ganz von der Gegenwart, von dem Stillstehenden befangen, sehen sie weder, daß es einen Punkt gab, wo das Natürliche im Uebernatürlichen war (jene ewige Freiheit, aus der alles herkommt, ist über alle Natur), und einen Punkt, wo es wieder darin ist, wie es denn im Menschen wieder darin seyn sollte. Jene wunderbare Verknüpfung von Freiheit und Nothwendigkeit im Menschen sagt ihnen nichts: beide sind sich unendlich fern und unendlich nah; die sich selbst entfremdete Freiheit ist Natur, die wieder in sich zurückgenommene Natur ist Freiheit. Es bedarf bloß der Wiederumwendung. Der Mensch ist eben dadurch in Irrthum gefallen, daß er das Natürliche in sich vom Uebernatürlichen schied. Die also für jenen Dualismus kämpfen, streiten im Grunde eben für jene Schuld des Menschen, und wollen das, was bloß Schuld des Menschen ist, auf die Natur, den Gegenstand selbst werfen.

Besser als diese Versuche, mit jenem ungeläuterten und gemischten Wissen es zur Wissenschaft bringen zu wollen, ist allerdings noch die übrigens trostlose Lehre, daß wir überhaupt nichts zu wissen vermögen; sie sehen, daß mit diesem Wissen nichts zu wissen ist, und wollen es doch nicht aufgeben, jene Krisis nicht zu bestehen. Kant nennt seine Philosophie eine kritische, und hätte sie es wirklich bis zu jener Krisis gebracht, möchte sie wohl den Namen führen. Allein sie ist doch nur ein Anfang zur eigentlichen Krisis, denn wenn Kant z. B. sagt, daß wir mit den Formen unseres endlichen Verstandes das Uebersinnliche, Göttliche nicht zu erkennen vermögen, so hat er darin ganz recht und hat nichts gesagt, als was sich eigentlich von selbst versteht. Allein er setzt dabei immer voraus, daß es mit diesen Formen erkannt werden müßte, wenn es erkennbar wäre.

Diesem natürlichen Wissen soll also der Mensch absterben. In der Philosophie ist nicht der Mensch der Wissende, sondern er ist das dem eigentlich Wissenerzeugenden widerstrebende, durch beständigen Widerspruch es anhaltende — reflektirende —, aber eben darum für sich gewinnende freie Denken. Jenes Wissenerzeugende aber vermag alles, denn es ist der Geist, der durch alles geht, die ewige Magie, die Weisheit, die aller Kunst Meister ist. In ihr ist, wie ein späteres morgenländisches Buch sich ausdrückt[1], der Geist, der verständig ist, einig und doch mannichfaltig zugleich (dieß eine sehr wichtige Bestimmung) und gehet durch alle Geister, wie verständig, scharf und lauter sie seyen — also auch durch den höchsten Geist; denn die Gottheit selbst, obwohl die Lauterkeit selbst, ist nicht lauterer als sie — sie geht durch alle Geister, denn sie ist das Allerbehendeste oder, wie es in dem griechischen Grundtext heißt: *πάσης γὰρ κινήσεως κινητικώτερον σοφία, διήκει δὲ καὶ χωρεῖ διὰ πάντων κ. τ. λ.*, beweglicher

[1] Sapient. c. 7.

als alles Bewegliche, was mit dem übereinstimmt, was ich schon sagte: sie ist die Beweglichkeit selbst und darum beweglicher als jede einzelne Bewegung; sie ist einig und kann — vermag — macht (auch das deutsche Wort machen kommt von mögen her) — und macht doch alles, sie bleibt, das sie ist, und erneuert doch alles, d. h. schafft stets Neues, bringt stets Neues aus Neuem hervor: dieß beständig eins- und doch immer ein-anderes-Seyn ist das Eigenthümliche des Wissens; Wissen ist weder in dem, das immer eins bleibt, nicht aus sich hinausgeht, noch in dem, das schlechthin auseinander fällt, im Einheits-, im Zusammenhanglosen; Wissen ist Cohärenz, eins und doch vieles, stets ein anderes und doch immer eins.

Diese Weisheit ist nicht fern von dem Menschen, denn sie ist nur das Ausgeschiedene des Urbewußtseyns, das ursprünglich auch sein Bewußtseyn war. Der Mensch sollte das stille Innere der zu sich gekommenen ewigen Freiheit seyn, die eben durch dieses zu-sich-Kommen die verwirklichte Weisheit war. Wenn dieses zu-sich-selbst-Kommen nicht gestört wurde, so war die im Menschen zu sich selbst gebrachte, also sich selbst wissende Freiheit auch die ihrer selbst mächtige, und auch die jetzt nicht ihrer selbst mächtige — die wir in der Natur sehen — wurde zur besonnenen, und die sich selbst wissende ewige Freiheit — und durch sie der Mensch — war die besonnene Macht oder Magie aller Dinge. Aber der Mensch störte jenes zu-sich-selbst-Kommen, indem er die ewige Freiheit für sich wollte. Doch konnte er nur *die* sich anziehen, die er *war*, d. h. die in ihm zu sich selbst gekommen *war*, nicht jene, welche eben dieser untergeordnet und dadurch auch frei werden sollte. Diese also blieb äußerlich stehen, wo sie noch immer ihre Wunder hervorbringt, zwecklos insofern als sie das Hervorgebrachte immer wieder aufreibt und zerstört, nur um wieder dasselbe hervorzubringen — in einer gleichsam eiteln Geschäftigkeit, die aber nicht *ihr Wille* ist, die sie gegen ihren Willen treibt.

Die ewige Freiheit aber, die er war, verdrängte er von ihrer Stelle; eben dadurch, daß er sie anziehen wollte, also sich zum Subjekt gegen sie machte, schloß er sie aus (dieß der oft erwähnte Widerspruch);

darum wird die Weisheit in jenem alten morgenländischen Buch beständig vorgestellt als die ausgeschlossene — „sie klagt auf den Gassen“ [1], und wer sie sucht, findet sie leicht, er findet sie „vor seiner Thür' auf ihn warten“ [2]. Beständig fordert sie den Menschen auf, jene innere Spannung aufzugeben, sich selbst und dadurch auch sie wieder, soweit es seyn kann, in Freiheit zu setzen, welches eben in jener Krisis geschieht, die wir als den Anfang der Philosophie, d. h. der Liebe zur Weisheit, bezeichneten.

Auch jene ihm äußerliche, in der Natur stehen gebliebene Freiheit ist mit der im Menschen gefesselten einverstanden, auf deren Befreiung auch sie wartet. Sie zeigt sich einverstanden mit jener inneren, indem sie dem Menschen das äußere Leben ebenso erschwert wie jene das innere. Den Unerfahrenen zieht sie durch ihren unwillkürlichen Reiz an — ihren unwillkürlichen, denn sie möchte ihn gern verhüllen, aber sie warnt ihn selbst sich ihr zu geben, und lehrt ihn bald schmerzliche Erfahrung, lehrt ihn mit Schaudern von diesem Abgrund zurücktreten. Sie verbirgt ihm nicht, hat es gleichsam keinen Hehl vor ihm, sagt es ihm selbst, daß sie ihn nur täusche. Und da sie als diese stillstehende recht eigentlich das Werk des Menschen ist, zeigt sie auf alle Weise, daß sie ihm keinen Dank dafür weiß.

Alles also fordert den Menschen zu jenem Aufgeben seines Wissens, zu jener Scheidung auf, durch die er zuerst sich in völliger Freiheit erblickt, aber auch ihm gegenüber die vorige Freiheit in ihrer uranfänglichen Lauterkeit.

---

Hiemit beschließe ich die Untersuchung über die Natur der Philosophie als Wissenschaft. Es ist immer schon ein bleibender Gewinn, zu wissen, was wahre Philosophie sey, und wie sie sich zu dem Menschen und zu den andern Bestrebungen des Menschen verhalte. Der Begriff der Weisheit ist selbst für den nicht unfruchtbar, der auf eigentliche

[1] Prov. 1, 20.
[2] Sapient. 6. 15.

Philosophie verzichten wollte. Nicht bloß in dem, was die Schule so nennt, zeigt sich die Liebe zur Weisheit. Die Weisheit ist in allem; der sie sucht, dem kommt sie aus allem entgegen. In allen möglichen Gegenständen, in allen Wissenschaften ist sie verborgen, und diese Liebe, dieses Suchen der Weisheit veredelt jedes Studium. Wer sie findet, der besitzt einen eigentlichen Schatz in ihr, sie veredelt das Gemeinste, und macht ihm hinwiederum das Edelste und Höchste gemein, daß er damit umgeht als mit täglichem Brod. Aber nur den reinen Seelen gibt sie sich. Denn nur dem Reinen offenbart sich das Reine.

# Ueber den Werth und die Bedeutung der Bibelgesellschaften.

1822.

M. H. Wenn wir die Erfolge, welche Ihnen so eben vorgelegt worden sind, im Ganzen mit Freuden betrachten können, so darf sich, in Erwägung der wahren Natur und Bedeutung dieses Vereins, die Hoffnung damit verbinden, daß, weit entfernt, das Schicksal ähnlicher Unternehmungen zu theilen, die im Anfang, der Neuheit oder anderer zufälliger Anregungen wegen, allgemeine Theilnahme, bald aber nur noch eine laue, unkräftige Unterstützung finden, dieser Verein, auch in unserem Land und in unserer Stadt, wie in der ganzen übrigen Welt, im Verhältniß seiner Dauer immer weiter sich ausbreiten und kräftiger aufblühen werde.

Wir dürfen dieß hoffen, sagte ich, nicht in Folge augenblicklichen Anscheins, wohl aber in Erwägung der wahren Natur und Bedeutung dieses Vereins, über welche ich mir darum einige Worte auszusprechen erlaube, nicht im Namen des Ausschusses, sondern lediglich für mich selbst in meinem Namen und nach meiner Ansicht, um, soweit es nämlich in meiner Kraft steht, das Vertrauen nicht unerwiedert zu lassen, das mich vor drei Jahren zum Vorstand dieses Vereins erwählte, auch nicht in der Absicht, alles zu erschöpfen, sondern nur Eine Seite des Gegenstandes, und zwar diejenige zu beleuchten, von welcher er vielleicht am ehesten Mißverstand zu gewärtigen hat. Denn verbergen dürfen wir uns nicht, daß diese die Verbreitung der Bibel sich zum Zweck setzenden

Diese Rede hielt der Verfasser als Vorstand des Bibelvereins in Erlangen, der Vortrag des Rechenschaftsberichts ging ihr voraus. D. H.

Vereine, selbst unter sonst frei denkenden und wohlgesinnten Männern, manchen, wenn auch nicht eben immer ausgesprochenen, Vorurtheilen begegnen.

Wem ist es nicht aus der Reformationsgeschichte bekannt, mit welchem Jubel vor bald dreihundert Jahren die Erscheinung einer volksgemäßen, kräftigen, geistvollen Uebersetzung der heiligen Schrift begrüßt wurde! Galt dieser Jubel damals etwa der gelungenen Leistung, dem neu erworbenen Hülfsmittel eines gelehrten Verständnisses der Schrift, oder der allerdings großen Bereicherung, welche die Literatur durch eine so herrliche Uebersetzung erhielt? Nein; dieß alles für sich konnte keinen Anlaß geben, die Erscheinung dieses Werks als ein der Menschheit widerfahrenes Heil, wie den entschiedensten Sieg des Lichts über die Finsterniß und christlicher Freiheit über hierarchischen Druck zu feiern. Die wahre Ursache der allgemeinen Freudenbezeugung war, daß es nun erst möglich wurde, die Bibel allgemein zu verbreiten, dem Volk, dem sie bis dahin entzogen waren, die heiligen Bücher zurückzugeben — nach dem übereinstimmenden Urtheil von Freunden und Feinden das kühnste Unterfangen, ja die eigentliche That der Reformation, ohne welche diese niemals hätte Bestand gewinnen können.

Aber der wahre Sinn und darum auch die Frucht der großen, über ihre Zeit hinausgehenden That wird meist erst in einer späteren Zeit offenbar. So hier. Denn so wenig im ersten Gefühl wiedergewonnener Freiheit man damals die Schranken sich vorstellen konnte, mit denen diese bald wieder umschlossen und umfangen werden sollte: so wenig konnte man damals sich denken, daß in irgend einer Zeit oder in irgend einem Theil der evangelischen Kirche die als Gemeingut des Volks erklärte Schrift ihm wieder, nahezu wie vor der Reformation, entfremdet, von ihm als ein — dem besonderen Stande der gelehrten Ausleger und der eigentlichen Theologen vorbehaltenes Buch fast mit der Gleichgültigkeit betrachtet werden könnte wie etwa die Justinianischen Gesetzbücher, von denen das Volk, obgleich zum Theil nach ihnen regiert, keine Kenntniß hat, deren Studium und Auslegung es ruhig den Rechtsgelehrten von Beruf überläßt.

Und eben dieses scheint mir nun die große Bedeutung der mit beispielloser Schnelligkeit über die Welt verbreiteten Bibelgesellschaft, daß sie die Schrift wieder aus den Händen des besonderen Standes, dem sie anheimgefallen schien, dem Gemeinbesitz des Volkes, d. h. aller wie immer übrigens durch Bildung und Unterricht verschiedener Stände zurückgibt — ein Gedanke von so großer Folge, daß ich keinen Anstand nehme zu sagen: mit ihm sey die eingeschlummerte Reformation wieder aufgelebt, mit ihm auf ihr Princip, durch das allein sie die Welt bewegen konnte, wieder zurückgebracht worden.

Von den nothwendigen Folgen einer allgemeinen und unbedingten Bibelverbreitung zu reden, ist nun freilich weder hier noch vielleicht überhaupt schon die Zeit; aber das muß jeder einsehen, daß es die möglich verkehrteste und beschränkteste Ansicht seyn würde, wenn jemand die Bibelgesellschaften als einen Versuch ansehen wollte, das, wie man rühmt, mündig gewordene Volk wieder unter das so genannte geistliche Joch oder unter die Bevormundung eines Standes zurückzubringen, auf den manche, gern auch wohl in Bezug auf das Bibelverschenken, den Spruch anwenden möchten:

Metuo Danaos et dona ferentes.

Wenn aber je zu unserer Zeit und irgendwo das Volk über ungebührliche Abhängigkeit von geistlichen Oberen sich zu beklagen gehabt hätte, so konnte ihm eine größere Befreiung als durch die laute und allgemeine Aufforderung zum Selbstgebrauch der heiligen Schrift gewiß nicht zu Theil werden, und gesetzt selbst, daß der erste Impuls, die Verbreitung derselben zum Gegenstand geselliger Vereine zu machen, von wohldenkenden Männern geistlichen Standes ausgegangen seyn sollte, so wird doch jeder, der Welt und Menschen und unsere Zeit insbesondere kennt, mit mir darin einstimmen, daß die vereinten und angestrengten Bemühungen aller Mitglieder dieses Standes nicht vermocht haben würden, jenem Gedanken eine so rasche, erfolgreiche Ausführung, den Bibelvereinen eine so allgemeine, ans Wunderbare grenzende Verbreitung zu geben, wenn nicht eine allgemeine Begeisterung für das, worin allein die evangelische Kirche sich als eins empfindet, verbunden mit einem ebenso allgemeinen Gefühl von der Enge und dem Formelwesen aller einzelnen und voneinander abgesonderten kirchlichen Vereinigungen, deren gegenseitiger Widerspruch das erstemal seit langer Zeit in der Bibelgesellschaft erlosch, in den übrigen Klassen der menschlichen Gesellschaft jenem Gedanken entgegengekommen wäre. Nur ein solches durchgängiges Gefühl erklärt, daß vom Augenblick der Entstehung an nicht Mitglieder des geistlichen Standes, sondern Weltleute, Staatsmänner, Seehelden, Heerführer, und unter allen diesen — offenkundige Freunde der Menschheit und aller die Freiheit des Volks begünstigenden Einrichtungen in den Bibelgesellschaften Großbritanniens die bei weitem überwiegendste Zahl seiner eifrigsten Theilnehmer bilden.

Wer aber könnte vollends unter uns Deutschen diese Gesellschaften durch vorausgesetzte Absichten eines Standes verdächtigen wollen, aus dessen Mitte vorzugsweise, wie allgemein bekannt, laute Stimmen der Mißbilligung sich erhoben, als man anfing den von manchen Mitgliedern desselben früher empfohlenen und befolgten Grundsatz, dem Volk Schriften zur eignen Belehrung und Selbstaufklärung in die Hände zu geben, endlich auch auf die heilige Schrift anzuwenden. Denn zwar ist mit Sicherheit anzunehmen, daß dieß nur Stimmen einzelner waren, zurückgewiesen von der bei weitem größeren Zahl ächt evangelischer Lehrer, die vollkommen einsehen, daß die protestantische Kirche in dem Augenblick, da sie das freie und allgemeine Bibellesen — auch nur stillschweigend aufgäbe, durchaus nichts mehr seyn würde, daß es im Resultat ganz auf dasselbe hinauskommt, aus welchem Grunde man dem Volk den Gebrauch der heiligen Schrift entzieht oder beschränkt, daß aber diese Beschränkung völlig empörend seyn würde, wenn sie — nicht zum Schutz einer wenigstens auf die Ueberlieferung von Jahrhunderten gegründeten, sondern einer gestern entstandenen und nur angemaßten Auktorität beliebt würde, wenn sie das Volk vielleicht nur verhindern sollte, jene positiven, über das was jeder sich selbst predigen kann hinausgehenden Erkenntnisse zurückzufordern, die man ihm, künstlich und unter der Hand, allmählich entzogen hätte. Aber das erhellt unwidersprechlich aus den

Gründen selbst, mit welchen die Ausbreitung der unabgekürzten und unverfälschten heiligen Schrift bestritten worden, daß die Bibelgesellschaft keine zum Vortheil oder zur Bequemlichkeit und Erleichterung des geistlichen Standes in seinem Beruf gemachte Erfindung ist. Denn vielmehr legt diese Verbreitung den berufenen Auslegern der Schrift eine wo möglich noch höhere Verbindlichkeit auf, sich selbst mit dem tiefsten Sinne derselben zu durchdringen; und alle die Gefahren, die sich von dieser unbedingten Hingabe der Bibel an das Volk besorgen lassen, wie das Entstehen schwärmerischer Sekten und von der Gemeinschaft der Kirche sich absondernder Gesellschaften, sind in der That nur ebenso viele Aufforderungen an sie, durch eindringenden, den Inhalt der Schrift nicht umgehenden oder verflachenden, sondern erschöpfenden Vortrag den weniger unterrichteten, aber nach wahrer Erkenntniß darum nicht minder begierigen Theil des Volks vor selbstgewählten Wegen zu bewahren; zugleich dient eben dieß zum Beweis, daß nichts kräftiger als die Allgemeinmachung der Bibel das Volk gegen jede ungebürliche Bevormundung, gegen jede Willkür des Verschweigens und die selbstbeliebigen Deutungen sicher stellt; daß die Bibelgesellschaften in dem Verhältniß, als ihr Wirken mit Erfolg begleitet ist, nicht weniger zu höherer Begeistung des Lehrerstandes als zur Verbesserung und Erhebung des Volks wirken müssen, daß endlich die Verbreitung der Bibel das zuverlässigste Mittel ist, zu verhindern, daß jener ehrwürdige Stand jemals das werde, was man ihn oft, ebenso gehässig als unhistorisch, nennen hört, eine Kaste, als welche er, wie die Priesterkaste Indiens, sich eben nur durch den ausschließenden Besitz und Gebrauch heiliger Bücher behaupten könnte.

Wenn daher die Sache der Bibelgesellschaft, weit entfernt aus den besondern Absichten eines einzelnen Standes hervorgegangen zu seyn, vielmehr vom reinsten Interesse für die Gesammtheit eingegeben, eine schlechthin allgemeine ist; wenn außerdem, um dieß alles nur kurz zu berühren, bibellesende Völker schon darum, weil sie dieß sind, und weil jenes Buch, wie man sagt, so viel Unverständliches enthält, mehr als andere zum Denken aufgefordert und zu denken gewohnt sind; wenn es darum vielleicht nur als natürlich erscheint, daß vorzugsweise eben diese

Völker jene natürliche Scharfsinnigkeit, die des gesteigertsten Kunstfleißes, und jenen gesunden Verstand, der freier Verfassungen fähig macht, in sich entwickelt haben, wie es denn vielleicht ebensowenig zufällig ist, daß die Literatur bibellesender Völker bis jetzt allein Dichter kennt, deren Werke durch Lauterkeit und Naturgehalt an die stillen aber tiefen Wasser der Alten erinnern (denn Frankreich, das hochbegabte Italien selbst kennt im Grunde nur eine conventionelle Poesie): wenn sich dieß alles so verhält, so gestehe ich, nicht zu begreifen, wie Personen, die einem denkenden Volk Vorzüge vor einem gedankenlos dahinlebenden zugestehen, oder die für das Glück und die Freiheit der Völker im Allgemeinen sich begeistern, oder die lebhaften Theil nehmen an den Erzeugnissen einer freien, lebendigen Literatur; ich begreife nicht, sage ich, wie solche aus oft so einseitigen und engherzigen Gesichtspunkten diese Bibelgesellschaften ansehen können, deren einziger Fehler oder vielmehr Mangel der ist, daß sie das Volk nicht ebenso zum eifrigen Lesen und Forschen in der Schrift als zum Annehmen derselben bewegen können; deren nothwendige, jenes Mangels ohngeachtet unausbleibliche Folgen aber von so weltgeschichtlicher Natur sind, daß kein menschlicher Scharfsinn ihre letzten Wirkungen zu berechnen im Stande ist.

Möge diese Darlegung meiner Ansicht von dem Werth und der Bedeutung der Bibelgesellschaft zunächst die Aufrichtigkeit des Dankes bezeugen, den ich für das in mich gesetzte ehrenvolle Vertrauen abzustatten mich gedrungen fühle. Nicht umsonst aber würde ich dieses Vertrauens genossen zu haben glauben, wenn die wenigen Worte etwas beitragen könnten zu einer richtigeren Ansicht dieser Vereine, zu immer willigerem und eifrigerem Mitwirken der Wohlgesinnten zu den Zwecken desselben.

# Zur Geschichte der neueren Philosophie.

Münchener Vorlesungen.

(Aus dem handschriftlichen Nachlaß.)

Wohl 1833/1834.

Es gibt verschiedene Gründe, aus denen man, wenigstens als Zugabe zu einer Einleitung in die Philosophie selbst, auch einen Rückblick auf die früheren Systeme zweckmäßig finden kann. Auch die Wissenschaft ist ein Werk der Zeit und in einer stetigen Entwicklung begriffen. Jeder, der sich im Stande glaubt, sie um einen großen oder kleinen Schritt weiter zu fördern, wird von selbst geneigt seyn, sein Verhältniß zu dem, was ihm vorherging, zu zeigen, um auf diese Art deutlich zu machen, von welchem Punkte der Entwicklung oder des Stillstandes er die Wissenschaft aufnehmen, und nach welchem nächsten Ziel er sie zu fördern gedenke. Er wird die Theilnahme an seinen eignen Forschungen höher spannen, wenn er zeigt, wie bis jetzt von Stufe zu Stufe das höchste Ziel verfehlt worden. Der Anfänger in der Philosophie lernt auf diese Weise, wenn auch bloß historisch, vorläufig schon die Gegenstände kennen, um die es zu thun ist und welche vorzugsweise die Geister der letzten Jahrhunderte beschäftigt haben. Wenn es endlich, um die Wahrheit schätzen und beurtheilen zu lernen, nothwendig ist, auch den Irrthum zu kennen, so ist eine solche Darstellung wohl die beste und sanfteste Art, dem Anfänger den Irrthum, der überwunden werden soll, zu zeigen. Doch das Gewicht aller dieser Gründe nimmt zu, wenn es nicht bloß eine neue Methode oder veränderte Ansichten in einzelnen Materien, sondern eine Veränderung im Begriff der Philosophie selbst gilt. Hier wird es dann erwünscht seyn, wenn dieser Begriff auch unabhängig von der Wahrheit, die er an sich oder ursprünglich hat, zugleich als das natürliche geschichtliche Resultat früherer mißlungener Bemühungen, nicht mehr in seiner bloßen Allgemeinheit, sondern als ein nothwendiges Ergebniß gerade *dieser* Zeit erscheint.

## Cartesius.

Die Geschichte der neueuropäischen Philosophie wird gerechnet vom Umsturz der Scholastik bis auf die gegenwärtige Zeit. Renatus Cartesius (Réné Descartes), geb. 1596, Anfänger der neueren Philosophie, revolutionär im Geiste seiner Nation, begann damit, allen Zusammenhang mit der früheren Philosophie abzubrechen, über alles, was in dieser Wissenschaft vor ihm geleistet war, wie mit dem Schwamm wegzufahren, und diese ganz von vorn, gleich als wäre vor ihm nie philosophirt worden, wieder aufzubauen. Die nothwendige Folge einer solchen gänzlichen Losreißung war allerdings, daß die Philosophie wie in eine zweite Kindheit zurücktrat, eine Art von Unmündigkeit, über welche die griechische Philosophie fast schon mit ihren ersten Schritten hinaus war. Von der andern Seite konnte dieß Zurücktreten in die Einfalt der Wissenschaft selbst vortheilhaft seyn; sie zog sich dadurch aus der Weite und Ausbreitung, die sie in dem Alterthum so wie in dem Mittelalter schon erhalten, fast auf ein einziges Problem zurück, das nun durch successive Ausdehnung, und nachdem im einzelnen alles dazu vorbereitet war, zu der großen, alles umfassenden Aufgabe der neueren Philosophie sich erweitert hat. Es ist beinah die erste sich von selbst darbietende Definition der Philosophie, wenn man sagt, sie sey die schlechterdings von vorn anfangende Wissenschaft. Es mußte also schon viel wirken, wenn man auch nur in dem Sinn von vorn anfing, daß man nichts aus der früheren Philosophie und als von ihr bewiesen voraussetzte. Der griechische Thales soll so gefragt haben: Was das Erste und in der ganzen Natur der Dinge Aelteste sey. Hier war das von vorn anfangen objektiv gemeint. Cartesius aber fragt nur: Was ist das *für mich* Erste, und darauf konnte er denn natürlich nichts antworten als: Ich selbst, und auch Ich selbst höchstens in Ansehung des Seyns. An dieses erste, unmittelbar Gewisse, sollte sich ihm dann erst alles andere Gewisse anknüpfen, alles nur wahr seyn, inwiefern und inwieweit es mit jenem unmittelbar Gewissen zusammenhängt. Nun ist aber offenbar der Satz: Ich bin, höchstens Ausgangspunkt für mich — und nur für mich; der Zusammenhang, der durch das Anknüpfen an diesen Satz oder an das unmittelbare Bewußtseyn des eignen Seyns entsteht, kann also immer nur ein subjektiv logischer seyn, d. h. ich kann immer nur schließen: so gewiß Ich bin, so gewiß muß ich auch annehmen, daß A, B, C u. s. w. seyen. Aber wie eigentlich A, B und C unter sich, oder mit ihrem wahren Princip, oder auch nur, wie sie mit dem Ich bin selbst zusammenhangen, wird durchaus nicht gezeigt. Die Philosophie bringt es also hier nicht weiter als zu einer bloß subjektiven Gewißheit, und zwar nicht über die Art der Existenz (die allein eigentlich zweifelhaft ist), sondern nur über die Existenz alles dessen, was außer dem Subjekt ist. Dieß im Allgemeinen.

Um nun aber das Verfahren des Cartesius im einzelnen zu beschreiben, so macht er sich zum Grundsatz, vorläufig an allem zu zweifeln, ja, um recht sicher zu gehen, und ganz gewiß zu seyn, sich von jedem Vorurtheil befreit zu haben, vorläufig alles für falsch zu halten, was er bis dahin als wahr angenommen. Dieser Maxime wurde besonders von den Theologen heftig opponirt; sie meinten, auf die Weise sey Cartesius ein temporärer Atheist; wenn einer stürbe, eh' er die gehoffte Demonstration vom Daseyn Gottes geschrieben oder gefunden, würde er als Atheist sterben; auf die Art werde wenigstens vorläufig eine verderbliche Lehre gelehrt; man dürfe aber nicht Böses thun, damit Gutes herauskomme u. dgl. Allein der Sinn ist doch eigentlich nur der, daß man in der Philosophie nichts für wahr annehmen soll, eh' man es in seinem Zusammenhang erkannt. Indem ich die Philosophie anfange, weiß ich philosophisch eigentlich noch nichts. Dieß versteht sich von selbst; dagegen ist jene Maxime weniger zu billigen, wenn sie darauf hinführt, nur das mir unmittelbar Gewisse, also, da nur Ich selbst mir unmittelbar gewiß bin, nur mich selbst als Fundament erkennen zu wollen, denn dieses sogenannte unmittelbar Gewisse, mein eignes Seyn, ist mir in der That ebenso unbegreiflich — ja vielleicht noch unbegreiflicher, als alles das, was ich vorläufig für falsch oder doch für zweifelhaft angenommen. Verstehe ich den Zweifel an den Dingen recht, so habe ich ebensowohl an meinem eignen Seyn zu zweifeln. Der Zweifel des Cartesius, der sich zunächst nur auf die sinnlich erkannten Dinge erstreckt, kann sich nicht auf ihre Realität überhaupt oder in jedem Sinn beziehen — denn in irgend einem muß ich sie ihnen doch zugestehen. Der wahre Sinn meines Zweifels kann nur seyn, daß ich diese sinnlich erkennbaren Dinge nicht in dem Sinn zu seyn glauben kann, in welchem das Original-, das von sich selbst Seyende ist; denn ihr Seyn ist kein originales, wir sehen in ihnen etwas Gewordenes; und inwiefern alles Gewordene von bloß abhängiger und **insofern** zweifelhafter Realität ist, insofern kann man sagen, sie seyen an sich selbst von zweifelhaftem Daseyn, oder es sey ihre Natur, zwischen Seyn und Nichtseyn zu schweben. Eben dieses zweifelhafte Seyn muß ich aber auch in mir anerkennen; aus demselben Grunde, aus welchem ich an den Dingen, müßte ich also auch an mir selbst zweifeln. Indeß der Zweifel des Cartesius an der Realität der Dinge hat wirklich nicht die speculative Bedeutung, die wir ihm so eben gegeben; der Grund seines Zweifels ist ein bloß empirischer, wie er selbst sagt, weil er nämlich öfters erfahren, daß ihn die Sinne getäuscht, weil er manche male sich im Traum überredet, daß dieß oder jenes außer ihm sey, wovon sich nachher das Gegentheil befunden; ja setzt er hinzu, er habe Leute gekannt, die Schmerzen in Gliedern empfunden, die ihnen vorlängst abgenommen worden — in diesem Argument erkennt man den ehemaligen Militär, übrigens lag es nahe zu überlegen, daß solche Personen doch nur Schmerzen in Gliedern empfunden, die sie einmal gehabt haben, und kein Beispiel vorhanden ist von Leuten, die Schmerzen empfunden hätten in Gliedern, die sie niemals gehabt. Durch diese letzte Erfahrung glaubt er sich jedoch noch insbesondere berechtigt, auch an der Existenz seines eignen Körpers zu zweifeln.

Von hier geht er dann fort auf die nicht aus den Sinnen geschöpften, also mit dem Charakter der Nothwendigkeit und Allgemeinheit ausgestatteten Erkenntnisse, namentlich die mathematischen Wahrheiten, für deren Bezweifelbarkeit er den seltsamsten Grund anführt, der nicht, wie die der alten Skeptiker, aus dem Innern dieser Gegenstände und ihren Voraussetzungen selbst, sondern von etwas Aeußerem hergenommen ist. Nämlich, so erklärt er sich, obgleich ich so gewiß als von meinem eignen Leben überzeugt bin, und nicht einen Augenblick umhin kann zu erkennen, daß die drei Winkel eines Dreiecks = zwei Rechten, so ist doch meiner Seele die Meinung — ich weiß nicht recht, ob beigebracht, oder sogar eingepflanzt, daß es einen Gott gebe, von dem ich gehört habe, daß er alles vermöge, und daß ich (der Zweifelnde) ganz und gar mit allem, was ich sey und wisse, dessen Geschöpf sey. Nun hätte dieser, fährt er fort, doch auch bewirken können, daß ich über diese Dinge mich täuschte, welche mir übrigens als die klarsten erscheinen. Als ob man nicht weit mehr Ursache hätte, an einem solchen Zweifel zu zweifeln. Ehe man diesen aufwürfe, müßte man doch irgend ein Interesse anzugeben wissen, das der Schöpfer haben könnte, mich mit den nothwendigen Wahrheiten zu täuschen. Das wahre Verhältniß, in dem sich die Philosophie in ihrem Anfang gegen alles, und also auch gegen die mathematischen Wahrheiten befindet, ist, nicht sie zu bezweifeln (denn wie käme sie nur überhaupt dazu, sie jetzt schon zum Gegenstand ihres Denkens zu machen?), sondern sie einfach dahingestellt seyn zu lassen, bis sie im Verlauf ihrer schlechthin von vorn anfangenden Untersuchung von selbst auf die Voraussetzungen geführt wird, von denen ihre Wahrheit abhängt [1].

Nachdem nun Cartesius auf diese nicht eben sehr tiefe Weise an allem ihm vors Bewußtseyn Gekommenen gezweifelt, fragt er, ob ihm denn gar nichts übrig bleibe, woran er aus den früher angeführten oder andern Gründen ebenfalls noch zweifeln könnte. Obgleich er nun an allem gezweifelt zu haben schien, blieb ihm doch noch etwas übrig, nämlich

[1] Vgl. Einleitung in die Philosophie der Mythologie, S. 270. D. H.

Er selbst, *welcher* so zweifelte, nicht sofern er aus Kopf, Händen, Füßen und andern körperlichen Gliedmaßen bestand — denn an der Realität von diesen hatte er bereits gezweifelt —, sondern nur inwiefern er zweifelte, d. h. inwiefern er *dachte*. Indem er nun dieses genau untersuchte, meinte er zu finden, daß er an diesem, nämlich an Sich *selbst*, sofern er *dachte*, aus *keinem* der Gründe zu zweifeln vermöge, die ihn an den andern Dingen zu zweifeln bewogen. Denn, sagt er, ich mag nun wachen oder träumen, so *denke* ich doch und bin, und sollte ich mich in Ansehung alles anderen geirrt haben, so *war* ich doch, denn ich irrte, eram quia errabam, und der Urheber der Natur mag noch so kunstvoll angenommen werden, so kann er mich doch in dieser Hinsicht nicht täuschen, denn um getäuscht zu werden, muß ich *seyn*. Ja, je mehr Gründe des Zweifels vorgebracht werden, desto mehr Gründe erlange ich, die mich von meiner Existenz überzeugen, denn je öfter ich zweifle, desto öfter bewähre ich meine Existenz — also, daß, wie ich mich auch wende, ich immerhin genöthigt bin in die Worte auszubrechen: Ich zweifle, ich denke, also bin ich!

Dieß ist also das berühmte Cogito ergo sum des Cartesius, mit dem denn allerdings auf lange Zeit gleichsam der Grundton der neueren Philosophie angegeben war, das wie ein Zauber gewirkt hat, durch den die Philosophie in den Umkreis des Subjektiven und der Thatsache des bloß subjektiven Bewußtseyns gebannt war. Höher genommen aber lag in dem Cogito ergo sum oder in dem Entschluß, vorerst alles für zweifelhaft zu halten, bis es mit jenem allein unmittelbar Gewissen auf irgend eine Weise in Verbindung gebracht sey — in diesem Entschluß lag die entschiedenste Losreißung von aller Autorität, damit war die Freiheit der Philosophie errungen, die sie von diesem Augenblick an nicht wieder verlieren konnte [1].

[1] Eine specielle Merkwürdigkeit für uns liegt darin, daß dieser Anfang der völlig freien Philosophie allem Ansehen nach in Bayern gemacht, hier also der Grund der neueren Philosophie gelegt worden. Cartesius war, wie er selbst in seiner Abhandlung de Methodo sagt, die ich bei dieser Gelegenheit als eine treffliche Uebung jedem empfehlen will, nach Deutschland gekommen, um den Anfang des dreißigjährigen Kriegs zu sehen; er hatte unter Maximilian I. der

Es ist klar genug, wie Cartesius auf dieses Cogito ergo sum geführt wurde. Sein Hauptzweifel war, wie man sich von irgend einer Existenz überzeugen könne. Dieser Zweifel schien ihm in Ansehung der äußeren Dinge unüberwindlich. Wir stellen äußere Dinge vor — dieß wird nicht geleugnet, und wir sind sogar genöthigt sie uns vorzustellen — aber ob die Dinge, die wir uns vorstellen, und wie wir sie uns vorstellen, auch *sind*, nämlich *außer* uns, unabhängig von uns so sind, dieß ist die Frage, auf die es keine unmittelbare Antwort gibt. Cartesius wollte also einen Punkt finden, wo Denken oder Vorstellen (denn Er unterscheidet beides nicht) und Seyn unmittelbar in eins zusammenfallen — und diesen glaubte er durch sein Cogito ergo sum gefunden, und da sich aller Zweifel seiner Meinung nach nur auf die Existenz bezieht, so glaubte er mit diesem Satz auch *allen* Zweifel überwunden. Im Cogito ergo sum glaubte Cartesius Denken und Seyn als **unmittelbar** identisch erkannt zu haben. Denn er leugnet in späteren Erklärungen aufs bestimmteste, daß der Satz: Cogito ergo sum von ihm als ein Schluß (ein Syllogismus) gemeint sey. Zu einem vollständigen Schluß würde allerdings ein Obersatz gehören, der so lautete: Omne, quod cogitat, est — der Untersatz wäre dann: Atqui cogito, und der Schlußsatz: Ergo sum. So kann es freilich Cartesius nicht gemeint haben; denn damit würde der Satz: Ich bin, zu einem durch einen allgemeinen Satz vermittelten; in dieser syllogistischen Form wäre die unmittelbare Gewißheit verloren. Die Meinung des Cartesius ist also, das Sum sey in dem Cogito eingeschlossen,

Schlacht am weißen Berg und der Einnahme von Prag beigewohnt, wo er sich jedoch vorzüglich nur nach Tycho de Brahe und seinem Nachlaß erkundigte. Im Jahr 1619, da er von der Krönung Ferdinands II. aus Frankfurt ins Lager zurückkehrte, hatte er sein Winterquartier in einem Ort an der bayerischen Grenze, wo er, wie er sagt, niemand fand, mit dem er sich gern unterhalten hätte, und dort faßte er (23 Jahre alt) die ersten Ideen seiner Philosophie, die er jedoch viel später bekannt machte. Wie Cartesius in Bayern zu philosophiren angefangen, so fand er später an der pfälzischen Princeß Elisabeth, Tochter des unglücklichen Churfürsten von der Pfalz, Karl Friedrich, des sogenannten Winterkönigs, eine große und ihm treu anhängliche Verehrerin, wie es späterhin wieder ein Fürst aus dem pfälzischen Hause war, der Spinozas Beschützer ward.

in ihm schon mitbegriffen und ohne weitere Vermittlung gegeben. Hieraus folgt denn, daß das cogito eigentlich so viel sagt als: cogitans sum (wie denn überhaupt das Zeitwort keine andere Bedeutung hat und nur eine Zusammenziehung von Prädicat und Copula ist, z. B. lego heißt nichts anderes als sum legens, ich bin lesend oder ein Lesender). Dieses Sum cogitans kann nun außerdem nicht die Bedeutung haben, als wäre ich nichts als denkend, als wäre ich nur im Denken da, oder als wäre Denken die Substanz meines Seyns. Denn Cartesius spricht jenes: Ich denke, selbst nur aus, indem er denkt oder zweifelt, im actu seines Zweifels. Das Denken ist also nur eine Bestimmung oder eine Art und Weise des Seyns, ja das cogitans hat sogar nur die Bedeutung: ich bin im Zustande des Denkens. Der Zustand des eigentlichen Denkens ist bekanntlich für die meisten Menschen ein höchst seltener, vorübergehender, ja ein unnatürlicher, aus dem sie gewöhnlich sobald als möglich herauszutreten suchen. Bekannt ist das Schillersche: Oft schon war ich und hab' wahrlich an gar nichts gedacht. Zwar Cartesius braucht, wie schon bemerkt, das Wort denken in einem sehr allgemeinen Sinn, wo es z. B. auch das sinnliche Gewahrwerden oder Wahrnehmen bedeutet. Allein ich bin ja auch nicht immer im Zustande des sinnlichen Wahrnehmens. Wollte man sagen, selbst im Schlafe höre es nicht auf, denn ich träume wenigstens, so bleibt immer die Ohnmacht, in der ich zwar nicht ausspreche: Ich bin, wie ich es im Schlaf, ja im Verlauf des gewöhnlichen wachenden Lebens auch nicht ausspreche, und doch unstreitig bin. Das in dem cogito begriffene sum heißt also nur: sum qua cogitans, ich bin als denkend, d. h. in dieser bestimmten Art des Seyns, welche denken genannt wird, und die nur eine andere Art zu seyn ist als z. B. die des Körpers, dessen Art zu seyn darin besteht, daß er den Raum erfüllt, d. h. von diesem Raum, den er einnimmt, jeden andern Körper ausschließt. Das in dem cogito eingeschlossene sum hat also nicht die Bedeutung eines unbedingten Ich bin, sondern nur die Bedeutung eines „Ich bin auf gewisse Weise", nämlich eben als denkend, in dieser Art zu seyn, welche man denken nennt. Daher kann auch in dem Ergo sum nicht enthalten seyn: Ich bin unbedingter

Weise, sondern nur: Ich bin auf gewisse Weise. Von den Dingen kann man aber, wie schon gezeigt, eigentlich auch nur zweifeln, daß sie unbedingt *sind*; daß sie aber auf *gewisse* Weise sind, dieß läßt sich auf dieselbe Weise herausbringen, wie Cartesius sein Sum herausbringt. Es ist ebenso richtig zu schließen: Ich zweifle an der Realität der Dinge, also sind sie, oder wenigstens: also sind sie *nicht gar nicht*. Denn an dem, was gar nicht und auf keine Weise ist, kann ich auch nicht zweifeln. Aus meinem Zweifel selbst an der Realität der Dinge folgt also, — zwar nicht, daß sie unzweifelhaft oder unbedingt sind, aber doch, daß sie auf gewisse Weise sind; mehr folgt aber, wie gezeigt, auch aus dem Ich denke nicht, als daß ich auf gewisse Weise bin. Alles aber, was nur auf gewisse Weise ist, ist schon eben darum ein zweifelhaft Seyendes. Im wahren Sinn des nicht bloß empirischen und subjektiven, sondern des objektiven und philosophischen Zweifels ist also das Seyn, das ich mir selbst zuschreibe, so zweifelhaft als das, was ich den Dingen zuschreibe.

Allein wir können noch weiter zurückgehen und sogar das *Ich denke* selbst in Zweifel ziehen — wenigstens in der Bedeutung, die es unstreitig bei Cartesius hat. Diesem Ausspruch: Ich denke, liegt nämlich zweierlei zu Grunde: 1) das, was in mir denkt, z. B. was jetzt eben zweifelt, 2) das auf dieses Denken oder Zweifeln Reflektirende; nur indem *dieses* jenes Erste als mit sich identisch erkennt, sage ich: Ich denke. Das Ich denke ist also seiner Wahrheit nach keineswegs etwas Unmittelbares, es entsteht nur durch die Reflexion, welche sich auf das Denken in mir richtet, welches Denken übrigens auch unabhängig von jenem auf es Reflektirenden von statten geht, wie ich denn sogar in der Regel denke, ohne mir zu sagen, *daß* ich denke, ohne dieses Denken selbst wieder zu denken, ja das wahre Denken muß sogar ein objektiv unabhängiges von jenem auf es reflektirenden Subjekt seyn, oder es wird um so wahrer denken, je weniger von dem Subjekt sich in es einmischt. Da es also zweierlei ist, das Denkende und das auf dieß Denkende Reflektirende und es als eins mit sich Setzende, oder da es ein objektives, von mir unabhängiges Denken gibt, so könnte ja dieses in jener vermeinten Einheit oder, indem es das *ursprüngliche* Denken **sich** zuschreibt, eben darin könnte es sich täuschen, und das Ich denke könnte nicht mehr auf sich haben als der Ausdruck, dessen ich mich ja ebensowohl bediene: Ich verdaue, ich mache Säfte, ich gehe, oder ich reite; denn es ist doch nicht eigentlich das denkende Wesen, das geht oder das reitet. Es denkt in mir, es wird in mir gedacht, ist das reine Faktum, gleichwie ich auch mit gleicher Berechtigung sage: Ich träumte, und: Es träumte mir. Die Gewißheit, welche Cartesius dem cogito ergo sum zuschreibt, hält also selbst das Denken nicht aus; wenn es eine Gewißheit ist, so ist es eine blinde und gedankenlose. An diese Gewißheit indeß knüpft Cartesius alles andere an. Sein Princip ist: Alles, was ebenso klar und bestimmt eingesehen wird wie das Ich bin, muß auch wahr seyn. Allein genauer ausgedrückt kann dieß nur so viel heißen: Alles was mit jener blinden, empirischen Gewißheit, die ich von meinem eignen Seyn habe, zusammenhängt, oder was implicite mit dem Ich bin gesetzt ist, oder sich erweisen läßt als zur Vollständigkeit dieser Vorstellung gehörig, muß ich als ebenso wahr annehmen wie dieses selbst (weiter gehts nicht); nämlich daß es auch objektiv und unabhängig von mir so sey, folgt nicht. Die Wahrheit des Ich bin, kann ebenso gut bestehen, wenn ich nur genöthigt bin, jenes andere alles, z. B. meinen Körper und die andern auf ihn scheinbar einfließenden Dinge, mir vorzustellen. Wenn ich einmal alles an das Ich bin knüpfen will, muß ich auch darauf Verzicht thun, jemals weiter zu kommen als zu dieser Nothwendigkeit der Vorstellung alles andern; auch kann es mir, wenn ich mir selbst der Mittelpunkt alles Wissens bin, völlig gleichgültig seyn, ob das, was ich mir vorzustellen genöthigt bin, unabhängig von dieser Vorstellung da ist oder nicht, wie es, um Descartes eignes Beispiel zu brauchen, für den Träumenden, solang er träumt, völlig gleichgültig ist.

Cartesius, dem es einmal nicht darum zu thun war die Dinge zu begreifen, sondern nur darum zu wissen, daß sie *seyen* (das Wenigste, was man von den Dingen wissen kann), wurde durch seinen Vorgang Ursache, daß diese Frage: ob unseren Vorstellungen von den äußern Dingen in der That etwas entspreche, für geraume Zeit als Hauptfrage in der Philosophie betrachtet wurde. Es hätte dem Cartesius ganz nahe gelegen, schon zum völligen Idealismus fortzugehen, d. h. zu dem System, welches behauptet, daß die Dinge nicht objektiv außer uns, sondern nur in unsern, wenn gleich nothwendigen Vorstellungen existiren. Allein dieß wollte er nicht; um daher jener nothwendigen Consequenz zu entgehen, nahm er zu einem andern Begriff seine Zuflucht. Weil die Vorstellungen keine Bürgschaft in sich selbst, so bedarf er eines Bürgen für die Wahrheit seiner Vorstellungen von Außendingen — hier sucht er aus dem Subjektiven ins Objektive zu kommen (μετάβασις) — diesen Bürgen findet er in Gott, dessen Daseyn aber dann vorher bewiesen seyn muß. Dieß bewerkstelligt er denn kürzlich auf folgende Art: Es ist in mir der Begriff eines allervollkommensten Wesens. (Dieß wird als empirische Thatsache vorausgesetzt, wie das Ich denke eben auch nur ein empirisches Faktum ist). Nun gehört aber zum Begriff des allervollkommensten Wesens — nicht, wie man späterhin sagte, der Begriff der Existenz überhaupt, denn so ungeschickt, wie Kant diesen Beweis vorstellt, pflegte Cartesius, dem man innerhalb seiner Grenzen den ganzen Scharfsinn und die geistreiche Tüchtigkeit und Beweglichkeit seiner Nation zuerkennen muß, nicht zu schließen, der wohl wußte, daß Existenz *überhaupt* etwas gegen Vollkommenheit und Unvollkommenheit Gleichgültiges ist — es gehört zum Begriff des vollkommensten Wesens auch der Begriff der *nothwendigen* Existenz. Sowie ich also Gott nur denke, muß ich auch einsehen, daß er existirt. Dieß ist also der unter dem Namen des ontologischen bekannte Erweis des Daseyns Gottes. Aus dem bloßen Begriff des allervollkommensten Wesens wird dann weiter geschlossen, das allervollkommenste Wesen würde dieses nicht seyn, wenn es nicht auch das allerwahrhaftigste wäre (hier ein Uebergang von dem Begriff, der bis jetzt nur als ein metaphysischer genommen schien, zu moralischen Eigenschaften), einem solchen also müßte es auch unmöglich seyn, uns zu täuschen 1) in Ansehung der mathematischen Wahrheiten — (sonderbar, daß Cartesius immer nur diese und nicht auch die allgemeinen Begriffe, so wie die Gesetze des Denkens, Urtheilens und Schließens bezweifelt), 2) ebenso unmöglich (da nur Gott diese Täuschung bewirken könnte) in Ansehung der sinnlichen Dinge. Hier wird daher nun Gott, nachdem ein ganz anderes principium cognoscendi angenommen war, doch auch noch anerkannt als das wahre Erkenntnißprincip, d. h. als das, was aller Erkenntniß erst Wahrheit ertheilt. Jene Berufung auf die Wahrhaftigkeit Gottes hat übrigens auf den Nachfolger des Cartesius, den Franzosen Mallebranche, so wenig gewirkt, daß er diesem Argument höchstens Wahrscheinlichkeit zugesteht, und bemerkt, daß Gott, wenn er es sonst gut und nöthig fände, uns gar wohl Körper vorstellen könnte, wenn es auch keine gäbe.

Was uns indeß am wichtigsten seyn muß, und weßwegen ich von der Philosophie des Cartesius vorzüglich einen Begriff zu geben gesucht habe, ist eben jenes von ihm auf die Bahn gebrachte ontologische Argument. Bei weitem weniger durch das, was er außerdem über die Anfänge der Philosophie behauptete, als durch die Aufstellung des ontologischen Beweises ist Cartesius für die ganze Folge der neueren Philosophie bestimmend geworden. Man kann sagen: die Philosophie ist noch jetzt damit beschäftigt, die Mißverständnisse, zu denen dieses Argument Veranlassung gab, zu entwirren und auseinanderzusetzen. Merkwürdig ist dieses Argument auch noch, weil es unter den Schulbeweisen, mit denen die Existenz Gottes in der gewöhnlichen Metaphysik bewiesen zu werden pflegte, bis auf Kant noch immer obenan stand. Es ist wohl zu bemerken, daß dieses Argument von den Scholastikern keineswegs anerkannt wurde. Denn obgleich schon Anselm von Canterbury ein ähnliches aufgestellt hatte, so widersprach ihm doch Thomas von Aquin aufs bestimmteste. Vorzüglich wurde der sogenannte ontologische Beweis auch Gegenstand der Kantschen Kritik, allein weder Kant noch irgend einer seiner Nachfolger hat den rechten Punkt getroffen. Der hauptsächlichste Einwurf gegen den Cartesianischen Beweis, der vorzüglich von Kant geltend gemacht worden, beruht auf der schon erwähnten unrichtigen Vorstellung, als laute das Argument so: Ich finde in mir die Idee des vollkommensten Wesens, nun ist aber die Existenz selbst eine Vollkommenheit, also ist in der Idee des vollkommensten Wesens von selbst auch die Existenz enthalten. Hier wird dann der Untersatz des Schlusses geleugnet. Man sagt, die Existenz sey keine Vollkommenheit. Ein Dreieck z. B. wird durch die Existenz nicht vollkommener, oder wenn dieß wäre, so müßte mir ebensowohl verstattet seyn zu schließen, das vollkommene Dreieck müsse existiren. Was nicht existirt, sagt man, ist weder vollkommen noch unvollkommen. Existenz drückt eben nur aus, daß das Ding, d. h. daß seine Vollkommenheiten, *sind*. Also ist die Existenz nicht eine dieser Vollkommenheiten, sondern sie ist das, ohne welches weder das Ding noch seine Vollkommenheiten sind. Allein ich habe schon bemerkt, daß Cartesius nicht auf *diese* Weise schließt. Sein Argument lautet vielmehr so: der Natur des vollkommensten Wesens würde es widerstreben, bloß *zufällig* zu existiren (so wie z. B. meine eigne Existenz eine bloß zufällige precäre und eben darum an *sich* zweifelhafte ist), also kann das vollkommenste Wesen nur nothwendig existiren. Gegen dieses Argument wäre nun, besonders wenn man sich über den Begriff von nothwendig Existiren verständigt, und darunter nur das Gegentheil von zufällig Existiren versteht, so wäre, sage ich, gegen dieses Argument nichts einzuwenden. Aber der Schlußsatz des Cartesius lautet anders. Wiederholen wir uns noch einmal den ganzen Syllogismus. Das vollkommenste Wesen *kann* nicht zufällig, mithin nur nothwendig existiren (Obersatz); Gott *ist* das vollkommenste Wesen (Untersatz), also (sollte er schließen) *kann* er nur nothwendig existiren, denn dieß allein liegt in den Prämissen; statt dessen schließt er aber: also existirt er nothwendig, und bringt dann auf diese Art scheinbar allerdings heraus, daß Gott existirt, und scheint die *Existenz* Gottes bewiesen zu haben. Aber es ist etwas ganz anderes, ob ich sage: Gott kann nur *nothwendig* existiren, oder ob ich sage: er existirt nothwendig. Aus dem Ersten (er *kann* nur nothwendig existiren) folgt nur: also existirt er nothwendig NB. *wenn er existirt*, aber es folgt keineswegs, *daß* er existirt. Darin liegt also der Fehler des Cartesianischen Schlusses. Wir können diesen Fehler auch so ausdrücken. In dem Obersatz (das vollkommenste Wesen kann nur *nothwendig* existiren) ist bloß von der *Art* der Existenz die Rede (es ist nur gesagt, das vollkommenste Wesen könne nicht zufälliger Weise existiren), im Schlußsatz (in der conclusio) ist aber nicht mehr von der Art der Existenz die Rede (in diesem Fall wäre der Schluß richtig), sondern von der Existenz überhaupt, also ist plus in conclusione quam fuerat in praemissis, d. h. es ist gegen ein logisches Gesetz gefehlt, oder der Schluß ist in der Form unrichtig. Daß dieß der eigentliche Fehler sey, kann ich auch daraus beweisen, daß Cartesius an mehreren Stellen selbst unmittelbar oder zunächst wenigstens nur auf die von mir angezeigte Art schließt. In einem Aufsatz, der überschrieben ist: Rationes Dei existentiam etc. probantes ordine geometrico dispositae, lautet die Conclusion so: Also ist es wahr von Gott zu sagen, die Existenz sey in ihm eine nothwendige, **oder** (setzt er hinzu) Er existire. Das Letzte ist nun aber etwas ganz anderes als das Erste und kann nicht als gleichgeltend mit diesem angesehen werden, wie durch das Oder angedeutet wird (Cartesius selbst ist sich wohl bewußt, daß in seinem Begriff des vollkommensten Wesens eigentlich nur die Art der Existenz bestimmt ist. So sagt er in derselben Darstellung: Im Begriff eines limitirten, endlichen Dings ist enthalten die bloß mögliche oder zufällige Existenz, im Begriff des vollkommensten also der Begriff der nothwendigen und vollkommenen Existenz). An einer andern Stelle, in seiner V. Meditation führt er den Schluß so aus: Ich finde in mir die Idee Gottes nicht anders oder gerade so wie die Idee irgend einer geometrischen Figur oder einer Zahl, nec, fährt er alsdann fort, nec minus clare et distincte intelligo, ad ejus naturam pertinere, ut semper existat. (Bemerken Sie dieses semper wohl; hier sagt er also nicht, ad ejus naturam pertinere, ut existat, sondern nur, ut semper existat). Daraus folgt nun auch bloß, daß Gott, wenn er existirt, nur immer existirt, aber es folgt nicht, **daß** er existirt. Der wahre Sinn des Schlusses ist immer nur: entweder existirt Gott gar nicht, oder, wenn er existirt, so existirt er immer, oder so existirt er nothwendig, d. h. nicht zufällig. Aber damit ist klar, daß seine Existenz nicht bewiesen ist.

Mit dieser Kritik des Cartesianischen Arguments geben wir nun aber zu, daß, wenn nicht die Existenz, doch die nothwendige Existenz Gottes bewiesen sey — und dieser Begriff ist nun eigentlich derjenige, der von der bestimmendsten Wirkung für die ganze Folgezeit der Philosophie gewesen ist.

Was hat es also mit dieser nothwendigen Existenz Gottes auf sich?

Schon indem wir als richtigen Schlußsatz nur diesen anerkennen: Also existirt Gott nothwendig, wenn er existirt, schon dadurch sprechen wir aus, daß der Begriff Gottes und der Begriff des nothwendig existirenden Wesens nicht schlechterdings identische Begriffe sind, so nämlich, daß der eine in dem andern genau aufginge, daß Gott nicht mehr wäre als das bloß nothwendig existirende Wesen. Wäre er nur dieses, so wäre es allerdings ein von selbst sich verstehender Satz, daß er existirt. Vor allem fragt sich also:

1) Was ist unter dem nothwendig existirenden Wesen zu verstehen?

2) Inwiefern ist Gott das nothwendig existirende Wesen?

3) Sind Gott und nothwendig existirendes Wesen identische Begriffe, inwiefern ist er mehr als nur dieses?

Um also das Erste zu beantworten, soweit es auf dem Punkt, wo wir jetzt noch stehen, möglich ist (denn wir werden in der Folge noch mehr als Einmal auf diesen Begriff zurückkehren), so unterscheiden wir in allem Seyn

a) das was Ist, das Subjekt des Seyns, oder wie man auch sonst sagt, das Wesen,

b) das Seyn selbst, welches sich zu dem, **was** ist, als Prädicat verhält, ja von dem ich allgemein gesprochen sagen kann, daß es das Prädicat schlechthin ist, das was in jedem Prädicat eigentlich allein prädicirt wird. Es wird nirgends und in keinem möglichen Satz etwas anderes ausgesagt als das Seyn. Wenn ich z. B. sage: Phädon ist gesund, so wird eine Art des organischen, weiter des physischen, zuletzt des allgemeinen Seyns ausgesagt; oder: Phädon ist ein Liebender, hier eine Art des gemüthlichen Seyns. Immer aber ist es das Seyn, das ausgesagt wird. Nun steht es mir aber auch frei, das was Ist allein oder rein zu denken, ohne das Seyn, das ich erst von ihm auszusagen hätte — habe ich es so gedacht, so habe ich den **reinen** Begriff gedacht, das, in dem noch nichts von einem Satz oder einem Urtheil ist, sondern eben der bloße Begriff (es ist absurd den reinen Begriff in das Seyn zu setzen, was gerade das über den Begriff Hinausgehende, das Prädicat ist. Nothwendig aber ist das Subjekt eher **als** das Prädicat, wie denn schon in der alten gewöhnlichen Logik das Subjekt das Antecedens, das Prädicat das Consequens genannt wurde). **Das was** Ist ist der Begriff *κατ' ἐξοχήν*, es ist aller Begriffe Begriff, denn in jedem Begriff denke ich nur eben das, was Ist, nicht das Seyn. Inwiefern ich nun das, was Ist rein denke, so ist also hier nichts über den bloßen Begriff Hinausgehendes, mein Denken ist noch in den reinen Begriff eingeschlossen, ich kann dem, was Ist, noch kein Seyn beilegen oder attribuiren, ich kann nicht sagen, daß es ein Seyn hat, und doch ist es nicht nichts, sondern allerdings auch Etwas, es ist eben das Seyn selbst, *αὐτὸ τὸ ὌΝ*, ipsum Ens — das Seyn ist ihm noch im bloßen Wesen oder im bloßen Begriff, es ist das Seyn des Begriffs selbst, oder es ist der Punkt, wo Seyn und Denken eins ist. In dieser Bloßheit muß ich es wenigstens einen Augenblick denken. Aber ich kann es in dieser Abstraktion nicht erhalten; es ist nämlich unmöglich, daß das was Ist, von dem ich nun weiter noch nichts weiß, als daß es der Anfang, der Titel zu allem Folgenden ist, aber noch nichts selbst ist — es ist unmöglich, daß das, was der Titel, die Voraussetzung, der Anfang zu allem Seyn ist, daß dieses nicht auch sey — dieß „sey" im Sinn von Existenz genommen, d. h. vom Seyn auch außer dem Begriff. Damit wendet sich uns der Begriff nun unmittelbar und zwar in sein Gegentheil um — wir finden das, was wir als das Seyende selbst bestimmt hatten, nun auch wieder als das Seyende, aber als das Seyende in einem ganz andern — nämlich nur im prädicatlichen oder, wie wir auch sagen können, gegenständlichen Sinn, statt daß wir es vorher als das Seyende im urständlichen Sinn dachten. Hier ist die vollkommenste Conversio des Subjekts in das Objekt — wie es im reinen Begriff das bloße, reine Subjekt (suppositum, denn auch diese beiden Ausdrücke sind gleichbedeutend) oder der reine Urstand des Seyns war — so ist es in unmittelbarer Folge seines Begriffs — eben vermöge seines Begriffs: das Seyende selbst zu seyn — ist es unmittelbar, eh' wir es uns versehen, das objektiv, das gegenständlich Seyende.

Betrachten wir es nun näher als dieses gegenständlich Seyende, wie wird es sich uns darstellen? Offenbar als das nicht nicht seyn Könnende und demnach als das nothwendig, das blind Seyende. Das blind Seyende insbesondere ist das, dem keine Möglichkeit seiner selbst vorausgegangen ist. Ich handle z. B. blind, wenn ich etwas thue, ohne mir vorher seine Möglichkeit vorgestellt zu haben. Wenn die Handlung dem Begriff der Handlung zuvoreilt, so ist dieß eine blinde Handlung, und ebenso ist das Seyn, dem keine Möglichkeit vorausgegangen, das nie nicht-seyn und darum auch nie eigentlich seyn konnte, das vielmehr seiner Möglichkeit als solcher zuvorkommt, ein solches Seyn ist das blinde Seyn. Man könnte einwenden: wir haben doch selbst zuerst von dem was Ist gesprochen und es als das Prius, als den Urstand, d. h. als die Möglichkeit des Seyns, bestimmt. Ganz richtig; aber wir fügten auch gleich hinzu, es sey in dieser Priorität nicht zu erhalten, also, wenn auch das Prius, doch nie als das Prius, der Uebergang sey ein unaufhaltsamer, es sey an sich, also es sey keinen Augenblick möglich, daß das was Ist nicht sey, also es als nicht seyend zu denken. Dasjenige nun aber, dem es unmöglich ist nicht zu seyn (quod non potest non-existere), diesem ist es auch nie möglich zu seyn — denn jede Möglichkeit zu seyn schließt auch die Möglichkeit nicht zu seyn in sich — also ist das, dem es unmöglich ist nicht zu seyn, auch nie in der Möglichkeit zu seyn, und das Seyn, die Wirklichkeit, kommt der Möglichkeit zuvor. Hier haben Sie nun also den Begriff des nothwendig seyenden, des nothwendig existirenden Wesens, und Sie begreifen zugleich aus dieser Genesis desselben, mit welcher Gewalt er auf das Bewußtseyn gleichsam einstürzt und ihm jede Freiheit nimmt. Es ist der Begriff, gegen welchen das Denken alle seine Freiheit verliert.

Nun entsteht aber die Frage, wie Gott das nothwendig seyende oder existirende Wesen genannt werden könne. Cartesius begnügt sich mit dem populären Argument, weil die nicht nothwendige, d. h. die zufällige Existenz (wie er den Begriff bestimmt) eine Unvollkommenheit sey, Gott aber das allervollkommenste Wesen sey. Was er unter dem vollkommensten Wesen denkt, sagt er nicht; man sieht aber wohl, daß er darunter dasjenige denkt, was das Wesen alles Seyns ist, das nicht ein Seyn außer sich hat, gegen welches sein eignes Seyn sich auch als ein Seyn verhält, oder einfacher, das nicht ein Seyendes ist, das ein anderes Seyendes oder andere Seyende außer sich hat, sondern das schlechthin Seyende, das also in seinem höchsten Begriff nur eben das seyn kann, was wir das Seyende selbst, ipsum Ens, genannt haben. Ist nun Gott nur als das Seyende selbst, und ist das, was das Seyende selbst ist, nur zu bestimmen als das nicht nicht seyn Könnende, als das, dem es unmöglich ist nicht zu seyn, so ist Gott entschieden und ohne allen Zweifel das nothwendig Existirende: — dieses ist nun der höchste Sinn, in welchem das eigentliche ontologische Argument zu nehmen ist; auf dieses kommt jener sogenannte Beweis des Anselm zurück. Es leuchtet nun aber auch sofort ein, woher das Mißtrauen gegen diesen sogenannten Beweis entstanden ist, und warum namentlich die Scholastik ihn vielmehr zu widerlegen und abzulehnen als aufzunehmen für gut fand.

Hier kommen wir auf die Frage, ob der Begriff des nothwendig existirenden Wesens mit dem Begriff Gottes identisch sey.

Wir haben eben das nothwendig Existirende zugleich als das blindlings Existirende erwiesen. Nun ist aber nichts der Natur Gottes, wie sie im allgemeinen Glauben gedacht wird — und nur aus diesem hat Cartesius, haben also auch wir bis jetzt diesen Begriff aufgenommen — nichts ist der Natur Gottes mehr entgegen als das blinde Seyn. Denn das Erste im Begriff des blindlings Seyenden ist doch, daß es gegen sein Seyn ohne alle Freiheit ist, es weder aufheben noch verändern oder modificiren kann. Was aber gegen sein eignes Seyn keine Freiheit hat, hat überhaupt keine — ist absolut unfrei. Wäre also Gott das nothwendig existirende Wesen, so könnte er nur zugleich als das starre, unbewegliche, schlechthin unfreie, keines freien

Thuns, Fortschreitens, oder von sich selbst Ausgehens Fähige bestimmt werden. Entweder müßten wir bei diesem blind Seyenden stehen bleiben — wir kämen mit keinem Schritt über das blind Seyende überhaupt hinaus —, oder wenn wir von ihm aus fortschreiten, wenn wir von ihm aus etwa zu der Welt gelangen wollten, so könnte dieß nur geschehen, inwiefern wir in seinem blinden Seyn etwa eine emanative Kraft nachweisen könnten, vermöge dessen von diesem blinden Seyn anderes Seyn, z. B. das der Dinge, ausströmte — ich sage ausströmte — nicht ausginge, denn damit wäre noch immer der Gedanke einer Hervorbringung zu verknüpfen — aber eben dieser ist mit einem blinden Seyn durchaus nicht zu vereinigen; ein solches könnte höchstens als emanative Ursache gedacht werden, und auch nur dieß würde nicht geringe Schwierigkeit darbieten. Hier stoßen wir nun also, um einen Kantischen Ausdruck anzuwenden, auf eine Antinomie zwischen dem, was aus der Vernunft mit Nothwendigkeit folgt, und dem, was wir eigentlich wollen, wenn wir Gott wollen. Denn bis jetzt ist Gott offenbar ein bloßer Gegenstand unseres Wollens — wir sind durch nichts genöthigt den Ausdruck Gott zu brauchen, von dem absoluten Vernunftbegriff, von dem Begriff dessen, was Ist, ausgehend, werden wir nur auf den Begriff des nothwendig existirenden Wesens, nicht aber auf den Begriff Gottes geführt. Gehen wir aber sogar von dem Begriff Gott aus, so können wir nicht umhin zu sagen: Gott ist das Wesen alles Seyns, er ist das was Ist im absoluten Sinn, *τὸ ὌΝ*, wie er auch immer bestimmt wurde; ist er aber dieß, so ist er auch das nothwendig und blindlings Existirende. Allein wenn er das blindlings Existirende ist, so ist er eben darum nicht Gott — nicht Gott in dem Sinn, welchen das allgemeine Bewußtseyn mit diesem Wort und Begriff verbindet. Wie ist nun hier zu helfen, oder wie ist dieser Enge oder Klemme, in der wir uns befinden, zu entkommen? Es wäre eine schlechte Hülfe, wenn man bloß widersprechen wollte, daß Gott das nothwendig existirende Wesen ist. Denn damit würde der eigentliche Urbegriff aufgehoben, den wir schlechterdings nicht aufgeben dürfen, soll unserm Denken nicht überall der feste Ausgangspunkt fehlen.

Gott als solcher ist freilich nicht bloß das nothwendig oder blindlings existirende Wesen, er ist es zwar, aber er ist als Gott zugleich das, was dieses sein eignes, von ihm selbst unabhängiges Seyn aufheben, sein nothwendiges Seyn selbst in ein zufälliges, nämlich in ein selbst-gesetztes verwandeln kann, so daß es im Grunde (der Grundlage nach) zwar immer besteht, aber effektiv oder in der That in ein anderes umgesetzt ist, oder so: daß jenem selbst-gesetzten zwar immer das nothwendige zu Grunde liegt, ohne daß das effektive, das wirkliche Seyn Gottes bloß dieses nothwendige wäre.

Die Lebendigkeit besteht eben in der Freiheit, sein eignes Seyn als ein unmittelbar, unabhängig von ihm selbst gesetztes aufheben, und es in ein selbst-gesetztes verwandeln zu können. Das Todte, in der Natur z. B., hat keine Freiheit, sein Seyn zu verändern, wie es ist, so ist es — in keinem Moment seiner Existenz ist sein Seyn ein selbstbestimmtes. Der bloße Begriff des nothwendig Seyenden würde also nicht auf den lebendigen, sondern auf den todten Gott führen. Allgemein aber wird im Begriff Gottes gedacht, daß er thun kann, was er will, und da er keinen Gegenstand seines Thuns hat als seine Existenz, so — kann ich nicht sagen: es wird, aber es muß im Begriff Gottes gedacht werden, daß er frei ist gegen seine Existenz, nicht an sie gebunden, daß er sie selbst wieder zum Mittel machen, in ihrer Absolutheit aufheben kann. Wenn freilich diejenigen, welche die Freiheit Gottes aussprechen und behaupten, nicht gewohnt sind, sie auf diese Art auszusprechen — sie zu denken als Freiheit Gottes gegen seine Existenz, als Freiheit diese Existenz als eine absolut gesetzte aufzuheben: so wird doch allgemein im Begriff Gottes die absolute Freiheit des Thuns gedacht. Ich sage allgemein. Denn der Begriff Gottes gehört keineswegs der Philosophie insbesondere an, er ist unabhängig von der Philosophie vorhanden im allgemeinen Glauben. Nun steht es allerdings dem Philosophen frei, von diesem Begriff gar keine Notiz zu nehmen, ihn zu umgehen. Aber Cartesius, mit dem wir uns beschäftigen, hat ihn vielmehr hereingezogen in die Philosophie, und da ist denn die Antinomie offenbar.

Gott kann nur als das nothwendig existirende Wesen gedacht werden, und zwar in einem Sinn, in welchem diese nothwendige Existenz alles freie Thun aufhebt. Aber das, was unabhängig von der Philosophie Gott genannt wird, und unstreitig vor aller Philosophie so genannt worden, kann nicht in diesem Sinn das nothwendig Existirende seyn — er muß als frei gedacht werden — gegen sein eignes Seyn — denn sonst könnte er sich nicht bewegen, nicht von sich, d. h. von seinem Seyn, ausgehen, um ein anderes Seyn zu setzen. Die Frage ist nur, wie diese Antinomie zu überwinden. Dieses zu zeigen ist Sache der Philosophie selbst.

Von einer anderen Seite wurde das System des Cartesius folgereich und bestimmend für den ferneren Gang des menschlichen Geistes — durch die absolute Entgegensetzung zwischen Geist und Körper, die er in die Philosophie einführte. Man nennt dieß gewöhnlich den Dualismus des Cartesius. Sonst versteht man unter Dualismus das System, welches neben dem ursprünglich guten ein ebenso ursprünglich böses Princip behauptet, das bald als ein ihm völlig gleichmächtiges, bald wenigstens als ein ebenso ursprünglich wie jenes existirendes Princip angesehen wurde. So weit ging Cartesius nicht, daß er die Materie, wie jener und die Gnostiker, als Quelle alles Bösen, als das allem Guten Widerstrebende gesetzt hätte. In diesem Fall war ihm die Materie wenigstens ein wahres Princip. Allein sie ist ihm nicht das Princip der Ausdehnung, sondern die bloße ausgedehnte Sache. Er hatte anfangs, wie gesagt, an der Existenz des Körperlichen gezweifelt, dagegen woran er nicht zweifeln zu können glaubte, war seine Existenz als denkendes Wesen, wiewohl der Schluß von dem bloßen actus cogitandi, dessen allein er unmittelbar gewiß seyn konnte, weil dieser allein in der unmittelbaren Erfahrung vorkommt, auf eine ihm zu Grunde liegende denkende Substanz, wofür er die Seele ansah, keineswegs außer allem Zweifel war. Im Fortgang seiner Betrachtungen stellte er nun zwar auf die Art, wie ich gezeigt, indem er Gott als einen wahren Deus ex machina herbeirief, und im Vertrauen, daß Gott als das wahrhafteste Wesen uns mit der Körperwelt nicht als mit einer bloßen Phantasmagorie täuschen könne — damit restituirte er zwar die Körperwelt in integrum; das Körperliche war ihm nun etwas Wirkliches, aber Geist und Körper waren einmal auseinander, und er konnte sie nicht mehr zusammenbringen. Er sah in dem Körperlichen nur den Gegensatz des Geistigen und Denkenden, ohne für möglich zu halten, daß es, so verschieden auch beide in ihrer Funktion erscheinen, dennoch ein und dasselbe Princip seyn könnte, das dort in der Materie nur im Zustand seiner Erniedrigung, hier als Geist nur im Zustand seiner Erhöhung sich befinde, dort im Zustand seiner gänzlichen Selbstverlorenheit, des völligen außer-sich-Seyns, hier im Zustand des Selbstbesitzes, des in-sich-Seyns. Ihm schien es möglich, daß ein absolut Todtes, d. h. ein solches Todtes, in dem nie Leben war, also ein ursprünglich Todtes, ein Aeußerliches ohne alles Innerliche, ein Erzeugtes ohne etwas von dem erzeugenden Princip in sich selbst zu haben seyn könne. Ein solches absolut oder ursprünglich Todtes widerstrebt aber nicht bloß allem wissenschaftlichen Begriff, sondern selbst der Erfahrung. Denn 1) gibt es doch eine lebendige Natur (Thiere; Schwierigkeit diese zu erklären); 2) die sogenannte todte ist eben nie als ein Todtes zu begreifen, d. h. als ein absoluter Mangel des Lebens, sondern nur als erloschenes Leben — als Residuum oder caput mortuum eines vorhergegangenen Processes, also eines vorhergangenen Lebens. Dieses Todte, Gebundene der Materie schien lebendigen Geistern so wenig etwas Ursprüngliches seyn zu können, daß manche es nur durch eine vorausgegangene Katastrophe sich erklären zu können glaubten, wie in Indien nur als etwas Zugezogenes, als Strafe einer Schuld, als Folge eines uralten Abfalls in der Geisterwelt, wie die älteste griechische Mythologie in der körperlichen Materie nur die erstickten Titanengeister der Urzeit erblickte. — Cartesius hielt freilich diese todte, geistlose Materie auch für etwas, aber unmittelbar, nicht aus einem früheren Zustande Gewordenes; er läßt sie in Gestalt eines rohen zusammenhängenden Klumpens von Gott erschaffen, hierauf entzweischlagen, daß sie in unendlich viele Theile auseinanderfährt, die dann durch ihre Rotationen, Wirbel u. s. w. das Weltsystem und seine Bewegung erzeugen. Diese Rohheit des wissenschaftlichen

Begriffs, die uns noch so nahe liegt und kaum durch zwei Jahrhunderte von uns getrennt ist, mag heutzutag fast unglaublich erscheinen. Man kann daran ermessen, welchen Weg der menschliche Geist seitdem zurückgelegt hat. Aber man mag daraus auch sehen, wie schwer und darum langsam die Fortschritte in der Philosophie seyn müssen, die sich diejenigen, welchen sie zu gut kommen, oder die davon profitiren, so leicht vorstellen — wenn Geister, wie Cartesius bei solchen Vorstellungen stehen bleiben konnten. Es wäre unrecht, darum geringer von ihnen zu denken.

Ich habe schon bemerkt, der Gegensatz ist bei Cartesius nicht etwa ein Gegensatz zweier Principien, so daß er ein Princip des Denkens und ein Princip der Ausdehnung annähme. Das bloße Princip der Ausdehnung könnte in seiner Art noch immer auch ein geistiges, es brauchte nicht nothwendig selbst ein ausgedehntes zu seyn, wie z. B. das Princip der Wärme darum, weil es dieß ist, nicht selbst warm ist, obgleich es den Körper warm macht, ihm Wärme mittheilt. Cartesius weiß nichts von einem Princip der Ausdehnung, sondern nur von der ausgedehnten Sache, welche eben darum ein schlechthin Ungeistiges ist. Von der andern Seite spricht er von sich selbst als von einer Sache, die denkt: je suis une chose, qui pense [1]. Das Ding, das denkt, und das Ding, das ausgedehnt ist, sind ihm also zwei Dinge, die sich gegenseitig ausschließen und nichts miteinander gemein haben; das ausgedehnte Ding ist das völlig entgeistete, geist-lose; hinwiederum ist das Geistige das schlechterdings immaterielle; das Ausgedehnte ist bloßes Neben- und Außereinanderseyn, reine Zerfallenheit, die, inwiefern sie gleichwohl als zusammengehalten erscheint, wie in den körperlichen Dingen, nicht durch ein inneres und demnach geistiges Princip, sondern nur durch äußeren Druck und Stoß zusammengehalten ist. Das ausgedehnte Ding besteht aus Theilen, die sich schlechterdings äußerlich sind, diesen Theilen selbst fehlt ein innerlich bewegendes Princip, also auch jede innere Bewegungsquelle. Alle Bewegung beruht auf Stoß, d. h. sie ist rein

[1] Med. III. pag. 263.

mechanisch. Wie in der Materie nichts von Geist, so ist nach Cartesius hinwiederum in dem Geist nichts der Materie Verwandtes, das in der Materie Seyende nicht ein nur auf andere Art Seyendes, sondern ein toto genere Verschiedenes, beide sind außer aller Berührung, zwei ganz disparate Substanzen, zwischen denen eben darum auch keine Gemeinschaft möglich ist.

Zwei Dinge, die schlechterdings nichts miteinander gemein haben, können auch nicht aufeinander wirken. Für die Philosophie des Cartesius war es daher eine sehr schwierige Aufgabe, jene unleugbare Wechselwirkung zu erklären, welche zwischen dem denkenden Wesen und dem ausgedehnten offenbar stattfindet. Wenn beide durchaus nichts miteinander gemein haben, wie können dennoch Körper und Geist so vieles gemeinschaftlich thun und gemeinschaftlich leiden? Wie wenn ein körperlicher Schmerz vom Geist empfunden wird, oder ein bloß auf den Körper gemachter Eindruck zum Geist sich fortpflanzt, und in dem denkenden Ding, das wir unsere Seele nennen, eine Vorstellung erzeugt, oder wenn umgekehrt eine Anstrengung des Geistes, ein Schmerz unserer Seele den Körper ermüdet oder krank macht, oder der Gedanke unseres Geistes, wie z. B. im Sprechen, bloß körperliche Organe ihm zu dienen zwingt, oder ein Wille, ein Entschluß unseres Geistes in dem ausgedehnten Ding, das wir unsern Körper nennen, eine entsprechende Bewegung hervorbringt. Das hierüber — bis auf die Zeit des Cartesius — in den Schulen angenommene ältere System war das System des sogenannten natürlichen oder unmittelbaren Einflusses (Systema influxus physici), das, wenn auch nicht deutlich bewußt, doch unbewußter Weise auf der Voraussetzung einer gewissen Homogenität der letzten Substanz beruhte, der beiden, der Materie und dem Geist, zu Grunde liegenden und daher gemeinschaftlichen Substanz. Freilich war es eine grobe Vorstellung, wenn man dieß bloß durch ein allmähliches Feiner-werden der Materien erklären wollte, wie in gewissen Hypothesen der Physiologen, die zwar einen unmittelbaren Einfluß des Geistes auf das, was man das grob Körperliche nannte, für unmöglich hielten, die aber meinten, wenn man zwischen dem Geist und dem grob Körperlichen nur feinere

Materien einschalte (ehemals sprach man von Nervensaft, oder wie man sich heutzutage vermeintlich vornehmer ausdrückt, Nervenäther), so müsse doch einmal ein solcher unmittelbarer Uebergang möglich seyn.

Cartesius beseitigte die Schwierigkeiten, welche für seinen Dualismus durch die offenbare Wechselwirkung zwischen dem denkenden und ausgedehnten Ding entstunden, kürzlich damit, daß er 1) den Thieren alle Seele absprach, sie für bloße höchst künstliche Maschinen erklärte, die alle — auch ihre offenbar vernunftähnlichen Handlungen nur so ausüben, wie eine gute Uhr die Stunde zeigt. Eine Nothwendigkeit, den Thieren die Seele abzusprechen, lag für ihn auch darin: Wo sich der Gedanke findet, da findet sich eine von der Materie ganz verschiedene, also unzerstörte, unsterbliche Substanz, also ꝛc.[1] 2) Was den Menschen betrifft, so hält er ihn zwar dem Körper nach ebenfalls nur für eine höchst künstlich eingerichtete Maschine, die, wie ein aufgezogenes Uhrwerk, völlig unabhängig von der Seele nur ihrem eignen Mechanismus gemäß alle natürlichen Handlungen verrichtet; was aber die Bewegungen betrifft, welche nicht als automatische sich erklären lassen, die gewissen Bewegungen oder Willensakten des Geistes entsprechen, so weiß er sich hier nicht anders zu helfen, als indem er annimmt, daß in jedem solchen Fall, wenn z. B. in dem Geist ein Begehren oder Wollen entsteht, das der Körper vollziehen soll, Gott selbst ins Mittel trete und in dem Körper die entsprechende Bewegung hervorbringe, — als ob es begreiflicher seyn soll, wie der höchste Geist (denn Gott ihm nicht etwa Identität) als wie der menschliche auf das rein Körperliche einwirke. Und ebenso bei Gelegenheit jedes Eindrucks, den materielle Dinge auf unsern Körper hervorbringen, tritt der Schöpfer selbst ins Mittel und bringt die entsprechende Vorstellung in der Seele hervor; die Seele für sich

[1] Diese Ursache (die Unsterblichkeit), aus welcher Cartesius den Thieren die Seele absprechen mußte, erklärt Morus in seinem Brief an Descartes (Oeuvres, Tom. X, p. 190): Ayant supposé, que le corps était incapable de penser, vous avez conclu, que partout, où se trouvait la pensée, là devait être une substance reellement distincte du corps et par conséquence immortelle; d'où il s'en suit, que, si les bêtes pensaient, elles auraient des ames, qui seraient des substances immortelles.

selbst wäre unzugänglich für alle äußeren oder materiellen Eindrücke, nur Gott vermittelt, daß meine Seele eine Vorstellung von körperlichen Dingen hat. Dieß ist also auch nicht eine wesentliche, sondern nur eine accidentelle oder occasionelle Einheit zwischen Materie und Geist. An sich bleiben beide untereinander. Es ist unitas non naturae sed compositionis. Weil nun Gott hierbei immer nur gelegenheitlich handelt, so erhielt dieses System in der Folge davon den Namen des Occasionalismus. Aber wie Cartesius überhaupt in der Philosophie fast nur erscheint, um einem andern Geist die Grundlage zu einem ganz andern System darzubieten, so hat auch diese Hypothese, wodurch der Zusammenhang zwischen Seele und Leib, Geist und Körper erklärt werden sollte, nur dadurch eine Bedeutung in der Geschichte der Wissenschaft, daß jene momentane und immer bloß vorübergehende Identität zwischen Materie und Geist, zwischen dem ausgedehnten und denkenden Ding, Veranlassung zu der bleibenden und substantiellen Identität gab, welche bald nachher Spinoza nicht bloß zwischen dem denkenden und ausgedehnten Ding, sondern zwischen Denken und Ausdehnung selbst behauptete. — Eine andere Folge des Cartesianischen Systems in dieser Beziehung war, daß die Frage nach dem sogenannten commercio animi et corporis — welche in einer hinsichtlich der Principien höher gestellten Philosophie nur eine untergeordnete Stelle einnimmt — auf längere Zeit fast zur Hauptfrage in der Philosophie wurde, mit der man, wo nicht ausschließlich, doch vorzüglich sich beschäftigte, ja daß längere Zeit ein System von dem andern fast bloß durch die Art, wie es diese Frage beantwortete, sich unterschied.

Den allgemeinsten, aber zugleich schlimmsten Einfluß übte die Philosophie des Cartesius aus, indem sie das schlechterdings Zusammengehörige gegenseitig sich Erklärende und Voraussetzende, Materie und Geist, absolut auseinander riß und so den großen allgemeinen Organismus des Lebens zerstörte, und mit dem niedereren zugleich den höheren einer todten bloß mechanischen Ansicht preisgab, die nahezu bis auf die letzte Zeit in allen Theilen des menschlichen Wissens und selbst in der Religion die herrschende blieb.

So viel über diese Seite der Cartesianischen Philosophie, die man ihren Dualismus zu nennen pflegt. Jetzt wollen wir noch einen allgemeinen Blick auf sie werfen.

Cartesius ist groß durch den allgemeinen Gedanken, daß in der Philosophie nichts für wahr gehalten werden dürfe, als was deutlich und klar erkannt werde. Da nun aber dieß unmittelbar wenigstens nicht überall möglich ist, so müsse wenigstens alles in einem nothwendigen Zusammenhang erkannt werden mit dem, dessen ich mir unmittelbar und zweifellos bewußt bin. Er brachte auf diese Art zuerst mit deutlichem Bewußtseyn in die Philosophie den Begriff eines Princips und einer gewissen Genealogie unserer Begriffe und Ueberzeugungen, in welchen nichts für wahr zu halten sey, als inwiefern es sich von dem Princip herschreiben und herleiten lasse. Seine Beschränkung nun aber bestand darin, daß er nicht das an sich Erste suchte, sondern sich mit dem einem jeden, also auch mir Ersten begnügte. (Subjektive Allgemeinheit, nicht Allgemeinheit in der Sache selbst). So hatte er im Grunde auch auf den Zusammenhang, wie er in der Sache, nämlich zwischen dem Princip und den Dingen selbst stattfindet, mit Einem Wort auf den objektiven Zusammenhang verzichtet und mit einem bloß subjektiven sich begnügt. Zwar ging er in der Folge fort zu dem Begriff des an sich Ersten, zum Begriff Gottes; allein er konnte diesen nicht wohl zum Princip machen, indem er an demselben eben nur die nothwendige Existenz begriffen hatte, nicht aber was über diese hinzukommt, und was Gott eigentlich erst zu Gott macht. Cartesius **dachte** sich auch dieses Plus noch immer bei dem Begriff Gott, aber dieses Plus trat nicht herein in seine Erkenntniß, es blieb außerhalb desselben als ein bloß Vorausgesetztes, nicht Begriffenes.

---

Vergleichung Bacos und Descartes'. Hätten wir in der geschichtlichen Entwicklung der neueren Systeme der chronologischen Ordnung folgen wollen, so hätten wir Baco zuerst und noch vor Descartes nennen müssen; denn er ist 1560, Descartes 1596 geboren. Indeß fängt mit Baco die Entwicklung des neueren Empirismus ebenso wie mit Descartes die Entwicklung des Rationalismus an. Bacos Hauptwerke (und darauf kommt es doch eigentlich an) sind übrigens fast gleichzeitig mit Descartes ersten Schriften (denn dieser fing noch sehr jung schon an seine neuen Grundsätze bekannt zu machen). Man sieht nicht, daß einer dieser beiden großen Schriftsteller auf den andern Einfluß geübt hätte. Der Sache nach stehen sie also nebeneinander — es ist eine gleichzeitige Erneuerung des Empirismus, die durch Baco, und des Rationalismus, die durch Descartes geschehen ist. Von Anfang der neueren Philosophie gehen also Rationalismus und Empirismus nebeneinander her, und sind sich bis jetzt parallel geblieben. In der Geschichte des menschlichen Geistes ist es leicht, eine gewisse Gleichzeitigkeit zwischen großen Geistern wahrzunehmen, die von verschiedenen Seiten dennoch am Ende auf dasselbe Ziel hinwirken. Dieß gilt auch von Baco und von Cartesius. Das Gemeinschaftliche beider ist die Losreißung von der Scholastik. Baco setzt sich nicht eigentlich dem späteren, sondern nur dem scholastischen Rationalismus entgegen. Cartesius so gut als Baco will das, was im Gegensatz der Scholastik Realphilosophie zu nennen ist — (A. Scholastik. B. Realphilosophie: a) Rationalismus. b) Empirismus). Die ersten Maximen des Descartes führen in ihrer Entwicklung nothwendig dahin, daß es die Sache, der Gegenstand selbst ist, der durch seine Bewegung die Wissenschaft erzeugt, nicht die bloß subjektive Bewegung des Begriffs, wie in der Scholastik. Aber eben dieß will auch Baco. Seine Philosophie ist insofern Realphilosophie, als er nicht vom Begriff, sondern von Thatsachen, d. h. von der Sache selbst, soweit sie in der Erfahrung gegeben ist, ausgehen will. Allein wenn man es genauer untersucht, sind beide sich noch näher verwandt. Denn Bacos Induktion ist ihm, wie man aus seiner Erklärung deutlich sieht, noch nicht eigentlich die Wissenschaft selbst, sondern nur der Weg zu ihr. Er spricht sich darüber auf folgende Art aus: „Ich überlasse, sagt er, den Scholastikern den Syllogismus. Dieser setzt bereits bekannte und bewahrheitete (als wahr erkannte) Principien voraus (dieß ist ganz richtig; der Gebrauch des Syllogismus fängt eigentlich erst an, nachdem man schon allgemeine und rationale Principien hat, und ist daher eigentlich wichtiger in den untergeordneten Wissenschaften als in der Philosophie; denn die Philosophie ist die Wissenschaft, welche diese allgemeinen Principien sucht) — ich überlasse, sagt also Baco, der Scholastik den Syllogismus, der mir zu nichts nützen kann, denn er setzt schon die Principien voraus, und diese sind es, die ich suche; ich halte mich also an die Induktion — nicht an jene niedrigste Art derselben, die auf dem Wege der bloßen Aufzählung fortschreitet (wie z. B. in den früheren Argumenten, wo wir die Apostel aufzählten), diese Art von Induktion hat den Nachtheil, daß das kleinste widersprechende Faktum das Resultat zerstört; sondern ich halte mich an jene Art der Induktion, welche, indem sie mit Hülfe richtiger und wohl getroffener Ausschließungen und Verneinungen die nothwendigen Thatsachen von den unnützen sondert, die ersten auf eine sehr kleine Anzahl zurückbringt und so die wahre Ursache in den kleinstmöglichen Raum einschließend deren Entdeckung um so leichter macht. Von diesen so reducirten (auf wenige zurückgebrachten) Thatsachen und immer mit dem Licht der Induktion werde ich mich Schritt vor Schritt und mit äußerster Langsamkeit zu particularen Sätzen erheben, von diesen zu mittleren, endlich von diesen zu den principiis generalissimis et evidentissimis — nun bleibt aber Baco hier nicht stehen, sondern, nachdem er diese gefunden, sagt er: auf diese wie auf unerschütterliche Grundlagen mich stützend, werde ich mit Kühnheit in meinen Gedanken vorschreiten, sey es um neue Beobachtung vorzuschreiben, oder die Beobachtung gänzlich zu ersetzen, wo sie nicht möglich ist (d. h. doch wohl nach den gefundenen allgemeinsten Principien über diejenigen Fragen oder Gegenstände entscheiden, die durch keine Beobachtung erreichbar sind), und nachdem ich mit dem Zweifel (also wie Descartes) angefangen, werde ich mit der Gewißheit enden, und eine richtige Mitte halten zwischen der dogmatischen Philosophie der Peripatetiker (d. h. der Scholastiker), die anfängt, womit sie enden sollte (den allgemeinen Principien) und der wankenden Philosophie der Skeptiker, die da aufhört, womit man etwa anfangen könnte" (mit dem Zweifel). Im Grunde will also Baco so gut wie Descartes auch am Ende eine vorschreitende Philosophie; nur soll diese durch Induktion, regressiv begründet werden. (Baco verwirft keineswegs die allgemeinen Principien, wie er von seinen Nachfolgern, namentlich von Locke, David Hume und noch mehr von den Sensualisten verstanden worden. Er will vielmehr eben zu diesen durch Induktion gelangen, und von ihnen aus, wie er sagt, dann erst zur Gewißheit gelangen). Baco ist freilich über die Begründung nicht hinaus- und nicht in die Wissenschaft selbst hineingekommen. Aber dasselbe ist ja der Fall mit Descartes; denn auch er *endigt* eigentlich mit dem, wovon anfangend erst eigentlich progressive Wissenschaft möglich gewesen wäre, mit dem Höchsten, mit Gott. Beide sind eins in ihrem Gegensatz gegen die Scholastik, in dem gemeinschaftlichen Streben nach einer *reellen* Philosophie. Sie trennen sich entschieden erst in Bezug auf den *höchsten* Begriff, welchen Descartes durch ein Argument a priori, von aller Erfahrung, also auch von seinem *eignen* Ausgangspunkt (der unmittelbaren Thatsache *Ich denke*) unabhängig machen will — dadurch Urheber der apriorischen, rational-apriorischen Philosophie, während Baco unstreitig auch noch das Höchste als ein Empirisches will.

## Spinoza. Leibniz. Wolff.

Wenn man sich das Cartesianische System nach seiner wahren Beschaffenheit vergegenwärtigt, so sehnt man sich nach einer besseren, schöneren, beruhigenderen Gestalt, welche sich denn auch sogleich im Spinozismus entdeckt.

Spinoza, den man als Schüler und unmittelbaren Nachfolger von Cartesius ansehen kann, geboren zu Amsterdam 1632, hatte schon, ehe er sein eigentliches System aufstellte, das Cartesianische, aber in der Richtung oder mit dem Bestreben bearbeitet, dessen System einen wirklich objektiven Zusammenhang zu geben. Der entscheidende Schritt zu seinem eignen System geschah, indem er das an sich Erste zum alleinigen Ausgangspunkt machte, aber auch an diesem nicht mehr in Betracht zog, als was sich mit Nothwendigkeit erkennen ließ, nämlich die nothwendige Existenz. Spinoza behielt von dem Cartesianischen Begriff, in welchem Gott noch immer mehr als das nothwendig existirende Wesen war, nichts bei als eben diese Bestimmung; Gott war ihm nur das nothwendig existirende Wesen; alle bei Cartesius diesem Begriff vorangegangenen Ueberlegungen schnitt er ab, und fing gleich nur mit einer Definition der Substanz an, unter welcher er eben verstand id, ad cujus naturam pertinet existere, oder id, quod cogitari non potest nisi existens, was ohne Widerspruch gar nicht als nicht seyend gedacht werden kann. Inwiefern Spinoza das nothwendig Existirende als Substanz, und zwar als absolute, allgemeine Substanz bestimmte, insofern sieht man wohl, er hatte sich das nothwendig Existirende zuerst gedacht als das allgemeine Subjekt des Seyns, was bloß als solches gedacht noch nicht das Seyende ist, sondern nur die

Voraussetzung, die Möglichkeit des Seyns, wie z. B. der Mensch als Subjekt der Krankheit gedacht darum noch nicht wirklich krank, sondern nur der krank seyn Könnende ist. Die einzelnen wirklichen Dinge sind keineswegs das Subjekt des Seyns selbst, obwohl sie seyend sind; sie sind seyend nur durch Theilnahme an dem Seyn, nicht daß sie gar nicht nicht seyn könnten, denn vielmehr können sie nicht seyn, weil ihr Seyn an das so Seyn geknüpft ist. Es ist natürlich zu demjenigen aufzusteigen, von welchem nicht bloß das so Seyn, sondern von welchem das Seyn überhaupt prädicabel ist, cujus actus est Existere, und dieses ist nur das allgemeine oder absolute Subjekt des Seyns, was wir auch das Seyende selbst nennen. Man kann versuchen, es rein und abstrakt, wo es noch das bloße Prius des Seyns ist, festzuhalten; hier wäre es dann das bloß im Gedanken Seyende, das nur ein Seyn im Denken hat (in diesem Sinn Einheit von Denken und Seyn — negativ nämlich genommen, daß das Seyn nicht außer dem Denken, also kein transitives, sondern bloß immanentes); allein, wie schon gesagt[1], es ist in dieser Enge nicht festzuhalten, es ist nicht bloß im logischen, es ist auch im transitiven Sinn das nicht nicht seyn Könnende, und so früh ich kommen mag, gleichsam eh' ich Zeit gehabt habe zu denken — vor allem Denken ist es mir oder finde ich es schon als das Seyende, weil es als das Subjekt alles Seyns eben das seiner Natur nach Seyende (sc. ist), nie als nicht seyend zu denken ist.

Dieses also ist der Ursprung des spinozischen Begriffs, der, wie die Geschichte der Philosophie zeigt, bis auf die gegenwärtige Zeit der Punkt ist, um den sich alles bewegt, oder vielmehr die Gefangenschaft des Denkens, von welcher sich dieses durch die aufeinander gefolgten Systeme zu emancipiren gesucht hat, ohne bis jetzt dahin gelangen zu können. Es ist der Begriff, vermöge dessen in Gott explicite — ausdrücklich — weder Wille noch Verstand ist, nach welchem er wirklich nur der blind Existirende ist — wir können auch sagen: der subjektlos Existirende, weil er nämlich ganz und vollständig übergegangen ist in das Seyn. In der Möglichkeit ist noch immer eine Freiheit vom Seyn, also auch gegen

[1] Oben S. 18.

das Seyn. Aber die Möglichkeit ist hier verschlungen von dem Seyn. Weil jenes Erste das nur seyn Könnende ist (nicht auch das nicht seyn Könnende), so ist es eben darum das nur Seyende, d. h. das mit Ausschließung alles Nichtseyns — mit Ausschließung aller Potenz — aller Freiheit Seyende (denn Freiheit ist Nichtseyn). Demnach ist es das potenzlos und in dem Sinn das ohnmächtig Seyende, als es durchaus nicht die Macht eines anderen Seyns in sich hat. Spinoza nennt Gott Causa sui, aber in dem engeren Sinn, daß er durch die bloße Nothwendigkeit seines Wesens Ist, also nur Ist, ohne als seyn könnend (als causa) festgehalten werden zu können, die Ursache ist ganz in die Wirkung aufgegangen, und verhält sich nur noch als Substanz, gegen die sein Denken nichts vermag. Denn überrascht gleichsam von dem blinden Seyn, als dem Unversehenen, dem kein Denken zuvorkommen kann (daher dieses Seyn allerdings die Existentia fatalis, das System selbst Fatalismus ist), übereilt, sage ich, von dem blindlings über ihn stürzenden, seinen eignen Anfang verschlingenden Seyn, verliert er gegen dieses Seyn selbst die Besinnung, alle Kraft, alle Freiheit der Bewegung [1]. Daher kann man allerdings auch dem Spinozismus jene beruhigende Wirkung zuschreiben, die unter anderem Goethe an ihm gepriesen hat; der Spinozismus ist wirklich die das Denken in Ruhestand, in völlige Quiescenz versetzende Lehre, in ihren höchsten Folgerungen das System des vollendeten theoretischen und praktischen Quietismus, der wohlthätig erscheinen kann unter den Stürmen des nie ruhenden, immer beweglichen Denkens, wie Lucretius (II, 1. 2.) den Zustande iner solchen Ruhe schildert: Suave, mari magno, süß ist's bei empörtem Meer von fernem Ufer der andern Noth zu schauen — magnum alterius spectare laborem, nicht daß man an fremdem Unfall sich erfreut, sondern weil man sich selbst von dieser Bedrängniß frei fühlt. Unstreitig ist es diese Stille und Ruhe des Spinozischen Systems, welche besonders die Vorstellung seiner Tiefe hervorbringt, und mit verborgenem, aber unwiderstehlichem Reiz so viele Gemüther angezogen hat. Stets wird auch das Spinozische System in gewissem Sinn Muster

[1] Vgl. Philosophie der Mythologie S. 90. D. H.

bleiben. Ein System der Freiheit — aber in ebenso großen Zügen, in gleicher Einfachheit, als vollkommenes Gegenbild des Spinozischen, — dieß wäre eigentlich das Höchste. Darum ist der Spinozismus, den vielen Angriffen auf ihn und den vielen angeblichen Widerlegungen ohngeachtet, nie zu einer wahren Vergangenheit, nie bisher wirklich überwunden worden, und es kann wohl keiner hoffen, zum Wahren und Vollendeten in der Philosophie fortzugehen, der nicht einmal wenigstens in seinem Leben sich in den Abgrund des Spinozismus versenkt hat. Keiner, der sich seine selbstgegründete Ueberzeugung verschaffen will, sollte das Hauptwerk des Spinoza, seine Ethik (denn unter diesem Titel hat er sein System vorgetragen) ungelesen lassen, wie ich denn überhaupt jeden, dem es Ernst ist um seine Bildung, nicht nur zum eifrigsten Selbststudium ermahnen will, das kein Lehrer ersetzen kann, sondern zugleich zu der größten Gewissenhaftigkeit und Vorsicht in der Wahl dessen, was er liest. Zu den unvergänglichen Schriftstellern gehört besonders auch Spinoza. Er ist groß durch die erhabene Einfalt seiner Gedanken und seiner Schreibart, groß durch seine Entfernung von aller Scholastik wie auf der andern Seite von allem falschen Schmuck oder Prunk der Rede. — — Fragen wir nun aber, um welchen Preis jene tiefe Ruhe des Spinozischen Systems erkauft ist, so müssen wir antworten: um den Preis, daß Gott bloße Substanz ist, nicht freie Ursache, daher auch die Dinge zu ihm bloß ein Verhältniß haben können als zur Substanz, nicht als zur Ursache. Gott ist nicht der frei schaffende oder hervorbringende Geist, der außer sich, außer seinem unmittelbaren Seyn zu wirken vermag, er ist ganz eingeschlossen in sein unvordenkliches Seyn, also können auch die Dinge nur in ihm seyn, nur besondere Formen oder Arten, in denen sich das göttliche Seyn darstellt, nicht daß Gott selbst dadurch beschränkt würde, sondern daß jedes Ding das unmittelbare göttliche Wesen in sich nur auf eine gewisse und bestimmte Weise ausdrückt. Wenn nun gleich Gott selbst durch diese Formen nicht beschränkt ist, inwiefern er selbst über jede hinausgeht, so verlangt man doch natürlich zu wissen, wie diese Beschränkungen des Seyns in Gott hineinkommen. Alles, was Spinoza hierauf antwortet, ist, daß jene Affektionen und also die Dinge gerade so zur göttlichen Natur gehören und aus ihr folgen, wie die Affektionen des Dreiecks aus der Natur des Dreiecks folgen und zu ihr gehören, d. h. es ist zwischen Gott und den Dingen kein freier, sondern ein nothwendiger Zusammenhang. Aber die Art und Weise dieses nothwendigen Zusammenhangs zeigt er nicht. Zwar er nimmt Mittelglieder an zwischen den concreten Dingen selbst und zwischen Gott, d. h. er läßt die Dinge nicht unmittelbar aus Gott entstehen. Insofern könnte man für möglich halten, daß er irgend eine stetige Folge von Momenten oder Durchgangspunkten angebe, vermöge der ein verständlicher Uebergang von der höchsten Idee bis zu den Dingen, und zwar nicht bloß den Dingen überhaupt, sondern den so beschaffenen und so gegeneinander abgestuften Dingen sich nachweisen ließe. Allein mit jenen Mittelgliedern hat es folgende Bewandtniß. Als die ersten Vermittelungen zwischen Gott und den Dingen setzt er die unendliche Ausdehnung und das unendliche Denken, die, wie er sagt, die unmittelbaren Attribute Gottes oder der unendlichen Substanz sind, d. h. die Formen, unter denen diese unmittelbar existirt (denn anders kann man sich den Begriff der Attribute wohl nicht erklären). Denken und Ausdehnung sind ihm also die zwei unmittelbaren und — jede in ihrer Art — gleich unendlichen Formen, unter welchen die schlechthin unendliche Substanz existirt, welche, inwiefern dieß nur die zwei unmittelbaren Formen ihres Seyns sind, insofern selbst weder denkend noch ausgedehnt ist. Hier, scheint es nun, müßte Spinoza zurückgeführt werden auf den Begriff der Substanz an und vor sich, und es müßte zu einer Erklärung der Attribute kommen. Die Substanz ist ihm causa sui, Ursache ihrer selbst. Diese causa sui könnte man erklären als das sich selbst Setzende. Dieses sich selbst Setzende, könnte man fortfahren, kann sich nur unter den zwei Formen, dem Denken und der Ausdehnung, als existirend setzen, etwa so, wie man späterhin gesagt hat, das sich selbst Setzende setzt sich nothwendig a) als Objekt (dieß wäre bei Spinoza die unendliche Ausdehnung), b) als Subjekt (dieß wäre Spinozas unendliches Denken). Allein man würde damit ihm Bestimmungen leihen, die in einer spätern

Entwicklung erst hervorgetreten sind, und eben damit würde seine Eigenthümlichkeit und seine individuelle Stellung in der Geschichte der Wissenschaft aufgehoben. Die Substanz des Spinoza ist ein Subjekt-Objekt, aber wobei das Subjekt ganz verloren geht.

Aber, wird man fragen, wie kommt er denn nun zu jenen sogenannten Attributen? Antwort: Zunächst nur dadurch, daß Cartesius den Gegensatz von Materie und Geist als Gegensatz von Ausgedehntem und Denkendem bestimmt und so das Universum gleichsam in zwei Welten, in die Welt des Denkens und die der Ausdehnung, getheilt hatte. Spinozas Herkunft von Cartesius ist hier ganz deutlich. Gott ist ihm (dem Spinoza) nun allerdings nicht mehr der bloß gelegenheitliche, beiden äußerlich bleibende Vermittler zwischen dem einen und dem andern, sondern die bleibende und beständige Einheit. Dem Cartesius ist das Denken außer Gott, Spinoza ist Gott selbst das unendliche Denken und selbst die unendliche Ausdehnung. Aber auch diese Einheit muß bei Spinoza nicht so genommen werden, wie man heutzutage wohl geneigt seyn könnte sie zu nehmen, nämlich so, daß das Denken auf die Ausdehnung wirkte, und daß die verschiedenen ausgedehnten Dinge sich eben dadurch voneinander unterschieden, daß an dem einen mehr, an dem andern weniger das Denken ausgedrückt wäre. So nicht. Denn außer der gemeinschaftlichen Folge aus derselben Substanz haben sie nichts miteinander gemein, sie bleiben sich so fremd als bei seinem Vorgänger. Nur während ihre Uebereinstimmung bei diesem für jeden einzelnen Fall durch einen besondern Aktus vermittelt ist oder vermittelt wird, ist sie bei jenem ein für allemal da durch die Identität der Substanz. Die wahre Idee des Spinoza ist also eine absolute Einheit der Substanz bei absoluter Entgegensetzung (gegenseitiger Ausschließung) der Attribute. Das Ausgedehnte ist ihm völlig so geistlos wie dem Cartesius, und Spinozas Ansicht der Natur, seine Physik, ist aus diesem Grunde nicht weniger mechanisch und unlebendig als die seines Vorgängers. Die Einheit zwischen beiden Attributen ist also doch eine bloß formale und äußerliche, nicht eine in ihnen selbst gesetzte und in diesem Sinn immanente und substantielle. Die Zweiheit, die er in die Einheit setzt, begründet nicht einen wirklichen

Pulsschlag, ein wahres Leben, denn die Entgegengesetzten bleiben todt und gleichgültig gegeneinander. Dieß ist nur die nothwendige Folge von dem, was schon bemerkt ist, daß Spinoza zu der Zweiheit der Attribute nicht von der Substanz aus, a priori gelangt. Sie sind ihm freilich Folgen, und zwar nothwendige Folgen der Existenz der absoluten Substanz, aber er *begreift* sie nicht als diese Folgen. Er *sagt* wohl, sie *sind es*, aber erklärt sie nicht. Er weist jene Nothwendigkeit nicht nach. Er nimmt sie also bloß a posteriori, aus der Erfahrung auf, weil er einmal anzuerkennen genöthigt ist, daß die Welt nicht bloß aus Geist oder Denken, sondern zum Theil auch als Materie oder ausgedehntem Wesen, und ebensowenig bloß aus Materie, sondern zum Theil auch aus Geist oder Denken besteht. Ja, wenn er der Nothwendigkeit, die ihn zu seinem System trieb, sich selbst bewußt gewesen wäre, so hätte ihn diese wohl überhaupt auf keine Zweiheit geführt, und daß er außer dem Ausgedehnten auch noch das Denkende setzt, ist eigentlich eine bloße Correktion seines Systems durch die Erfahrung. Denn das Ausgedehnte ist offenbar von beiden das Erste, das allein wahrhaft Ursprüngliche. Das Denken *bezieht* sich nur auf das Ausgedehnte, und könnte ohne dieses gar nicht seyn; der menschliche Geist z. B. ist eine Modification des unendlichen Denkens, die er Begriff nennt, aber dieser thätige oder lebendige Begriff ist nur der unmittelbare Begriff des menschlichen Körpers, d. h. der ganz unabhängig von ihm bestehenden, wiewohl ihm entsprechenden, Modification der unendlichen Ausdehnung. Wie kommt nun aber die unendliche Substanz dazu, außer dem Ausgedehnten auch noch den Begriff desselben zu setzen, warum bleibt sie nicht gleich bei dem Ausgedehnten stehen, das doch dem **Begriff** des Ausgedehnten der Zeit, wenn auch nicht der Natur nach, vorausgeht? Auf diese Frage gibt es nur Eine Antwort, oder es läßt sich nur auf Eine Art erklären, daß man nämlich annimmt, daß die unendliche Substanz, indem sie das Ausgedehnte oder Sich als das Ausgedehnte setzt, sich selbst nicht völlig erschöpft; nur in diesem Fall ist sie genöthigt, sich in einer höheren Stufe — in einer höheren Potenz, wie man dieß später ausgedrückt hat — nochmals zu setzen; dieses Höhere kann nicht wieder das

Ausgedehnte, wohl aber muß es der Begriff des Ausgedehnten seyn, oder zu dem Ausgedehnten sich als sein Begriff verhalten; denn immer ist das Höhere das Begreifende seines Vorausgesetzten oder Niederern, wie z. B. der Geist den Körper, seine Voraussetzung, begreift, nicht aber umgekehrt, oder die spätere Zeit immer eine frühere begreift, die sich selbst nicht begriffen. Allein diese Ansicht ist eine dem Spinoza völlig fremde, und ob er gleich die Seele den Begriff des Körpers nennt, so hat er doch für die Existenz der Seele, so wie dafür, außer dem Ausgedehnten auch noch das unendliche Denken zu setzen, keinen andern Grund als die Erfahrung. Daß er dem Ausgedehnten das Denken entgegensetzt, ist nur dem unwiderstehlichen Einfluß der Wirklichkeit zuzuschreiben und schon der Keim eines höheren Systems, der in dem seinigen liegt, ohne von ihm selbst begriffen zu seyn. Deßwegen ist Spinoza vorzüglich anregend und zum Studium empfehlenswerth, weil in seinem System überall die Keime höherer Entwicklungen ausgestreut sind. Spinoza, dessen System übrigens selbst innerhalb seiner Schranke (daß Gott die Dinge 1) überhaupt nicht setzt und 2) schon darum nicht außer sich setzt), auch als System der bloßen Nothwendigkeit, einer höheren Entwicklung fähig ist, stellt in der Geschichte der Philosophie die ganze Verschlossenheit des A. T. dar (er selbst war von jüdischer Geburt). Die höheren Entwicklungen einer späteren Zeit und ihre größeren Verhältnisse sind ihm noch fremd, aber sie sind doch vorbereitet und zum Theil angedeutet; die verschlossene Knospe kann sich noch zur Blume entfalten. Man könnte sagen, die Philosophie des Spinoza (selbst innerhalb ihrer Schranke betrachtet) ist wie das Hebräische eine Schrift ohne Vocale, eine spätere Zeit hat erst die Vocale dazu gesetzt und sie aussprechlich gemacht.

Der Gott des Spinoza ist noch ganz in Substantialität und dadurch in Unbeweglichkeit versunken. Denn Beweglichkeit (= Möglichkeit) ist nur im Subjekt. Die Substanz des Spinoza ist bloßes Objekt. Die Dinge folgen aus Gott nicht durch eine Bewegung, ein Wollen in ihm selbst, sondern auf jene stille Weise, wie nach seinem einen Gleichniß aus der Natur des rechtwinkeligen Dreiecks das Verhältniß der Hypothenuse und der Katheten folgt. Seiner Intention nach ist also der Zusammenhang ein bloß logischer. Allein er erklärt selbst diesen Zusammenhang nicht, er versichert nur, daß ein solcher stattfinde. Als erste Mittelglieder zwischen Gott und den einzelnen endlichen Dingen setzt er die beiden Arten des Seyns, die unendliche Ausdehnung und das in seiner Art ebenso unendliche Denken. Aber die Substanz selbst schließt sich in ihnen nicht auf, sondern beharrt in ihrer Verschlossenheit als bloßer Grund ihrer Existenz, ohne als das gemeinschaftlich Seyende, als das lebendige Band derselben hervorzutreten. Auf die Frage, warum er der Gottheit gerade diese und keine andern Attribute gebe, antwortet er in einem seiner Briefe: dieß geschehe bloß darum, weil an dem Menschen oder in der menschlichen Natur keine andern als diese beiden erkennbar seyen (also kein Grund in der Substanz selbst, sondern bloß in der Erfahrung).

Dem unendlichen Denken und der unendlichen Ausdehnung gibt er dann wieder zwei untergeordnete Modos, wie er sie nennt, nämlich Bewegung und Ruhe. Diese also sind wieder die unmittelbaren Attribute der unendlichen Ausdehnung, so wie dann Wille und Verstand unmittelbare Attribute des unendlichen Denkens. Neue Mittelglieder. Allein er kommt dadurch den einzelnen, wirklichen Dingen nicht näher, die entweder ausgedehnte oder denkende sind, und die Affektionen, d. h. Bestimmungen der unendlichen Substanz, zunächst entweder der als ausgedehnt oder der als denkend sich darstellenden sind. Die ganze Folge ist also diese: Ganz zu oberst unendliche Substanz, hierauf Attribute, dann Modi, zuletzt Affektionen. Aber wie diese Affektionen im Unendlichen entstehen, diese Frage weist er ganz ab. Weil er schlechterdings keinen eigentlichen Uebergang vom Unendlichen zu dem Endlichen zugeben kann, so läßt er keines dieser endlichen Dinge unmittelbar aus dem Unendlichen entspringen, sondern nur mittelbar, nämlich vermittelt durch ein anderes einzelnes oder endliches, das selbst wieder durch ein anderes vermittelt ist, u. s. f. ins Unendliche. Jedes einzelne oder endliche Ding ist, wie Spinoza sagt, zum Daseyn und Wirken bestimmt nicht von Gott schlechthin, sondern von Gott, sofern er selbst schon als afficirt gedacht wird von irgend einer Bestimmung, und diese Bestimmung selbst wieder ist nicht unmittelbar von Gott gesetzt, sondern nur von Gott, sofern er wieder mit einer andern behaftet ist, u. s. f. ins Unendliche. Ich komme also nie auf einen Punkt, wo ich die Frage aufwerfen könnte, *wie* die Dinge aus Gott folgen oder gefolgt sind. Spinoza leugnet also jeden wahren *Anfang* des Endlichen, von jedem Endlichen werden wir immer nur wieder an anderes Endliches gewiesen, von dem jenes zum Daseyn bestimmt ist, dieß geht ins Unendliche zurück, so daß wir nie fertig werden und nirgends ein unmittelbarer Uebergang aus dem Unendlichen ins Endliche nachweisen können.

Wir sind genöthigt, mit der Erklärung jedes Dings ins Unendliche zurückzugehen. Spinoza behauptet dennoch, daß jedes Ding zeitlicher Weise nur aus einem andern Ding, aus der Natur Gottes aber nur *ewiger Weise* (aeterno modo), aber so, daß eine die andere einschließt, folge. Alle Dinge — sowohl die jetzt seyenden, als die einst waren oder künftig seyn werden — sind durch die Natur Gottes ewiger Weise, wie die Eigenschaften eines Dreiecks, gesetzt.

Wie läßt sich nun das ewige und also *zugleich* Gesetztseyn mit jenem Rückgang ins Unendliche reimen, d. h. wie läßt sich jener Rückgang ins Unendliche dennoch in Ansehung Gottes zugleich als ein absolut präsenter oder gegenwärtiger denken? Spinoza antwortet hierauf durch ein mathematisches Gleichniß. Man denke sich, sagt er, zwei aus verschiedenen Mittelpunkten beschriebene Kreise, deren einer den andern einschließt, so werden die Ungleichheiten des zwischen diesen zwei Kreisen befindlichen Raums oder die Veränderungen, welche eine in diesem Zwischenraum bewegte flüssige oder weiche Materie erleiden müßte, alle Zahl übertreffen. Und dennoch, sagt er, ist hier keine *äußere* Unendlichkeit. Gerade wie nun hier mit der bloßen Idee zweier aus verschiedenem Mittelpunkt, aber nicht concentrisch beschriebenen Kreise eine unendliche Zahl von Ungleichheiten oder Veränderungen in einem beschränkten Raum gleichzeitig und actu gesetzt ist, so ist mit der Idee Gottes ein unendlicher Fortgang von einem Ding zum andern gesetzt. Man kann also innerhalb des mit Gott gesetzten Seyns ins Unendliche fortgehen, ohne je aus der göttlichen Natur hervorzutreten, aber auch ohne je einen wahren Anfang des Endlichen zu finden. Kein Endliches ist unmittelbar aus Gott erklärbar. (Spinoza hat die eben beschriebene Figur zweier ineinander gelegter, aber nicht concentrischer Kreise, die also in keinem Punkt gleich weit voneinander entfernt sind, als eine Art von Symbol oder Emblem seiner ganzen Philosophie betrachtet, und sie ist daher vor seinen opp. posth. in Kupfer gestochen. Der Mathematiker, sagt er näher, zweifelt keinen Augenblick, daß die Ungleichheiten des zwischen beiden befindlichen Raums oder die Zahl der Veränderungen, die eine in denselben bewegte nachgiebige Materie erleiden würde, durch keine Zahl bestimmbar, in diesem Sinn unendlich ist; er schließt dieß nicht aus der Größe des eingeschlossenen Raums. Denn ich kann von diesem Zwischenraum wieder einen beliebig großen oder kleinen Theil nehmen, und es ist immer dieselbe Unendlichkeit gesetzt, zum Beweis, daß dieß eine Unendlichkeit ist, die in der Natur der Sache liegt und mit der Sache, d. h. mit der Idee, gesetzt ist. So also ist mit der Natur Gottes eine wesentliche Unendlichkeit gesetzt, innerhalb welcher ich ins Unendliche fortgehen kann, ohne je aus der göttlichen Natur herauszutreten).

Aber woher denn nun — nicht dieses oder jenes Ding, diese oder jene Affektion, sondern woher Affektionen der göttlichen Substanz überhaupt? Hierauf ertheilt Spinoza keine Antwort, wie er denn auch keine ertheilen kann. Bestimmung, Schranke u. s. f. läßt sich nur denken, wo Besonnenheit ist, aber das Seyn der Substanz ist ein völlig besinnungs- und in diesem Sinn schrankenloses, nämlich auch sich selbst nicht beschränkendes oder reflektirendes Seyn. Spinoza setzt also Bestimmungen in die unendliche Substanz, nicht weil in ihr selbst oder ihrem Begriff eine Nothwendigkeit liegt, sich selbst Bestimmungen zu geben, sondern weil er die Dinge nur als Selbstbestimmungen der unendlichen Substanz denken kann; daß es aber Dinge gibt, weiß er bloß aus Erfahrung, es würde ihm, so zu sagen, nicht einfallen, Affektionen in die unendliche Substanz zu setzen, wenn er keine Dinge in der Erfahrung vorfände, und so zeigt sich denn, daß er einen objektiven

Zusammenhang zwischen Gott und den Dingen zwar behauptet, aber ihn nicht wirklich aufzeigt, die Dinge sind ihm nicht von seinem Princip aus, sondern anderswoher gewiß. Es hilft nicht etwa zu sagen: Im System des Spinoza haben die endlichen Dinge keine Wahrheit, nur die unendliche Substanz, nur Gott Ist eigentlich, die Dinge haben keine wahrhafte wirkliche Existenz. Gut, antworte ich, so erkläre mir nur wenigstens ihre nicht-wirkliche, ihre bloß scheinbare Existenz. Oder: „Alles Endliche als solches nur nicht-Seyn, nur Schranke (= Negation)". Gut, so erkläre mir diese Negationen, und zwar von der Substanz aus; denn dieß muß gefordert werden.

Der Spinozismus zeigt sich also auch von dieser Seite als ein System von unvollständiger und unvollkommener Entwicklung. Hätte er statt der todten, blinden Substanz die lebendige gesetzt, so bot ihm jener Dualismus der Attribute ein Mittel dar, die Endlichkeit der Dinge wirklich zu begreifen. Wenn nämlich das ausgedehnte Wesen eigentlich das blinde, besinnungslose ist, so konnte das unendliche Denken als die ihm entgegengesetzte Potenz bestimmt werden, als die jenes außer sich Gesetzte in sich selbst zurückzubringen suchende. Dadurch entstanden denn nothwendig Modificationen 1) des ausgedehnten Wesens, und zwar nicht bloß Modificationen überhaupt, sondern bestimmte und untereinander abgestufte Modificationen des ausgedehnten Seyns, zugleich aber, indem das Denken in seinem Verhältniß zu dem Ausgedehnten einen Widerstand fand und in jeder derselben nur bis zu einem gewissen Grad des Aktus sich erhob, so waren auch in ihm, dem Denken, Bestimmungen, Modificationen gesetzt. Dieser Gedanke ist aber dem Spinoza völlig fremd, es ist, wie gesagt, ein unentwickeltes System, und inwiefern aller Irrthum nur eben von der mangelnden Kraft der Entwicklung herrührt, so ist es damit schon als falsches oder irriges dargethan, ohne daß man nöthig hat, zu den gewöhnlichen Anklagen desselben zu greifen, die theils ungerecht, theils in der That zu unbestimmt sind, um etwas gelten zu können.

Die Anklagen der ersten Art werden meist zusammengefaßt in dem ominösen Wort Pantheismus, mit dem heutzutage nach Belieben auch das Verschiedenartigste bezeichnet wird, und dessen viele sich nur als eines leicht, ohne Nachdenken anzuwendenden Werkzeugs bedienen, um an dem, was sie nicht zu widerlegen, weil nicht einmal zu verstehen fähig sind, wenigstens einen ohnmächtigen Zorn auszulassen. Da dieser Begriff in so allgemeinem, ja man kann sagen, fast beständigem Gebrauch ist, so werde ich hier etwas über die möglichen Bedeutungen desselben, jedoch zunächst nur in Bezug auf Spinoza, sagen. Die gemeinste Vorstellung von Pantheismus und, inwiefern man das System des Spinozismus für Pantheismus erklärt, auch des Spinozismus ist diese: nach demselben sey jedes einzelne Ding, jeder Körper z. B., nur ein modificirter Gott, es gebe daher so viel Götter als einzelne Dinge; einige Neuere haben in diesem blinden Anlaufen gegen Pantheismus diesen sogar für einerlei mit Fetischismus erklärt, was allem hergebrachten und wohlbekannten Verstand der Worte entgegen ist. Denn es wird z. B. niemanden, der die Unterschiede menschlicher Vorstellungsweisen auch bloß historisch kennt, einfallen, den Fetischismus der Negervölker, die eine Straußenfeder, einen Zahn, oder ein Stück Holz oder Stein zum Gegenstand ihrer Andacht wählen, für einerlei zu halten mit dem Pantheismus eines gebildeten Indiers. In besonderer Beziehung auf Spinoza ist es jedem auch wissenschaftlich Ungeübten begreiflich zu machen, daß gerade, wenn das **alles** Seyende, als solches, welches eben darum selbst nicht ein besonderes oder einzelnes Seyendes seyn kann, Gott ist — daß gerade darum Gott selbst nichts von allem Besonderen oder Einzelnen seyn könne. — Nun läßt sich aber der Begriff auch so fassen: Obgleich nichts Einzelnes Gott genannt werden könne, so sey doch die Welt als Einheit oder als All gedacht Gott gleich, oder, wie man gewöhnlich sagt, von Gott nicht unterschieden. Allein versteht man unter diesem All wirklich nur das Collektivum der endlichen Dinge, so ist es nicht wahr, daß Spinoza sie von Gott nicht unterscheide. Denn das ist seine beständige Lehre von Anfang bis zu Ende, Gott sey das, was durch sich selbst begriffen werde, was keinen andern Begriff voraussetze, die Welt aber sey das, was nur nach Gott sey, und nur als Folge von Gott begriffen werde (Substantia divina naturâ prior suis affectionibus). Diese Lehre, welche die absolute Selbständigkeit Gottes und die absolute Unselbständigkeit der Dinge behauptet, setzt zwischen beiden einen Unterschied, der wahrhaft differentia totius generis ist, und so wenig als das einzelne Ding, so wenig kann auch die Welt als bloßer Complex derselben nach Spinoza je Gott genannt werden. Zum Ueberfluß sagt noch Spinoza: Substantia infinita in se considerata et sepositis suis affectionibus allein sey Gott. Es bliebe also nur übrig zu sagen, nach Spinoza sey zwar die Welt nicht Gott, wohl aber sey umgekehrt Gott die Welt, oder er sey Welt überhaupt, d. h. es sey unmittelbar mit seinem Seyn eine Totalität von Bestimmungen dieses Seyns gesetzt. Hieraus würde aber nicht folgen, daß alles — Gott sey, wie man durch das Wort Pantheismus ausdrückt, sondern daß Gott alles sey. Hier wird es nun aber allen Systemen ungemein schwer zu zeigen, wie und in welchem Sinne Gott nicht alles sey, d. h. wie man Gott von irgend etwas schlechthin ausschließen könne. Ferner ist auch der Sinn des Satzes: Gott sey alles, nicht der, er sey seinem Wesen nach alles, denn dieß bleibt immer einfach (prius affectionibus) und Eins, sondern nur, er sey seiner Existenz nach alles; der als existirend, in der Entfaltung seines ganzen Seyns und gleichsam außer sich betrachtete Gott sey die Totalität aller Bestimmungen des Seyns, nicht aber Gott in seinem Wesen, an sich oder in seiner Verborgenheit betrachtet. Dieß ist eine sehr wichtige Unterscheidung, die man gewöhnlich gern übersieht. Indeß ist es allerdings auch mit dieser Unterscheidung noch nicht ausgemacht, daß es eine richtige Art von Gott zu denken und zu sprechen sey, wenn man sagt, Gott sey in seinem Seyn oder seinem Seyn nach die Totalität aller Bestimmungen des Seyns, und wenn man dieß (obgleich nicht ganz sprachrichtig) Pantheismus nennen will, so ist allerdings über diesen Begriff des Pantheismus noch nicht entschieden. Dieß zu entscheiden, ist Sache der Philosophie selbst.

Andere Vorwürfe, die man Spinoza macht, sind, wenn man sie genauer untersucht, eigentlich unbestimmt, denn jeder Vorwurf wird ein bestimmter nur, wenn man dem Verworfenen das Rechte und das Wahre entgegenstellen kann, wie man z. B. kein Recht hat, einen Feldherrn zu tadeln, daß er die Schlacht verloren, wenn man nicht angeben kann, wie er sie entweder hätte vermeiden oder gewinnen können. So ist es namentlich auch mit jener angeblichen Nichtunterscheidung Gottes von der Welt. Solange die bisherige Unbestimmtheit in Ansehung der **Art** von Einheit, in welcher Gott nach jedem System mit der Welt stehen muß, fortdauert (denn in eine förmliche Trennung darf doch die Unterscheidung in keinem Fall ausschlagen), solang die Grenze jener Unterscheidung nicht angegeben, so lang hat jener Vorwurf gegen Spinoza keine Bestimmtheit. Dasselbe ist von dem anderen nicht minder gewöhnlichen zu sagen, daß Spinoza die Persönlichkeit Gottes leugne. Allerdings hat Gott nach Spinoza keine von seinem Wesen verschiedene Existenz. Er ist *nur* sein Wesen, und sein Wesen ist das allgemeine Wesen, die allgemeine Substanz. Ferner ist er auch gegen die Welt nicht in einem *freien*, d. h. persönlichen, Verhältniß; die Welt ist eine Folge seiner Existenz, und da er seiner *Natur* nach, d. h. nothwendig existirt, so ist auch die Welt eine Folge seiner Natur. Aber solange die wissenschaftlichen Begriffe so beschaffen sind, daß selbst diejenigen Philosophen, welche für die Persönlichkeit Gottes streiten, sich zu dem Bekenntniß gezwungen sehen: nach wissenschaftlichen Begriffen sey die Persönlichkeit Gottes unbegreiflich, so lange hat auch dieser Vorwurf keine Kraft.

Es bleibt also in Ansehung des Spinozismus vor der Hand wohl nichts klar, als daß er ein System bloßer Nothwendigkeit sey, d. h. das alles als bloß nothwendige Folge aus der göttlichen Natur (nicht als freie, zufällige Folge seines Wollens) erklärt. Allein es ist dieß kein Vorwurf, der dem Spinozismus ausschließlich gemacht werden kann.

Die Lehre des Spinoza ist im Allgemeinen ein Nothwendigkeitssystem. Aber auch innerhalb dieser Schranke ist es ein unentwickeltes System. Insbesondere darum, weil die Substanz bei ihm ganz unbeweglich ist, die todt, unbeweglich *nur* seyende, in ihrem Seyn verlorene, nicht in diesem Seyn sich selbst besitzende und steigernde, die sich also auch wieder frei verhielte gegen dieses Seyn. Wenn nun der Spinozismus ein unentwickeltes Nothwendigkeitssystem ist, so läßt sich zum voraus erwarten, daß zunächst in den unmittelbar folgenden Lehren nun eben dieses Nothwendigkeitssystem mehr entwickelt, nicht aber die Nothwendigkeit selbst überwunden worden sey. Denn es ist die Natur des menschlichen Geistes, besonders im philosophischen Fortschreiten nichts unerörtert zurückzulassen, auch von einem Princip nicht abzustehen, bis es in allen seinen Folgen erschöpft ist. Nicht daß entgegengesetzte Bestrebungen und Versuche nicht immer dazwischen treten, so auch gegen Spinoza und die folgenden — aber da sie sich gegen das Unentwickelte richten, so gewinnt dieß durch den Widerspruch selbst nur eine höhere Stufe der Entwicklung, und es steht nun mit ganz andern und neuen Kräften wieder auf, gegen welche die früheren Einwürfe, die nur das Unentwickelte trafen, nichts mehr vermögen.

Man hat das Leibnizische System (in der Aufeinanderfolge der philosophischen Entwicklung das nächste nach dem Spinozischen) schon sehr früh als ein dem Spinoza stillschweigend entgegengesetztes und dessen Princip gleichsam untergrabendes gerühmt. Allein es verhält sich damit ganz anders. Was man im Spinozismus das Anstößigste fand, war, daß Gott unter dem Einen seiner Attribute betrachtet die ausgedehnte Substanz sey. Nun sagt man: Leibniz räumt das Ausgedehnte überhaupt hinweg und vergeistigt alles. Allein in dem Sinn, in welchem es Leibniz entfernt, war es auch durch Spinoza schon entfernt, und umgekehrt in dem Sinn, in welchem es Spinoza behauptet, behält es auch Leibniz bei. Nämlich Leibniz sagt: Die Substanz ist Monas; wir können dieß vorläufig genügend erklären, wenn wir sagen: seine Meinung ist, die Substanz sey geistige Substanz. Dieser Begriff tritt aber zunächst nur entgegen der schlechten Vorstellung von der Materie als einem Zusammengesetzten. Leibniz sagt: Sowohl das, was wir das Ausgedehnte als das, was wir das Denkende nennen, — beides ist an sich nur geistige Substanz. Aber eben dasselbe sagt rechtverstanden auch Spinoza, der mehr als einmal versichert, die Ausdehnung als göttliches Attribut, oder sie wahrhaft betrachtet und so wie sie Ist, sey nicht in Theile trennbar oder aus Theilen zusammengesetzt, sondern ein schlechthin Einfaches; ebenso sey auch die Materie nicht theilbar oder zusammengesetzt als Substanz, sondern nur sofern sie abstracte, abgezogen von der Substanz und folglich unwahr, betrachtet werde. Wenn man nun unter dem Materiellen nur das Zusammengesetzte versteht, so war dem Spinoza das Ausgedehnte oder die Substanz unter diesem Attribut betrachtet ebenso geistig wie Leibniz selbst die Vorstellung. Die theilbare oder aus Theilen zusammengesetzte Materie entsteht dem Spinoza ebensowohl nur in Folge einer falschen und unrechten Betrachtung, als sie Leibnizen durch eine bloß verworrene Vorstellung entsteht. Leibniz leugnet auch nicht schlechthin das Theilbare der Materie (als Schein). Leibniz nimmt jene Einheiten, die er Monaden nennt, auch als die letzten, obwohl geistigen Elemente alles Materiellen an. Eine Monade für sich betrachtet ist schlechthin unkörperlich, reine Vorstellkraft (denn dieß: Vorstellkraft zu seyn, ist nach ihm das Wesen alles Seyenden. Nur dasjenige Ist, was vorstellt); aber mehrere Monaden bilden zusammen ein Ganzes, das aus relativ untergeordneten und relativ herrschenden Monaden besteht, über denen zuletzt Eine dominirende Monas sich erhebt. Wer nun dieses Ganze so sähe, wie es Gott sieht, d. h. nur als ein Ganzes zusammenhangender und einander gegenseitig voraussetzender rein geistiger Kräfte, der würde nichts von körperlicher Ausdehnung wahrnehmen. Allein das einzelne Weltwesen, der Mensch z. B., steht nicht in jenem perspektivischen Mittelpunkt, wo ihm die Dinge so erscheinen, sondern außer demselben, und durch diese Art von Verschiebung der Monaden aneinander entsteht eine verworrene Vorstellung, und der bloße Schein, das bloße Phänomen dieser verworrenen Vorstellung ist das körperlich Ausgedehnte, das an sich nicht mehr Realität hat als z. B. der Regenbogen. Was nun Spinoza auf diese Art durch eine bloß abstrakte Betrachtungsweise, durch Abstraktion von der an sich untheilbaren Substanz entstehen läßt — das Scheinbild der theilbaren Materie —, das entsteht für Leibniz durch eine verworrene Vorstellung. Jedes körperliche Ding ist an sich nur ein Ganzes geistiger Kräfte, könnten wir es adäquat vorstellen wie Gott, so würden wir nichts als Geistiges darin sehen. Nur die verworrene Vorstellung erzeugt den Schein der Körperlichkeit. Welche von beiden Erklärungen einleuchtender ist, will ich nicht untersuchen. Ich erwähne dieß nur in der Absicht, zu zeigen, daß wenn man unter der Monas das einfache Geistige versteht, die wahre Substanz der Materie auch dem Spinoza einfach und untheilbar ist. Hierin also hat Leibniz nichts vor Spinoza voraus; dagegen ist zwischen beiden der große Unterschied, daß Spinoza an den zwei Attributen einen wirklichen Gegensatz hat, den er freilich zur Entwicklung nicht benutzt, der aber doch benützt werden könnte. Wo Gegensatz ist, da ist Leben. Leibniz dagegen ist ein absoluter Unitarier, um mich so auszudrücken. Er kennt nichts als Geist, bei ihm ist nichts Ungeistiges, dem Geist Entgegengesetztes. Die Unterschiede, die bei ihm vorkommen, sind wirklich bloß quantitative — es gibt vollkommenere und unvollkommenere Monaden; die eine ist ihm in Bewußtlosigkeit versunken, die andere bewußt; aber weder woher dieser Unterschied eigentlich kommt, kann er darlegen, denn er hat nichts an sich Ungeistiges, an sich dem Bewußten Entgegengesetztes, noch warum überhaupt ein solcher Unterschied stattfindet. In dieser Hinsicht wäre also mit Leibniz' Monadenlehre gegen Spinoza nicht viel gewonnen.

Auf andere Art aber hat man gemeint, im Begriff der Monas einen Gegensatz und Widerspruch gegen den Spinoza zu finden. Denn jede Monas sey eine eigne, eine rein in sich abgeschlossene Substanz, es gebe daher so viele Substanzen oder Centra, als es Monaden gebe, und nicht bloß Eine Substanz, wie Spinoza behauptet. Allein in dem Sinn, in welchem Leibniz mehrere Substanzen annimmt, in dem Sinn nimmt sie auch Spinoza an, nämlich mehrere, ja unendlich viele Modificationen der Substanz, und in dem Sinn, in welchem dieser nur Eine Substanz behauptet, muß am Ende auch Leibniz nur Eine annehmen. Denn er denkt sich, wie schon gesagt, die Monaden einander unter- und übergeordnet; dieß führt ihn auf eine Urmonade, auf eine alles dominirende, eine Weltmonade. Diese Urmonas ist Gott, der auch die einzige Substanz ist, wenn man unter Substanz das versteht, was Spinoza: id, cujus conceptus non eget conceptu alterius rei, und so denkt sie sich Leibniz wirklich. Alles kommt nur darauf an, welches Verhältniß er den abgeleiteten, von der Urmonas abhängigen

Monaden zu der Urmonade gibt. Hierüber will ich denn seine eignen Worte anführen: Deus solus est unitas primitiva, sive substantia originaria (= cujus conceptus non eget etc.), cujus productiones (hier Schöpfung) sunt omnes monades creatae aut (NB.) derivatae, et nascuntur, ut ita loquar, per continuas Divinitatis fulgurationes, per receptivitatem Creaturae limitatas, cui essentiale est, esse limitatam. Also Gott allein ist ihm substantia originaria; von ihm werden die andern producirt. Spinoza bedient sich dieses Worts nicht, oder nur uneigentlich. Die Dinge sind dem Spinoza bloße logische Emanationen. Es fragt sich also, was dieses Produciren bei Leibniz bedeute. Statt eines Begriffs gibt er uns ein Bild — die einzelnen, abgeleiteten Monaden entstehen durch ein beständiges Ausblitzen oder Wetterleuchten der Gottheit. Ein solches Effulguriren ist etwas zu Unbestimmtes, als daß man daraus die Bestimmtheit der Dinge erklären könnte. Er erklärt also die Bestimmtheit der Dinge, indem er sagt: jenes Wetterleuchten werde durch die Receptivität der Creatur limitirt (sie haben nur ein gewisses Maß, Gott aufzunehmen). Hier müßte man also der Creatur eine Receptivität zuschreiben, noch ehe sie existirt; es sey der Creatur, sagt er, wesentlich, limitirt, eingeschränkt zu seyn. Freilich wenn sie erst ist. Aber die Frage ist ja eben die Creatur, d. h. also, wie die Limitation entstehe, und da diese nicht bedingt seyn kann durch die eingeschränkte Receptivität der noch nicht existirenden Creatur, und der Grund dieser Einschränkung ebensowenig in der unendlichen Macht der Gottheit liegen kann, so ist leicht einzusehen, daß der Grund der Limitation nur in dem göttlichen Willen liegen kann. Dieß sagt Leibniz nicht, so offenbar er es sagen müßte (er respektirt die Limitation der Creatur). Daß er dieß zu behaupten so offenbar vermeidet, zeigt wohl, wie das Ganze gemeint ist. Nämlich er will mit dem übrigens schönen Bilde des Wetterleuchtens, wobei Gott gleichsam wie eine von Realität schwangere Wolke gedacht wird, nur sagen: die geschaffenen Monaden folgen aus Gott oder der göttlichen Natur ebenso still und ohne eigne That, wie sie nach Spinoza aus ihr folgen. Er bedient sich nur eines physischen Bildes, wie

Spinoza eines geometrischen Gleichnisses; in der Sache aber läuft es auf Eins hinaus. Das von ihm gebrauchte Bild kommt auf das uralte der Emanation zurück. Aber auch Spinoza ist ja Emanationist, freilich nicht physischer, sondern logischer; auch behauptet er freilich nicht ein äußeres Getrenntwerden des Ausfließenden von seiner Quelle, wie man die Emanation gewöhnlich versteht (denn ob sie je und in irgend einem System, z. B. dem der jüdischen Cabbala, so zu verstehen gewesen sey, ist noch eine große Frage), sondern das aus Gott Folgende bleibt in Gott, und man kann insofern seine Lehre eine immanente Emanationslehre nennen. Die reinen Monaden sind aber auch nach Leibniz in Gott. Denn das Körperliche entsteht ihm nur, indem sie außer Gott betrachtet werden. Ein wahrer Unterschied dagegen liegt in dem schon Bemerkten. Wenn Spinoza, ob er gleich keinen Gebrauch davon machte, doch in der ursprünglichen Zweiheit, die er in das höchste Wesen setzte, noch immer ein Mittel besaß, eine Schöpfung endlicher Dinge begreiflich zu machen, so fehlt dieß Leibnizen gänzlich. — Noch ist zu bemerken, daß Leibniz mit jener Erklärung nur erst die einfachen Monaden hat, noch nicht aber eigentlich die Dinge, welche nach ihm aus einer Accumulation oder Verkettung von Monaden bestehen. Es müßten also eigentlich nicht die Monaden, sondern diese Totalitäten, Verknüpfungen oder Systeme von aus Gott emanirten seyn, oder müßte noch besonders erklärt werden, wie sie auf die angenommene Weise verknüpft werden, d. h. es lohnt nicht der Mühe, weiter in dieser Beurtheilung zu gehen; denn was angeführt worden, reicht wohl hin, uns zu überzeugen, daß man dem sinnreichen Manne Unrecht thun würde, wenn man seine Monadenlehre für etwas mehr als für eine Hypothese halten wollte, die er sich ausgedacht hatte, vielleicht nur um dem Spinozismus einstweilen etwas anderes entgegenzustellen, um die Welt darüber gleichsam zu zerstreuen. Von einer Seite gelang es dieser Hypothese wirklich sich wichtig zu machen. Denn wie die Zeitgenossen sich meist an die Nebensache hängen, so war jene Cartesianische Frage de commercio animi et corporis die allerwichtigste geworden. Hier unterschied sich nun Leibniz von Cartesius dadurch. Leibniz war entschiedener Antidualist,

Leibliches und Geistiges waren ihm insofern eins, als er beides zuletzt auf den Begriff der Monas zurückführte. Er hatte also nicht die Schwierigkeit, welche Cartesius hatte. Aber jede Monas war ihm ein absolutes Centrum, ein Universum für sich, eine abgeschlossene Welt, eine reine Ichheit, in die nichts von außen hineinkommen konnte. Die Monaden, sagt er, haben keine Fenster, durch welche die Dinge hineinstiegen. Wie kommt es denn aber, daß diese Monaden, die gegeneinander lauter Selbständigkeiten sind, unter sich übereinstimmen, oder daß die eine bestimmend für die Vorstellungen der andern wird, denn ihr Wesen besteht ja in bloßer Vorstellung, jede Monas ist nur eine eigne, selbständige vis repraesentativa, oder ein centrum repraesentativum Universi, das freilich nur wieder die Vorstellungen der andern vorstellt? Wie läßt sich insbesondere jenes innige und unmittelbare Verhältniß erklären zwischen der Monade, welche die dominirende meines Organismus, die unmittelbare Seele des Leibes, die bloß thierische Seele ist, und zwischen der höheren, welche die vernünftige Seele ist? Hierauf antwortet Leibniz: „Beide sind so zueinander gestimmt und aufeinander berechnet, daß die vernünftige Seele zufolge der bloßen immanenten Evolution ihrer Vorstellungen, und ohne aus sich selbst hinauszugehen, alles vorstellt, was in dem Körper vorgeht, gleich als ob sie von ihm afficirt würde (wer sieht hier nicht den nur im Ausdruck verkümmerten Spinozischen Satz? ... Spinoza sagt: die Seele ist nichts anderes als der unmittelbare Begriff des Körpers, an die Stelle von: Begriff setzte Leibniz das bei weitem nicht so viel bedeutende Wort: Vorstellkraft); hinwiederum, fährt er fort, drückt der Körper bloß einem immanenten Gesetz seiner Evolution folgend alles, was in der Seele vorgeht, durch seine Bewegungen aus, gleich als wäre er zu diesen von der Seele bestimmt worden; sie verhalten sich (er selbst bedient sich dieses Gleichnisses) wie zwei Uhren, die der Meister so eingerichtet und aufgezogen hat, daß die eine, ohne von der andern zu wissen, zugleich mit der andern Stunden und Viertel schlägt. Dieses also ist das so berühmt gewordene System der sogenannten vorherbestimmten (prästabilirten) Harmonie, zu seiner Zeit Gegenstand unendlicher Erörterungen, eines langen Hin- und Widerredens, heutzutag höchstens als eine philosophische Antiquität zu betrachten und als Anlaß, sich über die Langmuth des deutschen Geistes zu verwundern, der bei so wenig natürlichen und doch zugleich so untergeordneten Vorstellungen so lange sich festhalten ließ.

Wenn wir nach allem diesem den Leibnizianismus zunächst nur als einen verkümmerten Spinozismus ansehen können, so müssen wir wenigstens Eine verdienstliche Seite desselben rühmen, diese nämlich, daß er sich nicht begnügte, von den Dingen immer nur in abstracto, ohne alle Rücksicht ihrer Unterschiede und Abstufungen, zu reden. Leibniz zuerst nannte die Welt der unorganischen und insgemein todt genannten Körper eine schlafende Monadenwelt; die Seele der Pflanzen und der Thiere war ihm die bloß träumende Monas, die vernünftige Seele erst die wachende. Obgleich er diese Abstufung bloß bildlich ausgedrückt hat, soll sie ihm doch nicht übersehen werden, sie war der erste Anfang, das Eine Wesen der Natur in der nothwendigen Stufenfolge seines zu-sich-selbst-Kommens zu betrachten, und kann insofern gelten als der erste Keim späterer, lebendigerer Entwicklung. Diese Seite ist noch die schönste und beste der Leibnizischen Lehre; von dieser Seite vorzüglich ist sie dargestellt in den bekannten Thesibus, die Leibniz über sein System für den berühmten Prinz Eugen von Savoyen schrieb, und die daher unter dem Namen der Theses in gratiam principis Eugenii bekannt, zugleich beweisen, daß die großen Feldherrn und Prinzen der damaligen Zeit sich mehr, als man heutzutage rühmen kann, mit der Philosophie zu schaffen machten — doch auch Eugen war nicht ein Deutscher.

Sonst hat in Bezug auf den Spinoza Leibniz, wie gesagt, nur dahin gewirkt, den speculativen Sinn dieses Systems aus den Gedanken seiner und der folgenden Zeit zu verdrängen. Sein Verhältniß zu diesem, dessen er gleichwohl selten und stets nur im Vorübergehen erwähnt, war indeß nicht sowohl das eines Gegners als das eines klüglich zurechtlegenden und zu vermitteln suchenden Auslegers. In diesem Sinn ist vorzüglich die Theodicee geschrieben, die durchgängig, ohne ihn viel zu nennen, den Spinoza voraussetzt, aber mehr von ihm abzulenken, ihn zu vermeiden sucht, als auf ihn zugeht. Dieses Werk sollte eine

Rechtfertigung Gottes wegen der Zulassung des Bösen und des Uebels in der Welt enthalten. Aber schon die Stellung, welche der Frage über den Ursprung des Bösen und des Uebels in der Welt gegeben ist — es wird nämlich eine Rechtfertigung Gottes in dieser Beziehung gefordert — diese Stellung schon setzt ein freies Verhältniß Gottes zu der Welt voraus. Denn wenn die Welt eine bloße nothwendige Folge der göttlichen Natur ist, so kann in den Dingen und in der Welt wahrhaft betrachtet, d. h. nach der Art und Weise, wie sie aus der göttlichen Natur folgen, weder wahrhaft ein Uebel noch wahrhaft etwas Böses seyn. Leibniz war also durch die Frage schon, die er übrigens nicht sich selbst gestellt, sondern als Aufgabe einer hohen Person erhalten hatte (es war die Churfürstin Sophie von Braunschweig, deren Nachkommen noch heute den Thron von Großbritannien einnehmen, die ihn dazu aufgefordert, und an der er eine große Gönnerin hatte, wie früher Cartesius an der schon erwähnten Prinzessin Elisabeth: niemand ist unbekannt, was Wissenschaft und Kunst dem Pfälzischen Haus verdankten, Karl Friedrich gab Spinoza eine Professur in Heidelberg) durch die Aufgabe nun schon war Leibniz genöthigt, Gott ein anderes Verhältniß zu der Welt und zu den Dingen zu geben, als das Spinoza und das er selbst ihm in seinen monadologischen Principien gegeben hatte. Er stellt sich also Gott vor als vor aller Zeit rathschlagend mit sich selbst, 1) ob es unter den nothwendigen Einschränkungen, denen eine — von ihm unterschiedene Welt unterworfen seyn müßte, besser sey, eine solche Welt zu schaffen, oder dieß gänzlich zu unterlassen, 2) welche von den verschiedenen möglichen Ordnungen der Dinge unter jenen unvermeidlichen Einschränkungen, deren nothwendige Folgen (wie er annimmt) ebensowohl das physische Uebel als das moralische Böse seyn müsse — welche Ordnung der Dinge also unter Voraussetzung jener Einschränkungen unter allen möglichen noch die beste seyn würde; dieser Berathschlagung zufolge läßt er dann Gott den Entschluß zu der gegenwärtigen Welt fassen, welche demnach nicht die schlechthin, aber die doch unter jenen Voraussetzungen beste ist; woher denn der Name Optimismus, den man der Leibnizischen Vorstellung gab. Demgemäß hätte

Leibniz 1) eine Entstehung der Welt in der Zeit und 2) eine Zeit vor der Welt, überhaupt nicht einen bloß logischen, sondern einen reellen und geschichtlichen Ursprung derselben behauptet. Indeß wollten gleich bei oder wenigstens bald nach der Erscheinung der Theodicee manche an der Aufrichtigkeit dieser Leibnizischen Darstellung zweifeln, und ein, freilich wegen seiner großen Eitelkeit wenig glaubwürdiger Mann wollte sogar von Leibniz selbst eine schriftliche Aeußerung erhalten haben, die angezeigt hätte, daß er seine ganze Theorie in der Theodicee selbst als einen bloßen lusus ingenii angesehen habe. Sollte ich darüber eine Meinung äußern, so wäre ich eher geneigt anzunehmen, daß Leibniz seine Monadologie als einen bloßen lusus ingenii betrachtet habe, die er nur den Vorstellungen anderer gleichzeitiger oder ihm vorangegangener Philosophen entgegenstellte, und daß es ihm vielmehr mit der Theodicee Ernst gewesen. Leibniz war ein viel zu erfahrener von der einen und ein zu genialer Mann auf der andern Seite, als daß er selbst seine Monadenlehre für etwas mehr als eine bloß vorübergehende Vorstellung hätte halten können [1]. Welche Meinung man indeß darüber fasse, hat insofern weniger Wichtigkeit, als selbst die recht verstandene Theodicee noch immer nicht als ein eigentlicher Widerspruch gegen die Spinozistische Denkart, sondern nur als eine mildernde und accommodirende Auslegung derselben erscheinen kann. Leibniz leitet das Böse in der Welt von der nothwendigen Limitation in der Creatur her. Dieß heißt aber nichts anderes behaupten, als was Spinoza behauptet: „Die Kraft, die im Bösen sich zeigt, ist positiv betrachtet dieselbe, die im Guten wirkt; sie ist zwar vergleichungsweise unvollkommener (weniger positiv) als die im Guten, an sich aber oder außer der Vergleichung betrachtet doch selbst etwas Positives und auch eine Vollkommenheit. Das, was wir Böses daran nennen, ist nur der geringere Grad des Positiven, das aber bloß für unsere Vergleichung als ein Mangel erscheint, in der Natur oder im Ganzen keiner ist, da auch dieses Minus zur Vollkommenheit des Ganzen gehört". Dieß ist die wahre Meinung des Spinoza, die auch in seinem System vollkommen folgerichtig ist. Nach Leibniz

[1] Vgl. 2te Abth., Bd. I, S. 278. D. H.

ist in dem Bösen ebenfalls nur ein Plus von Limitation und ein Minus von Position. Dieses Minus von Positivem in dem einen gehört aber ebenso nothwendig zu der möglich besten Welt als das Plus des Positiven in dem andern, ja wie in der Natur ein Uebergewicht des Positiven auf der einen ein gleiches Uebergewicht des Negativen auf der andern zur nothwendigen Folge hat, so ist es wohl auch in der sittlichen Welt.

Leibniz vertheidigt Gott wegen Zulassung des Bösen hauptsächlich durch Unterscheidung des göttlichen Willens und Verstandes. Gott, sagt er, kann nichts gegen den Verstand, der Verstand bringt es aber mit sich, daß die Creatur überhaupt, und daß sie in verschiedenen Graden limitirt sey; diese Limitation (und mit ihr die Möglichkeit des Bösen) ist also unabhängig von dem göttlichen Willen, Gott hat nicht diese, sondern er hat nur das Gute gewollt. Er weiß also kein anderes Mittel, Gott wegen der Zulassung des Bösen, wie er für nöthig hält, zu rechtfertigen, als indem er das Böse in die Limitation, d. h. in etwas setzt, das nur Mangel oder Beraubung ist. Und doch muß zum Bösen etwas mehr als bloße Limitation gehören; denn unter allen Creaturen ist gerade nur die vollkommenste, d. h. die am wenigsten limitirte, des Bösen fähig, nichts davon zu sagen, daß nach der dogmatischen Vorstellung, welche Leibniz auf jede Weise schont, der Teufel nicht die limitirteste, sondern vielmehr die illimitirteste Creatur ist. Leibnizens Erklärung möchte etwa das bloß niederträchtige oder gemein Böse erklären, nicht aber das Böse in seinen großen Erscheinungen, wie es sich in der Weltgeschichte vereint mit der höchsten Energie und Vortrefflichkeit — nicht bloß der geistigen, sondern selbst der moralischen Kräfte sich zeigt. Nimmt man nun noch hinzu, daß nach Leibniz' Lehre auch das entschiedene Böse nothwendig zur Vollkommenheit der Welt beiträgt und insofern nothwendig selbst ein vollkommenes ist, so sieht man nicht, wo hier ein Unterschied seyn soll. Man könnte sagen: Leibniz verbreitet doch durch jene, von ihm übrigens völlig unbegründet gelassene Voranstellung eines freien Entschlusses in Gott über das Ganze ein milderndes Licht. Aber gehört am Ende nicht auch dieser Entschluß zur Natur Gottes, konnte er sich ihm versagen? Wohl nicht. Der

Entschluß war also in Ansehung Gottes selbst ein nothwendiger. Leibniz sucht diese Nothwendigkeit nur dadurch zu mildern, daß er sie als eine moralische vorstellt. Allein wenn die moralische Nothwendigkeit, das Gute und unter gegebenen Bedingungen das Beste zu wählen, zur Natur, zum Wesen Gottes gehört, wie Leibniz behauptet, so ist dieß nur ein Versuch, die Nothwendigkeit, mit welcher, wie Spinoza sagt, alles aus dem göttlichen Wesen fließt, zu vermitteln und verständlich zu machen, nicht aber sie aufzuheben. Um diesen falsch-mildernden Schein, den die Vorstellung einer bloß in der sittlichen Natur Gottes gegründeten Nothwendigkeit über das System der Nothwendigkeit überhaupt verbreitet, zu zerstreuen, bedarf es nur einer kurzen Ueberlegung. Es gehört allerdings zu den gewöhnlichen populär rationalistischen Vorstellungen, daß Gott schlechterdings und seiner Natur zufolge nur das Gute thun könne, und unter dem Guten versteht man das dem Moral-Gesetz Gemäße. Aber Gott ist außer und über allem Gesetz, denn er selbst ist das Gesetz. Gott ist der Herr jure absolute positivo, wie er ist, weil er Ist; es gibt nicht ein Gutes vor und außer ihm, das er wollen müßte, es gibt nur Gutes erst nach ihm und als Folge von ihm; gut ist nur, was Er will, und nur weil er es will, ist es gut (nicht an sich), wenn Er es nicht wollte, wär' es nicht gut. Wenn man nun darüber ins Klare gekommen ist und das Herz gefaßt hat dieß einzusehen, so sieht man, daß jene gewöhnliche Lehre: Gott könne nur das Gute thun, ein tautologischer Satz ist; denn gut ist nur, was Gott thut, und insofern kann er freilich nur das Gute thun. Wer nur einigermaßen Bescheid weiß in unserer Zeit, der weiß auch, daß jener Satz, der die Freiheit in Gott unter dem Schein von sittlicher Nothwendigkeit ganz aufhebt, der letzte Halt des Rationalismus ist, der sich sogar anmaßt, ausschließlich gleichsam sittlich zu seyn, übrigens indem er sich bloß dem Positiven der geoffenbarten Religion entgegenstellt, eigentlich allem Positiven auch in der Philosophie entgegen ist.

Es mag scheinen, daß unser Urtheil über Leibniz im Ganzen nicht sehr günstig gelautet. Dieses Urtheil kann jedoch dem wahren Geiste des Mannes keinen Eintrag thun. Seine Philosophie war nicht unbedingt *seine* Philosophie, es war einem großen Theile nach die Philosophie seines Zeitalters, d. h. die Philosophie, welche seine Zeit allein zu tragen fähig war. Gewiß sah Leibnizens Geist weiter, als er zu erkennen gab. Er war gleichsam mit einem magischen Blick begabt, einem Blick, dem jeder Gegenstand, auf den er sich heftete, wie von selbst sich aufschloß. Leibniz wird durch die Weite und Umfassung seines Geistes, die Fruchtbarkeit seiner Ideen, die ungemeine Gabe sinnreicher Erfindung, die ihm beiwohnte, und die in der Philosophie etwas so Seltenes ist als in der Poesie oder in irgend einer Art menschlicher Bestrebungen, — er wird durch dieß alles immer ein Stolz der deutschen Nation bleiben; sein mehr vermittelnder als revolutionärer Geist ging schon zufolge der ihm einwohnenden Ruhe durchaus nur *stufenweise*, er that immer nur das Nächste und suchte Extreme eher zu verbinden als selbst Extreme aufzustellen; wenn er mit so großen Eigenschaften nicht das alles leistete, das er leisten konnte, so muß man die unüberwindliche Erstorbenheit seiner Zeit in Betracht ziehen, jener traurigen Zeit, die in Deutschland unmittelbar auf die Zerrüttungen des 30jährigen Kriegs folgte; Cartesius, der Anfänger der neueren Philosophie, starb zwei Jahre nach dem Ende dieses Kriegs, der größte Theil seines Lebens war während desselben verflossen. Leibniz war zwei Jahre vor dem westphälischen Frieden (1646) geboren. Es scheint, daß jene geistigen Bewegungen, welche die Principien des inneren Lebens aufs neu' in Frage stellen, mit den äußeren Bewegungen stets in einer gewissen Beziehung stehen. Kants Philosophie fiel gleichzeitig mit der französischen Revolution [1], und noch hat keiner seiner Nachfolger das Ende dieser politisch zerrissenen Zeit erlebt, in der man, wie es scheint, jeden Mißverstand stets nur durch einen neuen und größeren auszugleichen wußte.

Das Hauptbestreben von Leibniz scheint gewesen zu seyn, das revolutionäre Element, das durch Cartesius in die Philosophie gekommen war, wieder zu beschwichtigen, und gegen den *objektiven* Rationalismus des Spinoza, der in der That ein vorzeitiger war — zu früh der freien wissenschaftlichen Dialektik ein Ende zu machen suchte —

[1] Vergl. den Nachruf an Kant, Bd. VI, S. 4. D. H.

gegen diesen erstarrenden Rationalismus wieder die Freiheit einer noch lange nicht erschöpften und ans Ende gekommenen Dialektik geltend zu machen. Unvermeidlich mußte er so dem objektiven Rationalismus des Spinoza eine subjektive, eine bloß räsonnirende, subjektive Vernünftigkeit begründende Philosophie entgegenstellen, aus der durch eine natürliche Folge, besonders nachdem Christian Wolff, langweiligen Andenkens, sich der Leibnizischen Ideen bemächtigt hatte, jener Rationalismus hervorging, der besonders in der Religion so lange Zeit herrschend blieb. Die ersten theologischen Rationalisten waren lauter Wolffianer, die in dem Staat aufgestanden waren, in welchem die Wolffische Philosophie lange Zeit gleichsam die privilegirte gewesen war. Leibniz lenkte wieder zu der alten Metaphysik um und wurde so allerdings der mittelbare Urheber oder doch Veranlasser jener Gestalt, welche die Schulmetaphysik vor Kant angenommen hatte. Kant aber sollte für diese neuere Metaphysik eben das werden, was Cartesius für die alte war. Der allgemeine Charakter der scholastischen Metaphysik, dem auch die neuere im Ganzen treu blieb, beruht 1) auf der Voraussetzung gewisser allgemeiner Begriffe, die als unmittelbar mit dem Verstande selbst gegeben angenommen werden. Leibniz hatte sich sehr bemüht, die Priorität, die Unabhängigkeit dieser Begriffe von sinnlicher Wahrnehmung und Erfahrung, und damit die ihnen einwohnende Nothwendigkeit und Allgemeinheit zu vertheidigen und wider die Gegner angeborner Begriffe zu schützen. Nächst diesen allgemeinen Begriffen setzte man dann 2) gewisse Gegenstände als in der Erfahrung gegeben voraus. Zu diesen Gegenständen gehörten nicht bloß diejenigen, welche heutzutag allein Erfahrungsgegenstände genannt werden, indem man nämlich die Erfahrung auf die bloß sinnliche einschränkt. Zu diesen Gegenständen gehörten ebensowohl Seele, Welt und Gott, deren Daseyn man im Allgemeinen als gegeben voraussetzte und nur zum Gegenstand einer rationalen Erkenntniß zu erheben strebte. Dieß geschah durch eine einfache Anwendung der schon vorhandenen Begriffe auf die Gegenstände. Solche Begriffe waren Wesen, Seyn, Substanz, Ursache oder abstrakte Prädicate, als Einfachheit, Endlichkeit, Unendlichkeit u. s. w., und es kam nur darauf an, die vorausgesetzten Begriffe mit den vorausgesetzten Gegenständen in äußere Verbindung zu bringen, was man dann beweisen nannte. Der Beweis war nie ein Selbstbeweis des Gegenstandes; nicht der Gegenstand erwies sich durch seine eigne Fortbewegung oder innere Entwicklung als dieses oder jenes, er hatte sich nicht innerlich oder in sich selbst entwickelt, z. B. bis zu dem Punkt, wo er sich als menschliche Seele aussprach, sondern unter den bekannten und vorausgesetzten Dingen fand sich auch eins, das man die menschliche Seele nannte, und mit dem man nun das ebenfalls schon bekannte Prädicat der Einfachheit, d. h. der Immaterialität, in Verbindung zu bringen suchte. Es war also hier auch kein durch alle Gegenstände fortgesetztes System, sondern mit jedem Gegenstand fing diese Metaphysik wieder von vorn an, und konnte die verschiedenen Materien ganz bequem capitelweis abhandeln. Es war nicht ein und derselbe Begriff, der durch das Ganze hindurchging, und der auf jeder neuen Stufe von Entwicklung angekommen, sich als ein anderer, z. B. hier als Materie oder bestimmter als Pflanze, als Thier, dort als menschliche Seele bestimmte. Es war nicht um das Subjekt und um das Prädicat selbst (die man bloß voraussetzte), sondern nur um die Verbindung beider, d. h. es war um die Formen feststehender Sätze zu thun, in die man beide brachte; dergleichen Sätze waren z. B.: die Seele ist absolut einfach, die Welt ist im Raum und der Zeit nach entweder begrenzt oder unbegrenzt (denn hier in den kosmologischen Begriffen ließ jene Metaphysik eine gewisse Freiheit zu). Kant hat späterhin etwas Besseres darin gesucht, daß diese widersprechenden Behauptungen gerade nur bei den kosmologischen Ideen sich hervorthun. Allein dem ist keineswegs so. Der angebliche Widerspruch zwischen den kosmologischen Ideen pflanzt sich auf die Theologie und Psychologie fort. Die Frage: ob die Welt unendlich oder endlich, ob sie in der Zeit angefangen habe, oder ohne Anfang, eine ins Endlose zurückgehende Kette von Ursache und Wirkungen sey, diese Frage ist auch für die theologischen Ideen von Einfluß, und der Meinung, daß die Welt angefangen, entspricht nothwendig auch eine ganz andere Vorstellung von Gott als der entgegengesetzten; ferner die Meinung, daß in der Welt alles durch einen nothwendigen, unverbrüchlichen Causalnexus bestimmt sey, der also auch durch keine freie Handlung unterbrochen werden könnte, ist von nothwendigem Einfluß auf die rationale Psychologie wie auf die Theologie. In der Theologie ist gerade derselbe Widerspruch. Die zwei Behauptungen, Gott sey ein bloß blind, d. h. nur zufolge der inneren Nothwendigkeit seiner Natur, wirkendes Wesen, und — Gott sey frei, an nichts gebunden und Herr seines Thuns: diese zwei Behauptungen stehen sich ebenso direkt entgegen als die beiden andern: die Welt sey anfänglich, oder sie sey ohne Anfang. Der Grund, warum dieser Widerspruch in den theologischen Ideen nicht ebenso zum Vorschein kam, war, weil man hier überhaupt behutsamer seyn mußte, und weil man insbesondere ein scheinbares Mittel, Freiheit und Nothwendigkeit in Gott zu vereinigen, an dem schon erwähnten Begriff einer bloßen moralischen Nothwendigkeit gefunden hatte. Mit der Welt glaubte man aber schon freier umgehen zu dürfen, und die so oft, sogar von Theologen, gehörte Meinung, es liege der Vernunft nichts daran und mache im Grunde keinen Unterschied, ob man annehme, daß Gott von Ewigkeit her geschaffen habe, oder nicht, schreibt sich eben von jenem Leibniz-Wolffschen Rationalismus her.

Ein großer Mangel dieser Metaphysik ist, daß sie die sogenannte formale Logik außer sich gesetzt und zurückgelassen hat. Man hat es später Kant vorgeworfen, daß er für seine Aufzählung der Kategorien oder Verstandesbegriffe das Ableitungsprincip von der Tafel der logischen Urtheile hergenommen; ebenso für die Vernunftideen (wie er sie nennt) von den Schlüssen. Allein die richtige Wahrnehmung liegt wenigstens darin, daß die formell-logische Unterscheidung des Denkens, Urtheilens und Schließens und die materielle Unterscheidung der metaphysischen Begriffe von einer und derselben Quelle herfließen. Auch noch aus einem andern Grund hat Kant, um dieß gleich hier zu bemerken, in diesem Verfahren (die Tafel der Kategorien ohne weiteres von der als bekannt vorausgesetzten Tafel der Urtheile abzuleiten) einen ganz richtigen Verstand bewiesen. Denn hätte er diese vermeinten Formen des menschlichen Geistes genetisch ableiten wollen, so hätte er über sie hinausgehen und eben damit sie anerkennen müssen als nicht vom Menschen unablösliche, ihm absolut inhärirende.

Ihrem speciellen Inhalt nach sonderte sich übrigens diese Metaphysik in mehrere einzelne aufeinanderfolgende Wissenschaften ab. Die erste war die Ontologie, welche ihren Namen davon hatte, daß sie die ersten und allgemeinsten Bestimmungen des Seyenden enthalten sollte, die Stamm- und Urbegriffe, welche in allen folgenden Beweisführungen herrschen mußten. Sie handelte also vom Wesen und Seyn im Allgemeinen, vom Möglichen, Zufälligen und Nothwendigen, von den verschiedenen Begriffen der Ursache, von Vielheit und Einheit, Endlichkeit und Unendlichkeit u. s. w. Denn man kann diese Aufzählung füglich mit einem ꝛc. schließen, weil diese Ontologie sich der Vollständigkeit ihres Inhalts ebensowenig als eines wirklichen Systems, eines auseinander-Hervorgehens dieser Begriffe versicherte, wie man denn nicht leicht in verschiedenen Darstellungen derselben die nämliche Ordnung oder Aufeinanderfolge der Begriffe antreffen wird. Im Grunde war diese Definition nur eine Sammlung von Definitionen, mit der man die geometrische Methode nachahmte, welche ihren Demonstrationen auch Definitionen vorausschickt; noch richtiger würde es seyn, diese Ontologie als ein bloßes zum Verständniß des Folgenden voraus geschicktes erklärendes Wörterbuch der verschiedenen in der Philosophie vorkommenden Ausdrücke und Begriffe anzusehen. Allgemein war in dieser Wissenschaft die Voraussetzung, daß man jene Begriffe unabhängig von den Gegenständen und für sich besitzen könne, weßhalb sie denn auch vorzugsweise Begriffe a priori hießen, wie die ganze folgende Zeit unter Begriffen und Erkenntnissen a priori solche verstand, die vor und abgetrennt von den Gegenständen entstehen, als ob nicht für die wahre, von vorn anfangende Wissenschaft die Gegenstände so gut a priori seyn müßten als die Begriffe.

Die zweite Wissenschaft war denn bald die rationale Psychologie, bald die rationale Kosmologie. In jener sollte vorzüglich 1) die absolute Einfachheit der Seele bewiesen werden — ein Begriff, der sich ganz auf die atomistische Ansicht der Materie bezog —, im

Grunde wurde nur bewiesen, daß die Seele nicht zusammengesetzt sey in dem Sinn, wie man sich die Materie zusammengesetzt dachte. Wie nun aber, wenn die Materie selbst nicht auf solche Weise zusammengesetzt, wie es ein durchaus unstatthafter Schluß war: die Materie ist theilbar, also ist sie auch aus Theilen zusammengesetzt? Aus der Einfachheit sollte dann 2) die absolute Unzerstörlichkeit der Seele bewiesen werden. Indeß fing man bald an, der Bündigkeit dieses Beweises zu mißtrauen; vielleicht fühlte man auch das Kahle und Abstrakte des Begriffs Unsterblichkeit, der das wenigste ist, was man etwa von der Fortdauer der Seele nach dem Tode aussagen kann; kurz man ließ alle, übrigens auch empirischen Beweise zu, als z. B. den von der Perfektibilität des menschlichen Geistes hergenommenen, wobei man dann aber wieder die Lehre von Gott zu Hülfe nehmen mußte, die doch erst in der Folge abgehandelt wurde. In der rationalen Kosmologie wurde dann von der Schöpfung der Welt gehandelt, die man aus der Tradition voraussetzte; hiebei kam besonders jene Frage zur Sprache, ob Gott von Ewigkeit erschaffen habe, oder erst in einer bestimmten Zeit, ferner von der Unendlichkeit oder Endlichkeit der Welt dem Raume nach, vom Naturmechanismus, und ob dieser, z. B. durch Wunder, unterbrochen werden könne, oder nicht, von einigen allgemeinen Naturgesetzen, dem Gesetz der Sparsamkeit (lex parsimoniae), der Stetigkeit u. s. w., auch wohl von den allgemeinen Gesetzen der Bewegung.

Die letzte Wissenschaft und die Krone von allem war endlich die sogenannte rationale Theologie, wo man aber (indem es nur um die Existenz zu thun war) drei aufeinanderfolgende Beweise, den ontologischen, den kosmologischen, den physikotheologischen nöthig fand. Diese Aufeinanderfolge von Beweisen zeigte schon, daß keiner dieser Beweise für sich hinlänglich erachtet wurde. Ueber das erste dieser Argumente, das ontologische, habe ich mich schon bei Gelegenheit des Cartesius erklärt, und ich brauche daher dessen Inhalt nur noch kurz in der Form zu wiederholen, die es später angenommen hatte. Alles, was nur ein Seyendes ist, was also an dem Seyn nur Theil hat, kann auch abstrahirt von diesem Seyn, ohne dieses Seyn — gleichsam nackt, als ein solches, das sich das Seyn bloß angezogen, sich mit ihm überkleidet hat — betrachtet werden. Inwiefern nun alles, was bloß ein Seyendes ist, als ein solches betrachtet werden kann, dem das Seyn zukommt (advenit, accedit), insofern ist es an sich ebensowohl ein nicht Seyendes, eine bloße Möglichkeit, das Seyn anzuziehen. Oder, dasselbe in einer andern Wendung zu sagen: alles, was nur zum Seyn bestimmt ist, geht eben darum vom Nichtseyn zum Seyn über. Es ist zuerst nur in seiner Potenz oder Möglichkeit da, wirklich seyend wird es nur durch Uebergang a potentia ad actum. Nun widerstrebt es aber gänzlich der Idee Gottes, in ihm einen solchen Uebergang zu denken. (Dieser Untersatz ist unentbehrlich, da diese Metaphysik nicht von dem Begriff des rein [ohne Potenz] Seyenden ausgehend zum Begriff Gottes erst gelangt, sondern umgekehrt vom Begriff Gottes ausgeht, um mit ihm das Prädicat des rein Seyenden zu verbinden. Jener Untersatz selbst aber, daß es der Idee Gottes widerstrebt, in ihm eine Potenz zu denken, ist im Grunde bloß aus den angenommenen Begriffen, aus der bestehenden Lehre, zuletzt aus der Ueberlieferung aufgenommen). Was folgt nun aber aus den beiden Prämissen? Nur dieß: Gott ist das Wesen, das nur als seyend, auf keine Weise als nicht seyend gedacht werden kann. Aber eben hier sieht man ja, daß dieß bloß eine Bestimmung der **Natur** Gottes ist, die also über die Existenz Gottes nichts aussagt; es ist immer nur der Begriff Gottes, das rein Seyende zu seyn, wie selbst in dem gewöhnlichen lateinischen Ausdruck deutlich ist: Deus est id, quod non cogitari potest nisi existens — er kann nur als seyend gedacht werden, d. h. also, wenn er existirt, so kann er nur existirend als das rein Seyende gedacht werden, als das nicht a potentia ad actum übergegangen, sondern geradezu — potenzlos ist. Der Sinn des Begriffs ist nicht, daß Gott nothwendig existirt, oder daß er das nothwendig seyende Wesen, sondern daß er nothwendig das Seyende — nämlich das bloß Seyende oder das rein Seyende selbst ist. Allerdings liegen die zwei Ausdrücke: Gott ist das nothwendig Seyende, und: Gott ist nothwendig das Seyende, einander so nahe, daß der Mißverstand, welcher zu dem ontologischen Argument Veranlassung gab, als sehr natürlich erscheint.

Dieser Mißverstand ist bis auf den heutigen Tag nicht erklärt worden (man darf nur sehen z. B., wie verworren sich Hegel über das ontologische Argument äußert). Indeß in den Schulen der Metaphysik selbst war immer ein gewisses Mißtrauen gegen dieses Argument. Daher man denn zu einem zweiten, dem sogenannten kosmologischen, fortschritt. Dieses mußte denn freilich auf ganz andere Art concludent seyn. Denn hier ging man nicht von einem bloßen Begriff, sondern selbst schon von Existenz, nämlich von der Existenz der Welt aus, und so konnte man auch nur auf Existenz schließen, während es unmöglich war, dort, wo bloß vom Begriff ausgegangen wurde, in dem Schlußsatz zu Existenz zu gelangen.

Das kosmologische Argument, genauer untersucht, beruht auf dem schon von Aristoteles gebrauchten Grundsatz, daß ein Fortschreiten von Ursachen zu Ursachen in einer Reihe, wo nie eine letzte Ursache angetroffen würde, daß ein solcher regressus in infinitum eigentlich nichts erklären würde. Denn die nächste Ursache, die ich annehme, ist eigentlich keine Ursache, sondern, weil sie eine andere voraussetzt, nur Wirkung, und so wieder die folgende. Ich schreite also nur von Wirkungen zu Wirkungen fort, und der regressus in infinitum ist eigentlich eine immer fortgesetzte Negation der Ursache. Entweder also muß ich überall nicht erklären, oder eine Ursache annehmen, die selbst keine andere voraussetzt, die absolute Ursache ist. Diese letzte Ursache läßt sich nun allerdings nur in dem finden, was das rein Seyende ist, denn was nicht rein und absolut Ursache ist, kann auch nicht das rein Seyende seyn. Auf diese Weise konnte man denn wirklich die Existenz Gottes bewiesen glauben, und es wurde namentlich von der thomistischen Schule unter den Scholastikern auf dieses Argument das größte Gewicht gelegt. Zum Behuf dieses Arguments mußte man sich indeß eine sogenannte Kette von Ursachen imaginiren. Ich gestehe, daß mir dieß nie deutlich gewesen. Denn wenn man sich nicht etwa bloß auf die lebenden Wesen beschränken will, bei welchen man von dem Sohn auf den Vater, von diesem wieder auf seinen Vater u. s. f. ins Unbestimmte zurückgehen kann, so sehe ich nicht, wie man ihn in der übrigen Natur nachweisen will, da die Naturforschung in allen Richtungen sogleich auf Grenzen stößt, über die sie nicht hinaus kann; z. B. wenn sie die magnetischen oder elektrischen Erscheinungen aus einem magnetischen oder elektrischen Fluidum erklären zu können meint, so kann sie mit dieser Materie nicht weiter zurück, sie muß diese gleich als etwas ursprünglich-Seyendes oder -Erschaffenes gelten lassen. Bezieht man jene Kette bloß auf die Bewegungen in der Natur, so bleibt damit die Substanz unerklärt, an welcher die Bewegung nur als ein Accidens haftet; nimmt man als die Elemente dieser Reihe Dinge an, so sehen wir statt einer solchen Kette in der allgemeinen Natur vielmehr ein System allgemeiner Wechselbestimmung. Wollte man etwa sagen, diese bestimmte Substanz, z. B. dieses Metall = A könnte in der Natur nicht existiren, wenn nicht auch jenes andere Metall = B existirte, also ist das Metall A seiner Existenz nach von dem Metall B abhängig, so sehen wir augenblicklich, daß ebensowohl auch das Metall B nicht existiren könnte, wenn A nicht wäre, d. h. wir sehen, daß die Bestimmung eine wechselseitige, nicht eine einseitige ist. Vielleicht kann man eine solche solidarische Verpflichtung der Körper gegeneinander, oder daß, im Fall einer derselben aus der Reihe der Dinge verschwinden könnte, alle andern verschwinden müßten, — man kann dieß, sage ich, vielleicht für die unorganische Natur zugeben; für die organischen Wesen wenigstens wäre es nicht zu behaupten, da die Erfahrung zeigt, daß aus dem System organischer Wesen allerdings schon Glieder verschwunden sind, oder wenigstens verschwinden könnten, ohne die Existenz der andern zu gefährden. Ich meine nicht bloß jene Geschlechter von Thieren und Pflanzen, deren Reste wir in versteinerten Abdrücken oder fossilen Knochen finden, und die in der gegenwärtigen Natur nicht mehr angetroffen werden, sondern selbst erst seit Menschengedenken sind wahrscheinlich Thiergattungen verschwunden, denn da mehrere derselben gleichsam im Abzug begriffen und nahe daran scheinen, gänzlich auszusterben, warum sollte dieß nicht auch früher geschehen seyn? Doch wollten wir nun die Vorstellung einer solchen Kette von Ursache und Wirkung zugeben, so wären wir damit erst zum Begriff einer letzten bestimmenden Ursache gelangt, aber von welcher Art diese Ursache, ob sie eine blind wirkende oder eine freie sey, wäre damit nicht entschieden. Denn die blind wirkende braucht nicht gerade eine solche zu seyn, die von einer andern außer ihr seyenden zum Wirken bestimmt oder necessitirt ist, sie kann auch die bloß nach einer inneren Nothwendigkeit wirkende seyn.

Eine letzte Ursache, wie sie Aristoteles aufstellt, ein erstes Bewegendes, das nicht wieder bewegt wird (τὸ πρῶτον κινοῦν ἀκίνητον), würde dem kosmologischen Argument vollkommen genügen. Das ontologische Argument, wenn es nicht auf einem Mißverstand beruht, kann bloß zum Begriff der absoluten Substanz führen, das kosmologische nur zum Begriff der Ursache überhaupt.

Die Metaphysik geht daher auch von diesem zum folgenden — zu dem physiko-theologischen, also physiko-logischen fort. Vermöge dieses dritten Beweises nun, könnte es scheinen, gelange die Metaphysik zur Existenz Gottes als solchen, inwiefern nämlich aus der zweckmäßigen Einrichtung der Natur im Ganzen und im Einzelnen nicht mehr bloß auf eine Ursache überhaupt, sondern auf eine intelligente Ursache geschlossen wird. Allein weder ist die bloße Voraussetzung einer intelligenten Ursache im Allgemeinen hinreichend, die Zweckmäßigkeit der Natur zu erklären, noch ist Gott als bloße intelligente Ursache auch schon als Gott bestimmt. Denn was das Erste betrifft, so müssen wir eine zweifache Zweckmäßigkeit unterscheiden, die bloß äußere, irgend einem Werkzeug bloß äußerlich aufgedrückte, wie die Zweckmäßigkeit einer Maschine ist — diese geht nicht in den Stoff über, sondern beruht bloß auf der äußeren Form und der äußeren Verknüpfung gewisser Theile, und die innerliche Zweckmäßigkeit, die nur da stattfindet, wo, wie im Organischen, Form und Stoff unzertrennlich sind. Bei jener (der bloß mechanischen Zweckmäßigkeit) bleibt der Künstler oder Hervorbringer außer seinem Werke, bei dieser muß die künstlerische oder plastische Thätigkeit eine dem Stoff selbst inwohnende, mit dem Stoff verwachsene seyn. Nicht also die Voraussetzung einer intelligenten Ursache überhaupt oder im Allgemeinen, sondern nur die Voraussetzung einer dem Stoff selbst einwohnenden intelligenten Ursache würde die Zweckmäßigkeit, insbesondere der organischen Natur erklären. Aber die Metaphysik will nicht eine solche, nicht eine den Dingen selbst inwohnende Ursache, sie will Gott als eine außer den Dingen und außer der Materie bleibende Ursache. Eine solche vom Stoff verschiedene Ursache kann aber z. B. die organische Form des Stoffs etwa wollen, aber diese Form nicht hervorbringen, denn die von ihr hervorgebrachte könnte in jedem Fall nur eine der Materie äußerlich aufgedrückte, nicht aber die innerliche, mit ihr verwachsene seyn, die wir doch in der organischen Natur erkennen müssen.

Also die bloße Voraussetzung einer intelligenten Ursache im Allgemeinen reicht nicht hin, die Zweckmäßigkeit der Natur zu erklären. Von der andern Seite wird durch den Begriff einer verständigen, intelligenten Ursache der Begriff, den wir in **Gott** realisirt wollen, nicht erschöpft. Eine intelligente Ursache wäre Gott auch als bloßer Weltarchitekt.

Der Verstand allein reicht nicht hin, eine Welt auch dem Stoff nach hervorzubringen. Der Verstand wird in jeder Hervorbringung bloß angewendet, aber eben hieraus erhellt, daß er nicht die eigentlich hervorbringende Kraft ist. Das schlechthin Unterscheidende Gottes ist, die Stoff-hervorbringende Macht zu seyn, ist diese nicht in ihm nachzuweisen oder begreiflich zu machen, so ist Gott noch immer nicht als Gott gesetzt. Der Begriff der bloß intelligenten (so wie einer freien, moralischen, d. h. gütigen) Natur enthält nichts eigentlich Distinktives in Bezug auf Gott. Denn auch der Mensch ist eine intelligente Natur, selbst der Weisheit ist er in gewissem Maß wenigstens empfänglich, ebenso wie der Macht, der Voraussicht und anderer sittlicher Eigenschaften. Daher fand man bei der Anwendung dieser Eigenschaften auf Gott stets einen Zusatz nöthig; man nennt Gott nicht weise, sondern allweise, nicht mächtig, sondern allmächtig, nicht gütig, sondern allgütig. Durch diesen Zusatz sollte eben ausgedrückt werden, daß Gott in der Ausübung dieser Eigenschaften durch keinen Stoff beschränkt ist, also daß er selbst auch die Stoff-hervorbringende Ursache — Schöpfer ist, und es erhellt daraus, daß der eigentlich distinktive Begriff Gottes nicht dieser ist, Intelligenz überhaupt, sondern Schöpfer zu seyn. Auch mit diesem dritten Argument der ehemaligen Metaphysik war also der Begriff Gottes als solcher nicht erreicht.

Nachdem man jedoch durch diese Folge oder Verbindung der drei Beweise nun die Existenz des wahren Gottes bewiesen zu haben glaubte, ging man zu der Lehre von den Eigenschaften Gottes über. Sonderbar genug; denn man sollte denken, der Complex dieser Eigenschaften bilde den Begriff Gottes, des Begriffs aber müsse man sich versichert haben, ehe man an den Erweis der Existenz denke. Unter den sogenannten Eigenschaften Gottes, die man in der Ueberlieferung und der gemeinen Vorstellung antraf, war es nun aber leicht, zwei Arten derselben zu unterscheiden. Einige dieser Attribute stellten sich als solche dar, ohne welche Gott nicht Gott seyn könnte, man könnte sie eben darum die bloß negativen nennen. Solche Attribute sind z. B. Ewigkeit, Unendlichkeit, das von selbst Seyn (a se Esse). Ein Wesen, das nicht ewig, nicht von selbst wäre, könnte gar nicht Gott seyn, doch ist es darum allein noch nicht Gott; dieß scheinen also Eigenschaften Gottes an und vor sich selbst gleichsam, d. h. vor seiner Gottheit, zu seyn, die er, so zu sagen, bedarf, um Gott zu seyn, damit er Gott sey (apriorische). Aber da die blinde Substanz des Spinoza ebensowohl ewig, ebensowohl unendlich und von sich selbst ist, so erhellt daraus, daß diese Eigenschaften nicht Eigenschaften Gottes als solchen sind. Andere dieser Attribute stellten sich nun dagegen als solche dar, durch welche Gott erst eigentlich Gott ist, oder welche Gott seiner Gottheit nach zukommen (= positiv). Dahin gehörten nun alle die, welche Freiheit, Intelligenz, Willen und Vorsehung oder eine aktuelle Relation einschließen. Diese beiden Klassen von Eigenschaften standen aber bloß nebeneinander, ohne daß erörtert wurde, wie sie sich zueinander verhalten (kein Uebergang von denen der ersten zu denen der zweiten Art). Bei Gelegenheit der positiven oder, wie sie auch genannt wurden, der moralischen Eigenschaften wurde dann gewöhnlich auch der Spinozismus zu widerlegen versucht; weniger durch diese Widerlegungen indeß glaubte man sich gegen dieses System sicher gestellt, als dadurch, daß Gott an das Ende der Metaphysik verlegt war, wo man denn die selbständige Existenz der Dinge, die Freiheit der menschlichen Handlungen, und was sonst den Menschen vorzugsweise am Herzen lag, gegen die Unendlichkeit, die Allmacht (welche allem, was außer Gott existirt, nur eine absolute Ohnmacht übrig zu lassen schien), so wie gegen die Allwissenheit Gottes (die mit der Freiheit menschlicher Handlungen unverträglich schien) schon geborgen glaubte. Man beruhigte sich damit, ohne zu überlegen, daß in der Wirklichkeit Gott nicht *nach*, sondern *vor* den Dingen ist.

Ich glaubte, die ehemalige Metaphysik aus verschiedenen Gründen hier etwas ausführlicher darstellen zu müssen. Denn 1) war sie doch eigentlich die allein geltende, öffentlich geduldete und angenommene: weder die Philosophie des Cartesius noch die des Spinoza noch selbst das eigentlich Speculative der Leibnizischen Philosophie war je in die Schulen aufgenommen worden; 2) ist es noch immer wichtig, zu wissen, was eine bloß subjektive, also *außer* dem Gegenstand bleibende Dialektik etwa vermag, und als *Vorübung* zur höheren Philosophie würde diese Metaphysik noch immer mit Vortheil selbst auf den Universitäten vorgetragen. Denn obgleich wir sie im Grunde nur für eine bloß räsonnirende, subjektiv-vernünftige Philosophie halten können, so läßt sie doch eben deßwegen zugleich eine gewisse *Freiheit* des Gedankens und des Verstandesgebrauchs zu, die um so wohlthätiger wirken würde, als diese Art zu philosophiren die einzige der großen Mehrzahl gemäße und bequeme ist; denn diese, wenn sie überhaupt mit Philosophiren sich befaßt, will doch nicht gern von ihrem Standpunkt sich entfernen, sondern, höchst zufrieden mit der zufällig etwa erlangten Bildung und wenig geneigt einzusehen, daß dieses Gebäude ihrer vermeinten Bildung einer Revision und Wiederaufbauung von Grund aus bedürfe, schreibt sich jeder a priori eine Vernunft zu, die ihn berechtige, zum voraus zu bestimmen, was er etwa zulassen wolle oder nicht, — also diese bei weitem größte Mehrzahl will doch am Ende nichts anderes, als daß ihr von ihrem Standpunkt aus, und ohne daß sie genöthigt ist diesen zu verlassen, durch bloßes vernünftiges Reden oder Discurriren die großen Gegenstände der Philosophie explicirt werden.

Trotz des scholastischen Zuschnitts und Wortkrames, mit dem sich jene Schulmetaphysik im Anfang umgeben hatte, ging sie daher mit der Zeit auch äußerlich immer mehr in eine solche bloß räsonnirende Philosophie über, und da eine stufenweis immer lebhafter erregte Zeit dem bald auf den Grund sah (daß sie nämlich nicht eine wissenschaftliche, sondern eine bloß räsonnirende Philosophie sey), und da zum bloßen Räsonniren am Ende jeder gleich viel Recht hat oder zu haben meint, weil es dazu nichts mehr bedarf als jener allgemeinen Vernunft, die sich jeder zuschreibt, und deren Besitz keiner erst durch die That rechtfertigen zu müssen glaubt, so mußte jene Schulmetaphysik allmählich in eine Art von formloser, bloß populärer Philosophie, zuletzt in eine völlige Anarchie ausschlagen. Die Periode des sogenannten Selbstdenkens begann, was freilich ein ziemlich pleonastischer Ausdruck scheint, denn es versteht sich wohl von selbst, daß jeder, der denkt, selbst denken muß, und keiner einen andern für sich denken lassen kann, so wenig als er einen andern für sich kann schlafen oder verdauen lassen; die Meinung war aber eben diese, daß jeder mit jener allgemeinen Vernunft schon hinlänglich ausgerüstet sey, um über alle möglichen Gegenstände der Philosophie vernünftige Vorstellungen zu haben; jeder, hieß es, müsse sein System sich selbst machen, eine Philosophie, die auf objektive Gültigkeit Anspruch mache, sey höchstens gut für die Schule, oder um einer unerfahrenen Jugend zu imponiren, das Leben und die Erfahrung sey alles u. s. w. Dieses Hinweisen auf die Erfahrung brachte jedoch der Philosophie von einer andern Seite Vortheil, indem sie Anlaß zur Entstehung und Bearbeitung der empirischen Psychologie gab, die freilich bis jetzt selbst einer eigentlichen wissenschaftlichen Begründung entbehrt, aber doch dem menschlichen Geist eine neue Region seiner selbst aufschloß, besonders jene höchst interessante, die zwischen dem Physischen und Psychischen in der Mitte liegt.

## Kant. Fichte. System des transscendentalen Idealismus.

In diesem Zustand also befand sich die Philosophie, als Immanuel Kant unversehens als Instaurator derselben erschien und ihr den wissenschaftlichen Ernst und damit zugleich die verlorene Würde wiedergab.

Ehe ich nun zu Kant selbst fortgehe, will ich eine allgemeine Bemerkung vorausschicken, die mehr oder weniger auf alle menschlichen Thaten anzuwenden ist, daß nämlich ihre eigentliche Wichtigkeit, d. h. daß ihre wahren Wirkungen meist andere sind, als die beabsichtet worden oder die im Verhältniß der Mittel stehen, durch welche sie hervorgebracht wurden. Kants Wirkung war in der That eine außerordentliche. Man kann sich eben nicht darüber freuen, wenn fünfzig Jahre nach Kants Erscheinung, nachdem wir jetzt allerdings auf einem andern Punkte sind, aber zu dem wir nie ohne ihn gelangt wären, Kants Verdienst von solchen herabgesetzt wird, die nichts dazu beigetragen, daß wir über Kant hinausgekommen. Eben dasselbe ist von Fichte zu sagen. Es gehört heutzutage nicht viel dazu, ein Verwerfungsurtheil über beide auszusprechen, aber es gehörte viel dazu, die Philosophie nur wieder auf den Punkt zu heben, wohin sie durch Kant und Fichte war gehoben worden. Das Urtheil der Geschichte wird seyn, nie sey ein größerer äußerer und innerer Kampf um die höchsten Besitzthümer des menschlichen Geistes gekämpft worden, in keiner Zeit habe der wissenschaftliche Geist in seinem Bestreben tiefere und an Resultaten reichere Erfahrungen gemacht als seit Kant [1]. Aber diese Wirkung wurde nicht eigentlich

[1] Mit Kants Erscheinung ändert sich auf einmal der bisherige Gang der Philosophie, es ist, als ob ein lang zurückgehaltener und eingedämmter Strom endlich

hervorgebracht, durch das, was Kant unmittelbar wollte. Während er durch seine Kritik aller Erkenntniß des Uebersinnlichen für immer ein Ende gemacht zu haben glaubte, hat er eigentlich nur bewirkt, daß Negatives und Positives in der Philosophie sich scheiden mußten, aber eben

eine Oeffnung gefunden hätte, die er nun alsbald unablässig zu erweitern arbeitet, bis es zum völligen Durchbruch kommt, und er frei und ungehemmt dahin strömen kann. Wenn dieser Strom nicht gleich einen regelmäßigen Lauf einhält, wenn er auch wohl schrankenlos nach beiden Seiten austritt und Feld und Flur überschwemmt, so ist dieß in der Ordnung; kleinliche und enge Geister mögen hintennach den Strom schelten und das Bächlein loben, das sie aus ihm abgeleitet, ihre Mühle zu treiben, das Urtheil der Geschichte wird ein anderes seyn ... Seit Kants eigentliche Wirkung in der Philosophie begonnen (denn geraume Zeit blieb er unbeachtet, und der erste Erfolg, durch den sich seine Wirkung ankündigt, war nur ein Schwarm von bloßen wörtlichen Wiederholern und großentheils gedankenlosen Erklärern), seit aber seine eigentliche Wirkung angefangen, sind es nicht verschiedene Systeme, sondern es ist nur Ein System, das durch alle die aufeinanderfolgenden Erscheinungen nach dem letzten Punkt seiner Verklärung hindrängt; wie die Pflanze, die zu wachsen anfängt, nicht weiß, bei welchem Punkt sie anlangen wird, dennoch hat sie ein sicheres Gefühl desselben, und eben dieses Gefühl ist das sie treibende, ist das, was wir den Trieb in ihr nennen. So wenn in dieser ganzen Folge keiner einen deutlichen Begriff des Ziels hatte, fühlte doch jeder, daß es gelte, irgend ein Letztes zu erreichen, und eben dieses Gefühl, dieser Trieb, der mit Kant in die Philosophie gekommen war, unterschied diese Epoche von allen früheren — denn z. B. im Leibnizischen System lag kein solcher Trieb, die Kraft, die es erweckt hatte, verzehrte sich in den todten, tauben und unfruchtbaren Bestrebungen jener vorkantischen Metaphysik; was dagegen in Bezug auf die von Kant angefangene Bewegung die draußen Stehenden, bloß äußerlich Zusehenden ihr zum Hohn und Schimpf vorbrachten von dem schnellen Wechsel ihrer Systeme, gerade dieß war der Beweis, daß endlich der lebendige Punkt in der Philosophie getroffen worden, der, wie der einmal befruchtete Keim eines Wesens oder wie der Grundgedanke eines großen Trauerspiels, keine Ruhe mehr verstattet bis zur vollendeten Auswicklung — die Philosophie war von einem nothwendigen und gleichsam unwillkürlichen Proceß ergriffen; was ihnen als rapide Aufeinanderfolge von Systemen erschienen, war eigentlich nur die schnelle Folge der Entwicklungs- und Fortbildungsmomente Eines Systems. In einer solchen Folge kommt der einzelne nach dem, was an ihm bloße Eigenheit oder Eigenthümlichkeit ist, nicht in Betracht; dieses Individuelle ist nur der Tribut, den er an seine Zeit entrichtet, die bloße Schale und Hülse, die in der folgenden Entwicklung zurückbleibt, oder sogar nur ein ihm anhangender Rest der Erde und des Bodens, aus dem er gewachsen. So also müssen wir auch Kant betrachten. (Aus einem anderen Münchener Manuscript).

damit das Positive, nun in seiner ganzen Selbständigkeit hervortretend, sich der bloß negativen Philosophie als die zweite Seite der Philosophie überhaupt, als positive, entgegensetzen konnte. Diesen Scheidungs- und den darauf erfolgten Verklärungsproceß der Philosophie ins Positive hat Kant eingeleitet. Kants Kritik hat um so mehr dazu beigetragen, als sie keineswegs *feindselig* gegen das Positive gesinnt ist. Während er das ganze Gebäude jener Metaphysik zusammenbricht, zeigt er doch immer die Meinung, daß man am Ende *wollen* müsse, was sie gewollt habe, und daß ihr Inhalt doch zuletzt die *wahre* Metaphysik seyn würde, wenn es nur möglich wäre.

Ich gehe nun zur Darstellung Kants selbst über mit dem Satz, daß Kants Kritik zunächst gegen die in den Schulen angenommene Metaphysik gerichtet war, daß sie aber von einer andern Seite und unter der Hand gleichsam auch wieder zu einer Vertheidigung eben dieser Metaphysik wurde.

Es hatte sich gegen dieselbe eben damals von England aus, hauptsächlich durch *John Locke*, der Empirismus erhoben, welcher die Existenz aller von der Erfahrung unabhängiger Begriffe leugnete, und aus diesem Empirismus war die alles Allgemeine und Nothwendige in der menschlichen Erkenntniß bezweifelnde oder vielmehr widersprechende Lehre des berühmten englischen Philosophen und Geschichtschreibers *David Hume* hervorgegangen; dieser sogenannte Skepticismus Humes war nach Kants eigner Angabe dasjenige, wodurch er den Hauptanstoß zu seiner eignen Philosophie erhielt.

Humes Angriffe gingen fast ausschließlich gegen die objektive Gültigkeit des Causalgesetzes, des Grundsatzes, daß alles, was geschieht, eine Ursache habe. Unbedenklich richten wir uns in allen unsern Handlungen, wie in unsern Urtheilen, ja Hume als ganz pragmatischer, d. h. als lehrreicher, die Ereignisse aus ihren Ursachen erklärender Geschichtschreiber, richtet sich selbst nach diesem Gesetz. Und was das Wunderbarste ist, wir selbst wenden dieses Gesetz an und sehen andere es anwenden, ohne daß wir dieses Gesetzes eigentlich bewußt sind. Wir wenden es nicht an in Folge einer wissenschaftlichen Einsicht in dasselbe, sondern von Natur und gleichsam instinktmäßig, zum Beweis, daß es ein reales

Princip in uns ist, das uns so zu urtheilen nöthigt. Genau betrachtet hat Hume nur bewiesen, daß ein solches universelles, nicht bloß für alle wirklichen, sondern für alle möglichen Fälle geltendes Gesetz nicht aus der Erfahrung herstammen könne. Die Erfahrung kann allerdings nichts Allgemeines gewähren. Nun war aber schon angenommen, daß alle Erkenntniß nur aus den Sinnen komme. Es blieb also Hume nichts übrig, als die Allgemeinheit in der Anwendung dieses Gesetzes als eine bloß subjektive Erscheinung, nämlich durch eine bloß subjektive Angewöhnung, zu erklären. „Nachdem wir, sagt er, in unzähligen Fällen gesehen haben, daß gewissen Erscheinungen oder Ereignissen andere vorausgegangen sind, oder umgekehrt auf gewisse vorausgegangene Ereignisse andere gefolgt sind, so hat sich durch diese beständige Wiederholung unser Verstand zuletzt daran gewöhnt, jene Erscheinungen oder Ereignisse in Verbindung zu sehen, und so zuletzt sie in den Zusammenhang von Ursache und Wirkung zu setzen, die vorausgehenden als Ursache, die folgenden als Wirkung zu betrachten". Ich will vorjetzt nicht auseinandersetzen, daß selbst eine unendlichmal wiederkehrende Aufeinanderfolge zweier Ereignisse A und B noch immer nicht den Begriff der Ursache und Wirkung hervorbringen würde, wenn dieser nicht, unabhängig von der äußern Erfahrung, durch eine innere Nothwendigkeit unserer Natur uns auferlegt wäre. Alles, was uns aus jener wiederholten Wahrnehmung entstehen könnte, wäre, daß wir sagten: auf die Erscheinung A ist in allen Fällen, die ich bis jetzt beobachten konnte, die Erscheinung B gefolgt, und nie habe ich die Erscheinung B beobachtet, ohne daß die Erscheinung A vorausgegangen wäre, aber von dieser Bemerkung ist es noch himmelweit bis zur Verbindung beider als Ursache und Wirkung, worin noch etwas mehr liegt als bloße Aufeinanderfolge — diese kann mich immer nur ein post hoc, aber nie ein propter hoc lehren, und wir würden in Ansehung aller Erscheinungen bei dem post hoc stehen bleiben, wie wir in gar vielen Fällen wirklich bei demselben stehen bleiben — selbst in Fällen, wo nicht einmal nur und zufällig sondern wirklich nach einer Regel eines auf das andere folgt, und wo wir uns wohl hüten, beide Erscheinungen miteinander in Causalnexus zu bringen.

Wenn wir die eine Art von Folge, das post hoc, wo eine bloß äußere Folge ist, von der andern, dem propter hoc, wohl zu unterscheiden wissen, warum sollten wir dieß nicht in allen Fällen können? Ich will indeß auf dieser Reflexion gar nicht einmal bestehen, so wie ich überhaupt fragen möchte, ob es zur Widerlegung des Humeschen Zweifels gerade des großen Apparats der Kritik der reinen Vernunft bedurfte. Es ist sonderbar genug, daß man diese Widerlegung so schwer gefunden, wie niemand bis jetzt das ganz Einfache bemerkt hat, daß er *selbst* aus bloßer Erfahrung widerlegt werden kann. Hume erklärt das Causalprincip aus einer Angewöhnung; zu jeder Angewöhnung gehört aber eine gewisse Zeit; Hume muß also dem einzelnen Menschen nicht nur, er muß dem ganzen Menschengeschlecht eine gewisse Zeit zugeben, während deren es immer auf eine gewisse Erscheinung A die andere Erscheinung B folgen hat sehen, und so sich endlich gewöhnt hat, diese Folge als *nothwendig* zu betrachten (denn dieß liegt im Causalbegriff). Aber eben dieß, was Hume stillschweigend voraussetzt und also voraussetzen zu können meint, ist gar nicht vorauszusetzen. Denn ich bin überzeugt, *keiner* von uns wird geneigt seyn, eine Zeit zuzugeben, wo das Menschengeschlecht nicht nach dem Gesetz der Ursache und Wirkung geurtheilt hätte, und Hume selbst, wenn wir ihm die Frage vorlegen könnten, ob er sich den Menschen in irgend einem Zeitpunkt seiner Existenz ohne diesen Begriff und ohne die Anwendung desselben denken könne, würde mit seinem Ja auf diese Frage zaudern; er würde fühlen, daß der Mensch, dem er das Urtheil nach Ursache und Wirkung entzogen hätte, uns gar nicht mehr als *Mensch* erscheinen könnte. Wir können also völlig gewiß seyn, daß schon der erste Mensch gleich am ersten Tage seines Daseyns nach diesem Princip urtheilte, weil es zur menschlichen Natur gehört so zu urtheilen, wie denn die Schlange im Paradies, welche doch übrigens nach der mosaischen Erzählung dem ersten Menschen gleich skeptische Bemerkungen gegen das göttliche Verbot zuflüstert, ihm nicht etwa Unterricht über das Causalgesetz ertheilt, sondern voraussetzt, er verstehe sie wohl, wenn sie ihm sagt: So ihr die Frucht esset, werden eure Augen aufgethan seyn, oder des Tages, da ihr von dieser Frucht esset, werdet ihr wie Gott seyn; was doch so viel heißt: die Frucht oder das Essen der Frucht wird die Ursache davon seyn, daß eure Augen aufgethan werden, die Wirkung dieses Genusses wird seyn, daß ihr Gott gleich werdet. — Es existirt in arabischer Sprache ein Roman oder eine Erzählung unter dem Titel: Philosophus Autodidactus, wo ein Kind fingirt wird, das von seiner Mutter gleich nach der Geburt auf einer Insel des indischen Oceans ausgesetzt wird, und das nur stufenweise durch Anwendung des ihm an- oder eingeborenen Verstandes zu allen philosophischen Begriffen und Einsichten gelangt. Allein wir bedürfen keiner solchen Fiktion, um Hume zu widerlegen; denn das Kind in der Wiege, das noch keine Gelegenheit gehabt hat, sich an eine gewisse Aufeinanderfolge von Erscheinungen zu gewöhnen, und dem noch weniger jemand von Ursache und Wirkung gesprochen, das Kind in der Wiege, wenn es ein Geräusch hört, wendet es sich nach der Gegend, wo das Geräusch herkommt, in keiner andern Absicht, als um die Ursache dieses Geräusches zu sehen, die es sonach voraussetzt.

Nach dem Gesetz der Ursache und Wirkung zu urtheilen, ist uns also durch eine nicht bloß von unserem Wollen, sondern selbst von unserem Denken unabhängige und diesem vorausgehende Nothwendigkeit auferlegt; was aber von unserem Wollen und Denken unabhängig ist, das nennen wir ein reales Princip. Es ist daher durch die Erfahrung selbst bewiesen, daß es ein reales Princip ist, das gleichsam wie eine universelle Schwerkraft — so wie diese den Körper bestimmt gegen das Centrum sich zu bewegen, so uns nöthigt, nach dem Gesetz von Ursache und Wirkung zu urtheilen, wie nach dem Gesetz des Widerspruchs zu denken [1].

Gehen wir jedoch nun zu Kants Kritik der reinen Vernunft fort, so liegt dieser im Allgemeinen der Gedanke zu Grunde: ehe man etwas erkennen wolle, sey es nöthig, unser Vermögen zu erkennen selbst einer Prüfung zu unterwerfen. Wie ein vorsichtiger Bauherr, eh' er sich ein Haus aufführe, seine Mittel wohl überlege, ob sie nämlich auch zur festen Begründung und zur glücklichen Hinausführung des Baus zureichen, so müsse der Philosoph, eh' er daran denke, ein Gebäude der

[1] Vgl. 2te Abth. Bd. I, S. 263 unten. D. H.

Metaphysik aufzuführen, erst sich der Materialien desselben versichern, ob er sie auch herbeischaffen könne, und da diese Materialien hier aus einer geistigen Quelle geschöpft werden, so müsse diese selbst erst untersucht seyn, damit man gewiß sey, ob sie zu dem beabsichteten Bau auch wirklich zureichenden Stoff enthalte oder darbiete. Ehe man sich Hoffnung auf Erkenntniß — besonders der übersinnlichen Gegenstände — mache, müsse erst untersucht seyn, ob wir auch das Vermögen besitzen, sie zu erkennen.

Auf den ersten Blick ist dieser Gedanke ungemein einleuchtend [1]. Bei näherer Betrachtung findet sich aber, daß es dabei um ein Erkennen des Erkennens zu thun ist, und daß dieses Erkennen des Erkennens eben auch wieder ein Erkennen ist. Demnach bedürfte es erst einer Untersuchung über die Möglichkeit einer solchen Erkenntniß des Erkennens, und so könnte man ins Unendliche zurückfragen.

Wenigstens wird Kant, da er so kritisch zu Werk geht, sich selbst eines leitenden Princips und einer zuverlässigen Methode für seine Untersuchung des Erkenntnißvermögens versichert haben. Leider ist dieß nicht der Fall. Er schickt keine allgemeine Untersuchung über die Natur des Erkennens voraus, sondern geht gleich über zu der Aufzählung der einzelnen Quellen der Erkenntniß oder der einzelnen erkennenden Facultäten, die er aber nicht etwa wissenschaftlich ableitet, die er vielmehr aus der bloßen Erfahrung aufnimmt, ohne ein Princip, das ihn der Vollständigkeit und der Richtigkeit seiner Aufzählung versicherte. Insofern kann seine Kritik der reinen Vernunft selbst nicht als eine *wissenschaftliche* Ausmessung des menschlichen Erkenntnißvermögens gelten.

Die drei Quellen der Vernunft sind ihm Sinnlichkeit, Verstand und Vernunft. Die Sinnlichkeit bezieht sich entweder auf die außer uns befindlichen Gegenstände, oder unser eignes Innere, inwiefern wir die *in uns selbst* vorgehenden Veränderungen wahrnehmen — das Vermögen dieser Wahrnehmung der in uns selbst gesetzten Affektionen

[1] Besonders einleuchtend war dieser Gedanke für die damalige Zeit, da man durch die empirische Psychologie schon gewohnt war, in dem Geist oder der Seele gar viele Vermögen anzunehmen. (Aus einem andern Manuscript).

oder Veränderungen nennt er den *inneren* Sinn, wo also (ohne daß ein Grund angegeben wird) nur von Einem Sinn, nicht von mehreren Sinnen die Rede ist, wie bei den äußeren Gegenständen. Die Erkenntniß, welche aus dieser ersten Quelle, aus der Sinnlichkeit *entsteht* — in der also schon mehr gedacht ist als der bloße Sinneneindruck — heißt *Anschauung*. In der Anschauung aber unterscheiden wir das Zufällige, das anders seyn könnte, und ein anderes, *das nicht anders seyn könnte*. In Ansehung der äußeren Gegenstände ist dieß der *Raum*. Wir können uns die äußeren Gegenstände nicht anders als im Raume vorstellen, der Raum ist also die nothwendige und allgemeine Form unserer äußeren Anschauung. Hier beweist nun Kant aus der Nothwendigkeit und Allgemeinheit dieser räumlichen Form unserer äußeren Anschauung, daß der Raum nicht ebenso wie das bloß Zufällige und Materielle der Dinge etwas bloß Empirisches oder erst mit der *wirklichen* Anschauung Entstehendes seyn könne, daß er eine Form sey, die der wirklichen Anschauung in uns vorausgehe und also in der Natur unseres Erkenntnißvermögens selbst gegründet sey, woraus denn folgt, daß er nicht den Gegenständen selbst an sich oder unabhängig von unserer Vorstellung inhärirt, sondern nur den Gegenständen, *sofern sie von uns angeschaut worden*. Daraus würde denn weiter folgen, daß das *Wesen der Gegenstände* außer uns an sich unräumlich und unsinnlich sey. Allein Kant überläßt uns diese Folgerung ebenso, als er uns überläßt, selbst uns auszudenken, *wie* denn nun der an sich unräumliche Stoff, der doch den letzten Grund unserer Vorstellungen von Gegenständen außer uns hergeben muß, wie dieser Stoff sich in unserer Anschauung zu jener Form des Raums bequeme, räumliche Form annehme.

Was für die äußere Anschauung der Raum, das ist für die innere die *Zeit*. Unsere Vorstellungen, Empfindungen u. s. w., und zwar sowohl die Vorstellungen, die rein aus uns selbst, aus der eignen Thätigkeit unseres Geistes entstehen, als die Vorstellungen, zu welchen wir durch äußere Gegenstände veranlaßt sind, succediren sich; die Form, unter der wir sie wahrnehmen, ist Succession — Zeit. Daraus folgt also, daß in dem, was unsere Vorstellung von äußeren Dingen veranlaßt, weder Succession noch Zeit ist, ja es folgt sogar, daß eigentlich nicht einmal die sinnlich vorgestellten Dinge selbst, sondern nur die Vorstellungen, sofern wir sie durch den innern Sinn wahrnehmen, in der Zeit sind. Es folgt also, daß die Zeit noch weniger Unabhängigkeit von unseren Vorstellungen hat als der Raum, daß sie noch subjektiver ist als selbst dieser.

Bei alle dem hat nun aber Kant außer Zeit und Raum, die bloß Formen *unseres* Anschauens und Vorstellens sind, den an sich raum- und zeitlosen Grund unserer Anschauungen, jenes Unbekannte, das er mit x (dem Zeichen der unbekannten Größe in der Mathematik) bezeichnet, und das er sonderbar genug das Ding an sich nennt (eigentlich wäre es das Ding an und *vor* sich selbst, d. h. eh' es zum *Ding* wird, denn zum Ding wird es erst in unserer Vorstellung). Was nun aber dieses außer allem Raum und außer aller Succession und Zeit Gesetzte, das, inwiefern es außer allem *Raum*, ein Geistiges, weil außer aller *Zeit*, ein Ewiges ist, was dieses Unbekannte seyn könne, wenn es nicht etwa Gott ist, ist schwer zu sagen. Als Gott aber es zu bestimmen, ist Kant weit entfernt, denn er nennt den Idealismus des *Berkeley*, der die ganze Sinnenwelt für eine durch göttliche Einwirkung auf unser Vorstellungsvermögen erzeugte Vorspiegelung erklärt — diesen Idealismus, der wenigstens noch zu *denken* ist, nennt Kant schwärmerisch. Mag er dieß seyn, aber das Schwärmerische selbst, wenn nur noch etwas bei ihm zu denken ist, ist philosophisch besser, als was in einem völligen Nichtgedanken, oder Ungedanken endigt, wie Kants Theorie der sinnlichen Anschauung, die mit zwei reinen Unbegreiflichkeiten endigt, nämlich mit der unbegreiflichen Einrichtung des Vorstellenden *in* uns, das genöthigt ist, das, was an sich außer allem Raum und außer aller Zeit ist, im Raum und in der Zeit vorzustellen, und mit jenem ebenso unbegreiflichen *Außer*-uns, von dem wir nicht wissen, weder was es ist, noch wie es auf uns wirkt, und welche Nothwendigkeit oder welches Interesse es hat auf uns zu wirken und uns zur Vorstellung einer Sinnenwelt zu veranlassen.

Kant geht jedoch nun von der Sinnlichkeit weiter zu der zweiten erkennenden oder Erkenntniß bestimmenden Facultät in uns — dem Verstand. Er bemerkt, daß das sinnlich Wahrgenommene für uns nicht bloß nothwendig im Raum und Zeit ist, daß wir, sowie es erkannt wird — sowie es sich zum Gegenstand des Urtheils für uns erhebt — daß wir alsdann ebensowohl genöthigt sind, ihm gewisse Verstandesbestimmungen beizulegen, z. B. es als Substanz oder als Accidens, als Ursache oder als Wirkung, als Eins oder als Vieles u. s. f. zu bestimmen. Alle diese Bestimmungen sind nun nicht mehr bloß Formen des Anschauens, sie sind Bestimmungen des Denkens, Begriffe — Begriffe des reinen Verstandes. Und dennoch ist unsere Meinung, daß diese Begriffe in den vorgestellten Gegenständen selbst seyen, daß unser Urtheil, dieß oder jenes sey Substanz, oder sey Ursache, nicht ein bloß subjektives, sondern ein objektiv gültiges ist, und die Dinge so wenig ohne diese Begriffe gedacht, als z. B. ohne den Raum angeschaut werden können. Dennoch — weil jene Bestimmungen Begriffe sind, die nur in einem Verstande sich denken lassen, so — sollte man meinen, beweisen sie einen unabhängig von uns in den Dingen selbst gegenwärtigen Verstand — aber Kant schließt nicht auf diese Weise, sondern — so können sie nur von den vorgestellten Gegenständen als solchen, nicht aber über diese hinaus, d. h. auch vom Ding an sich, gelten; sie sind nicht anwendbar auf jenes Unbekannte, das den letzten Grund unserer Vorstellungen enthält. Dieses Unbekannte ist aber gerade das in letzter Instanz Erklärende, um das es uns also vorzugsweise zu thun seyn muß. Fragen wir nun, was das noch seyn könne, das nicht im Raum, nicht in der Zeit, das nicht Substanz, nicht Accidens, nicht Ursache, nicht Wirkung ist, so werden wir gestehen müssen, daß jenes Unbekannte nicht mehr = x, wie Kant es bezeichnet (= die unbekannte Größe einer mathematischen Formel), sondern daß es = 0, daß es uns zum völligen Nichts geworden ist. Da ihm also jenes außer der Erfahrung Vorausgesetzte (denn unter Erfahrung versteht Kant nicht die bloße Anschauung, sondern die durch jene Verstandesbegriffe bestimmte und so zur Erkenntniß erhobene

Anschauung) — indem ihm jenes außer aller Erfahrung Vorausgesetzte eben damit zugleich völlig zu nichts wird, sehen wir, daß Kant uns am Ende eben wieder dahin bringt, wo wir zuvor waren, zu der völlig unerklärten Erfahrung. Dennoch hat Kant das Verdienst, die Allgemeinheit und Nothwendigkeit in unserer Erkenntniß, ohne welche es gar keine Gewißheit mehr geben würde, erhalten, wenn auch nicht erklärt zu haben. Selbst des sinnlichen Phänomens kann ich nicht gewiß seyn, wenn nicht in meinem Geiste ein nothwendiges Princip sich findet, das mir ihre Gültigkeit versichert. Man käme am Ende darauf: es ist unmöglich, daß ich das, was ich empfinde, nicht empfinde.

Kants Kritik ist aber vorzüglich durch die Behauptung berühmt geworden, daß die Verstandesbegriffe (oder, wie er mit dem von Aristoteles entlehnten Wort sie nennt, die Kategorien) auf das Uebersinnliche nicht anwendbar seyen; damit glaubt Kant aller Metaphysik, inwiefern sie auf eine Erkenntniß des Uebersinnlichen geht, ein Ende gemacht zu haben. Allein er hat hierin mehr gethan, als er wollte. Denn wenn es mit jener Nichtanwendbarkeit der Verstandesbegriffe auf das Uebersinnliche seine Richtigkeit hat, so folgt, daß das Uebersinnliche nicht nur nicht zu erkennen, sondern daß es auch nicht einmal zu denken ist. Dadurch geräth aber Kant in einen Widerspruch mit sich selbst. Denn wenigstens die Existenz des Uebersinnlichen leugnet ja er selbst nicht, und setzt es bei seiner Construktion der Erfahrung selbst voraus. Denn was ist doch eigentlich jenes Ding an sich, wie er es nennt? Ist es nicht auch ein Uebersinnliches? Zum wenigsten ist es doch ein Außer- und Unsinnliches. Als solches kann es aber nur zweierlei seyn, entweder etwas das über, oder das unter der sinnlichen Erfahrung ist. Unter der sinnlichen Erfahrung wäre es, wenn es als bloßes Hypokeimenon, bloßes Substrat, als reine Materie ohne alle aktuelle Eigenschaft (die es erst in der sinnlichen Anschauung erhält) gedacht würde. Der Begriff Substrat ist aber von dem Begriff Substanz nicht verschieden. Da hat er also etwas außer der sinnlichen Erfahrung Liegendes, das er genöthigt ist als Substanz zu bestimmen. Oder will er es als Uebersinnliches denken. Hier würde sich zuerst fragen: wie dieses Uebersinnliche sich von dem Uebersinnlichen der anderen Art, das Kant immer wenigstens als Gegenstand unseres Erkenntnißbestrebens darstellt, wenn er gleich leugnet, daß es wirklich erkannt zu werden vermöge, wie es sich zu jenem Uebersinnlichen, das Kant in Gott, in der menschlichen Seele, in der Freiheit des Willens u. s. w. erkennt, wie es sich zu diesem verhalte. Nichts ist auffallender, als daß Kant bei dem gerühmten kritischen Verfahren doch nie auf diese naheliegende und sich aufdringende Frage gerathen ist: wie sich denn das eine Außersinnliche oder bloß Intelligible zu dem andern, dem eigentlich Uebersinnlichen, verhalte, daß er diese beiden ruhig nebeneinander stehen läßt, ohne sie irgendwie entweder zu unterscheiden oder miteinander in Verbindung zu bringen.

Kant selbst nennt das sogenannte Ding an sich (was nach seinen eignen Begriffen ein wahres hölzernes Eisen ist, denn inwiefern es Ding [Objekt] ist, ist es nicht an sich, und wenn es an sich ist, ist es nicht Ding), aber er selbst erklärt dieses Ding an sich als den intelligiblen Grund unserer Vorstellungen. Das Wort Grund läßt nun freilich auch eine bloß logische Bedeutung und demnach ein bloß logisches Verhältniß jenes Intelligiblen zu unserer Vorstellung zu. Allein da er der wirklichen Vorstellung einen Eindruck auf die Sinne vorausgehen läßt, dieser Eindruck aber nicht von dem schon Vorgestellten, also nicht von dem schon mit den Formen der reinen Sinnlichkeit und mit der Form des Verstandes bekleideten Objekt, sondern nur von dem Ding außer und über aller Vorstellung herkommen kann, so muß er den Eindruck von jenem Intelligiblen herleiten, dieses Intelligible zur causa efficiens unserer Vorstellung machen, d. h. es selbst als Ursache (vermöge eines Verstandsbegriffs) bestimmen; wobei noch das Merkwürdige sich ereignet, daß er diesem Intelligiblen, diesem Noumenon, wie er es nennt, kein unmittelbares Verhältniß zur Intelligenz, zum Nus, zum eigentlich erkennenden Vermögen, sondern zu unseren bloß materiellen Sinnen oder zu den körperlichen Sinnesorganen zugesteht. Wenn jener intelligible Grund, den Kant das Ding an sich nennt, eigentlich die bloße Materie, den Stoff zu unsern Vorstellungen hergibt, welcher dann erst in der transscendentalen Synthesis der Apperception, wie Kant diese Operation nennt, auf jeden Fall also erst in dem Subjekt jenes Gepräge des Verstandes annimmt, welches wir in ihm voraussetzen müssen, wenn er Gegenstand eines objektiven Urtheils seyn soll, so fragt es sich, 1) wie jener intelligible Grund an das Subjekt komme, auf dasselbe wirke, 2) wie sich dieser Stoff so willig der Verstandesform füge, 3) woher dem Subjekt diese Gewalt über den Stoff komme. Diese Fragen sind in der Kantschen Kritik nicht beantwortet, ja nicht einmal aufgeworfen.

Zwei Forderungen werden an die Philosophie gemacht: erstens, die Genesis der Natur zu erklären, sey es nun, daß man diese als etwas objektiv, auch *außer* unsern Vorstellungen, so wie wir sie vorstellen, Seyendes, oder daß man sie *idealistisch* als bloß in unserer Vorstellung so existirend annehme. Hier muß nämlich wenigstens gezeigt werden, durch welchen — und *zwar* nothwendigen — Proceß unseres Innern wir genöthigt sind, eine solche Welt mit diesen Bestimmungen und mit solchen Abstufungen uns vorzustellen. Kant hat diese Forderung umgangen. Die zweite Forderung, welche an die Philosophie gemacht wird, ist, jene eigentlich metaphysische Welt, die übersinnliche Region, wohin Gott, Seele, Freiheit, Unsterblichkeit gehören, uns aufzuschließen. Gegen diesen höheren Theil der Philosophie hat nun Kant ein eigenthümliches Verhältniß. Wie schon bemerkt, will er in Ansehung *dieses* Metaphysischen eigentlich dasselbe, was die hergebrachte Metaphysik vor ihm gewollt hatte. Wenn es eine wahre Metaphysik gäbe (diese Meinung gibt Kant überall zu erkennen), so müßte sie Gott als freien Urheber der Welt, sie müßte die moralische Freiheit des Menschen neben dem unverbrüchlichen Causalnexus in der Natur und die Unsterblichkeit des menschlichen Wesens darthun. Dabei setzt aber Kant keine andern Mittel zu Erreichung dieses Zwecks voraus, als welche auch die frühere Metaphysik gekannt hat. Seine Kritik bezieht sich so sehr bloß auf diese, daß man wohl sieht, es ist ihm nie auch nur eingefallen, daß es außer dieser eine andere geben könnte. Ja sogar nur auf eine bestimmte *Form* dieser Metaphysik bezieht sich Kants Kritik, auf *die* nämlich, welche sie zufällig gerade zur Zeit seiner Jugend durch Christian Wolff, und noch mehr durch Alexander Baumgarten (Kants Lehrer, unter den Wolffianern noch immer einer der besten Köpfe) angenommen hatte. Kant ignorirt alles, was über den subjektiven Rationalismus jener Metaphysik hinausgeht. Insofern ist seine Kritik von keiner Anwendung z. B. auf Spinozismus. Kant sagt zwar: der Begriff einer Substanz kann und darf auf übersinnliche Gegenstände, also auf Gott nicht angewendet werden. Dieß kann gegen den Spinozismus gesagt scheinen, allein dieser Grund trifft den Spinoza nicht, weil dieser eben Gott nicht als ein im Sinne Kants und jenes subjektiven Rationalismus Uebersinnliches denkt. Gott ist dem Spinoza nur die unmittelbare Substanz des sinnlichen wie alles anderen Seyns. Kant müßte also erst beweisen, daß Gott nothwendig ein in seinem Sinn Uebersinnliches sey; dieß beweist er aber nicht, sondern setzt es bloß aus der allgemeinen Lehre oder der vor ihm angenommenen Metaphysik voraus. Indem er also die Unzulänglichkeit der gewöhnlichen metaphysischen Beweise, z. B. in Bezug auf das Daseyn Gottes, Unzerstörlichkeit und Unsterblichkeit der menschlichen Seele dargethan hat, glaubt er über alle wissenschaftliche Metaphysik den Stab gebrochen; das letzte Resultat seiner anstrengungsvollen Kritik ist, daß keine wirkliche Erkenntniß des Uebersinnlichen möglich sey. Die eigentlichen metaphysischen Gegenstände sind ihm bloße Vernunftideen, die wie er sagt, in keiner möglichen Erfahrung vorkommen können. [1] Aber

[1] Ich will, was diese nach Kant uns ebenfalls unabhängig von aller Erfahrung inwohnenden Vernunftideen betrifft, nur hier Folgendes bemerken. Es ist unbegreiflich, wie Kant auch diese aprioriſche Begriffe nennen kann. Denn bei den Kategorien begreift es sich — sie sind relativ auf den Gegenstand a priori; denn sie sind selbst nicht der Gegenstand. Aber Seele, Welt, Gott — dieß sind ja selbst Gegenstände; wie können denn aber Gegenstände anders erkannt werden, als indem sie da sind, d. h. a posteriori. Zudem die Seele z. B. ist doch Gegenstand ihrer eignen unmittelbaren Erfahrung, der Begriff der Welt aber, wenigstens so, wie er bei Kant vorkommt, ist nichts anderes als der letzte zusammenfassende Begriff aller einzelnen Existenzen. Jene völlige Trennung von der Erfahrung, die Kant bei diesen Ideen annimmt, wäre also nur etwa bei der Idee Gott anzuwenden. Allein wenn Gott als Gegenstand einer reinen Vernunftidee, d. h. als etwas nur durch meine Vernunft Denkbares und Bestimmbares erklärt wird, so führt dieß auf die Idee des bloßen allgemeinen Wesens; denn jede Bestimmung, die darüber hinzugesetzt würde, müßte in Kants

in dieser Allgemeinheit und Unbestimmtheit, wie dieß behauptet wird, ist es noch keineswegs ausgemacht, daß Gott kein Gegenstand der Erfahrung sey oder seyn könne. Freilich nicht der Erfahrung, die er allein so nennt; allein er selbst statuirt doch außer der Erfahrung durch die äußern Sinne auch eine innere Erfahrung; ferner sagt er zwar: wirkliche Erfahrung sey nur in jenem Zusammentreffen der außer uns liegenden intelligiblen Ursache der Materie unserer Vorstellungen und unseres (ebenfalls intelligiblen) Subjekts, das durch seine Natur

Augen selbst schon eine empirische seyn. Wenn man (um dieß über Kants Lehre von den apriorischen Begriffen hinzuzufügen) — wenn man in der sinnlichen Vorstellung ein Prius und ein Posterius unterscheiden müßte, so wäre das wahre Prius in ihr das, was Kant Ding an sich nennt; jene Verstandesbegriffe, von denen es sich in meiner Vorstellung afficirt zeigt, sind nach Kant selbst gerade das, wodurch es erst zum Gegenstand meiner Vorstellung, also erfahrungsmäßig für mich wird; das wahre Posterius ist daher nicht, wie er annimmt, jenes Element, das nach Abzug der Verstandesbegriffe übrig bleibt, denn vielmehr nehme ich diese hinweg, so ist es das Unvorstellbare, vor und außer der Vorstellung Seyende, also das absolute Prius der Vorstellung, sondern das wahre Posterius ist eben dieses Unbekannte (das er selbst mit dem x der Mathematik vergleicht), dieses x + den Verstandesbestimmungen — dieses gemeinschaftliche Kind ist das wahre Posterius; die Verstandesbestimmungen, als die jenes x bloß zum Posterius machen, könnten insofern nur eine relative Priorität haben, oder wären nur anzusehen als das Vermittelnde zwischen dem wahren Prius, dem Ding an sich, und dem Vorgestellten, d. h. dem Posterius. — Wenn die Frage ist, ob die Philosophie selbst und im Ganzen Wissenschaft a priori oder a posteriori ist, so hat sich Kant (um auch dieß hier noch zu sagen) eigentlich nicht entschieden. Denn wäre es etwa seine Meinung gewesen, die Philosophie bestehe in der von ihm aufgestellten Kritik der reinen Vernunft, so liegt es am Tage, daß er den Inhalt dieser Kritik lediglich aus Beobachtung und Erfahrung aufgenommen, und demnach hätte er die Philosophie in letzter Instanz selbst für eine Erfahrungswissenschaft erklärt. Kant streitet gegen den Empirismus nur insofern, als er gegen Locke und vorzüglich gegen David Hume in den empirischen Vorstellungen selbst dem Verstand ein apriorisches Element vindicirt — aber wie er zu dieser Behauptung selbst komme oder gekommen sey, erklärt er im Grunde nicht, oder doch wenigstens nur stillschweigend, indem er bei der Begründung dieser Behauptung nur von der Erfahrung ausgeht, nämlich der beobachteten Allgemeinheit und Nothwendigkeit jener Begriffe. Jene Frage, um welche es hier zu thun ist, konnte erst nach Kant entstehen, nämlich erst nachdem man sich zur Idee eines Systems erhoben hatte, das in Einer stetigen Entwicklung alles von einem ersten Anfang herleite. (Aus einem Münchener Manuscript von 1827).

genöthigt ist, ihr die Formen des Verstandes aufzudrücken. Insofern ist also jenes Intelligible selbst einer der Faktoren unserer Erkenntniß, und scheint eben darum selbst nicht Gegenstand der Erkenntniß seyn zu können. Gegenstand der Erkenntniß ist immer nur das Erzeugniß dieser beiden Faktoren. Allein eben weil jenes Intelligible einer der Faktoren aller Erkenntniß ist, so ist es als eine Voraussetzung aller wirklichen Erkenntniß ein gegen diese als **nothwendig** Erscheinendes, während die Erkenntniß als solche gegen diese Voraussetzung derselben als ein Zufälliges erscheint. Zugegeben also, es folge aus dieser Ansicht, daß jenes Intelligible nicht Gegenstand einer wirklichen Erkenntniß seyn könne, so zeigt es sich doch als Gegenstand eines nothwendigen Denkens, und mehr als dieses — mehr, als daß z. B. Gott Gegenstand eines nothwendigen Denkens sey, hat auch die alte Metaphysik nicht gewollt. Allein es verhält sich mit der Kantischen Kritik wirklich so, wie schon gesagt worden, daß sie genau genommen nicht bloß die Erkenntniß, sondern daß sie alles Denken des Uebersinnlichen aufhebt und unmöglich macht, indem sie nämlich, wie sie sich ausdrückt, alle Anwendung der Verstandesbegriffe auf dasselbe verbietet. Nun führt aber bekanntlich Kant selbst, nachdem er Gott aus der theoretischen Philosophie verwiesen, ihn dennoch durch die praktische wieder zurück, indem er wenigstens den Glauben an die Existenz Gottes als einen durch das Sittengesetz geforderten darstellt. Ist nun dieser Glaube nicht ein völlig gedankenloser, so ist Gott hier wenigstens gedacht. Nun möchte ich wissen, wie es Kant anfängt, Gott zu denken, ohne ihn als Substanz sich zu denken, freilich nicht als Substanz im Sinn des Spinoza, als id quod substat rebus, aber unstreitig denkt er Gott als absolut geistige und sittliche Persönlichkeit. Nun ist freilich in dem Begriff einer solchen Persönlichkeit mehr enthalten als in dem Begriff der Substanz. Gott ist insofern nicht bloße Substanz; wie z. B. auch ein Mensch dadurch nicht hinlänglich charakterisirt ist, daß man sagt, er sey eine Substanz. Aber ist er darum überall nicht Substanz? Ebensowenig sehe ich ein, was noch von dem Begriff Gottes übrig bleibt, wenn ich ihn nicht als Ursache denken darf. Kant hat also durch seine Kritik über sein eignes Ziel hinausgeschossen.

Wenn nun nach dem bisher Gezeigten das materielle Resultat der Kantischen Kritik zuletzt und im Grunde ein so leeres und nichtiges ist, worauf beruht das dennoch unleugbar Große und Außerordentliche seiner Wirkung, wodurch verdient er gleichwohl ein Instaurator der Philosophie genannt zu werden? Man könnte zunächst Verschiedenes anführen. 1) Schon dadurch wirkte Kant wohlthätig, daß er nur überhaupt wieder methodisch und mit Ernst zu Werke ging, und dadurch jener philosophischen Anarchie, die ihm voranging — ich meine damit nicht die äußere, daß in jener Zeit kein herrschendes Haupt in der Philosophie gewesen, sondern die innere Anarchie — die völlige Principienlosigkeit (*ἀρχή*, woher *ἀναρχία* kommt, heißt bekanntlich Princip), daß er also dieser völligen Principienlosigkeit der Philosophie ein Ende machte; 2) daß wenn er jene tieferen Fragen, die sich hauptsächlich auf den intelligiblen Grund alles erkennbaren Seyns bezogen, — wenn nicht beantwortete, ja nicht einmal aufwarf, daß er sie wenigstens unvermeidlich anregte, insbesondere aber, wie schon bemerkt worden, daß er die Allgemeinheit und Nothwendigkeit in der menschlichen Erkenntniß gegen einen zerstörenden Skepticismus und Sensualismus behauptete. Allein in allem diesem ist die eigentliche historische Wirkung Kants nicht zu suchen, — das, wodurch er bestimmend war für die Folge der deutschen Philosophie. Diese Wirkung war vielmehr dadurch veranlaßt, daß er ihr die Richtung auf das Subjektive gab, die sie durch Spinoza völlig verloren hatte; denn das Eigenthümliche des Spinoza ist eben die Substanz, die bloß Objekt, subjektlos ist, die als Subjekt sich völlig vernichtet hat. Zwar eine gewisse Aengstlichkeit, die Kant nicht überwinden konnte, und die noch vermehrt wurde, weil man seiner Philosophie gleich mit allen möglichen gehässigen Prädicaten entgegenkam, hatte ihn bewogen, Stellen in der ersten Ausgabe der Kritik der reinen Vernunft, in welchen er sich sogar beinahe als Idealist erklärt hatte, in den spätern Ausgaben mit andern zu vertauschen, in denen er scheinbar den Idealismus widerlegte. Aber der Weg zum Idealismus war dennoch gebahnt, das Ding an sich ein zu unbestimmtes, ja richtiges (denn alles, was das Objekt zum Ding, zum Wirklichen macht, kam vom Subjekt), als daß es hätte bestehen können, und so war denn der nächste Schritt unstreitig der, daß das Subjekt, das Ich allein übrig blieb. Dieser Schritt ist durch Fichte geschehen, welcher geradezu aussprach: das Ich, nämlich eines jeden Ich, ist die einzige Substanz.

Fichte faßt nicht etwa das Ich als allgemeines oder absolutes, sondern nur als menschliches Ich auf. Das Ich, als das sich ein jeder in seinem Bewußtseyn findet, ist das einzige wahrhaft Daseyende. Alles ist für jeden nur mit seinem Ich und in seinem Ich gesetzt. Für jeden Menschen ist mit jenem transscendenten, d. h. mit jenem das empirische Bewußtseyn selbst erst bedingenden und ihm daher vorausgehenden Akt, mit diesem Aktus des Selbstbewußtseyns ist für jeden Menschen das ganze Universum zumal gesetzt, das eben darum nur im Bewußtseyn da ist. Mit dieser Selbstsetzung: Ich bin, beginnt für jedes Individuum die Welt; dieser Akt ist in einem jeden der gleich ewige, zeitlose Anfang seiner selbst sowohl als der Welt. Jeder Mensch fängt gleichsam ewiger Weise (modo aeterno) an, mit ihm ist für seine Vorstellung seine ganze Vergangenheit, Gegenwart und Zukunft gesetzt. Wenn aber Fichte glauben konnte, den Schwierigkeiten, denen der philosophische Geist unter Voraussetzung des objektiven Daseyns der Dinge bei Erklärung der Welt begegnet, dadurch entgangen zu seyn, daß er die ganze Erklärung in das Ich verlegte, so mußte er nur um so mehr sich verbunden erkennen, ausführlich zu zeigen, wie mit dem bloßen Ich bin für einen jeden die ganze sogenannte Außenwelt mit allen ihren sowohl nothwendigen als zufälligen Bestimmungen gesetzt sey. Er hätte die außer dem unmittelbaren Bewußtseyn gesetzten Dinge wenigstens als Durchgangspunkte, als Vermittelungen jenes Aktes der Selbstsetzung nachweisen können. Allein es ist, als ob Fichte in der Außenwelt gar keine Unterschiede wahrgenommen hätte. Die Natur ist ihm in dem abstrakten, eine bloße Schranke bezeichnenden Begriff des Nicht-Ich, des völlig leeren Objekts, an dem gar nichts wahrzunehmen ist, als daß es eben dem Subjekt entgegengesetzt ist, — die ganze Natur ist ihm in diesem Begriff so zusammengeschwunden, daß er eine Deduktion, die weiter als dieser Begriff sich erstreckte, nicht für nöthig hielt. Am Ende war in Kants Kritik mehr Objektivität als in Fichtes Wissenschaftslehre. Denn Kant ließ sich bei der unternommenen Kritik, bei der Ausmessung des Erkenntnißvermögens, unbedenklich von der Erfahrung leiten, bei Fichte war es doch nur seine, also eine zufällige Reflexion, die alle Kosten der Fortschreitung bestritt.[1]

[1] Werfen wir von hier noch einen allgemeinen Blick zurück auf die Bewegung der Philosophie, so hatte diese in Cartesius das empirische Subjekt zum unmittelbar Gewissen, an das sich dann anderes mittelbar Gewisses durch bloße, ebenfalls subjektive Begriffs- oder Denknothwendigkeit anschließen sollte. Diese Schranke durchbrach gewaltsam Spinoza, indem er von dem empirischen Subjekt unmittelbar auf das absolute, alles Subjektive vernichtende Objekt übersprang, — das schlechthin Unendliche, gegen welches dem philosophirenden Subjekt keine Freiheit blieb; dieses schlechthin Unendliche war auch das schlechthin Unbewegliche; jeder Versuch zur Bewegung fiel nur dem philosophirenden Subjekt anheim; insofern mußte der Spinozismus formell betrachtet als bloß subjektiv dialektisch erscheinen, aber jeder solcher Versuch endete mit den Negationen aller Bewegung und dem Festhalten des bloßen Seyns. Gegen diesen Zwang empörte sich der Dogmatismus, der insofern allerdings höher stand wie der Spinozismus. Er suchte die Freiheit des philosophirenden Subjekts gegen das Objekt wiederherzustellen und zu behaupten, doch nicht dadurch, daß er das empirische Subjekt wieder zum Ausgangspunkt machte, sondern indem er gewisse im reinen Verstand gegebene, allgemeine, transscendentale Begriffe voraussetzte, durch welche alles Seyn, also auch das Seyn des Absoluten bestimmt wäre. Indem nämlich diese Begriffe einerseits Begriffe des reinen Verstandes waren, andererseits aber ihnen objektive Bedeutung zukommen und die Kraft beiwohnen sollte, selbst das Absolute zu bestimmen, so war hiedurch gleichsam ein Mittleres gefunden, wobei scheinbar sowohl das Absolute als das philosophirende Subjekt bestehen konnte; es war, wenn dieß gelang, ein freies Verhältniß zwischen dem philosophirenden Subjekt und seinem Gegenstande hergestellt. Diese Hoffnung aber wurde durch Kant gestört und vereitelt, indem er eben jene reinen und allgemeinen Begriffe für Begriffe eines bloß subjektiven Verstandes erklärte, und allen möglichen Uebergang derselben, jeden möglichen Durchbruch ins Objektive leugnete. Hier blieb nun, wenn man nicht wieder in das absolute, alles freie Subjekt vernichtende Objekt übergehen wollte, nichts anderes übrig, als auf das Entgegengesetzte — auf das alles vernichtende Subjekt überzugehen, welches nun nicht mehr das empirische Subjekt des Cartesius, sondern nur das absolute Subjekt, das transscendentale Ich seyn konnte. Schon für Kant war die transscendentale Einheit der Apperception, welche nichts anderes als die transscendentale Ichheit selbst war, das einzige letzte Princip oder

Nach Fichte also war alles nur durch das Ich und für das Ich. Fichte hatte damit die Selbständigkeit oder die Autonomie, welche Kant dem menschlichen Selbst für seine moralische Selbstbestimmung zuschrieb, zur theoretischen erweitert, oder dieselbe Autonomie dem menschlichen Ich auch für seine Vorstellungen von der Außenwelt vindicirt. Jener Satz: Alles ist nur durch das Ich und für das Ich, schmeichelt daher anfänglich zwar dem menschlichen Selbstgefühl und scheint dem innern Menschen die letzte Unabhängigkeit von allem Aeußern zu geben. Aber näher betrachtet hat er etwas Thrasonisches oder Großsprecherisches, so lang nicht gezeigt ist, wie, auf welche Weise dieß alles, was wir als existirend anerkennen müssen, durch das Ich und für das Ich ist. Die Meinung dieses subjektiven Idealismus selbst konnte nicht seyn, daß das Ich die Dinge außer sich frei und mit Wollen setzte; denn nur zu vieles ist, das das Ich ganz anders wollte, wenn das äußere Seyn von ihm abhienge. Der unbedingteste Idealist kann nicht vermeiden, das Ich, was seine Vorstellungen von der Außenwelt betrifft, als abhängig zu denken — wenn auch nicht von einem Ding an sich, wie

Erzeugende derjenigen Erkenntniß, die er allein noch als reelle zugab, der Erfahrungserkenntniß. Fichte hob dieses Ich aus den zum Theil noch verdunkelnden Umgebungen bei Kant heraus, und setzte es geradezu als einziges Princip an die Spitze der Philosophie, und wurde so der Schöpfer des transscendentalen Idealismus. — Da dieses Ich nicht das empirische war, so konnte für Fichte das Ich bin, welches er zum obersten Grundsatz der Philosophie machte, auch nicht in einer empirischen Thatsache seyn — Fichte erklärt es als Thathandlung, und zeigte, wie das Ich auf keine Weise unabhängig von dieser Handlung als ein todtes stillstehendes Ding daseyn könne, sondern nur in diesem Akt des sich-selbst-Setzens, in welchem er nicht einen zeitlichen, auch nicht einen bloß vorübergehenden Anfang erkannte, der irgend einmal die Bewegung angefangen hätte, sondern den immer gleich ewigen Anfang — also daß, wo und wann man anfangen wollte, stets dieser Akt des sich-selbst-Setzens der Anfang seyn müsse. Fichtes Idealismus verhält sich insofern als das vollkommene Gegentheil des Spinozismus oder als ein umgekehrter Spinozismus, indem er dem absoluten, alles Subjekt vernichtenden Objekt des Spinoza das Subjekt in seiner Absolutheit, dem bloßen unbeweglichen Seyn des Spinoza die That entgegensetzte; das Ich ist für Fichte nicht wie für Cartesius bloß der zum Behuf des Philosophirens angenommene, sondern der wirkliche, der wahre Anfang, das absolute Prius von allem. (Aus einem älteren (Erlanger) Manuscript).

es Kant nannte, oder überhaupt von einer Ursache außer ihm selbst, aber doch wenigstens abhängig von einer innern Nothwendigkeit, und wenn er dem Ich ein Produciren jener Vorstellungen zuschreibt, so muß dieses wenigstens ein blindes, nicht in dem Willen sondern in der Natur des Ich gegründetes Produciren seyn. Um dieß alles zeigte sich nun Fichte unbekümmert, er gab sich gegen die gesammte Nothwendigkeit mehr das Verhältniß eines unwillig sie Negirenden, als eines sie Erklärenden. Angewiesen nun, die Philosophie da aufzunehmen, wo sie Fichte hingestellt hatte, mußte ich vor allem sehen, wie jene unleugbare und unabweisliche Nothwendigkeit, die Fichte gleichsam nur mit Worten hinwegzuschelten sucht, mit den Fichteschen Begriffen, also mit der behaupteten absoluten Substanz des Ich sich vereinigen ließe. Hier ergab sich nun aber sogleich, daß freilich die Außenwelt für mich nur da ist, inwiefern ich zugleich selbst da und mir bewußt bin (dieß versteht sich von selbst), aber daß auch umgekehrt, sowie ich für mich selbst da, ich mir bewußt bin, daß, mit dem ausgesprochenen Ich bin, ich auch die Welt als bereits — da — seyend finde, also daß auf keinen Fall das schon bewußte Ich die Welt produciren kann. Nichts verhinderte aber, mit diesem jetzt in mir sich-bewußten Ich auf einen Moment zurückzugehen, wo es seiner noch nicht bewußt war, — eine Region jenseits des jetzt vorhandenen Bewußtseyns anzunehmen und eine Thätigkeit, die nicht mehr selbst, sondern nur durch ihr Resultat in das Bewußtseyn kommt. Diese Thätigkeit konnte nun keine andere seyn als eben die Arbeit des zu-sich-selbst-Kommens, des sich Bewußtwerdens selbst, wo es denn natürlich ist und nicht anders seyn kann, als daß diese Thätigkeit mit dem erlangten Bewußtseyn aufhört und bloß ihr Resultat stehen bleibt. Dieses bloße Resultat, in welchem sie dem Bewußtseyn stehen bleibt, ist dann eben die Außenwelt, der sich eben darum das Ich nicht als einer von ihm selbst producirten, sondern nur als einer zugleich mit ihm da seyenden bewußt seyn kann. Ich suchte also mit Einem Wort den unzerreißbaren Zusammenhang des Ich mit einer von ihm nothwendig vorgestellten Außenwelt durch eine dem wirklichen oder empirischen Bewußtseyn vorausgehende transscendentale Vergangenheit dieses Ich zu erklären, eine Erklärung, die sonach auf eine transscendentale Geschichte des Ichs führte. Und so verrieth sich schon durch meine ersten Schritte in der Philosophie die Tendenz zum Geschichtlichen wenigstens in der Form des sich selbst bewußten, zu sich selbst gekommenen Ich. Denn das Ich bin ist eben nur der Ausdruck des zu-sich-Kommens selber — also dieses zu-sich-Kommen, das im Ich bin sich ausspricht, setzt ein außer- und von-sich-Gewesenseyn voraus. Denn nur das kann zu sich kommen, was zuvor außer sich war. Der erste Zustand des Ichs ist also ein außer-sich-Seyn. Hiebei ist nur noch zu bemerken (und dieß ist ein sehr wesentlicher Punkt), daß das Ich, inwiefern es jenseits des Bewußtseyns gedacht wird, eben darum noch nicht das individuelle ist, denn zum individuellen bestimmt es sich eben erst im zu-sich-Kommen, also das jenseits des Bewußtseyns oder des ausgesprochenen Ich bin gedachte Ich ist für alle menschlichen Individuen das gleiche und selbe, es wird in jedem erst sein Ich, sein individuelles Ich, indem es eben in ihm zu sich kommt. Daraus, daß das jenseits des Bewußtseyns gedachte für alle Individuen dasselbe ist, daß hier das Individuum noch nicht mitwirkt, daraus erklärt sich alsdann, warum ich für meine Vorstellung von der Außenwelt unbedingt, und ohne selbst erst eine Erfahrung darüber gemacht zu haben, auf die Uebereinstimmung aller menschlichen Individuen zähle (das Kind schon, das mir einen Gegenstand zeigt, setzt voraus, daß dieser Gegenstand ebensowohl für mich als für es existiren müsse). Allerdings nun indem das Ich zum individuellen wird — was eben durch das Ich bin sich ankündigt — angekommen also bei dem Ich bin, womit sein individuelles Leben beginnt, erinnert es sich nicht mehr des Wegs, den es bis dahin zurückgelegt hat, denn da das Ende dieses Wegs eben erst das Bewußtseyn ist, so hat es (das jetzt individuelle) den Weg zum Bewußtseyn selbst bewußtlos und ohne es zu wissen zurückgelegt. Hier erklärt sich die Blindheit und Nothwendigkeit seiner Vorstellungen von der Außenwelt, wie dort die Gleichheit und Allgemeinheit derselben in allen Individuen. Das individuelle Ich findet in seinem Bewußtseyn nur noch gleichsam die Monumente, die Denkmäler jenes Wegs, nicht den Weg selbst. Aber eben darum ist es nun Sache der Wissenschaft und zwar der Urwissenschaft, der Philosophie, jenes Ich des Bewußtseyns mit Bewußtseyn zu sich selbst, d. h. ins Bewußtseyn, kommen zu lassen. Oder: die Aufgabe der Wissenschaft ist, daß jenes Ich des Bewußtseyns den ganzen Weg von dem Anfang seines Außersichseyns bis zu dem höchsten Bewußtseyn — selbst mit Bewußtseyn zurücklege. Die Philosophie ist insofern für das Ich nichts anderes als eine Anamnese, Erinnerung dessen, was es in seinem allgemeinen (seinem vorindividuellen) Seyn gethan und gelitten hat: ein Ergebniß, das mit bekannten Platonischen Ansichten (wenn gleich diese zum Theil einen andern Sinn und nicht ohne eine gewisse Zuthat von Schwärmerischem verstanden waren) übereinstimmten.

Dieß war also der Weg, den ich zuerst und noch eben von Fichte herkommend, einschlug, um meinerseits wieder ins Objektive zu kommen, und leicht begreiflich konnte es dieser Wendung des Fichteschen Begriffs, wodurch dieser eigentlich erst verständlich und die Haupteinwendung gegen denselben entfernt wurde, bei ihrem ersten Hervortreten nicht an Beifall fehlen. Es war ein Versuch, den Fichteschen Idealismus mit der Wirklichkeit auszusöhnen, oder zu zeigen, wie gleichwohl, auch unter Voraussetzung des Fichteschen Satzes, daß alles nur durch das Ich und für das Ich ist, die objektive Welt begreiflich sey.

So wenig habe ich mich beeilt, ein eignes System aufzustellen, daß ich mich begnügt, wie es auch meiner damaligen Jugend geziemte, vorerst nur das Fichtesche System begreiflich zu machen, in Hoffnung, Fichte selbst werde diesen seinem System gegebenen Sinn billigen, was freilich nachher sich anders gefunden. Mir war es nicht um ein System zu thun, dessen ich mich als eines eignen rühmen konnte, sondern nur um ein solches, das mich selbst befriedigte. Auch war ich nicht in dem Fall, wie so manche, die, zumal nach der großen Anregung durch Kant und Fichte, sich auf die Philosophie warfen, lediglich weil sie nichts anderes gelernt hatten, und weil sie meinten, in der Philosophie sey noch am ehesten ohne Kenntnisse auszukommen; ich hatte noch mehr als Eine Region menschlicher Forschung, in der ich zu meiner eignen Befriedigung mich ergehen konnte, und zu der mich meine frühesten Neigungen hinzogen. — — Also ich wollte damals nur Fichtes System erklären, ob ich gleich nie Fichtes *Zuhörer* gewesen, was ich rein bloß als historische Berichtigung bemerke, nicht etwa, um mich des Danks gegen Fichte zu entledigen, oder ihn als Lehrer und Vorgänger zu verleugnen, denn er war mir dieß, wie er es allen gewesen ist, inwiefern er zuerst das Wort einer auf Freiheit gegründeten Philosophie aussprach, auf die Selbständigkeit des Ich nicht bloß, wie Kant, die praktische, sondern ebensowohl die theoretische, und demnach die ganze Philosophie begründete, — ich suchte also damals zuerst nur zu zeigen, *wie* man sich mit dem menschlichen Ich alles gesetzt denken könne. Diese Ausführung des Fichteschen Idealismus ist enthalten in meinem anno 1800 erschienenen System des transscendentalen Idealismus. Ist einer unter Ihnen, der jetzt oder in der Zukunft den allmählichen Entwicklungsgang der neueren Philosophie genau und urkundlich kennen lernen will, so kann ich nicht anders als ihm dieses System des transscendentalen Idealismus zum Studium empfehlen; er wird darin unter der Hülle des Fichteschen Gedankens schon das neue System erkennen, das früher oder später diese Hülle durchbrechen mußte, er wird in diesem Werk schon jene *Methode* in voller Anwendung finden, die später nur in größerem Umfang gebraucht wurde; indem er diese Methode, welche nachher die Seele des von Fichte unabhängigen Systems geworden ist, hier schon findet, wird er sich überzeugen, daß diese gerade das mir Eigenthümliche, ja dergestalt Natürliche war, daß ich mich derselben fast nicht als einer Erfindung *rühmen* kann, aber eben darum kann ich *sie* auch am wenigsten mir rauben lassen, oder zugeben, daß ein anderer sich rühme sie erfunden zu haben. Ich sage dieß nicht, mich zu rühmen, sondern ganz allein, weil man die Pflicht hat, der Unwahrheit überhaupt, zumal wenn sie durch Schweigen beglaubigt wird, entgegenzutreten. [1]

Die Aufgabe, die ich mir zuerst gesetzt, war also: die von unserer

[1] Das Folgende ist einem Erlanger Manuscript vom Jahr 1822 entnommen.

Freiheit schlechterdings unabhängige, ja diese Freiheit beschränkende Vorstellung einer objektiven Welt durch einen Proceß zu erklären, in welchem sich das Ich eben durch den Akt des Selbstsetzens unbeabsichteter, aber nothwendiger Weise verwickelt sieht. Indem nämlich das Ich sich selbst zum Gegenstand macht, kann es nicht umhin sich selbst anzuziehen (in dem Sinn, wie man sagt: ich ziehe mir dieses oder jenes nicht an — ich ignorire es), und es konnte sich selbst nicht anziehen, ohne sich dadurch zu begrenzen, seine an sich ins Unendliche strebende Thätigkeit zu hemmen, sich selbst, das zuvor lautere Freiheit und als nichts war, für sich selbst zu etwas, also zu einem Beschränkten, zu machen. Die Schranke, welche Fichte außer das Ich fallen ließ, fiel auf diese Art in das Ich selbst, und der Proceß wurde ein völlig immanenter, in welchem das Ich nur mit sich selbst, mit dem eignen, in sich gesetzten Widerspruch, zugleich Subjekt und Objekt, endlich und unendlich zu seyn, beschäftiget war. Das Ich hatte nämlich, indem es sich selbst Objekt wurde, sich zwar gefunden, aber nicht als das Einfache, das es zuvor war, sondern als ein Doppeltes, als Subjekt und Objekt zugleich — es war nun für sich selbst, hatte aber eben damit aufgehört an sich zu seyn: diese in ihm gesetzte Zufälligkeit mußte überwunden werden, die Momente dieser successiven Ueberwindung wurden als identisch nachgewiesen mit den Momenten der Natur, und dieser Proceß wurde von Stufe zu Stufe, von Moment zu Moment fortgeführt bis zu dem Punkt, wo das Ich aus der Beschränkung wieder in die Freiheit durchbrach und nun erst sich wirklich hatte, oder für sich selbst war, wie es an sich war — als lautere Freiheit. Damit war die theoretische Philosophie geschlossen, und es begann die praktische. Zuerst in der Philosophie hatte ich hier die geschichtliche Entwicklung versucht — die ganze Philosophie war mir Geschichte des Selbstbewußtseyns, die ich förmlich in Epochen abtheilte, z. B. erste Epoche von der ursprünglichen Empfindung (der durch die Selbstobjektivirung im Ich gesetzten Begrenztheit) bis zur produktiven Anschauung. Das Instrument war jedoch zu beschränkt, um die ganze Melodie darauf ausführen zu können. — Das Princip des Fortschreitens oder die Methode beruht auf der Unterscheidung des sich entwickelnden oder mit der Erzeugung des Selbstbewußtseyns beschäftigten Ichs und des auf dieses reflektirenden, gleichsam ihm zuschauenden, also philosophirenden Ichs. Durch jeden Moment war in das objektive Ich eine Bestimmung gesetzt, aber diese Bestimmung war nur für den Zuschauer in ihm gesetzt, nicht für es selbst. Der Fortschritt bestand also jederzeit darin, daß, was im vorhergehenden Moment im Ich bloß für den Philosophirenden gesetzt war, im Folgenden dem Ich selbst objektiv — für das Ich selbst in ihm gesetzt wurde, und daß auf diese Art zuletzt das objektive Ich selbst auf den Standpunkt des Philosophirenden gebracht war, oder das objektive Ich dem philosophirenden, insofern subjektiven, völlig gleich wurde; der Moment, in welchem diese Gleichheit eintrat, wo also in dem objektiven Ich genau dasselbe gesetzt war, was im subjektiven, war der Schlußmoment der Philosophie, welches sich damit zugleich ihres Endes bestimmt versichert hatte. Zwischen dem objektiven Ich und dem philosophirenden bestand ohngefähr das Verhältniß wie in den Sokratischen Gesprächen zwischen dem Schüler und dem Meister. In dem objektiven Ich war jederzeit eingewickelter Weise mehr gesetzt, als es selbst wußte; die Thätigkeit des subjektiven, des philosophirenden Ich bestand nun darin, dem objektiven Ich selbst zu der Erkenntniß und dem Bewußtseyn des in ihm Gesetzten zu verhelfen, und es so endlich zur völligen Selbsterkenntniß zu bringen. Dieses Verfahren, wobei stets, was im vorhergehenden Moment bloß subjektiv gesetzt ist, im folgenden zum Objekt hinzutritt, hat auch in der folgenden, größeren Entwicklung ersprießliche Dienste geleistet.

Die Anfänge dieser Darstellung des Idealismus finden sich in den einzelnen Abhandlungen, die im ersten Theil meiner philosophischen Schriften[1] wieder abgedruckt worden. Wer mir die Ehre erweisen will, den Gang meiner philosophischen Entwicklung zu beurtheilen, und besonders wer das eigentlich heuristische Princip, das Princip der Erfindung, welches mich leitete, kennen lernen will, muß bis dahin zurückgehen.

[1] Bd. I. dieser Gesammtausgabe.

## Die Naturphilosophie.

Ich gehe nun über zur Darstellung des Systems, wie es in der völligen Unabhängigkeit von Fichte hervorgetreten ist. Hier war es also nicht mehr das endliche oder menschliche Ich, von dem ausgegangen wurde, sondern das unendliche Subjekt, nämlich 1) das Subjekt überhaupt, weil das allein unmittelbar Gewisse, aber 2) das unendliche Subjekt, d. h. das nie aufhören kann Subjekt zu seyn, nie im Objekt untergehen, zum bloßen Objekt werden, wie es dem Spinoza durch einen Akt, dessen er selbst sich nicht bewußt ist, geschehen ist.

Das Subjekt, inwiefern es noch in seiner reinen Substantialität gedacht wird, insofern ist es noch frei von allem Seyn, und obgleich **nicht** nichts, doch als nichts. Nicht nichts, weil doch Subjekt, als nichts, weil nicht Objekt, weil nicht im gegenständlichen Seyn seyend. Aber es kann in dieser Abstraktion nicht bleiben, es ist ihm gleichsam natürlich, sich selbst als Etwas, und demnach als Objekt zu wollen. Aber der Unterschied dieses Objektwerdens von dem, was auch der Spinozischen Substanz vorausgedacht werden muß, ist dieser, daß letzteres mit gänzlichem Verlust seiner selbst, also ganz und ohne Rückhalt übergeht in das Objekt, und nur als solches (als Objekt) noch angetroffen wird, jenes Subjekt aber nicht blindes, sondern vielmehr unendliches Selbstsetzen ist, d. h. das im Objekt-Werden nicht aufhört Subjekt zu zu seyn, unendliches also — nicht in dem bloß negativen Sinn, daß es nur nicht endlich ist oder gar nicht endlich werden könnte, sondern in dem positiven, daß es sich verendlichen (sich zu Etwas machen) kann, aber aus jeder Endlichkeit siegreich, wieder als Subjekt, hervortritt, oder: daß es durch jedes Endlich-, Objekt-Werden sich nur wieder in eine höhere Potenz der Subjektivität erhebt.

Aber eben darum, weil dieß seine Natur ist, nie bloß Objekt seyn zu können, sondern immer und nothwendig zugleich Subjekt zu seyn, so ist, die Bewegung einmal angefangen, oder ihren Anfang gesetzt — ist sie eine nothwendig fortschreitende.

Der Anfang ist natürlich das erste sich zu etwas Machen, das erste objektiv-Werden; denn mit diesem war in Folge der Unendlichkeit des Subjekts, nach welcher jedem objektiv-Werden unmittelbar nur eine höhere Potenz der Subjektivität folgt — aus diesem Grunde also war mit dem ersten objektiv-Werden der Grund aller folgenden Steigerung und damit der Bewegung selbst gelegt. Das Wichtigste ist daher die Erklärung dieses Anfangs, dieses ersten Etwas-seyn. Dieß wurde nun auf folgende Weise gedacht. Das Subjekt noch in seiner reinen Substantialität oder Wesentlichkeit, vor allem Aktus gedacht, ist, wie schon bemerkt, zwar nicht nichts, aber als nichts; dieses als drückt immer etwas über das Wesen Hinzukommendes aus, und bezieht sich demnach auf das gegenständliche, auf das über das Wesen hinausgehende Seyn; wenn also gesagt wird, das Subjekt oder Ich in seiner reinen Substantialität war als nichts, so drückt dieß nichts anderes aus als die Negation alles gegenständlichen Seyns. Dagegen wenn wir nun zuerst von ihm sagen: es ist als Etwas, so wird eben damit ausgedrückt, daß dieses Etwas-seyn, als Seyn ein Accessorisches, Hinzugekommenes, Zugezogenes, in gewissem Betracht Zufälliges ist. Das als bezeichnet hier eine Anziehung, eine Attraktion, ein angezogenes Seyn. Zur Erläuterung! Es gibt gewisse moralische und andere Eigenschaften, die man gerade nur hat, inwiefern man sie nicht hat, oder wie die deutsche Sprache trefflich dieß ausdrückt, inwiefern man sich dieselben nicht anzieht. Z. B. wahre Anmuth ist gerade nur möglich im Nichtwissen ihrer selbst, dagegen eine Person, die um ihre Anmuth weiß, sie sich anzieht, sogleich aufhört anmuthig zu seyn, und wenn sie als anmuthig sich gebärdet, vielmehr das Gegentheil wird. Ebenso ist es mit der Unbefangenheit. Das unbefangene Seyn ist überall nur das, was sich selbst nicht weiß; sowie es sich selbst Gegenstand wird, ist es auch schon ein befangenes. Wenden Sie diese Bemerkungen auf das Vorliegende an, so ist das Subjekt in seiner reinen Wesentlichkeit als nichts — eine völlige Bloßheit aller Eigenschaften — es ist bis jetzt nur Es selbst, und so weit eine völlige Freiheit von allem Seyn und gegen alles Seyn; aber es ist ihm unvermeidlich, sich sich selbst anzuziehen, denn nur dazu ist es Subjekt, daß es sich selbst Objekt werde, da vorausgesetzt wird, daß nichts außer ihm sey, das ihm Objekt werden könne; indem es sich aber sich selbst anzieht, ist es nicht mehr als nichts, sondern als Etwas — in dieser Selbstanziehung macht es sich zu etwas; in der Selbstanziehung also liegt der Ursprung des Etwas-Seyns, oder des objektiven, des gegenständlichen Seyns überhaupt. Aber als das, was es Ist, kann sich das Subjekt nie habhaft werden, denn eben im sich-Anziehen wird es ein anderes, dieß ist der Grund-Widerspruch, wir können sagen, das Unglück in allem Seyn — denn entweder läßt es sich, so ist es als nichts, oder es zieht sich selbst an, so ist es ein anderes und sich selbst Ungleiches, — nicht mehr das mit dem Seyn, wie zuvor Unbefangene, sondern das sich mit dem Seyn befangen hat — es selbst empfindet dieses Seyn als ein zugezogenes und demnach zufälliges. Bemerken Sie hier, daß demgemäß der erste Anfang ausdrücklich als ein Zufälliges gedacht wird. Das erste Seyende, dieses primum Existens, wie ich es genannt habe, ist also zugleich das erste Zufällige (Urzufall). Diese ganze Construktion fängt also mit der Entstehung des ersten Zufälligen — sich selbst Ungleichen —, sie fängt mit einer Dissonanz an, und muß wohl so anfangen. Denn zuvor — vor der Zuziehung des Seyns, in seinem an und vor sich Seyn, war das Subjekt auch unendlich, aber inwiefern es die Endlichkeit noch vor sich hatte, aber eben darum ist es dort noch nicht als unendlich gesetzt; um sich als unendlich zu setzen, muß es von dieser Möglichkeit, auch das Endliche zu seyn, sich gereinigt haben, also die Endlichkeit selbst wird ihm zum Mittel, sich als unendlich (d. h. als Freiheit vom Seyn, denn ein anderer Begriff wird mit dem Wort unendlich hier nicht verbunden) sich als unendlich zu setzen. Nur durch wirklichen Gegensatz konnte es in sein wahres Wesen erhöht werden, konnte es sich als Unendliches erreichen.

Ich will das Letzte noch in einer anderen, obwohl völlig äquivalenten Wendung erklären.

Das Subjekt, das erst reines, sich selbst nicht gegenwärtiges Subjekt ist — indem es sich haben will, sich selbst Objekt wird, ist es mit einer Zufälligkeit behaftet (Zufälligkeit ist Gegensatz des Wesens). Aber dadurch ist es als Wesen nicht aufzuheben, denn es ist nicht bloß Wesen überhaupt, sondern unendlicher Weise. Jene Zufälligkeit wird ihm also nur Anlaß, in sein Wesen zurücktretend sich gegen jenes Zufällige als Wesen zu setzen, das es zuvor nicht war. An und vor sich war es Wesen (= Freiheit vom Seyn), aber nicht als Wesen, denn es hatte jenen, daß ich so sage, verhängnißvollen Akt des sich selbst-Anziehens noch vor sich; es stand noch an jenem Abhang, von dem es sich selbst nicht zurückhalten kann. Denn entweder bleibt es stehen (bleibt, wie es ist, also reines Subjekt), so ist kein Leben, und es selbst ist als nichts, oder es will sich selbst, so wird es ein anderes, sich selbst Ungleiches, sui dissimile. Es will sich zwar als solches, aber dieß eben ist unmittelbar unmöglich, im Wollen selbst schon wird es ein anderes und entstellt sich, aber es ergibt sich darein, weil ihm doch nur versagt ist, unmittelbar sich als Wesen zu setzen; jenes endliche oder befangene Seyn — das allein unmittelbar mögliche — stellt sich ihm selbst gleich nur dar als Vermittlung seines als unendlich-, als Wesen Seyns; insofern kann es jenes Seyn wollen, ob es gleich nicht das ist, was es eigentlich will. Dieses endliche Seyn vermittelt ihm, sich in einer zweiten Stufe oder Potenz zu setzen — nun als Wesen. Dieses in der zweiten Potenz gesetzte Wesen ist, was das unanfängliche ist, mit dem einzigen Unterschied, daß es (ohne sein eignes Zuthun) gleich als Wesen gesetzt und demnach festgemacht ist. Nennen wir das Wesen oder reine Subjekt **A**, so ist das Subjekt vor allem Actus nicht als **A**, also ist es auch nicht so **A**, daß es nicht nicht-**A** oder = **B** seyn könnte. Nun aber macht es sich selbst zu B in der Selbstanziehung, wo es ein anderes wird. Aber die Nothwendigkeit seiner Natur ist, unendliches Subjekt, unendliches A zu seyn, d. h. nicht Objekt seyn zu können, ohne Subjekt zu seyn. Es kann also nicht B seyn, ohne uno eodemque actu als A zu seyn, nicht sofern es B ist, wohl aber in einer andern Gestalt seines Wesens. In dieser ist es nicht mehr bloßes A, sondern als A, als A, weil jetzt die Möglichkeit nicht-A zu seyn schon ausgeschlossen ist. Das als A gesetzte A ist aber nicht mehr das einfache A, sondern A, das A **ist**, nicht — ist und nicht ist, sondern entschieden ist. A, das A ist, ist das mit sich selbst duplicirte A (in der älteren Logik wurde diese Art des Setzens, wo A nicht simpliciter, sondern als A gesetzt wird, die reduplicative oder Reduplicatio genannt), also das als A gesetzte A ist nicht mehr einfaches, sondern duplicirtes A, das wir (nachdem der Begriff erklärt ist) der Kürze wegen wohl $A^2$ nennen können, und wir hätten also nun auf der einen Seite A, das B geworden ist, auf der andern im Gegensatz und in der Spannung mit diesem — aber eben darum zugleich in der Erhöhung durch dieses — $A^2$ (das in sich selbst erhöhte A, denn das heißt das als solches gesetzte A).

Auf diese Weise wären wir also aus der Einheit heraus und bis zur Zweiheit gelangt, mit welcher nun, wie Sie zum voraus begreifen, der Grund eines ferneren nothwendigen Fortschritts schon gelegt ist. Doch eh' ich zu diesem fortgehe, habe ich noch erst die nähere und bestimmtere Bedeutung jenes Gegensatzes aufzuzeigen.

In dem nun als A gesetzten A, in dem $A^2$ hat sich das A zum Höheren seiner selbst, inwiefern es B ist, erhoben. Nothwendig und immer aber ist das Höhere zugleich das Begreifende und Erkennende des Niedereren, was unmittelbar auch so einzusehen ist. Das absolute Subjekt, das als nichts ist, macht sich zu Etwas, zu einem gebundenen, beschränkten, befangenen Seyn. Aber es ist das unendliche, d. h. das nie und in nichts untergehen könnende Subjekt, und demzufolge, indem es etwas ist, ist es auch unmittelbar wieder das über sich selbst Hinausgehende, also das sich selbst in diesem Etwas-seyn Begreifende, Erkennende. Als das etwas seyende ist es das Reale, als das

Begreifende desselben das *Ideale*, hier treten also zuerst auch *diese* Begriffe (des Realen und des Idealen) in unsere Betrachtung ein. Wenn nun aber diese Geschichte des sich selbst setzenden, sich selbst in allen Bestimmungen seines Seyns erzeugenden Subjekts eine wahre, eine wirkliche Geschichte ist, so muß sich dieses erste *Etwas*-seyn des Subjekts, so wie das ihm Entgegengesetzte, worin es als Subjekt ist — jenes Reale und dieses Ideale, diese beiden ersten Potenzen des Selbstsetzens — der Selbstverwirklichung — müssen sich in der Wirklichkeit nachweisen lassen oder einen entsprechenden Ausdruck in der Wirklichkeit haben. Als jenes erste überhaupt **Etwas**-seyn des zuvor freien und als nichts seyenden Subjekts, als das mit sich selbst also befangene oder verfangene Subjekt, als dieses erste wurde die *Materie* erklärt. Mehr wird nämlich vorerst im Begriff der Materie nicht gedacht als das überhaupt etwas, das nicht mehr nichts, d. h. das nicht mehr frei Seyende. *Diese* Materie, die nur das erste Etwas-seyn selbst ist, ist allerdings nicht *die* Materie, die wir jetzt vor uns sehen, die geformte und mannichfach gebildete, also namentlich auch nicht die schon körperliche Materie; was wir als Anfang und erste Potenz, als das Nächste am Nichts, bezeichnen, ist vielmehr selbst die Materie dieser Materie, der schon geformten nämlich und uns sinnlich erkennbaren, mit sinnlichen Eigenschaften ausgestatteten Materie, ihr Stoff, ihre Grundlage; denn *jene* Materie, die nur das erste Etwas-seyn überhaupt ist, wird, wie wir bald sehen werden, unmittelbar zum Gegenstand eines Processes, in welchem sie verwandelt und zur Grundlage eines höheren Seyns gemacht wird, und nur indem sie *dazu* wird, nimmt sie jene sinnlich erkennbaren Eigenschaften an. Diesem ersten Realen nun, diesem ersten Etwas-seyn steht das Ideale entgegen, das insofern das Nichts (nämlich das nicht Etwas) ist, aber weil es das dem Etwas entgegengesetzte, das als solches *gesetzte* Nichts oder reine Wesen ist, insofern ist es doch eben darum selbst *auch* Etwas: wir werden sagen, oder vielmehr in der ersten Entwicklung dieser Philosophie wurde gesagt, dieses als *solches* gesetzte reine Wesen — das gegen die Materie als *nichts* ist — sey das Licht. Das Licht ist gegen die Materie als nichts und doch nicht nichts; dasselbe, was in der Materie als etwas ist, ist in dem Licht als nichts, und insofern allerdings auch als etwas, aber als ein anderes Etwas, als das rein ideale gesetzt. Das Licht ist offenbar nicht Materie, wozu frühere Hypothesen es herabgesetzt haben. Wenn selbst Materie, wie könnte es Körper geben, die das Licht in allen Richtungen nicht bloß, sondern in jedem Punkt ihrer Substanz geradlinig durchdringt? Wollte man dieß durch Poren oder von Materie leere Zwischenräume erklären, so müßte der durchsichtige Körper von jedem Punkt seiner Oberfläche aus geradlinig durchbohrt seyn (denn in jedem Punkt seiner Oberfläche ist er durchsichtig), also er müßte in jedem Punkt Porus und daher nichts als Porus seyn. (Eben jetzt ist auch die beobachtende Physik geneigter, die Immaterialität des Lichts als seine Materialität zu behaupten. Bekanntlich wird die Undulationstheorie vorgezogen, nach welcher das Licht nur ein Accidens, insofern freilich nicht Materie ist, aber das Accidens einer Materie, was als Hypothese für den Calcül gewisse Erleichterungen gewährt, und eben nur so weit zulässig ist, wie auch die Atome, deren Gewicht die Stöchiometrie sogar bestimmt, ob sie gleich nie einen dieser Atome gesehen hat. Uebrigens hat es etwas durchaus Widerstrebendes, die Phänomene des Lichts, in denen gerade die geradlinige Bewegung das Dominirende, unter die Vorstellung eines undulirenden Mediums zu subsumiren. Die Naturphilosophie erklärt das Licht nicht für immateriell in dem Sinn, daß es bloß Accidens, sondern es ist ihr auch Substanz, aber immaterielle — wie Spinoza ausgedehnte und denkende Substanz).

Das Licht ist also selbst nicht Materie, aber es ist im Idealen eben das, was die Materie im Realen ist; denn es erfüllt den Raum auf seine, d. h. auf ideale Weise gerade so nach allen Dimensionen, wie ihn die Materie erfüllt; das Licht ist also der Begriff der Materie, nicht etwa innerlich oder bloß subjektiv, sondern es ist der selbst objektiv gesetzte Begriff der Materie, eine Bestimmung, bei der ich einen Augenblick verweile, indem sie Veranlassung gibt, einen wesentlichen Fortschritt dieser Philosophie in Bezug auf Fichte und noch weiter zurück ins Licht zu setzen.

Cartesius und sein Nachfolger Spinoza hatten das Denken von

der Ausdehnung und dem Ausgedehnten rein ausgeschlossen. Aber z. B. das Licht ist in der ausgedehnten Welt offenbar ein Analogon des Geistes oder des Denkens, und wenn wir diesen unbestimmten Begriff eines Analogon auf einen bestimmten Begriff reduciren, so ist das Licht gar nichts anderes als der Geist oder das Denken selbst nur auf einer tieferen Stufe oder Potenz. Ganz auf dieselbe Weise hatte Fichte den Gegensatz von Ich und Nicht-Ich. Zwar hätte er seiner eignen Lehre zufolge, daß nur das Ich wahrhaft existirt, das Ich auch als die Substanz oder als das letzte Wesen der Natur erkennen, er hätte von der Natur behaupten müssen, daß auch sie wahrhaft nur existire, inwiefern sie innerlich oder ihrem Wesen nach = Ich, Subjekt-Objekt sey. Er hätte dieß behaupten müssen, wenn er ihr nicht alle Realität außer unsern Vorstellungen abgesprochen hätte. Also auch Fichte kannte nichts Subjektives als nur in dem menschlichen Ich oder Geist, während man z. B. von dem Licht sagen kann, es sey ein Subjektives, aber ein in die Natur selbst Gesetztes, das, worin die Natur gegen sich selbst subjektiv oder Subjekt ist, woraus denn auch folgt, daß die Natur nicht etwas bloß Objektives — bloßes Nicht-Ich sey. Denn das Ich ist gleichsam das Ich oder das erste Subjektive der Natur — das erste Subjektive außer uns. Nirgendwo, in keiner Sphäre ist ein bloß Subjektives oder ein bloß Objektives, sondern immer eine Einheit beider. Das Licht gehört für mich allerdings zu der mir objektiven Welt, zu der Welt, die für mich, der bereits auf eine höhere Stufe erhoben ist, als objektiv sich verhält, die aber in sich selbst auch ein Subjektives hat. Nur gegen ein noch höheres Ideales, z. B. gegen das menschliche Wissen, also überhaupt nur relativ, beziehungsweise gehört das Licht zur reellen Welt, für sich betrachtet aber, oder auch mit der Materie verglichen, ist es in seiner Art oder Potenz ebensowohl ein Ideales, als das menschliche Denken in seiner Potenz ein Ideales ist.

Aus den bisherigen Bestimmungen hat sich nun also ergeben, daß die ersten Momente des unendlichen sich-selbst-Setzens, oder, da in diesem das Leben des Subjekts besteht, daß die ersten Momente dieses Lebens Momente der Natur sind. Hieraus folgt also, daß diese

Philosophie mit ihren ersten Schritten in der Natur ist, oder von der Natur anfängt — natürlich nicht um in ihr zu bleiben, sondern um in der Folge durch immer fortschreitende Steigerung sie zu übertreffen, über sie hinauszukommen, und zum Geist, in die eigentlich geistige Welt, sich zu erheben. Diese Philosophie konnte also in ihrem Anfang Naturphilosophie heißen, aber die Naturphilosophie war nur der erste Theil oder die Grundlage des Ganzen. Die Natur war selbst nur die *eine* Seite des Universums oder der absoluten Totalität, in welcher erst das absolute Subjekt ganz verwirklicht ist, die relativ ideale Welt. Die Welt des Geistes war die *andere* Seite. Die Philosophie mußte in die Tiefen der Natur hinabsteigen, nur um sich von dort aus zu den Höhen des Geistes zu erheben. Die andere Seite des Systems war also die Philosophie des Geistes. Wenn man daher das ganze System Naturphilosophie nannte, so war dieß eine denominatio a potiori, oder eigentlich a priori, als eine Benennung von dem, was in dem System das Vorausgehende, das Erste, aber insofern vielmehr das Untergeordnete war. Es war im Grunde schwer, diesem System einen Namen zu finden, weil es eben die Gegensätze aller früheren Systeme in *sich* aufgehoben enthielt; in der That war es weder Materialismus noch Spiritualismus zu nennen, weder Realismus noch Idealismus. Man hätte es Real-Idealismus nennen können, inwiefern in ihm der Idealismus selbst einen Realismus zur Basis hatte und aus einem Realismus entwickelt wurde. Nur einmal, in der Vorrede, also in dem exoterischen Theil meiner ersten Darstellung dieses Systems, hatte ich es das absolute Identitätssystem genannt, um eben anzudeuten, daß hier kein einseitiges Reales noch ein einseitiges Ideales behauptet werde, sondern in dem, was man von Fichte her das Reale, und in dem, was man das Ideale zu nennen gewohnt war, nur Ein letztes Subjekt gedacht werde. Allein auch diese Benennung wurde übel gedeutet und von denen, welche nie in das Innere des Systems eindrangen, benutzt, um daraus zu schließen, oder dem ununterrichteten Theil des Publikums glauben zu machen, es werden in diesem System *alle* Unterschiede, namentlich jeder Unterschied von Materie und Geist, von Gutem und Bösem, selbst von

Wahrheit und Irrthum aufgehoben, nach diesem System sey im gemeinen Sinn alles eins. Ich setze nun übrigens die Darstellung desselben fort.

Wir hätten also nun die zwei ersten Potenzen, die Materie auf der einen Seite als Ausdruck des ersten noch mit oder von sich selbst Befangenseyns des zuvor lauteren und freien Subjekts, und das Licht als Ausdruck des als frei und unbefangen gesetzten Subjekts, was aber eben darum nicht mehr das ganze oder das absolute Subjekt seyn kann, eben weil es das schon als solches gesetzte ist. Denn das absolute Subjekt ist noch rein unendlich, also auch noch nicht als solches gesetzt. Es ist nun zu zeigen, wie von diesem Punkt aus die Entwicklung weiter fortgeschritten. Hier kommt dann zuerst das eigentliche Princip des Fortschreitens oder die Methode zur Sprache, welche auf der Voraussetzung ruhte, daß immer das, was auf einer vorhergehenden Stufe noch subjektiv gesetzt ist, in einer folgenden selbst objektiv werde — zum Objekt hinzutrete, damit auf diese Weise zuletzt das vollkommenste Objekt entstehe, endlich aber das letzte, allein stehen bleibende Subjekt, das nicht mehr objektiv werden könnende (weil alle Formen da sind), also wirklich das höchste, als solches gesetzte Subjekt sey, denn was im Lauf der Entwicklung als Subjekt erscheint, ist gleichsam nur für einen Moment Subjekt, aber in einem folgenden Moment schon finden wir es als mit zum Objekt gehörig, selbst wieder objektiv gesetzt. Das Subjekt hat die nothwendige Tendenz zum Objektiven, diese erschöpft sich.

Sie sehen von selbst, daß diese Methode nicht eine bloß äußerliche, nur von außen auf die Gegenstände angewendete, daß sie eine innere, immanente, dem Gegenstand selbst inwohnende war. Nicht das philosophirende Subjekt — der Gegenstand selbst (das absolute Subjekt) bewegte sich nach einem ihm inwohnenden Gesetz, welchem zufolge das, was auf einer früheren Stufe Subjekt, in einer folgenden zum Objekt wird. So steht nun auch — im gegenwärtigen Moment noch — das Licht, d. h. das relativ Ideale der Natur, der Materie, als Subjekt dem Objekt, entgegen. Aber dieses Ideale muß nun auch selbst zu dem Objekt hinzutreten — objektiv werden, damit auf diese Art das ganze, das vollkommene Objekt entstehe. In diesem ersten Idealen ist schon wieder ein höheres, weiter zurückliegendes verborgen, das nicht eher hervortritt und unterscheidbar wird, als jenes selbst real geworden ist. Es kann aber nicht real oder objektiv werden, ohne eben damit an dem Seyn der Materie Theil zu nehmen (die den ganzen Raum des Objektiven genommen), d. h. nicht ohne die Materie ihres bisherigen Selbstseyns zu berauben, nicht ohne ein Drittes hervorzubringen, von welchem Materie und Licht beide selbst nur noch Accidenzen oder Attribute sind. Was zuvor (im vorhergehenden Moment) noch jedes ein selbst-Seyendes war — Materie und Licht — diese beiden sollen in einem folgenden Moment nur noch die gemeinschaftlichen Attribute eines Höheren, Dritten seyn, beide gemeinschaftlich einer noch höheren Potenz untergeordnet werden. Diese Beraubung ihres Selbstseyns kann sich nun aber die Materie, daß ich so sage, nicht ohne Widerstand gefallen lassen. Damit ist also ein Proceß gesetzt, in welchem, wie ich schon zum voraus andeutete, die Materie zur bloßen Grundlage eines höheren Seyns genommen oder darein verwandelt wird. Dieser Moment wurde der dynamische Proceß genannt, der auch wieder seine Momente hat. Als Erscheinungen dieser Momente wurden die jetzt noch in der Natur erkennbaren, der magnetische, der elektrische und der chemische angesehen, oder deutlicher: die drei Momente eines noch jetzt in der Natur wahrnehmbaren und immer fortgehenden Processes, die wir als Magnetismus, Elektricität und Chemismus unterscheiden, diese drei Momente wurden angenommen auch als Momente der ursprünglichen Entstehung der geformten und differenten (mit unterscheidbaren Eigenschaften ausgestatteten) Materie. Ich nannte sie in dieser Beziehung die drei Kategorien aller materiellen Entstehung oder die drei Kategorien der Physik. Dieser dynamische Proceß nun aber ist bloß Uebergang und beruht noch immer auf der gegenseitigen Spannung der beiden Potenzen; der Chemismus z. B. ist nur das Phänomen, in welchem es der widerstrebenden Materie gelingt, die in ihr durch Magnetismus und Elektricität gesetzten höheren Bestimmungen immer wieder auszulöschen und zu vernichten. Im dynamischen

Proceß behauptet die Materie noch immer ihre Selbstrealität; von dem Moment an aber, wo sie ihre Selbständigkeit oder ihren selbständigen Gegensatz gegen das Ideale verliert, tritt ein höheres Subjekt ein, gegen welches nun beide sich als die bloßen gemeinschaftlichen Attribute verhalten, wir wollen dieses Subjekt **A³** nennen. Es ist das Subjekt oder der Geist der organischen Natur, der Geist des Lebens, welcher nun mit jenen Potenzen, mit Licht und Materie, als den *seinigen* wirkt. Dabei kommt also die Materie nicht mehr als Substanz in Betracht; in der That *ist* der Organismus nicht durch die materielle Substanz, die beständig wechselt, sondern nur durch die Art oder Form seines materiellen Seyns — ist er Organismus. Das Leben hängt an der Form der Substanz, oder für das Leben ist die *Form* das Wesentliche geworden. Die Thätigkeit des Organismus hat daher auch nicht unmittelbar die Erhaltung seiner Substanz zum Zweck, sondern die Erhaltung der Substanz in dieser Form, in welcher sie eben Form der Existenz der höheren Potenz (A³) ist.

Der Organismus hat eben davon seinen Namen, daß, was zuvor um seiner selbst willen zu seyn schien, in ihm nur noch *Werkzeug*, als Organ eines Höheren ist. In dem früheren Moment — noch im dynamischen Proceß — behauptet die Materie ihr Selbstseyn, und nimmt jene Thätigkeitsformen, die wir als Magnetismus, Elektricität und Chemismus bezeichnet haben, nur als Accidenzen in sich auf. Ein unorganischer Körper kann in elektrischem Zustand seyn oder nicht seyn ohne Nachtheil für ihn selbst, dagegen sind die Thätigkeitsformen der organischen Materie ihr *wesentlich*; ein Muskel z. B. ohne Contraktions- und Expansionsvermögen oder ohne Irritabilität gedacht, wäre eigentlich auch kein Muskel mehr.

Wenn nun aber das Reale als *solches* nur in der Spannung gegen das Ideale da ist, so existirt jetzt, da beide einer höheren Potenz untergeordnet sind, weder mehr das eine noch das andere als *solches*, sondern nur das Dritte, in dem sie eins sind, zu dem sie beide sich gleichsam verständigt haben, und für das es eben keinen andern Namen mehr gibt als den des Lebendigen.

Aber diese Unterordnung kann auch nur stufenweise, also durch einen Proceß erreicht werden. Denn noch immer sucht die Materie ihre Selbständigkeit zu behaupten, wie z. B. in jenen unorganischen Absätzen der Schaalthiere, die ihre Abhängigkeit von dem Leben nur durch die ihnen äußerlich aufgedrückte Form beurkunden, innerlich aber unbelebt sind; das Unorganische, d. h. die ein Selbstseyn affektirende Materie, ist hier schon in den Dienst des Organismus getreten, aber ohne ihm völlig unterworfen zu seyn. Das Knochensystem der höheren Thiere ist eben dieses nun nach innen zurückgedrängte und in den inneren Lebensproceß mit aufgenommene Unorganische, das bei den Thieren niederer Ordnung (den Mollusken) noch äußerlich ist und als Schale und Gehäus erscheint. Das Thier auch der höheren Klasse enthält in der Verschiedenheit seiner Organe noch die Andeutungen oder Reminiscenzen der Stufen, über welche der gesammte organische Naturproceß emporgestiegen ist. Während des Processes, durch den die organische Natur selbst entsteht, verhält sich jenes Höhere, das wir durch $A^3$ bezeichnet haben, noch immer zum Theil subjektiv, denn noch ist es nicht ganz verwirklicht. Die Stufen, durch welche es bis zu seinem vollkommenen Objektivwerden hindurchgeht, sind durch die verschiedenen Organisationen bezeichnet. (Hier wurde in der vollständigen Entwicklung des Systems der Unterschied des Pflanzen- und des Thierreichs erörtert, ferner wurde hier die Stufenfolge der thierischen Organisationen selbst erklärt. Hier kann ich überall den bloßen Grundriß geben, in die einzelnen Untersuchungen, in die zahlreichen Vermittlungen, welche wieder die Uebergänge von der einen Stufe des organischen Lebens zu der anderen bilden, kann ich mich hier nicht einlassen, wo jenes System nicht mehr selbst Zweck ist, sondern bloß für den geschichtlichen erörtert wird).

Diese Lehre, daß was auf einer früheren Stufe als das Seyende sich darstellt, auf einer folgenden zum relativ nicht-Seyenden, nämlich eben zur bloßen Stufe, also zum Mittel herabgesetzt wird, diese Lehre, die, so einfach und in der unmittelbaren Natur jedes Fortschritts gegründet sie ist, gleichwohl zuerst eine Sache der Philosophie war und von dieser ausgesprochen wurde, ist jetzt bereits in die Naturforschung gedrungen und im weitesten Umfang angewendet.

Hat nun der (organische) Proceß sein Ziel erreicht, so tritt auch jenes bisher Subjektive selbst wieder zum Objekt hinzu, sein Reich, seine Herrschaft endet, um wieder einer höheren Potenz Platz zu machen. (Es entstehen jetzt keine ursprünglichen Organisationen mehr. Insofern ist auch historisch dieses ursprünglich organisirende, Organisationen hervorrufende Princip zu einer Vergangenheit geworden). Das Princip des organischen Lebens gehört also in Bezug oder im Verhältniß zu dem höheren Princip der folgenden Periode selbst noch zur objektiven Welt, und ist insofern Gegenstand, sogar der empirischen Naturforschung. Der Moment, wo jenes bis jetzt Höchste, das $A^3$, nun selbst auch ganz objektiv wird, also einem noch höheren Subjekt sich unterordnet, ist — die Geburt des Menschen, mit welchem die Natur als solche vollendet ist und eine neue Welt, eine völlig neue Folge von Entwicklungen beginnt. Denn der Anfang der Natur war eben jenes erste Etwas-Seyn, und der ganze Naturproceß ging nur auf Ueberwindung desselben in seiner Selbständigkeit oder Substantialität, ging nur dahin, es selbst wieder zur bloßen Existenzform eines Höheren zu machen. Nachdem also dieses erste Seyn von seiner Befangenheit erlöst und eben dadurch, daß es einem Höheren sich unterordnete, zu der Freiheit wieder gebracht ist, die es im Organischen schon zum Theil in den freiwilligen Bewegungen der Thiere erlangt hat, so ist der Naturproceß als solcher geendigt; das Subjektive, das jetzt eintritt, hat nicht mehr unmittelbar, wie noch die vorhergehenden Potenzen, mit dem Seyn zu thun, indem es dieß als ein fertiges, vollendetes, abgeschlossenes vor sich hat; die höhere Potenz, die nun wieder über dieser Welt des Seyns sich erhebt, hat zu dieser nur noch einen **idealen** Bezug, oder sie kann nur noch Wissen seyn. Denn was sich gegen das gesammte Seyn wieder als Höheres, es Begreifendes verhält, kann nur Wissen seyn. Wir hätten also jetzt das Subjekt bis zu dem Punkt gebracht, wo es reines Wissen ist, oder wo es dasjenige ist, dessen Seyn eben nur noch im Wissen besteht, das wir nicht mehr nachweisen können als ein Ding oder als

Materie (hier war die Immaterialität der Seele oder dessen, was in uns unmittelbar nur noch Wissen ist, besser und einleuchtender erklärt als in allen früheren Theorien, für welche noch außerdem die Existenz dieses Einfachen und Immateriellen, wie sie es nannten, selbst nur eine zufällige war, während sie in jener Folge als eine nothwendige einleuchtet — es muß in dieser Folge ein Punkt kommen, wo das Subjekt nicht mehr zur Materie herabsinkt, wo es nur noch Wissen, also reines Wissen, d. h. reiner Geist ist, und wo es alles, was es außerdem und unmittelbar seyn könnte, bereits außer sich, als ein Anderes vor sich, als ein für es selbst Objektives hat. Dennoch bleibt es zwar nur in idealer, aber doch in nothwendiger Beziehung auf das, was es nun vor sich hat; denn es ist reines Wissen eben nur, weil es das gesammte Seyn schon außer sich hat denn an sich ist es nicht ein anderes, sondern dasselbe Subjekt, das in seinem ersten und unmittelbaren Thun Materie geworden, in einer höheren Potenz als Licht, in einer noch höheren als Lebensprincip erschienen; könnte man also diese früheren Momente vor ihm hinwegnehmen, so würde das Subjekt nur wieder eben da anfangen können, wo es angefangen hatte, und es würde — auf dieser bestimmten Stufe — zu dieser Potenz seiner selbst abermals erhoben, wieder als reines Wissen seyn; es ist als reines Wissen gesetzt nicht an sich, sondern nur vermöge dieser Stufe, d. h. inwiefern es jene Momente vor sich hat, inwiefern es an diesen, die in ihm, dem absolut oder an sich betrachteten, als Möglichkeiten waren, inwiefern es sich von diesen schon gereinigt, sie außer sich, also zugleich von sich ausgeschlossen hat, es ist als reines Wissen nicht an sich, sondern nur durch seine Potenz, als $A^4$, als welches es aber sich selbst in den früheren Potenzen voraussetzt. Eben darum steht es in nothwendigem und nicht aufzuhebendem Bezug zu jenen vorausgegangenen Momenten, in unmittelbarem Bezug aber zu dem, in welchem allein der Schluß und das Ende des vorhergehenden Seyns ist, also zu dem Menschen (denn das folgende Moment muß immer das vorhergehende als seine unmittelbare Basis festhalten) — es ist also reines Wissen, das zwar auf die ganze Natur sich bezieht, seine unmittelbare Beziehung aber nur zum Menschen hat und insofern menschliches Wissen ist. Hiermit entsteht denn eine neue Folge von Momenten, welche nicht umhin kann der Folge von Momenten, die wir bereits in der Natur erkannt haben, parallel zu seyn. Aber der Unterschied ist, daß hier alles nur im Idealen vorgeht, was dort im Realen ist.

Die erste Stufe wird auch hier wieder das Objektive oder Endliche seyn, die zweite das als *solches* gesetzte Subjekt oder Unendliche, die dritte — Einheit beider; aber wie dort, in der Natur, das Reale und das Ideale, Materie und Licht, beides, *objektiv* oder *real* ist, so wird *hier* (in der nun anfangenden geistigen Welt) Reales und Ideales der Entgegensetzung ohnerachtet beides nur ein Ideales seyn. Das Subjekt, welches wir als über die ganze Natur erhabenes bestimmt haben, ist unmittelbar nur reines Wissen, *als* solches unendlich und in völliger Freiheit; *insofern* steht es wieder an demselben Punkt wie das erste in seiner reinen Freiheit und Unendlichkeit gesetzte Subjekt, aber es steht in unmittelbarer Beziehung zu einem Endlichen und Begrenzten, dem menschlichen Wesen, und indem es nicht umhin kann zur unmittelbaren Seele desselben zu werden, ist es auch genöthigt, an allen Bestimmungen, Verhältnissen und Begrenzungen desselben theilzunehmen, und auf diese Weise, indem es in alle Formen der Endlichkeit eingeht, sich selbst zu verendlichen, und obgleich es selbst immer ideal bleibt, dennoch mit der im Gebiete des Seyns oder des Realen herrschenden Nothwendigkeit (ideal) sich zu verwickeln. Aus diesem Verhältniß nun des in sich unendlichen Wissens und eines Endlichen, mit welchem es in Bezug steht, wurde das ganze System der nothwendigen Vorstellungen, so wie der Begriffe, nach welchem sich die objektive Welt dem menschlichen Bewußtseyn bestimmt, abgeleitet; die eigentlich erkennende oder theoretische Seite des menschlichen Bewußtseyns wurde hier entwickelt; der ganze, wiewohl berichtigte, Inhalt der Kantischen Vernunftkritik, oder *was* in *dieser* Inhalt der gesammten theoretischen Philosophie war, wurde hier, aber als Inhalt eines bloßen Moments, in das Gesammtsystem aufgenommen. Aber indem nun auf diese Weise das an sich freie und unendliche Wissen sich den Endlichen einbildet und durch ein neues Herabsinken in die reale Welt sich mit der Nothwendigkeit befängt und nun selbst als nothwendiges und gebundenes Wissen erscheint: so wird eben dadurch der Grund zu einer neuen Steigerung gelegt; denn das unüberwindliche Subjekt tritt auch aus dieser Gebundenheit, die es im Menschen angenommen, nochmals in sein Wesen zurück, und wird im Gegensatz mit seiner Gebundenheit als das freie, als zweite Potenz seiner selbst und außer jener Nothwendigkeit, als sie selbst beherrschend, behandelnd und begreifend gesetzt; der Gegensatz, der durch die ganze Folge hindurchging, erhält hier seinen höchsten Ausdruck als Gegensatz von Nothwendigkeit und Freiheit. Die Nothwendigkeit ist das, womit der Mensch in seinem Erkennen zu thun hat, dem er in seinem Erkennen unterworfen ist; die Freiheit ist Freiheit des Handelns und des Thuns; alles Handeln setzt ein Erkennen voraus, oder im Handeln macht sich der Mensch sein eignes Erkennen wieder objektiv oder gegenständlich und erhebt sich über dasselbe; was im Erkennen Subjekt war, wird im Handeln Objekt, Werkzeug, Organ, und wenn es Ihnen früher oder bisher nicht klar gewesen seyn sollte, wie jenes Uebertreten des Subjekts ins Objekt oder jenes selbst Objektivwerden eines so eben noch Subjektiven geschehe, so haben Sie hier ein ganz naheliegendes Beispiel. (Bild der magnetischen Linie).

In einer neuen Steigerung also, wodurch ihm die in seinem Erkennen gesetzte Nothwendigkeit selbst wieder objektiv wird, befreit sich das Subjekt von eben dieser Nothwendigkeit und erscheint nun als frei, zwar nicht in Ansehung des Erkennens oder Wissens, wohl aber in Ansehung des Handelns. Aber der Gegensatz ist damit nicht aufgehoben, sondern eben erst gesetzt, der Gegensatz zwischen Freiheit und Nothwendigkeit, der durch immer weiter ausgedehnte Verzweigungen, welche ich hier nicht darstellen kann, endlich jene hohe Bedeutung annimmt, die er in der Geschichte hat, in der nicht das Individuum, sondern die ganze Gattung handelt.

Hier also war der Punkt des Systems, wo es in die Sphäre des Handelns, die praktische Philosophie überging, wo demnach die moralische Freiheit des Menschen, der Gegensatz des Guten und Bösen und die

Bedeutung dieses Gegensatzes, wo dann insbesondere auch der Staat als eine, wiewohl untergeordnete Vermittlung der Freiheit und Nothwendigkeit, als ein Erzeugniß der zwischen beiden ringenden Menschheit, und endlich die Geschichte selbst als der große Proceß, in den die ganze Menschheit verwickelt ist, zur Sprache kam. Und so wurde denn dieselbe Philosophie, welche auf einer früheren Stufe Naturphilosophie war, hier Philosophie der Geschichte. In dieser zeigte sich, daß eine schrankenlose Freiheit, die durch keine Gesetzmäßigkeit gezügelt wäre, zu einer trostlosen und verzweiflungsvollen Ansicht der Geschichte führe. Hier, wo die höchste und am meisten tragische Dissonanz hervortritt, in welcher der Mißbrauch der Freiheit uns selbst wieder die Nothwendigkeit zurückzurufen lehrt, hier sieht der Mensch sich genöthigt, etwas zu erkennen, das höher ist denn die menschliche Freiheit; die Pflicht selbst könnte ihm nicht gebieten, sobald sie entschieden habe, über die Folgen seiner Handlung ruhig zu seyn, wenn er sich nicht bewußt seyn dürfte, daß seine Handlung zwar von ihm, von seiner Freiheit, die Folgen aber oder das, was aus dieser Handlung für sein ganzes Geschlecht sich entwickelt, von einem Anderen und Höheren abhängig ist, welches durch die freieste, ja gesetzloseste Handlungsweise des Individuums hindurch eine höhere Gesetzmäßigkeit handhabt und behauptet.

Ohne diese Voraussetzung würde nie ein um die Folgen seiner Handlung ganz unbekümmerter Muth, zu thun, was die Pflicht gebietet, ein menschliches Gemüth begeistern; ohne diese Voraussetzung könnte nie ein Mensch wagen, eine Handlung von großen Folgen zu unternehmen, wäre sie ihm selbst durch die heiligste Pflicht vorgeschrieben. Hier wird also *für* die Geschichte selbst eine Nothwendigkeit gefordert, die auch gegen die moralische Freiheit noch besteht und sich behauptet, die also nicht *blinde* Nothwendigkeit (über welche die Freiheit allerdings erhoben ist) seyn kann, welche vielmehr nur darum die Freiheit mit der Nothwendigkeit vermittelt, weil sie selbst nicht (wie menschliche Freiheit) mit der Nothwendigkeit in Conflikt tritt, und nicht bloß relativ, sondern *absolut* frei gegen sie, immer *Vorsehung*, also immer und gegen alles Subjekt — reines, freies, unbetheiligtes und daher wahrhaft unendliches Subjekt bleibt. Hier kam also die Philosophie auf jenes letzte, über alles siegreiche Subjekt, das selbst nicht mehr objektiv wird, sondern immer Subjekt bleibt, und das der Mensch nicht mehr wie im Wissen als Sich, sondern als über Sich und eben darum als über allem erkennen muß, dem zuletzt alles unterworfen ist, und das nun nicht mehr bloß, wie im ersten Ausgang, Geist und Vorsehung ist, sondern auch als Vorsehung sich erklärt, und am Ende zeigt, was es im Anfang schon war. Die letzte Aufgabe konnte nun bloß noch seyn, das Verhältniß dieses seiner Natur nach unzugänglichen und wie in einem unzugänglichen Licht wohnenden — weil nie Objekt werden könnenden — Subjekts zum menschlichen Bewußtseyn zu zeigen; denn irgend ein Verhältniß zu diesem mußte ihm zukommen. Da aber bereits ausgesprochen ist, daß es selbst nie und durch keinen weiteren Fortschritt zum Objekt werden könne, sondern als herrschend über allem stehen bleibe, so läßt sich kein weiteres Verhältniß zum menschlichen Bewußtseyn als das der bloßen Manifestation denken. Denn da es nicht mehr selbst Objekt wird oder werden kann, so kann man nur sagen, daß es sich manifestire. Es fragt sich also, ob im menschlichen Bewußtseyn solche Manifestationen oder, um einen Leibnizischen Ausdruck zu brauchen, der hier passender angewendet seyn möchte, ob solche Fulgurationen jenes Höchsten, über alles Erhabenen im menschlichen Bewußtseyn nachzuweisen sind, Erscheinungen, in denen das menschliche Selbst sich als Werkzeug oder Organ jenes Höchsten verhält; denn was sich bloß manifestirt, wirkt nicht unmittelbar, sondern nur durch ein anderes hindurch. (So in der ganzen Linie des Fortschritts). Nun müssen wir uns erinnern, daß jenes höchste Subjekt zwar an sich nur Eines ist, aber im Verhältniß zu den zwei Seiten des jetzt vollendet vor uns stehenden Universums unter drei Gestalten gedacht werden kann; denn es ist, eben weil das Höchste, und weil alles unter ihm, ebensowohl das Letzte, final Hervorbringende der Natur, der realen Welt, als es Herr der geistigen, der idealen Welt und wieder das beide Vermittelnde, als eins unter sich Begreifende ist.

Als Hervorbringendes nun wird es sich im Menschen manifestiren ebenfalls durch Hervorbringung, reale Produktion; es wird sich zeigen 1) als das Macht über den Stoff, über die Materie hat, sie bewältigen und zwingen kann der Ausdruck des Geistes, ja der höchsten Ideen selbst zu seyn — so weit geht die bildende Kunst bloß als solche, aber 2) in der Poesie, welche von der bildenden Kunst vorausgesetzt wird, und zu welcher jene selbst wieder nur in einem werkzeuglichen Verhältniß steht, in der Poesie wird es sich manifestiren als Geist, welcher Gewalt hat auch den Stoff selbst hervorzubringen oder zu schaffen.

Die höchste Wahrheit und Trefflichkeit des plastischen Kunstwerks besteht nicht in der bloßen Uebereinstimmung mit dem Geschöpf oder geschöpflichen Vorbild, sondern darin, daß der Geist der Natur selbst es hervorgebracht zu haben scheint; in ihm offenbart sich also eine Thätigkeit, die selbst nicht mehr geschöpflicher Art ist, sondern in der man den Schöpfer zu sehen glaubt. In dem höchsten Werk, der mit Kunst vereinigten Poesie — in dem höchsten Werk der Dichtkunst, der Tragödie, erscheint in den Stürmen blind gegeneinander wüthender Leidenschaften, wo für die Handelnden selbst die Stimme der Vernunft verstummt, und Willkür und Gesetzlosigkeit immer tiefer sich verwickelnd zuletzt in eine gräßliche Nothwendigkeit sich verwandeln — mitten unter allen diesen Bewegungen erscheint der Geist des Dichters als das stille, allein noch leuchtende Licht, als das allein oben bleibende, in der heftigsten Bewegung selbst unbewegliche Subjekt, als weise Vorsehung, welche das Widerspruchvollste doch zuletzt zu einem befriedigenden Ausgang zu leiten vermag.

Hier also manifestirt sich jenes Höchste als Genius der Kunst. Ist nun die Kunst das Objektivste menschlicher Thätigkeit, so ist die Religion die subjektive Seite derselben, inwiefern diese nicht, wie jene, darauf geht, ein Seyn, sondern im Verhältniß zu jenem höchsten Subjekt alles Seyende als nicht seyend zu setzen. Hier offenbart sich also jenes höchste Subjekt eben als das, wogegen alles in nichts versinkt, als solches offenbart es sich in der Begeisterung jener sittlich-religiösen Heroen, durch welche die Menschheit selbst verherrlicht und als göttlich erscheint.

Es gibt eine dritte menschliche Thätigkeit, welche das Objektive der Kunst und das Subjektive (oder die Unterwerfung) der Religion in sich vereinigt — die Philosophie. Sie ist objektiv wie die Kunst, denn sie zeigt den Gang des hervorbringenden, von Stufe zu Stufe wandelnden, durch alle hindurchgehenden, aber in keiner bleibenden Schöpfers. Sie ist subjektiv wie die Religion, weil sie alles nur in die Wirklichkeit bringt, zeigt oder als seyend setzt, um es am Ende dem höchsten Subjekt, der an sich selbst der höchste Geist ist, zu überantworten.

Kunst, Religion und Philosophie, dieß sind die drei Sphären menschlicher Thätigkeit, in denen allein der höchste Geist als solcher sich manifestirt, er ist der Genius der Kunst, der Genius der Religion, der Genius der Philosophie. Diesen drei Sphären wird allein Göttlichkeit und daher auch ursprüngliche Begeisterung zugestanden (alle andere Begeisterung ist schon nur eine abgeleitete, und wie Homer durch das einstimmige Zeugniß aller Zeiten, so ist auch Platon von seiner Nachwelt der göttliche genannt worden. Betrachten wir jenes höchste Subjekt nicht in einer jener besonderen Beziehungen, sondern schlechthin und allgemein, so bleibt uns für dasselbe kein anderer Name, als den ihm alle Völker ohne Unterschied geben, der Name des Gottes — nicht bloß Gottes, nicht θεοῦ, sondern τοῦ θεοῦ, des bestimmten Gottes, dessen, der Gott ist. In diesem Begriff endigt also die Philosophie, er ist, nachdem die drei Potenzen der realen und der idealen Welt, gleichsam als ebensoviel successive Herrscher verschwunden und untergegangen sind, der letzte, allein überbleibende, in welchem die Philosophie ruht von ihrer Arbeit und gleichsam ihren Sabbath feiert.

Auf diese Weise war also von dem Tiefsten, das sich uns darstellt, bis zu dem Höchsten, dessen die menschliche Natur fähig ist, Eine Linie, Ein stetiger und nothwendiger Fortschritt dargethan. —

Mit dem zuletzt vorgetragenen System wird sich auch heutzutage noch jeder, der es in seiner ächten und ursprünglichen Gestalt kennen lernt, in einer eignen Lage befinden. Einerseits wird ihm gleichsam unmöglich scheinen, daß dieses System falsch sey, von der anderen wird er etwas empfinden, das ihn verhindert, es wenigstens als das letzte wahre auszusprechen. Er wird es als wahr erkennen innerhalb einer gewissen Begrenzung, nicht aber unbedingt und schlechthin. Es wird also, um ein gegründetes Urtheil darüber zu haben, vorzüglich darauf ankommen, sich jener Begrenzung bewußt zu werden.

Man kann dem System 1) hinsichtlich seines Umfangs nicht absprechen, daß es alles Erkennbare, alles, was auf irgend eine Weise Gegenstand der Erkenntniß werden kann, umfaßt, daß es nichts ausgeschlossen hat, und daß es außerdem im Besitz einer Methode ist, durch die es sich der Vollständigkeit seiner Erfassung versichert; man kann sogar behaupten, daß es für jede künftige Erweiterung der menschlichen Erkenntniß schon zum voraus den Ort und gleichsam die Stelle enthalte. Was 2) die Methode betrifft, so war durch diese selbst dafür gesorgt, der Subjektivität des Philosophen keinen Einfluß zu gestatten. Es war der Gegenstand selbst, der sich nach einem ihm inwohnenden Princip fortbestimmte, es war der nach innerem Gesetz fortschreitende Gedanke, der sich seinen Inhalt gab. 3) Der Form nach war durch dieses System zuerst in die Philosophie eingeführt der Begriff des Processes und von Momenten dieses Processes. Sein Inhalt war die Geschichte des unvermeidlich sich verendlichenden, aber aus jeder Verendlichung wieder siegreich hervortretenden Subjekts, das am Ende als über alle Objektivität und Blindheit erhabenes, im höchsten Sinn sich bewußtes Subjekt, als Vorsehung stehen blieb. Bedenkt man außerdem, welche Gewalt aller natürlichen Vorstellung durch den subjektiven Fichteschen Idealismus angethan, wie das Bewußtseyn durch die frühere absolute Entgegensetzung von Natur und Geist sich zerrissen, nicht weniger aber durch den krassen Materialismus und Sensualismus, der sich eben damals über das übrige Europa (außer Deutschland) verbreitet hatte, sich verletzt fühlte, so begreift man, daß dieses System im Anfang mit einer Freude aufgenommen wurde, die kein früheres erregt hatte oder ein späteres wieder erregte. Denn man weiß jetzt nicht mehr, wie manches damals errungen werden mußte, was heutzutage zum Gemeingut und in Deutschland gleichsam zum Glaubensartikel aller höher denkenden und fühlenden Menschen geworden ist. Hiezu gehört namentlich die Ueberzeugung, daß, was in uns *erkennt*, dasselbe ist mit dem, was erkannt *wird*.

Da jene Philosophie die gesammte Wirklichkeit — Natur, Geschichte, Kunst — alles Niederere und Höhere umfaßte, also dem Menschen gleichsam sein ganzes Wissen vor Augen stellte, mußte es mehr oder weniger auch auf den Geist der andern Wissenschaften wirken, und man kann wohl sagen, daß es nicht bloß in der Philosophie als *solcher*, daß es eine Veränderung in der Ansicht und Betrachtungsweise der Dinge überhaupt hervorgebracht hat. Ein neues Geschlecht entstand, das sich gleichsam mit neuen Organen des Denkens und des Wissens ausgestattet fühlte, das ganz andere Forderungen an die Naturwissenschaft, andere an die Geschichte stellte.

Die früheren mechanischen und atomistischen Hypothesen in der Physik ließen für die Naturerscheinungen fast kein anderes Interesse als etwa das übrig, mit welcher die Neugierde den Kunststücken eines Taschenspielers auf den Grund zu kommen sucht. Ihr erklärt wohl, könnte man zu solchen Theoretikern sagen, ihr erklärt freilich zur Noth, wenn man euch diese Körperchen, diese Figuren derselben, diese feinen Materien, diese bald so, bald anders gebohrten, in dieser oder jener Richtung mit Klappen versehenen Kanäle zugibt, aber Eins laßt ihr unerklärt, wozu alle diese Anstalten selbst gemacht sind, wie die Natur in solchen Taschenspielereien sich gefällt.

Glücklicherweise traten zu jenen durch die Philosophie gewonnenen, tieferen Ansichten der Natur, nach welcher auch sie ein Autonomisches, ein sich selbst Setzendes und Bethätigendes ist, die Entdeckungen der neueren Experimentalphysik hinzu, welche die Voraussagungen der Philosophie erfüllten, zum Theil übertrafen. Die bis dahin für todt geachtete Natur gab jene Zeichen eines tieferen Lebens, die das Geheimniß ihrer verborgensten Processe offen darlegten. Was man kaum zu denken gewagt hatte, schien Sache der Erfahrung zu werden.

Wie man früher die Natur in eine bloße Aeußerlichkeit, in ein Spiel ohne alles innere Leben, ohne ein wahres Lebens-Interesse verwandelt hatte, so gefiel man sich nicht weniger, die Geschichte als das zufälligste Spiel gesetzloser Willkür, eines sinn- und zwecklosen Treibens erscheinen zu lassen, ja derjenige Gelehrte galt als der geistreichste, der das Sinnlose, ja Unsinnige der Geschichte am meisten hervorzuheben, und je größer das Ereigniß, je erhabener die historische Erscheinung war, desto kleinere, zufälligere und nichtswürdigere Ursachen zur Erklärung derselben aufzubringen wußte. Dieß war besonders so ziemlich der herrschende Geist der Universitäten. Ausnahmen gibt es freilich zu jeder Zeit. Eine große Ausnahme dieser Art war Johannes v. Müller, den, während mehr oder weniger alle Stände sich selbst untergruben, aber besonders der größte Theil der Gelehrten, vorzüglich in den positiven Fächern sich gleichsam um die Wette bemühten, durch Wegerklärung alles höheren Geistes ihre eigne Wissenschaft verächtlich zu machen, den, sage ich, während einer solchen Zeit die angeborene Ehrfurcht vor der Geschichte davor bewahrt hatte, in diesen Ton einzustimmen, aber es war auch höchstens seine Gelehrsamkeit, die Anerkennung fand, seinen Geist zu würdigen war einer späteren Zeit vorbehalten.

Der Werth und das Interesse der Wissenschaften steigt immer in dem Verhältniß, in welchem man sie eines tiefen und reellen Bezugs auf die höchste aller Wissenschaften, die Philosophie, fähig sieht, und diejenigen, welche aus einem bedauerlichen Mißverstand sich Mühe geben, ihre specielle Wissenschaft so weit möglich von der Philosophie loszureißen, wissen nicht, was sie thun; denn die Achtung, in der sie ihre Wissenschaft sehen, und bei der sie sich wohl befinden, ist selbst nur eine Folge davon, daß in ihnen jener Bezug auf die höhere, wenn nicht ausgesprochen, doch in Folge der früheren philosophischen Entwicklungen als vorhanden gesehen wird. Wenn einmal ein veränderter Gang der Literatur bevorstand, so mußte er sich zuerst in den höheren, eben darum sensibeleren Organen (in Poesie und Philosophie) ankündigen, wie zarte und geistiger organisirte Naturen Witterungsveränderungen, bevorstehende Gewitter und andere physische Ereignisse eher als materieller organisirte empfinden. Goethe war wohl der erste Verkünder einer neuen Zeit, aber er blieb eine isolirte, nicht bloß seiner Zeit, sondern zum Theil sogar sich selbst unbegriffene Erscheinung; das wahre Licht über ihn gab ihm selbst erst die große durch Kant bewirkte Veränderung, von welcher an der durch sie geweckte Geist successiv alle Wissenschaften und die ganze Literatur ergreifen mußte. Auch Herder verdient wohl unter den Genien erwähnt zu werden, die diese neue geistige Bewegung zum Theil ohne Wissen und ohne Wollen vorbereitet haben.

Wie kam es nun, daß diese Philosophie in der Gestalt, in welcher sie zuerst eine fast allgemeine Anziehungskraft ausübte, dennoch nicht lange nachher sich in ihrer Wirkung gehemmt sah, einen abstoßenden Pol zeigte, der im Anfang weniger bemerkt wurde? Nicht die großentheils sinnlosen und ungerechten Angriffe, denen sie von vielen Seiten ausgesetzt war, wohin z. B. das Triviale, das Gewöhnliche gehörte, daß sie Spinozismus, Pantheismus sey — nicht diese Angriffe konnten sie eigentlich hemmen; es war vielmehr ein Mißverstand, in dem sie sich über sich selbst befand, indem sie sich für etwas gab, oder (man könnte eher sagen) sich für etwas ansehen ließ, was sie nicht war, was sie dem ursprünglichen Gedanken nach nicht seyn sollte.

Um dieß zu erklären, muß ich etwas weiter ausholen.

Der Punkt, in welchem jede Philosophie mit dem allgemeinen menschlichen Bewußtseyn immer entweder in Uebereinstimmung oder in Conflikt sich finden wird, ist die Art, wie sie sich über das Höchste, über Gott erklärt. Welche Stellung hatte nun Gott in der zuletzt vorgetragenen Philosophie? Zunächst die Stellung eines bloßen Resultats, des höchsten und letzten, alles abschließenden Gedankens — ganz der Stellung gemäß, welche er auch in der früheren Metaphysik gehabt, und die ihm auch Kant gelassen hatte, dem Gott bloß der zur formalen Abschließung der menschlichen Erkenntniß nothwendige Gedanke war. In dem zuletzt vorgetragenen System war Gott jenes zuletzt als Subjekt, als über alles siegreich stehen bleibende Subjekt, das nicht mehr zum Objekt herabsinken kann; eben dieses Subjekt war durch die ganze Natur, durch die ganze Geschichte, durch die Aufeinanderfolge aller der Momente hindurchgegangen, von denen es nur das letzte Resultat schien, und dieses Hindurchgehen wurde als eine wirkliche Bewegung (nicht als ein Fortschreiten im bloßen Denken), es wurde sogar als realer Proceß vorgestellt. Nun kann ich mir Gott wohl als das Ende und das bloße Resultat meines Denkens, wie er es in der alten Metaphysik war, aber ich kann ihn nicht als Resultat eines **objektiven** Processes denken; dieser als Resultat angenommene Gott könnte ferner, wenn er Gott ist, nicht etwas außer Sich (praeter se), er könnte höchstens sich selbst zur Voraussetzung haben; nun hat er aber in jener Darstellung allerdings die früheren Momente der Entwicklung zu seiner Voraussetzung. Hieraus — aus dem Letzten — folgt, daß dieser Gott am Ende denn doch bestimmt werden muß, als der auch schon im Anfang war, daß also jenes Subjekt, das durch den ganzen Proceß hindurchgeht, im Anfang und Fortgang schon Gott ist, eh' es im Resultat auch als Gott gesetzt wird — daß in diesem Sinn allerdings alles Gott ist, daß auch das durch die Natur hindurchgehende Subjekt Gott ist, nur nicht als Gott — also Gott nur außer seiner Gottheit oder in seiner Entäußerung, oder in seiner Anderheit, als ein anderer von sich selbst, **als** welcher er erst im Ende ist. Wird nun aber wieder dieß angenommen, so zeigen sich folgende Schwierigkeiten. Theils ist Gott offenbar in einem Proceß begriffen, und wenigstens gerade um als Gott zu seyn, einem Werden unterworfen, was die angenommenen Begriffe zu sehr vor den Kopf stößt, als daß es je auf allgemeine Zustimmung rechnen könnte. Die Philosophie ist aber nur Philosophie, um allgemeine Verständigung, Ueberzeugung und daher auch allgemeine Zustimmung zu erhalten, und jeder, der eine philosophische Lehre aufstellt, macht diesen Anspruch. Man kann freilich sagen: der Gott begibt sich in dieses Werden, eben um sich als solchen zu setzen, und dieß muß man freilich sagen. Aber sowie dieß ausgesprochen ist, sieht man auch ein, daß man alsdann entweder eine Zeit annehmen muß, wo Gott nicht als solcher war (dem widerspricht aber wieder das allgemeine religiöse Bewußtseyn), oder man leugnet, daß je eine solche Zeit gewesen, d. h. jene Bewegung, jenes Geschehen wird als ein ewiges Geschehen erklärt. Ein ewiges Geschehen ist aber kein Geschehen. Mithin ist die ganze Vorstellung jenes Processes und jener Bewegung eine selbst illusorische, es ist eigentlich nichts geschehen, alles ist nur in Gedanken vorgegangen, und diese ganze Bewegung war eigentlich nur eine Bewegung des Denkens. Dieß hätte jene Philosophie ergreifen sollen; damit setzte sie sich außer allen Widerspruch, aber eben damit begab sie sich ihres Anspruchs auf Objektivität, d. h. sie mußte sich als Wissenschaft bekennen, in der von Existenz, von dem, was wirklich existirt, und also auch von Erkenntniß in diesem Sinn gar nicht die Rede ist, sondern nur von den Verhältnissen, welche die Gegenstände im bloßen Denken annehmen, und da Existenz überall das Positive ist, nämlich das, was gesetzt, was versichert, was behauptet wird, so mußte sie sich als rein negative Philosophie bekennen, aber eben damit den Raum für die Philosophie, welche sich auf die Existenz bezieht, d. h. für die positive Philosophie, außer sich frei lassen, sich nicht für die absolute Philosophie ausgeben, für die Philosophie, die nichts außer sich zurückläßt. Es bedurfte einer geraumen Zeit, bis sich die Philosophie hierüber ins Klare setzte, denn alle Fortschritte in der Philosophie geschehen nur langsam. Wodurch übrigens jener Zeitraum noch beträchtlich verlängert wurde, war eine Episode, die dieser letzten Entwicklung entgegentrat, und von der nun auch wenigstens das Nothwendige zu erwähnen ist.

## Hegel.

Die so eben dargestellte Philosophie, welche auf allgemeine Zustimmung rechnen konnte, wenn sie sich als Denk- oder Vernunftwissenschaft und Gott, zu dem sie ans Ende gelangte, als das bloß *logische* Resultat ihrer früheren Vermittlungen darstellte, erhielt, indem sie den Schein des Gegentheils annahm, ein ganz falsches, sogar ihrem eignen ursprünglichen Gedanken widersprechendes Ansehen (daher die veränderlichen und höchst verschiedenen Urtheile, die über sie geäußert wurden, ganz natürlich waren). Nun konnte man aber hoffen, daß sie sich wirklich in diese Grenze zurückziehe, sich als negative, bloß logische erkläre, als *Hegel* eben dieß als die erste Forderung an die Philosophie aufstellte, daß sie sich in das reine Denken zurückziehe, und daß sie zum einzigen unmittelbaren Gegenstand den reinen Begriff habe. Man kann Hegel das Verdienst nicht absprechen, daß er die bloß *logische Natur* jener Philosophie, die er sich zu bearbeiten vornahm, und die er zu ihrer vollkommenen Gestalt zu bringen versprach, wohl eingesehen hatte. Hätte er *sich* dabei festgehalten, und hätte er diesen Gedanken mit strenger, mit entschiedener Verzichtleistung auf alles Positive ausgeführt, so hätte *er* den entschiedenen Uebergang zur positiven Philosophie herbeigeführt, denn das Negative, der negative Pol, kann nirgends in seiner Reinheit da seyn, ohne sogleich den positiven zu fordern. Allein jene Zurückziehung auf das bloße Denken, auf den reinen Begriff, war, wie man gleich auf den ersten Seiten von Hegels Logik ausgesprochen finden kann, mit dem Anspruch verknüpft, daß der

Begriff alles sey und nichts außer sich zurücklasse. Hegels eigne Worte sind diese: „Die Methode ist nur die Bewegung des Begriffs selbst, aber mit der Bedeutung, daß der Begriff alles, und seine Bewegung die allgemeine absolute Thätigkeit ist. Die Methode ist daher die unendliche Kraft zu erkennen (hier kommt demnach, nachdem bis dahin bloß von Denken und bloß vom Begriff die Rede war, auf einmal der Anspruch auf Erkennen herein. Das Erkennen ist aber das Positive und hat zum Gegenstand nur das Seyende, Wirkliche, wie das Denken bloß das Mögliche, und also auch nur das Erkennbare und nicht das Erkannte) — die Methode ist daher die unendliche Kraft zu erkennen, der kein Objekt, sofern es sich als ein äußerliches, der Vernunft fernes und von ihr unabhängiges darstellt, Widerstand leisten kann".

Der Satz: die Bewegung des Begriffs ist die allgemeine absolute Thätigkeit, läßt auch für Gott nichts anderes übrig, als die Bewegung des Begriffs, d. h. selbst nur der Begriff zu seyn. Der Begriff hat hier nicht die Bedeutung des bloßen Begriffs (dagegen protestirt Hegel aufs eifrigste), sondern die Bedeutung der Sache selbst, und wie es in den Zendschriften heißt: der wahre Schöpfer ist die Zeit, so kann man Hegeln allerdings nicht vorwerfen, nach seiner Meinung sey Gott ein bloßer Begriff, seine Meinung ist vielmehr: der wahre Schöpfer ist der Begriff; mit dem Begriff hat man den Schöpfer und braucht keinen andern außer diesem.

Dieß war es gerade, was Hegel vorzüglich zu vermeiden suchte, daß Gott, wie es innerhalb einer logischen Philosophie doch nicht anders seyn konnte, bloß im Begriff gesetzt sey. Gott war ihm nicht sowohl ein bloßer Begriff, als der Begriff Gott, der Begriff war ihm mit der Bedeutung, daß er Gott sey. Seine Meinung ist: Gott ist nichts anderes, als der Begriff, der stufenweise zur selbstbewußten Idee wird, als selbstbewußte Idee sich zur Natur entläßt, aus dieser in sich selbst zurückkehrend zum absoluten Geist wird.

So wenig ist Hegel geneigt, seine Philosophie als die bloß negative zu erkennen, daß er vielmehr versichert: sie sey die Philosophie, die schlechthin nichts außer sich zurücklasse; seine Philosophie schreibt sich die objektivste Bedeutung und insbesondere eine ganz vollkommene Erkenntniß Gottes und göttlicher Dinge zu — die Erkenntniß, die Kant der Vernunft abgesprochen, sey durch seine Philosophie erreicht. Ja er geht so weit, selbst eine Erkenntniß der christlichen Dogmen seiner Philosophie zuzuschreiben: in dieser Hinsicht ist wohl seine Darstellung der Dreieinigkeitslehre das Sprechendste, welche kürzlich folgende ist. Gott der Vater, vor der Schöpfung, ist der rein logische Begriff, der in den reinen Kategorien des Seyns sich verläuft. Dieser Gott aber muß sich, weil sein Wesen in einem nothwendigen Proceß besteht, offenbaren, diese Offenbarung oder Entäußerung seiner selbst ist die Welt, und ist Gott der Sohn. Aber Gott muß auch diese Entäußerung (welche ein Heraustreten aus dem bloß Logischen ist — so wenig hat Hegel den bloß logischen Charakter des Ganzen dieser Philosophie erkannt, daß er mit der Naturphilosophie aus ihr herauszutreten erklärte) — Gott muß auch diese Entäußerung, diese Negation seines bloß logischen Seyns wieder aufheben und zu sich zurückkehren, welches durch den Menschengeist geschieht in der Kunst, in der Religion und vollständig in der Philosophie, und dieser Menschengeist ist zugleich der heilige Geist, wodurch Gott erst zum vollkommenen Bewußtseyn seiner selbst kommt.

Sie sehen, wie hier jener Proceß, den die frühere Philosophie eingeführt, verstanden, und wie er auf die entschiedenste Weise als objektiver und realer genommen ist. Für so verdienstlich man daher auch die Anwandlung anschlagen muß, die Hegel hatte, die bloß logische Natur und Bedeutung der Wissenschaft, die er vor sich fand, einzusehen, so verdienstlich insbesondere es ist, daß er die von der früheren Philosophie im Realen verhüllten logischen Verhältnisse als solche hervorgehoben hat, so muß man doch gestehen, daß in der wirklichen Ausführung seine Philosophie (eben durch die Prätension auf objektive, reale Bedeutung) um ein gut Theil monstroser geworden ist, als es die vorhergehende je war, und daß ich daher auch dieser Philosophie nicht Unrecht gethan habe, wenn ich sie — eine Episode nannte.

Ich habe nun die Stelle des Hegelschen Systems im Allgemeinen bestimmt. Um aber dieß noch bestimmter nachzuweisen, will ich den Hauptgang seiner Entwicklung näher darstellen.

Um also in die Bewegung *hineinzukommen*, muß Hegel mit dem *Begriff* auf irgend einen Anfang zurückgehen, wo er von dem, was durch die Bewegung erst werden soll, am weitesten entfernt ist. Nun gibt es innerhalb des Logischen oder Negativen wieder mehr oder weniger *bloß* Logisches oder Negatives, weil der Begriff ein mehr oder weniger erfüllter seyn, mehr oder weniger unter sich begreifen kann. Hegel geht also auf das Allernegativste zurück, was sich denken läßt, auf den Begriff, in dem noch am wenigsten zu *erkennen*, der also, so sagt er, von jeder subjektiven Bestimmung so frei als möglich, insofern der *objektivste* ist. Und dieser Begriff ist ihm der des *reinen Seyn*.

Wie Hegel zu dieser Bestimmung des Anfangs kommt, läßt sich vielleicht auf folgende Art erklären.

Das Subjekt, welches die vorausgegangene Philosophie zu ihrem Ausgangspunkt hatte, war gegenüber von dem Fichteschen Ich, welches nur das Subjekt *unseres*, des menschlichen, oder im Grunde für jeden nur das Subjekt des eigenen Bewußtseyns war, — im Gegensatz mit diesem selbst bloß subjektiven Subjekt war das Subjekt in der auf Fichte folgenden Philosophie erklärt worden als objektives (außer uns gesetztes, von uns unabhängiges) Subjekt, und inwiefern nun zugleich erklärt wurde, daß die Entwicklung von diesem objektiven Subjekt erst fortzuschreiten habe zum subjektiven (zum *in* uns gesetzten), so war hiemit der Gang im Allgemeinen allerdings bestimmt worden als Fortgehen vom Objektiven ins Subjektive; der Ausgangspunkt war das Subjektive in seiner völligen Objektivität, also er war doch immer das Subjektive, nicht das *bloße* Objektive, wie Hegel seinen ersten Begriff bestimmt als das reine Seyn. — Jenem System (dem vorausgegangenen) ist das in ihm sich Bewegende nur nicht *als solches* schon *gesetztes* Subjekt, sondern, wie früher bemerkt, nur **so** Subjekt, daß ihm möglich ist auch Objekt zu seyn, insofern noch weder entschieden Subjekt noch entschieden Objekt, sondern eine Gleichgültigkeit zwischen beiden, was als Indifferenz des Subjektiven und Objektiven ausgedrückt wurde. Denn vor dem Proceß oder an und gleichsam vor sich selbst gedacht, ist es nicht sich selbst Objekt, aber eben darum ist es auch nicht gegen sich selbst Subjekt (zum Subjekt von sich selbst, welches ja nicht weniger ein relativer Begriff ist, macht es sich eben sowohl erst, als es zum Objekt von sich selbst sich erst macht), es ist daher auch relativ auf sich selbst Indifferenz von Subjekt und Objekt (noch nicht Subjekt und Objekt), aber eben weil es nicht Subjekt und Objekt von sich selbst ist, so ist es auch diese Indifferenz nicht für sich selbst, und demnach bloß objektiv, bloß an sich. Der Uebergang zum Proceß ist nun, wie Sie wissen, eben, daß es sich selbst als sich selbst will, und das Erste im Proceß ist demnach das zuvor gleichgültige (indifferente) Subjekt in seiner nunmehrigen sich-selbst-Anziehung. In dieser Selbstanziehung ist das Angezogene (wir wollen es B nennen), d. h. das Subjekt, inwiefern es Objekt von sich ist, nothwendig ein Begrenztes, Beschränktes (die Anziehung selbst eben ist das Begrenzende), das Anziehende aber (wir wollen es A nennen) ist eben dadurch, daß es das Seyn angezogen, selbst außer sich gesetzt, mit diesem Seyn befangen, es ist das erste Objektive. Dieses erste Objektive, dieses „primum Existens" ist aber nur der Anlaß und die erste Stufe zu den höheren Potenzen der Innerlichkeit oder Geistigkeit, zu welcher das Subjekt sich in dem Verhältniß erhebt, als es sich in jeder seiner Formen immer wieder zum Objekt schlägt, zum Objekt hinzutritt (denn es ist ihm gleichsam nur darum zu thun, jenes sein erstes Seyn zu einem sich angemessenen zu erhöhen, es mit immer höheren geistigen Eigenschaften auszustatten, in ein solches zu verwandeln, in dem es selbst sich erkennen und daher ruhen kann); indem aber die folgende Stufe immer die frühere festhielt, so kann dieß nicht geschehen ohne eine Totalität von Formen zu erzeugen; die Bewegung ruht daher nicht eher, als bis das Objekt ganz = dem Subjekt geworden. Inwiefern daher auch im Proceß das primum Existens ein Minimum von Subjektivem und ein Maximum von Objektivem ist, von welchem zu immer höheren Potenzen des Subjektiven fortgegangen wird, so ist auch hier (von dem im Proceß Ersten aus) ein Fortgang vom Objektiven ins Subjektive.

Auf jeden Fall also mußte Hegel, da er doch im Ganzen und in der Hauptsache dasselbe System aufstellen wollte, auch einen objektiven Anfang und zwar wo möglich den objektivsten zu nehmen suchen. Hier begegnet ihm aber, dieses Objektivste als Negation alles Subjektiven, als reines Seyn zu bestimmen, d. h. (wie kann man es anders verstehen?) als Seyn, in dem gar nichts von einem Subjekt ist. Denn daß er übrigens diesem reinen Seyn eine Bewegung, ein Uebergehen in einen andern Begriff, ja sogar eine innere, es zu weiteren Bestimmungen forttreibende Unruhe zuschreibt, dieß beweist nicht etwa, daß er in dem reinen Seyn dennoch ein Subjekt denke, nur etwa ein solches, von dem sich nur noch sagen läßt, daß es nicht nicht ist, oder nicht ganz nichts ist, auf keine Weise aber, daß es schon etwas ist — wäre dieß sein Gedanke, so müßte der Fortgang ein ganz anderer seyn. Daß er dem reinen Seyn dennoch eine immanente Bewegung zuschreibt, heißt daher weiter nichts, als daß der Gedanke, der mit dem reinen Seyn anfängt, seine Unmöglichkeit empfindet, bei diesem Allerabstraktesten und Allerleersten, wofür Hegel selbst das reine Seyn erklärt, stehen zu bleiben. Die Nöthigung von diesem fortzugehen hat ihren Grund nur darin, daß der Gedanke an ein concreteres, inhaltsvolleres Seyn schon gewöhnt ist, also mit jener mageren Kost des reinen Seyns, in dem nur überhaupt ein Inhalt, aber kein bestimmter gedacht wird, sich nicht zufrieden geben kann; in letzter Instanz ist es also nur der Umstand, daß es in der That ein reicheres und inhaltsvolleres Seyn gibt, und daß der denkende Geist selbst schon ein solches ist; also es ist nicht eine in dem leeren Begriff selbst, sondern es ist eine in dem Philosophirenden liegende und ihm durch seine Erinnerung aufgedrungene Nothwendigkeit, die ihn nicht bei jener leeren Abstraktion stehen läßt. Also ist es eigentlich immer nur der Gedanke, der sich erst auf das möglichste Minimum von Inhalt zurückzuziehen, dann aber wieder successiv zu erfüllen, zu einem Inhalt, und zuletzt zu dem Gesammtinhalt der Welt und des Bewußtseyns zu gelangen sucht — freilich, wie Hegel vorgibt, nicht in einem willkürlichen, sondern in einem nothwendigen Fortgang; aber das stillschweigend Leitende dieses Fortgangs ist doch immer der terminus ad quem, die wirkliche Welt, bei welcher die Wissenschaft zuletzt ankommen soll; die wirkliche Welt aber nennen wir jederzeit nur das, was wir von ihr erfaßt haben, und Hegels eigne Philosophie zeigt, wie manche Seiten dieser wirklichen Welt er z. B. nicht erfaßt hat; der Zufall ist also von jenem Fortgang doch nicht auszuschließen, nämlich das Zufällige der engeren oder weiteren individuellen Weltansichten des philosophirenden Subjekts. Es ist also in dieser angeblichen nothwendigen Bewegung eine doppelte Täuschung, 1) indem dem Gedanken der Begriff substituirt, und dieser als etwas sich selbst Bewegendes vorgestellt wird, und doch der Begriff für sich selbst ganz unbeweglich liegen würde, wenn er nicht der Begriff eines denkenden Subjekts, d. h. wenn er nicht Gedanke wäre; 2) indem man sich vorspiegelt, der Gedanke werde nur durch eine in ihm selbst liegende Nothwendigkeit weiter getrieben, während er doch offenbar ein Ziel hat, nach welchem er hinstrebt, und das, wenn der Philosophirende auch noch so sehr dessen Bewußtseyn sich zu verbergen sucht, darum nur um so entschiedener bewußtlos auf den Gang des Philosophirens einwirkt.

Daß nun aber der schlechthin erste Gedanke das reine Seyn sey, dieß wird daraus bewiesen, daß von diesem Begriff in seiner Reinheit und vollkommenen Abstraktion gedacht nichts sich ausschließen könne — er sey die reinste und unmittelbarste Gewißheit oder die reine Gewißheit selbst noch ohne weitern Inhalt, das zu aller Gewißheit Vorausgesetzte; es sey keine Handlung der Willkür, sondern die vollkommenste Nothwendigkeit, zuerst daß Seyn überhaupt, sodann daß in dem Seyn alles Seyn gedacht werde. Hegel nennt dergleichen Bemerkungen selbst triviale, entschuldigt sie aber damit: die ersten Anfänge müssen trivial seyn, wie ja auch die Anfänge der Mathematik trivial seyen; wenn aber je die Anfänge der Mathematik (ich weiß nicht, was darunter verstanden wird) — wenn sie aber trivial heißen könnten, so wäre dieß nur, weil sie allgemein einleuchtend sind; der angeführte Satz hat aber nicht das Verdienst, in diesem Sinn trivial zu seyn, jene angebliche

Nothwendigkeit aber, Seyn überhaupt und in dem Seyn alles Seyn zu denken — diese Nothwendigkeit ist selbst ein bloßes Vorgeben, sintemal es eine Unmöglichkeit ist, Seyn überhaupt zu denken, weil es kein Seyn überhaupt gibt, kein Seyn ohne Subjekt, das Seyn vielmehr nothwendig und immer ein bestimmtes, entweder nämlich bloß wesendes, in das Wesen zurückgehendes, mit diesem identisches, oder gegenständliches Seyn ist — eine Unterscheidung, die Hegel völlig ignorirt; nun ist aber von dem schlechthin ersten Gedanken das gegenständliche Seyn schon durch seine Natur ausgeschlossen, es kann, wie schon in dem Wort Gegenstand liegt, nur einem andern entgegen, oder doch nur für das gesetzt seyn, dem es Gegenstand ist; das Seyn dieser Art kann also nur das zweite seyn; daraus folgt, daß das Seyn des schlechthin ersten Gedankens nur das ungegenständliche, das bloß wesentliche, das rein urständliche seyn könne, mit dem eben nichts gesetzt ist als bloßes Subjekt. Mithin ist das Seyn des ersten Gedankens nicht ein Seyn überhaupt, sondern schon ein bestimmtes Seyn. Unter dem Seyn überhaupt, dem völlig unbestimmten, wovon Hegel auszugehen vorgibt, könnte nur dasjenige verstanden werden, das weder das wesentliche, noch das gegenständliche ist, von dem aber alsdann unmittelbar einleuchtet, daß in ihm wahrhaft nichts gedacht (Gattungsbegriff des Seyns, ganz aus dem Gebiet der Scholastik). Man könnte hierauf erwiedern: Hegel gestehe dieß selbst, indem er dem Begriff des reinen Seyns unmittelbar den Satz folgen lasse: das reine Seyn ist das Nichts. Welchen Sinn er aber auch mit diesem Satz verbände, auf keinen Fall kann es seine Absicht seyn, das reine Seyn für einen Ungedanken zu erklären, nachdem er es so eben als den absolut ersten Gedanken erklärt hatte. Mit jenem Satz sucht indeß Hegel weiter, d. h. in ein Werden hineinzukommen. Der Satz lautet ganz objektiv: „das reine Seyn ist das Nichts". Allein, wie schon bemerkt, ist der wahre Sinn nur dieser: nachdem ich das reine Seyn gesetzt, suche ich etwas in ihm und finde nichts, denn ich habe mir selbst verboten, etwas in ihm zu finden dadurch eben, daß ich es als das reine Seyn, als das bloße Seyn überhaupt gesetzt habe. Nicht also etwa das Seyn selbst findet sich, sondern ich finde es als das Nichts, und spreche dieß in dem Satz aus: das reine Seyn ist das Nichts. — Untersuchen wir nun die specielle Bedeutung des Satzes. Hegel wendet unbedenklich die Form des Satzes, die Copula, das ist an, eh' er sich im Geringsten über die Bedeutung dieses ist erklärt hat. Ebenso wendet Hegel den Begriff Nichts als einen keiner Erklärung bedürftigen, sich von selbst verstehenden an. Entweder ist nun jener Satz (das reine Seyn ist das Nichts) bloß tautologisch gemeint, d. h. das reine Seyn und das Nichts sind nur zwei verschiedene Ausdrücke für eine und dieselbe Sache, so ist der Satz als ein tautologischer ein nichtssagender, er enthält eine bloße Wortverknüpfung, es kann also auch nichts aus ihm folgen. Oder er hat die Bedeutung eines Urtheils, so heißt er zufolge der Bedeutung der Copula im Urtheil so viel: das reine Seyn ist das Subjekt, das Tragende des Nichts. Auf diese Weise wäre dann das reine Seyn und das Nichts, beide, wenigstens potentiâ etwas, jenes als das Tragende, dieses als das Getragene, und man könnte alsdann von dem Satz weiter gelangen, etwa indem man das reine Seyn aus jenem Verhältniß des Subjektseyns (der Subjektion) heraustreten ließe, mit dem Verlangen selbst etwas zu seyn, dadurch würde es nun dem Nichts ungleich, und würde es von sich ausschließen, wodurch dieses als ein vom Seyn ausgeschlossenes nun auch ein Etwas würde. Allein so ist es nicht, und der Satz ist also bloß als eine Tautologie gemeint. Das reine Seyn ist, da es das Seyn überhaupt ist, allerdings unmittelbar (ohne alle Vermittlung) das nicht-Seyn und in diesem Sinne Nichts. Man hat sich nicht über diesen Satz zu verwundern, sondern vielmehr über das, wozu er als Mittel oder Uebergang dienen soll. Aus dieser Verbindung von Seyn und Nichts soll nämlich das Werden folgen. Doch will ich vorher noch bemerken: Hegel will jene Gleichsetzung des reinen Seyns und des Nichts durch das Beispiel des Begriffs Anfang erklären. „Die Sache ist, wie er sich ausdrückt, ist noch nicht in ihrem Anfang"[1]. Hier wird also das Wörtlein noch

[1] Encyklopädie zweite Ausgabe, S. 103 (erste Ausgabe, S. 39).

eingeschaltet. Nimmt man dieß zu Hülfe, so würde der Satz: das reine Seyn ist das Nichts, nur soviel heißen: das Seyn ist hier — auf dem gegenwärtigen Standpunkt — *noch* das Nichts. Aber gleichwie in dem Anfang das *Nichtseyn* der Sache, wozu er der Anfang ist, nur das noch nicht *wirkliche* Seyn der Sache ist, nicht aber ihr völliges Nichtseyn, sondern allerdings auch ihr Seyn, zwar nicht ihr Seyn unbestimmter Weise, wie Hegel sich ausdrückt, aber ihr Seyn in der Möglichkeit, in der Potenz, so würde der Satz: das reine Seyn ist *noch* das Nichts, bloß so viel heißen: es ist noch nicht das wirkliche Seyn. Aber eben damit würde es ja selbst bestimmt und nicht mehr das Seyn überhaupt, sondern das bestimmte Seyn, nämlich das Seyn in potentiâ. Indeß ist mit jenem eingeschalteten *noch* schon ein künftiges, das noch nicht *ist*, in Aussicht gestellt, und mit Hülfe dieses *noch* gelangt also Hegel zum *Werden*, von dem er ebenfalls höchst unbestimmter Weise sagt, es sey Einheit oder Vereinigung von Nichts und Seyn — (man müßte vielmehr sagen, es sey Uebergang vom Nichts, vom noch nicht Seyn zum wirklichen Seyn, so daß also im Werden nichts und Seyn eigentlich nicht vereinigt werden, sondern das Nichts vielmehr *verlassen* wird. Allein Hegel liebt diese ohngefähre Art sich auszudrücken; dadurch läßt sich allerdings dem Trivialsten der Schein eines Ungemeinen geben).

Man kann diese Sätze eigentlich nicht widersprechen, oder sie etwa für falsch erklären; denn vielmehr sind es Sätze, an denen man gar nichts hat. Es ist, wie wenn man Wasser in der hohlen Hand tragen wollte, wovon man auch nichts hat. Die bloße Arbeit, etwas festzuhalten, das sich nicht festhalten läßt, weil es nichts *ist*, gilt hier statt des Philosophirens. Man kann dasselbe von der ganzen Hegelschen Philosophie sagen. Man sollte eigentlich gar nicht von ihr sprechen, weil ihr Eigenthümliches in vielen Fällen eben in solchen unfertigen Gedanken besteht, die nicht einmal so weit sich festhalten lassen, daß ein Urtheil darüber möglich wäre. Auf die angezeigte Weise indeß kommt Hegel nicht etwa auf irgend ein bestimmtes Werden, sondern nur auf den allgemeinen Begriff des Werdens überhaupt, womit wieder nichts gegeben ist. Dieses Werden aber wirft sich ihm sofort in Momente auseinander, so daß er auf diese Weise zu der Kategorie der Quantität und damit überhaupt in die Kantische Kategorientafel hinüberkommt.

Die bisher dargestellten Momente, reines Seyn, Nichts, Werden, sind nun die Anfänge der Logik, welche Hegel als die rein speculative Philosophie erklärt mit der Bestimmung, daß hier zunächst die Idee noch im Denken, oder das Absolute noch in seine Ewigkeit eingeschlossen sey (die Idee und das Absolute werden demnach als gleichbedeutend behandelt, so wie Denken, weil es das völlig zeitlose ist, als identisch mit Ewigkeit genommen wird). Da sie die reine göttliche Idee darzustellen hat, wie sie vor aller Zeit oder inwiefern sie noch bloß im Denken ist, so ist die Logik in dieser Hinsicht subjektive Wissenschaft, die Idee ist bloß noch als Idee, nicht auch als Wirklichkeit und Objektivität gesetzt; aber sie ist nicht subjektive Wissenschaft in dem Sinn, daß sie die reale Welt ausschlöße, vielmehr als der absolute Grund alles Realen sich erweisend ist sie ebensowohl reale und objektive Wissenschaft; sie hat noch den Reichthum der concreten sowohl der sinnlichen als der geistigen Welt außer sich; indem aber auch dieser in dem nachfolgenden realen Theil erkannt wird, und in demselben sich erweist als in die logische Idee zurückgehend und in ihr seinen letzten Grund, seine Wahrheit habend, so erscheint damit die logische Allgemeinheit nicht mehr als eine Besonderheit gegen jenen realen Reichthum, sondern als denselben enthaltend, als wahrhafte Allgemeinheit[1]. Sie sehen, daß hier die Logik als der eine, nämlich ideale Theil der Philosophie dem andern als dem realen entgegengesetzt wird, welcher selbst wieder unter sich a) Naturphilosophie, b) Philosophie der geistigen Welt begreift. Die Logik ist nur die Erzeugung der vollendeten **Idee**. Diese Erzeugung geschieht, indem angenommen wird, daß die Idee oder wie sie in ihrem Anfang heißt, der Begriff — daß der Begriff durch eine ihm selbst inwohnende bewegende Kraft — welche eben, weil sie Kraft des bloßen Begriffes ist, dialektisch heißt — daß der Begriff durch die ihm eigne dialektische Bewegung von jenen ersten leeren und inhalts-

[1] Encyklopädie der philosophischen Wissenschaften §. 17, erste Ausgabe.

losen Bestimmungen zu immer inhaltvolleren fortschreite; das Gehaltvollere der späteren entsteht eben dadurch, daß sie die früheren, ihnen vorausgehenden Momente sich untergeordnet oder als aufgehoben in sich enthalten; jedes folgende Moment ist das Aufhebende des früheren, aber es ist dieß nur, inwiefern in ihm der Begriff selbst schon eine höhere Stufe von Positivität erreicht hat, im letzten Moment ist es die vollendete oder, wie sie auch genannt wird, die sich selbst begreifende Idee, die alle früher durchlaufenen Seynsweisen, alle Momente ihres Seyns als aufgehobene nun in sich hat.

Man sieht, daß es die Methode der früheren Philosophie ist, welche hier in die Logik übergetragen worden. Wie dort das absolute Subjekt jede Stufe seines Seyns überbietet, daß es sich in einer noch höheren Potenz der Subjektivität, der Geistigkeit oder Innerlichkeit setzt, bis es zuletzt als reines, d. h. nicht mehr objektiv werden könnendes, also ganz bei sich bleibendes stehen bleibt, so soll hier der durch verschiedene Momente oder Bestimmungen hindurchgehende Begriff, indem er zuletzt alle unter sich aufnimmt, der sich selbst begreifende Begriff seyn. Hegel nennt auch diese Fortbewegung des Begriffs einen Proceß. Nur ist der Unterschied zwischen der Nachahmung und dem Original. Hier ist der Anfangspunkt, an welchem das Subjekt sich zu einer höheren Subjektivität steigert oder aufrichtet, ein wirklicher Gegensatz, eine wirkliche Dissonanz, und man begreift auf diese Art eine Steigerung. Dort (in der Hegelschen Philosophie) verhält sich der Anfangspunkt gegen das ihm Folgende als ein bloßes Minus, als ein Mangel, eine Leere, die erfüllt und insofern freilich als Leere aufgehoben wird, aber es gibt dabei so wenig etwas zu überwinden, als bei der Füllung eines leeren Gefäßes zu überwinden ist; es geht dabei alles ganz friedlich zu — zwischen Seyn und Nichts ist kein Gegensatz, die thun einander nichts. Die Uebertragung des Begriffs Proceß auf die dialektische Fortbewegung, wo gar kein Kampf, sondern nur ein eintöniges, beinah einschläferndes Fortschreiten möglich ist, gehört daher zu jenem Mißbrauch der Worte, der bei Hegel allerdings ein sehr großes Mittel ist, den Mangel des wahren Lebens zu verbergen. Ich will nichts mehr sagen von der auch hier wiederkehrenden Verwechslung von Gedanken und Begriff. Von dem Gedanken — wenn er nämlich überhaupt in diese Folge sich einläßt, kann man sagen, er gehe oder bewege sich durch diese Momente hindurch, aber vom Begriff gesagt, ist es nicht etwa eine kühne, sondern nur eine frostige Metapher. Von dem Subjekt begreift sich, daß es nicht stehen bleibt, es hat eine innere Nöthigung überzugehen ins Objekt und so zugleich in seiner Subjektivität sich zu steigern. Aber ein leerer Begriff, wofür Hegel selbst das Seyn erklärt, hat, darum weil er ein leerer ist, noch keine Nöthigung sich zu erfüllen. Nicht der Begriff erfüllt sich, sondern der Gedanke, d. h. ich, der Philosophirende, kann ein Bedürfniß empfinden, von dem Leeren zum Erfüllten fortzugehen. Aber da doch nur der Gedanke das beseelende Princip dieser Bewegung ist, welche Bürgschaft gibt es gegen Willkür, was verhindert den Philosophen, um einen Begriff unterzubringen, auch wohl mit einem bloßen Schein von Nothwendigkeit oder umgekehrt mit einem bloßen Schein des Begriffs sich zu begnügen?

Die Identitätsphilosophie war mit den ersten Schritten in der Natur, also in der Sphäre des Empirischen und somit auch der Anschauung. Hegel hat über der Naturphilosophie seine abstrakte Logik aufbauen wollen. Allein er hat dorthin die Methode der Naturphilosophie mitgenommen; es ist leicht zu erachten, welche Erzwungenheit dadurch entstehen mußte, daß er die Methode, welche durchaus Natur zum Inhalt und Naturanschauung zur Begleiterin hatte, ins bloß Logische erheben wollte; die Erzwungenheit entstand dadurch, daß er diese Formen der Anschauung verleugnen mußte und doch sie beständig unterschob, daher es auch eine ganz richtige Bemerkung und unschwere Entdeckung ist, daß Hegel schon mit dem ersten Schritt seiner Logik Anschauung voraussetze und, ohne sie unterzuschieben, keinen Schritt thun könnte.

Die alte Metaphysik, die sich aus verschiedenen Wissenschaften aufbaute, hatte zur allgemeinen Grundlage eine Wissenschaft, welche ebenfalls die Begriffe nur als Begriffe zum Inhalt hatte, die Ontologie. Hegeln schwebte bei seiner Logik nichts anderes als diese Ontologie vor, die er über die schlechte Form erheben wollte, die sie z. B. in der Wolffischen Philosophie gehabt hatte, wo die verschiedenen Kategorien in einem mehr oder weniger bloß zufälligen, mehr oder weniger gleichgültigen Neben- und Nacheinander aufgestellt und abgehandelt wurden. Er suchte diese Erhebung zu bewerkstelligen durch Anwendung einer Methode, die für einen ganz andern Zweck, für reale Potenzen erfunden war, auf bloße Begriffe, denen er ein Leben, eine innere Nöthigung zur Fortbewegung vergebens einzuhauchen suchte. Man sieht, daß hierin nichts Ursprüngliches ist; für diesen Zweck wäre die Methode nie erfunden worden. Sie ist hier etwas nur künstlich und gewaltsam Angewendetes. Aber überhaupt auf diese Ontologie zurückzugehen, war ein Rückschritt.

In Hegels Logik findet man alle gerade zu seiner Zeit gangbaren und einmal vorhandenen Begriffe jeden als Moment der absoluten Idee an einer bestimmten Stelle aufgenommen. Es ist damit die Prätension einer vollendeten Systematisirung, d. h. der Anspruch verbunden, daß alle Begriffe umfaßt, und außer dem Kreis der umfaßten kein anderer möglich sey. Wenn sich nun aber Begriffe aufzeigen ließen, von denen jenes System nichts weiß, oder die es nur in einem ganz anderen als dem ächten Sinn in sich aufzunehmen wußte? Anstatt eines impartiellen, alles mit gleicher Gerechtigkeit aufnehmenden Systems, werden wir also nur ein partielles vor uns haben, das entweder nur solche Begriffe aufgenommen, oder die aufgenommenen nur in dem Sinn aufgenommen hat, in welchem sie sich mit dem einmal schon vorausgesetzten System vertragen. Wenigstens da, wo das System auf die höheren, eben darum dem Menschen näher liegenden, auf die sittlichen und religiösen Begriffe kommt, da sind ihm ganz willkürliche Verrenkungen dieser längst vorgeworfen worden.

Man möchte vielleicht fragen: wo denn die frühere Philosophie den Ort oder die Stelle für die Begriffe als Begriffe gehabt habe. Man könnte denken, vielleicht ist es sogar vorgegeben worden: diese Philosophie habe für die Logik, für die allgemeinen Kategorien, für die Begriffe als solche keine Stelle gehabt. Für Begriffe, die das

Reale noch außer sich haben, hatte sie allerdings keine Stelle, denn sie war, wie gesagt, mit ihren ersten Schritten in der Natur; aber sie ging eben in der Natur fort bis zu dem Punkt, wo das durch die ganze Natur hindurchgegangene, nun zu sich gekommene, sich selbst besitzende Subjekt (das Ich) zwar nicht mehr die früheren in der Natur zurückgelassenen Momente selbst, wohl aber die Begriffe derselben und zwar als Begriffe findet, mit denen das Bewußtseyn nun wie mit einem ganz von den Dingen unabhängigen Besitz schaltet und waltet und sie nach allen Seiten hin anwendet. Auf diese Weise konnte wenigstens Hegel hören, an welcher Stelle des Systems die Begriffswelt in ihrer ganzen Mannichfaltigkeit und systematisch vollständigen Auseinandersetzung in das Ganze eintrete; er konnte sogar die Formen der insgemein sogenannten Logik ganz so wie die Naturformen behandelt sehen — eine Analogie, von der Hegel selbst, wenigstens da, wo er von den Figuren der Schlüsse redet, Gebrauch macht. Hier wo die unendliche Potenz, die durch die Natur hindurchgegangen ist, zuerst sich selbst gegenständlich ist, wo sie ihren bisher objektiv auseinandergelegten Organismus subjektiv im Bewußtseyn entfaltet als Organismus der Vernunft, hier war in einer natürlich fortschreitenden, wirklich von vorn anfangenden Philosophie der einzige Ort für die Begriffe als solche; diese konnten für sie nicht anders als wie die Körperwelt, oder die Pflanzen, oder was irgend sonst in der Natur vorkommt, nur Gegenstände einer rein apriorischen Herleitung und daher für sie nicht eher da seyn, als wo sie zuerst in die Wirklichkeit eintreten (mit dem Bewußtseyn), am Ende der Naturphilosophie und im Anfang der Geistesphilosophie. An dieser Stelle sind die Begriffe selbst auch wieder etwas wirkliches Objektives, während sie da, wo sie Hegel abhandelt, nur etwas Subjektives, künstlich objektiv Gemachtes sind. Die Begriffe als solche existiren in der That nirgends als im Bewußtseyn, sie sind also objektiv genommen nach der Natur, nicht vor derselben; Hegel nahm sie von ihrer natürlichen Stelle hinweg, indem er sie an den Anfang der Philosophie setzte. Da stellt er denn die abstraktesten Begriffe voran, Werden, Daseyn u. s. w.; Abstrakta aber können doch natürlicherweise nicht eher daseyn, für Wirklichkeiten gehalten werden, als das ist, wovon sie abstrahirt sind: ein Werden kann nicht eher seyn als ein Werdendes, ein Daseyn nicht eher als ein Daseyendes. Wenn Hegel die Philosophie damit anfangen heißt, daß man sich ganz in das reine Denken zurückzieht, so hat er damit das Wesen der wahrhaft negativen oder rein rationalen Philosophie trefflich ausgedrückt; und wir könnten ihm für den bezeichnenden Ausdruck dankbar seyn; aber dieses Zurückziehen in das reine Denken ist bei ihm nicht von der ganzen Philosophie gemeint oder gesagt, er will uns damit nur für seine Logik gewinnen, indem er sich mit dem beschäftigt, was nicht bloß vor der wirklichen, sondern vor aller Natur ist. Es sind nicht die Gegenstände oder die Sachen, wie sie a priori im reinen Denken, also im Begriff sich darstellen, sondern der Begriff soll wieder nur den Begriff zum Inhalt haben. Nur das Denken, das bloße Begriffe zum Inhalt hat, nennt er und nennen seine Anhänger reines Denken. Sich ins Denken zurückziehen, heißt ihm nur, sich entschließen über das Denken zu denken. Das kann man aber wenigstens nicht wirkliches Denken nennen. Wirkliches Denken ist, wodurch ein dem Denken Entgegenstehendes überwunden wird. Wo man nur wieder das Denken und zwar das abstrakte Denken zum Inhalt hat, hat das Denken nichts zu überwinden. (Hegel selbst beschreibt diese Bewegung durch bloße Abstraktionen, wie Seyn, Werden u. s. f. als eine Bewegung im reinen, d. h. widerstandlosen Aether. Das Verhältniß ist etwa wie folgendes. Die Poesie kann z. B. ein poetisches Gemüth im Verhältniß und im Kampf mit der Wirklichkeit darstellen, da hat sie einen wirklich objektiven Inhalt. Die Poesie kann aber auch die Poesie überhaupt und in abstracto zum Gegenstand haben — Poesie über die Poesie seyn. Manche unserer sogenannten romantischen Dichter hatten es nie weiter gebracht als zu einer solchen Verherrlichung der Poesie durch die Poesie. Aber niemand hat diese Poesie über die Poesie für wirkliche Poesie gehalten.

Hegel führt als Gegensatz seiner Behauptung, daß der Begriff das einzig Reale sey, die Meinung an, daß die Wahrheit auf sinnlicher Realität beruhe. Dieß könnte aber nur dann seyn, wenn der Begriff eine übersinnliche, ja die einzige übersinnliche Realität wäre. Offenbar nimmt Hegel dieß an. Diese Annahme stammt in gerader Linie von jener Kantischen ab, nach welcher Gott nur ein Vernunftbegriff, eine Vernunftidee ist. Dem Begriff steht aber nicht bloß das sinnliche Reale, sondern das Reale überhaupt, sowohl das sinnliche als das übersinnliche, entgegen. — Als einzigen Widerspruch oder Tadel gegen die Idee seiner Logik denkt sich Hegel den, daß diese Gedanken nur Gedanken seyen, da der wahre Gehalt nur in der sinnlichen Wahrnehmung sey. Allein davon (von der sinnlichen Wahrnehmung) ist auch hier nicht die Rede. Es ist wohl nicht anders zu sagen, als daß der Inhalt der höchsten Wissenschaft, der Philosophie in der That nur Gedanken seyen, und daß sie selbst die nur durch Denken zustandekommende Wissenschaft sey. Nicht dieses also kann getadelt werden, daß der Inhalt der Philosophie nur Gedanken seyen, sondern daß der Gegenstand dieser Gedanken nur der Begriff oder Begriffe seyen. Hegel kann sich außer Begriffen nur noch sinnliche Realität denken, was offenbar eine petitio principii ist, da z. B. Gott nicht bloßer Begriff und doch auch nicht eine sinnliche Realität ist. Hegel beruft sich oft darauf: von jeher habe man gemeint, zur Philosophie gehöre vorzugsweise Denken oder Nachdenken. Allerdings, aber daraus folgt nicht, daß der Gegenstand dieses Denkens nur wieder das Denken selbst oder der Begriff ist. Ebenso: „Der Unterschied des Menschen vom Thier bestehe nur im Denken". Dieß als richtig angenommen, bleibt der Inhalt dieses Denkens ganz unbestimmt; denn der Geometer, der sinnlich vorstellbare Figuren, der Naturforscher, der sinnliche Gegenstände oder Begebenheiten, der Theolog, der Gott als eine übersinnliche Realität betrachtet, wird darum nicht zugeben, daß er nicht denke, weil der Inhalt seines Denkens nicht der reine Begriff ist.

In die Einzelheiten der Hegelschen Logik nun kann es nicht unsere Absicht seyn uns noch weiter einzulassen. Was unser ganzes Interesse erregt, ist das System als Ganzes. Hegels Logik ist in Bezug auf das zu Grund liegende System insofern etwas ganz Zufälliges, als es nur auf sehr lose Weise mit ihr zusammenhängt. Wer die bloße Logik beurtheilt, der hat das System selbst nicht beurtheilt. Und wer vollends nur gegen einzelne Punkte dieser Logik zu Felde zieht, mag dabei wohl nicht Unrecht haben, sogar viel Scharfsinn und richtige Einsicht zeigen, aber in Bezug auf das Ganze ist dabei nichts gewonnen. Ich glaube selbst, daß man diese sogenannte reale Logik leicht auf zehnerlei verschiedene Art machen könnte. Doch verkenne ich darum nicht den Werth vieler ungemein kluger, besonders methodologischer Bemerkungen, die sich in Hegels Logik finden. Hegel hat sich aber in die methodologische Erörterung so geworfen, daß er darüber die außer ihr liegenden Fragen ganz vergaß.

Ich wende mich also nun zum System als solchem, und werde hiebei auch die dem vorangegangenen System von Seiten Hegels gemachten Vorwürfe nicht unbeantwortet lassen.

Obgleich nämlich der Begriff nicht der *einzige* Inhalt des Denkens seyn kann, so könnte wenigstens immer wahr bleiben, was Hegel behauptet, daß die Logik in dem metaphysischen Sinn, den er ihr gibt, die reale *Grundlage* aller Philosophie seyn müsse. Es könnte darum doch wahr seyn, was Hegel so oft einschärft, daß alles, was Ist, in der Idee oder in dem logischen Begriff ist, und daß folglich die Idee die Wahrheit von allem ist, in welche zugleich alles als in seinen Anfang und in sein Ende eingeht. Was also dieses beständig Wiederholte betrifft, so könnte zugegeben werden, daß alles in der logischen Idee sey, und zwar so sey, daß es außer ihr gar nicht seyn könnte, weil das Sinnlose allerdings nirgends und nie existiren kann. Aber eben damit stellt sich auch das Logische als das bloß Negative der Existenz dar, als das, *ohne* welches nichts existiren könnte, woraus aber noch lange nicht folgt, daß alles auch nur *durch* dieses existirt. Es kann alles in der logischen Idee seyn, ohne daß damit irgend etwas *erklärt* wäre, wie z. B. in der sinnlichen Welt alles in Zahl und Maß gefaßt ist, ohne daß darum die Geometrie oder Arithmetik die sinnliche Welt erklärte. Die ganze Welt liegt gleichsam in den Netzen des Verstandes oder der Vernunft, aber die Frage ist eben, *wie* sie in diese Netze gekommen sey, da in der Welt offenbar noch etwas anderes und etwas mehr als bloße Vernunft ist, ja sogar etwas über diese Schranken Hinausstrebendes.

Die Hauptabsicht der Hegelschen Logik, und dessen sie sich vorzüglich rühmt, ist, daß sie in ihrem letzten Resultat die Bedeutung der speculativen Theologie annehme, d. h. daß sie eine eigentliche Construktion der Idee Gottes, und daß demnach diese oder das Absolute bei ihr nicht eine bloße Voraussetzung, wie in dem unmittelbar vorausgegangenen Systeme, sondern wesentlich ein Resultat sey. Es ist damit der früheren Philosophie ein doppelter Vorwurf gemacht: 1) hat sie das Absolute statt als begründetes Resultat als bloße unbegründete Voraussetzung, 2) hat sie damit überhaupt eine Voraussetzung, während die Hegelsche Philosophie sich berühmt, die nichts, schlechterdings nichts voraussetzende zu seyn. Allein, was das Letztere betrifft, so muß sich Hegel, indem er die Logik in jenem erhabenen Sinn als die erste philosophische Wissenschaft aufstellt, dabei der gemeinen logischen Formen bedienen, ohne sie gerechtfertigt zu haben, d. h. er muß sie voraussetzen, wie er z. B. sagt: das reine Seyn ist das Nichts, ohne im Geringsten über die Bedeutung dieses ist sich ausgewiesen zu haben. Aber offenbar sind es nicht bloß die logischen Formen, sondern es sind so ziemlich alle Begriffe, deren wir uns im gemeinen Leben ohne weiteres Nachdenken bedienen, und ohne daß wir für nöthig hielten uns wegen derselben zu rechtfertigen, es sind so ziemlich alle Begriffe dieser Art, deren auch Hegel gleich anfangs sich bedient, die er also voraussetzt. Er stellt sich freilich im Anfang nur wenig zu verlangen, was gleichsam nicht der Rede werth ist, so inhaltslos, wie das Seyn überhaupt, daß man gleichsam gar nicht umhin kann es ihm zuzugeben. Der Hegelsche Begriff ist der indische Gott Wischnu in seiner dritten Incarnation, der sich dem Mahabala, dem riesenhaften Fürsten der Finsterniß (gleichsam als dem Geist der Unwissenheit), entgegenstellt, welcher die Oberherrschaft in allen drei Welten erlangt hat. Diesem erscheint er zuerst in der Gestalt eines kleinen, zwergartigen Braminen und bittet ihn nur um drei Fuß Land (die drei Begriffe Seyn, Nichts, Werden), kaum hat der Riese diese gewährt, so dehnt sich der Zwerg zu einer ungeheuern Gestalt aus, reißt mit einem Schritte die Erde, den Himmel mit dem andern an sich, und ist eben im Begriff mit dem dritten auch die Hölle zu umfassen, als der Riese sich ihm zu Füßen wirft und demüthig die Macht des höchsten Gottes erkennt, der nun seinerseits großmüthig ihm die Herrschaft im Reich der Finsterniß (versteht sich unter seiner Oberherrschaft) überläßt. Wir wollen nun also zugeben, daß die drei Begriffe Seyn, Nichts, Werden nichts mehr außer sich voraussetzen, und daß sie die ersten reinen Gedanken sind. Aber diese Begriffe haben noch eine Bestimmung an sich: einer ist der erste, einer der zweite, im Ganzen sind es drei, und diese Dreiheit wiederholt sich in der Folge, wo schon mehr Raum gewonnen ist, in immer größeren Dimensionen. Hegel selbst spricht oft genug von der immer sich wiederholenden dreigliedrigen Eintheilung oder Trichotomie der Begriffe. Wie komme ich nun aber dazu, hier am äußersten Rand der Philosophie, wo sie noch kaum den Mund aufthun darf, mit Mühe nur Wort und Rede findet, den Begriff Zahl anzuwenden?[1]

Aber außer diesem allgemeinen Ruhm, nichts vorauszusetzen, vindicirt sich jene Philosophie noch den besondern, das vorhergegangene System darin übertroffen zu haben, daß diesem das Absolute eine bloße Voraussetzung, ihr aber ein Resultat, ein Erzeugtes, Begründetes sey. Darin liegt nun ein Mißverstand, den ich kürzlich auseinandersetzen will. Wie Sie wissen, so ist jenem System das Absolute als Ausgangspunkt (als terminus a quo) reines Subjekt. Gerade so, wie Hegel sagt, die wahrhaft erste Definition des Absoluten sey: das Absolute ist das reine Seyn, so konnte ich sagen: die wahrhaft erste Definition des Absoluten ist, Subjekt zu seyn. Nur insofern als dieses Subjekt sogleich auch in der Möglichkeit gedacht werden muß, Objekt (= entselbstetes Subjekt) zu werden, nannte ich das Absolute auch Gleichgültigkeit (Gleichmöglichkeit, Indifferenz) von Subjekt und Objekt, so wie ich es späterhin, da es schon im Actus gedacht wird, lebendige, ewig bewegliche, in nichts aufzuhebende Identität des Subjektiven und Objektiven

[1] Vgl. 2. Abth. Bd. I, S. 312. D. H.

genannt habe. Das Absolute ist also in dem früheren System nicht anders und nur so Voraussetzung, wie in Hegels System das reine Seyn Voraussetzung ist, von dem er ja auch sagt: es sey der erste Begriff des Absoluten. Aber das Absolute ist allerdings nicht bloß Anfang oder bloße Voraussetzung, es ist ebensowohl auch Ende und in diesem Sinn Resultat — nämlich das Absolute in seiner Vollendung. Aber das so bestimmte Absolute, das Absolute, inwiefern es nun schon alle Momente des Seyns unter und relativ außer sich hat, und als nicht mehr in das Seyn, in das Werden herabsteigen könnender, d. h. als seyender und bleibender Geist gesetzt ist, — dieses Absolute ist dem früheren System ebensowohl Ende oder Resultat. Der Unterschied zwischen dem Hegelschen und dem früheren System ist, was das Absolute betrifft, eben nur dieser. Das frühere System kennt nicht ein doppeltes Werden, ein logisches und ein reales, sondern von dem abstrakten Subjekt, dem Subjekt in seiner Abstraktion ausgehend, ist es mit dem ersten Schritt in der Natur, und es bedarf nachher keiner weiteren Erklärung des Uebergangs von dem Logischen in das Reale. Hegel dagegen erklärt seine Logik als diejenige Wissenschaft, worin sich die göttliche Idee logisch, d. h. im bloßen Denken, vor aller Wirklichkeit, Natur und Zeit vollendet; hier also hat er die vollendete göttliche Idee schon als logisches Resultat, aber er will sie gleich nachher nochmals (nämlich nachdem sie durch die Natur und geistige Welt hindurchgegangen ist) als reales Resultat haben. So hat Hegel allerdings vor dem früheren System etwas voraus, nämlich, wie schon gesagt, das doppelte Werden. Ist aber die Logik die Wissenschaft, in der sich die göttliche Idee im bloßen Denken vollendet, so müßte man erwarten, daß nun die Philosophie geschlossen wäre, oder wenn sie weiter fortschritte, der Fortgang nur noch in einer ganz andern Wissenschaft seyn könnte, in welcher nicht mehr bloß von der Idee die Rede ist, wie in der ersten. Hegeln aber ist die Logik nur ein Theil der Philosophie, die Idee hat sich logisch vollendet, und nun soll sich dieselbe Idee real vollenden. Denn es ist die Idee, die den Uebergang in die Natur macht. Ehe ich von diesem Uebergang rede, will ich noch eines anderen

Tadels erwähnen, welcher dem Identitätssystem von Seiten Hegels gemacht worden ist. Der eben berührte Vorwurf nämlich (in der vorangegangenen Philosophie sey das Absolute eine bloße Voraussetzung gewesen) wurde auch so ausgedrückt: diese Philosophie habe sich in Betreff des Absoluten, anstatt es auf dem Wege der Wissenschaft zu beweisen, auf die intellektuelle Anschauung berufen, von der man gar nicht wisse, was sie sey: gewiß sey aber, daß sie nichts Wissenschaftliches sey, sondern etwas bloß Subjektives, am Ende vielleicht nur Individuelles, eine gewisse mystische Intuition, deren sich nur einige Begünstigte rühmen, mit deren Vorgeben man es sich also in der Wissenschaft bequem machen könnte.

Hier ist vor allem zu bemerken, daß in der ersten urkundlichen Darstellung der Identitätsphilosophie, der einzigen, welche der Urheber als die streng wissenschaftliche von jeher anerkannt hat[1], das Wort intellektuelle Anschauung gar nicht vorkommt, und man demjenigen eine Belohnung aussetzen könnte, der es in ihr entdeckte. Dagegen ist von intellektueller Anschauung allerdings zuerst und ursprünglich die Rede in einer jener Darstellung vorausgegangenen Abhandlung[2]. Aber wie ist dort von ihr die Rede? Um dieß zu erklären, muß ich auf die Bedeutung der intellektuellen Anschauung bei Fichte zurückgehen. Denn das Wort schreibt sich zwar schon von Kant, die Anwendung desselben aber auf den Anfang der Philosophie schreibt sich von Fichte her. Fichte verlangte zum Anfang ein unmittelbar Gewisses. Dieses war ihm das Ich, dessen er sich durch intellektuelle Anschauung als eines unmittelbar Gewissen, d. h. als eines unzweifelhaft Existirenden, versichern wollte. Der Ausdruck der intellektuellen Anschauung war eben das mit unmittel-

[1] Zeitschrift für speculative Physik II. Bd., 2. Heft (1. Abth., Bd. IV, S. 105 ff.)

[2] Ueber den wahren Begriff der Naturphilosophie, Zeitschr. für spec. Phys. II. Bd., 1. Heft, 1801 (1. Abth., Bd. IV, S. 79 ff.). Diese Abhandlung möchte wohl auch zeigen, daß der Verfasser das Bewußtseyn seiner Methode, so wie des im ersten Begriff gesetzten, zum Fortgang treibenden Widerspruchs hatte, das man ihm gerne abgesprochen hätte. — Vergl. oben S. 98.

barer Gewißheit ausgesprochene „Ich bin". Intellektuelle Anschauung wurde der Akt genannt, weil hier nicht, wie in der sinnlichen Anschauung, Subjekt und Objekt ein anderes, sondern dasselbe ist. Nun sage ich in der angeführten Abhandlung, nicht das Ich, wie es in der intellektuellen Anschauung als unmittelbar Gewisses ist, sondern das durch Abstraktion von dem Subjekt in der intellektuellen Anschauung Gewonnene, das aus der intellektuellen Anschauung herausgenommene, d. h. allgemeine, bestimmungslose Subjekt-Objekt, das insofern nun nicht mehr ein unmittelbar Gewisses ist, sondern herausgenommen aus der intellektuellen Anschauung nur noch Sache des reinen Gedankens seyn kann: dieß erst sey der Anfang der objektiven, von aller Subjektivität befreiten Philosophie. — Fichte hatte sich auf die intellektuelle Anschauung berufen, um die Existenz des Ich zu beweisen: wie konnte nun sein Nachfolger mit derselben intellektuellen Anschauung die Existenz dessen beweisen wollen, was gar nicht mehr das Ich, sondern das absolute Subjekt-Objekt ist? Das Beweisende der intellektuellen Anschauung in Bezug auf das Ich liegt bloß in ihrer Unmittelbarkeit; im „Ich bin" ist unmittelbare Gewißheit — aber auch im „es ist" das allgemeine Subjekt-Objekt Ist? da ist ja alle Kraft der Unmittelbarkeit verloren. Um Existenz konnte es dabei gar nicht mehr zu thun seyn, sondern nur um den reinen Inhalt, um das Wesen dessen, was in der intellektuellen Anschauung enthalten war. Das Ich ist nur ein bestimmter Begriff, eine bestimmte Form des Subjekt-Objekts, diese soll abgestreift werden, damit das Subjekt-Objekt überhaupt als der allgemeine Inhalt alles Seyns hervortrete. Die Erklärung, man müsse aus der intellektuellen Anschauung den allgemeinen Begriff des Subjekt-Objekts nehmen, war Beweis genug, daß es um die Sache, um den Inhalt, nicht um die Existenz zu thun war. Hegel mochte es tadeln, wenn ich es nicht deutlich und ausdrücklich genug gesagt hatte (obwohl es deutlich genug gesagt war, daß es nicht mehr, wie bei Fichte, um das Seyn, um die Existenz sich handle[1], statt dessen setzt er voraus:

[1] Weil die Identitätsphilosophie sich mit dem reinen Was der Dinge beschäftigte, ohne sich über die wirkliche Existenz auszusprechen, nur in diesem Sinne

weil Fichte mit der intellektuellen Anschauung die Existenz des Ich bewiesen, so wolle ich in derselben auch die Existenz des allgemeinen Subjekts-Objekts beweisen. Gegen das Vorhaben hat er nichts, er tadelt nur die ungenügende Art des Beweises. Freilich handelt es sich um das, was Ist: aber eben dieses soll erst gesucht werden. Man hat es noch nicht einmal als ein wirklich Gedachtes, d. h. als ein logisch Verwirklichtes; es ist von Anfang vielmehr bloß das Gewollte; „die Pistole, aus der es geschossen wird", ist das bloße Wollen desselben, das aber im Widerspruch mit dem seiner nicht habhaft Werden, es nicht zum Stehen bringen Können, unmittelbar in die fortschreitende und fortziehende Bewegung, in der sich das Seyende bis zum Ende als das nie verwirklichte, nur erst zu verwirklichende verhält, mit fortgerissen wird.

Die Frage ist ja selbst erst: Was Ist, wie könnte also das, wovon ausgegangen wird, selbst schon seyend — ein Existirendes seyn, da ja das Seyende, Existirende erst gefunden werden soll. Hegel freilich will nicht das Absolute, sondern das existirende Absolute, und setzt voraus, die vorangegangene Philosophie habe es auch gewollt, und da er in ihr keine Anstalt sieht, die Existenz des Absoluten zu beweisen (wie er sie durch seine Logik beweisen will), so meint er, der Beweis habe einfach schon in der intellektuellen Anschauung liegen sollen.

Ich bemerke, daß in jener (ersten) Darstellung des Identitätssystems das Wort das Absolute gar nicht vorkam, so wenig als das intellektuelle Anschauung; das Wort konnte in ihr nicht vorkommen, weil sie nicht bis zum Ende geführt war. Denn das Absolute nannte jene Philosophie nur die bei sich stehen bleibende, seyende, von jedem Fortgang und fernerem Anderswerden frei gesprochene Potenz. Diese war das Letzte, reine Resultat. Das durchs Ganze Hindurchgehende aber nannte jene Philosophie nicht das Absolute, sondern

konnte sie sich absoluten Idealismus nennen, zum Unterschied von dem bloß relativen, der die Existenz der Außendinge leugnet (denn dieser behält immer noch eine Beziehung zur Existenz). Die Vernunftwissenschaft ist absoluter Idealismus, inwiefern sie die Frage nach der Existenz gar nicht aufnimmt.

die absolute Identität, eben um jeden Gedanken an ein Substrat, an eine Substanz zu entfernen. Zur Substanz, zum Seyenden wird es eben erst im letzten Moment, denn die ganze Bewegung hatte ja nur die Absicht das Seyende (das, was Ist) als das Seyende zu haben, was im Anfang, der eben darum als Indifferenz bezeichnet wurde, unmöglich war. Vorher ist es nichts, wovon ich einen Begriff habe, sondern selbst nur den Begriff alles Seyenden als eines Folgenden. Es ist das, was nie war, das, sowie es gedacht wird, verschwindet, und immer nur im Folgenden Ist, aber auch da nur auf gewisse Weise ist, also erst im Ende eigentlich Ist. Da also nimmt es auch erst den Namen des Seyenden so wie den des Absoluten an. Wohlabsichtlich hatte sich darum die (erste) Darstellung lauter solcher abstrakten Ausdrücke, wie absolute Indifferenz, absolute Identität, bedient, nur erst in späteren Darstellungen erlaubte man sich vielleicht aus einer Art von Condescendenz für diejenigen, welche schlechterdings ein Substrat verlangten, auch gleich den Ausdruck das Absolute im Anfang zu brauchen [1].

Aber indem ich nun die intellektuelle Anschauung in dem Sinn, in welchem sie mir Hegel zuschieben will, zurückweise, so folgt daraus nicht, daß sie bei mir nicht eine andere Bedeutung hatte, und in dieser allerdings von mir auch jetzt noch festgehalten wird.

Jenes absolut Bewegliche, von dem ich soeben sprach, das fortwährend ein Anderes ist, in keinem Moment sich festhalten läßt, das erst im letzten Moment (bemerken Sie diesen Ausdruck wohl!), das erst im letzten Moment wirklich gedacht wird, wie verhält sich dieses Bewegliche zu dem Denken? Offenbar nicht einmal als eigentlicher Gegenstand desselben; denn unter Gegenstand versteht man etwas Stillhaltendes, Stillstehendes, Bleibendes. Nicht eigentlich Gegenstand ist es, vielmehr die ganze Wissenschaft hindurch die bloße Materie des Denkens; denn das wirkliche Denken äußert sich eben nur in der fortgehenden Bestimmung und Gestaltung dieses an sich Unbestimmten, dieses nie sich selbst

[1] Vergl. 2. Abth., Bd. III, S. 85. D. H.

Gleichen, immer ein Anderes Werdenden. Diese erste Unterlage, diese wahre prima materia alles Denkens kann daher nicht das eigentlich Gedachte, nicht in dem Sinn Gedachte seyn, wie es die einzelne Gestaltung ist. Wenn das Denken beschäftigt ist mit der Bestimmung dieser Materie, so denkt es nicht an diese Unterlage selbst, sondern nur an diese Begriffsbestimmung, die es in sie hineinsetzt — (Bildhauer-Thon) — sie ist also das im Denken doch eigentlich nicht Gedachte. Ein nicht denkendes Denken wird aber wohl von einem anschauenden Denken nicht weit entfernt seyn, und insofern geht ein Denken, dem eine intellektuelle Anschauung zu Grunde liegt, durch diese ganze Philosophie hindurch, wie durch die Geometrie, in welcher die äußere Anschauung der Figur, die an der schwarzen Tafel oder sonst verzeichnet ist, stets nur der Träger einer inneren und geistigen ist. Dieß also sey einer allerdings anschauungslosen Philosophie gegenüber gesagt[1].

Hegel also (um auf ihn zurückzukehren) will das Absolute, ehe er es zum Princip nimmt, als Resultat einer Wissenschaft, und diese Wissenschaft ist eben die Logik. Also diese ganze Wissenschaft hindurch ist die Idee im Werden. Unter „Idee" versteht auch Hegel das zu Verwirklichende, das im ganzen Verlauf Werdende und Gewollte: es ist die im Anfang vom reinen Seyn ausgeschlossene Idee, die an dem Seyn gleichsam zehrt, was eben durch die hineingesetzten Begriffsbestimmungen geschieht; nachdem sie es nun ganz aufgezehrt und in sich verwandelt hat, ist sie selbst natürlich die verwirklichte Idee. Diese am Ende der Logik verwirklichte Idee ist genau ebenso bestimmt wie das Absolute am Ende der Identitätsphilosophie bestimmt war, als Subjekt-Objekt, als Einheit des Denkens und Seyns, des Idealen und Realen u. s. w.[2] Aber als die so verwirklichte ist sie eben schon auf der Grenze des bloß Logischen, also ist mit ihr entweder überhaupt nicht fortzugehen, oder nur außerhalb dieser Grenze, so daß sie die Stellung, die sie als bloßes Resultat der logischen Wissenschaft noch in

[1] Vergl. Bd. IV, S. 369 Anm., und Methode des akademischen Studiums S. 98 (Bd. V, S. 255).

[2] Encyklopädie, §. 162, erste Ausgabe (§. 214, zweite Ausgabe).

dieser hat, ganz verlassen und in die unlogische, ja dem Logischen entgegengesetzte Welt übergehen muß. Diese dem Logischen entgegengesetzte Welt ist die Natur; diese Natur ist aber nicht mehr die apriorische, denn diese hätte in der Logik seyn müssen. Allein die Logik hat nach Hegel die Natur noch ganz außer sich. Die Natur fängt ihm an, wo das Logische aufhört. Daher ist ihm die Natur überhaupt nur noch die Agonie des Begriffs. — Mit Recht, sagt Hegel in der ersten Ausgabe seiner Encyklopädie der philosophischen Wissenschaften[1], ist die Natur als der Abfall der Idee von sich selbst bestimmt worden. (In der zweiten Ausgabe seiner Encyklopädie[2] läßt Hegel das „mit Recht" aus, und sagt bloß noch: die Natur sey als Abfall von der Idee bestimmt worden, wo also der Satz nur noch die Bedeutung einer geschichtlichen Anführung hat). Mit diesem „Abfall" stimmt ganz überein, was sonst von der Natur gesagt wird: in ihr sey der Begriff seiner Herrlichkeit entkleidet, ohnmächtig, sich selbst untreu geworden, und vermöge sich nicht mehr zu behaupten. Kaum kann Jacobi die Natur schlechter machen, als sie Hegel dem Logischen gegenüber macht, von dem er sie ausgeschlossen, und dem er sie jetzt nur noch entgegensetzen kann. Aber in der Idee liegt überhaupt keine Nothwendigkeit zu irgend einer Bewegung, mit der sie ja nicht etwa noch in sich selbst fortschreiten könnte (denn das ist unmöglich, weil sie ihre Vollendung schon hat), sondern vielmehr ganz von sich abbrechen mußte. Die Idee am Ende der Logik ist Subjekt und Objekt, ihrer selbst bewußt, als das Ideale auch das Reale, das also kein Bedürfniß mehr hat, weiter und auf andere Weise, als sie es schon ist, reell zu werden. Wird also doch angenommen, daß etwas der Art geschehen, so wird es nicht angenommen wegen einer Nothwendigkeit in der Idee selbst, sondern lediglich, weil die Natur eben existirt. Man hat sich wohl, um irgend einen Grund zum Weitergehen der Idee auszufinden, damit helfen wollen, daß man sagte: sie existirt zwar am Ende der Logik, aber sie ist noch nicht bewährt, sie muß also aus sich gehen, um sich zu

[1] S. 128.
[2] S. 219.

bewähren. Aber dieß ist eine von den zahlreichen Vorspiegelungen, mit denen man nur Gedankenlose täuschen kann. Denn für wen soll sich die Idee bewähren? Für sich selbst? Aber sie ist die ihrer selbst sichere und gewisse und weiß voraus, daß sie im Andersseyn nicht untergehen wird; für sie wäre dieser Kampf ohne allen Zweck. Also hätte sie sich zu bewähren für einen Dritten, einen Zuschauer? Aber wo ist dieser? Am Ende soll sie sich doch nur für den Philosophen bewähren, d. h. der Philosoph muß wünschen, daß die Idee sich zu dieser Entäußerung hergebe, damit ihm Gelegenheit gegeben sey, die Natur und die geistige Welt, die Welt der Geschichte, zu erklären. Denn man würde einer Philosophie lachen, die bloß Logik im Hegelschen Sinne wäre, und von der wirklichen Welt gar nichts wüßte: wie es denn auch nicht die Logik, sondern die Idee der Natur- und der Geistesphilosophie war, die dieser schon vor sich fand, die allein die Aufmerksamkeit erregen konnte, welche die Hegelsche Philosophie gefunden hat. In der Logik liegt nichts Weltveränderndes. Hegel muß zur Wirklichkeit kommen. In der Idee selbst aber ist also durchaus keine Nothwendigkeit der Weiterbewegung oder des Anderswerdens. „Die Idee, sagt Hegel[1], die Idee in der unendlichen Freiheit, in der sie ist (also die vollendete Idee, Freiheit ist nur, wo Vollendung, nur das Absolute ist los- und freigesprochen von jedem nothwendigen Fortgang) — die Idee in der unendlichen Freiheit, in der Wahrheit ihrer selbst *entschließt sich*, sich als Natur oder in der Form des Andersseyns aus sich zu entlassen". Dieser Ausdruck „entlassen" — die Idee entläßt die Natur — gehört zu den seltsamsten, zweideutigsten und darum auch zaghaftesten Ausdrücken, hinter die sich diese Philosophie bei schwierigen Punkten zurückzieht. Jakob Böhme sagt: die göttliche Freiheit erbricht sich in die Natur. Hegel sagt: die göttliche Idee entläßt die Natur. Was soll man nun unter diesem Entlassen denken? So viel ist klar: dieser Erklärung der Natur geschieht noch die größte Ehre, wenn man sie theosophisch nennt. Wer übrigens noch hätte zweifeln können, daß die Idee am Ende der Logik

[1] Encyklopädie §. 191, erste Ausgabe (§. 244, zweite Ausgabe).

als die wirklich existirende gemeint sey, müßte sich jetzt davon überzeugen; denn was sich frei entschließen soll, muß ein wirklich Existirendes seyn, ein bloßer Begriff kann sich nicht entschließen. Es ist ein böser Punkt, bei welchem die Hegelsche Philosophie hier angelangt ist, und der beim Anfang der Logik nicht vorgesehen worden, ein garstiger breiter Graben, deren Aufzeigung (mit einigen Worten war in der Vorrede zu Cousin [1] zuerst davon die Rede) zwar viel böses Blut, aber durchaus keine irgend brauchbare und nicht bloß trügerische Auskunft zur Folge gehabt hat.

Man kann nun zwar schlechterdings nicht begreifen, was die Idee bewegen sollte, nachdem sie zum höchsten Subjekt erhoben, das Seyn ganz aufgezehrt hat, doch sich wieder subjektlos zu machen, zum bloßen Seyn herabzusetzen, und sich in die schlechte Aeußerlichkeit des Raumes und der Zeit zerfallen zu lassen. Indessen hat sich nun die Idee in die Natur geworfen, aber nicht um in der Materie zu bleiben, sondern durch sie wieder zum Geist, zunächst zum menschlichen Geist zu werden. Der menschliche Geist ist aber nur der Schauplatz, auf dem der Geist überhaupt durch eigne Thätigkeit die Subjektivität, die er im Menschengeist angenommen, wieder wegarbeitet, sich so zum absoluten Geist macht, welcher zuletzt alle Momente der Bewegung als seine eignen unter sich aufnimmt und Gott ist.

Auch hier werden wir das Eigenthümliche des Systems am besten so treffen, wenn wir sehen, welches Verhältniß es sich in Ansehung dieses Letzten und Höchsten zu der unmittelbar vorausgehenden Philosophie gibt. Dieser wird vorgeworfen, Gott sey in ihr nicht als Geist, sondern nur als Substanz bestimmt gewesen. Durch das Christenthum und durch den Katechismus wird freilich jeder angewiesen, Gott als Geist nicht nur zu denken, sondern zu wollen und zu meinen; so wird niemand es als seine Entdeckung ansprechen können, daß Gott Geist sey. So kann es auch nicht gemeint seyn. In der That will ich nicht darüber streiten, ob die Identitätsphilosophie sich des Ausdrucks Geist bedient, um die Natur des Absoluten auszusprechen, am Ende nämlich,

[1] Siehe unten S. 213.

oder sofern es letztes Resultat ist. Das Wort (Geist) hätte freilich erbaulicher geklungen. Für die Sache konnte ich indeß hinlänglich halten, daß Gott als das seyende, bleibende Selbstobjekt (Subjekt-Objekt) bestimmt war, denn auch so war er, um den Aristotelischen Ausdruck zu brauchen, der sich selbst Denkende (ὁ ἑαυτὸν νοῶν) und, wenn auch nicht Geist genannt, doch dem Wesen nach Geist, und in diesem Sinne nicht Substanz, wenn Substanz eben das blind Seyende bedeuten soll. Und auch daß er nicht Geist genannt wurde, konnte guten Grund haben. Denn man hat keine Ursache in der Philosophie mit Worten verschwenderisch zu seyn, und sollte sich daher wohl bedenken, das Absolute, das nur Ende ist, mit dem Wort Geist zu bezeichnen. Streng genommen müßte dieß auch von dem Wort Gott gelten. Denn der Gott, sofern er nur Ende ist, wie er in der rein rationalen Philosophie nur Ende seyn kann, der Gott, der keine Zukunft hat, der nichts anfangen kann, der bloß als Finalursache, auf keine Weise Princip, anfangende, hervorbringende Ursache seyn kann, ein solcher Gott ist doch offenbar nur der Natur und dem Wesen nach Geist, also in der That nur substantieller Geist, nicht Geist in dem Sinn, in welchem die Frömmigkeit oder auch der gewöhnliche Sprachgebrauch das Wort zu nehmen pflegt; hier gebraucht wäre es nur ein täuschender Ausdruck gewesen. Auch bei Hegel konnte das Absolute doch nur substantieller Geist seyn, wie das Wort Geist überhaupt nur mehr negative als positive Bedeutung haben, da ja dieser letzte Begriff auch nur durch successive Negation alles andern entsteht. Die Benennung dieses Letzten, d. h. die Bezeichnung seines Wesens, konnte von nichts Körperlichem hergenommen werden, es blieb nur der allgemeine Name Geist, und da es auch nicht menschlicher, endlicher Geist ist (denn auch dieser ist auf einer früheren Stufe schon gesetzt), so ist es also nothwendig unendlicher, absoluter Geist, aber doch bloß dem Wesen nach, denn wie sollte wirklicher Geist seyn, was von dem Ende, an das es gesetzt ist, nicht hinweg kann, das nur die Funktion hat, die vorhergehenden Momente alle unter sich als alles Beschließendes aufzunehmen, aber nicht selbst Anfang und Princip von etwas zu seyn.

Auch Hegel war im Anfang nicht verlassen von dem Bewußtseyn der Negativität dieses Endes, wie es überhaupt der andringenden Macht des Positiven, die Befriedigung in dieser Philosophie verlangte, nur allmählich gelang, dem Identitätssystem das Bewußtseyn seiner Negativität zu entziehen. Im ersten Entstehen mußte dieses Bewußtseyn vorhanden seyn, denn sonst hätte diese Philosophie nicht entstehen können. Auch bei Hegel ist wenigstens in seiner frühesten Darstellung da, wo er auf das Letzte kommt, noch ein Nachklang davon, daß durchaus an kein wirkliches Geschehen oder Geschehenseyn zu denken sey. Ich meine damit einen Paragraphen der ersten Ausgabe seiner Encyklopädie der philosophischen Wissenschaften[1], der in der zweiten Ausgabe bereits entstellt ist; in diesem sagt er, in dem letzten Gedanken *reinige* sich die selbstbewußte Idee von allem Schein des Geschehens, der Zufälligkeit und des Außer- und Nacheinanderseyns der Momente (welchen Schein der Inhalt der Idee noch in der *Religion* hat, die ihn für die bloße *Vorstellung* zu einer zeitlichen und äußerlichen Aufeinanderfolge auseinanderzieht).

In der letzten Zeit versuchte Hegel noch eine höhere Steigerung, und suchte selbst bis zur Idee einer freien Weltschöpfung zu gelangen. Eine merkwürdige Stelle, wo dieser Versuch gemacht *ist*, findet sich in der zweiten Ausgabe seiner Logik — die Stelle hatte in der ersten Ausgabe der Logik anders gelautet und hatte dort auch offenbar einen ganz andern Sinn. In der zweiten lautet sie *so*[2]: das Letzte, worin alles als in seinen Grund eingeht, ist denn auch dasjenige, woraus das Erste, das zuerst als Unmittelbares aufgestellt wurde, hervorgeht, und „so wird noch mehr der absolute Geist, der als die concrete und letzte, höchste Wahrheit alles Seyns sich ergibt, erkannt als am *Ende* der Entwicklung sich mit Freiheit entäußernd und zur Gestalt eines unmittelbaren Seyns sich entlassend — zur Schöpfung einer Welt sich entschließend, welche (Welt) alles das enthält, was in die Entwicklung fiel, die jenem Resultat vorausgegangen war, so daß alles dieses (alles

[1] §. 472.
[2] S. 43, Ausgabe von 1832.

in der Entwicklung Vorausgegangene) durch diese umgekehrte Stellung zugleich mit seinem Anfange in ein von dem Resultat als Princip Abhängiges verwandelt wird"[1], d. h. also, was erst Resultat war, wird zum Princip, was in der ersten Entwicklung Anfang war, der zu dem Resultat hinführt, wird umgekehrt zu einem von dem Resultat, das vielmehr jetzt Princip geworden ist, Abhängigen und daher unstreitig auch Abzuleitenden. — Nun, wenn diese Umkehrung auf die Weise, wie sie Hegel will, möglich wäre, und wenn er nicht bloß von dieser Umkehrung gesprochen, sondern sie versucht und wirklich aufgestellt, so hätte er bereits selbst seiner ersten Philosophie eine zweite an die Seite gestellt, die umgekehrte der ersten, welche ohngefähr das gewesen wäre, was wir unter dem Namen der positiven Philosophie wollen. Eine nothwendige Folge davon hätte aber dann seyn müssen (da zwei Philosophien nicht gleiche Bedeutung und Dignität haben können), seine erste Philosophie als die bloß logische und negative Philosophie zu erkennen (in welcher dann freilich der Uebergang in die Naturphilosophie bloß hypothetisch geschehen durfte, womit auch die Natur in der bloßen Möglichkeit erhalten wurde. Allein schon die Art, wie er diese Aeußerung durch Veränderung des ursprünglichen Textes nur gelegenheitlich und im Vorübergehen einzuschalten gesucht hat, zeigt, daß er nie einen ernstlichen Versuch gemacht hat, jene Umkehrung wirklich zu unternehmen, die so, wie er sie dargestellt hat, einfach darin zu bestehen gehabt hätte, daß man die Stufen wieder herabgestiegen wäre, die man in der ersten Philosophie hinaufgestiegen war. Sehen wir, was damit entstehen konnte.

In der Identitätsphilosophie ist es allerdings so, daß je das Vorhergehende erst im Folgenden, relativ Höheren, und so zuletzt alles in Gott erst seine Wahrheit hatte. Es ist zwar nicht ganz genau so, wie Hegel dieß ausdrückt, daß in das Letzte alles als in seinen Grund

[1] In der ersten Ausgabe der Logik von 1812 (S. 9) hieß es: „So wird auch der Geist am Ende der Entwicklung des reinen Wissens sich mit Freiheit entäußern und sich in die Gestalt eines unmittelbaren Bewußtseyns, als Bewußtseyn eines Seyns, das ihm als ein Anderes gegenüber steht, entlassen".

eingehe, es ist nicht genau so, man müßte vielmehr sagen: jedes Vorhergehende begründete sich selbst dadurch, daß es sich zum Grund des Folgenden, d. h. zu dem herabsetzt, was nicht mehr selbst das Seyende, sondern einem andern Grund des Seyns ist, es begründet sich durch sein zu-Grunde-Gehen, es selbst ist also dabei Grund, nicht das Folgende. So findet der Weltkörper, dessen Natur es ist zu fallen, dessen Fallen daher — weil alles aus der Natur eines Dinges Folgende unendlich folgt — ein unendliches ist, seinen Grund dadurch, daß er sich einem Höheren zum Grunde macht, und bleibt auf diese Weise im Allgemeinen auf seiner Stelle (in einer gleich mittleren Entfernung vom Centrum) stehen; und so begründet sich alles zuletzt dadurch, daß es sich dem Absoluten, Letzten, als Grund unterordnet. (Nach dieser Berichtigung des Ausdrucks gehen wir zur Sache selbst). Da nach Hegel selbst das, was das Ende ist, erst nachdem es Ende ist, sich zum Anfang macht, so verhält es sich in der ersten Bewegung (und also in der Philosophie, in welcher es Resultat ist) noch nicht als bewirkende, sondern als Endursache, die Ursache nur in so weit ist, daß alles zu ihr hinstrebt. Ist nun aber das Letzte die höchste und letzte Endursache, so ist die ganze Reihe mit alleiniger Ausnahme des ersten Glieds — die ganze Reihe ist nichts anderes als eine ununterbrochene und stetige Folge von Endursachen; jedes an seiner Stelle ist so gut Endursache für sein Vorhergehendes wie das Letzte Endursache für alles. Gehen wir zurück bis zu der nur unförmlich zu denkenden Materie, die das allem zu Grunde liegende ist, so ist die unorganische Natur die Endursache der Materie, die organische Natur ist die Endursache der unorganischen, in der organischen Natur ist die Endursache der Pflanze das Thier, der Mensch die Endursache der Thierwelt. Wenn es also, um auf eine Schöpfung zu kommen, nicht mehr bedürfte als dieselben Stufen wieder herabzusteigen, die man hinaufgestiegen ist, und wenn schon einfach durch diese Umkehrung das Absolute zur wirkenden Ursache wird, so müßte durch diese Umkehrung auch der Mensch als wirkende oder hervorbringende Ursache der Thierwelt, das Thierreich als hervorbringende Ursache des Pflanzenreichs, der Organismus überhaupt als

Ursache der unorganischen Natur erscheinen u. s. w., denn wir wissen nicht, wie weit nach Hegels Meinung dieß fortzusetzen wäre, ob vielleicht in die Logik hinein, daß man bis zum reinen Seyn zurückkäme, das = Nichts ist: genug, wir sehen, auf welche Ungereimtheiten die so verstandene Umkehrung führen würde, und wie illusorisch die Meinung ist, durch solche einfache Umkehrung die Philosophie in eine solche verwandeln zu können, die auch eine freie Weltschöpfung begriffe.

Der Ausdruck übrigens, mit dem in der angeführten Stelle der Logik die Entäußerung des absoluten Geistes beschrieben wird, „daß er sich mit Freiheit zur Gestalt eines unmittelbaren Seyns entlasse", zeigt völlige Uebereinstimmung mit den Ausdrücken, die beim Uebergang von der Logik zur Naturphilosophie gebraucht wurden, und so wäre also der absolute Geist, der sonst und zwar aufs entschiedenste nur am Ende der ganzen Entwicklung, also nach der Natur- und Geistesphilosophie gesetzt wurde, jetzt der sich schon zur Natur entäußernde. Wenn man nun aber auch von diesem Widerspruch absieht, so wär durch diese formelle Annäherung an die Lehre von einer freien Weltschöpfung doch nichts gewonnen; der Sache nach war man von derselben ebenso weit, am Ende weiter entfernt als zuvor. Denn der absolute Geist entäußert sich selbst zur Welt, er leidet in der Natur, er gibt sich einem Proceß hin, von dem er nicht mehr loskommen kann, gegen den er keine Freiheit hat, in den er gleichsam unrettbar verwickelt ist. Der Gott ist nicht frei von der Welt, sondern mit ihr belastet. So weit ist also diese Lehre Pantheismus, aber nicht der reine, stille Pantheismus des Spinoza, in welchem die Dinge reine logische Emanationen der göttlichen Natur sind, dieser ist aufgegeben, um ein System göttlicher Aktivität und Wirkung einzuführen, bei welchem die göttliche Freiheit nur um so schmachvoller verloren geht, als man sie retten und aufrecht erhalten zu wollen sich den Schein gegeben hatte. Die Region der rein rationalen Wissenschaft ist verlassen, denn jene Entäußerung ist ein frei beschlossener, die bloß logische Folge absolut unterbrechender Akt, und dennoch erscheint auch diese Freiheit wieder als illusorisch, weil man sich unvermeidlich dennoch am Ende zu dem Gedanken hingedrängt sieht, der alles Geschehenseyn, alles Geschichtliche wieder aufhebt, weil man, sich besinnend, doch wieder ins rein Rationale zurückkehren muß.

Wenn man einen Anhänger dieser Philosophie fragte: ob sich der absolute Geist in irgend einem bestimmten Moment zur Welt entäußert habe, so mußte er antworten: Der Gott *hat* sich nicht in die Natur geworfen, sondern wirft sich immer wieder in sie, um sich ebenso immer wieder obenan zu setzen; das Geschehen ist ein ewiges, d. h. immerwährendes, Geschehen, aber eben darum auch wieder kein eigentliches, d. h. wirkliches, Geschehen. Der Gott ferner ist allerdings frei, sich zur Natur zu entäußern, d. h. er ist frei, seine Freiheit zum *Opfer* zu bringen, denn dieser Akt der freien Entäußerung ist zugleich das Grab seiner Freiheit; von nun ist er im Proceß oder selbst Proceß; er ist allerdings nicht der Gott, der nichts zu thun hat (wie er es wäre, wenn er als der wirkliche bloßes Ende wäre), er ist vielmehr der Gott des ewigen, immerwährenden Thuns, der unablässigen Unruhe, die nie Sabbath findet, er ist der Gott, der immer nur thut, was er immer gethan hat, und der daher nichts Neues schaffen kann; sein Leben ist ein Kreislauf von Gestalten, indem er sich immerwährend entäußert, um wieder zu sich zurückzukehren, und immer zu sich zurückkehrt, nur um sich aufs neue zu entäußern [1].

In der letzten populärsten, auf das große Publikum berechneten Version pflegt dieses Thema der Entäußerung so ausgeführt zu werden: „Gott ist zwar schon an sich (d. h. ohne es auch für sich zu seyn) das Absolute, er ist auch schon zuvor (was soll dieses „Zuvor" in einer rein rationellen Entwicklung?) das Erste, das Absolute, aber um sich selbst bewußt zu seyn, entäußert er sich, stellt er sich die Welt als ein anderes entgegen, um von der tiefsten Stufe der Entäußerung, noch immer zwischen Bewußtseyn und Unbewußtseyn schwebend, zum Menschen aufzusteigen, in *dessen* Gottesbewußtseyn er sein eignes hat. Denn das Wissen des Menschen, das Wissen, das der Mensch von *Gott* hat, ist das einzige, das Gott von sich selbst hat". Mit einer solchen

[1] Vgl. 2te Abth., Band III, S. 106 Anm. D. H.

Darstellung ist wohl die tiefste Note der Leutseligkeit für dieses System angegeben; es läßt sich darnach bereits ermessen, in welchen Schichten der Gesellschaft es sich noch am längsten behaupten mußte. Denn es ist leicht zu beobachten, wie gewisse Ideen immer in den höheren, namentlich den gelehrten oder überhaupt höher gebildeten Ständen zuerst aufkommen; wenn sie dann bei diesen bereits ihre Geltung verloren, haben sie inzwischen sich in die tieferen Schichten der Gesellschaft hinabgesenkt, und erhalten sich dort noch, wenn obenher von ihnen nicht mehr die Rede ist. So ist auch leicht wahrzunehmen, daß diese neue, aus der Hegelschen Philosophie hervorgegangene Religion ihre Hauptanhänger im sogenannten großen Publikum gefunden, unter Industriellen, Kaufmannsdienern und andern Mitgliedern dieser in anderer Beziehung übrigens sehr respektablen Klasse der Gesellschaft; unter diesem nach Aufklärung begierigen Publikum wird sie denn auch ihre letzten Stadien verleben. Man darf wohl annehmen, daß dieses Breittreten seiner Gedanken Hegeln selbst am wenigsten Vergnügen gemacht hätte. Dieß alles indeß schreibt sich von dem Einen Mißgriff her, daß an sich wahre, nämlich bloß logisch genommen wahre Verhältnisse in wirkliche umgesetzt wurden, womit aus ihnen alle Nothwendigkeit gewichen ist.

* * *

Nachtrag aus einem älteren (Erlanger) Manuscript.

Ein allgemeiner Ausspruch Hegels ist: durch die Philosophie soll der Mensch über die bloße Vorstellung hinausgebracht werden. Wenn man unter Vorstellung dasjenige in uns versteht, was sich auf den vorhandenen Gegenstand als den vorhandenen bezieht, so wird diesem Ausspruch niemand zuwiderreden. Denn allerdings soll die Philosophie nichts als vorhanden annehmen — und nicht etwa nur am Gegebenen Reflexionen anstellen. Ist aber dieses „hinausbringen" absolut gemeint, so ist der Ausspruch nur eine petitio principii, nämlich es wird als sich von selbst verstehend vorausgesetzt, daß die höheren Verhältnisse, durch welche die Welt begreiflich wird, nicht auch an die

Vorstellung herangebracht und ihr einleuchtend werden können, sondern über alle Vorstellung setzen, oder umgekehrt, was nur immer über diese Verhältnisse innerhalb der Sphäre der Vorstellung angenommen ist, müsse an sich selbst und schon eben darum vernunftwidrig seyn. Wenn man freilich erst vorausgesetzt hat, jene höheren Verhältnisse müssen über alle Vorstellung seyn (eine Voraussetzung, mit der die meisten behaftet sind, wenn sie zur Philosophie kommen), muß man wohl selbst eine unnatürliche Philosophie suchen! Allein der höchste Triumph der Wissenschaft würde eben dieser seyn, das, was sich nur erkennen läßt, indem man sich über die Vorstellung erhebt, was also für sich der bloßen Vorstellung nicht, sondern nur dem reinen Denken zugänglich ist, bis in die Sphäre der Vorstellung herabzuführen. So konnte das Copernikanische Weltsystem nicht aufgestellt werden, ohne die Welt über die bloße Vorstellung hinauszutreiben, und ohne die bloße Vorstellung vor den Kopf zu stoßen, und es war für den ersten Anlauf ein höchst unpopuläres, allen Vorstellungen widersprechendes System. Dasselbe System aber, wenn es völlig ausgeführt und mittelst desselben selbst die Vorstellung von einer Bewegung der Sonne um die Erde begreiflich gemacht wird, versöhnt auch wieder die bloße Vorstellung mit sich und wird ihr ebenso klar, als ihr vorher die entgegengesetzte war, und im Gegentheil erscheint ihr nun diese als verworren und unklar. — Diese Philosophie rühmt sich nichts vorauszusetzen, allein dem ist nicht so: sieht man ihr auf den Grund, auf das, was sie nicht ausspricht, sondern stillschweigend voraussetzt, und was eben deßwegen schwer zu erkennen ist, so findet man als diese letzte durch alles durchwirkende Basis die Maximen des behaglichsten Rationalismus, die ihr als sich von selbst verstehende Grundsätze gelten, an denen niemals jemand gezweifelt hätte noch zweifeln könnte. Ebenso was Kant bloß für den Dogmatismus bewiesen, nimmt Hegel als unbedingt und allgemein bewiesen an. Wer aber unter dem Vorwand, dieß seyen bloß endliche Verstandesbestimmungen sich über alle natürliche Begriffe erheben will, der beraubt sich eben damit selbst aller Organe der Verständlichkeit, denn nur in diesen Formen kann uns alles verständlich werden. Der Fehler, den

Kant in der Anwendung dieser Formen des Verstandes nachgewiesen, bestand darin, daß es eine bloße Anwendung der Begriffe auf von ihnen unabhängig schon vorausgesetzte Gegenstände — und diese Gegenstände eigentliche Gegenstände, d. h. dem Verstand entgegenstehende Dinge waren, daß die Begriffe und die Gegenstände nicht miteinander entstanden, wodurch eine bloße Reflexionsphilosophie entstehen mußte und alle lebendige Erzeugung von Wissenschaft unmöglich gemacht wurde. Aber es ist ein großer Unterschied zwischen dem Verwerfen einer verkehrten Anwendung dieser Begriffe und einem völligen Ausschließen derselben, womit zugleich alle verständliche Auseinandersetzung unmöglich gemacht wird. Daher die auffallende Engbrüstigkeit dieser Art von Philosophie, daß sie nicht frei von der Brust weg reden und aussprechen kann, und ihr gleichsam Athem und Stimme genommen ist, daß sie nur noch unverständliche Worte murmeln kann. Man klagt über die Unverständlichkeit dieser Philosophie, und scheint ihren Grund in einem individuellen Mangel zu suchen, womit man aber z. B. Hegeln Unrecht thut, der sich da, wo er aus seiner Enge heraustritt, oder von Gegenständen spricht, die dem Leben näher liegen, sich gar wohl sehr bestimmt, sehr verständlich, ja sogar geistreich auszudrücken versteht. Die Unverständlichkeit liegt in der Sache selbst, das absolut Ueberverständige kann nie verständlich werden; sollte es verständlich werden, so müßte es erst seine Natur ändern. Es ist ein schlechter Einwurf, gegen einen Philosophen, daß er unverständlich sey. Unverständlichkeit ist ein relativer Begriff, und was der oft belobte Cajus oder Titius nicht versteht, ist darum noch nicht unverständlich. Auch hat wohl die Philosophie Einiges, das seiner Natur nach der großen Menge immer unverständlich bleiben wird. Aber ein ganz anderes ist, wenn die Unverständlichkeit in der Sache selbst liegt[1]. — Es geschieht oft, daß Köpfe, die mit großer Uebung und Geschicklichkeit, aber ohne eigentliche Erfindungskraft an mechanische Aufgaben sich machen, z. B. eine Flachsspinnmaschine zu erfinden — sie bringen auch wohl eine

[1] Vgl. die Aeußerung in der Einleitung in die Philosophie der Offenbarung, 2te Abtheilung, Band III, S. 18 ff. D. H.

zusammen, aber der Mechanismus ist so schwierig und verkünstelt oder die Räder knarren dermaßen, daß man lieber wieder auf die alte Art den Flachs mit der Hand spinnt. So kann es wohl auch in der Philosophie gehen. Das Leiden der Unwissenheit über die ersten, über die größten Gegenstände ist für jeden fühlenden, nicht stumpfsinnigen oder beschränkt selbstgenügsamen Menschen groß und kann bis zur Unerträglichkeit steigen. Aber wenn die Marter eines unnatürlichen Systems größer ist als jene Last der Unwissenheit, will man doch lieber noch diese tragen. Man darf wohl annehmen, daß auch die Aufgabe der Philosophie, wenn sie überhaupt lösbar ist, am Ende durch wenig große und einfache Züge sich aufschließen muß, und daß nicht gerade in der größten menschlichen Aufgabe die Erfindung nichts gelten soll, die man in allen geringeren Aufgaben anerkennt.

## Jacobi. Der Theosophismus.

Sollte der Empirismus das allein Ausreichende in der Philosophie seyn, so müßte uns der höchste Begriff, d. h. der Begriff des höchsten Wesens müßte uns zugleich mit der Existenz desselben durch die bloße Erfahrung gegeben seyn. Hier bieten sich nun mehrere Möglichkeiten dar. Dürfen wir für möglich halten, daß uns der Begriff und mit ihm die Existenz des höchsten Wesens durch unmittelbare Erfahrung gegeben sey? Unmittelbare Erfahrung ist entweder äußere oder innere. Wie könnte nun aber ein Begriff, der doch immer Sache des Verstandes ist, durch äußere Erfahrung gegeben seyn? Offenbar doch nur durch eine Thatsache oder Wirkung, welche unmittelbar unsern Verstand afficirte. Eine äußere Wirkung aber, die unmittelbar unsern Verstand in Anspruch nimmt, also unmittelbar auch auf diesen wirkt, kann nur Lehre, Unterricht seyn. Der höchste Begriff müßte uns also durch eine von außen an uns kommende Lehre, und zwar durch eine Lehre von irrefragabler, unwiderstehlicher Autorität gegeben seyn, und da eine solche unwiderstehliche Autorität nur der Lehre zuzuschreiben wäre, die von dem höchsten Wesen selbst käme (denn dieses allein ist in Ansehung seiner selbst die unwidersprechliche Autorität), so müßte uns der höchste Begriff durch eine Lehre gegeben seyn, die sich in ihrer letzten Quelle auf das höchste Wesen selbst zurückführen ließe. Diese Zurückführung selbst könnte nur geschichtlich (auf historischem Wege) geschehen. Im Uebrigen ließe sich, wenn als höchstes Princip der Philosophie eine äußere Autorität angenommen wird, bloß zweierlei denken.

Entweder ist eine völlig blinde Unterwerfung gemeint, oder man will, daß diese Autorität doch selbst auch wieder begründet, durch Vernunftgründe, welcher Art sie nun seyn mögen, gestützt werde. Will man das Erste, so ist diese Annahme einer völligen Aufhebung der Philosophie gleich zu schätzen. Will man das Zweite, so würde also doch (wenn nicht Cirkel) wieder eine von dieser Autorität unabhängige Philosophie erforderlich seyn sie zu begründen, und der Kreis dieser Philosophie müßte so weit und umfassend gezogen seyn, als nur immer der Kreis der freien und unabhängigen Philosophie.

Anstatt auf eine unmittelbare äußere Erfahrung sich zu stützen, könnte sich nun aber die Philosophie etwa auf eine unmittelbar innere Erfahrung, auf ein inneres Licht, auf ein inneres Gefühl sich berufen. Dieß könnte nun wieder auf zweierlei Art geschehen. Einmal, indem man sich dieses (wahren oder angeblichen) Gefühls bloß als polemischen Mittels etwa gegen die bloß rationalistischen Systeme bediente, ohne selbst auf Wissen, nämlich auf eine aus diesem Gefühl oder aus dieser geistigen Intuition zu schöpfende Wissenschaft Anspruch zu machen. Oder diese (wahre oder angebliche) innere Erfahrung suchte sich zugleich zur Wissenschaft auszubilden, sich als Wissenschaft geltend zu machen. Wir beschränken uns nun zunächst wieder auf die erste Möglichkeit. Durch die Verzichtleistung auf Wissenschaft würde jenes Gefühl sich schon von selbst als ein bloß subjektives und individuelles erklären. Denn wäre es ein objektives und allgemein gültiges, so müßte es sich auch zu Wissenschaft gestalten können. So aber hat die Aeußerung dieses Gefühls gegenüber von den rationalistischen Systemen nur den Werth einer individuellen Erklärung: „ich will dieses Resultat nicht, es ist mir zuwider, es widerstrebt meinem Gefühl“. Wir können eine solche Aeußerung nicht für unerlaubt erklären, denn wir selbst räumen dem Wollen eine große Bedeutung wenigstens für die vorgängige Begriffsbestimmung der Philosophie ein. Die erste (der Philosophie selbst noch vorausgehende) Erklärung der Philosophie kann sogar nur der Ausdruck eines Wollens seyn. Es muß insofern verstattet seyn, nachdem eine Denkweise sich hinlänglich exponirt oder erklärt hat, zu sagen: ich mag sie nicht, ich will sie nicht, kann sie nicht mit mir vereinigen. Es ist schön, wie Jacobi zu sagen: ich verlange einen persönlichen Gott, ein höchstes Wesen, zu dem ein persönliches Verhältniß möglich ist, ein ewiges Du, das meinem Ich antwortet, nicht ein Wesen, das bloß in meinem Denken ist, in meinem Denken ganz aufgeht und mit diesem völlig identisch ist — ich verlange nicht ein bloß immanentes Wesen in diesem Sinn, das außer meinem Denken nichts ist, ich verlange ein transscendentes, das auch noch außer meinem Denken etwas für mich ist — es ist löblich dieß zu sagen: aber diese Aeußerungen für sich allein sind schöne Worte, denen keine Thaten entsprechen. Gibt es, im Widerspruch mit unserem Gefühl und unserem besseren Wollen, ein Wissen, das vielleicht sogar sich das Ansehen eines nothwendigen und unausweichlichen zu geben weiß, so bleibt uns vernünftiger Weise nur die Wahl, entweder in die Nothwendigkeit uns zu ergeben, unserem Gefühl Stillschweigen zu gebieten, oder jenes Wissen durch wirkliche That zu überwinden. Jene Art von Philosophie aber, welche wir als die nächste Stufe empirischer Philosophie jetzt betrachten, und als deren Repräsentant wir Fr. H. Jacobi ansehen können, diese, anstatt das Wissen, das ihr mißfällt, wirklich anzugreifen, räumt ihm vielmehr gänzlich das Feld, indem sie sich ins Nichtwissen zurückzieht, mit der Versicherung, nur im Nichtwissen sey Heil. Hieraus folgt also, daß sie jenes bloß substantielle, Actus ausschließende Wissen, das im Rationalismus herrschend ist, selbst für das einzig mögliche ächte und wahre Wissen hält, indem sie ihm nicht ein anderes Wissen, sondern bloßes Nichtwissen entgegensetzt, da eigentlich dieses rationale Wissen selbst = nicht Wissen ist. Seiner eigenen Meinung, daß jenes substantielle Wissen das einzig mögliche Wissen sey, hat Jacobi kein Hehl. Unter seinen frühesten Behauptungen steht diese obenan, daß alle wissenschaftliche Philosophie unausbleiblich auf Fatalismus, d. h. auf ein bloßes Nothwendigkeitssystem, hinausführe. Gegen Kant, Fichte und den, der nach ihm kam, gab sich Jacobi ein eignes Verhältniß. Nicht die Vernunftwahrheit, die Consequenz ihrer Systeme griff er an, er gestand ihnen diese zu, jubelte aber um so mehr, jetzt sey es am Tag, wohin eigentliches Wissen, Wissen aus Einem Stück führe, nämlich unvermeidlich auf Spinozismus, Fatalismus u. s. w. Jacobi gestand also selbst, daß ihm gegen jenes übermächtige Wissen, das er in den rein rationalen Systemen anerkannte, nichts übrig bleibe als die Appellation an das Gefühl, er gestand, daß er es wissenschaftlich nicht zu überwinden wisse; er bekannte, daß er auf dem Standpunkt des Wissens selbst nichts Besseres wisse und z. B. seiner *wissenschaftlichen* Einsicht nach selbst nur Spinozist seyn würde. Kein anderer Philosoph hat dem reinen Rationalismus (womit ich, wie *Sie* wissen, nicht eine speciell theologische, sondern eine philosophische Denkart bezeichne) *so viel* eingeräumt als Jacobi. Er streckte vor ihm recht eigentlich die Waffen. Es wird daher wohl jedem einleuchten, daß ich Jacobi mit Recht an die Stelle des Uebergangs vom Rationalismus zum Empirismus stelle. Mit seinem Verstand gehörte er ganz und ungetheilt dem Rationalismus an, mit dem Gefühl strebte er, aber vergebens, über ihn hinaus. *Insofern* ist vielleicht Jacobi die lehrreichste Persönlichkeit in der ganzen Geschichte der neueren Philosophie, womit ich jedoch nicht sagen will, daß er eine solche für *jeden* sey — auch etwa für den *Anfänger*, denn diesen können seine Schriften, so vielen Werth sie für den Kenner haben, eben wegen der zweideutigen Stellung des Verfassers, fast nur verwirren, und werden ihn unmerklich an eine gewisse Erschlaffung des Geistes gegenüber von den höchsten Aufgaben des menschlichen Verstandes gewöhnen, eine Erschlaffung, die durch ekstatische Gefühlsäußerungen nicht gut gemacht wird. Indeß kann ich Jacobi gewiß nicht *mehr* Gerechtigkeit widerfahren lassen, als indem ich ihm zugestehe, daß Er von allen neueren Philosophen am lebhaftesten das Bedürfniß einer geschichtlichen Philosophie (in unserem Sinn) empfunden hat. Es war in ihm von Jugend auf etwas, das sich gegen ein alles auf *bloße* Vernunftverhältnisse reducirendes, Freiheit und Persönlichkeit ausschließendes System gleichsam empörte. Zeugniß deß geben einige seiner früheren Schriften, z. B. sein Brief über Theismus an Schlosser, worin er die Leere des absolut ungeschichtlichen Theismus, der sogenannten *reinen* Vernunftreligion noch vollkommen einsah. Auf diesem Wege fortgehend hätte er vor allen zum Begriff einer geschichtlichen Philosophie gelangen müssen. Er hatte den wahren Charakter aller neueren Systeme erkannt, daß sie uns nämlich statt dessen, was wir eigentlich zu wissen verlangen, und, wenn wir aufrichtig seyn wollen, allein zu wissen der Mühe werth halten können, nur einen leidigen Ersatz bieten, ein Wissen, in welchem das Denken nie über sich selbst hinauskommt und nur innerhalb seiner selbst fortgeht, während wir eigentlich über das Denken hinaus verlangen, um durch das, was höher ist als das Denken, von der Qual desselben erlöst zu werden. So der frühere Jacobi. In seinen frühesten Schriften hatte er sogar den Ausdruck „geschichtliche Philosophie" gebraucht; der Zusammenhang zeigte zwar, daß er damit nicht eine innerlich geschichtliche, sondern vielmehr eine solche verstand, welche Offenbarung und Geschichte zur äußeren Grundlage habe. Insofern konnte seine Philosophie scheinen zu der ersten Art empirischer Philosophie zu gehören. Damals schien er mit den eigentlichen Offenbarungsgläubigen, den sogenannten Superrationalisten oder Supernaturalisten in völliger Uebereinstimmung, z. B. mit Lavater, Schlosser. Dieß brachte ihn für eine Weile in einen sehr schlimmen Ruf bei der Zeit, welche damals auf das Ziel einer allgemeinen, nämlich bloß subjektiven Vernünftigkeit, worin allein die sogenannte Aufklärung bestand, mächtig hinstrebte, und gegen welche er die Ansprüche des Gemüths und einer poetischen Natur geltend zu machen suchte. Dem damals erworbenen schlimmen Ruf hat er es wohl zu danken, wenn auch heutzutag noch übrigens ernst und christlich gesinnte Schriftsteller ihn gleichsam unter den Zeugen der Wahrheit anführen. Von diesem schlimmen Ruf strebte er jedoch in der Folge sich immer mehr zu reinigen und die Welt über seinen vermeinten Super-Rationalismus vollkommen zu beruhigen, obgleich noch einer seiner letzten Anhänger nöthig fand, sich seiner in dieser Hinsicht anzunehmen, und nach Jacobis Tode noch zu erklären, wie bitteres Unrecht dem Mann geschehen, wenn man ihn für einen Offenbarungsgläubigen im gemeinen Sinn genommen, sein Glaube sey (dieß könne er versichern) ein reiner Vernunftglaube. Es bedurfte dessen nicht, indem er zumal gegen das Ende seines Lebens zur wahren

Betrübniß nicht bloß der Besseren unter seinen Verehrern, sondern selbst derer, die er angegriffen und verfolgt hatte, die aber darum nicht aufhörten, mit freiem und unabhängigem Gemüth in ihm einen der besseren Geister zu erkennen — späterhin warf er sich, sage ich, dem leersten Rationalismus in die Arme, nicht jenem, der in der Philosophie eine so hohe Ausbildung erlangt hatte, und der sich rühmte, daß in ihm die Vernunft selbst sich erkenne, sondern jenem dürftigen, bloß subjektiven Rationalismus, der eigentlich den Hauptinhalt dessen ausmacht, was insgemein Aufklärung genannt worden, durch den er aus der Gesellschaft von Spinoza, Leibniz und anderen großen Geistern einer früheren Zeit zuletzt auf gleiche Linie und in die Gesellschaft der tiefsten philosophischen Mittelmäßigkeit herabsank. Seine Aeußerungen über Christus und Christenthum in seinen späteren Schriften sind völlig übereinstimmend mit den Ansichten des tollsten theologischen Rationalismus.

Durch diesen Ausgang seiner Philosophie wurde Jacobi sehr unähnlich zweien Männern, die auf seine Bildung großen Einfluß gehabt hatten, und die ich für Unrecht halten würde, in dieser geschichtlichen Entwicklung zu übergehen.

Der eine dieser Männer ist Pascal.

Wer noch im Suchen begriffen ist, wer ein Maß verlangt für den Punkt von Verständlichkeit und Begreiflichkeit, bis zu dem eine wahrhaft geschichtliche Philosophie gelangen muß, der lese Pascals Pensées. Wer nicht durch die Widernatürlichkeit irgend einer anderen Philosophie etwa allen Sinn für das Natürliche und Gesunde bereits unwiederbringlich verloren hat, den wird bei einem aufmerksamen Lesen von Pascals Gedanken die Idee eines geschichtlichen Systems, im Großen wenigstens, anwandeln.

Der andere dieser Männer ist Johann Georg Hamann, dessen jetzt gesammelte, früher wie sybillinische Blätter zerstreute und nicht leicht zu habende Schriften [1] ohne alle Frage die wichtigste Bereicherung sind, welche die Literatur in der letzten Zeit erhalten, ich sage dieß

[1] Herausgegeben von Fr. Roth. Berlin 1821—1825

nicht etwa in der Absicht, Ihnen diese Schriften unmittelbar zu empfehlen; es gehört mannichfaltige Gelehrsamkeit dazu, ihre zahlreichen Anspielungen zu verstehen, tiefere Erfahrung, sie in ihrer ganzen Bedeutung zu erfassen; sie sind keine Lektüre für Jünglinge, aber für Männer, Schriften, die der Mann nie aus der Hand legen, die er fortwährend als Prüfstein seines eignen Verständnisses betrachten sollte — Hamann, von dem Jacobi urtheilte, er sey ein wahres πᾶν von Gereimtheit und Ungereimtheit, Licht und Finsterniß, Spiritualismus und Materialismus.

Hamann hatte kein System und stellte auch keines auf; aber wer eines Ganzen sich bewußt wäre, das alle die verschiedenartigen und disparaten Aussprüche, die gereimten und die scheinbar ungereimten, die höchst freien und auf der andern Seite wieder kraß orthodoxen Aeußerungen Hamanns in Einen Verstand zusammenfaßte, der dürfte, soweit ein Mensch überhaupt sich vorstellen darf etwas zu verstehen, sich selbst sagen, daß er zu einiger Einsicht gelangt sey. Die Philosophie ist wirklich eine tiefe Wissenschaft, ein Werk großer Erfahrung; Menschen ohne geistige Erfahrung, bloße Mechaniker können hier nicht richten, wenn es ihnen gleich frei steht, in einem Urtheil über Hamann ihre Natur zur Schau zu stellen, und da sie in den Kern seiner Denkart nicht einzudringen vermögen, sich an seine persönlichen Fehler und Schwächen zu halten, ohne welche übrigens der Mann schwerlich dieser Mann gewesen seyn würde, und die mit den Tugenden und Vortrefflichkeiten seines Geistes so zusammenhängen, daß sie sich nicht davon trennen lassen. Jacobi wirft seinem Freunde Hamann Ungereimtheiten vor. An manchen Aeußerungen desselben würde er freilich um keinen Preis theilgenommen haben. Es ist leicht gesagt, daß alles mit bloßer Vernunft zusammenhange, aber es ist die blindeste Voraussetzung, die gewisse Systeme freilich machen müssen. Wenn es nun aber anders wäre! und es ist anders; dieß läßt sich freilich nicht a priori einsehen; denn das, was ist, ist überhaupt nur a posteriori einzusehen; a priori nur, was nicht anders seyn kann.

Es hängt eben nicht alles so plan und einfach, als man sich

vorstellt, sondern gar wunderlich und insofern, wenn man will, ungereimt zusammen. Gott heißt im A. T. selbst ein wunderlicher Gott, d. h. über den man sich wundern muß, und Hamann mit ganz eigenthümlichem Witz versteht in diesem Sinn die bekannten Worte, die Simonides zum Tyrannen von Syrakus sagte: je länger ich über Gott nachdenke, desto weniger begreife ich ihn (er versteht diese Worte nicht anders, als man sie auch von einem wunderlichen oder gar paradoxen Menschen verstehen würde). Muß man dasselbe doch zuweilen von einem originalen Menschen eingestehen, und ist doch selbst ein gewöhnlicher Mensch mehr, als a priori begriffen werden kann.

Wir kehren nun wieder zu Jacobi zurück. Haben wir bisher in Jacobi zwei Perioden unterschieden, eine, wo seine Philosophie eine supernaturalistische zu seyn scheinen konnte, eine andere, wo er sich gegen Supernaturalismus, gegen Abhängigkeit von Offenbarung (vom Geschichtlichen) erklärte, und bei einem bloß subjektiven Gefühl stehen blieb, und sich mit demselben leeren Theismus begnügte, den er vorher angegriffen hatte, so suchte er in der späteren Zeit nicht bloß seinen Frieden mit dem gemeinen subjektiven Rationalismus zu schließen, auch dem objektiven, wissenschaftlichen suchte er nicht zu nähern durch eine ihm eigenthümliche Erfindung, welche nämlich darin bestand, an die Stelle des anfänglich gebrauchten Worts Gefühl das Wort Vernunft zu setzen, und dieser ein unmittelbares gleichsam blindes Wissen von Gott zuzuschreiben, ja sie für ein unmittelbares Organ für Gott und göttliche Dinge auszugeben. Dieß war noch das schlimmste Geschenk, das Jacobi der Philosophie machte, indem dieses bequeme unmittelbare Wissen, wodurch man wie mit Einem Wort über alle Schwierigkeiten hinweggehoben ist, von vielen unfähigen Köpfen ergriffen wurde, die bei höheren und niederen Schulen, zu denen sie durch Jacobis Einfluß befördert wurden, zumal bei uns der ächt wissenschaftlichen Bildung der Jugend ungemein vielen Schaden gethan hat. Man konnte in dieser der Vernunft gegebenen Bestimmung fast nur einen Mißverstand der gleichzeitigen Philosophie oder einen Versuch erkennen, sich durch diese Anbequemung sicher gegen sie zu stellen. Das Ungereimte dabei war, daß dieser Gott eines unmittelbaren Vernunftwissens nicht etwa die allgemeine Substanz, sondern wirklich der persönliche Gott mit all' der Fülle von geistigen und moralischen Eigenschaften seyn sollte, mit der ihn der allgemeine Glaube zu denken gewohnt ist. Ein unmittelbares Verhältniß zu einem persönlichen Wesen kann aber auch nur ein persönliches seyn, ich muß mit ihm umgehen, in einem wahrhaft empirischen Bezug mit ihm stehen; ein solches empirisches Verhältniß ist ja aber von der Vernunft ebenso ausgeschlossen, wie alles Persönliche von ihr ausgeschlossen ist; sie soll gerade das Unpersönliche seyn. Was die Vernunft unmittelbar erkennt, muß ebenso frei wie sie selbst von allen empirischen und daher auch von allen persönlichen Bestimmungen seyn. Wenn Gott unmittelbar mit der Vernunft schon gesetzt und gewußt ist, so braucht es dann allerdings keines vermittelnden Wissens, d. h. keiner Wissenschaft, weder um zu dem Begriff Gottes zu gelangen, noch um sich von seinem Daseyn zu überzeugen. Unstreitig war es gerade wegen dieser Ausschließung jedes persönlichen Verhältnisses von der Vernunft, warum Jacobi in seinen früheren Schriften und seiner besseren Zeit die alles Empirische ausschließende Vernunft überall unter den Verstand herabgesetzt hatte. Wie ganz er von seinem ersten Wollen und anfänglichen Ziel abgekommen, beweist der Umstand, daß er in der Gesammtausgabe seiner Werke, die er gegen Ende seines Lebens veranstaltete, an allen den Stellen, wo er früher die Vernunft genannt und ihren negativen Charakter angedeutet hatte, seine Leser benachrichtigt, statt Vernunft müsse Verstand und statt Verstand Vernunft gelesen werden — gleichsam um damit alle Spuren seines früheren besseren Strebens zu vertilgen. Denn daß dem Verstand, wie er früher anerkannt hatte, in der Philosophie die erste Stelle gebührt, der Vernunft die zweite, dieß erhellt ja eben aus der Forderung, daß ihr alles begreiflich gemacht werden soll, woraus von selbst folgt, daß sie nicht das ursprünglich Begreifende ist, es vieles gibt, das sie nicht ursprünglich begreift. Wenn man das, was ihr alles über ihren eignen unmittelbaren Inhalt Hinausgehende begreiflich macht, wenn man dieß nicht Verstand nennen will, wie will man es denn nennen?

Gott wird gerade nur mit dem Verstand erkannt, und zwar der höchste, gebildetste ans Ziel des Denkens gekommene Verstand erkennt erst Gott. Die Vernunft erkennt nur das Unmittelbare, das nicht seyn Könnende, sie ist wie das Weib im Hause auf die Substanz, die οὐσία angewiesen, an dieser muß sie festhalten, damit Wohlstand und Ordnung im Hause bleibe, sie ist eben das Zusammenhaltende, Begrenzende, während der Verstand das Erweiternde, Fortschreitende, Thätige ist. Die Vernunft ist das Unbewegliche, der Grund, auf den alles erbaut werden muß, aber eben darum nicht selbst das Erbauende. Unmittelbar bezieht sie sich nur auf die reine Substanz, diese ist ihr das unmittelbar Gewisse, und alles, was sie außerdem begreifen soll, muß ihr erst durch den Verstand vermittelt werden. Die Funktion der Vernunft ist es aber, gerade am Negativen festzuhalten, wodurch eben der Verstand genöthigt ist, das Positive zu suchen, dem allein jener sich unterwirft. Die Vernunft ist so wenig das unmittelbare Organ für das Positive, daß vielmehr erst an ihrem Widerspruch der Verstand zum Begriff des Positiven sich steigert.

Jacobis früheres Verhältniß oder Benehmen gegen die Vernunft war, daß er zu wenig ihr zugestand, daß er zum Göttlichen, Positiven unmittelbar, d. h. mit Ausschließung des Negativen und ohne Ueberwindung desselben, gelangen wollte. Das Verhältniß, in dem er sich später gefiel, war aber das allerverkehrteste, nämlich jenes unmittelbare Wissen, das er früher mit Ausschließung der Vernunft zu behaupten gesucht hatte, nur vielmehr der Vernunft selbst zuzuschreiben.

Wäre das unmittelbare Wissen der Vernunft ein Wissen Gottes, so könnte Gott auch nur das unmittelbar Seyende, d. h. er könnte nur Substanz seyn, wogegen Jacobi sonst eifrig ankämpft, indem er einen persönlichen empirischen Gott will. Das unmittelbare Wissen Gottes könnte nur ein blindes, d. h. ein nichtwissendes Wissen seyn; da könnte denn aber Gott auch nur das nicht seyend Seyende, τὸ μὴ ὄντως ὄν seyn, denn das-seyend Seyende, das ὄντως ὄν, könnte auch nur positiv, ausdrücklich, wissender Weise gewußt werden. Ganz so, als wäre Gott nur das nicht seyend Seyende (das Negative), lautet der bekannte

Jacobische Ausspruch: Ein Gott, der gewußt werden könnte, wäre gar kein Gott, d. h. (so müßte man eigentlich den Satz verstehen) Gott ist etwas so Negatives, daß er aufhörte Gott zu seyn, wenn er gewußt, wenn er ins Licht des Wissens hervorgezogen werden könnte. Der Jacobische Satz lautet ganz gleich dem: die Finsterniß, die gesehen würde, wäre nicht mehr Finsterniß (schon die Alten sagten, sie sey das weder mit Licht noch ohne Licht zu Sehende). Diesen Sinn kann man nun freilich Jacobi nicht zuschreiben. Denn theils war er überhaupt ein mäßiger Mann, der am Ende doch nichts Extremes behaupten wollte, theils widerspricht dieß seinem anderweitigen Wollen, da er doch übrigens einen persönlichen, einen menschlichen Gott wollte, zu dem auch ein persönliches oder menschliches Verhältniß möglich wäre Was er seiner ursprünglichen Denkart oder Gesinnung nach sagen wollte, war vielmehr, richtig ausgedrückt, dieses: der Gott, der auf die Art gewußt würde oder gewußt werden könnte, wie etwas in der Mathematik gewußt wird, nämlich in einem eigentlich nicht wissenden Wissen, ein solcher Gott wäre gar kein Gott. Wenn nun aber dieß seine wahre Meinung ist, so folgt eben daraus, daß Gott nicht unmittelbar gewußt werden könne, denn das unmittelbare Wissen kann nur das blinde seyn, das nicht wissende = das nicht durch Bewegung weiß (denn in jeder Bewegung ist Vermittlung), sondern nur weiß, indem es sich nicht bewegt. Wie schwankend — ein wahres Rohr, das vom Wind hin und her bewegt wird — Jacobi war, sieht man nun eben aus diesem (nach der letzten Auslegung) ganz richtigen Satz (Ein Gott ꝛc.) und der nachher aufgestellten Behauptung von einem unmittelbaren Vernunftwissen Gottes.

Indem Jacobi später, um seinen Frieden mit dem Rationalismus zu machen, dem Gefühl die Vernunft substituirte, verlor seine Philosophie auch noch die Wahrheit, die sie zuvor hatte. Gefühl drückt ein persönliches Verhältniß aus. Nun sollte aber der unpersönlichen Vernunft ein unmittelbares Verhältniß zu dem persönlichen Gott zugeschrieben werden, was völlig undenkbar ist. Jacobi hatte die bestimmteste Einsicht, daß die rationalen Systeme in letzter Instanz nichts eigentlich erklären (so wenig die Geometrie eigentlich etwas erklärt oder sagt: es

Ist so). Jacobi gehört die geistreiche Vergleichung aller Vernunftsysteme mit dem Nürnberger Grillenspiel, das uns nur so lange nicht anekelt, bis wir alle seine Wendungen kennen gelernt haben. Dennoch — durch ein eignes Mißgeschick — sah er keine andere Möglichkeit des Wissens außer jenem Negativen. Das einzige Wissen, das ihm gegen dieses substantielle Wissen blieb, war, die Augen vor ihm zu verschließen, nichts von ihm wissen zu wollen. Damit beraubte er sich denn allerdings jedes Mittels, zur höheren Wissenschaft zu gelangen. Jede Philosophie, die nicht im Negativen ihre Grundlage behält, und ohne dasselbe, also unmittelbar das Positive, das Göttliche erreichen will, stirbt zuletzt an unvermeidlicher geistiger Auszehrung. Eine solche wissenschaftliche Hektik ist der wahre Charakter der Jacobischen Philosophie. Denn selbst das, was er auf seinem Wege von Gott oder göttlichen Dingen erreicht, reducirt sich auf so wenig, ist gegen die Fülle und den Reichthum ächt religiöser Erkenntniß so dürftig und so arm, daß man das Loos des menschlichen Geistes beklagen müßte, wenn er nicht mehr einzusehen vermöchte. Das Ende der Jacobischen Philosophie ist die Erklärung, daß sie nicht nur über Gott und göttliche Dinge, sondern auch über das Ungöttliche, dem Göttlichen Entgegenstehende nichts eigentlich, nämlich wissenschaftlich wisse.

Jacobi zeichnete sich früh durch ein hohes Streben nach dem Geistigen, wir können sagen, nach dem Uebersinnlichen aus, nur fehlte seiner Natur das nothwendige Gegengewicht. Denn das Geistige kann wahrhaft nur im Verhältniß zum Ungeistigen und durch Ueberwindung desselben gewonnen werden. Alles Exclusive, gesetzt selbst, es ziehe die bessere Seite vor, ist in der Philosophie vom Argen. Jacobi hatte von seiner philosophischen Betrachtung gleich anfangs die Natur ausgeschlossen, worin er namentlich von Kant sehr verschieden war, der durch alle seine Schriften eine große Liebe zur Natur und eine reiche Kenntniß derselben zeigte, während Jacobi stets wie von einem panischen Schrecken vor der Natur ergriffen schien, und soweit er Kenntniß von ihr nahm, durchaus nur die Seite der Unfreiheit, der Ungöttlichkeit und Ungeistigkeit an ihr bemerkte, wozu vielleicht ein zufälliger Umstand beitrug, daß er nämlich in der Physik und Philosophie einen übrigens vorzüglichen Mann zum Lehrer hatte, den Professor Le Sage in Genf, der entschiedener Cartesianer war, und noch nach der Mitte des 18. Jahrhunderts ein dem System der Cartesianischen Wirbel ähnliches atomistisch-mechanisches Gravitationssystem ausdachte. Vielleicht schrieb sich von diesem Lehrer Jacobis Idiosynkrasie her, die Materie, wie er mir öfters sagte, als lebendig nicht einmal denken zu können, während Goethe z. B. einmal äußerte, er wisse nicht, wie er es anfangen sollte, die Materie als nicht lebendig zu denken. Diese Eigenthümlichkeit blieb Jacobi auch in spätern Jahren; weder Kants metaphysische Anfangsgründe der Naturlehre noch eben desselben Kritik der Urtheilskraft — Kants tiefstes Werk, das, wenn er damit hätte anfangen können, wie er damit endete, wahrscheinlich seiner ganzen Philosophie eine andere Richtung gegeben hätte, änderte etwas daran. Als Jacobi vollends die Natur als wesentliches Element in die Natur aufgenommen sah, da blieb ihm keine andere Waffe übrig, als dieses System Pantheismus im gemeinsten und gröbsten Sinn zu schelten und auf jede Weise es zu verfolgen. Die Philosophie darf sich aber nicht bloß mit dem Höchsten abgeben, sie muß, um wirklich alles befassende Wissenschaft zu seyn, das Höchste mit dem Tiefsten wirklich verknüpfen. Wer die Natur als das schlechthin Ungeistige zum voraus wegwirft, beraubt sich dadurch selbst des Stoffes, in und aus welchem er das Geistige entwickeln könnte. Die Kraft des Adlers im Flug bewährt sich nicht dadurch, daß er keinen Zug nach der Tiefe empfindet, sondern dadurch, daß er ihn überwindet, ja ihn selbst zum Mittel seiner Erhebung macht. Der Baum, der seine Wurzeln tief in die Erde schlägt, kann wohl noch hoffen, den blüthe-schweren Wipfel zum Himmel zu treiben, aber die Gedanken, welche sich gleich von vornherein von der Natur trennen, sind wie wurzellose Pflanzen oder höchstens jenen zarten Fäden zu vergleichen, die zur Zeit des Spätsommers in der Luft schwimmen, gleich unfähig den Himmel zu erreichen und durch ihr eignes Gewicht die Erde zu berühren. Ein solcher alter-Jungfern-Sommer von Ideen findet sich auch vorzüglich nur in Jacobis übrigens geistreich und zierlich ausgedrückten Gedanken.

Das Ende der Jacobischen Philosophie ist also das allgemeine Nichtwissen. Wenn Jacobi behauptet, daß die Philosophie gerade das, was von ihr am eifrigsten begehrt wird, nämlich Aufschluß über das jenseits der Grenzen der gemeinen Erfahrung Liegende, nicht gewähren könne, so ist er hierin mit dem Rationalismus völlig einverstanden und übereinstimmend, nur darin verschieden, daß er wegen alles dessen, was eigentlich der höchste Preis der Philosophie seyn sollte, an die Nichtphilosophie, an das Nichtwissen verweist — an das Gefühl, an eine gewisse Ahndung, oder auch wohl, besonders in seinen früheren Schriften, an den Glauben, dem er nachher (weil für eine ganz rationalistische Zeit der Glaube etwas Anstößiges hatte) unmittelbares Vernunftwissen substituirte, das indeß ebenso wenig als das Gefühl sich zu Wissenschaft sollte gestalten können (Widerspruch). Diese Auskunft wegen alles wahrhaft und im eigentlichen Sinn Positiven den Menschen an den Glauben zu verweisen, war übrigens nicht eine der Jacobischen Philosophie eigenthümliche, sie war von jeher gebräuchlich: denn von jeher mußte die Inhaltslosigkeit der gewöhnlichen Philosophie gegen den reichen Inhalt der Offenbarung auffallen. Da es sich hier um das Verhältniß von Wissen und Glauben handelt, so will ich mich hierüber erklären. Man muß folgende Unterschiede machen. 1) Diejenigen, die gegen die Philosophie gleichgültig sind, oder deren Interesse es sogar ist, daß sie als mangelhaft erscheine, führen eben das an, daß der Glaube, worunter sie aber den historischen, christlichen verstehen, enthalte, was die Philosophie nicht enthalte und nicht zu enthalten fähig sey. Dabei bleiben also Wissen und Glaube, oder Philosophie und Glaube außereinander, wie zwei getrennte Gebiete, und man begreift diesen Gegensatz ganz wohl, und sieht sogar ein, wie er seit der Emancipation der Philosophie durch Cartesius entstehen mußte. Denn von da an ließ die Philosophie den Inhalt der positiven Religion außer sich stehen. (Cartesius protestirt in allen seinen Werken, daß er nichts den Lehren der Kirche entgegen behaupten wolle; dagegen geht er darauf aus, sich den Stoff seiner Philosophie ganz auf eigne Faust zu verschaffen. Da nun aber die Philosophie — schon von der Scholastik her gewohnt, den positiven

Inhalt nur vorauszusetzen — jetzt ganz unabhängig von ihm sich machte, so mußte sie natürlich ins Negative gerathen). Weniger begreiflich ist es nun aber 2) wenn dieser Unterschied zwischen Glauben und Wissen in das Wissen, in die Philosophie selbst verlegt wird, so daß sowohl das Wissen als der Glaube — beide philosophisch seyn sollen, also ein philosophisches Wissen auf der einen und ein philosophischer Glaube auf der andern Seite behauptet wird. Immer kann dieß aber noch auf zweierlei Art geschehen, entweder so daß Glaube und Wissen dabei als einig (wenigstens nicht als sich widerstreitend), oder daß sie als einander entgegengesetzt gedacht werden. Das Letzte ist der Fall bei Jacobi, der dem Wissen zuschreibt, daß es unvermeidlich auf Fatalismus und Atheismus führe, dem Glauben aber, daß er allein zu einem Gott führe, der Vorsehung, Freiheit und Wille sey. Wenn nun aber, bei solcher Entgegensetzung, der Glaube und das Wissen, beide in der Philosophie, also philosophisch seyn sollen (und gewiß Jacobi machte seiner Lehre vom Nichtwissen ohngeachtet sehr bestimmten Anspruch, doch auch eine philosophische Lehre aufgestellt zu haben), so mußte sowohl der Glaube als das Wissen philosophisch erklärt werden. Ein System aber, das ein philosophisches Wissen und einen diesem total entgegengesetzten, doch ebenfalls philosophischen Glauben behauptete, müßte, um auch nur formell bestehen zu können, das System eines philosophischen, d. h. philosophisch begriffenen, Dualismus seyn. Man könnte sich ein solches System etwa auf folgende Art denken. Auf der einen Seite wäre das rationale oder bloß substantielle Wissen als vollendet gedacht, so nämlich, daß nun die Vernunft sich in der That als alles Seyn erkennte — nämlich als alles endliche Seyn (denn wenn sie sich unbedingt als alles Seyn erkennte, so müßte sie sich auch als Gott erkennen, und Gott wäre nichts als die Vernunft). Als alles endliche Seyn, oder um bestimmter zu sprechen, als Princip alles endlichen Seyns würde das Wissen eben dann sich erkennen, wenn es sich in seiner reinen Subjektivität erkannt hätte, welche Subjektivität (als in ihrer Art unendlich) dann von selbst das Verhältniß zu einer ebenso unendlichen Objektivität in sich schlöße. Der bis dahin von der Vernunft zurückgelegte Weg, der sie zur Erkenntniß ihrer selbst als der allgemeinen Substanz geführt hätte, wäre eben der Weg des vollendeten Wissens, das Wissen würde aber eben in diesem Ziel, in dieser Vollendung auch sich als bloße Sub-stanz erkennen, und so nothwendig das, dem es Substanz oder unterworfen ist, oder gegen das es sich als das bloß nicht Seyende verhält, von **sich** unterscheiden, und es bestimmen als das nicht bloß substantiell oder subjektiv Seyende, sondern als das in reiner unendlicher Objektivität — in unendlicher Freiheit von aller Subjektivität — seyende. In diesem letzten Akt würde es sich daher vielmehr als das — **nicht** alles, nämlich nicht auch das wahrhaft Objektive seyende erkennen, und in dieser Vernichtung seiner selbst als des alles seyenden eben jenes unendlich positiv- oder objektiv-Seyende — **in** Gott setzen. Dieser letzte Akt des Gottsetzens würde eben darauf beruhen, daß es aus seiner früheren Selbst-Objektivität (Selbst-Objektseyn) in die völlige Subjektivität zurückgetreten wäre; dieser Akt wäre nothwendig selbst ein subjektiver Akt, vergleichbar etwa dem Akt der Andacht, die eben auf einer solchen Selbstvernichtung gegenüber von einem Höheren beruht, gegen das wir uns in das Verhältniß des völligen Subjekt-, d. h. nicht-selbst-Seyns, setzen. Dieser rein subjektive Akt könnte dann wohl auch dem Wissen gegenüber als ein Akt des Glaubens oder selbst als Glauben bezeichnet werden — und zwar aus folgendem Grund. Das Wissen versichert sich des überschwenglich Seyenden durch seine Selbstvernichtung; aber es sieht das überschwenglich Seyende nicht, solang noch ein Rest von Objektivität in ihm ist, solang es sich nicht vernichtet hat, es vernichtet sich also nur im Glauben, daß ihm durch diese Selbstvernichtung — gleichsam als Preis seiner aufgegebenen Selbstheit — das Ueberschwengliche werde. Gleichwohl, da es sich nur als selbst Objektives, nicht auch als Subjektives vernichtet, und da es vielmehr erst in der Subjektivität vollendetes Wissen ist (vorher, solang es noch objektiv seyn wollte, war es das Producirende der Natur), so bliebe es gerade als Wissen stehen, und das letzte, gleichzeitige Resultat wäre — das vollendete und das im Glauben sich selbst vernichtende, aber eben damit das wahrhaft Positive und Göttliche setzende Wissen. Auf diese Art also wäre innerhalb der Philosophie selbst ein Uebergang von Wissen zu Glauben. Jacobi war indeß weit entfernt von einer solchen Erklärung. Das Ende seiner Philosophie ist eine reine Dissonanz, die durch nichts, durch keine höhere Idee aufgelöst ist.

Ohnedieß würde eine Erklärung, wie die eben angedeutete, nur in einem System denkbar seyn, das auch die Antwort auf folgende nothwendig sich aufdringende Fragen enthalten müßte. Wenn das, was in seiner Innerlichkeit das reine Wissen — insofern das nicht Seyende ist (denn das Wissende ist gegen das Seyende nothwendig das nicht selbst Seyende) — wenn also dieses, was in seiner Innerlichkeit das reine Wissen und das nicht Seyende ist, in seinem Außersichseyn das Erzeugniß des objektiven Seyns ist, woher kommt diesem Princip die Macht, sich objektiv, als seyend zu setzen, da es doch das nicht seyende — nicht nur seyn soll, sondern auch ursprünglich gewiß ist? Woher seine Ex-sistenz, d. h. sein außer Sich, außer dem Ort Seyn, wo es eigentlich seyn sollte, nämlich außer dem Innern? Wenn es in dieser Aeußerlichkeit das Welt erzeugende Princip ist, wie ist es äußerlich geworden? Denn äußerlich geworden muß es seyn. Weil es nicht äußerlich seyn soll, wie das Ende zeigt, so konnte es auch nicht ursprünglich äußerlich seyn. Und wenn es denn ursprünglich innerlich ist oder war, wie war es als innerlich gesetzt? Denn dieß muß ja doch auch erklärt werden. Kurz jene Erklärung wäre selbst nur in einem System möglich, das schon ein geschichtliches wäre, oder dem geschichtlichen sich annäherte. Ein solches aber hat Jacobi ein für allemal für unmöglich erkärt; denn was das Wissen betrifft, stimmte er ganz dem Rationalismus bei. Wenn man ihm also ein System zuschreiben will, so kann man seine Philosophie nur als eine absolut dualistische ansehen, aber man muß hinzusetzen: sie ist ein völlig unaufgelöster, aber eben darum selbst nicht erklärter Dualismus. Auf der einen Seite ist Freiheit, auf der anderen Nothwendigkeit, aber wie — wenn Freiheit ist — dann auch Nothwendigkeit, oder wenn Nothwendigkeit, dann auch Freiheit besteht, und wie beide zusammenhangen, darüber ist nach ihm nicht nur nichts zu wissen, sondern sogar nichts zu denken. Jacobi erklärte jenen Gegensatz als einen so unversöhnlichen, daß eine Vereinigung selbst nicht denkbar sey.

Die billigste Ansicht, die man nach dem allem von Jacobi noch fassen könnte, wäre die, ihn als auf der Grenze zweier Zeiten stehend zu betrachten, der einen, die vor ihm als eine öde, unerquickliche Wüste lag, und die er als eine solche wohl empfand, der anderen, in die er nur als in ein gelobtes Land aus weiter Ferne hineinsah; doch ist zwischen ihm und dem israelitischen Gesetzgeber, der sein Volk durch die Wüste führte, der große Unterschied, daß Mose zwar selbst nicht in das gelobte Land kommen sollte, aber doch, daß sein Volk hineinkommen und in ihm einst wohnen werde, mit Gewißheit und höchster Zuversicht voraussah, Jacobi aber nicht nur selbst nicht hineinkam, sondern auch behauptete, es sey unmöglich, daß je ein anderer hineinkomme. Darnach müssen wir ihn als einen lebendigen Widerspruch gegen eine frühere Zeit und als unfreiwilligen Propheten einer besseren ehren und anerkennen, als einen unfreiwilligen, weil er diese Zeit, die nach seiner Meinung nie kommen konnte, auch nicht voraussagen wollte, als einen Propheten aber, weil er sie gegen seinen Willen voraussagte, wie der Seher Bileam, der gekommen war, Israel zu fluchen, und es segnen mußte.

Es gibt ein solches Wissen, das Jacobi nicht erkennen wollte, und das, indeß es von einer Seite ein rationalistisches ist, von der andern den Glauben auch materiell, seinen Gegenständen nach in sich schließt — ein Wissen, das Freiheit und Vorsehung als Ursache der Welt, das Freiheit des menschlichen Willens, individuelle Fortdauer nach dem Tode, und was der Glaube sonst verlangt, wirklich begreift — das jedoch den Glauben nicht bloß in diesem Sinn nicht ausschließt, sondern das ihn, auch formell, wesentlich in sich selbst hat.

Ich will hier nur vor allem an den allgemeinen und beständigen Sprachgebrauch erinnern, nach welchem Glauben dem Wissen nicht schlechthin und in jedem Sinn, sondern nur dem unmittelbaren Wissen, dem Schauen, entgegengesetzt wird, wie schon aus dem einzigen Spruch erhellen würde: Selig sind, die nicht sehen und doch glauben.

Dem *mittelbaren*, dem nur durch Vermittlung möglichen Wissen ist also der Glaube durchaus nicht entgegen, sondern wesentlich *mit* diesem verbunden, so daß wo mittelbares Wissen ist, nothwendig auch Glauben ist, und Glauben eben vorzüglich im mittelbaren Wissen sich zeigt und berührt. Glauben heißt im gemeinen Leben dasjenige mit Zuversicht für möglich halten, was unmittelbar unmöglich, was nur vermöge einer Folge und Verkettung von Umständen und Handlungen, kurz was nur durch mehr oder weniger zahlreiche Vermittlungen möglich ist. Insofern, kann man sagen, geschieht *alles* im Glauben. Der Künstler, der den Marmor vor sich hat, aus dem ein Kunstwerk hervorgehen soll, *sieht* dieses Kunstwerk nicht; hätte er jedoch nicht den Glauben, d. h. die Zuversicht, daß das, was er jetzt *nicht* sieht, durch seine Bemühung, durch eine Folge von Handlungen, die er mit dem Marmor vornimmt, sichtbar werden könne, so würde er nie die Hand anlegen. Glaube setzt immer ein Ziel voraus, und ist wesentlich bei *jedem* Thun, das etwas Bestimmtes erreichen will. Columbus *glaubte* an die Existenz eines zu seiner Zeit unbekannten Welttheils und steuerte muthig nach Westen. Könnten wir sagen: Columbus habe an diesen Welttheil *geglaubt*, wenn er die spanische Küste nie *verlassen* hätte? Glaube ist daher nicht, wo nicht zugleich *Wollen* und *Thun* ist; glauben und dabei sich nicht bewegen, ist Widerspruch, wie es Widerspruch ist, wenn man vorgibt an das Ziel zu *glauben* und sich nicht regt, es zu erreichen. Es war also ein Widerspruch, wenn Jacobi sich eines Glaubens rühmte, und dabei die Hände in den Schooß legte. Der wahre Glaube hätte sich hier dadurch bewähren müssen, daß keine Anstrengung gescheut würde, um jene Vermittlungen zu entdecken, durch welche das, *woran* der Glaube glaubt, auch der Vernunft und der strengsten Wissenschaft einleuchtend gemacht wurde. Ist der Glaube ein nothwendiges Ingrediens jedes auf ein Ziel gerichteten Thuns, so ist er auch ein wesentliches Element der wahren Philosophie. *Alle* Wissenschaft entsteht nur im Glauben; wer die ersten Sätze des Euklid so eben gelernt hat, würde die höchsten Leistungen der Geometrie nicht nur für unmöglich halten, er würde sie nicht einmal verstehen — dieselben, die er dann ganz leicht begreift, wenn er durch alle Vermittlungen hindurchgegangen ist. Alle Wissenschaft, und so insbesondere die Philosophie schließt den Glauben als ein eben in *ihr* sich Bewährendes fortdauernd, also immanenter Weise und wesentlich in sich. Die also, welche Wissen und Glauben trennen, ja entgegensetzen, gehören zu der leider heutzutag ungemein zahlreichen Klasse von Menschen, die selbst nicht wissen, was sie wollen, das Traurigste, was irgend einem mit Vernunft begabten Wesen begegnen kann. Entweder nämlich denken sich solche Gläubige unter Glauben *kein* Schauen, so müssen sie nicht das Wissen überhaupt, und damit auch das mittelbare Wissen, verwerfen, sondern nur um so mehr dieses anerkennen, oder sie verstehen unter Glauben ein unvermitteltes Erkennen, ein wahres Schauen, so müssen sie sich nicht Vernunftgläubige nennen, sondern denen sich gleichstellen, die sich für unmittelbar Gottbegeisterte ausgeben, und daher auch nicht Philosophen, sondern *Theosophen* sich nennen.

In Bezug auf die Philosophen des Nichtwissens bekennen sich zwar die Theosophen ebenso wie diese als nicht *wissenschaftlich* Wissende, darum aber keineswegs wie jene als überall nicht *Wissende*, sondern vielmehr als in hohem Grade, ja wir müssen sagen als vorzugsweise oder im höchsten Maße Wissende. So arm und inhaltsleer die Lehre des Nichtwissens sich zeigt, so reich und inhaltsvoll erscheint dagegen der Theosophismus, welcher ganz im Schauen oder in der unmittelbaren Erfahrung zu seyn sich rühmt, und wie durch eine *Verzückung* alle Dinge zu *sehen*, wie sie in Gott sind, in ihrem wahren ursprünglichen Verhältniß.

Diese Form des Empirismus behauptet also nicht ein bloßes, übrigens nichts aussprechendes, höchstens polemisch, d. h. negativ, sich äußerndes Gefühl, nicht ein unmittelbares Vernunftwissen, das doch nicht zum Wissen sich gestalten kann, sondern sie schreibt sich ein unmittelbares *Schauen* der göttlichen Natur und der göttlichen Entstehung der Dinge zu. (Theosophismus ist also eine zweite Unterabtheilung derjenigen Philosophie, welche sich auf unmittelbare *innere* Erfahrung zu gründen vorgibt). Weil dieses Schauen sich nicht mittheilen läßt und daher etwas Geheimnißvolles, Mystisches ist, so ist insofern der Theosophismus eine Art von Mysticismus. Es gibt nämlich 1) einen bloß praktischen oder subjektiven Mysticismus, der gar keinen Anspruch auf Wissenschaft macht. Es gibt aber auch 2) einen objektiven Mysticismus, der Anspruch auf objektive Erkenntniß macht. Dieser ist der Theosophismus, der speculativer oder theoretischer Mysticismus ist, und obgleich der wissenschaftlichen (rationalen) Form sich begebend, nichtsdestoweniger auf einen speculativen Inhalt Anspruch macht.

Wie läßt sich nun jenes unmittelbare Schauen des Göttlichen nicht nur, sondern selbst des Hergangs der Schöpfung oder eigentlich der Emanation, des Werdens der Dinge aus Gott, das der Theosoph behauptet, etwa rechtfertigen? Wenn Sie sich zurückrufen, was bei Gelegenheit der Naturphilosophie ausgesprochen worden, so ist das im Menschen sich selbst Bewußte und zu sich Gekommene — dieses ist das durch die ganze Natur Hindurchgegangene, das gleichsam alles getragen, alles erfahren hat, das aus der Selbst-Entfremdung wieder in sich, in sein Wesen Zurückgebrachte. Ist es aber der zurückgebrachte Anfang, so ist das Wesen des Menschen wieder das, was im Anfang der Schöpfung war, es ist nicht mehr dem Erschaffenen, sondern es ist wieder der Quelle der Schöpfung gleich — das menschliche Bewußtseyn ist also, indem es das Ende ist, zugleich auch wieder der Anfang der Schöpfung; **ihm** also müßte die ganze Bewegung von Anfang bis zu Ende durchsichtig seyn, es wäre eingeborene Wissenschaft, gleichsam von Natur schon, durch sein eignes Werden das universell Wissende. Aber so findet es sich ja nicht, und wenn eine solche Wissenschaft auch substantiell noch im Wesen des Menschen gedacht wird, so ist sie wenigstens nicht aktuell in ihm, sondern verdunkelt und in die tiefste Potentialität versenkt. Dieß kann sich nun, jene Theorie (daß das im Menschen sich Bewußte durch die ganze Schöpfung hindurchgegangen ist) als richtig vorausgesetzt, daraus erklären, daß das Wesen des Menschen nicht an dem Ort geblieben, in den es durch die ursprüngliche Schöpfung gesetzt war, daß der Mensch seine universelle oder centrale Stellung gegen die Dinge wieder verloren, selbst wieder zum Ding geworden ist, indem er in seiner Freiheit von allen Dingen und über ihnen als Princip, als Quelle, sich sehend in dieser Allgemeinheit nicht zu bleiben wußte, sondern sich als eine Besonderheit wollte, nach einem **eignen** Seyn verlangte, und so den Dingen gleich wurde, ja zum Theil unter sie zu stehen kam, aus der Centralanschauung, in der er ursprünglich war, gesetzt wurde, und dem peripherischen Wissen anheimfiel, wo die Dinge nicht nur gegeneinander, sondern auch gegen ihn selbst — äußere, nicht nur sich selbst untereinander, sondern auch **ihn** ausschließende sind. Eine solche Katastrophe des menschlichen Wesens ist unter dieser oder jener Form in allen Religionen, in der christlichen unter dem Namen eines Falls, angenommen. Jenes Centralwissens ist also der Mensch verlustig gegangen. Dieß gesteht selbst der Theosoph zu. — Aber, sagt man, diese Katastrophe auch angenommen konnte doch die Substanz des menschlichen Wissens nicht aufhören, substantiell oder materiell noch immer das alles Wissende zu seyn, sie hörte nicht auf das zu seyn, in welchem die Materie alles Wissens enthalten, nur das aktuell alles Wissende, welches jetzt als bloß des Wissens Begieriges (als Verstand) außer dem Menschen ist, war sie nicht mehr. Der Mensch ist also nicht mehr an dem Ort, an den er — durch die Schöpfung selbst — gesetzt war; durch eine falsche Ekstasis ist er außer dem Centrum gesetzt, in dem er der Wissende aller Dinge war. Sollte er nun nicht durch eine umgekehrte Ekstasis sich wieder dahin versetzen, in den Mittelpunkt der Dinge und damit in die Gottheit selbst verzückt werden können? — So müßte der Theosophismus sich erklären.

Auf die Frage über die Möglichkeit außerordentlicher Zustände des menschlichen Wesens können wir nun hier nicht eingehen (Psychologie), aber gesetzt, es müßte für einzelne Menschen die Möglichkeit einer solchen Wiederversetzung in das ursprüngliche Wesen, in das Centrum, einer Steigerung der Innerlichkeit bis zum Versinken in die Gottheit zugegeben werden, so wäre dieser Zustaud nur dem zu vergleichen, von dem der Apostel (1. Kor. 14), sagt, daß in ihm die Sprache und die Erkenntniß aufhöre, nämlich eben die mittelst der Sprache sich auseinandersetzende, discursive, mit Unterscheidung verbundene

Erkenntniß. Ein solcher Zustand würde dann aber auch alle Mittheilung von Erkenntniß unmöglich machen; was ein *solcher* Entzückter selbst vernähme, wären, wie es der Apostel (2. Kor. 12, 4) von sich sagt, *ἄρρητα ῥήματα*, nicht auszusprechende Worte. Ferner, an *wen* sollte er doch diese Erkenntniß mittheilen? Unstreitig doch an die, die außer diesem Zustand sind, für die er also eben darum absolut unverständliche Worte spräche. Sein Reden wäre, wie jenes räthselhafte mit Zungen Reden, wovon der Apostel spricht, der übrigens (1. Kor. 14, 19) selbst sich erklärt: Ich will in der Gemeinde lieber fünf Worte reden mit meinem *Sinn* (d. h. bei dem ich selbst eines Sinnes mir bewußt bin), auf daß ich auch andere unterweise, als zehntausend Worte mit Zungen, wo also der Gegensatz zeigt, daß mit Zungen reden so viel ist, als für andere unverständlich reden. Unverständlich in hohem Grade sind nun großentheils auch die Reden der theoretischen Mystiker, der eigentlichen Theosophen, und wir sehen sie nicht in der seligen Ruhe, in der wir die eigentlich Verzückten uns denken müßten, sondern in einem gewaltigen Ringen, in einem großen Kampf sich abmühend; ihre Aeußerungen sind so unfreiwilliger Art, daß wir sie als in einem *Proceß* begriffen denken müssen. Wären sie wirklich im Centro, so müßten sie verstummen, aber — sie wollen doch zugleich reden, sich aussprechen, und für *die* sich aussprechen, die außer dem Centro sind. Hierin der Widerspruch des Theosophismus. Wenn jenes Princip, in dem sich zwar der Eindruck, aber nur der verwischte Eindruck, das Chaos aller früheren Momente, nur als Gefühl findet, wenn dieses für sich, also mit Zurückstoßung des freien Geistes (der ihm im jetzigen Zustand als Moderator, als Entbinder beigegeben ist), wirken will, so kann es nur als eine ihrer selbst nicht mächtige Natur erscheinen. Der individuelle Geist, in dem es auf solche Weise wirkend wird, verliert alles Maß, und ist nicht Meister seiner Gedanken, sondern im vergeblichen Ringen, das, was er auszusprechen keine Mittel hat, dennoch auszusprechen, ist er ohne alle Sicherheit, (wie Jakob Böhme selbst von seinem Geist sagt) „was er trifft, das trifft er", jedoch ohne dessen gewiß zu seyn, ohne es fest vor sich hinstellen, und im Verstande als in einem Spiegel (in der

Reflexion) beschauen zu können; anstatt Herr des Gegenstandes und über ihm zu seyn, wird der Theosoph vielmehr selbst zum Gegenstand, anstatt zu erklären, wird er selbst zum Phänomen, das Erklärung verlangt. Ich spreche von denen, die wahrhaft ursprünglich und durch eine wahrhafte Eigenthümlichkeit ihrer Natur Theosophen sind, nicht von solchen, die nur als irrende Ritter gleichsam auf wissenschaftliche Abenteuer ausgehen oder den Theosophismus affektiren, um sich das Ansehen tiefer Einsicht zu geben, und weil sie damit schneller und leichter als mit redlicher wissenschaftlicher Arbeit Aufsehen erregen zu können meinen. Der Theosophismus streitet ganz gegen die Bestimmung des jetzigen Lebens, der Theosoph beraubt sich selbst des höchsten Vortheils des gegenwärtigen Zustandes, des distinktiven, unterscheidenden, alles auseinanderlegenden und auseinanderhaltenden Erkennens, das allerdings auch ein Uebergang ist, aber so wie das ganze gegenwärtige Leben Uebergang ist. Unsere Bestimmung ist nicht, im Schauen zu leben, sondern im Glauben, d. h. im vermittelten Wissen. Unser Wissen ist Stückwerk, d. h. es muß stückweis, successiv, nach Abstufungen und Abtheilungen erzeugt werden. Wer das Wohlthätige der Auseinandersetzung seiner Gedanken, einer successiven Erzeugung von Wissen und Erkenntniß je gefühlt hat, der wird, so zu sagen, um keinen Preis jene besonnene Doppelheit aufgeben. Im Schauen an und für sich ist kein Verstand. In der äußern Welt sieht ein jeder mehr oder weniger dasselbe, und doch kann es nicht jeder aussprechen. Ein jedes Ding durchläuft, um zu seiner Vollendung zu gelangen, gewisse Momente: eine Reihe aufeinanderfolgender Processe, wo jeder folgende in den vorhergehenden eingreift, bringt es zu seiner Vollkommenheit; diesen Verlauf, in der Pflanze z. B., sieht der Bauer so gut wie der Gelehrte, und kennt ihn doch nicht eigentlich, weil er die Momente nicht auseinanderhalten, nicht gesondert, nicht in ihrer Entgegensetzung aussprechen kann. Ebenso — könnte der Mensch auch jenen transscendenten Proceß, durch den alles geworden ist, in sich selbst erfahren, wie der Theosoph sich deß rühmt, so würde dieß doch nicht zu wirklicher Wissenschaft führen. Denn alles Erfahren, Fühlen, Schauen ist für sich stumm und bedarf eines vermittelnden Organs, um ausgesprochen zu werden; fehlt dieses dem Schauenden, oder stößt er es absichtlich von sich, um unmittelbar aus dem Schauen zu reden, so ist er, wie gesagt, eins mit dem Gegenstand, und für jeden Dritten etwas ebenso Unverständliches wie der Gegenstand selbst. Alles, was in jenem Princip, das wir die eigentliche Substanz der Seele nennen können, potentiâ enthalten ist, muß erst zur wirklichen Reflexion (im Verstand, oder im Geist) gebracht werden, um zur höchsten Darstellung zu gelangen. Hier geht also die Grenze zwischen Theosophie und Philosophie, welche der Wissenschaft Liebende keusch zu bewahren suchen wird, ohne sich durch die scheinbare Fülle des Stoffs in den theosophischen Systemen verleiten zu lassen. Denn freilich unterscheidet sich z. B. jene frühere Philosophie des Nichtwissens von der Theosophie hauptsächlich durch ihre absolute Substanzlosigkeit. Die beiden Formen haben sich gleichsam in die zwei Principien getheilt, aus deren Zusammenwirkung allein wirkliche Wissenschaft entsteht. In Jacobis Philosophie ist jenes Princip, von dem wir sagen können, es sey das substantiell nicht wissende, aber eben darum nach Wissen begierige, hungrige, der Verstand. Jacobis Gefühl ist eigentlich nur der Hunger nach Wissen. Der Verstand, das positive Princip des Wissens, ist in dieser Philosophie eine Art von Halbwille, der nicht die Kraft hat, das bloße Gefühl, von dem er getrieben ist, als Gefühl aufzuheben, wie das Gefühl des Hungers sich aufhebt durch Anziehen oder Zusichnehmen der Nahrung. Jacobi greift die Substanz nicht an, er stößt sie sogar von sich, und läßt daher auch die Natur ganz außer sich; seine Philosophie ist ein Gegensatz gegen alle Naturphilosophie. Der Theosoph aber, in dem Verhältniß als er speculativ ist, ist er auch wesentlich und hauptsächlich Naturphilosoph. Aber wie die Philosophie des Nichtwissens an Mangel, so leidet er an Ueberfüllung mit dem bloßen Stoff des Wissens. Ich habe mit der bisherigen allgemeinen Schilderung des Theosophismus zugleich das merkwürdigste Individuum dieser Gattung, den berühmten Jakob Böhme geschildert[1].

[1] Weiteres über Jakob Böhme s. 2. Abth., Bd. III, S. 123. D. H.

Man muß Jakob Böhme, bei dem alles noch lauter und ursprünglich ist, wohl unterscheiden von einer andern Klasse von Mystikern, bei denen nichts Lebendiges und Ursprüngliches mehr anzutreffen, alles schon corrupt ist; in diese Klasse gehört besonders der bekannte St. Martin, man hört in ihm nicht mehr, wie in J. Böhme den ursprünglich ergriffenen, sondern nur noch den Concipisten oder Sekretär fremder Ideen, die noch überdieß schon zu Zwecken anderer Art zubereitet sind; was bei J. Böhme noch lebendig ist, ist bei ihm abgestorben, nur gleichsam noch das Cadaver, die einbalsamirte Leiche, die Mumie eines ursprünglich Lebendigen, wie sie in geheimen, zugleich alchemische, magische theurgische Zwecke verfolgenden Gesellschaften vorgezeigt wird. Vor solchen Mysterien zu warnen, ist Pflicht, zumal wenn man weiß, wie man leicht wissen kann, daß dieser Mysticismus seine Anhänger nicht in den gesunden, sondern gerade in den corruptesten Klassen der Gesellschaft gefunden hat. Ein solcher mit Gewürz, wo nicht mit weit schlimmeren Ingredienzen angesetzter Wein, höchstens gut und dazu bestimmt, einen längst abgestumpften Geschmack noch zu erregen, gehört in die Hexenküche, dahin es Goethe im Faust verwiesen hat. Deutsche Jugend aber möge Gott vor solchem und ähnlichem Höllengebräu jetzt und immer bewahren!

Heutzutag wird der Begriff Mysticismus, Mystiker von Unwissenden auf die seltsamste Art gebraucht, indem sie z. B. jeden, der überhaupt nur an eine Offenbarung glaubt, geschähe dieß übrigens im geschichtlichsten Sinn, schon einen Mystiker nennen. Solchen Leuten wäre z. B. auch Johannes Müller ein Mystiker. Aber dieß ist ein Mißbrauch einer alles zusammenwerfenden, weder Begriffe noch Worte unterscheidenden Zeit. Die falsche Anwendung der Worte: mystisch, Mysticismus, hat aber ihren Grund in einem noch allgemeineren Mißverstand dieser Worte, indem man nämlich derselben sich bedient, um eine gewisse materielle Beschaffenheit von Lehren oder Behauptungen anzudeuten. Der kurze Begriff von mystisch, den sich viele gemacht haben, ist dieser: alles, was über mein individuelles Begreifungsvermögen hinausgeht, werde ich mystisch nennen — gesetzt selbst, es wäre ein Satz, der durch rein wissenschaftliche und vollkommen methodische Entwicklung gewonnen wäre, denn es soll einmal nichts über unser Begreifungsvermögen hinausgehen, noch soll jemand erreicht zu haben behaupten, was wir ein für allemal als nicht zu erreichen erklärt haben. Dieser Kunstgriff, gegen eine Behauptung, die vor allem geprüft werden sollte, durch ein bloßes Wort ein Präjudiz zu begründen, ist freilich leichter als wissenschaftliche Untersuchung. *Τὸ μυστικόν* heißt alles, was verborgen, geheim ist. Materiell betrachtet ist aber alles verborgen, alles mystisch, und diejenigen, welche sich am meisten wissen mit dem beliebten Wort: „Ins Innere der Natur dringt kein erschaffner Geist", erklären ja eben damit die Natur selbst für mystisch. In der That das vorzugsweise Mystische ist gerade die Natur, und in der Natur wieder das am meisten Materielle, und was vielleicht jene Feinde aller Mystik für das am wenigsten Mystische halten, z. B. ihr Gefühl für gutes Essen und Trinken — die Sinnlichkeit überhaupt und die Wirkungsweise der Sinne, dieß ist doch wohl von allem, was in der Natur vorkommt, das Allerverborgenste. Solche Worte übrigens, mit welchen man zum voraus gewisse Begriffe und Behauptungen auszuschließen oder zum Verstummen zu bringen sucht, sind ganz würdig einer liberal zu seyn sich rühmenden, wahrhaft aber im höchsten Grad illiberalen Zeit, in welcher die Geistesbeschränktheit, die Seichtigkeit und die offenbare Unwissenheit die Denkfreiheit für sich begehrt, die sie nur allein der Einsicht und dem Genie versagt.

Das Wort „mystisch" hat in der Literatur zunächst immer nur eine formelle Unterscheidung bezeichnet. Wollte man diesen Begriff auf das Materielle ausdehnen, so müßte z. B. der Rationalismus in seiner höchsten, objektiven Gestalt Mysticismus genannt werden, denn beide stimmen der Materie, dem Inhalt nach überein, beide kennen nur die substantielle Bewegung [1]. Dennoch ist der Mysticismus von jeher bestimmt worden als ein Gegensatz des Rationalismus. Mystiker ist also niemand durch das, was er behauptet, sondern durch die Art, wie er es behauptet. Mysticismus drückt nur den Gegensatz gegen formell wissenschaftliche Erkenntniß aus. Keine Behauptung ist

[1] Vgl. 2te Abth., Bd. III, S. 124. D. H.

bloß des Inhalts wegen, sey er auch übrigens beschaffen wie er wolle, m y s t i s c h zu nennen, selbst dann nicht, wenn sie zufällig diesem Inhalt nach mit der Behauptung irgend eines Mystikers übereinstimmen sollte. Denn wenn man alles das n i c h t behaupten sollte, was irgend einmal auch ein Mystiker behauptet hat, so dürfte man am Ende gar nichts behaupten. — Mysticismus kann nur jene Geistesbeschaffenheit genannt werden, welche a l l e wissenschaftliche Begründung oder Auseinandersetzung verschmäht, die alles wahre Wissen nur von einem sogenannten inneren, auch nicht allgemein leuchtenden, sondern im Individuum e i n g e s c h l o s s e n e n Licht, aus einer unmittelbaren Offenbarung, aus bloßer ekstatischer Intuition oder aus bloßem Gefühl herleiten will, wie denn, wenn man sich über den Ausdruck versteht, z. B. auch die Jacobische Gefühlsphilosophie mystisch genannt werden kann und oft genug so genannt worden ist; nur daß es ihr gänzlich an dem substantiellen Inhalt des eigentlich-speculativen Mysticismus fehlt. Dieselbe Wahrheit kann also bei dem einen mystisch seyn, die bei dem andern wissenschaftlich ist, und umgekehrt. Denn bei dem, der sie aus einer bloß subjektiven Empfindung oder aus einer angeblichen Offenbarung ausspricht, ist sie mystisch; bei dem, der sie aus den Tiefen der Wissenschaft herleitet und sie daher auch allein wahrhaft v e r s t e h t, ist sie wissenschaftlich.

Das wahre Kennzeichen des Mysticismus ist der Haß gegen klare Einsicht — gegen Verstand, der in unserer Zeit ein so erwünschtes Uebergewicht erhalten, — gegen Wissenschaft überhaupt. Da nun aber nicht bloß Mystiker, sondern gar viele von denen, welche ü b e r und g e g e n Mysticismus schreien, ebenso sehr als irgend ein Mystiker F e i n d e der Wissenschaft sind, so müßte man eigentlich s i e s e l b s t Mystiker nennen, wenn man nicht vorzöge, sie für die wahren und eigentlichen Obscuranten zu erklären.

## Ueber den nationellen Gegensatz in der Philosophie.

Wer unserer geschichtlichen Entwicklung bis hieher gefolgt ist, konnte leicht die Bemerkung machen, daß diese im Fortschreiten mehr und mehr auf deutsche Philosophie sich zusammenzog. Wenn er nun ferner aus diesen Vorträgen die Art deutscher Philosophie, und um was es der Philosophie in Deutschland zu thun ist, kennen gelernt hat, und einen Blick werfen will auf den Zustand der Philosophie in dem übrigen Europa, so wird er nicht umhin können zu urtheilen: Philosophie in diesem Sinn existire zwar in Deutschland, aber nicht in der Welt. Dieß ist aber bedenklicher, als man auf den ersten Blick glauben möchte. Denn wenn wir jenen Sinn nicht für einen bloß zufälligen, sondern wesentlichen halten müssen, so wäre man dann genöthigt, weiter zu sagen: es gebe überhaupt nur eine Philosophie in Deutschland, aber nicht in der übrigen Welt. Es ist also wohl der Mühe werth, am Ende dieser Entwicklung die Frage aufzuwerfen, ob und inwiefern diese Differenz zwischen den Deutschen und den andern europäischen Nationen wirklich existire, und in diesem Fall, wie sie zu begreifen und zu erklären sey. Da nun aber der Unterschied selbst gar nicht abzuleugnen scheint, da es offenbar ist, daß während die Deutschen noch immer ein großes Interesse des Gemüths und Geistes für Philosophie an den Tag legen, die andern europäischen Völker, Engländer und Franzosen insbesondere, eine große Abneigung gegen Speculation zeigen, und den Betrieb wissenschaftlicher Philosophie seit geraumer Zeit ganz aufgegeben haben, so scheint zunächst bloß von der Ursache dieses Unterschieds die Rede seyn zu können. Da möchte es denn aber schwer seyn, eine allgemein gültige

Antwort, d. h. eine solche zu finden, die der Deutsche ebensowohl als der Franzos, und umgekehrt der Engländer ebensowohl als der Deutsche anzuerkennen geneigt wäre. Denn wie sich der Franzos unsere Vorneigung zur Speculation und Philosophie erklärt, können wir uns ohngefähr denken, wenn wir es auch nicht wüßten, und wie es der Engländer ansehen würde, wenn der Deutsche seinen Vorzug in Ansehung der Philosophie aus der tieferen Gemüths- und Geistesanlage seiner Nation erklären wollte, können wir uns auch wohl vorstellen. Wollte der Deutsche etwa die Vorzüge seiner Sprache geltend machen, von der Leibniz geurtheilt, die Speculation sey ihr eingeboren, so müßte ja das von dem Englischen wenigstens einigermaßen auch gelten; der Engländer würde entgegnen: gerade in den Ausdrücken der Grundbegriffe, die in den Wurzeln einer Sprache zu suchen sind, sey seine Sprache größtentheils der deutschen verwandt; außerdem aber würde eine größere Tiefe der Anlage sowohl als der philosophischen Beschaffenheit der Sprache wohl einen Unterschied des *Erfolgs* erklären, nicht aber, wovon eigentlich die Rede ist, daß Franzosen und Engländer Philosophie in deutschem Sinn gar nicht anerkennen.

Eher ließe sich vielleicht eine geschichtliche Erklärung hören, die das fortdauernde und immer wieder erregte Interesse der Deutschen an Philosophie von dem Glaubenszwiespalt, von der Coexistenz gleich berechtigter Religionsbekenntnisse in Deutschland herleitete, und wer, der nur einen Blick auf den Gang der Philosophie in Deutschland werfen will, wird nicht in dem wirklich religiösen Ernst, in der enthusiastischen Art selbst, mit der die Philosophie zum Theil in Deutschland betrieben worden, ein Bedürfniß erblicken, jene That der Emancipation, an der bekanntlich alle deutschen Völker ohne Ausnahme, mehr oder weniger, theilgenommen, gleichsam zu versöhnen, und die äußerlich verlorene Einheit innerlich und auf dem Felde der Wissenschaft wiederherzustellen. Diese geschichtliche Hinweisung würde dann allerdings erklären, wie und wodurch in Deutschland das Interesse an der Philosophie immer rege erhalten und, so oft es einschlummern wollte, stets wieder hervorgerufen und erweckt worden ist. Aber es ist ja nicht bloß von einem Mehr oder Weniger, es ist von einem Gegensatz in der Sache selbst die Rede, denn die andern verwerfen nicht überhaupt und in jedem Sinne die Philosophie (die Franzosen waren es ja, die dem vorigen Jahrhundert zuerst das Ehrenprädicat des philosophischen ertheilten, und Philosophie war in Frankreich lange genug das Feldgeschrei der bedeutendsten Schriftsteller und selbst Staatsmänner) — also nicht Philosophie überhaupt verwerfen die andern, sondern nur Philosophie im deutschen Sinn. Uns steht nun allerdings frei zu erwiedern, was sie für Philosophie halten, sey es gar nicht, und nur wir wissen, was Philosophie sey. Aber theils ist damit so viel nicht gesagt, als auf den ersten Blick scheint, denn auch bei uns ist schon manchem gesagt worden, daß, was er für Philosophie gebe, nichts weniger als das sey; die Deutschen lassen es an der Artigkeit untereinander nicht fehlen; theils scheint es doch aller Vernunft entgegen, ganzen sonst vorzüglich begabten Nationen eine Unfähigkeit für Philosophie zuzuschreiben, eine Erklärung, die um so sonderbarer wäre, als sie doch auf jeden Fall nur eine temporäre seyn könnte; denn dem Volk, das einen Cartesius, einen Mallebranche und Pascal hervorgebracht hat, Gemüths- und Geistesanlage zur Philosophie völlig abzusprechen, möchte man doch wohl vor sich selbst nicht rechtfertigen. Und so sehen wir uns doch am Ende genöthigt, wenigstens für möglich zu halten, daß jener Entfernung von der Philosophie im deutschen Sinn, die wir bei den andern Völkern wahrnehmen, etwas Wahres und Richtiges zu Grunde liegen könnte. Und so führt uns die Unmöglichkeit, auf die zweite Frage eine andere zulängliche Antwort zu finden als die Annahme, daß die andern in ihrer bisherigen Abneigung gegen Philosophie im deutschen Sinn doch auch auf gewisse Weise Recht gehabt haben können, dieses führt uns denn auf die erste Frage zurück, worin eigentlich der Unterschied in dieser Beziehung bestehe, und da dieser nur in der Art der Philosophie liegen kann, welche Art von Philosophie es sey, die den andern Völkern allein zusagt, und wie die von uns vorzugsweise so genannte Art sich zu jener verhalte.

Hierüber bedarf es aber keines langen Nachdenkens. Jene andern nämlich behaupten, Philosophie sey eine Erfahrungswissenschaft, und wollen sie nur als solche; der Deutsche aber behauptet bis jetzt wenigstens, Philosophie sey eine reine Vernunftwissenschaft, und will sie ebenfalls nur als solche. Versteht man nun unter Empirismus die Behauptung, daß es kein anderes Wissen gebe als aus Erfahrung, demnach daß auch nur Erfahrungsmäßiges gewußt werden könne, so ist gleichwohl, je nachdem man mit dem Wort erfahrungsmäßig einen anderen Sinn verbindet, auch der Sinn jener Behauptung ein verschiedener.

Was man gewöhnlich und zunächst unter Erfahrung versteht, ist die Gewißheit, die wir durch die Sinne von äußeren Dingen und deren Beschaffenheit erhalten. Nächstdem spricht man auch von einer Erfahrung des inneren Sinns, die durch Selbstbeobachtung, durch Beobachtung der Vorgänge und Veränderungen im eignen Innern gewonnen wird. Bleibt man nun dabei stehen, und denkt sich unter Erfahrungsmäßigem nur, was unmittelbar Gegenstand des äußeren und inneren Sinns werden kann, so ist die äußere Sinnenerfahrung von den empirischen Naturwissenschaften in Beschlag genommen; für die Philosophie blieben also nur die Erfahrungen des inneren Sinns übrig. Die Philosophie würde demnach bloß in einer Analyse, höchstens zugleich einer Combination der inneren Erscheinungen und der Vorgänge des Bewußtseyns, kurz in dem bestehen, was wir eine gute (vollständige) empirische Psychologie nennen. Das ist nun auch so ziemlich die Vorstellung, die sich die Franzosen von Philosophie machen; und diese Vorstellung ist allerdings nach den Begriffen, mit welchen wir z. B. bis jetzt die Philosophie angesehen, eine ziemlich geringfügige. Wenn man aber bedenkt, daß viele unter uns sind, denen nicht nur kein höherer Begriff der Philosophie beiwohnt, sondern die ganz dasselbe behaupten, daß die Philosophie über die Thatsachen des Bewußtseyns, d. h. also über den Umkreis einer Psychologie oder subjektiven Anthropologie, im Allgemeinen nicht hinausgehen könne, so sieht man nicht eigentlich, worin der große Unterschied wenigstens eines ansehnlichen Theils dessen, was sich in Deutschland Philosophie nennt, und dessen, was in Frankreich so genannt wird, bestehen soll.

Ja so große Verehrung wir dem Namen Kants schuldig sind, so

liegt doch am Tage, daß, wenn wir bloß auf das Resultat sehen, nicht einleuchten will, um wie viel besser derjenige daran sey, der bei Kant, als der noch früher bei Locke und Condillac stehen bleibt. Denn Locke hat einen Versuch über den menschlichen Verstand, Kant eine Kritik der reinen Vernunft geschrieben, die viel methodischer ist, aber auch um ein gut Theil nicht bloß schwerfälliger, sondern in der Hauptsache unverständlicher. Locke behauptet, daß nicht nur alle menschlichen Vorstellungen, sondern auch alle unsere Begriffe, selbst die wissenschaftlichen nicht ausgenommen, mittelbar von der Erfahrung abgeleitet sind. Kant gibt uns zwar gewisse von der Erfahrung unabhängige Begriffe zu; da sie aber doch nur einer Anwendung auf Gegenstände der Erfahrung fähig sind, so werden wir durch sie nicht unabhängiger von der Erfahrung — das Resultat ist für uns dasselbe; denn den besondern Weg ins Uebersinnliche, den Kant in seiner Moralphilosophie gefunden hat, könnte sich auf gewisse Art auch der Empirismus noch gefallen lassen. Denn gleichwie Kant das unbedingt gebietende Sittengesetz in uns gleichsam zum Zeugen der Existenz Gottes macht, so läßt es auch Locke nicht daran fehlen, Bürgschaften dieser Existenz in unserem Bewußtseyn aufzuzeigen. Aber zwischen beiden ist der große Unterschied, daß gleichwohl Kant in der theoretischen Philosophie Gott zum Gegenstand einer Vernunftidee macht. Dieß ist aber eben das πρῶτον ψεῦδος der neuern Philosophie; es ist nicht einzusehen, wie, wenn es keine auch noch so unbedeutende Persönlichkeit gibt, die nicht außer der Vernunft noch mehr und Reelleres zu ihrer Erkenntniß fordert, wie gerade die höchste und vollkommenste Persönlichkeit sich uns durchaus nicht anders als mittelst einer reinen Vernunftidee kundgeben sollte. Durch Kant war also der Rationalismus in der Philosophie proklamirt (vorher war man darüber, besonders in Ansehung der Idee Gottes, doch nicht so im Klaren). Kant wehrte zwar und verbat allen theoretischen Gebrauch dieser Idee, allein er hatte gut wehren; wenn Gott eine V e r n u n f t - Idee ist, so **kann** sich die Vernunft nicht nehmen lassen, diese Idee auch a l s s o l c h e zu verwirklichen; natürlich kann dieß nicht anders als ebenfalls in einem bloßen Vernunftsystem geschehen — und dieß, nichts anderes, hat die spätere Philosophie unternommen. Der Empirismus, indem er auf das Daseyn Gottes stets nur, wie auf die Existenz einer anderen Persönlichkeit, aus empirischen, erfahrungsmäßigen Spuren, Merkmalen, Fußstapfen oder Kennzeichen schließt, begründet dadurch jenes wohlthätige freie Verhältniß zu Gott, das der Rationalismus aufhebt, und wie man gestehen muß, daß noch heutzutage, wenn, wie in den späteren Zeiten des griechischen und römischen Verfalls, nur zwischen Stoicismus und Epicureismus die Frage wäre, das epicureische System gerade durch das, was in ihm das Absurde scheint, das sogenannte clinamen atomorum, durch das es den Zufall gewissermaßen als höchstes Princip einführt, wie, sage ich, das epicureische System trotz oder vielmehr wegen dieser Ungereimtheit auch heute noch als eine Zuflucht der Freiheit von jedem freien und freiheitliebenden Geiste vor dem stoischen ergriffen und aufgesucht werden müßte, so, wenn wir nur die Wahl hätten zwischen dem Empirismus und der alles niederdrückenden Denknothwendigkeit eines aufs Höchste getriebenen Rationalismus, würde kein freier Geist Anstand nehmen können, sich für den Empirismus zu entscheiden.

Der Empirismus läßt also selbst eine höhere Betrachtungsweise zu, oder ist von einem höhern Standpunkt zu fassen, als von welchem ihn der herkömmliche oder wenigstens seit Kant gewöhnliche Begriff faßt, der nämlich alles Intelligible jenseits — nicht nur der Verstandesbegriffe, sondern ursprünglich und zuerst jenseits aller Erfahrung verweist. Daher die jetzt gewöhnliche Erklärung, der Empirismus leugne alles Uebernatürliche; aber dem ist nicht so. Der Empirismus, weil er dieß ist, leugnet darum nicht nothwendig das Uebernatürliche, noch nimmt er die rechtlichen und sittlichen Gesetze so wie den Inhalt der Religion als etwas bloß Zufälliges an, nämlich in dem Sinn, daß er alles auf bloße Gefühle reducirte, die selbst nur das Erzeugniß der Erziehung und Gewohnheit wären, wie es allerdings David Hume gethan, der übrigens dasselbe in Bezug auf die Art von Nothwendigkeit, mit der wir Ursache und Wirkung in Gedanken verknüpfen, behauptete. Es gibt selbst einen höheren und niedereren

Begriff des Empirismus. Denn wenn das Höchste, wozu gewiß nach allgemeiner Uebereinstimmung selbst der bis jetzt anders Denkenden, die Philosophie gelangen kann, eben dieses seyn würde, die Welt als frei Hervorgebrachtes und Erschaffenes zu begreifen, so wäre demnach Philosophie in Ansehung der Hauptsache, die sie erreichen kann, oder sie würde, gerade indem sie ihr höchstes Ziel erreicht, Erfahrungswissenschaft, ich will nicht sagen im formellen, aber doch im materiellen Sinn, nämlich daß ihr Höchstes selbst ein seiner Natur nach Erfahrungsmäßiges wäre. — — Wenn daher bis jetzt jener nationelle Gegensatz in Ansehung der Philosophie wirklich besteht, so zeigt dieser Zwiespalt zunächst nur, daß diejenige Philosophie, in der sich die Menschheit selbst zu erkennen vermöchte, die wahrhaft allgemeine Philosophie, bis jetzt noch nicht existirt. Die wahrhaft allgemeine Philosophie kann unmöglich das Eigenthum einer einzelnen Nation seyn, und solang irgend eine Philosophie nicht über die Grenzen eines einzelnen Volks hinausgeht, darf man mit Zuversicht annehmen, daß sie noch nicht die wahre sey, wenn vielleicht auch auf dem Weg dazu.

Es ist freilich eine klägliche Pusillanimität und enge Beschränktheit, wenn die Philosophie, z. B. in Frankreich, von dem ganzen weiten und großen Reich der Erfahrung nichts für sich in Anspruch nimmt, als das schmale und enge Gebiet kleinlicher, psychologisch genannter Beobachtungen und Analysen. In Frankreich selbst ist die einheimische Philosophie oder, wie sie neuerdings genannt worden, Ideologie ohne alle eigentliche Achtung, mehr höflich geduldet und behandelt, als anerkannt[1]. Wenn es einigen jüngeren Männern in Frankreich gelungen ist, einen gewissen Enthusiasmus für Philosophie zu erregen, so war es hauptsächlich nur, inwiefern sie die äußere Moral Kants der leichtsinnigen Frivolität ihrer Nation entgegensetzten, und an ihr die Mittel einer vorerst moralischen Regeneration ihres Volks gefunden zu haben glaubten. Die wahren Beförderer der Philosophie in Frankreich und England sind ihre großen Naturforscher, und man kann es den Engländern insofern

[1] Diese Worte sind einige Jahre vor der gleich folgenden Vorrede zu Cousins Schrift geschrieben. D. H.

wohl zu gut halten, wenn Philosophie bei ihnen vorzugsweise, ja fast ausschließlich Physik bedeutet. — Vorzugsweise von Seiten der Naturwissenschaft scheinen deutsche Ideen in Frankreich Eingang zu finden. Wer z. B. manche neuere Untersuchungen der Franzosen über Anatomie des Gehirns liest, wird mit Verwunderung eine neue Sprache, eine neue Art des Ausdrucks, die man in Deutschland noch vor Kurzem mit dem Beiwort poetisch zu schimpfen glaubte, eine neue durchaus deutsche Auffassungsart finden; selbst Cuvier zeigt in seinen neuesten Schriften über Geologie und Naturgeschichte der Vorwelt, daß gegenüber von diesen großen Erscheinungen deutsche Ideen über die Naturgeschichte der Erde und selbst deutscher Ausdruck großen Einfluß auf ihn gewonnen haben. Und ebenso möchte denn, wie aus Einigem zu schließen, deutsche Wissenschaft vorzüglich auch von der Seite des Geschichtlichen und der Alterthums-Forschungen in Frankreich und England Eingang finden. Verkehrt, geradezu verkehrt wäre es also, jene andern Nationen von der Lehre des Empirismus, die sie mit so großem anderweitigem Vortheil verfolgen, zurückrufen wollen; für *sie* wäre dieß in der That eine rückgängige Bewegung. Es ist nicht an ihnen, es ist an uns Deutschen, die seit der Existenz der Naturphilosophie aus der traurigen Alternative einer in der Luft schwebenden, jeder Grundlage entbehrenden Metaphysik (über die sie mit Recht sich lustig machen) und einer unfruchtbaren, ariden Psychologie herausgetreten sind, — es ist an uns, sage ich, das System, das wir zu ergreifen und zu erreichen hoffen dürfen, jenes positive System, dessen Princip eben wegen dieser seiner absoluten Positivität selbst nicht mehr a priori, sondern nur a posteriori erkennbar seyn kann, bis zu dem Punkt auszubilden, wo es mit jenem — in gleichem Verhältniß erweiterten und geläuterten — Empirismus zusammenfließen wird [1].

[1] Man vergleiche 2. Abth., Bd. III, S. 109 ff. D. H.

# Vorrede

zu

# einer philosophischen Schrift

des Herrn

**Victor Cousin.**

1834.

Der nachfolgende Text ist eine, soviel ich beurtheilen kann, wohlgelungene Uebersetzung der Vorrede, welche V. Cousin der zweiten Ausgabe seiner Fragments philosophiques (Paris 1833) vorgesetzt hat. Schon im vorigen Jahre hatte ich eine kurze beurtheilende Anzeige des Hauptinhalts dieser Vorrede für ein hier erscheinendes Blatt (die bayerischen Annalen [1]) geschrieben, und habe jetzt mit Vergnügen eingewilligt, daß diese Anzeige als eine Art Vorrede der von meinem Freunde und ehemaligen Zuhörer, Herrn Professor Beckers, verfaßten Uebersetzung [2] vorgedruckt werde. Die Anzeige war indeß unmittelbar nach Erscheinung des Originals für Leser geschrieben, denen dieses nicht zur Hand wäre; sie enthielt deßhalb nicht einen bloßen Auszug, sondern wörtlich übersetzte Stellen der Urschrift. Dieser bedurfte es nicht für die Leser der gegenwärtigen Uebersetzung; ich mußte mich daher entschließen, die beurtheilenden Stellen zu erweitern, und von den Aeußerungen des Verfassers mehr Anlaß zu eignen, wenn auch nur flüchtigen, weil bloß gelegenheitlichen, Bemerkungen zu nehmen.

Der Verfasser hat sich durch seinen mehrmaligen Aufenthalt in Deutschland nicht nur bei Männern seines Fachs, sondern bei den deutschen Gelehrten überhaupt große persönliche Achtung und Freundschaft erworben; was ihm aber eine fortwährende Theilnahme der Deutschen an seinen Bemühungen sichert, ist, daß er, nebst dem geistvollen

[1] Nr. 135, (Blatt für Literatur) Nr. XC.

[2] Unter dem Titel: Viktor Cousin über französische und deutsche Philosophie. Aus dem Französischen von Dr. Hubert Beckers (jetzt ordentlichem Professor der Philosophie in München). Stuttgart und Tübingen in der J. G. Cotta'schen Buchhandlung. 1834. D. H.

und tief unterrichteten Guizot und wenigen andern, der Erste war, der unmittelbar nach Beendigung der Revolutionskriege die Aufmerksamkeit seiner Landsleute für deutsche Literatur und Wissenschaft lebhaft erregte. Cousin gelang dieß insbesondere in Bezug auf deutsche Philosophie. Wer unter uns der Meinung seyn sollte, der Vortheil habe dabei bloß auf Seiten der Franzosen seyn können, würde eine ungemeine Beschränktheit verrathen. Denn daß von unsern westlichen Nachbarn, was klare, einfache und wohl überlegte Darstellung wissenschaftlicher Materien betrifft, etwas zu lernen sey, ist wohl ziemlich allgemein zugestanden. Die Darstellungsweise aber, wenn ihr einmal ein Werth beigelegt ist, wirkt immer zugleich auf die Sache und den Inhalt zurück. Die Deutschen hatten so lange Zeit bloß unter sich philosophirt, daß sie allmählich in Gedanken und Worten immer mehr vom allgemein (nicht bloß zur Noth in Deutschland) Verständlichen sich entfernten, und der Grad dieser Entfernung zuletzt beinahe zum Maßstab philosophischer Meisterschaft wurde. Beispiele brauchen wir kaum anzuführen. Wie Familien, die vom allgemeinen Umgang sich absondernd, bloß unter sich leben, zuletzt außer andern abstoßenden Eigenheiten auch eigne, nur ihnen verständliche Ausdrücke unter sich annehmen: so war es den Deutschen in der Philosophie ergangen, und je mehr sie nach einigen mißlungenen Versuchen, die Kantische Philosophie außer Deutschland zu verbreiten, darauf verzichteten, sich andern Völkern verständlich zu machen, desto mehr sahen sie die Philosophie als etwas für sie allein gleichsam Daseyendes an, ohne zu bedenken, daß die ursprüngliche, wenn auch oft verfehlte, doch nie aufzugebende Absicht aller Philosophie eben auf allgemeine Verständigung gehe. Es kann daraus allerdings nicht folgen, daß Gedankenwerke wie Exercitia Styli zu beurtheilen sind, wohl aber folgt, daß eine Philosophie, deren Inhalt nicht jeder gebildeten Nation begreiflich und allen Sprachen zugänglich gemacht werden kann, schon darum allein nicht die allgemeine und wahre seyn kann. Die Theilnahme, welche das Ausland für deutsche Philosophie zeigt, kann daher nicht verfehlen, auf diese selbst günstig zurückzuwirken. Der philosophische Schriftsteller, der noch vor wenigen Jahrzehnten der einmal angenommenen Schulsprache und Form sich nicht entziehen konnte ohne Gefahr für einen weniger wissenschaftlichen Mann gehalten zu werden, wird sich von diesem Zwange leichter befreien. Er wird die Tiefe in den Gedanken suchen, und wenigstens wird eine gänzliche Unfähigkeit und Unfertigkeit sich auszudrücken nicht mehr, wie man es erlebt, als ein Kennzeichen philosophischer Inspiration gelten.

Indem wir uns nun aber anschicken, von Cousins philosophischem Standpunkt einen Begriff zu geben und denselben näher zu bezeichnen, fühlen wir gar wohl, wie viel noch immer zwischen dem deutschen und dem französischen Philosophen Unerörtertes und Unklares in der Mitte liegt, und wie beide kaum hoffen können sich sogleich zu verständigen, zumal wenn man auf den Raum einer Anzeige oder einer Vorrede beschränkt ist, die ihr bescheidenes Verhälniß zu dem Werke selbst nicht überschreiten darf.

Ehe wir Cousins Verhältniß zu der deutschen Philosophie erwägen können, müssen wir seine Stellung gegen die französische in Betracht ziehen. Um das, was er gethan, mit Gerechtigkeit zu würdigen, muß man den Punkt ins Auge fassen, von welchem allein ihm auszugehen vergönnt war. Um seinen Landsleuten verständlich zu seyn, mußte er die Philosophie da aufnehmen, wo er sie bei ihnen antraf. Konnte doch selbst in Deutschland in der Succession philosophischer Systeme kein Punkt übersprungen werden! Es liegt tief in der Eigenthümlichkeit der Philosophie, daß die Wahrheit selbst nicht eher mit Hoffnung auf Erfolg hervortreten kann, als alle ihr vorausgehenden Möglichkeiten erschöpft, zur Sprache gebracht und beseitigt sind.

Um Cousins Eigenthümlichkeit mit wenigen Worten zu bezeichnen, wollen wir sagen, daß er die Nothwendigkeit empfand, von dem Empirismus, den er vor sich fand, und den er selbst noch immer als Ausgangspunkt anerkennt, zu einer rationalen, auf allgemeine Principien gegründeten Philosophie zu gelangen. Der Empirismus, welcher die sogenannte Philosophie des 18. Jahrhunderts bildete, war reiner Sensualismus, d. h. die Lehre, daß alle höheren geistigen Funktionen, Thätigkeiten und Begriffe, daß der Syllogismus selbst, nur eine festgehaltene, wiederholte, combinirte, oder umgewandelte Sensation sey. Diesen Empirismus erkennt nun Cousin so weit an, daß ihm die Beobachtung überhaupt, und die der menschlichen Natur insbesondere, der einzige rechtmäßige Ausgangspunkt der Philosophie, und unter den psychologischen Thatsachen die Sensation die erste und nächste ist, ohne daß er jedoch bei ihr stehen bliebe. Wenn er in Ansehung des Princips der Methode sich der französischen Philosophie anschließe, trenne er sich von ihr bei der Anwendung; eine unparteiische Beobachtung zeige im Bewußtseyn Erscheinungen, die keine Construktion auf die bloße Sensation gültiger Weise zurückführen könne. Die erste dieser Erscheinungen ist ihm das, was der bloßen Passivität im Sinneneindruck entgegengesetzt ist; er nennt es Aktivität und dann ferner Personalität und Wille; auf diese Sphäre sey das Subjekt, also auch die Subjektivität beschränkt. Dieß scheint ein starker Sprung; denn wo bleibt jene Thätigkeit, die (ohne unser Wissen) auf den Sinneneindruck angewendet wird, um ihn zur Vorstellung zu erheben? Wer die früheren Wendungen der sensualistischen Philosophie kennt, wird sich wenig wundern, daß Cousin zur Vermittlung dieses Uebergangs von der Receptivität zur Spontaneität hauptsächlich des Phänomens der Aufmerksamkeit sich bedient, die wir auf die Sinneseindrücke freiwillig anwenden, wie er dieß S. 17 f. auseinandersetzt. Eine andere Weise, zu diesem Gegensatz der Sensation, der in ihr nur noch eine der geistigen Funktionen erkennen läßt, zu gelangen, ist folgende; wir entnehmen sie einer andern kürzlich erschienenen Vorrede Cousins zu einem nachgelassenen Werke des Herrn Maine de Biran, den er S. 33 der gegenwärtigen Schrift unter seinen ersten Lehrern in Frankreich nennt [1]. Condillac, heißt es dort, und seine Schüler erklären alle unsere Facultäten durch die Sensation, d. h. durch das passive Element. Ihnen ist die Aufmerksamkeit nur die exclusiv gewordene Sensation; das Gedächtniß die verlängerte, der Begriff nur die erleuchtete oder aufgeklärte Sensation. Aber was erleuchtet die Sensation,

[1] Nouvelles considérations sur les rapports du Physique et du Moral de l'homme, ouvrage posthume de Mr. Maine de Biran. Paris 1834.

um sie in den Begriff zu verwandeln? Was hält oder ruft die Sensation zurück, wenn sie zur Erinnerung wird? Was isolirt sie, um sie ausschließlich zu machen? Eine durch ihre eigne Lebhaftigkeit ausschließlich gewordene Sensation ist nicht die Aufmerksamkeit, die sich auf sie richtet, und ohne die der Eindruck, gerade in dem Verhältniß weniger appercipirt würde, als er ausschließlich wäre.

So weit, nämlich was die Anerkennung der Spontaneität, des Wollens als einer von der Sensation unabhängigen Quelle psychologischer Erscheinungen betrifft, war ihm, wie es scheint, der obenerwähnte Hr. v. Biran vorausgegangen. Allein dieser blieb hier (bei der bloßen Aktivität) stehen, ohne zu dem dritten fortzuschreiten, was Cousin über beiden noch erkennt. Er unterscheidet (p. XXVIII) faits sensibles, faits volontaires, und eine dritte Ordnung von Thatsachen, ebenso reell als die beiden ersten, die eigentlich sogenannten rationellen Thatsachen; über Sensibilität und Aktivität steht das Erkenntniß-Vermögen, was man die Vernunft nennt. Eine Wahrheit fassen, erkennen, ist ein einfaches, unzerlegbares Faktum seiner Art, weder auf den Willen noch auf die Sensation zurückzuführen. Man denkt, wie man kann, nicht wie man will. Ich fühle nicht bloß, sondern ich weiß, daß ich fühle; ich will nicht bloß, sondern ich weiß, daß ich will, und dieses Wissen, daß ich will, ist von dem Wollen selbst gänzlich verschieden. Mit der bloßen Aktivität wäre auch bloß die einfache Notion der Ursache, aber nicht das eigentliche Princip der Causalität gegeben, ebensowenig der Begriff der Substanz (p. XXXIII); diese beiden aber setzen uns erst in den Stand, bis zum Begriff der höchsten Ursache und des höchsten Wesens fortzuschreiten. Biran, hätte er länger gelebt, hätte geendet wie Fichte, „dieser wahre Heros der Philosophie des Ichs oder des Willens, die bei ihm nur tiefere psychologische Grundlagen hatte, strenger in ihrer Verfahrungsweise, kühner in den Folgerungen war. Dieser unerschrockene Idealist, dieser theoretische und praktische Stoiker, von dem man nicht sagen kann, ob das System mehr zum Charakter, oder der Charakter mehr zum System paßt, diese Natur so Eins und so fest, dieser vorzugsweise starke

Mensch, konnte nicht bis ans Ende aushalten in dem trockenen Cirkel, worin ihn Analyse und Dialektik festhielten; beiden zum Trotz, und was er übrigens sagen mochte, änderte er seine Lehre; aus dem Ich herausgehend, rief er eine göttliche Dazwischenkunft an, eine geheimnißvolle, von oben auf den Menschen herabsteigende Gnade. Aber selbst damit diese Gnade uns erleuchte und überzeuge, muß sie etwas in uns antreffen, das sie zu erkennen, aufzunehmen, zu verstehen vermag". Diese höhere Facultät, um es nochmals zu sagen, ist die Vernunft, die dem Philosophen, der nicht von einseitigem Systemgeiste befangen ist, ebenso wie dem Menschengeschlechte selbst jene großen Wahrheiten offenbart, die der Skepticismus nicht erschüttern kann und der Mysticismus nur entstellt, nämlich sowohl unsre eigne Existenz, die an den Willen geknüpft ist, als die der äußeren Natur, die ohne Zweifel eine Analogie mit dem Ich hat, aber von ihm auch verschieden ist, und über dem Ich und Nicht-Ich eine erste und souveräne Ursache, von welcher die Ursache, die wir in der Personalität, und die, welche wir in der äußeren Welt erkennen, nur unvollkommene Abbildungen sind (a. a. O. p. XL. XLI). Das Princip der Causalität und den Begriff der Substanz, mit deren Hülfe allein wir zu dem dogmatischen, über die unmittelbare Erfahrung hinausgehenden Theil der Philosophie gelangen, gibt erst die Vernunft, welche übrigens dem Verfasser folgerechterweise eben auch nur eine Thatsache seyn kann, eigentlich nur die Thatsache einer Nöthigung, die wir empfinden, dem Begriff der Substanz und dem Princip der Causalität zu vertrauen. Weil die Vernunft als bloße Thatsache doch am Ende auch nur ein Gefühl ist, so kann man sich nicht wundern, wenn sie uns, dem Verfasser zufolge, das Wahre, Gute, Schöne einmal unter der Form des Raisonnements und selbst des durch sie mit gesetzlichem Ansehen bekleideten Syllogismus, dann unter einer l e i c h t e r e n (plus degagé) und r e i n e r e n Form, durch eine Art von I n s p i r a t i o n oder O f f e n b a r u n g (auf Jacobische Weise) erkennen läßt. Außer diesen zwei Formen, unter denen die Vernunft sich äußert, gibt es aber auch noch einen S c h a t t e n der Vernunft, man geht an ihr vorbei, ohne sie wahrzunehmen, dann verzweifelt man an der Wissenschaft und stürzt sich in den Mysticismus, dessen ganze Wahrheit übrigens nur von dieser nämlichen Vernunft entlehnt ist, die er bloß unvollkommen reflektirt und so, daß er nicht selten beklagenswerthe Ausschweifungen mit ihr vermischt (Ebendas. p. XXXIX).

Wir haben die ganze Exposition des Verfassers absichtlich mit solcher Ausführlichkeit wiedergegeben, um zu fragen: worin ihm denn nun eigentlich die Philosophie bestehe; denn in dem bisher Ausgeführten sind zwei wesentlich verschiedene Theile wahrzunehmen, und die unmöglich zu Einer Wissenschaft verbunden seyn können. Der erste hält sich ganz im Kreise der Psychologie und insofern des Subjektiven, und findet im Bewußtseyn erst das Vermögen für jene allgemeinen Principien, mit deren Hülfe dann ein zweiter ins Objektive fortschreitender und dogmatischer Theil die Existenz der äußeren Welt, unserer eignen Persönlichkeit und Gottes beweisen soll. Ist nun der letzte erst eigentlich Wissenschaft und Metaphysik zu nennen, so kann der erste nur eine Grundlegung zu derselben seyn. Damit stimmt überein, was er S. 6 sagt: die Psychologie sey nicht die ganze Philosophie, wohl aber deren Grundlage. Jedenfalls ist dann die Philosophie des Verfassers nicht eine Philosophie aus einem Stück, wie sich Jacobi ausdrückte; ferner ist seine Metaphysik mit der vorkantischen darin ganz dieselbe, daß sie auf dem bloßen Syllogismus beruht, und überall sich mit dem bloßen Daß begnügt (z. B. daß eine höchste Ursache der Welt sey), ohne sich um das Wie zu bekümmern. So wenig sie der Form und der Grundlage nach mit der Scholastik gemein hat, geht sie doch hinsichtlich dessen, was gewollt und angeblich erreicht wird, nicht über das Maß der früheren Schulmetaphysik hinaus, und ist weit entfernt eine Real-Philosophie zu seyn, wie sie in den neueren Systemen gesucht wird. Klar ist uns auch verschiedenes Andere nicht, worüber wir uns nach den vom Verfasser S. 2 seiner Abhandlung aufgestellten Rubriken nun näher äußern wollen.

## I. Methode.

Der Verfasser wendet sich hier vorzüglich gegen die neue deutsche Philosophie, die, wie er sagt, von der Ontologie zur Psychologie (nicht umgekehrt) fortschreitet. Dasselbe ist indeß auch von der früheren Metaphysik zu sagen; die gegenwärtige deutsche Philosophie ist also dadurch nicht hinlänglich unterschieden. Näher bezeichnend ist, daß sie „die Ordnung der Dinge selbst wiederzugeben sucht“. In dieser nun, gibt er zu, sey der Mensch allerdings nur Resultat, nur Resumtion alles Vorhergehenden; objektiv sey die Psychologie allerdings in der Ontologie begründet. Aber, fährt er fort, wie weiß ich das, wie habe ich dieß gelernt? Demnach nur, um eben dieß zu lernen, oder eigentlich um sich vorerst der objektiven Ordnung, und also vorzüglich des objektiven Anfangs zu versichern, glaubt er, müsse subjektiv von der Psychologie ausgegangen werden. Wäre aber dieß seine einzige Differenz von der deutschen Philosophie, so müßte er anerkennen, daß auf dem Weg dieser regressiven, zu den Anfängen und mittelbar zu dem absoluten Anfang aufsteigenden Untersuchung zuletzt ein Punkt kommen muß, wo nichts sie verhindert, von dem gefundenen Anfang aus in den umgekehrten, progressiven Weg umzulenken, und nun herabsteigend wirklich die natürliche Ordnung der Dinge herzustellen. Wir haben aber gesehen, daß seine Metaphysik nicht von dieser Art ist, und daß er eine objektive (die Ordnung der Dinge selbst wiedergebende) Wissenschaft nicht bloß ohne psychologische Begründung, sondern überhaupt nicht anerkennt, und weder auf diese noch auf eine andere Weise selbst zu ihr gelangt. Wenn daher umgekehrt wir Deutsche seiner Art die Philosophie anzufangen nicht beistimmen können, so ist dieß nicht etwa, weil wir in keinem Sinne Erfahrung voraussetzten, oder leugneten, daß alle Philosophie individuell auf der Erfahrung beruhe. Die erste Zeile Kants spricht aus, daß alle Erkenntniß von der Erfahrung ausgehe, und wenn man diesen oder irgend einen andern Vertheidiger von der Erfahrung unabhängiger, apriorischer Begriffe gefragt hätte, woher ihm die Existenz solcher Begriffe bekannt sey, hätte er unstreitig geantwortet: allein aus der Erfahrung; denn hätten wir keine Erfahrung von der Allgemeinheit und Nothwendigkeit, mit der diese Begriffe in unserm Bewußtseyn bekleidet sind, so würden wir sie von denen, welchen dieser Charakter fehlt, nicht unterscheiden. Die Versicherung, daß man nicht ohne vorausgegangene Erfahrung philosophiren könne, ist also gegenüber der deutschen Philosophie eine überflüssige. Es ist dieß gar nicht der Punkt, um den es sich handelt. Ebensowenig besteht unsere Differenz darin, daß wir die Nothwendigkeit, jeder Philosophie gewisse Ueberlegungen und selbst gewisse formelle Grundsätze vorausgehen zu lassen, überhaupt in Abrede stellten und so ganz, wie er es sich denkt, mit unserem Anfang vom Himmel fielen. Selbst der reinste Rationalismus, wie er z. B. im Systeme des Spinoza sich darstellt, hat wenigstens das Eine zum voraus sich gesagt, daß man von dem anfangen müsse, cujus conceptus non eget conceptu alterius rei. Dieß ist ein rein formeller Grundsatz, etwas, wovon man schon vermöge des bloßen Begriffs der Wissenschaft gewiß ist, und wozu es keiner speciellen Erfahrung bedarf. Und wenn dieß einmal feststeht, so kann man denn allerdings geradezu von dem nothwendig zu Denkenden, d. h. eigentlich von dem nur nicht nicht zu Denkenden, anfangen; dieß ist nur eine Folge jenes selbstgegebenen Grundsatzes. Die Schwierigkeit liegt nicht darin, einen solchen Anfang zu rechtfertigen, sie liegt in der Möglichkeit, von einem solchen aus fortzuschreiten oder weiter zu kommen. Spinoza versichert, daß die endlichen Dinge aus dem Begriff oder der Natur der Substanz (wie er das schlechterdings nicht nicht zu Denkende bezeichnet) gerade so, d. h. mit gleich rationaler Nothwendigkeit, folgen, wie aus der Natur des Dreiecks folge, daß seine Winkel zusammengenommen zweien rechten gleich seyen; aber Spinoza zeigt das nicht, er versichert's bloß. Diejenige Philosophie, welcher man in neuerer Zeit am bestimmtesten ihre Uebereinstimmung mit dem Spinozismus vorgeworfen, hatte in ihrem unendlichen Subjekt-Objekt, d. h. in dem absoluten Subjekt, das seiner Natur nach sich objektivirt (zum Objekt wird), aber aus jeder Objektivität (Endlichkeit) siegreich wieder hervor- und nur in eine höhere Potenz der Subjektivität zurücktritt, bis sie, nach Erschöpfung ihrer ganzen Möglichkeit (objektiv zu werden), als über alles siegreiches Subjekt stehen bleibt; an diesem also hatte jene Philosophie allerdings ein Princip nothwendigen Fortschreitens. Wenn aber das rein Rationale, nur nicht nicht zu Denkende, reines Subjekt ist, so ist jenes Subjekt, welches auf die angenommene Weise sich steigernd von jeder Objektivität nur zu höherer Subjektivität fortschreitet, das Subjekt mit dieser Bestimmung ist nicht mehr das bloße nicht nicht zu Denkende, rein Rationale, sondern eben diese Bestimmung war eine, durch lebendige Auffassung der Wirklichkeit, oder durch die Nothwendigkeit, sich das Mittel eines Fortschreitens zu versichern, dieser Philosophie aufgedrungene empirische Bestimmung. Dieses Empirische, hat ein später Gekommener, den die Natur zu einem neuen Wolffianismus für unsere Zeit prädestinirt zu haben schien, gleichsam instinktmäßig, dadurch hinweggeschafft, daß er an die Stelle des Lebendigen, Wirklichen, dem die frühere Philosophie die Eigenschaft beigelegt hatte, in das Gegentheil (das Objekt) über- und aus diesem in sich selbst zurückzugehen, den logischen Begriff setzte, dem er durch die seltsamste Fiktion oder Hypostasirung eine ähnliche nothwendige Selbstbewegung zuschrieb. Das Letzte war ganz seine, von dürftigen Köpfen, wie billig, bewunderte Erfindung, wie auch, daß eben dieser Begriff in seinem Anfang als das reine Seyn bestimmt wurde. Das Princip der Bewegung mußte er beibehalten, denn ohne ein solches war nicht von der Stelle zu kommen, aber er veränderte das Subjekt derselben. Dieses Subjekt war, wie gesagt, der logische Begriff. Weil also dieser es war, der sich angeblich bewegte, nannte er die Bewegung eine dialektische, und weil im frühern System die Fortschreitung allerdings in diesem Sinn keine dialektische war, so hatte dieses System, dem er das Princip der Methode, d. h. die Möglichkeit ein System auf seine Weise zu machen, ganz allein verdankte, nach ihm gar keine Methode; die einfachste Art, die eigenthümlichste Erfindung desselben sich anzumaßen. Indeß die logische Selbstbewegung des Begriffs (und welches Begriffs!) hielt, wie vorauszusehen, so lang vor, als das System innerhalb des bloß Logischen fortging; sowie es den schweren Schritt in die Wirklichkeit zu thun hat, reißt der Faden der dialektischen Bewegung gänzlich ab; eine zweite Hypothese wird nöthig, nämlich daß es der Idee, man weiß nicht, warum? wenn es nicht ist, um die Langeweile ihres bloß logischen

Seyns zu unterbrechen, beigeht oder einfällt, sich in ihre Momente auseinanderfallen zu lassen, womit die Natur entstehen soll. Die erste Voraussetzung der angeblich nichts voraussetzenden Philosophie war, daß der reine logische Begriff als solcher die Eigenschaft oder Natur hat, von selbst (denn die Subjektivität des Philosophirenden sollte ganz ausgeschlossen seyn) in sein Gegentheil umzuschlagen (sich gleichsam überzustürzen), um dann wieder in sich selbst zurückzuschlagen; was man von einem Lebendigen, Wirklichen denken, von dem bloßen Begriff aber weder denken noch imaginiren, sondern nur eben sagen kann. Das Abbrechen der Idee, d. h. des vollendeten Begriffs, von sich selbst war eine zweite Fiktion, denn dieser Uebergang (zur Natur) ist nicht mehr ein dialektischer, sondern ein anderer, für den es schwer seyn möchte einen Namen zu finden, für den es in einem rein rationalen System keine Kategorie gibt, und für den auch der Erfinder selbst in seinem System keine Kategorie hat. Dieser Versuch, mit Begriffen einer schon weit entwickelten Realphilosophie (an einer solchen war seit Cartesius gearbeitet worden) auf den Standpunkt der Scholastik zurückzugehen, und die Metaphysik mit einem rein rationalen, alles Empirische ausschließenden Begriff anzufangen; wiewohl selbst dieser nicht gefunden oder richtig erkannt war, und das vorn abgewiesene Empirische durch die Hinterthür des anders- oder sich-untreu-Werdens der Idee wieder eingeführt wurde; diese Episode in der Geschichte der neuern Philosophie also, wenn sie nicht gedient hat, dieselbe weiter zu entwickeln, hat wenigstens gedient, aufs neue zu zeigen, daß es unmöglich ist, mit dem rein Rationalen an die Wirklichkeit heranzukommen.

Also, um jetzt zu dem Verfasser zurückzukehren, wenn man unter dem ganz von vorn Anfangen der Philosophie nur das Anfangen von dem schlechterdings nicht nicht zu Denkenden versteht, so hat dieß keine Schwierigkeit und bedarf nur jener kurzen schon erwähnten vorgängigen Ueberlegung. Aber gleichwie alle jene Formen, die man als aprioriſche bezeichnet, eigentlich nur das Negative in aller Erkenntniß (das, ohne welches keine möglich ist), nicht aber das Positive (das, durch welches sie entsteht, in sich schließen, und wie dadurch der Charakter der Allgemeinheit und Nothwendigkeit, den sie an sich tragen, nur als ein negativer sich darstellt: so kann man in jenem absoluten Prius, welches, als das schlechthin Allgemeine und Nothwendige (als das überall nicht und in nichts nicht zu Denkende), nur das Seyende selbst (*αὐτὸ τὸ ὌΝ*) seyn kann, so weit ebenfalls nur das negativ Allgemeine erkennen, das, ohne welches nichts ist, aber nicht das, wodurch irgend etwas ist. Verlangt man nun aber das Letzte, d. h. verlangt man die positive Ursache von allem und daher auch positive Wissenschaft, so ist leicht einzusehen, daß man zu dem positiven (aber den negativen in sich tragenden) Anfang weder auf dem Wege des Empirismus allein (denn dieser reicht nicht bis zum Begriff des allgemeinen Wesens, welcher der seiner Natur nach apriorische, nur im reinen Denken mögliche) Begriff ist, noch auf dem des Rationalismus (der seinerseits über die bloße Denknothwendigkeit nicht hinaus kann) zu gelangen vermag. Hier also, d. h. wenn man auf diesem Standpunkt sich befindet, oder um auf diese Weise anzufangen, wird jene einfache Ueberlegung allerdings nicht hinreichen, und die Frage an ihrer Stelle seyn: wie weiß ich das? oder vielmehr, wie komme ich dazu, dieß wissen zu wollen? Aber diese Vorbereitung hätte in keinem Fall bis zu jenen psychologischen Thatsachen hinabzusteigen, weder wie sie der Verfasser darstellt, noch wie sie sich vielleicht anders darstellen ließen; wie wir denn bei dieser Gelegenheit überhaupt gestehen wollen, daß uns, angenommen selbst, wir wären mit dem Verfasser über den ersten Satz, daß alle gesunde Philosophie von Beobachtung und Erfahrung ausgehen müsse, noch in einem andern Sinn als dem oben angedeuteten einverstanden, seine Anhänglichkeit an die Begründung durch psychologische Thatsachen darum doch nicht einleuchten würde; immer werden diese als höchst dürftige erscheinen gegen jene große Principien des Werdens, wie sie z. B. Platon im Philebos darstellt, und die durch bloße Analyse der Erfahrung überhaupt, aber nicht gerade der psychologischen, zu finden sind, wie sie denn, selbst aus der Natur der Zahlen oder den Principien der Geometrie wie von den Pythagoreern abgeleitet, dennoch, inwiefern diese dabei bloß als ein Gegebenes vorkommen, am Ende nur aus der Erfahrung genommen sind. Wir wollen jener Psychologie einen gewissen, propädeutischen Nutzen als Vorübung für die Philosophie überhaupt nicht absprechen (einen begründenden könnten wir nie ihr zugestehen). Zur Vorbereitung auf eine bestimmte Philosophie, und insbesondere auf die, von welcher hier die Rede ist, hat sie aber kein Verhältniß. Für die subjektiv nöthige Vorbereitung zu dieser hat der philosophische Geist bereits besser gesorgt, der in den verschiednen philosophischen Systemen, wie sie aufeinander folgten, seine Lehrjahre zurückgelegt und in Rationalismus und Empirismus seinen höchsten Gegensatz hervorgebracht hat, und es möchte darum hier allerdings etwas dem von Cousin so wahr und trefflich dargestellten Eklekticismus (wenn dieß gleich vielleicht nicht das passende Wort ist) Aehnliches an seinem Platze seyn. Indeß auch diese Vorbereitung ist, wie gesagt, nur eine subjektiv nothwendige, nöthig nur für den erst zu jener Philosophie zu Erhebenden, nothwendig nur zum Verständniß der Erklärung, mit der sie rein beginnen könnte: Ich will nicht das bloße Seyende; ich will das Seyende, das Ist oder existirt[1].

[1] An die Stelle des bloßen Seyenden (des höchsten aller rationalen, logischen Begriffe) hat die früher erwähnte Philosophie das reine Seyn, das Abstraktum eines Abstraktums gesetzt, von dem man allerdings sagen könnte, es sey ein reiner, nämlich leerer Begriff; aber eben darum noch in einem ganz andern Sinne Nichts, als in welchem sie es selbst dafür gibt, nämlich etwa so wie die Weiße ohne ein Weißes, oder die Röthe ohne ein Rothes. Das Seyn als Erstes setzen, heißt, es ohne das Seyende setzen. Aber was ist das Seyn ohne das Seyende? Das, was ist, ist das Erste, das Seyn nur das Zweite, für sich gar nicht denkbare. Auf gleiche Weise gebraucht ist das bloße Werden (zu dem von dem Seyn übergegangen wird) ein völlig leerer Gedanke, d. h. ein Gedanke, in dem nichts gedacht wird. Dergleichen Schaal- und Leerheiten haben nun für Tiefsinn gegolten. Es ist übrigens keine bloße Nachlässigkeit des Ausdrucks, oder ein Mißverstand des französischen Être, das allerdings beides bedeuten könnte, aber philosophisch gebraucht das Seyende (nicht das Seyn) bedeutet. Auch in der folgenden Uebersetzung sollte S. 17, Z. 7 la science de l'Être nicht durch: Wissenschaft des Seyns: sondern durch: Wissenschaft des Wesens oder des Seyenden (wie dieß in andern Stellen geschehen ist) übersetzt seyn.

In diesem Sinn also steht der Philosophie noch eine große, aber in der Hauptsache letzte Umänderung bevor, welche einerseits die positive Erklärung der Wirklichkeit gewähren wird, ohne daß andererseits der Vernunft das große Recht entzogen wird, im Besitz des absoluten Prius, selbst des der Gottheit, zu seyn; ein Besitz, in den sie nur spät sich setzte, der allein sie von jedem realen und persönlichen Verhältniß emancipirte, und ihr die Freiheit gab, die erforderlich ist, um selbst die positive Wissenschaft als Wissenschaft zu besitzen. Hierbei wird also auch der Gegensatz von Rationalismus und Empirismus in einem viel höhern Sinn als bisher, und als ihn demnach auch der Verfasser, seinem, im Ganzen der gegenwärtigen Philosophie parallelen Standpunkt gemäß, nehmen konnte, zur Sprache kommen. Empirismus wird dabei nicht, wie ihn die Franzosen und wohl der größte Theil der Deutschen bis jetzt allein verstehen, als Sensualismus und als — alles Allgemeine und Nothwendige in der menschlichen Erkenntniß leugnendes System; er wird in dem höhern Sinne genommen seyn, in welchem man sagen kann, daß der wahre Gott nicht das bloße allgemeine Wesen, sondern selbst zugleich ein besondres oder empirisches ist. Ebenso wird dann auch eine Vereinigung beider in einem Sinn, wie sie bisher nicht zu denken war, zu Stande kommen, in einem und demselben Begriff, von welchem, als gemeinschaftlicher Quelle, das höchste Gesetz des Denkens, alle secundären Denkgesetze und die Principien aller negativen oder sogenannten reinen Vernunftwissenschaften ebensowohl, als von der andern Seite der positive Inhalt der höchsten, allein eigentlich (sensu proprio) so zu nennenden Wissenschaft sich herleitet.

Gern haben wir daher auf Seite der Franzosen und anderer nicht minder begabter Nationen, die sich durch den empirischen Standpunkt ihrer Philosophie so sehr von den Deutschen unterscheiden, dieses Festhalten am Empirismus schon längst als eine bloße, wenn auch zum Theil nur blinde Protestation — nicht gegen Philosophie, sondern gegen den einseitigen Rationalismus uns gedacht, von dem die Deutschen bis jetzt nicht lassen konnten; und gerade in ihrer Abneigung gegen diesen haben wir, wenn auch in ziemlicher Ferne, ein Mittel der künftigen Verständigung mit ihnen gesehen[1]; mochten wir gleich darum ihr Beharren bei einer großentheils unfruchtbaren Psychologie, die uns bei der großen Ausdehnung des Reiches der Erfahrung nur als eine traurige Beschränkung erscheinen konnte, nicht gutheißen.

So viel also von den methodologischen Bemerkungen des Verfassers, zumal in Bezug auf deutsche Philosophie (S. 78). Wie viel Richtiges und Scharfsinniges wir in denselben gefunden, glaubten wir durch die ausführliche Exposition, zu der sie uns Anlaß gaben, am besten auszudrücken.

### II. Anwendung der Methode.

Das Princip der Methode ist also dem Verfasser die Beobachtung überhaupt und die psychologische insbesondere. Ueber die Methode selbst gibt er dann folgende fernere Erklärung. Die Philosophie sey nicht eine Wissenschaft bloßer Thatsachen, sie sey auch eine Wissenschaft des Raisonnements, d. h. (denn anders wissen wir dieser Aeußerung keinen Sinn abzugewinnen, da wohl keine Philosophie, und die französische am wenigsten, das Raisonnement in einem allgemeineren Sinne von der Philosophie ausgeschlossen hat) eine Wissenschaft, die durch Schlüsse mittelst allgemeiner Principien auch auf Dinge oder Wahrheiten sich erweitere, die nicht mehr in der bloßen Beobachtung enthalten sind. Allgemeine, von der Personalität und eben darum auch über das Subjekt hinaus (objektiv) gültige Principien gibt nun aber dem Verfasser erst die Vernunft. Allein die Vernunft und die Personalität sind ihm Thatsachen, zu deren Eruirung er nicht umhin kann schon selbst des Raisonnements sich zu bedienen, und sich desselben wirklich bedient. Wir wollen sehen, wie der Verfasser diesen Cirkel in dem folgenden Abschnitte zu erklären sucht, unstreitig dem wichtigsten der Abhandlung, weil er den Uebergang von der bloßen Erfahrung zum rationellen Wissen, oder, wie der Verfasser sagt, zur Ontologie erklärt.

[1] Cousin besitzt darüber einen schon im Jahre 1827 oder 28 geschriebenen Brief des Verfassers dieser Vorrede.

III. Uebergang von der Psychologie zur Ontologie.

Wenn der geneigte Leser den Anfang dieses Abschnittes mit Aufmerksamkeit gelesen, hat er leicht wahrnehmen können, daß schon bei dem Uebergang von der Passivität (Sensibilität) zur Aktivität der Begriff: Ursache, vorkommt. Zur Erklärung davon dient, was schon früher aus der Vorrede zu der nachgelassenen Schrift des Herrn v. Biran erwähnt worden. Dort heißt es (p. XIII): „Der fruchtbarste von allen Begriffen, der, auf welchem die ganze Metaphysik beruht, ist gewiß der der Ursache. Dieser aber ist durch die Beobachtung unserer Aktivität unmittelbar gegeben. Hier ist er nicht mehr eine Hypothese, sondern der gewisseste, in einer primitiven und durch sich selbst evidenten Thatsache, im Akt des Wollens (gleichsam auf der That) erfaßte Begriff." Dagegen ebendaselbst S. XXXV sagt er: „Unwidersprechlich ist das Princip der Causalität mit dem Charakter der Allgemeinheit und Nothwendigkeit bekleidet, unmöglich aber und widersprechend ist, daß die bloße Wahrnehmung einer individuellen und zufälligen Ursache (nämlich unserer force causatrice) zur Allgemeinheit und Nothwendigkeit führe. Dieses also supplirt die Vernunft. Unstreitig würde das Princip der Causalität sich nicht entwickeln, wenn nicht vorläufig die positive Notion einer individuellen Ursache uns, in dem Willen, gegeben wäre, aber eine zufällige Notion, geht sie einem nothwendigen Princip auch voraus, erklärt es nicht und kann noch weniger es selbst seyn." Zuerst also (so verstehen wir den Verfasser) entdeckt sich uns in der Thatsache unserer eignen Aktivität (im Actus der Volition) die einfache Notion der Ursache (wir lassen den Sinn dieses Satzes unerörtert); die Application des auf diese Weise in einer unmittelbaren Erfahrung gegegebenen Begriffes auf den Sinneneindruck, daß ich nämlich auch für diesen eine Ursache voraussetze, die nicht ich seyn kann, geschieht bloß analogisch und somit nur im Denken; aber die Berechtigung, diesen Zusammenhang (mit der Ursache) als einen objektiven auszusprechen, d. h. auszusprechen, daß die gedachte Ursache außer mir wirklich existirt, diese gibt mir nur erst die Vernunft. Diese (so drückt sich der

Verfasser S. 15 der nachfolgenden Schrift aus) offenbart uns, was nicht wir ist, Objekte, die außer der Sphäre des Subjekts liegen, die Existenz einer äußeren Welt. Die Wirkung der Vernunft ist also, vermittelst des meinem Bewußtseyn auferlegten Gesetzes der Causalität mich der Existenz der äußeren Ursache, und somit einer äußeren Welt, gewiß zu machen.

Was gibt mir aber, wäre hier zu fragen, den Begriff der Existenz, der offenbar ein höherer seyn muß, da ich ihn auf die Ursache selbst anwende, wie ich nicht werde umhin können, ihn auch auf die Substanz anzuwenden, zu welcher der Verfasser in Folgendem fortgeht? Wir müssen dahingestellt seyn lassen, ob er uns zugestehen wird, den Zusammenhang seiner Entwicklung richtig aufgefaßt zu haben; jedenfalls wird er aus unserer Darstellung sehen, was wenigstens uns in derselben unklar geblieben ist. Die Schwierigkeit, die wir in ihr fanden, war, daß es uns schien, er könne, auf dem Wege seiner psychologischen Entwicklung, zu der Vernunft, die ihm erst allgemeine Begriffe und Principien gibt, selbst nur mit Hülfe solcher Begriffe oder Principien gelangen. In Ansehung des Begriffs: Ursache, scheint dieser Cirkel dadurch beseitigt, daß er ihn als unmittelbare Notion schon in dem Gefühl von unserer eigenen Thätigkeit gegeben seyn läßt. Aber wie verhält es sich mit dem Begriff: Substanz? Dieser kommt, nach ihm, durchaus erst mit der Vernunft. Der Begriff der Substanz nämlich ist von dem Begriffe der Ursache im Grunde nicht verschieden. Die Substanz ist nur die cause en soi, die Ursache an sich, in ihrem Wesen, in der Potenz, als nichtwirkend betrachtet, so wie die eigentliche von uns so genannte Ursache nur die Ursache im Actus (die in der Wirkung betrachtete) ist. Nun gibt uns die unmittelbare Erfahrung (im eignen Wollen) nur die Ursache im Actus, nicht aber das unergreifliche und unsichtbare Princip dieser Ursache, welches wir nothwendig denken, und das erst die Substanz ist. Die Vernunft allein also kann jenes, und daher die Substanz geben (a. a. O. p. XXXIII). Wird nun aber nicht schon auf dem Wege zur Vernunft der Begriff der Substanz angewendet? Allerdings, so scheint uns, und nicht bloß dieser, sondern sogar der Grundsatz der Substanz von dem Cousin nicht spricht, obwohl ein solcher wohl ebenso gut anzuerkennen ist als ein Grundsatz der Causalität. Er braucht aber den Grundsatz und also noch vielmehr den Begriff schon eben, indem er von Fakultäten spricht (Sinnlichkeit, Aktivität, Vernunft). Denn in der reinen Thatsache kommt nichts von einem Vermögen vor, sondern immer nur Actus; der Schluß von der reinen Thatsache auf ein Vermögen setzt den Grundsatz und also den Begriff der Substanz voraus; denn was ist ein Vermögen anders als eine cause en soï, eine ruhende Ursache, eine Ursache in der Potenz, und was führt ihn auf den Begriff des Vermögens als der Grundsatz, daß den accidentellen Aeußerungen und Erscheinungen, die er im Bewußtseyn findet, ein Beharrendes, Wesentliches zum Grunde liege, das zu ihnen sich als Substanz (id quod substat) verhält?

Betrachten wir den versuchten Uebergang von der Psychologie zur Ontologie im Allgemeinen, so unterscheidet sich Cousin von den Sensualisten der französischen Schule allerdings dadurch, daß er die Quelle der ontologischen Begriffe nicht in der Sinnlichkeit sucht; daß er ihre Quelle in die Vernunft, ein von der Sinnlichkeit wie von der Personalität unabhängiges Vermögen, setzt. Aber diese Vernunft ist ihm selbst etwas ebenso rein Thatsächliches, Empirisches, nur Angenommenes und Unaufgeklärtes, wie die Sinnlichkeit; etwas, das er nur braucht, um jedes Weiterdringen abzuschneiden, ein selbst Grundloses, das durch die gebrauchten Ausdrücke, worin einiger Einfluß Jacobischer Phrasen wahrzunehmen ist, nur mysteriöser wird; z. B. wenn er wiederholt: die Vernunft offenbare; eine Redensart, in der man die Absicht erkennt, demjenigen eine positive Bedeutung zu geben, was an sich nur eine negative hat, die in andern Ausdrücken anerkannt ist; z. B. wenn gesagt wird, daß die Vernunft uns verwehrt, nicht erlaubt (bei den limitirten Ursachen stehen zu bleiben), uns nöthigt u. s. f. Eine solche Nöthigung, die wir als etwas uns Eingepflanztes in uns finden, hat aber nicht das Ansehen eines nicht weiter Erklärbaren oder Abzuleitenden. Das bloße Gefühl der Nöthigung

(z. B. jedem Ereigniß eine Ursache vorauszusetzen) hat auch Dav. Hume nicht geleugnet, und nur, mit Recht, eine Erklärung desselben gesucht; dafür hätte er die qualitas occulta eines bloß supponirten, selbst keine weitere Erklärung zulassenden Vermögens nicht gelten lassen. Das bloße Nicht-abhängig-seyn der Vernunft von Sinnlichkeit und Persönlichkeit (damit glaubt Cousin alles gewonnen) gibt ihr noch lange nicht die Objektivität, die er ihr selbst zuschreibt; Kant läßt sie weder von dem Willen noch von der Sinnlichkeit abhängig seyn, und doch hat sie ihm, wie der Verfasser (S. 13) bemerkt, keine über das Subjekt hinausgehende Gültigkeit. Die Vernunft ist dem Verfasser nichts Subjektives (nämlich aus der Persönlichkeit Stammendes), aber sie ist ihm doch nur im Subjekt (in uns); als solche eben bedarf sie der Erklärung, wenn ihr zugleich wahre Objektivität (nicht bloß im Kantischen Sinne) zugestanden wird. Diese Erklärung kann, wie leicht zu sehen, nur darin gefunden werden, daß sie selbst vom Objekt abstammt, freilich nicht durch Vermittlung der Sinnlichkeit, die einzige Art, wie man dieß bis jetzt zu denken gewußt hat, sondern, daß sie nur das subjektiv gesetzte, aus der Objektivität in die ursprüngliche Priorität und Subjektivität wiederhergestellte Prius selbst ist. Jedenfalls setzt diese Erklärung einen Proceß voraus, mit dem sich der Verfasser noch immer nicht einlassen zu wollen scheint. Darin möchte ebensowohl die Mangelhaftigkeit seiner eignen als seiner Darstellung der deutschen Philosophie liegen. Denn gerade der Begriff des Processes ist das, was der eigentliche Fortschritt war in der neuern Philosophie, und nicht in dem Materiellen der Sätze, die z. B. S. 39 f. aufgestellt sind, sondern in ihrer Methode ist das wahre Wesen der deutschen Philosophie. Wir meinen natürlich nicht den Begriff des Processes in der uneigentlichen und mißbräuchlichen Anwendung, worin er dem Verfasser vielleicht allein bekannt geworden, auf den logischen Begriff; wir meinen den realen Proceß jener Philosophie, die den Begriff des Processes überhaupt zuerst einführte.

Der letzte metaphysische Gipfel wird erreicht durch die von der Vernunft dem Bewußtseyn aufgelegte Nothwendigkeit, von den beiden imitirten Ursachen (dem Ich und Nicht-Ich), die, soweit limitirt, so weit nicht Ursachen sind, zu der illimitirten, zu der eigentlichen, zu der wahren Ursache fortzugehen, die jenen das Seyn gibt und sie darin erhält. Auf diese allgemeinen Bestimmungen aber, mit denen, wie jeder sieht, nicht das Geringste von einem eigentlichen Wissen verbunden ist, beschränkt sich alles; bemerkenswerth ist indeß, wie der Verfasser schon einfach damit, daß ihm Gott nur unter dem Titel der Ursache gegeben sey (denn Substanz sey er nur, sofern Ursache), seine Philosophie vom Pantheismus völlig geschieden glaubt. Der Gott des Spinoza nämlich sey nur eine Substanz und nicht eine Ursache; allein nur nicht eine transitive und accidentelle (freiwollende) ist er, allerdings aber eine immanente, nothwendige. Der Gott seines Systems dagegen sey wesentliche Ursache und könne daher gar nicht nicht-schaffen (produire); aber, wenn dem so ist, so ist er eine Ursache, gerade wie die des Spinoza. Wenigstens gestehen wir, uns den Unterschied nicht völlig deutlich machen zu können.

### IV. Allgemeine Ansichten über die Geschichte der Philosophie.

Alles, was Cousin über Geschichte der Philosophie und ihre Behandlung hier und anderwärts im Allgemeinen gesagt hat, ist durchaus trefflich und trägt das Gepräge tiefer Kenntniß, wie es sich von dem geistvollen Uebersetzer Platons, dem Herausgeber des Proklos nicht anders erwarten läßt. Ein Theil dieses Abschnittes indeß enthält mehr exoterische, wiewohl höchst interessante Aeußerungen, gewissermaßen Confessions des Verfassers über den Gang seiner philosophischen Bildung, sein Verhältniß zu Lehrern und Vorgängern. In Ansehung Jacobis wäre zu bemerken, daß dieser die S. 36 angegebene Auskunft, die Quelle des Enthusiasmus, des Glaubens, des Gefühls, des Schauens, von dem er früher sprach, in die Vernunft selbst zu setzen, in späterer Zeit selbst schon gefunden und benutzt hat. Das Wort: Mysologie, das Tennemann auf ihn angewendet hatte, erregte ihm einen solchen Schrecken, und andere Einflüsse wirkten so auf ihn, daß er in der letzten Ausgabe seiner Werke den Leser bat, überall, wo Vernunft mit herabsetzenden Ausdrücken sich fand, statt derselben Verstand zu setzen, und umgekehrt, wo von einem schauenden Verstand die Rede war, eine schauende Vernunft zu substituiren, so wenig dieß nun auch paßte, da anderes stehen blieb; überhaupt bestrebte er sich, seine frühere Lehre, so gut es nur gehen wollte, zu rationalisiren, seinen Frieden mit der Vernunft zu machen. Sein Glaube war, wie einer seiner eifrigsten Anhänger, nach Jacobis Tode und nicht lange vor seinem eignen, bezeugen zu können versicherte, ein reiner Vernunftglaube. Weiterhin spricht der Verfasser von seinen persönlichen Verhältnissen zu den spätern deutschen Philosophen. Man wird dabei nicht vermeiden können, die jugendliche Zuversicht zu bewundern, mit welcher der Verfasser, der S. 38 selbst zu verstehen gibt, daß er von Hegel wenig oder nichts verstanden, nach seinem eignen Ausdruck hingeht, den großen Mann zu prophezeien! Welcher Dank ihm dafür geworden, kann man zum Theil aus gegenwärtiger Schrift, zum Theil anderwärts sehen. Von den Deutschen indeß, denen, die einen wirklichen Verstand von ihrer Philosophie haben, kann er wenigstens gewiß seyn, daß sie seine weise Zurückhaltung nur gebilligt, und nie darum ihn getadelt haben, weil er nicht den Parteigänger irgend einer deutschen Philosophie in Frankreich gemacht hat. Er fühlte unstreitig, daß die deutsche Philosophie selbst noch in einem Proceß begriffen sey, dessen wahre, ihn erst erklärende Krisis noch bevorstehe. Ihm konnte es nie gemäß seyn, von jener Erschöpfung und Abstumpfung der Geister, für die das Widrigste und Abstoßendste zum Anziehendsten wird (man denke nur an das plumpe Skandal des St. Simonismus!), für einen augenblicklichen und vorübergehenden Effekt Gebrauch zu machen. Willkommen sind uns die lebhafteren Geister, wenn sie mit uns forschen und untersuchen, nicht aber wenn sie urtheilen wollen, ehe sie gelernt haben, oder wenn sie an der bloßen Küste deutscher Wissenschaft wie Freibeuter umherschwärmend, und bald an diesem, bald an jenem Punkt ans Land steigend, sich schon Herren des Landes wähnen. Betrübend freilich, wenn der Ton und die Manieren politischer Parteiungen auch in die Literatur übergetragen werden, aber selbst dadurch kann der wahre wissenschaftliche Genius

Frankreichs nicht untergehen, wo unter allen Erschütterungen noch immer die tiefsten und gründlichsten Studien ihren Werth behalten, und — um aus einem der Philosophie fremden, obwohl für philosophische Forschung nicht unwichtigen Gebiete Ein Beispiel anzuführen, noch immer Männer, wie Eugen Burnouf, aufstehen. — Cousin wurde die Liebe zur deutschen Philosophie als eine antinationale Tendenz vorgeworfen; aber im Gegentheil hat er jenen nationalen Charakter treu bewahrt, von dem er sagt, daß Reinheit, Präcision und Klarheit des Zusammenhangs ihm Bedürfniß ist. Ist irgend jemand berufen, Frankreich in der Folge einen wahren Begriff von dem Gange und der genetischen Entwicklung der neueren Philosophie zu geben, so ist es Cousin, der unverdrossenes Forschen, Scharfsinn, Gleichmuth, würdige Unparteilichkeit, kurz alle Eigenschaften, die einen selbstphilosophischen Geschichtschreiber der Philosophie bilden, in eminentem Grade in sich vereinigt und durch seine ganze wissenschaftliche Laufbahn bewährt hat.

Was der Verfasser besonders über sein Verhältniß zur theologischen Schule in Frankreich gesagt hat, verdiente auch in Deutschland von manchen Seiten Beherzigung.

München, im Mai 1834.

# Inhalt Band 1–6

# Inhalt Band 1

# Inhalt Band 2

Seite

# Inhalt Band 3

Seite

# Inhalt Band 4

Seite

# Inhalt Band 5

Seite

# Inhalt Band 6

Seite

Suhrkamp Verlag GmbH
Torstraße 44, 10119 Berlin
info@suhrkamp.de
www.suhrkamp.de